제 5 판

형사법통합연습

■ 조균석 · 이완규 · 조석영 · 서정민 ■

박영사

제 5 판 머리말

본서를 처음 출간한 지 10년이 지났다. 법학전문대학원 출범 후, 통합형 사례에 대한 해결능력을 키우는 데 조금이라도 도움이 되었으면 하는 마음에서 본서를 출간하게 되었는데, 이런저런 기회에 만난 법조인들로부터 본서가 법조인이 되는 데 도움이 되었다는 말을 가끔 듣게 되어 다행스럽게 생각하고 있다.

제 4 판에 이어 3년 만에 출간하는 제 5 판의 특징은 다음과 같다.

첫째, 2021년 12월 9일부터 시행되는 알기 쉬운 형법과 형사소송법 및 그동안의 관련 법령의 제·개정은 물론, 2021년에 선고된 부동산 명의신탁과 횡령죄에 관한 전원합의체 판결 등 판례의 변경을 모두 반영하고, 새로운 주요 대법원판례도 추가·보완하였다.

둘째, 학습의 편의를 고려하여 사례의 일자 등을 변경하여 그 시점을 기준으로 해설하면서 내용도 수정·보완하였다.

셋째, 사례 해설서라는 성격에 맞추어 교과서 등 문헌의 인용을 각주에서 삭제하였다. 본서를 집필함에 있어 도움을 받았던 여러 문헌의 저작자들에게 깊은 감사의 뜻을 전한다.

공저자들의 신상에도 변화가 있었다. 이완규 변호사는 변호사 업무를 하면서도 한국형사소송법학회와 한국형사판례연구회의 각 부회장으로서 꾸준히 연구활동을 하고 있으며, 조석영 부장검사는 검찰을 퇴직하고 현재 변호사로서 주식회사 카카오 ESG RM(위기관리대응)실의 부사장으로 근무하고 있고, 서정민 부장검사는 서울중앙지검 형사부장검사를 거쳐 현재 국무조정실 부패예방추진단에 파견근무 중에 있다.

끝으로 법학전문대학원 출신의 변호사로서 독자의 눈높이에서 본서의 내용을 처음부터 끝까지 검토해 준 조미선 이화여자대학교 특임교수에게 감사를 드린다. 그리고 제 5 판이 출간되도록 해 주신 박영사 안종만 회장님은 물론, 편집과 제작을 책임져 준 조성호 이사님, 양수정 대리님에게도 깊은 고마움을 전한다.

2022년 2월
저자를 대표하여 조균석

머 리 말

    법조인양성을 위하여 설치된 법학전문대학원에서의 형사법 교육은 이론과 실무를 접목한 형태로 변모되고 있고, 그 교육의 성과는 형법과 형사소송법을 통합한 형태의 사례형과 기록형 변호사시험을 통하여 측정되고 있다. 그럼에도 불구하고 이러한 통합형 사례에 대한 해결능력을 키울 수 있는 교재가 부족하여 가르치는 교수도 배우는 학생도 어려움이 없지 않았다. 그래서 이번에 통합형 사례연습 교재를 출간하기로 기획하고, 다음과 같은 점들에 유의하면서 「형사법통합연습」을 집필하였다.

    첫째, 사례와 같은 일이 실제로 발생하였다고 가정할 때 검찰이나 법원에서 실제로 사건이 어떻게 처리될 것인가 하는 점을 최우선적으로 고려하였다. 그래서 쟁점에 관하여 동일하거나 유사한 판례가 있는 경우에는 원칙적으로 판례의 입장에 따라 서술하였다. 판례가 없는 경우에는 보다 많은 사람이 공감하고 있는 해결책, 즉 실무와 통설을 중시하였다. 다만, 판례나 실무·통설이 논리칙이나 경험칙에 비추어 수긍하기 매우 어려운 경우에만 그와는 다른 입장에서 그 해결방안을 도모하였다. 이 점에서 종래의 연습교재들이 집필자의 개인적인 견해에 따라 사례를 해결하고 있는 것과는 다소 차별적이라고 할 수 있다. 그렇다고 하여 이론적인 측면에 대한 기술을 소홀히 한 것은 아니고, 이론적인 바탕 위에서 실무적인 해결방안을 모색하는 데 중점을 두었을 뿐이다.

    둘째, 변호사시험 대비 실전용이라기보다는 학습용으로 편성하였다. 종래의 연습교재는 주로 실전용으로 편성되어 있어, 어느 쟁점에 관하여 심화학습을 하기 위해서는 별도로 교과서 등 다른 교재를 일일이 찾아봐야 하는 수고스러움이 있었다. 그래서 이 책만으로도 심화학습이 가능하도록 내용을 보다 상세하게 기술하고, 각주를 다수 활용하였으며, 관련판례도 해당 항목 바로 다음에 배치하여 쉽게 학습할 수 있도록 배려하였다. 따라서 학습 후 스스로 이 책의 내용을 요약하여 실전용 답안 분량으로 줄이는 작업을 한다면, 보다 효율적으로 이 책을 활용할 수 있을 것으로 생각된다.

셋째, 제1회 변호사시험 문제를 비롯하여 법무부와 법학전문대학원협의회 모의시험 문제를 해설하여 수록하였다. 아무래도 기출문제를 학습하는 것이 도움이 될 것으로 생각했기 때문이다.

이 책은 형법총론과 각론, 형사소송법의 다양한 주제를 충분히 다루지 못하였고, 기출문제를 함께 수록함으로써 서로 중복되는 부분이 산재하는 등 아직 부족한 점이 많은 것이 사실이다. 부족한 점은 앞으로 보완해 나갈 것을 약속드린다. 모쪼록 이 책이 법학전문대학원 학생들은 물론 형사법 사례를 공부해야 하는 분들에게 조금이나마 도움이 되었으면 하는 마음 간절하다.

이제 「형사법통합연습」을 출간함에 있어서 저자들을 도와준 분들에게 고마움의 뜻을 기리고자 한다. 사례 내용에 어색함이 없는지, 해설에 잘못된 점이 없는지 실무적인 차원에서 꼼꼼하게 검토해 주신 정수봉 법무부 형사기획과장과 조석영 대검찰청 연구관에게 깊은 감사를 드린다. 두 분의 헌신적인 노력으로 이 책이 충실도를 더하였고, 마침내 출간될 수 있었다. 끝으로 「형사법통합연습」을 출간하여 주신 박영사 안종만 회장님에게 깊이 감사를 드리고, 편집과 제작을 책임져 주신 조성호 부장님, 노현 부장님 그리고 문선미 대리에게도 고마움을 전한다.

2012년 7월
조균석 · 이완규

형사법통합연습 사례 구성표

사례	사례명	형법총론	형법각론	형사소송법	특별법
1	내연녀 필로폰중독 사망사건	• 과실의 부진정부작위범 • 부작위범의 인과관계 • 미필적 고의	• 살인죄 • 유기치사죄 • 과실치사죄	• 감정위촉과 감정명령 • 감정서의 증거능력 • 자유심증주의	
2	노숙자 주거침입 등 사건	• 사실의 착오 (방법의 착오) • 계속범과 상태범	• 상해죄 • 주거침입죄 • 퇴거불응죄	• 성명모용 • 현장영상녹화물의 증거능력 • 증거동의	• 폭처법위반 (공동주거침입)
3	중학생 담임교사 딸 살해사건	• 인과관계의 착오 • 정범과 공범의 구분 • 공모공동정범	• 살인죄	• 사건송치 • 공소장변경의 요부 • 피해자의 권리	• 소년법
4	건축업자 부동산 이중매매사건	• 싸움과 정당방위	• 부동산 이중매매 • 동산 이중매매 • 장물취득죄	• 재정신청	
5	주택가 연쇄털이범 사건	• 실행의 착수시기	• 절도죄	• 긴급체포 시의 영장 없는 압수 • 이메일 출력물의 증거능력	• 폭처법위반 (공동주거침입)
6	변심애인 남자친구 청부폭력사망 사건	• 결과적 가중범의 공동정범 • 공동정범과 교사범의 구별 • 교사의 착오	• 절도죄 • 특수체포죄 • 특수감금죄 • 특수감금치사죄 • 사체은닉죄 • 사자의 점유	• 시체발굴과 현장검증 • 유류물의 압수 • 지문감식 • 현장녹화물의 증거능력	• 폭처법위반 (공동감금)
7	국민참여재판 요청사건	• 교사의 착오	• 강제집행면탈죄 • 공갈교사죄, 협박교사죄 • 명의신탁 부동산의 처분행위(3자간 명의신탁) • 근저당설정 차량 매도와 배임죄	• 불법연행과 위법수집증거 • 혈액감정서의 증거능력 • 국민참여재판에서의 피고인 의사확인 • 항소심에서의 절차상 하자의 치유	• 특경법위반(배임) • 도로교통법위반 (음주운전) • 업무상과실재물 손괴에 관한 도로교통법위반 • 여신전문금융업 법위반

8	변호사 부친 소송사기사건	• 간접정범의 미수 • 공범과 신분	• 도박죄 • 보험사기 • 소송사기 • 업무상횡령죄 • 친족상도례	• 수사보고서의 증거능력 • 수사보고서 첨부서류의 증거능력 • 실황조사서의 증거능력	• 특가법위반 (도주치상) • 도로교통법위반 (음주운전) • 도로교통법위반 (사고후미조치) • 업무상과실재물 손괴, 사고후미신 고에 관한 도로 교통법위반 • 보험사기방지 특별법위반
9	필로폰중독자 불심검문사건	• 연결효과에 의한 상상적 경합	• 공무집행방해죄 • 사전자기록등위·변작죄 • 사문서부정행사죄 • 컴퓨터등사용사기죄 • 불법영득의사 (예금통장 일시절취) • 친족상도례	• 직무질문 • 임의동행과 설득 행위 • 강제채뇨 • 감정서의 증거능력	• 마약류관리에 관한법률위반 (향정)
10	연변흑사파 두목 범인바꿔치기 사건	• 외국인의 국내범 • 정당행위	• 범인도피죄 • 범인도피·위증·무고의 교사 • 공무집행방해죄	• 체포영장의 집행	• 경찰관 직무 집행법
11	국립병원의사 허위진단서 작성사건	• 연결효과에 의한 상상적 경합	• 부정처사후수뢰죄 • 허위공문서작성죄와 허위진단서작성죄 • 논문대필과 업무방해죄 • 배임수재죄 • 영업비밀 유출과 업무상배임죄	• 전문증거의 의의 • 법률의견서의 증거능력 • 증언거부와 형소법 제314조 • 재전문증거의 증거능력	• 부정경쟁방지법 위반
12	위장결혼 한국인 남편 주점업무방해 사건		• 공전자기록등불실 기재죄 • 특수상해죄 • 명예훼손죄 • 업무방해죄 • 불법원인급여와 사기죄 • 재물손괴죄	• 별건압수 • 공판조서의 증거능력 • 내사 중 검사 작성 피의자신문조서와 영상녹화물의 증거능력 • 참고인진술조서와 진술서의 증거능력 • 조사자증언	

번호	사례명				
13	불륜녀 수표부도사건		• 위조유가증권행사죄 • 모욕죄	• 고소의 방식 • 공범의 수표 회수 • 공동피고인의 피의자신문조서의 증거능력 • 공동피고인의 법정진술 증거능력	• 부정수표단속법위반
14	불법 카지노업자 사기도박사건		• 도박죄 • 도박장소개설죄 • 사기도박	• 함정수사 • 비밀녹음과 사진 촬영의 적법성 • 압수 및 데이터의 복원·분석 • 녹음테이프·사진의 증거능력	• 관광진흥법위반
15	폭력조직 행동대장 도주·체포 사건		• 특수상해죄 • 주거침입죄	• 별건구속 • 여죄수사의 한계 • 미결구금일수	• 폭처법위반(단체 등의구성·활동)
16	아파트 계단침입 강간사건		• 외상 후 스트레스 장애와 상해 • 공용주택 침입	• 비디오촬영의 적법성 • 현장녹화테이프의 증거능력	• 성폭력처벌법위반(주거침입 강간등)
17	노래방종업원 상해치사사건	• 정당방위 • 결과적 가중범의 공동정범	• 공무집행방해죄 • 폭행죄와 상해죄 • 상해치사죄와 동시범의 특례 • 모욕죄	• 친고죄에서의 고소 전 수사 • 법정대리인의 고소 취소 • 항소심에서의 고소 취소 및 처벌불원 의사표시의 철회 • 현행범인체포와 체포의 필요성 • 공소장변경의 요부	
18	베트남 여성 자녀약취사건	• 연결효과에 의한 상상적 경합	• 국외이송약취죄, 피약취자국외이송죄 • 대표권 남용과 사문서위조죄 • 업무상배임죄	• 녹음파일 증거능력 • 상소권회복	• 성폭력처벌법위반(카메라등 이용촬영) • 도로교통법위반(음주운전)

19	재산관리인 명의신탁 부동산 처분사건		• 업무상횡령죄 • 명의신탁 부동산의 처분행위(2자간·계약명의신탁) • 동산 양도담보물의 처분행위 • 대물변제예약 동산의 처분행위	• 사진촬영의 적법성 • 감정서의 증거능력	
20	제조업자 채권이중양도 사건		• 채권의 이중양도 • 배임죄와 횡령죄	• 공소장변경의 요부	• 특경법위반(배임)
21	수사경찰관 직무유기사건	• 작위범과 부작위범	• 직무유기죄 • 뇌물수수죄 • 허위공문서작성죄·동행사죄	• 공소시효 • 탄핵증거 • 상소의 이익	
22	영농보조금 허위신청사건	• 공동정범	• 허위공문서작성죄·동행사죄 • 뇌물죄와 공갈죄	• 공소제기 후의 피고인신문 및 증인소환조사 • 감사원 감사관 문답서의 증거능력 • 불이익변경금지의 원칙 • 항소심의 심판범위	• 보조금관리에 관한법률위반
23	회사비품 상습절도사건		• 야간건조물침입 절도죄 • 권리행사와 공갈죄	• 자진출석자에 대한 긴급체포 • 압수·수색영장의 제시, 압수물건의 특정 • 포괄일죄에 대한 추가기소	
24	회사대표 법인차량 임의처분사건	• 정당방위	• 공무집행방해죄 • 상해죄 • 자동차 명의신탁과 절도죄 • 사기죄 • 등록자동차 횡령죄 • 횡령죄와 장물죄	• 현행범인체포의 요건 • 당사자의 동의와 혈액채취 • 항소심에서의 공소장변경의 가부 • 위법수집증거	
25	경쟁회사대표 가해사건	• 공모공동정범	• 증거은닉죄 • 현주(현존)건조물 방화미수죄 • 특수상해죄 • 협박죄 • 특수협박죄 • 특수주거침입죄	• 압수·수색에서의 관련성	• 폭처법위반 (공동상해) • 폭처법위반 (공동협박) • 폭처법위반 (공동주거침입)

차 례

사 례 [5]
실행의 착수시기, 상습절도, 긴급체포 시의 영장 없는 압수, 이메일

사 례 [12]

공전자기록등불실기재죄, 불법원인급여와 사기죄, 피의자신문 영상녹화물의
증거능력, 조사자증언 ··· 257

사 례 [1] 과실의 부진정부작위범, 미필적 고의, 감정, 자유심증주의

인기연예인 甲(남, 40세)은 혼인신고를 하지 않은 채 3년 전부터 단순한 내연관계를 유지해오고 있던 A(여, 25세)에게 어느 날 몰래 필로폰을 술에 타 먹인 것을 계기로, A가 점차 필로폰을 투약하여 중독 증세를 보이자 최근 수개월 전부터는 매월 여러 차례에 걸쳐 함께 집에서 주사기를 이용하여 필로폰을 투약하였다. 그러던 어느 날 甲이 저녁 늦게 귀가하였더니, 甲이 몰래 집에 숨겨둔 필로폰을 A가 찾아내서 오후에 혼자서 2회 투약하였다며 기분이 좋다고 계속 더 투약해 달라고 졸랐다. 甲은 마지못해 밤 11시 10분경 A에게 필로폰을 1회 투약하였다.

그러자 A는 처음에는 기분이 좋은 듯 콧노래를 부르면서 집안을 돌아다니다가, 얼마 지나지 않아 바로 머리가 깨지는 것 같고 가슴이 답답해 죽겠다고 호소하였다. 그러더니 다음 날 오전 0시 30분경이 되자, 옷을 벗어 던지고 허공에 대고 헛소리를 하면서 무의미하게 방안을 배회하는 등 필로폰에 의한 정신착란상태에 빠지고, 오전 1시 40분경이 되자 한쪽 눈을 크게 뜨고 거실에 누워 자력으로는 정상적인 거동을 할 수 없는 위독한 상태에 빠졌다.

甲은 A가 필로폰으로 인한 급성중독증상이 나타난 것임을 인식하였지만, 119에 전화하여 구급의료를 요청하였다가는 자칫 자신도 필로폰 투약한 것이 발각되어 크게 처벌받을 것을 두려워한 나머지, 이전에도 비슷한 상황에서 시간이 지나자 아무 일 없었던 적이 몇 차례 있었으므로 A를 침대에 눕힌 다음 아침이 되면 괜찮아지겠지 생각하고 A를 그대로 혼자 방치한 채, 오전 2시 15분경 근처 오락실에서 게임을 하기 위하여 집을 나섰다. 甲이 집을 나설 당시 A는 발에 경련을 일으키는 등 살아있었으나, 오전 4시경까지 사이에 급성심부전증(急性心不全症)으로 사망하였다.

A의 변사사건을 조사 중이던 경찰에서는 국립과학수사연구원에 A의 사체 부검을 의뢰하였고, 부검을 담당한 위 연구원 소속 부검의 X는 "A가 필로폰 투약에 의한 정신착란상태에 빠져 급성중독증상이 나타난 시점에서 甲이 바로 구급의료를 요청하였다면, 비록 당시 상태가 위독하였더라도 A가 젊고 특별한 질병이 없었던 점에 비추어 십중팔구는 구명되었을 것이다"라는 취지의 부검결과회보서를 경찰에 송부하였다. 이에, 경찰에서는 위 부검결과회보서를 근거로 甲이 위 일련의 행위를 함으로써 A를 사망케 하였다는 범죄사실로 甲을 체포·구속하여 검찰에 송치하였고, 주임검사 P는 같은 범죄사실로 甲을 구속기소하였다.

甲의 제1심 공판절차에서 공판에 직접 참여한 검사 P는 X의 부검결과회보서를 증거로 제출하였다. 변호인 L은 甲의 위 행위와 A의 사망과의 인과관계를 다투면서 X의 부검감정서에 대하여 증거부동의하고, 재판부에 사망원인에 대한 재감정을 청구하였다. 이에 따라 재판부가 지정한 감정인 Y는 위 연구원에 보관된 장기 등을 재감정한 다음 "A가 정신착란상태에 빠지고 급성중독증상이 나타난 시점에서 甲이 바로 구급의료를 요청하였더라도 A가 구명되었을 가능성은 반밖에 되지 않았다"는 취지의 감정서를 재판부에 제출하였다. Y의 감정서에 대하여 L은 증거동의하였으나, P는 증거부동의하였다.

설 문

1. 재판부가 X의 감정서와 Y의 감정서대로 각 사실을 인정할 경우, 甲의 형사책임을 각 논하시오(다만, 특별법위반의 점은 제외).

2. X와 Y의 각 감정서는 어떠한 요건을 갖추어야 증거로 사용할 수 있는가?

3. X와 Y의 각 감정서가 증거능력은 있으나 감정결과가 사례와 같이 서로 다를 경우, 재판부는 어떻게 대응하여야 하는가?

해 설

Ⅰ. 제1문 — X와 Y의 각 감정서에 따른 甲의 형사책임

1. 문제의 제기

본 사례의 사건 경과를 살펴보면 아래와 같다.

23:10경	• 오후에 A 혼자 2회 투약, 추가 투약 요구 • 甲이 A에게 1회 투약
00:30경	• 가슴 답답해 죽겠다고 호소 • 정신착란상태
01:40경	• 급성중독증상 • 甲 119 요청 없이 방치(02:15 집을 나옴)
04:00경	• 그 사이 A 급성심부전증으로 사망

X와 Y의 각 감정서에 따른 甲의 형사책임을 논하기 위해서는 먼저, A가 위와 같이 01:40경 필로폰 투약에 따른 급성중독증세를 보임에도 甲이 119 구급의료요청을 하지 않고 A를 방치한 채 게임을 하기 위하여 집 밖으로 나가고, 결국 A가 그날 04:00경 급성심부전증으로 사망하였는데, 이러한 甲의 행위가 ① 부작위에 의한 살인죄, ② 유기치사죄, ③ 과실치사죄의 구성요건에 해당할 수 있는지를 검토할 필요가 있다. 그런 다음에, 각 감정서에 따라 사실인정을 할 때 어떤 형사책임을 지는지 여부를 살펴볼 필요가 있다.

2. 살인죄의 성립 여부

甲이 A가 급성중독증상을 보임에도 119 구급의료요청을 하지 않고 방치한 행위가 부작위에 의한 살인죄(형법 제250조 제1항)에 해당하는지가 문제된다. 甲에 대하여 부진정부작위범인 부작위에 의한 살인죄가 성립하기 위해서는 ① 甲에게 보증인지위가 인정되어야 하고, ② 부작위를 작위에 의한 구성요건, 즉 살인의 실행과 같이 평가할 수 있어야 하고, ③ 부작위와 사망의 결과 사이에 인과관계가 인정되어야 하며,

④ 주관적 구성요건인 고의가 인정되어야 하고, ⑤ 위법성과 책임이 인정되어야 한다. 이 중에서 인과관계는 어느 감정결과에 의하여 사실인정을 할 것인가에 따라 달라질 수 있으므로 나머지 요건이 성립되는지를 먼저 살펴본다.

(1) 보증인지위

부작위범에 있어서 보증인지위를 인정하기 위해서는 ① 법익의 주체가 그 법익의 침해 위협에 대하여 스스로 보호할 능력이 없고, ② 부작위범에게 그 위험으로부터 법익을 보호해야 할 의무, 즉 작위의무(보증인의무)가 있고, ③ 부작위범이 이러한 보호기능에 의하여 법익침해를 야기한 사태를 지배하고 있을 것을 요한다(통설·판례1)). 본 사례의 경우, 甲이 ①, ③의 요건을 충족하였음은 명백하므로 작위의무가 있는지가 문제된다.

작위의무의 발생근거와 내용에 관하여는 ⓐ 발생근거만을 문제삼아 법령·계약·선행행위·조리에 의하여 작위의무가 인정되면 충분하다는 형식설, ⓑ 실질적 관점에서 파악하여 법익의 보호기능에 의한 보증인의무인 보호의무와 위험에 대한 감시의무에 따른 지배의무로 분류하는 기능설, ⓒ 형식설과 기능설을 결합하여 보증인의무를 파악하는 통합설(통설)이 있다. 어느 견해에 의하든, 법령·계약은 물론 신의성실의 원칙이나 조리에 의하여 작위의무가 발생한다는 데는 의문이 없다([관련판례]).

본 사례에서 甲은 A와 3년 전부터 내연관계를 맺어온 점에 비추어 조리상의 작위의무가 있고, A에게 필로폰을 1회 주사하여 위와 같은 위험상황에 빠뜨린 점에서 선행행위로 인한 작위의무도 있다고 할 것이다.

(2) 행위정형의 동가치성

부진정부작위범이 성립하기 위해서는 부작위를 실행행위로서의 작위와 동일시할 수 있어야 한다.2) 이러한 행위정형의 동가치성(동등성)은 부작위에 의한 구성요건적 결과가 구성요건에서 요구하는 수단과 방법에 의하여 행하여질 것을 요한다는 의미에 지나지 않는다는 것이 통설이다. 통설에 의하면, 살인죄 등과 같이 결과가 발생하면 처벌되는 범죄에 대해서는 행위정형의 동가치성은 특별한 의미를 갖지 않는다고 한다. 판례는 살인죄 등 모든 범죄에서 부작위행위자가 법익침해를 일으키는 사

---

1) 대법원 2015. 11. 12. 선고 2015도6809 전원합의체 판결. 판례는 위 ③을 행위정형의 동가치성을 판단하는 요소로 설시하고 있다.
2) 대법원 2017. 12. 22. 선고 2017도13211 판결.

태를 지배하고 있어 작위의무의 이행으로 결과 발생을 쉽게 방지할 수 있음에도 그에 이르는 사태의 핵심적 경과를 그대로 방관하여 결과가 발생하면 동가치성이 인정된다고 한다([관련판례]). 통설·판례에 따르면 甲의 부작위는 작위에 의한 살인행위와 동등한 가치를 가진다고 할 것이다.

(3) 고의

부진정부작위범에서 고의가 인정되기 위해서는 구성요건적 결과 및 결과방지의 가능성에 대한 인식이 있어야 하고, 보증인지위에 대한 인식도 있어야 한다. 甲은 구급의료를 요청하였다가는 자칫 자신도 필로폰 투약한 것이 발각되어 크게 처벌받을 것을 두려워한 나머지 A를 방치하였지만, '이전에도 비슷한 상황에서 시간이 지나자 아무 일 없었던 적이 몇 차례 있었으므로' 이번에도 '아침이면 괜찮아지겠지' 하고 생각하였다. 이러한 甲의 주관적 상태를 어떻게 평가할 수 있는지 문제된다.

甲에게 확정적 고의가 없는 것은 분명하므로 미필적 고의가 있는지 여부만 문제된다. 미필적 고의와 인식 있는 과실과의 구별에 관하여는, ① 구성요건적 결과발생의 가능성을 인식한 때는 미필적 고의를 인정할 수 있다는 가능성설, ② 결과발생의 개연성을 인식한 때에는 미필적 고의이고, 단순한 가능성을 인식한 때는 인식 있는 과실이라는 개연성설, ③ 행위자가 구성요건적 결과발생을 가능하다고 인식하고 그 결과가 발생해도 좋다고 승인한 때에는 미필적 고의가 인정되고, 결과의 불발생을 희망한 때에는 인식 있는 과실이라는 용인설, ④ 결과발생의 가능성을 인식하면서 구성요건 실현을 묵인하고 행위 시의 불명확한 상태를 견디기로 한 때, 즉 위험을 감수한 때에 미필적 고의가 인정되고, 결과가 발생하지 않는다고 신뢰한 때에는 인식 있는 과실이 된다고 하는 감수설[1]의 대립이 있다. 판례는 "범죄사실의 발생가능성에 대한 인식이 있음은 물론 나아가 범죄사실이 발생할 위험을 용인하는 내심의 의사가 있어야 한다"고 판시하여[2] 용인설과 같은 입장이다.

본 사례의 경우, 가능성설에 의하면 미필적 고의가 인정되고, 개연성설에 의하면 미필적 고의가 부정된다고 하겠으나, 감수설이나 용인설에 의할 경우에는 견해가 나누어질 수 있다. 판례는 용인하였는지 여부는 "작위의무자의 진술에만 의존할 것이 아니라, 작위의무의 발생근거, 법익침해의 태양과 위험성, 작위의무자의 법익침해에 대한 사태지배의 정도, 요구되는 작위의무의 내용과 그 이행의 용이성, 부작위에

---

[1] 감수설은 행위자가 결과발생을 용인하였는가는 책임요소로서의 의미를 가지는 것에 불과하다고 한다.
[2] 대법원 2004. 5. 14. 선고 2004도74 판결; 대법원 2017. 1. 12. 선고 2016도15470 판결.

이르게 된 동기와 경위, 부작위의 형태와 결과 발생과의 상관관계 등을 종합적으로 고려하여 작위의무자의 심리상태를 추인하여야 할 것이다"라고 판시하고 있다([관련판례]).[1] 판례에 따라 작위의무자의 관점에서 그 심리상태를 추인하면, 甲은 전에도 비슷한 상황에서 몇 차례 아무 일이 없어 이번에도 '아침이 되면 괜찮아지겠지'라고 생각하였고, A와는 3년 동안 내연관계를 맺어온 점 등에 비추어 A의 사망을 용인하였다고 보기 어렵다. 따라서 甲에 대하여 살인죄의 미필적 고의를 인정하기는 어렵다고 할 것이다.[2]

 관련판례

대법원 2015. 11. 12. 선고 2015도6809 전원합의체 판결【살인 등】세월호사건[3]

살인죄와 같이 일반적으로 작위를 내용으로 하는 범죄를 부작위에 의하여 범하는 이른바 부진정부작위범의 경우에는 보호법익의 주체가 그 법익에 대한 침해위협에 대처할 보호능력이 없고, 부작위행위자에게 그 침해위협으로부터 법익을 보호해 주어야 할 법적 작위의무가 있을 뿐 아니라, 부작위행위자가 그러한 보호적 지위에서 법익침해를 일으키는 사태를 지배하고 있어 그 작위의무의 이행으로 결과발생을 쉽게 방지할 수 있어야 그 부작위로 인한 법익침해가 작위에 의한 법익침해와 동등한 형법적 가치가 있는 것으로서 범죄의 실행행위로 평가될 수 있다. 다만 여기서의 작위의무는 법령, 법률행위, 선행행위로 인한 경우는 물론, 신의성실의 원칙이나 사회상

---

1) 같은 취지 대법원 2004. 5. 14. 선고 2004도74 판결. 대구지하철화재 사고 현장을 수습하기 위한 청소작업이 한참 진행되고 있는 시간 중에 실종자 유족들로부터 이의제기가 있었음에도 대구지하철공사 사장이 즉각 청소 작업을 중단하도록 지시하지 않았고 수사기관과 협의하거나 확인하지 않았다고 하여 위 사장에게 그러한 청소 작업으로 인하여 증거인멸의 결과가 발생할 가능성을 용인하는 내심의 의사까지 있었다고 단정하기는 어렵다고 한 사례이다.
2) 세월호사건 판결 외에 부작위에 의한 살인죄의 미필적 고의를 인정한 판결로는 대법원 1982. 11. 23. 선고 82도2024 판결이 있다. 동 판결은 "피해자를 아파트에 유인하여 양 손목과 발목을 노끈으로 묶고 입에 반창고를 두 겹으로 붙인 다음 양 손목을 묶은 노끈은 창틀에 박힌 시멘트 못에, 양 발목을 묶은 노끈은 방문손잡이에 각각 잡아매고 얼굴에 모포를 씌워 감금한 후 수차 아파트를 출입하다가 마지막 들어갔을 때 피해자가 이미 탈진 상태에 이르러 박카스를 마시지 못하고 그냥 흘려버릴 정도였고 피고인이 피해자의 얼굴에 모포를 덮어씌워 놓고 그냥 나오면서 피해자를 그대로 두면 죽을 것 같다는 생각이 들었다면, 피고인이 위와 같은 결과발생의 가능성을 인정하고 있으면서도 피해자를 병원에 옮기지 않고 사경에 이른 피해자를 그대로 방치한 소위는 피해자가 사망하는 결과에 이르더라도 용인할 수밖에 없다는 내심의 의사 즉 살인의 미필적 고의가 있다"고 판시하였다.
3) 세월호 침몰사건과 관련하여 세월호 선원들의 지위, 업무상과실 여부, 부작위의 내용 등에 따라 선장에 대하여는 살인·살인미수죄 등을, 1등 항해사에 대하여는 특정범죄 가중처벌 등에 관한 법률 제5조의12(도주선박의 선장 또는 승무원에 대한 가중처벌) 위반죄 등을, 나머지 선원들에 대하여는 유기치사·치상죄 등을 인정하였다. 본 판결 평석은 김태명, "부작위에 의한 살인죄의 공동정범의 성립연구", 형사판례연구 [24], 2016, 55-92면.

규 혹은 조리상 작위의무가 기대되는 경우에도 인정된다고 할 것이다(대법원 1992. 2. 11. 선고 91도2951 판결, 대법원 2008. 2. 28. 선고 2007도9354 판결 등 참조).

또한 부진정부작위범의 고의는 반드시 구성요건적 결과발생에 대한 목적이나 계획적인 범행 의도가 있어야 하는 것은 아니고 법익침해의 결과발생을 방지할 법적 작위의무를 가지고 있는 자가 그 의무를 이행함으로써 그 결과발생을 쉽게 방지할 수 있었음을 예견하고도 결과의 발생을 용인하고 이를 방관한 채 그 의무를 이행하지 아니한다는 인식을 하면 족하며, 이러한 작위의무자의 예견 또는 인식 등은 확정적인 것은 물론 불확정적인 것이더라도 미필적 고의로 인정될 수 있다. 작위의무자에게 이러한 고의가 있었는지는 작위의무자의 진술에만 의존할 것이 아니라, 작위의무의 발생근거, 법익침해의 태양과 위험성, 작위의무자의 법익침해에 대한 사태지배의 정도, 요구되는 작위의무의 내용과 그 이행의 용이성, 부작위에 이르게 된 동기와 경위, 부작위의 형태와 결과 발생과의 상관관계 등을 종합적으로 고려하여 작위의무자의 심리상태를 추인하여야 할 것이다. (중략)

선박침몰 등과 같은 조난사고로 승객이나 다른 승무원들이 스스로 생명에 대한 위협에 대처할 수 없는 급박한 상황이 발생한 경우에는 선박의 운항을 지배하고 있는 선장이나 갑판 또는 선내에서 구체적인 구조행위를 지배하고 있는 선원들은 적극적인 구호활동을 통해 보호능력이 없는 승객이나 다른 승무원의 사망 결과를 방지하여야 할 작위의무가 있다 할 것이므로, 법익침해의 태양과 정도 등에 따라 요구되는 개별적·구체적인 구호의무를 이행함으로써 사망의 결과를 쉽게 방지할 수 있음에도 그에 이르는 사태의 핵심적 경과를 그대로 방관하여 사망의 결과를 초래하였다면, 그 부작위는 작위에 의한 살인행위와 동등한 형법적 가치를 가진다고 할 것이고, 이와 같이 작위의무를 이행하였다면 그 결과가 발생하지 않았을 것이라는 관계가 인정될 경우에는 그 작위를 하지 않은 부작위와 사망의 결과 사이에 인과관계가 있는 것으로 보아야 할 것이다.

(4) 소결

甲에 대하여 고의를 인정할 수 없으므로 더 나아가 인과관계 등에 관하여 살펴볼 것도 없이 부작위에 의한 살인죄는 성립하지 않는다.

3. 유기치사죄의 성립 여부

甲이 A가 급성중독증상을 보임에도 119 구급의료요청을 하지 않고 방치한 채 집 밖으로 나간 행위가 유기치사죄(형법 제275조 제1항, 제271조 제1항)에 해당하는지 문제된다. 유기치사죄가 성립하기 위해서는 유기죄의 성립이 전제되어야 한다. 유기죄는 나이가 많거나 어림, 질병 그 밖의 사정으로 도움이 필요한 사람을 법률상 또는 계약상 보호할 의무가 있는 자가 유기[1]한 경우에 성립한다.

(1) 甲이 법률상·계약상 보호의무자에 해당하는지 여부

유기치사죄의 주체는 '도움이 필요한 사람을 법률상 또는 계약상 보호할 의무가 있는 자'이다. 甲은 A에 대하여 계약상 보호의무는 없다.[2] 그러나 만일 A와 사실혼 관계에 있었다면 법률상 보호의무가 있는지 문제된다. 사실혼 관계에 있더라도 당사자 사이에 주관적으로 혼인의 의사가 있고 객관적으로도 사회관념상 가족질서적인 면에서 부부공동생활을 인정할 만한 혼인생활의 실체가 존재하면 유기죄에서의 법률상 보호의무가 있다고 할 수 있으나([관련판례]), 甲은 A와 단순한 내연관계에 있으므로 유기치사죄의 주체인 법률상 의무자에 해당하지 않는다.

 관련판례

대법원 2008. 2. 14. 선고 2007도3952 판결【유기치사】

【사실관계】

피고인 甲은 피해자 A(여, 47세)와 4년여 동안 동거하면서 내연관계를 맺어오던 중, 2006. 8. 1. 01:00경 서울 서초동 소재 P모텔 601호실에서 함께 투숙해 있던 A에게 내연관계를 청산하자고 하자 A가 이를 거부하며 자신의 손목을 칼로 그어 자살을 기도하는 등 극도로 예민한 상태로 괴로움을 호소하면서 당시 甲이 소지하고 있던 필로폰 약 1.6g을 모두 먹어 버리겠다며 전부 달라고 하며 甲의 바지 주머니에서 위 필로폰 1.6g을 가져가도록 방치함으로써 A가 이를 물에 타서 전부 복용한 후 약물 과다 복용으로 밤새 잠을 못 이룬 채 자신의 가슴을 두드리며 고통을 호소하고, 같은 날 09:30경에는 방바닥에 앉은 상태에서도 목을 가누지 못할 정도의 상황에 이르렀는데도, 甲은 의료기관에 후송하는 등의 조치를 취하지 않은 채 A를 그대로 방치하여 결국 A는 같은 날 11:30경 같은 장소에서 급성약물중독으로 사망하였다.

---

1) 유기죄에서의 유기는 요부조자를 보호받는 상태에서 적극적으로 보호 없는 상태로 옮기는 협의의 유기(장소적 격리)와 요부조자가 위치하는 장소로부터 부조의무자가 이탈하는 광의의 유기가 있는데, 어느 경우나 작위뿐 아니라 부작위로도 할 수 있다. 본 사례에서 甲이 A를 집에 둔 채 밖으로 나간 행위는 '작위에 의한 광의의 유기'에 해당한다.

2) 계약상 의무는 간호사나 보모와 같이 계약에 의한 주된 급부의무가 부조를 제공하는 경우에 한정되지 않는다(대법원 2011. 11. 24. 선고 2011도12302 판결. 손님으로 와서 수일 동안 식사 한 끼 안 먹고 술만 먹어 만취된 피해자를 방치하여 저체온으로 사망에 이르게 한 주점 주인에게 부조의무를 인정한 사례).

【판결이유】[1]

단순유기죄를 범하여 사람을 사망에 이르게 하는 유기치사죄가 성립하기 위하여는 먼저 단순유기죄가 성립하여야 하므로, 행위자가 단순유기죄에 관한 형법 제271조 제1항이 정한 바에 따라 "노유, 질병 기타 사정으로 인하여 부조를 요하는 자를 보호할 법률상 또는 계약상 의무 있는 자"에 해당하여야 할 뿐만 아니라, 요부조자에 대한 보호책임의 발생원인이 된 사실이 존재한다는 것을 인식하고 이에 기한 부조의무를 해태한다는 의식이 있음을 요한다(대법원 1988. 8. 9. 선고 86도225 판결 참조).

그리고 위 조항에서 말하는 법률상 보호의무 가운데는 민법 제826조 제1항에 근거한 부부간의 부양의무도 포함되며, 나아가 법률상 부부는 아니지만 사실혼 관계에 있는 경우에도 위 민법 규정의 취지 및 유기죄의 보호법익에 비추어 위와 같은 법률상 보호의무의 존재를 긍정하여야 하지만, 이러한 사실혼에 해당되어 법률혼에 준하는 보호를 받기 위하여는 단순한 동거 또는 간헐적인 정교관계를 맺고 있다는 사정만으로는 부족하고, 그 당사자 사이에 주관적으로 혼인의 의사가 있고 객관적으로도 사회관념상 가족질서적인 면에서 부부공동생활을 인정할 만한 혼인생활의 실체가 존재하여야 한다(대법원 2001. 1. 30. 선고 2000도4942 판결, 대법원 2001. 4. 13. 선고 2000다52943 판결 참조).

(2) 조리 등 그 밖의 사유에 의한 보호의무의 인정 여부

보호의무의 근거에 관하여는, ① 형법 제271조 제1항의 '법률상 또는 계약상 의무'는 예시에 지나지 않고 널리 사무관리, 관습 또는 조리에 의하여도 보호의무가 발생한다는 견해,[2] ② 법률상 또는 계약상 의무에 제한된다는 견해(통설), ③ 선행행위가 다른 범죄를 구성하고 유기죄에 의하여 발생할 정도의 위험이 이미 다른 범죄에 의하여 발생한 때에는 별도로 유기죄가 성립하지 않지만,[3] 선행행위가 범죄로 인정되지 않는 경우에는 도울 의무, 즉 부조(扶助)의무를 인정할 여지가 있다고 하는 견해[4]의 대립이 있다. 판례도 통설과 같은 제한설의 입장이다.[5] 통설·판례가 타당하

---

1) 4년여 동안 동거하기도 하면서 내연관계를 맺어왔다는 사정만으로는 두 사람의 관계를 사실혼 관계라고 보거나 두 사람 사이에 부부간의 상호 부양의무에 준하는 보호의무를 인정할 수 없고, 치사량의 필로폰을 복용하여 부조를 요하는 상태에 있다고 인식하였다는 점에 관하여 합리적인 의심이 생기지 않을 정도로 확신하기에는 부족하다고 판단한 원심을 인용하였다.

2) 일본 형법은 단순유기죄(제217조) 외에 보호책임자유기등죄(제218조)를 규정하고 있는데, 우리 형법과는 달리 어느 경우에도 주체를 법률상 또는 계약상 보호의무자에 한정하고 있지 않다. 따라서 ①설과 같이 해석하며, 판례도 호텔방에서 여성에게 각성제를 먹인 후 그 여성이 정신착란상태에 빠지게 되었음에도 이를 그대로 방치한 채 호텔방을 빠져나온 경우에는 부조의무를 인정할 수 있다고 한다(最決 1989. 12. 25. 刑集 43·13·879).

3) 강간치상죄를 저지른 자가 그 범행으로 인하여 실신상태에 있는 피해자를 구호하지 않고 방치하더라도 별도의 중유기죄는 성립하지 않는다(대법원 1980. 6. 24. 선고 80도726 판결).

4) 이러한 경우는 통상 묵시적 계약의 범주 내에 포섭될 수도 있다는 견해도 있다.

5) 대법원 1977. 1. 11. 선고 76도3419 판결(피고인이 피해자와 함께 도로 위를 걸어가던 중 술에 취한 탓

고, 이에 의하면 甲에게 보호의무를 인정할 여지는 없다.

(3) 소결

甲은 유기치사죄의 주체인 법률상·계약상 보호의무자에 해당하지 않으므로 유기치사죄는 성립하지 않는다.

4. 과실치사죄의 성립 여부

甲이 A가 급성중독증상을 보임에도 119 구급의료요청을 하지 않고 방치한 행위가 부작위에 의한 과실치사죄(형법 제267조), 즉 과실치사죄의 부진정부작위범[1])에 해당하는지 문제된다.

과실에 의한 부진정부작위범은 고의 부진정부작위범의 객관적 구성요건과 과실작위범의 구성요건으로 구성된다. 따라서 과실의 부진정부작위범이 성립하기 위하여는 작위의무의 위반(부작위범의 요건)과 별도로 주의의무의 위반(과실범의 요건)이 인정되어야 한다. 작위의무와 주의의무의 관계에 관하여 살펴보면, 작위의무는 한편으로 결과발생의 저지의무이고, 다른 한편으로 보증인지위에 있는 사람에게만 결과발생을 저지하기 위하여 필요한 주의를 기울이는 것을 내용으로 하는 의무, 즉 주의의무가 부과되는 것이다. 따라서 과실의 부진정부작위범에 있어서는 주의의무위반이 작위의무위반을 포함하는 형태로 중복(오버랩)된다고 할 수 있다.

(1) 작위의무의 위반 여부

앞서 살펴본 대로 甲은 A와 3년 전부터 내연관계를 맺어온 점에 비추어 조리상의 작위의무가 있고, A에게 필로폰을 1회 주사하여 위와 같은 위험상황에 빠뜨린

으로 도로 위에서 실족하여 2미터 아래 개울로 미끄러 떨어져 약 5시간가량 잠을 자다가 술과 잠에서 깨어난 피고인과 피해자는 도로 위로 올라가려 하였으나 야간이므로 도로로 올라가는 길을 발견치 못하여 개울 아래위로 헤매던 중, 피해자는 후두부 타박상을 입어서 정상적으로 움직이기가 어렵게 되었고 피고인은 도로로 나오는 길을 발견하여 혼자 도로 위로 올라왔으며 당시는 영하 15도의 추운 날씨이고 40미터 떨어진 곳에 민가가 있었음에도, 피고인이 인접한 민가에 가서 피해자의 구조를 요청하거나 스스로 피해자를 데리고 올라와서 병원으로 데려가 의사로 하여금 치료케 하는 등 긴급한 구조조치를 취하지 않고 그대로 방치하여 약 4, 5시간 후 피해자가 심장마비로 사망한 사안에서, 피고인과 피해자가 특정지점에서 특정지점까지 가기 위하여 길을 같이 걸어간 관계가 있다는 사실만으로서는 피고인에게 설혹 동행자가 구조를 요하게 되었다 하여도 보호할 법률상·계약상의 의무가 없다고 한 판결); 대법원 2013. 9. 13. 선고 2011도9675 판결(서울역 직원이 혹한의 날씨에 부상 입은 노숙자를 역사 밖으로 내보내 노숙자가 사망한 사안에서, 유기치사죄의 성립을 부정한 판결).
1) 과실행위는 작위에 한하지 않고 부작위도 포함되므로 과실 부진정부작위범이라는 개념을 규정할 필요가 없다는 견해도 있다.

점에서 선행행위로 인한 작위의무도 있음에도 불구하고, 그러한 작위의무에 위반하였다고 할 것이다.

(2) 주의의무의 위반 여부

주의의무는 구체적인 행위로부터 발생할 수 있는 보호법익에 대한 위험을 인식하고, 구성요건적 결과의 발생을 방지하기 위하여 적절한 방어조치를 취할 의무를 말한다. 따라서 주의의무는 예견의무와 결과회피의무를 그 내용으로 한다.

주의의무를 어떤 표준에 의하여 판단할 것인가에 대하여는, ① 주의의무위반이란 객관적 주의의무의 침해 또는 사회생활에서 요구되는 주의의 태만을 의미하고, 이는 행위자의 위치에 있는 통찰력 있는 사람의 지도형상, 즉 행위자가 속한 거래범위의 신중하고 사려깊은 사람의 판단이 기준이 된다고 하는 객관설(통설), ② 구성요건의 단계에서 이미 행위자 개인에게 가능한 주의의무에 국한되어야 한다는 주관설의 대립이 있는데, 판례는 객관설의 입장이다.[1]

甲은 사회생활상 요구되는 주의를 태만히 하여 A가 곧 사망할 것이라는 점을 인식하지 못하였으므로 주의의무를 위반한 과실이 인정된다.

(3) 인과관계의 인정 여부

과실의 부진정부작위범이 성립하기 위하여는 과실인 행위, 즉 부작위와 결과 사이에 인과관계가 인정되어야 한다. 부작위범의 인과관계에 관하여는, ① 종래 '무에서는 유가 발생할 수 없다'며 이를 부정하는 견해, ② 부작위 이외의 것이 원인이라는 견해,[2] ③ 부작위 자체가 원인이라는 견해가 있다. ③의 견해 가운데는 ⓐ 결과발생을 방지할 가능성이 있음에도 불구하고 부작위로 나아간 것이 사회적으로 위험하기 때문에 결과에 대한 원인이 된다는 위험설, ⓑ 기대되는 행위를 하였더라면 결과가 발생하지 않았을 것이라는 관계가 인정되면 그 부작위는 결과에 대하여 원인이 된다는 기대행위설, ⓒ 작위의무 있는 자의 부작위만이 결과에 대하여 원인이 된다는 의무위반설이 있다.

생각건대, 기대되는 행위를 하였더라면 결과가 발생하지 않았을 것이라는 관계

---

1) 대법원 2003. 1. 10. 선고 2001도3292 판결.
2) 이에는 ① 부작위 시에 행위진 작위의무자의 다른 행위가 결과에 대한 원인이라는 타행행위설, ② 부작위에 앞서서 행해진 작위가 결과에 대한 원인이라는 선행행위설, ③ 결과발생을 방지하려는 작위에의 충동을 억제하는 심리작용, 즉 간섭현상에 원인이 있다는 간섭설, ④ 부작위 자체에 원인력은 없으나 작위의무자의 작위의무위반이 결과에 대하여 법적 원인이 된다는 법적 인과관계설 등이 있다.

가 인정되면 인과관계가 성립한다고 하는 것이 타당하다(기대행위설). 이때에도 ① 부작위가 없었더라면 결과가 발생하지 않았을 것이라고 인정되는 상당성의 범위 내에서 부작위의 인과관계를 인정하는 견해(상당인과관계설), ② 행위를 하였다면 결과가 방지되었을 때에 발생한 구성요건적 결과와 합법칙적 관련이 있는 경우에 인과관계를 인정하고, 나아가 구체적 작위의무위반과 결과 사이에 객관적 귀속이 인정되어야 한다는 견해(합법칙적 조건 및 객관적 귀속설)가 있다.

어느 견해에 의하더라도 결과가 발생하지 않을 가능성이 어느 정도에 이르러야 인과관계 또는 객관적 귀속을 인정할 수 있는지 여부가 다시 문제된다. 이에 대하여 판례는 기대되는 행위를 하였더라면 결과가 발생하지 않을 것임이 입증(증명)되어야 한다고 판시하고 있다([관련판례]).1) 형사사건에서 '입증'이나 '인정'의 정도는 합리적 의심을 할 여지가 없을 정도여야 하므로2) 결과가 발생하지 않을 것임이 합리적인 의심을 할 여지가 없을 정도에 이르러야 한다는 것이다.3)

생각건대, 판례에 비추어 결과가 발생하지 않을 가능성이 합리적인 의심을 할 여지가 없을 정도에 이르러야 인과관계를 인정할 수 있을 것이다.4) 따라서 본 사례에서 과실치사죄에서의 인과관계가 인정되는지 여부는 X와 Y의 어느 감정서에 따라 사실인정을 하느냐에 달려 있다.

 관련판례

대법원 1990. 12. 11. 선고 90도694 판결【업무상과실치사】5)

【사실관계】

피고인들인 종합병원의 수술주관 의사 또는 마취담당 의사들은 피해자에 대하여 할

---

1) 대법원 2007. 10. 26. 선고 2005도8822 판결; 대법원 2015. 11. 12. 선고 2015도6809 전원합의체 판결.
2) 대법원 2012. 5. 24. 선고 2010도5948 판결.
3) 본 사례와 유사한 사안에서 일본 판례는 "각성제에 의한 착란상태에 빠진 시점에서 즉시 구급의료를 요청하였더라면 피해자(여, 13세)가 젊고, 생명력이 왕성하며, 특별한 질병이 없었던 점에서 십중팔구는 구명가능성이 있었으므로 피해자의 구명은 합리적인 의심을 넘을 정도로 확실하다고 인정되고, 따라서 피고인의 방치행위와 각성제로 인한 사망 결과 사이에는 인과관계가 있다"고 판시하면서, 보호책임자유기등죄의 성립(일본 형법 제218조. 노년자·유년자·신체장해자 또는 병자를 보호할 책임 있는 자가 그러한 자를 유기하거나 그 생존에 필요한 보호를 하지 않은 경우에 성립)을 인정하였다(最判 1989. 12. 15. 刑集 43·13·879).
4) 본 사례를 과실법의 인과관계라는 측면에서 검토할 경우, 결과회피가능성의 정도와 관련하여 ① 무죄추정설(결과가 발생하지 않을 확실성이 80-90% 이상 인정되어야 함), ② 위험증대설(확실성 10-20%), ③ 상당설의 대립이 있는데, ①설이 통설이므로 그 결론은 같다.
5) 본 판결 평석은 신양균, "과실범에 있어서 의무위반과 결과의 관련", 형사판례연구 [1], 1993, 62-82면.

로테인이라는 마취제를 사용하여 난소종양절제수술을 하였던바, 피해자가 수술 후 1주일이 경과하여 급성전격성간염증상이 진단된 간부전으로 사망하였다. 이 사건에서 마취제로 사용된 할로테인을 간기능에 이상이 있는 환자에게 사용하는 경우에는 90% 이상이 간기능의 악화로 심한 경우에는 사망에 이르게 된다는 사실이 널리 알려져 있었다. 따라서 마취제의 적응 여부를 판단하기 위하여 사전에 환자에 대하여 혈청의 생화학적 반응에 의한 간기능검사를 하는 것이 보편적이었다. 그럼에도 피고인들은 수술 자체가 위급하지 않았음에도 이러한 검사 대신 정확성이 떨어지는 소변검사만 실시한 채 수술을 하였다.

【판결요지】

[1] 전신마취에 의한 개복수술은 간부전을 일으키고 간성혼수에 빠지게 하기도 하는데 특히 급만성간염이나 간경변 등 간기능에 이상이 있는 경우에는 90% 이상이 간기능이 증악화하고 심한 경우에는 사망에 이르게 하는 것으로 알려져 있어 개복수술 전에 간의 이상 유무를 검사하는 것은 필수적이고, 피해자의 수술 시에 사용된 마취제 할로테인은 드물게는 간에 해독을 끼치고 특히 이미 간장애가 있는 경우에는 간장애를 격화시킬 위험이 있으므로 이러한 환자에 대하여는 그 사용을 주의 또는 회피하여야 한다고 의료계에 주지되어 있으며 이 사건 사고당시 의료계에서는 개복수술 환자의 경우 긴급한 상황이 아닌 때에는 혈청의 생화학적 반응에 의한 간기능검사를 하는 것이 보편적이었다면, 응급환자가 아닌 난소종양환자의 경우에 있어서 수술주관의사 또는 마취담당의사인 피고인들로서는 난소종양절제수술에 앞서 혈청의 생화학적 반응에 의한 검사 등으로 종합적인 간기능검사를 철저히 하여 피해자가 간손상 상태에 있는지의 여부를 확인한 후에 마취 및 수술을 시행하였어야 할 터인데 피고인들은 시진, 문진 등의 검사결과와 정확성이 떨어지는 소변에 의한 간검사 결과만을 믿고 피해자의 간상태를 정확히 파악하지 아니한 채 할로테인으로 전신마취를 실시한 다음 이 사건 개복수술을 감행한 결과 수술 후 22일만에 환자가 급성전격성간염으로 인하여 사망한 경우에는 피고인들에게 업무상과실이 있다 할 것이다.

[2] 위 "1"항의 경우 혈청에 의한 간기능검사를 시행하지 않거나 이를 확인하지 않은 피고인들의 과실과 피해자의 사망 간에 인과관계가 있다고 하려면 피고인들이 수술 전에 피해자에 대한 간기능검사를 하였더라면 피해자가 사망하지 않았을 것임이 입증되어야 할 것인데도(수술 전에 피해자에 대하여 혈청에 의한 간기능검사를 하였더라면 피해자의 간기능에 이상이 있었다는 검사결과가 나왔으리라는 점이 증명되어야 할 것이다) 원심은 피해자가 수술당시에 이미 간손상이 있었다는 사실을 증거 없이 인정함으로써 채증법칙위반 및 인과관계에 관한 법리오해의 위법을 저지른 것이다.

5. 설문의 해결

앞서 살펴본 대로 재판부가 X와 Y의 어느 감정서에 따라 사실인정을 하더라도 甲은 살인죄, 유기치사죄에는 해당하지 않는다. 다만, 과실치사죄의 성립 여부는 어느 감정서에 따라 사실인정을 하느냐에 달려 있다.

(1) X의 감정서에 의하여 사실인정을 할 경우

X의 감정서에 의하여 사실을 인정할 경우에는, A에게 급성중독증상이 나타난 시점에서 甲이 바로 구급의료를 요청하였다면 십중팔구는 구명되었을 것이므로 그러한 행위를 하지 않은 甲의 행위와 A의 사망 결과 사이에 인과관계가 인정되고, 따라서 과실치사죄가 인정된다.

(2) Y의 감정서에 의하여 사실인정을 할 경우

Y의 감정서에 의하여 사실을 인정할 경우에는, A에게 급성중독증상이 나타난 시점에서 甲이 바로 구급의료를 요청하였더라도 구명가능성이 반밖에 되지 않았으므로 甲의 행위와 A의 사망 결과 사이에 인과관계는 부정되고, 따라서 과실치사죄도 성립하지 않는다.

II. 제2문 — X와 Y의 감정서의 증거사용

1. 문제의 제기

감정은 특수한 지식이나 경험을 가진 사람이 그의 지식이나 경험에 기하여 알 수 있는 법칙 또는 그 법칙을 적용하여 얻은 판단을 보고하는 것을 말한다. 형사절차상 감정에는 ① 수사기관이 수사의 필요에 의하여 위촉하는 감정(형소법 제221조 제2항), ② 법원이 감정인에게 명하는 감정(형소법 제169조), ③ 법원이 공무소 등 단체·기관에 촉탁하는 감정(형소법 제179조의2)이 있다.

X의 감정은 위 ①의 수사기관이 위촉하는 감정이고, Y의 감정은 위 ②의 법원의 감정이다. 그런데 검사가 증거로 제출한 X의 감정서에 대하여 변호인이 증거부동의를 하였고, Y의 감정서에 대하여 검사가 증거부동의를 하였다. 이러한 경우에 어떤 요건하에서 증거로 사용할 수 있는지가 문제된다.

2. X의 감정서

X의 감정서는 국립과학수사연구원의 전문의 X가 수사기관의 위촉으로 A의 사체를 부검하고 그 결과를 기재한 감정서로서, X는 감정수탁자에 해당한다.[1] 감정서는 감정인의 경험사실을 공판정 외에서 진술한 것이므로 전문증거에 해당한다. 감정수탁자 X가 작성한 감정서의 증거능력에 관하여는, ① 법원의 감정명령에 의한 감정에 준하여 취급하므로 감정서의 증거능력에 관한 규정인 형사소송법 제313조 제3항에 의한다는 견해(통설)와 ② 법원의 감정명령에 의한 감정서에 비하여 선서와 허위감정에 따른 제재가 없어 신용성이 떨어지므로 형사소송법 제313조 제3항은 적용될 수 없고, 다만 당사자가 동의하거나 형사소송법 제314조(증거능력에 대한 예외)의 사유가 존재하는 경우에 한하여 증거로 할 수 있다는 견해가 있다. ①설이 타당하다.

따라서 본 사례에서는 甲의 변호인이 X의 감정서에 대하여 증거부동의하였으므로 형사소송법 제313조 제3항의 요건을 갖추어야 증거로 사용할 수 있다. 즉, ① X의 감정서는 '피고인이 아닌 자가 작성한 진술서'에 해당하므로 그 작성자인 X의 자필이거나 서명 또는 날인이 있고, ② 공판준비나 공판기일에서의 그 작성자인 X의 진술에 의하여 그 성립의 진정함이 증명된 때는 증거로 할 수 있다(형소법 제313조 제3항, 제1항). 이때 X가 그 성립의 진정을 부인하는 경우에는, 과학적 분석결과에 기초한 디지털포렌식 자료, 감정 등 객관적 방법으로 성립의 진정함이 증명되는 때에는 증거로 할 수 있다. 다만, ③ 피고인 아닌 자가 작성한 진술서는 피고인 또는 변호인이 공판준비 또는 공판기일에 그 기재 내용에 관하여 작성자를 신문할 수 있었을 것을 요한다(형소법 제313조 제3항, 제2항). 그리고 ④ 감정수탁자인 X가 사망·질병·외국거주·소재불명 그 밖에 이에 준하는 사유로 진술할 수 없는 때에는 그 작성이 특히 신빙할 수 있는 상태하에서 행하여진 때에 한하여 증거능력이 인정된다(형소법 제314조).

---

1) 위 ①감정과 ②감정을 비교하면 아래 표와 같다.

	방식	감정주체	감정인 선서의무	감정유치장	감정처분허가장
①감정	위촉 (임의수사)	감정수탁자	없음 (참고인조사)	검사 청구, 판사 발부 (§221의3)	검사 청구, 판사 발부 (§221의4)
②감정	명령 (지정)	감정인 (§170)	있음(§170) (감정증인)	판사 발부 (§172④)	판사 발부 (§173)

3. Y의 감정서

Y의 감정서는 법원이 명한 감정인 Y가 A의 사망원인에 관한 감정결과를 기재한 감정보고서로서 甲에게 유리하고 검사에게는 불리한 증거이다. 그런데 검사가 증거로 사용하는 데 부동의하였으므로[1] 피고인 아닌 자가 작성한 진술서에 해당하는 Y의 감정서는 X의 감정서와 마찬가지로 형사소송법 제313조 제3항에 의하여 증거능력이 인정되어야 증거로 사용할 수 있다(형소법 제313조 제3항, 제1항, 제2항). 이때, 형사소송법 제314조가 적용된다.

Ⅲ. 제3문 — X와 Y의 감정결과가 다를 경우 법원의 대응

1. 문제의 제기

X의 감정결과에 대하여 甲의 변호인이 재판부에 재감정을 청구하여 법원이 Y에게 재감정토록 명하였는데, Y의 감정결과가 X의 감정결과와 다르게 나왔다. 이 경우, 재판부가 어떻게 대응하여야 할 것인지의 문제는 사실인정에 관한 자유심증의 문제이다.

2. Y에 대한 감정명령(재감정)의 허용 여부

X의 부검감정서가 있는데도 다시 Y에게 감정을 명할 것인지 여부는 원칙적으로 법원의 재량에 속한다. 그러나 법률이 감정을 명하고 있는 경우(형소법 제306조 제3항[2])나 사실인정을 위하여 전문가의 감정이 합리적으로 요구되는 경우에는 감정을 명할 의무가 있다[3]는 것이 일반적 견해이다. 따라서 甲의 변호인이 甲의 행위와 피해자 A의 사망과의 인과관계를 다투며 X의 감정서에 대하여 증거부동의하고 새로운 감정을 청구한 점에 비추어, Y에 대한 감정명령은 적법하다고 할 것이다.

3. 감정결과가 다를 경우의 판단

법원에서의 사실인정은 증거조사를 거친 증거에 의하여 이루어지며, 그 증거의

---

1) 검사도 피고인 또는 변호인과 마찬가지로 상대방이 제출한 증거의 증거능력 유무에 관한 의견을 진술하도록 되어 있다(형소규칙 제134조 제2항).
2) 피고인의 심신상실이나 질병에 의한 공판절차정지 시에 의사의 의견을 들어야 한다는 규정.
3) 판례도 책임능력 판단과 관련하여 심신장애의 의심이 있는 경우에 전문가의 정신감정을 받지 않았다면 심리미진의 위법이 인정된다고 한다(대법원 1999. 4. 27. 선고 99도693 판결).

증명력은 법관의 자유판단에 의한다(형소법 제308조. 자유심증주의). 이때, 자유판단의 기준은 논리법칙과 경험법칙이다.[1] 논리법칙은 명백한 사고법칙으로서, 계산착오나 개념의 혼동 또는 판결이유에 모순이 있는 때는 논리법칙에 반한다. 경험법칙은 개별적인 현상의 관찰과 일반화에 의하여 경험적으로 얻어지는 법칙으로서 필연적 경험법칙과 개연적(사회심리학적) 경험법칙이 있는데, 필연적 경험법칙은 법관의 심증형성에 상당한 구속력을 가진다.

　　감정인이나 감정수탁자의 감정결과는 증거자료의 하나이므로 법원은 원칙적으로 이에 구속되지 않고, 자유판단에 의하여 그 증명력을 판단한다. 따라서 감정결과에 반하는 사실을 인정할 수 있고,[2] 소수의견을 따르거나 각 의견 중 일부를 채택할 수도 있다.[3] 그러나 유전자검사나 혈액형검사 등 과학적 증거방법은 전제사실이 모두 진실임이 입증되고 추론방법이 과학적으로 정당하여 오류의 가능성이 전무하거나 무시할 정도로 극소한 것으로 인정되는 경우에는 법관이 사실인정을 함에 있어 상당한 정도로 구속력을 가지므로 합리적 근거 없이 이를 배척할 수 없다.[4]

　　그런데 X와 Y의 감정서는 유전자검사와 같은 과학적 증거방법은 아니므로 원칙적으로 논리법칙과 경험법칙에 따라 자유판단을 하면 될 것이다. 본 사례와 같이 X와 Y의 감정결과가 다를 경우, ① 법관은 논리법칙과 경험법칙에 위배되지 않는 한 그 중 하나를 선택하여 사실을 인정할 수 있다는 견해와, ② 피고인에게 유리한 것과 불리한 것을 구별하여 최종적으로 '의심스러운 때에는 피고인의 이익으로'라는 원칙을 따라야 하므로 피고인에게 유리한 Y의 감정서에 따라 사실인정을 하여야 한다는 견해가 있을 수 있다. ①설이 타당하다. 따라서 법원은 자유심증에 따라 사실인정을 하면 될 것이다.[5]

---

1) 대법원 2006. 5. 25. 선고 2003도3945 판결.
2) 대법원 1990. 11. 27. 선고 90도2210 판결.
3) 대법원 1976. 3. 23. 선고 75도2068 판결.
4) 대법원 2007. 5. 10. 선고 2007도1950 판결.
5) 민사에 대한 대법원 2010. 5. 27. 선고 2010다6659 판결. 일본 판례도 같은 입장이다(大判 1933. 10. 16. 刑集 12·19·1796).

사 례 [2] 사실의 착오, 계속범과 상태범, 성명모용, 현장영상녹화물의 증거능력

甲과 乙은 노숙을 하던 중에 서울역 부근에 있는 A의 주택이 A의 해외근무로 비어 있다는 사실을 알고, 2016. 8. 10.경 담을 넘어 A의 집에 들어가 살기 시작하였다. 2021. 10. 1.경 해외에서 돌아온 A가 甲과 乙에게 집에서 퇴거할 것을 요구하면서 경찰서에 고소장을 제출하자, 甲과 乙은 2021. 10. 5. 11:00경 그 집에서 퇴거하였다.

A의 집에서 퇴거한 甲과 乙이 2021. 10. 5. 12:00경 남산 길을 걷던 중, 乙은 지나가던 B와 어깨를 부딪치게 되었다. 乙은 약 10미터를 걷다가 화가 나 길에 떨어져 있던 돌(위험한 물건에 해당할 정도의 크기는 아님)을 주워 반대편 도로를 걸어가던 B를 향해 던졌는데, 마침 골목길에서 도로로 나오던 C의 머리에 맞아 C가 전치 4주의 두부열상을 입었다. 乙이 돌을 던질 당시 乙의 시야에 골목길에 있던 C는 보이지 않았다.

B가 C에게 가서 구조를 하고 길을 가던 사람들이 모여드는 것을 보고 甲과 乙은 이태원 쪽으로 도주하였다. 같은 날 13:30경 이태원 골목길에서 乙은 앞서 걸어가고 甲은 뒤처져 걷게 되었는데, 甲이 한 옷 가게를 보니 주인이 없었다. 甲은 갑자기 乙에게 알리지 않고 가게 안으로 들어가 계산대의 서랍을 열어 보았는데 그 안에 현금 30만 원이 들어 있었다. 甲이 그 돈을 재빨리 들고 나오는데, 마침 가게 주인 D가 가게로 오다가 가게 안에서 나오는 甲을 보았다. D가 누구냐고 묻자 甲은 乙이 간 쪽으로 도주하기 시작하였고, D가 "도둑이야"라고 소리치면서 甲을 뒤쫓아 갔다.

그런데 부근에서 이 장면을 지켜보던 E가 순찰 중이던 경찰관 F와 G에게 이를 알렸고, F와 G는 甲과 乙을 추격하여 곧 그들을 현행범인으로 체포하였다. 용산경찰서 소속 사법경찰관 P가 甲과 乙의 수사를 담당하게 되었는데, 마침 A가 제출한 고소장과 C의 신고도 있어 그 사건들도 같이 수사하게 되었다. 甲과 乙은 A의 집에 들어가 거주한 사실, C에게 돌을 던진 사실, D의 가게에 들어가서 현금을 가지고 나온 사실 등을 각자 자백하였다. 그리고 이태원 상가협회에서 주변 골목길에 설치한 CCTV에는 甲이 D의 옷 가게에 들어가는 장면, 옷 가게에서 나오면서 도주하고 D가 쫓아가는 장면이 찍혀 있었고, 상가협회장은 CCTV 녹화기가 내장형이어서 원본 제출이 곤란하여 그 파일이 저장된 CD를 경찰에 임의로 제출하였다.

그런데 甲은 자신의 이름과 주민등록번호를 K의 것으로 경찰에서 진술하였다. 검찰에서도 甲과 乙은 범행사실을 자백하였는데, 다만 A의 집에 들어가 살았던 부분은 공소시효가 지났다고 주장하였다. 한편, C는 검사에게 乙과 합의하여 처벌을 원하지 않는다는 취지의 합의서를 제출하였다. 또한, 甲은 검찰에서도 K의 이름과 주민등록번호를 말하고 조사받았으며, 이에 따라 검사는 공소장에 甲을 K로 기재하여 2021. 10. 20. 기소하였다.

설 문

1. 甲과 乙의 형사책임을 각 논하시오(다만, 甲과 乙이 A의 집에 들어가 사는 동안 A 소유의 물품을 사용·소비한 사실과 甲이 이름과 주민등록번호를 K로 진술하여 명의를 모용한 사실에 대한 형사책임은 각 제외한다).

2. 검사가 甲과 乙에 대하여 공소장에 기재할 범죄사실 요지, 죄명, 적용법조를 기재하시오. 불기소할 부분이 있다면 그 부분은 별도로 기재하시오.

3. 제1심공판 중에 경찰로부터 甲의 지문을 조회한 결과 인적사항이 K가 아니라 甲으로 확인되었다는 보고서가 검사에게 송부되었다. K로 기재한 공소제기의 효력과 이때 검사가 취하여야 할 조치에 대하여 논하시오.

4. 제1심공판에서 甲이 D에 대한 절도사실을 부인하자 검사가 CCTV 화면이 담긴 CD를 증거로 제출하였는데, 이에 대하여 甲이 부동의하였다. 甲의 변호인은 전문증거이므로 그 장면을 촬영한 작성자가 법정에 나와 증언해야 한다고 주장하였다. 반면에, 검사는 진술증거가 아니므로 전문증거가 아니고, 따라서 진정성과 동일성 입증만 있으면 충분하다고 말하면서 그 CCTV 설치과정이나 CCTV에 녹화된 화면파일을 CD로 옮기는 과정을 알고 있는 상가협회 직원을 증인으로 신청하였다. 검사와 변호인의 주장을 논평하시오.

해 설

Ⅰ. 제1문 — 甲과 乙의 형사책임

1. 甲과 乙의 A 주거에 대한 침입 및 퇴거불응
(1) 주거침입죄의 성립 및 공소시효의 완성 여부

甲과 乙은 A 몰래 2016. 8. 10. A의 주거에 침입하였고, 2021. 10. 1. A로부터 퇴거요구를 받고도 불응하다가 2021. 10. 3. 퇴거하였다. 해외근무로 일시 비워둔 집도 주거침입죄의 객체인 주거에 해당하고,[1] 甲과 乙이 주거권자인 A의 의사에 반하여 들어갔으므로 주거침입죄(형법 제319조 제1항)의 구성요건을 충족한다. 그런데 甲과 乙은 공동하여 주거에 침입하였으므로 각 폭력행위등처벌에관한법률위반(공동주거침입)죄(동법 제2조 제2항 제1호,[2] 형법 제319조 제1항)가 성립한다.

그런데 甲과 乙은 검찰에서 주거침입에 관하여 공소시효가 완성되었다고 주장하였다. 공소시효는 범죄행위가 종료한 때로부터 진행하므로(형소법 제252조 제1항) 주거침입죄의 범죄행위 종료시기가 언제인지가 문제이다. 이는 주거침입죄가 구성요건적 결과의 발생과 동시에 범죄가 완성되는 상태범인지, 아니면 구성요건적 행위가 시간적 계속을 요하여 기수 이후에도 위법상태가 종료되기 전에는 범죄가 완성되지 않는 계속범인지 여부에 달려 있다.

이에 대하여, 주거에 침입해 있는 동안에는 주거에 대한 지배·관리권의 침해가 계속되므로 계속범이라는 것이 통설이다. 판례도 주거침입 범죄사실로 유죄판결을 받고 그 판결이 확정되었음에도 퇴거하지 않은 채 계속해서 거주한 경우, 판결확정 이후로도 주거침입행위 및 그로 인한 위법상태가 계속되고 있다고 보아 별도의 주거침입죄가 성립한다고 판시[3]함으로써 계속범으로 보고 있다.[4]

---

[1] 대법원 1957. 4. 12. 선고 4289형상350 판결(6.25사변 중 난을 피해 비게 된 공가에 대한 주거침입을 인정한 사안).
[2] 2016. 1. 6. 폭력행위 등 처벌에 관한 법률 개정으로 조문이 변경되었다(구 조문 동법 제2조 제2항, 제1항 제1호).
[3] 대법원 2008. 5. 8. 선고 2007도11322 판결. 하급심판례 중에도 "주거침입죄는 사람의 신체의 전부 또는 일부가 주거에 들어가 사실상 주거의 평온을 해하면 기수에 이르나, 이른바 계속범에 해당하므로,

폭력행위등처벌에관한법률위반(공동주거침입)죄의 공소시효는 5년인데,[1] 통설·판례인 계속범설에 의하면 공소시효는 甲과 乙의 퇴거일인 2021. 10. 5.부터 진행되므로 공소제기일을 기준으로 아직 공소시효가 완성되지 않았다. 따라서 공소시효가 완성되었다는 甲과 乙의 주장은 이유 없다. 그러나 이와는 달리 상태범설에 따르면 2016. 8. 10.부터 공소시효가 진행하므로 공소제기일을 기준으로 이미 공소시효가 완성되었다. 따라서 검사는 공소권없음 결정(검찰사건사무규칙 제115조 제3항 제4호)을 하여야 한다.

(2) 퇴거불응죄의 성립 여부

甲과 乙이 퇴거요구를 받고 불응한 행위가 주거침입과는 별도로 폭력행위등처벌에관한법률위반(공동퇴거불응)죄에 해당하는지가 문제된다. 주거침입죄를 계속범이라고 보는 통설의 입장에서는 퇴거불응죄는 주거침입죄가 성립하지 않는 경우(처음부터 적법하거나 과실로 들어간 경우)에만 보충적으로 성립하는 범죄유형이므로, 주거침입죄가 성립한 이상 별도로 퇴거불응죄가 성립할 여지는 없다. 주거침입죄를 상태범이라고 볼 경우, 퇴거불응죄도 성립하게 된다.[2]

(3) 소결

주거침입죄가 계속범이라는 통설·판례에 의하면, 甲과 乙에 대하여는 각 폭력행위등처벌에관한법률위반(공동주거침입)죄만 성립한다. 그리고 공소시효가 완성되었다는 甲과 乙의 주장은 이유 없다.

주거침입으로 인한 위법상태가 계속되는 한 일시적인 중단으로 범행이 종료되거나 재침입으로 별개의 범죄를 이루는 것이 아니라, 하나의 행위로 포괄하여 1죄를 구성할 뿐이다"라고 판시하여 명시적으로 계속범이라고 한 것이 있다(서울북부지방법원 2008. 9. 2. 선고 2008노777 판결).

4) 일본의 통설·판례(最決 1956. 8. 22. 刑集 10·8·1237)도 계속범설이다. 그러나 일본에서는 침입 후에 체류라는 사실은 계속되지만 '침입'이라는 구성요건해당사실은 계속되지 않으므로 상태범이라는 견해도 유력하게 주장되고 있다.

1) 폭력행위등처벌에관한법률위반(공동주거침입)죄의 법정형 장기는 주거침입죄의 법정형인 '3년 이하의 징역'에 2분의 1을 가중한 4년 6월 이하의 징역으로서 공소시효는 5년(형소법 제249조 제1항 제5호)이다.

2) 일본에서는 두 죄의 관계에 대하여 다양한 견해가 주장되고 있다. 실체적 경합관계라는 견해도 있고, 퇴거불응죄는 주거침입죄에 흡수되어 포괄일죄로서 주거침입죄만이 성립된다는 견해도 있다.

2. 乙의 C에 대한 상해

(1) 문제의 제기

乙은 B를 향하여 돌을 던졌는데 C의 머리에 맞았다. 이는 주관적인 인식과 객관적인 결과가 일치하지 않는 경우로서 사실의 착오에 해당한다. 乙이 돌을 던질 당시에 乙은 C를 보지 못하였고 C가 있을 것이라는 예견을 한 것도 아니므로 미필적 고의는 문제되지 않는다. 만약, 돌을 던질 당시에 C가 B의 부근에 있었고 乙이 이를 인식하였다면 미필적 고의도 문제될 수 있다.

사실의 착오는 고의와 사실과의 부합 정도에 따라 객체의 착오(또는 목적의 착오), 방법의 착오(타격의 착오) 및 인과관계의 착오로 분류된다. 한편, 사실의 착오는 행위자가 인식한 사실과 실제 발생한 사실이 동일한 구성요건에 속하는 구체적 사실의 착오와 다른 구성요건에 속하는 추상적 사실의 착오로도 분류된다.[1]

본 사례와 같이 乙이 B에게 상해를 가하기 위하여 돌을 던졌는데 B가 아닌 C가 맞아 상해를 당한 경우는 동일한 구성요건에 속하는 구체적 사실의 착오 중 방법의 착오에 해당하는데, 이를 어떻게 처리할 것인지가 문제된다.

(2) 방법의 착오의 처리

㈎ 학설

구체적 사실의 착오 중 방법의 착오의 처리에 관하여는 구체적 부합설, 추상적 부합설, 법정적 부합설이 대립된다.

---

1) [사실의 착오 사례]

구분	종류		사례
구체적 사실의 착오 (P죄⇒P죄)	객체의 착오		A를 죽이려고 A와 매우 닮은 B를 A로 잘못 알고 죽인 경우
	방법의 착오(타격의 착오)		A를 죽이려고 총을 쏘았으나, 잘못하여 옆의 통행인 B를 죽인 경우
	인과관계의 착오	전형적인 사례	A가 B를 강물에 빠뜨려 죽이려고 절벽에서 밀어 떨어뜨렸으나, B는 도중에 바위에 부딪쳐서 죽은 경우
		웨버의 개괄적 고의	A가 B를 죽이려고 목을 졸랐으나 움직이지 않자 죽은 것으로 생각하고 범행발각을 막기 위해 B를 해변에 방치하였는데, B는 목 졸려 죽은 것이 아니고 모래를 들이켜 질식사한 경우
		구성요건의 조기실현	A가 B의 목을 졸라서 반항할 수 없는 상황에 빠뜨린 뒤 강에 빠뜨려 익사시키려고 하였는데, 목이 졸려 이미 죽은 경우
추상적 사실의 착오 (P죄⇒Q죄)	객체의 착오		개인 줄 알고 총을 쏘았는데, 개가 아닌 사람 A가 총에 맞아 죽은 경우
	방법의 착오		A를 죽이려고 총을 쏘았는데, 총알이 빗나가 타인 소유의 개가 맞아 죽은 경우

(ㄱ) 구체적 부합설

행위자의 인식과 발생한 사실이 구체적으로 부합 또는 일치하는 경우에 한하여 발생한 사실에 대한 고의를 인정하는 견해로서, 방법의 착오의 경우 인식과 사실이 부합하지 않으므로 인식한 사실에 대한 미수죄와 발생사실에 대한 과실범(과실이 인정 되고, 처벌규정이 있는 경우)이 성립하고 두 죄는 상상적 경합관계라고 한다(통설). 따라서 본 사례의 경우, B에 대한 상해미수죄1)와 C에 대한 과실치상죄가 각 성립하고 두 죄는 상상적 경합관계이다.

(ㄴ) 추상적 부합설

행위자에게 범죄를 범할 의사가 있고 그 의사에 기하여 범죄가 발생한 이상 인 식과 사실이 추상적으로 일치하는 한도에서 고의범의 기수로 처벌하여야 하고, 다만 형법 제15조 제1항에 의하여 인식한 사실이 발생한 사실보다 가벼운 때에는 무거운 고의범의 기수로 처벌할 수 없다는 견해이다. 이 설은 본 사례와 같은 구체적 사실 의 착오에 관하여는 법정적 부합설과 결론을 같이한다.

(ㄷ) 법정적 부합설

행위자의 인식과 발생한 사실이 법정적 사실의 범위, 즉 동일한 구성요건 또는 동일한 죄질에 속하면 고의가 성립한다는 견해이다. 이 설은 구체적 사실의 착오에 관하여는, 객체의 착오와 방법의 착오를 불문하고 인식한 사실과 발생한 사실이 동 일한 구성요건에 속하므로 결과에 대한 고의의 성립을 인정한다. 따라서 본 사례의 경우, C에 대한 상해죄가 성립한다.

문제는 B에 대하여 어떤 범죄가 성립하는가이다. 행위자의 고의가 1개라는 입 장(1개고의설)에서는 B에 대한 상해미수죄는 성립하지 않는다. 즉, B에 대해서는 과실 의 미수범에 해당하므로 처벌대상이 되지 않는다. 그러나 행위자의 고의가 수개라는 입장(수개고의설)에서는 C에 대한 상해죄 외에 B에 대한 상해미수죄가 각 성립하고, 두 죄는 상상적 경합관계이다.

(나) 판례

판례는 ① 피고인이 A, B 부부를 살해할 의사로 농약 1포를 숭늉그릇에 투입하 여 A의 식당에 두었는데 딸인 C가 마시고 죽었으나 C를 살해할 의사가 없었던 사안 에서, A, B에 대한 살인미수죄와 C에 대한 살인기수죄의 성립을 인정하고,2) ② 군

---

1) 본 사례와는 달리 만일 위험한 물건에 해당될 정도의 크기라면 특수상해죄(형법 제258조의2 제1항)가 성립한다.
2) 대법원 1968. 8. 23. 선고 68도884 판결.

인인 피고인이 상관인 하사 A를 살해할 목적으로 총탄을 발사하였는데 이를 제지하려고 피고인 앞으로 뛰어들던 병장 B에게 명중되어 B가 사망한 사안에서, B에 대한 살인죄 외에 상관살해미수죄로 의율하고 있는[1] 점에 비추어, 법정적 부합설 중 수개고의설의 입장이라고 할 수 있다.[2] 또한, 판례는 ③ 피고인이 A를 살해할 의사로 몽둥이로 A를 가격하던 중 A의 등에 업힌 B의 머리를 때려 사망케 한 사안에서, B에 대한 살인죄를 인정하고 있다([관련판례]).[3]

 관련판례

대법원 1984. 1. 24. 선고 83도2813 판결【살인】[4]

【사실관계】
피고인 甲은 먼저 피해자 A를 향하여 살의를 가지고 소나무 몽둥이(증 제1호, 길이 85센티미터 직경 9센티미터)를 양손에 집어 들고 힘껏 내리치고 계속하여 그 가격으로 피를 흘리며 마당에 고꾸라진 A와 A의 등에 업힌 피해자 B의 머리 부분을 위 몽둥이로 내리쳐 피해자 B를 현장에서 두개골절 및 뇌좌상으로 사망케 한 것이다.

【판결이유】
원심판결이 유지한 제1심판결 거시의 증거를 기록과 대조하여 살펴보면 피고인에 대한 제1심 판시 살인범죄사실을 넉넉히 인정할 수 있으니 소론 피해자 A인 피고인의 형수의 등에 업혀 있던 피고인의 조카 피해자 B(남, 1세)에 대하여는 살인의 고의가 없었으니 과실치사죄가 성립할지언정 살인죄가 성립될 수 없다는 주장을 살피건대, (중략. 위 사실관계) 사망케 한 소위를 살인죄로 의율한 원심조처는 정당하게 긍인되며, 소위 타격의 착오가 있는 경우라 할지라도 행위자의 살인의 범의성립에 방해가 되지 아니하니 어느 모로 보나 원심판결에 채증법칙 위배로 인한 사실오인의 위법이나 살인죄에 관한 법리오해의 위법이 없어 논지는 이유없다.

(다) 검토

구체적 부합설에 대하여는 구성요건적 결과가 발생하였음에도 객체의 착오에 대해서는 고의를 인정하지만 방법의 착오에 대해서는 부정하는 근거가 명백하지 않고,

---

1) 대법원 1975. 4. 22. 선고 75도727 판결.
2) 일본 판례도 마찬가지이다. 즉, 강도 목적으로 살의를 가지고 A를 총격하였는데 A를 관통한 총알이 부근을 지나던 B에게 명중되어 A, B 모두 상해를 입은 사안에서, 법정부합설의 입장에서 A, B 모두에게 강도살인미수죄의 성립(상상적 경합)을 인정하였다(最判 1978. 7. 28. 刑集 32·5·1068). 이 판결은 수개고의설의 입장인데, 1개고의설에 의하면 A에 대한 강도살인미수죄와 B에 대한 과실치상죄가 각 성립하고 두 죄는 상상적 경합관계라고 한다.
3) A에 대한 살인미수죄의 처리에 관하여 판례에는 언급이 없으나, 그 성립이 전제된 것으로 보인다.
4) 본 판결 평석은 김영환, "형법상 방법의 착오의 문제점", 형사판례연구 [1], 1993, 13-39면.

예컨대 사람을 살해할 의사로 사람을 살해하였음에도 살인미수라고 하는 것은 법감정에도 맞지 않으며 고의의 기수책임을 인정하는 범위가 너무 협소하다는 비판이 있다.

법정적 부합설에 대해서도 사람을 살해할 고의는 특정한 사람을 살해할 의사이지 어떤 사람이라도 죽일 의사는 아님에도 고의의 사실적 기초를 무시하였다는 등의 비판이 없는 것은 아니다.1) 그러나 구성요건요소에 대한 착오만 고의를 조각할 수 있는데, 행위자가 구성요건에 일치하거나 죄질이 같은 범죄를 저지른 이상 고의 내용과 결과의 일치를 인정할 수 있으므로 판례의 입장과 같이 법정적 부합설이 타당하다. 법정적 부합설 중 수개고의설 및 판례에 따르면, 乙은 B에 대한 상해미수죄(형법 제257조 제3항, 제1항)와 C에 대한 상해죄(형법 제257조 제1항)의 상상적 경합범으로서의 책임을 진다.

한편, 甲은 乙의 이 부분 범죄행위에 아무런 관여나 가담행위를 한 바가 없으므로 문제될 것이 없다.

3. 甲의 D에 대한 절도죄 및 건조물침입죄

甲이 절취의 의사로 D의 옷 가게에 들어가 현금 30만 원을 가지고 나온 행위는 절도죄(형법 제329조)에 해당한다. 그리고 주간에 D의 승낙 없이 절취의 의사로 옷 가게에 들어갔으므로 건조물침입죄(형법 제319조 제1항)에도 해당한다. 두 죄는 실체적 경합관계이다.

4. 문제의 해결

甲에 대하여는 폭력행위등처벌에관한법률위반(공동주거침입)죄, 절도죄, 건조물침입죄가 각 성립하고, 각 죄는 실체적 경합관계이다. 乙에 대하여는 폭력행위등처벌에관한법률위반(공동주거침입)죄, 상해죄, 상해미수죄가 각 성립하는데, 상해죄와 상해미수죄는 상상적 경합관계이고, 이 두 죄와 폭력행위등처벌에관한법률위반(공동주거침입)죄는 실체적 경합관계이다.

---

1) 본 사례와 같은 구체적 사실의 착오에 관하여는 추상적 부합설도 법정적 부합설과 결론을 같이하므로 그 검토를 생략한다.

II. 제2문 — 공소장과 불기소장 기재

검사가 甲과 乙에 대하여 공소장에 기재할 범죄사실 요지, 죄명, 적용범죄는 다음과 같고, 불기소할 부분은 없다(법정적 부합설의 입장).[1]

---

[1] 구체적 부합설에 의할 경우 피고인 乙의 B와 C에 대한 형사책임이 달라지는데, 앞에서 살펴본 바와 같이 B에 대한 상해미수죄와 C에 대한 과실치상죄가 각 성립하고 두 죄는 상상적 경합관계이다. 그런데 과실치상죄는 피해자의 명시한 의사에 반하여 공소를 제기할 수 없는 반의사불벌죄이다(형법 제266조 제2항). 본 사례에서 C는 검사에게 합의서를 제출하여 처벌불원의 의사를 표시하였으므로 검사는 공소를 제기할 수 없다. 반의사불벌죄에 있어 처벌불원의 의사가 있는 경우와 같이 공소제기요건이 갖추어지지 못한 경우, 검사의 불기소처분 주문은 공소권없음이다. 따라서 검사는 B에 대한 상해미수죄만을 기소하고, C에 대한 과실치상죄는 공소권없음으로 불기소처분을 하여야 한다.
구체적인 내용은 다음과 같다(예시).

---

1. 공소장 범죄사실 요지
① 피고인 甲, 피고인 乙의 폭력행위등처벌에관한법률위반(공동주거침입), ③ 피고인 甲의 절도, 건조물침입은 본문에서 기재한 바와 같다.
② 피고인 乙의 상해미수
피고인은 2021. 10. 5. 12:00경 甲과 같이 남산을 걸어가던 중 지나가던 B와 어깨를 부딪쳤다.
피고인은 이에 화가 나 길에 있던 돌을 주워 B를 향하여 던졌으나, 때마침 골목길에서 도로로 나오던 C의 머리에 맞게 하였다.
이로써 피고인은 B에게 돌을 던져 상해를 가하려 하였으나 그 돌이 C에 맞음으로써 그 뜻을 이루지 못하고 미수에 그쳤다.
2. 죄명
① 죄명
가. 폭력행위등처벌에관한법률위반(공동주거침입)
나. 상해미수
다. 절도
라. 건조물침입
② 피고인별 죄명표시
1. 가. 다. 라.　　甲
2. 가. 나.　　　乙
3. 적용법조
① 피고인 甲
형법 제329조, 폭력행위 등 처벌에 관한 법률 제2조 제2항 제1호, 형법 제319조 제1항, 제37조, 제38조.
② 피고인 乙
형법 제257조 제3항, 제1항, 폭력행위 등 처벌에 관한 법률 제2조 제2항 제1호, 형법 제319조 제1항, 제37조, 제38조.
4. 불기소 부분
【피의사실의 요지】
피의자 乙은 2021. 10. 5. 12:00경 甲과 같이 남산을 걸어가던 중 지나가던 B와 어깨를 부딪치자 이에 화가 나 길에 있던 돌을 주워 B를 향하여 던졌다. 이러한 경우 돌이 낙하하는 지점 부근에 골목길이 있으므로 골목길에서 나오는 사람이 있는지를 살피거나 골목길에서 나오는 사람이 맞지 않도록 주의

1. 공소장 범죄사실의 요지

(1) 피고인 甲, 피고인 乙의 폭력행위등처벌에관한법률위반(공동주거침입)

피고인들은 2016. 8. 10.경 서울역 부근에 있는 피해자 A의 주택이 비어 있다는 것을 알고 피해자 A의 승낙 없이 함부로 담을 넘어 들어갔다. 그 후 피해자의 퇴거 요구를 받고 2021. 10. 5. 퇴거하였다.

이로써 피고인들은 공동하여 2016. 8. 10.경부터 2021. 10. 5.까지 피해자 A의 주거에 침입하였다.

(2) 피고인 乙의 상해 및 상해미수

피고인은 2021. 10. 5. 12:00경 甲과 같이 남산을 걸어가던 중 지나가던 B와 어깨를 부딪쳤다.

피고인은 이에 화가 나 길에 있던 돌을 주워 B를 향하여 던졌으나, 때마침 골목 길에서 도로로 나오던 피해자 C의 머리에 맞게 하여 C에게 약 4주간의 치료를 요하는 두부열상을 가하였다.

이로써 피고인은 피해자 B에게 상해를 가하려고 하였으나 그 뜻을 이루지 못하고 미수에 그침과 동시에 피해자 C에게 상해를 가하였다.

(3) 피고인 甲의 건조물침입 및 절도

피고인은 2021. 10. 5. 13:30경에 이태원 부근의 골목길을 지나던 중, 피해자 D 운영의 옷 가게에 아무도 없는 것을 보고 가게 안으로 들어가 피해자가 관리하는 건조물에 침입하였다.

피고인은 그곳 계산대의 서랍에서 피해자 소유의 현금 30만 원을 꺼내어 나와 이를 절취하였다.

하여야 할 의무가 있음에도 이에 위반한 과실로 그 돌이 C의 머리에 맞게 하여 C로 하여금 전치 4주의 두부열상을 입게 하였다.

【불기소 이유】
본건은 피해자의 명시한 의사에 반하여 공소를 제기할 수 없는 사건인바, 피해자가 피의자의 처벌을 원하지 않는 의사를 표시하였다.

공소권없다.

2. 죄명

(1) 죄명

가. 폭력행위등처벌에관한법률위반(공동주거침입)

나. 상해

다. 상해미수

라. 절도

마. 건조물침입

(2) 피고인별 죄명표시

1. 가. 라. 마.　　甲

2. 가. 나. 다.　　乙

3. 적용법조

(1) 피고인 甲

형법 제329조, 폭력행위 등 처벌에 관한 법률 제2조 제2항 제1호, 형법 제319조 제1항, 제37조, 제38조.

(2) 피고인 乙

형법 제257조 제1항, 제3항, 폭력행위 등 처벌에 관한 법률 제2조 제2항 제1호, 형법 제319조 제1항, 제40조, 제37조, 제38조.

Ⅲ. 제3문 ― 성명모용의 처리방법

1. 성명모용의 소송절차상 문제

甲은 공소제기 시까지 경찰, 검찰에서 자신의 인적사항을 K로 진술하여 수사기록상 甲의 인적사항이 K로 기재되었고, 공소제기 시의 공소장에도 K로 기재되었다. 이와 같이 남의 이름을 도용하여 절차가 진행되는 것을 성명모용이라고 한다.

성명모용의 경우 실질적으로는 甲에 대하여 형사절차가 진행되고 있음에도 형식적으로는 K로 기재되어 진행되는데, 그 절차의 효력이 甲에 대하여 미치는지 아니면 K에게 미치는지가 문제된다. 만일 甲에 대하여 미친다면, 절차상 K로 되어 있는 것을 어떤 절차를 통하여 시정할 것인지가 문제된다. 이러한 문제는 공소제기 후 판결선고 및 확정 전까지, 판결확정 후 집행 전까지, 집행 후 등으로 나누어 검토되어야 하지만, 본 사례에서는 공소제기 후 1심 계속 중에 성명모용사실이 확인되었으므로 이 부분만 살펴본다.

2. 성명모용과 공소제기의 효력
(1) 학설

성명모용으로 인하여 다른 사람의 이름이 공소장에 기재된 경우, 공소제기의 효력이 미치는 피고인이 누구인가에 대해서는 견해가 나뉜다.

㈎ 의사설

공소를 제기한 검사의 의사에 따라 공소제기의 효력이 미치므로 피고인은 甲이라는 견해이다. 이 설은 첫째, 공소제기는 검사가 법원에 대하여 일정한 피고인과 범죄사실에 대한 심판을 구하는 소송행위라는 점, 둘째, '공소는 검사가 피고인으로 지정한 이외의 다른 사람에게는 그 효력이 미치지 아니한다'고 규정하고 있는 형사소송법 제248조 제1항 문언의 해석상 피고인은 '검사가 지정한 사람'이므로 검사의 의사에 따라 실질적으로 판단하여야 하는 점, 셋째, 실질적인 피고인을 피고인으로 보지 않을 경우 그 실질적 피고인에 대하여 다시 공소를 제기하여야 하므로 소송경제상으로 비효율적이라는 점 등을 그 이유로 든다.

㈏ 표시설

공소장에 기재된 형식에 따라 공소제기의 효력이 미치므로 피고인은 K가 된다는 견해이다. 절차의 확실성과 안정성을 근거로 한다.

㈐ 행위설

피고인으로 행위한 자에게 공소제기의 효력이 미친다는 견해이다. 본 사례의 경우 甲이 공판정에서 피고인으로 출석하여 행위하였으므로 피고인은 甲이다.

㈑ 실질적 표시설

표시를 중심으로 하면서도 검사의 의사와 피고인의 행위를 함께 종합적으로 고려하여 피고인을 판단한다는 견해이다(통설). 검사의 의사를 고려하지 않을 때에는 모용인이 피고인으로 행위하기 이전에는 그를 피고인이라 할 수 없는 결과가 초래되는데, 이는 부당하므로 절차의 확실성을 보장하기 위해서는 표시설을 중심으로 하되 검사의 의사와 피고인의 행위를 함께 고려하여야 한다는 것이다. 이 설에 의하면 피고인은 甲이다.

(2) 판례

판례는 실질적 표시설의 입장이다([관련판례]).

 관련판례

대법원 1993. 1. 19. 선고 92도2554 판결 【도박】[1][2]

【사실관계】

甲은 자신에 대한 도박사건의 수사단계에서 乙의 성명, 생년월일, 주민등록번호, 주거, 본적 등 인적사항을 모용하였고, 검사 P는 이런 사실을 모른 채 乙을 도박죄로 약식기소하였으며, 법원에서도 그대로 약식명령을 고지하였다. 약식명령을 송달받은 乙은 정식재판을 청구하여 정식재판절차에서 이러한 사실이 밝혀졌다.

【판결이유】

(1) 형사소송법 제248조에 의하여 공소는 검사가 피고인으로 지정한 이외 다른 사람에게 그 효력이 미치지 아니하는 것이므로 공소제기의 효력은 검사가 피고인으로 지정한 자에 대하여만 미치는 것이고, 따라서 피의자가 다른 사람의 성명을 모용한 탓으로 공소장에 피모용자가 피고인으로 표시되었다 하더라도 이는 당사자의 표시상의 착오일 뿐이고 검사는 모용자에 대하여 공소를 제기한 것이므로, 모용자가 피고인이 되고 피모용자에게 공소의 효력이 미친다고 할 수는 없을 것이다.

그러므로 이와 같은 경우 검사는 공소장의 인적사항의 기재를 정정하여 피고인의 표시를 바로 잡아야 하는 것인바, 이는 피고인의 표시상의 착오를 정정하는 것이지 공소장을 변경하는 것이 아니므로, 형사소송법 제298조에 따른 공소장변경의 절차를 밟을 필요는 없고 법원의 허가도 필요로 하지 아니한다고 할 것이다.

(2) 그러나, 검사가 이와 같은 피고인의 표시를 정정하여 그 모용관계를 바로 잡지 아니한 경우에는 외형상 피모용자 명의로 공소가 제기된 것으로 되어 있고, 이는 공소제기의 방식이 형사소송법 제254조의 규정에 위반하여, 무효라 할 것이므로 법원은 공소기각의 판결을 선고하여야 할 것이다(당원 1982. 10. 12. 선고 82도2078 판결; 1985. 6. 11. 선고 85도756 판결 각 참조).

(3) 그리고 검사가 공소장의 피고인 표시를 정정하여 바로잡은 경우에는 처음부터 모용자에 대한 공소의 제기가 있었고 피모용자에 대한 공소의 제기가 있었던 것은 아니므로, 법원은 모용자에 대하여 심리하고 재판을 하면 될 것이지, 원칙적으로는 피

모용자에 대하여 심판을 할 것이 아니다.

그러나 이와 같은 경우라도 피모용자가 약식명령에 대하여 정식재판의 청구를 하여 피모용자를 상대로 심리를 하는 과정에서 성명모용 사실이 발각되어 검사가 공소장을 정정하는 등 사실상의 소송계속이 발생하고 형식상 또는 외관상 피고인의 지위를 갖게 된 경우에는 법원으로서는 피모용자에게 적법한 공소의 제기가 없었음을 밝혀주는 의미에서 형사소송법 제327조 제2호를 유추적용하여 공소기각의 판결을 함으로써 피모용자의 불안정한 지위를 명확히 해소해 주어야 할 것이다(당원 1981. 7. 7. 선고 81도182 판결; 1991. 9. 10. 선고 91도1689 판결 각 참조).

(4) 돌이켜 이 사건에 관하여 보건대, 검사가 피고인을 피고인으로 표시하여 약식기소하였다고 하더라도 피고인은 성명을 모용당한 것에 지나지 아니하므로 그 공소제기의 효력은 피고인에게 미치지 아니하고, 모용자인 공소외 인에게 미친다고 할 것이다.

그리고 이에 대하여 약식명령이 발하여지고 피고인이 이를 수령하여 정식재판을 청구하였다고 하여도 진정한 피고인인 공소외 인에게는 아직 약식명령의 송달이 없었다고 할 것이고, 검사는 공소장에 기재된 피고인의 표시를 정정할 수 있고, 법원은 이에 따라 약식명령의 피고인 표시를 경정할 수 있으며, 본래의 약식명령정본과 함께 이 경정결정을 모용자인 공소외 인에게 송달하면 이때에 그 약식명령은 적법한 송달이 있다고 볼 것이고, 이에 대하여 소정의 기간내에 정식재판의 청구가 없으면 이 약식명령은 확정된다고 볼 것이다.

그러나 피고인은 본래의 약식명령에 대하여 정식재판을 청구하여 통상의 공판절차의 진행이 있었으므로 피고인은 형식상 또는 외관상 피고인의 지위를 갖고 사실상의 소송계속이 발생한 셈이 되므로 법원으로서는 공소기각의 판결을 하는 것이 옳은 것이다.

(3) 검토

판례의 입장인 실질적 표시설이 타당하다. 따라서 검사가 공소장에 피고인의 표시를 K로 하였더라도 K에 대해서는 공소제기의 효력이 미치지 않고, 피고인은 甲이다.

3. 설문의 해결

공판과정에서 검사가 甲이 K의 성명을 모용한 사실을 알게 되었으므로 검사는 피고인의 표시를 K에서 甲으로 정정하는 공소장정정신청을 하면 되고(위 92도2554 판결), 그 소명자료로 경찰로부터 송부받은 지문조회결과보고서를 법원에 제출하면 될 것이다. 공소장정정신청은 법원의 허가를 받아야 하는 사항이 아니다. 그리고 법원은 소명자료에 따라 성명모용사실이 인정되면 검사의 신청에 따라 공소장을 정정하여야 한다.

Ⅳ. 제4문 — CCTV 영상녹화물의 증거능력

1. 문제의 제기

검사가 제출한 CCTV 화면이 담긴 CD는 영상녹화물이다. 영상녹화물은 그 내용에 사람의 경험사실의 진술이 담겨있는 진술영상녹화물과 경험사실의 진술이 아닌 현장상황의 영상이 담겨 있는 현장영상녹화물로 분류할 수 있다. 본 사례의 경우는 현장영상녹화물에 해당한다. 甲이 이를 증거로 사용하는 데 부동의하였는데, 그 부동의의 성질이 무엇인지 문제된다. 그리고 변호인은 위 영상녹화물이 전문증거라고 하고 검사는 전문증거가 아니라고 하는데, 그 성질이 문제된다. 그 성질을 어떻게 파악하는가에 따라 증거능력의 요건이 달라진다.

2. 부동의의 성질과 효과

검사와 피고인이 증거로 할 수 있음을 동의한 서류 또는 물건은 진정한 것으로 인정한 때에는 증거로 할 수 있다(형소법 제318조 제1항). 그런데 동의대상이 '서류 또는 물건'으로 되어 있고, 동의 자체로 증거로 할 수 있는 것이 아니고 법원이 이를 진정한 것으로 인정한 때에 증거로 할 수 있는 점에서 동의의 성질이 문제된다.

(1) 학설

동의의 성질에 대하여는 ① 증거동의를 전문증거의 증거능력 제한사유 중 중요한 논거인 반대신문권의 보장을 포기하는 의사표시로 보는 반대신문권포기설(통설), ② 검사나 피고인에게 증거능력에 대한 처분권을 부여한 것으로서 모든 증거의 증거능력제한은 동의에 의하여 제거된다는 처분권설, ③ 증거능력과 증명력에 대하여 다툴 권리를 포기하는 것이라는 권리포기설, ④ 증거능력요건에 대하여 다투지 않겠다는 의사표시로서 상대방으로 하여금 증거능력요건에 대한 입증부담을 덜어주는 것이라고 보는 신권리포기설이 대립된다.

증거동의의 성질에 관한 학설

1. 반대신문권포기설

  이 견해에 의하면 증거동의의 대상도 전문증거로 제한된다. 다만, 전문증거에 대하여 반대신문권을 포기하지만, 그 증거의 진정성, 즉 증거제출자가 제출하는 증거 그 자체가 원본과 동일하면 위조(위작)나 변조(변작) 등의 형상변경이 없다는 점은 인정되어야 한다고 한다. 그런데 이 견해는 법조문상 동의의 대상이 서류와 물건으로 되어 있어 진술증거에 해당하는 전문증거로 제한하고 있지 않다는 점에서 법조문과 충돌되는데, 이를 해결하기 위하여 법조문상 물건을 포함한 것은 입법상 오류라고 한다.

2. 처분권설

이 견해는 동의대상이 서류 또는 물건으로 되어 있는 점에서 동의를 반대신문권의 포기에 그치는 것으로 볼 수 없다고 한다. 그러나 이 견해는 처분권을 부여한 것이라면 동의로서 증거능력이 곧바로 인정되어야 할 것인데, 법원이 진정성을 인정하여야만 증거능력을 인정하도록 규정하고 있는 점을 설명하지 못한다. 이에 대하여는 순수한 당사자주의를 취하지 않고 직권주의와 당사자주의가 혼합되어 있는 현행 소송구조에서 진정성 문제만은 법원의 직권주의적 판단에 유보한 것이라고 한다.

3. 권리포기설

이 견해는 동의대상을 서류 또는 물건이라고 규정하고 있는 점에서 단순히 전문증거에 있어서의 반대신문권의 포기만으로는 볼 수 없다는 점에서는 처분권설과 취지를 같이한다. 그러나 동의를 하더라도 그 자체로 증거능력이 인정되지 않고 법원이 그 증거의 진정성을 인정해야 증거로 할 수 있으므로, 완전한 처분권은 아니라는 점에서 증거능력과 증명력에 대하여 다툴 권리를 포기하는 것에 불과하다고 한다.

4. 신권리포기설

이 견해는 증거능력요건으로는 전문증거의 증거능력요건과 모든 증거에 공통으로 요구되는 진정성요건 등이 포함된다고 한다. 다투지 않겠다는 의사표시를 함에 따라 법원은 증거제출자로 하여금 그 요건을 입증하게 할 필요가 없으며, 그 입증이 없어도 증거능력을 인정하여 증거로 사용할 수 있다. 다만 직권주의적 요소에 따라 진정성은 법원이 인정하여야 증거로 할 수 있는데, 이때에도 진정성의 입증을 요하는 것은 아니며 법원이 자유로운 방법에 따라 인정할 수 있으면 된다.

(2) 판례

판례는 증거로 함에 대한 동의는 반대신문권을 포기하겠다는 의사표시에 의하여 서류 또는 물건의 증거능력을 부여하는 의사표시라고 하여, 반대신문권포기설의 입장이다([관련판례]).

관련판례

대법원 1983. 3. 8. 선고 82도2873 판결【특정범죄가중처벌등에관한법률위반·
사기·업무상배임·외국환관리법위반·배임중재·부정수표단속법위반·배임수재·업
무상횡령·증권거래법위반·뇌물수수·뇌물공여】

형사소송법 제318조 제1항은 전문증거금지의 원칙에 대한 예외로서 반대신문권을
포기하겠다는 피고인의 의사표시에 의하여 서류 또는 물건의 증거능력을 부여하려는
규정이므로 피고인의 의사표시가 위와 같은 내용을 적극적으로 표시하는 것이라고
인정되면 증거동의로서의 효력이 있다 할 것인바, 소론증거들에 대하여 피고인들이
증거로 함에 동의한다고 한 제1심 공판조서기재의 의사표시는 그 동기야 상고인들
주장과 같은 점에 있었을런지 모르나 반대신문권을 포기하겠다는 내용을 적극적으로
표시한 것이라고 볼 수밖에 없는 것이고, 또한 그 의사표시의 절차와 방법에 관하여
형사소송법상 어떠한 제한이 있는 것은 아니므로 피고인들의 의사표시가 하나 하나
의 증거에 대하여 형사소송법상의 증거조사방식을 거쳐 이루어진 것이 아니라 검사
가 제시한 모든 증거에 대하여 증거로 함에 동의한다는 방식으로 이루어진 것이라
하여 그 효력을 부정할 이유가 되지 못한다 할 것이다. 논지는 반대의 견지에서 피고
인들이 증거로 함에 동의하겠다고 한 의사표시의 효력을 다투고 그 증거들을 유죄의
증거로 한 원심판결에 채증법칙 위배의 위법이 있다고 탓하는 것이므로 채택할 수
없다.

(3) 검토

본 사례에서 피고인 甲은 CCTV 영상녹화물인 CD를 증거로 사용하는 데 대하
여 부동의하였다. 동의의 성질에 관하여 어느 견해에 의하든,[1] 부동의한다는 것은
증거능력에 대하여 다투겠다는 의사표시이다. 따라서 검사는 CD를 증거로 사용하기
위해서는 증거능력을 부여받기 위한 요건들을 입증하여야 한다.

---

1) 일본 형사소송법 제326조(당사자의 동의와 서면·진술의 증거능력)는 우리 법과는 달리 증거동의의 대
상을 '서면과 진술'로 규정하고, 상당하다고 인정되는 한 '전문법칙의 예외규정(형소법 제321조 내지
제325조)에 불구하고' 증거로 할 수 있다고 규정하고 있어 반대신문권포기설이 통설이다. 그러나 실무
에서는 적극적인 증거능력 부여규정으로 이해하여 증거물이나 비진술증거에 관해서도 위 조항을 준용
하여 동의에 의한 증거능력을 부여하고 있다.

3. CCTV 영상녹화물의 성질과 증거능력요건

(1) CCTV 영상녹화물의 성질

이태원 골목길에 설치된 위 CCTV의 영상녹화물은 현장 모습이 촬영된 것으로서, 진술영상녹화물이 아니라 현장영상녹화물이다. 현장영상녹화물은 일종의 움직이는 현장사진이므로 현장사진의 증거능력에 관한 논의가 그대로 적용된다.

(가) 비진술증거설

현장영상녹화물은 사람의 진술이 포함된 것이 아니므로 비진술증거로서 전문법칙이 적용되지 않는다는 견해이다. 현재 실무의 태도이다.[1]

(나) 진술증거설

진술증거가 사람의 관찰, 기억, 표현을 통하여 사실을 보고하는 것과 마찬가지로 현장영상녹화물은 기계의 힘에 의하여 사실을 재현하는 것이므로 양자는 사실의 보고라는 증거의 기능이 동일하고, 사진이나 영상은 기록된 전문으로서 작성과정에 인위적인 수정의 위험이 있으므로 진술증거로서 전문법칙이 적용된다는 견해이다. 이때 증거능력의 인정에 관하여는, 촬영자의 지위에 따라 촬영자가 법관인 때는 형사소송법 제311조, 수사기관인 때는 제312조 제6항(검증조서), 그 밖의 사람인 때에는 진술서에 준하여 제313조 제1항이 적용된다.

(다) 검증조서유추(유사)설

현장영상녹화물이 비진술성을 띠는 것은 사실이지만, 조작가능성이 있으므로 예외적으로 검증결과를 기재한 검증조서에 준하여 제한적으로 증거능력을 인정해야 한다는 견해이다. 따라서 검증조서에 관한 규정이 유추적용되어, 촬영자가 법관인 때는 형사소송법 제311조, 수사기관인 때는 제312조 제6항이 적용되고, 그 밖의 사람인 때에도 제312조 제6항이 유추적용된다고 한다.

(라) 검토

진술증거설은 진술증거와 비진술증거를 구별하는 기준은 '사람의 진술인가' 여부이지 '사실의 보고' 여부가 아닌 점에서 구별기준을 혼동하고 있다. 또한, 작성과정에서의 조작가능성의 문제는 전문증거의 문제가 아니라 증거의 진정성 문제, 즉 증거가 진짜인지, 증거가 변질되지 않았는지 등을 따지는 진정성 차원의 문제라는 것을 혼동하고 있다는 점에서 적절하지 않다. 한편, 검증조서유추설은 현장사진의 비진술증거성을 인정하면서도 그 작성과정의 조작가능성을 이유로 현장사진에 진술

---

[1] 현장사진에 관하여, 법원행정처, 법원실무제요 형사 [II], 2014, 127면.

증거 중에서 전문증거에 해당하는 검증조서규정을 유추적용하려고 한다. 그러나 조작가능성 문제는 그 본질이 진정성의 문제이므로 이는 진정성 문제로 해결하면 될 것이지, 이 때문에 제도의 취지가 다른 진술증거에만 적용되는 전문증거규정을 유추적용할 필요는 없다. 또한, 비진술증거에 전문증거규정을 유추적용한다는 것은 논리모순이다. 따라서 비진술증거설이 타당하다.

　　판례는 ① 피해자의 상해 부위를 촬영한 사진에 관하여는 전문법칙이 적용되지 않는다고 하고,[1] ② 현장사진 중 사진영상은 증거동의하면서 그 촬영일자 부분은 조작된 것이라고 다투는 사안에서 '촬영일자가 나타난 부분'은 전문증거로서 전문법칙이 적용된다고 판시하여,[2] 현장사진의 영상부분은 비진술증거로 보고 있다.[3]

(2) 현장영상녹화물의 증거능력요건

　　현장사진과 마찬가지로 현장영상녹화물은 진술증거가 아니므로 전문증거의 문제가 발생하지 않는다. 따라서 전문증거에 대한 증거능력요건을 갖출 필요가 없다. 전문증거의 문제는 발생하지 않지만 모든 증거가 갖추어야 할 기본적 요건으로서 진정성, 즉 그것이 제출자가 주장하는 바로 그 증거이고 위조되거나 변질되지 않았다는 점에 대한 입증은 있어야 한다. 또한 위 CD는 CCTV 녹화기에 녹화된 원본 파일의 사본으로, 원본 파일이 존재하고 제출하기 곤란하여 이를 사본하여 제출한 것이므로, 최우량증거의 법칙에 따라 검사는 그 CD가 본 사례의 현장에 설치되어 있던 CCTV에서 촬영된 영상을 어떠한 수정 없이 그대로 복사한 영상이며, 복사과정에서 위작이나 조작이 없었다는 점, 즉 진정성[4](무결성[5]이라고도 함)에 대하여 입증하여야 한다.[6]

(3) 진정성의 입증방법

　　진정성을 입증하는 방법에는 제한이 없다. 따라서 어떤 수단에 의해서든 법원으

---

1) 대법원 2007. 7. 26. 선고 2007도3906 판결.
2) 대법원 1997. 9. 30. 선고 97도1230 판결.
3) 일본 판례도 비진술증거라고 한다(最決 1984. 12. 21. 刑集 38·12·3071).
4) 진정하다는 것은 그 증거가 그 증거를 제출하는 사람이 입증하고자 하는 것을 진실하게 묘사 내지 설명하고 있다는 것을 말한다. 예컨대, 검사가 사고현장을 입증하는 증거로 디지털사진을 제출할 때, 그 사진은 사고현장을 진실하게 묘사하고 있어야 한다. 그 사진이 임의로 편집되어 현장을 진실하게 묘사하고 있지 못하다면 진정성이 없다.
5) 정보가 변개, 조작됨이 없이 원래대로 유지되었다는 의미에서의 무결성이다.
6) 대법원 2008. 11. 13. 선고 2006도2556 판결.

로 하여금 그것이 진정한 것이라고 인정할 수 있게 하면 충분하다. 증거의 작성자가
법정에 나와 증언하는 방법이 가장 확실할 것이다. 그러나 이에 한정되지 않고 그
증거에 대하여 알고 있는 사람이 증언하는 것도 가능하고, 과학적 방법에 의한 입증
도 가능하다.[1]

4. 설문의 해결

CCTV 영상녹화물은 현장영상녹화물로서 비진술증거인데, 피고인 甲이 이에 대
하여 부동의하였으므로 검사는 진정성요건을 입증하면 된다. 진정성요건의 입증은
제한이 없고, 검사가 신청한 바와 같이 그 CCTV 설치과정이나 CCTV에서 CD로 파
일을 옮기는 과정을 알고 있는 상가협회 직원이 증인으로 나와 일체의 과정에 관한
증언에 의하여 진정성이 증명되면 충분하다. 실무에서도 이와 같은 증언으로 진정성
입증을 하고 있다.

변호인은 작성자가 증인으로 나와 증언하여야 한다고 주장하는데, 이는 진술증
거설이나 검증조서유추설에 입각한 주장으로서 타당하다고 할 수 없다.[2] 더구나 본
사례와 같은 CCTV의 경우에는 설치 후에 기계장치에 의하여 자동적으로 촬영되는
것이므로 작성자가 누구인지를 특정하기도 어렵다.

---

1) 일본 판례는 당해 사진 자체에 의해서도 사건과의 관련성을 인정할 수 있는 한 증거능력이 있다고 한
   다(最決 1984. 12. 21. 刑集 38·12·3071).
2) 진술증거설 중 형사소송법 제312조 제6항에 의하여 증거능력을 인정해야 한다는 견해나 검증조서유
   추설에 의하면, 촬영자의 공판준비 또는 공판기일에서의 진술에 의하여 그 성립의 진정이 증명되어야
   증거로 사용할 수 있다. 촬영자의 지위에 따라 적용법조를 달리하여야 한다는 견해에 의하면, 위
   CCTV 촬영은 사인에 의한 촬영이므로 형사소송법 제313조 제1항이 적용된다.

사 례 [3] 인과관계의 착오, 공모공동정범, 공소장변경의 요부, 범죄피해자의 형사절차상 권리

甲(남, 2007년 7월 2일생)과 乙(남, 2007년 10월 1일생)은 서울 강남구 소재 C 중학교 1학년 1반 학생들이다. 甲은 키도 크고 잘생긴데다가 학교 성적이 상위권이며 특히 과학발명에 재능이 있어 학생들 사이에 인기가 많지만, 어릴 때 가출한 모친을 잊지 못하고 자신이 어떤 일로든 사회적 관심을 끌면 모친도 찾아주겠지 하는 기대 속에서 사회적 관심을 끌 일을 궁리하고 있었다. 한편, 乙은 유복한 가정에서 태어나 집에서는 귀여움을 받고 있지만 키도 작고 힘이 약해서 늘 주변 학생들로부터 괴롭힘을 당하고 있었으나, 유독 甲만이 자신을 괴롭히지 않는데다가 인기도 많아 어떻게든 甲과 친구가 되고 싶은 마음에 甲 주변을 맴돌면서 甲의 눈치를 보고 있었다.

甲은 평소 자신에게 무관심한 담임교사 M(여, 33세)의 딸 A(여, 6세)가 가끔 M을 만나러 학교로 찾아와 학교 부속 실외수영장 주변에서 혼자 논다는 사실을 떠올리고, A를 살해하면 세상이 떠들썩해질 것이고, 그렇게 되면 모친도 자신을 찾아오겠지 하는 생각에 A를 살해하기로 결의하였다. 甲은 살해방법을 궁리하던 중, 평소 자신과 친해지려고 하는 乙을 끌어들여 함께 범행하기로 마음먹고, 2021. 8. 31. 방과 후 양재천변 공원으로 乙을 불러내 다정하게 놀면서 서로 M의 험담을 하다가 슬쩍 乙에게 A의 살해계획을 말하였다. 乙은 처음에는 깜짝 놀랐으나 甲의 집요한 설득 끝에 결국 함께 범행하기로 하였다.

같은 해 9. 1. 15:00경 A가 학교 수영장 부근에서 놀고 있는 것을 발견한 甲은 쉬는 시간에 乙을 불러, "A가 평소 갖고 싶어 하는 손지갑인데, 이것을 A에게 주면 지퍼를 여는 순간 전기충격으로 실신할테니, 그때 A를 안아서 수영장에 빠뜨리면 물에 빠져 죽을 것이다. 우리만 입 다물면 모두 다 발을 헛디뎌 빠져 죽은 것으로 알 것이니까 아무 걱정하지 말라"고 하면서 자신이 발명한 전기충격 손지갑(지퍼를 열면 강한 전기충격이 와서 사망할 수도 있는 만화주인공 캐릭터가 그려진 어린이용 손지갑)을 乙에게 주었다. 乙은 같은 날 15:30경 수영장 부근에서 놀고 있는 A에게 다가가 M이 담임선생이라는 등 이런 저런 말을 하면서 A의 경계심을 풀게 한 다음 선물이라며 甲에게서 받은 손지갑을 A에게 주었으며, A가 이를 건네받아 지퍼를 여는 순간 미리 장치한 전기충격으로 A는 바닥에 쓰러졌다. 乙은 甲이 말한 대로 쓰러진 A를 안아서 수영장에 빠뜨렸고, A는 같은 날 21:00경 사체로 발견되었다.

설 문

1. 강남경찰서에서는 A의 사망사건을 살인사건으로 보고 수사한 끝에 甲과 乙을 용의
자로 소환하여 범행 전모에 관하여 각 자백을 받았으며, A의 사체를 부검한 국립과
학수사연구원으로부터는 "A가 전기충격이나 그에 따른 지면전도로 사망하였는지, 물
에 빠져 익사하였는지 직접 사망원인을 알 수 없다"는 취지의 부검결과 회보를 받았
다. 강남경찰서는 수사종결 후, 甲과 乙에 대하여 어떤 의견으로 어떤 조치를 취하
여야 하는가?

2. 검사 P는 2021. 10. 1. 甲을 살인죄로 기소하면서 공소장에 A의 직접 사망원인을
어떻게 기재할 것인가를 고민하다가 A가 최종적으로 수영장에 빠져 익사하였다는
취지로 기재하였다. 제1심재판 중, 재판부는 A의 사망원인을 명백히 할 필요가 있다
고 판단하고 부검 시 채취하여 보관 중이던 A의 장기조직을 정밀검사하도록 S대 법
의학교실에 감정을 명하였는데, "A의 폐에서 수영장 물의 성분이나 부유물이 전혀
발견되지 않는 점에 비추어 A의 직접 사망원인은 전기충격에 의한 심장마비로 추정
된다"는 감정결과보고서를 송부받았다. 이에 제1심법원이 甲에 대하여 무죄를 선고
하자, 검사 P는 판결에 불복하여 항소하였다. 제1심에서 심리한 내용 외에 추가로
밝혀진 것이 없는 경우에, 항소심은 어떤 판결을 하여야 하는가?

3. M은 A의 사망 후 경찰에 출석하여 1회 진술하였으나 그 후 슬픔과 절망에 학교를
사직하고 집안에만 틀어박혀 지내고 있었는데, 검찰 조사 이래 계속하여 부인하던
甲이 제1심재판에서도 범행을 부인한다는 말을 전해 듣고 무슨 짓을 해서라도 甲이
중한 벌을 받도록 해야겠다고 결심하였다. 이에, M은 같은 교회에 다니는 변호사 L
에게 찾아가, "甲이 공판과정에서 어떻게 부인하고 있는지 알아본 뒤, 자신이 법정
에 가서 있었던 사실과 현재의 심경을 진술하고 싶은데, 甲을 대면하거나 목소리만
들어도 그때 일이 떠올라 가슴이 뛰고 진정이 되지 않아 혼자서는 제대로 말도 못할
것 같고, 혹시 甲을 엄벌해 달라고 하다가 甲의 가족들에게 봉변을 당할까봐 겁이
난다"며 도와달라는 취지의 상담을 하였다. 현행법상 L은 위와 같은 상담을 한 M을
위하여 어떻게 조력할 수 있는가?

해 설

I. 제1문 — 甲과 乙의 형사책임과 경찰의 조치

1. 문제의 제기

甲과 乙이 A를 살해한 점에 대해서는 의문이 없다. 다만, 甲과 乙은 A를 전기충격으로 실신시킨 다음 수영장에 빠뜨려 익사시키려고 의도하였으나, 경찰수사과정에서 회보를 받은 부검결과로는 전기충격이나 그에 따른 지면전도로 사망하였는지 익사하였는지가 밝혀지지 않았다. 이처럼 인과과정에 착오가 있었을 가능성을 배제할수 없는 상황에서 경찰은 어떤 조치를 취해야 하는지가 문제된다. 이때, 사실상 범죄행위를 주도하였지만 乙의 실행행위에는 직접 관여하지 않은 甲이 어떤 형사책임을지는지도 함께 문제된다.

2. 乙의 형사책임
(1) 인과관계의 착오

인과관계의 착오는 고의범의 실행에 있어서 의도한 결과가 행위자가 의도한 객체에 발생하였으나, 결과발생의 태양 내지 결과발생에 이른 인과적 경과(경로)가 행위자의 예상과 일치하지 않는 경우를 말한다. 종래 인과관계의 착오에 관하여 인과적일탈이 상당인과관계의 범위 내인 경우는 고의가 인정되고, 범위 밖인 경우는 고의는 조각되고 미수가 된다고 보았다. 그러나 기수·미수를 결정하는 것은 인과관계가인정되는가 여부이고, 고의의 유무와는 관계가 없다. 고의가 조각되면, 과실범의 성부가 문제될 뿐이다. 이런 점에서, 인과관계의 착오는 상당인과관계 내지 객관적 귀속의문제에 지나지 않으므로 무용하다는 주장(인과관계의 착오무용론)도 있다. 즉, 착오론은 고의 유무의 문제인데, 인과관계의 착오의 경우에는 기수결과에 대한 고의가 존재하는것은 의심의 여지가 없기 때문이다. 그러나 상당인과관계가 인정되는 경우에도 고의가없는 경우1)가 있는데, 그 경우에는 인과관계의 착오는 고유한 의미를 갖는다.

---

1) A의 뒤에 낭떠러지가 있는 줄 모른 X가 A를 살해하려고 낭떠러지 위에 있는 A를 향하여 총을 쏘았는데, 탄환은 A에게 맞지 않았으나 A가 이를 피하려고 하다가 낭떠러지에서 떨어져 사망한 경우에, 상

[인과관계의 착오 유형]

종류	사례	처리
전형적 유형	실행행위 위험성의 실현 태양에 관하여 행위자의 예상이 빗나간 경우 (① A가 B를 강물에 빠뜨려 죽이려고 높은 다리 위에서 떨어뜨렸는데, B는 도중에 교각에 머리를 부딪혀 즉사한 경우(교각사례), ② A가 B를 절벽에 몰아세운 다음 총을 쏘아 죽이려고 방아쇠를 당겼는데, 탄환은 빗나갔으나 피하려던 피해자가 발을 헛디뎌 절벽 아래로 떨어져 사망한 경우(절벽사례)) 실행행위는 주효하지 않았으나(또는 실행행위로부터 결과발생 이전에) 행위자가 예상 못한 자연적 사실 또는 피해자나 제3자의 행위 개입으로 결과가 발생한 경우 (③ A가 살인의 고의로 B의 머리를 도끼로 때렸는데 B는 A가 예상한 것처럼 두개골파열로 사망하지 않고 상처의 감염으로 인하여 사망한 경우1))	현실로 진행된 인과관계가 예견된 인과의 진행과 본질적인 차이가 있는 경우에만 사실의 착오가 되는데, 그 차이가 일반적인 생활경험에 의하여 예견할 수 있는 범위 안에 있고, 다른 행위로 평가할 수 없는 때에는 본질적인 것이 아니므로 살인죄의 기수가 성립(통설)
웨버의 개괄적 고의	행위자가 제1행위에 의하여 결과가 발생하였다고 오신하고 계속하여 제2행위를 하였는데, 실제로는 제2행위에 의하여 결과가 발생한 경우 (④ A가 B를 죽이려고 돌로 머리를 때려(제1행위) B가 기절하자 사망한 것으로 오신하고, 사체를 감추기 위하여 매장하였는데(제2행위), B는 매장되어 질식사한 경우)	모든 과정을 개괄적으로 보면 처음에 예견된 사실이 결국실현된 것이므로 고의기수범이 성립(판례2))
구성요건의 조기실현	실행행위의 개시 후 실행행위가 종료하기 이전에 이미 결과가 발생한 경우 (⑤ A가 B의 목을 졸라서 반항할 수 없는 상황에 빠뜨린 뒤 강에 빠뜨려 익사시키려고 하였는데, 목이 졸려 이미 죽은 경우 ⑥ A가 B를 폭행하여 실신시킨 뒤 달리는 열차 밖으로 B를 던져 살해하려는 의도로 B를 폭행하여 실신시킨 뒤 달리는 열차 밖으로 던졌으나 B는 이미 A의 폭행에 의하여 사망한 경우3))	후술 (고의의 기수범이 성립한다는 견해와 과실범과 불능미수의 경합범이 된다는 견해 대립)

　일반적으로 인과관계의 착오는 ① 전형적인 인과관계의 착오, ② 웨버의 개괄적 고의, ③ 구성요건의 조기실현으로 그 유형을 나누어 볼 수 있다.4) ①유형은 실행행위 위험성의 실현 태양에 관하여 행위자의 예상이 빗나간 경우(교각사례, 절벽사례)와

　당인관계설 중 객관설에 의하면 낭떠러지의 존재는 행위 시에 존재하는 사정으로서 판단자료에 들어가므로 상당인과관계는 긍정되지만, X는 그 존재를 몰랐으므로 고의는 부정된다.
1) 실행행위는 치명적이지 않았으나 야외에 그대로 방치된 피해자가 기온의 급격한 저하가 원인이 되어 사망한 경우도 이에 해당한다.
2) 대법원 1988. 6. 28. 선고 88도650 판결.
3) ⑥사례와 같이 행위자가 계획한 복수의 행위를 모두 시도하였는데 그 이전의 행위에 의하여 결과가 발생한 경우만이 해당된다는 견해도 있으나, 제2행위의 시도와 관계없이 ⑤사례, ⑥사례 모두 포함한다는 것이 일반적이다.
4) 위와 같은 3가지 유형 외에, 실행행위 도중에 책임능력이 상실·감소된 경우, 즉 실행행위의 도중에 격정이나 약물의 영향 등으로 책임능력을 상실하여 책임무능력상태의 행위로 결과를 발생시킨 경우에도, 종료하지 않은 실행행위로부터 결과가 인과적으로 야기되었기 때문에 인과관계의 착오의 한 유형으로 보아야 한다는 견해가 있다. 이 경우, 고의 있는 실행행위의 일부가 이미 개시되었으므로 고의는 조각되지 않고 기수범이 성립된다고 한다.

실행행위는 주효하지 않았으나(또는 실행행위로부터 결과발생 이전에) 행위자가 예상 못한 자연적 사실 또는 피해자나 제3자의 행위 개입으로 결과가 발생한 경우를 말한다. ②유형은 행위자가 제1행위에 의하여 결과가 발생하였다고 오신하고 계속하여 제2행위를 하였는데, 실제로는 제2행위에 의하여 결과가 발생한 경우를 말한다. ③유형은 실행행위의 개시 후 실행행위가 종료하기 이전에 이미 결과가 발생한 경우를 말한다.

(2) 乙의 형사책임

(개) 개요

본 사례의 경우, 위 인과관계의 착오 유형 가운데 어디에 해당하는지 문제된다. 아직 경찰 단계에서는 "A가 전기충격이나 그에 따른 지면전도(제1행위)로 사망하였는지, 물에 빠져(제2행위) 익사하였는지 직접 사망원인을 알 수 없는" 상태이다. 따라서 ① A가 제1행위로 사망하였을 경우에는 구성요건의 조기실현에 해당하고, ② A가 제2행위로 사망하였을 경우에는 甲과 乙이 의도한 대로 사망하였으므로 인과관계의 착오는 문제될 것이 없고 살인죄의 고의기수범이 성립한다. 따라서 ①의 구성요건의 조기실현의 경우만을 검토하면 될 것이다.

(내) 구성요건의 조기실현

구성요건결과가 조기에 실현된 경우에 어떻게 처리해야 하는지에 관하여는 다양한 견해의 대립이 있다.[1]

(ㄱ) 인과관계의 착오 문제로 파악하는 견해

제1행위에 고의가 존재하고 제1행위에서 결과도 발생하였으므로 인과관계의 착오 문제만 남게 되는데, 이때의 인과관계의 착오도 일반적인 생활경험에 비추어 예견가능한 범위 내에서 일어난 것으로 평가할 수 있으므로 그 착오는 비본질적인 것으로서 발생한 결과에 대하여 고의기수범의 책임을 진다는 견해이다. 이 견해에 의하면, 본 사례의 경우에는 A에 대한 살인죄(고의기수범)가 성립한다.

(ㄴ) 과실범과 미수범의 경합설

제1행위 시에는 결과발생의 고의[2]가 부정되어 과실범이 성립하고, 제2행위 시

---

1) 통상 실행행위로부터 결과가 발생한 경우를 말하나, 예비로부터 결과가 발생한 경우에도 가능하다(예: A가 B를 죽이려고 집 근처에서 총알을 장전하였으나, 그때 총이 폭발하여 지나가던 B가 사망한 경우 ⇒ 살인예비 + 과실치사).

2) 이 견해는 실행의 착수에서 고려되는 행위계획은 구체적인 부분행위 시에 행위자가 가지는 구체적 고의라고 이해한다.

에는 고의는 있었으나 이미 결과가 발생하였기 때문에 불능미수가 성립하며, 두 죄
는 실체적 경합관계라는 견해이다. 이 견해에 의하면, 본 사례의 경우에는 A에 대한
상해치사죄와 살인죄의 불능미수의 실체적 경합이 된다.

ⓒ 실행의 착수시기에 따른 구별설

실행의 착수에 관한 주관적 객관설(통설)[1]의 입장에서, 행위자가 제1행위 시에
결과발생을 계획한 때에는 제1행위가 실행의 착수가 되고, 이후 실행행위, 고의, 결
과발생이 한 행위에 의하여 이루어졌으므로 인과관계의 착오는 본질적인 것이라고
할 수 없어 고의기수범이 성립하고, 행위자가 제1행위 후 비로소 결과발생에 대한
계획을 세운 때에는 제2행위 시에 실행의 착수가 인정되고 제1행위와 제2행위는 별
개 독립행위로 평가되어 제2행위는 불능미수(또는 불능범)가 성립하므로 제1행위의 범
죄와 실체적 경합관계가 된다는 견해이다.[2] 이 견해에 의하면, 본 사례의 경우에는
제1행위 시에 결과발생을 계획하였으므로 A에 대한 살인죄(고의기수범)가 성립한다.

ⓓ 검토

구성요건결과가 조기실현된 경우에는 제1행위의 단계에서 일련의 행위의 인식,
즉 고의범의 기수가 인정된다고 할 것이므로,[3] 乙의 행위는 살인죄의 기수고의범에
해당한다. 위 ㉠설과 ㉢설에 의할 경우에도 결론은 마찬가지이다.

(다) 소결

乙에 대하여는 A가 전기충격이나 그에 따른 지면전도(제1행위)로 사망하였는지,

---

1) 실행의 착수가 있느냐에 대한 본질적인 기준은 보호되는 행위의 객체 또는 구성요건의 실현에 대한
   실질적 위험이지만(객관적 측면), 그 해당 여부는 주관적 표준, 즉 범죄(행위)계획에 의하여 결정해야
   한다는 견해이다.
2) 예컨대 살인의 경우, 제1행위의 상해치사와 제2행위의 살인의 불능미수(또는 불능범)의 실체적 경합이
   된다.
3) 일본 판례는 甲이 A 등에게 남편 B를 사고사로 위장하여 살해해 달라고 의뢰하여 A 등이 B를 마취시
   켜 실신시킨 뒤 자동차에 태워 익사시킬 계획을 세우고, B를 마취시킨 다음(제1행위) 2시간 후 2킬로
   미터 떨어진 항구로 데리고 가 자동차에 태운 채 물에 빠뜨렸으나(제2행위), 어느 행위로 사망하였는
   지 알 수 없는 사안에서, "ⓐ 제1행위는 제2행위를 확실하고 용이하게 하기 위하여 필요불가분하였고,
   ⓑ 제1행위에 성공한 경우, 그 이후의 범죄계획을 수행하는 데 장해가 될 특단의 사정이 없었고, ⓒ
   제1행위와 제2행위는 시간적·장소적으로 근접하다는 점"을 들어, 일련의 살인행위에 착수하여 목적
   을 성공하였으므로 살인의 고의가 인정된다고 판시하였다(最決 2004. 3. 22. 刑集 58·3·18). 위 판례
   에 대하여 학설은 첫째, 제1행위가 이후의 결과야기행위와 접착하여 밀접하게 관련되어 있는 경우에
   는 제1행위의 단계에서 '일련의 행위의 인식'(기수범의 고의)이 인정된다며 판례의 입장을 지지하는
   견해(통설)와 둘째, 미수의 고의와 기수의 고의를 구별하여 결과야기행위를 장래에 유보하고 있는 단
   계에서는 기수범의 구성요건해당행위의 인식이 있다고는 할 수 없으므로 살인미수죄와 (중)과실치사
   죄의 구성요건에 해당하고, 후자는 전자의 형에 흡수되어 포괄하여 살인미수죄만이 성립한다는 견해
   의 대립이 있다.

물에 빠져(제2행위) 사망하였는지를 불문하고, A에 대한 살인죄(형법 제250조 제1항)가 성립한다. 그런데 乙은 범행 당시 14세 미만으로 책임무능력자에 해당되므로 책임이 조각된다.

3. 甲의 형사책임

본 사례에서 甲은 형사미성년자로 책임능력이 없는 乙에게 A에 대한 살해계획을 말하고 집요하게 설득하여 결국 乙이 함께 범행을 하기로 하자, 범행방법과 범행에 이용할 도구를 제공하여 乙이 혼자 실행행위를 한 것이다. 이 경우, 먼저 乙이 정범인지 아니면 단순한 책임 없는 도구에 불과한지가 문제된다.

본 사례에서 乙은 비록 형사미성년자이지만 단순한 도구가 아니라 그 자신이 평소 甲과 친하게 지낼 마음에서 범행을 승낙하고 함께 범행한다는 의사로 실행행위를 한 것이므로 정범에 해당한다. 이런 점에서 甲은 간접정범이 될 수 없다. 따라서 甲이 정범인지 교사범인지 여부가 문제되고, 정범이라고 할 경우 실행에 가담하지 않는 甲이 공동정범으로서의 책임을 질 것인지가 문제된다.

(1) 정범인지 교사범인지 여부

甲이 정범인지 교사범인지를 판단하기 위해서는 정범과 협의의 공범을 어떤 기준으로 구별하는지를 살펴보아야 한다. 이에 대해서는 ① 주관적 요소에 의해서 구분해야 한다는 주관설, ② 객관적 요소에 의해서 구분해야 한다는 객관설, ③ 주관적·객관적 요소로 형성된 행위지배[1] 여부에 따라 구분해야 한다는 행위지배설(통설)이 대립된다. 판례도 공동정범이 성립하기 위해서는 공동의사에 의한 기능적 행위지배를 통한 범죄실행이라는 주관적·객관적 요건을 충족하여야 성립한다고 판시하여([관련판례]), 행위지배설에 입각하고 있다.

본 사례에서 甲은 비록 실행행위에는 직접 가담하지 않았지만 乙에게 범행을 집요하게 권유하여 범행을 결의토록 하고 그 범행방법을 상세히 알려주었을 뿐 아니라 자신이 발명한 전기충격 손지갑을 범행도구로 제공한 점 등에 비추어 기능적 행위지배를 한 것으로 인정되므로 乙의 공범(교사범)이 아니라 그 자신 정범에 해당한다.

---

[1] 행위지배를 의미하는 독일의 Tatherrshaft의 Tat는 단순한 행위(Handlung)가 아니라 구성요건에 해당하는 위법, 유책한 행위를 의미한다는 점에서 범행지배라고도 한다.

관련판례

대법원 2010. 7. 15. 선고 2010도3544 판결【뇌물공여·건설산업기본법위반·국가기술자격법위반·건설기술관리법위반·전기공사업법위반】

형법 제30조의 공동정범은 공동가공의 의사와 그 공동의사에 의한 기능적 행위지배를 통한 범죄실행이라는 주관적·객관적 요건을 충족함으로써 성립하므로, 공모자 중 구성요건행위를 직접 분담하여 실행하지 아니한 사람도 위 요건의 충족 여부에 따라 이른바 공모공동정범으로서의 형사책임을 질 수도 있다. 한편 구성요건행위를 직접 분담하여 실행하지 아니한 공모자가 공모공동정범으로 인정되기 위하여는 전체 범죄에 있어서 그가 차지하는 지위·역할이나 범죄경과에 대한 지배 내지 장악력 등을 종합하여 그가 단순한 공모자에 그치는 것이 아니라 범죄에 대한 본질적 기여를 통한 기능적 행위지배가 존재하는 것으로 인정되어야 한다(대법원 2007. 4. 26. 선고 2007도235 판결 참조). (중략)

위 사실관계에서 보는 바와 같이 피고인이 위 회사를 유일하게 지배하는 자로서 회사 대표의 지위에서 장기간에 걸쳐 현장소장들의 뇌물공여행위를 보고받고 이를 확인·결재하는 등의 방법으로 현장소장들의 뇌물공여행위에 관여하였다면, 비록 피고인이 사전에 현장소장들에게 구체적인 대상 및 액수를 정하여 뇌물공여를 지시하지 아니하였다고 하더라도 이 사건 뇌물공여의 핵심적 경과를 계획적으로 조종하거나 촉진하는 등으로 현장소장들의 뇌물공여행위에 본질적 기여를 함으로써 기능적 행위지배를 하였다고 봄이 상당하다고 할 것이다.

정범과 협의의 공범의 구별

1. 주관설

정범과 공범은 모두 결과에 대한 조건을 제공하는 점에서 같고, 결과에 대한 여러 조건 사이에는 차이가 있을 수 없으므로 정범과 공범은 주관적 요소에 의해서만 구분이 가능하다는 견해이다. 주관설에도 자기의 범죄로 실현하고자 하는 의사(정범의사)로 행위한 자는 정범이고 타인의 범죄로서 행위를 야기하거나 촉진하는 의사(공범의사)로 행위한 자는 공범이라는 고의설, 자기의 목적 또는 이익을 위하여 행위한 자는 정범이고 타인의 이익 또는 목적을 위하여 행위한 자는 공범이라는 목적설이 주장되고 있다.

2. 객관설

객관설에는 구성요건에 해당하는 행위를 직접 행한 자는 정범이고 실행행위 이외의 방법으로 조건을 제공한 자는 공범이라는 형식적 객관설, 행위가 지닌 구성요건실현 내지 결과

발생의 현실적 위험성의 정도를 기준으로 정범과 공범을 구별하는 실질적 기준설이 있다. 실질적 기준설에도 결과발생에 필연적 행위를 한 자는 정범이고 그렇지 않은 경우는 공범이라는 필연설, 행위 시에 가담한 자는 정범이고 그 전이나 후에 가담한 자는 공범이라는 동시설이 주장되고 있다.

3. 행위지배설

행위의 주관적 요소와 객관적 요소를 모두 고려하여 정범과 공범을 구별하여야 한다는 견해이다. 주관적·객관적 요소로 형성된 행위지배, 즉 구성요건에 해당하는 사건진행의 장악(사태의 핵심형상의 지배)을 통하여 그의 의사에 따라 구성요건의 실현을 저지하거나 진행하게 할 수 있는 자가 정범이고, 자신의 행위지배에 의하지 않고 행위를 야기하거나 촉진한 자는 공범이라고 한다. 록신(Roxin) 교수에 의하면, 정범에서는 실행지배, 공동정범에서는 기능적 행위지배, 간접정범에서는 의사지배를 통하여 행위를 지배한다고 한다.

(2) 공모공동정범의 인정 여부

(가) 의의

甲은 A에 대한 살해행위에 직접 가담하지 않았는데, 乙의 살인죄의 공동정범으로서 책임을 지는지가 문제된다. 즉, 2인 이상의 사람이 공모하여 그 공모자 가운데 일부가 공모에 따라 범죄의 실행에 나아간 때에, 실행행위를 담당한 사람 이외에 실행행위를 직접 하지 않은 공모자에 대해서도 공동정범, 즉 공모공동정범이 성립하는지의 문제이다.

공모공동정범이 성립한다는 이론은 일본 대심원에서 처음에 지능범에 대해서만 적용해오다가 점차 실력범에 이르기까지 확대되어 최고재판소의 판례로 이어진 것이다. 우리나라에서도 대법원판례가 일관되게 이를 인정하고 있다. 반면에, 학계에서는 공동정범의 객관적 요건인 공동가공의 사실이 인정되지 않는다고 이를 부정하는 견해도 있으나, 최근에는 점차 이를 수용하면서 그 범위를 어디까지 할 것인가의 문제를 논의하는 방향으로 바뀌고 있다.

(나) 학설

공모공동정범에 관하여는 ① 긍정설과 ② 부정설이 있다. ① 긍정설 가운데도 그 근거에 관하여, ⓐ 이심별체(異心別體)인 2인 이상이 일정한 범죄를 범하려고 하는 공동목적을 실현하기 위하여 동심일체(同心一體), 즉 공동의사주체를 형성하고 그 가운데 일부의 행위는 공동의사주체의 행위가 되어 직접 실행행위를 분담하지 않는 다른 공범자도 공동정범으로 처벌된다는 공동의사주체설, ⓑ 공동의사에 의하여 심리적

구속을 실행자에게 미친 사람은 실행자를 이용하여 자기의 범죄의사를 실현한 것이
므로 실행자는 다른 공모자의 도구 구실을 한다는 간접정범유사설, ⓒ 공모자가 실
행행위를 분담하지 않더라도 범죄를 조직하고 지휘하거나 범죄의 실행자를 지정하여
실행하는 때와 같이 전체 계획의 중요한 기능을 담당하였다고 인정되는 경우는 공동
정범으로 처벌해야 한다는 기능적 행위지배설이 있다. ② 부정설은 실행행위를 분담
하였다고 볼 수 없는 공모자는 공동정범이라고 할 수 없으므로 공모공동정범은 인정
될 수 없다고 한다.1)

(다) 판례

판례는 일관되게 공모공동정범을 인정하고 있다. 판례 중에는 공동의사주체설의
입장에서 인정한 경우,2) 간접정범유사설의 입장에서 인정한 경우3)도 있으나, 최근에
는 범죄에 대한 본질적 기여를 통한 기능적 행위지배가 존재하여야 인정된다는 판례4)가
주류를 형성하고 있다.

(라) 검토

甲은 비록 실행행위에 직접 가담하지는 않았지만 앞에서 살펴본 대로 본질적 기
여를 통한 행위지배를 한 것으로 인정되므로 공모공동정범에 해당한다.

(3) 소결

앞서 살펴본 대로 乙은 범행 당시 14세 미만으로 책임무능력자에 해당되어 책
임이 조각되므로 A에 대한 살인죄의 공동정범으로서의 형사책임을 지지 않는다. 그
러나 甲에 대해서는 A에 대한 살인죄의 공동정범이 성립한다(통설인 공범종속성설 중 제
한적 종속형식설).

4. 甲과 乙에 대한 경찰의 처리
(1) 甲에 대한 처리

사법경찰관은 사건을 수사한 경우 법원송치, 검찰송치, 불송치, 수사중지, 이송
의 결정을 할 수 있는데(검사와 사법경찰관의 상호협력과 일반적 수사준칙에 관한 규정 제51조),
이때 송치란 수사 종결 후 사건 자체를 보내는 것을 말한다. 사법경찰관은 범죄를

---

1) 공동의사주체설에 따른 공모공동정범은 부정하지만, 범행지배가 인정되는 경우에는 인정된다고 한다.
2) 대법원 1983. 3. 8. 선고 82도3248 판결.
3) 대법원 1996. 3. 8. 선고 95도2930 판결.
4) 대법원 2011. 10. 13. 선고 2011도9584 판결; 대법원 2013. 9. 12. 선고 2013도6570 판결.

수사하여 범죄의 혐의가 있다고 인정되는 경우에는 지체 없이 검사에게 사건을 송치하고, 관계 서류와 증거물을 검사에게 송부하여야 한다(형소법 제245조의5). 실무상 사법경찰관이 검찰청에 사건을 송치할 때 송치기록에 의견서를 작성하여 편철하는데, 그 의견서에 죄명, 의견 등을 기재한다. 그러나 검사가 사건을 종국 처리함에 있어 사법경찰관의 의견은 참고사항에 불과하며, 이와 다른 판단을 하는 때에는 달리 결정할 수 있음은 물론이다. 본 사례에서 경찰은 甲에 대하여 살인죄의 공동정범이 성립한다는 의견으로 서울중앙지방검찰청에 사건을 송치하여야 한다.

(2) 乙에 대한 처리

乙은 범행 당시 만 13세의 소년으로 형사처벌의 대상이 되지는 않지만 촉법소년에 해당한다(소년법 제4조 제1항 제2호[1]). 경찰서장은 촉법소년에 대하여 직접 관할 소년부에 송치하여야 하므로(소년법 제4조 제2항)(전건송치주의), 강남경찰서장은 乙을 서울가정법원에 송치하여야 한다.

II. 제2문 — 공소장변경의 요부

1. 제1심 무죄판결의 당부

제1심법원은 공소장에 A의 직접 사망원인이 수영장에 빠져 익사한 것으로 기재되어 있으나, 심리한 결과 전기충격에 의한 심장마비로 사망한 것으로 판단하고 무죄를 선고하였다. 제1심판결의 적법성을 판단하기 위해서는, 살인죄에서 사망경위와 원인에 관하여 공소장 기재와 달리 사실을 인정할 경우에 법원이 공소장변경 없이 직권으로 인정된 사실에 따라 살인죄의 유죄판결을 할 수 있는지, 할 수 있다고 할 경우에 법원은 의무적으로 유죄판결을 해야 하는지가 문제된다.

(1) 공소장변경의 요부(필요성)

공소장변경의 요부를 결정하는 기준에 대하여는, ① 구체적 사실관계가 다르더라도 그 벌조 또는 구성요건에 변경이 없는 한 공소장변경이 필요 없다는 동일벌조설,

---

1) 소년법 제4조(보호의 대상과 송치 및 통고) ① 다음 각 호의 어느 하나에 해당하는 소년은 소년부의 보호사건으로 심리한다.
  2. 형벌 법령에 저촉되는 행위를 한 10세 이상 14세 미만인 소년

② 구체적 사실관계가 다르더라도 그 법률구성에 영향이 없을 때에는 공소장변경을 요하지 않고 다른 사실을 인정할 수 있다는 법률구성설, ③ 공소장에 기재된 사실과 '실질적으로 다른 사실'을 인정할 때, 즉 형식적으로는 사실의 변화가 사회적·법률적으로 의미를 달리하고, 실질적으로 피고인의 방어권행사에 불이익을 초래하는 사실을 인정할 때는 공소장변경을 필요로 한다는 사실기재설(실질적 불이익설)(통설)이 대립되고 있다.

판례는 "공소사실의 동일성이 인정되는 범위 내이고, 피고인의 방어권행사에 실질적 불이익을 초래할 염려가 없는 경우에는 공소장변경 없이 직권으로 다른 범죄사실을 인정할 수 있다"고 판시하여([관련판례]), ③의 사실기재설의 입장이다. 여기서 방어권행사에 실질적 불이익을 초래했는지 여부는 공소사실의 기본적 동일성이라는 요소 외에도 법정형의 경중 및 그러한 경중의 차이에 따라 피고인이 자신의 방어에 들일 노력·시간·비용에 관한 판단을 달리할 가능성이 뚜렷한지 여부 등의 여러 요소를 종합하여 판단하여야 한다([관련판례]).1)

 관련판례

대법원 2007. 12. 27. 선고 2007도4749 판결【상습절도{인정된 죄명 : 특정범죄가중처벌등에관한법률위반(절도)}】2)

피고인의 방어권행사에 실질적인 불이익을 초래할 염려가 없는 경우에는 법원이 공소장변경절차를 거치지 아니하고 일부 다른 사실을 인정하거나 적용법조를 달리한다고 할지라도 불고불리의 원칙에 위배되지 아니하지만, 방어권행사에 있어서 실질적인 불이익 여부는 그 공소사실의 기본적 동일성이라는 요소 외에도 법정형의 경중 및 그러한 경중의 차이에 따라 피고인이 자신의 방어에 들일 노력·시간·비용에 관한 판단을 달리할 가능성이 뚜렷한지 여부 등의 여러 요소를 종합하여 판단하여야 한다.

원심판결 이유에 의하면 원심은, 소속 군부대 내에서 현금을 19회 절취하고 야간에 취사병 생활관에 침입하여 역시 현금을 2회 절취한 피고인의 행위를 검찰관이 형법 제332조, 제329조, 제330조를 적용하여 형법상의 상습절도죄로 기소한 데 대하여(원심에 이르러 공소장변경이 허가된 결과임), 특정범죄 가중처벌 등에 관한 법률 제5조의4 제1항은 형법상의 상습절도와 구성요건이 동일하고 법정형만이 가중되어 있어서 피

---

1) 대법원 2011. 2. 10. 선고 2010도14391, 2010전도119 판결도 같은 취지.
2) 본 판결 평석은 전원열, "법원이 공소장변경 없이 공소사실과 다른 사실을 인정하거나 적용법조를 달리하는 경우, 그것이 피고인의 방어권행사에 실질적인 불이익을 초래하는지 여부의 판단 기준", 대법원판례해설 제74호(2007 하반기), 2008, 506-515면.

고인의 방어권행사에 아무런 불이익을 초래하지 아니한다는 이유로, 새로운 공소장변경 없이 이 사건 공소사실에 대하여 특정범죄 가중처벌 등에 관한 법률 제5조의4 제1항, 형법 제329조, 제330조를 적용하여 피고인에게 형을 선고하고 있다.

살피건대, 이 사건에서 위와 같은 원심의 조치가 피고인의 방어권행사에 실질적인 불이익을 초래할 염려가 있는지 여부에 관하여 보면, 그러한 불이익 여부는 그 공소사실의 기본적 동일성이라는 요소 외에도 법정형의 경중 및 그러한 경중의 차이에 따라 피고인이 자신의 방어에 들일 노력·시간·비용에 관한 판단을 달리할 가능성이 뚜렷한지 여부 등의 여러 요소를 종합하여 판단하여야 함은 위에서 본 법리와 같은바, 이 사건과 같이 일반법과 특별법이 동일한 구성요건을 가지고 있고 어느 범죄사실이 그 구성요건에 해당하는데 검사가 그 중 형이 보다 가벼운 일반법의 법조를 적용하여 그 죄명으로 기소하였으며, 그 일반법을 적용한 때의 형의 범위가 '징역 15년 이하'이고, 특별법을 적용한 때의 형의 범위가 '무기 또는 3년 이상의 징역'으로서 차이가 나는 경우에는, 비록 그 공소사실에 변경이 없고 또한 그 적용법조의 구성요건이 완전히 동일하다 하더라도, 그러한 적용법조의 변경이 피고인의 방어권행사에 실질적인 불이익을 초래한다고 보아야 하며, 따라서 법원은 공소장변경 없이는 형이 더 무거운 특별법의 법조를 적용하여 특별법 위반의 죄로 처단할 수는 없다.

(2) 법원의 직권 인정의 의무성 여부

법원이 검사의 공소장변경신청이 없음에도 직권으로 공소사실과 다른 범죄사실을 인정할 수 있는 경우에, 그러한 직권 인정이 재량인지 의무인지가 문제된다. 이에 대하여 판례는 "공소장이 변경되지 않았다는 이유로 이를 처벌하지 않는다면 적정절차에 의한 신속한 실체적 진실의 발견이라는 형사소송의 목적에 비추어 현저히 정의와 형평에 반하는 것으로 인정되는 경우라면 법원으로서는 직권으로 그 범죄사실을 인정하여야 한다"고 판시하면서, 살인죄로 기소되어 심리한 결과 살인을 제외한 그 과정에서의 폭행·상해·감금 등 사실이 인정되는 경우 이 부분에 관하여는 심리하여 처단해야 한다고 판시하였다([관련판례]).[1]

 관련판례

대법원 2009. 5. 14. 선고 2007도616 판결【살인】

법원은 공소사실의 동일성이 인정되는 범위 내에서 심리의 경과에 비추어 피고인의 방어권행사에 실질적인 불이익을 초래할 염려가 없다고 인정되는 때에는 공소장이

---

[1] 그 밖에 필로폰투약의 기수로 기소된 경우에 미수가 인정된 사례에서 같은 취지의 판결을 하였다(대법원 1999. 11. 9. 선고 99도3674 판결).

변경되지 않았더라도 직권으로 공소장에 기재된 공소사실과 다른 범죄사실을 인정할 수 있고, 이와 같은 경우 공소가 제기된 범죄사실과 대비하여 볼 때 실제로 인정되는 범죄사실의 사안이 가볍지 아니하여 공소장이 변경되지 않았다는 이유로 이를 처벌하지 않는다면 적정절차에 의한 신속한 실체적 진실의 발견이라는 형사소송의 목적에 비추어 현저히 정의와 형평에 반하는 것으로 인정되는 경우라면 법원으로서는 직권으로 그 범죄사실을 인정하여야 한다(대법원 2003. 5. 13. 선고 2003도1366 판결 등 참조). 원심판결 이유와 기록에 의하면 원심은 그 채택 증거들과 제1심이 채택한 증거들에 의하여, 공소사실 중 '피고인이 피해자를 베란다로 끌고 간 후 베란다 창문을 열고 피해자를 난간 밖으로 밀어 12층에서 떨어지게 하였다는 점'을 제외한 나머지 공소사실은 모두 인정된다고 판단하였고, 피고인도 피해자를 때리고 양쪽 손과 발목을 테이프로 묶었다는 등 살인의 점을 제외한 나머지 공소사실을 전부 시인하고 있어 이 부분 범죄사실을 유죄로 인정하여도 피고인의 방어권행사에 실질적인 불이익을 초래할 염려가 없다. 그리고 피고인이 사실상 혼인관계에 있어 서로 신뢰하고 보호할 의무가 있는 피해자에 대하여 위와 같은 범행을 한 점, 그 구체적 행위의 태양이나 전·후의 경위, 피해자가 발이 묶인 채로 추락하기까지 한 사정을 종합하여 보면, 원심이 인정한 위와 같은 범죄사실만으로도 살인죄에 비하여 결코 사안이 가볍다고 할 수 없으므로, 이와 같은 경우 검사의 공소장 변경이 없다는 이유만으로 위 공소사실에 포함된 나머지 범죄사실로 처벌하지 아니하는 것은 적정절차에 의한 실체적 진실의 발견이라는 형사소송의 목적에 비추어 현저히 정의와 형평에 반한다고 할 것이다.

그렇다면 원심으로서는 검사의 공소장 변경이 없더라도 공소제기된 범죄사실에 포함된 그보다 가벼운 다른 범죄사실인 폭행이나 상해, 체포·감금 등의 죄에 해당하는지를 판단하여 그 죄로 처단하였어야 할 것임에도, 원심은 이에 이르지 아니한 채 피고인에게 무죄를 선고하였으니, 이러한 원심판결에는 공소장 변경 없이 심판할 수 있는 범위에 관한 법리를 오해한 위법이 있고, 이는 판결결과에 영향을 미쳤음이 분명하다.

(3) 소결

본 사례에서 검사의 공소장 기재 범죄사실과 제1심법원의 인정사실 사이에는 A 사망의 인과과정 경로에 차이가 있을 뿐이므로 두 사실은 그 사실의 기초가 되는 사회적 사실관계가 기본적인 점에서 동일하다. 그리고 어느 행위에 의하여 결과가 발생하였더라도 법정형이 같은 살인죄가 성립하고, 제1행위와 제2행위 모두 이미 제1심의 심판대상이 되었으므로 인정사실대로 인정하더라도 피고인의 방어권행사에 실질적 불이익을 초래할 염려는 없다. 따라서 제1심법원은 공소장변경절차 없이 직권으로 제1심법원에서 인정한 사실대로 유죄의 판결을 할 수 있다. 판례도 인과관계의 진행에 차이가 있는 경우에는 행위와 결과 사이에 인과관계가 인정된다면 공소장변경을 요하지 않는다고 판시하고 있다([관련판례]).

이 경우, 법원은 반드시 직권으로 인정사실에 따라 살인죄의 유죄판결을 선고해야 하는지 문제된다. 살인죄의 중대성에 비추어 공소장이 변경되지 않았다는 이유로 이를 처벌하지 않는다면 적정절차에 의한 신속한 실체적 진실의 발견이라는 형사소송의 목적에 비추어 현저히 정의와 형평에 반한다고 할 것이므로[1] 법원은 직권으로 그 범죄사실을 인정해야 할 것이다.

 관련판례

대법원 1980. 11. 11. 선고 80도1074 판결【업무상과실치사】

가. 기록을 살피건대 본건 피해자 A가 피고인이 운전하여 후진하는 버스의 차체 우측 모서리에 부딪쳐서 약 2.8미터의 언덕 밑 논바닥으로 추락되었다는 공소사실을 인정할 증거가 없다고 한 조치에 수긍이 가며 그 증거취사에 소론과 같은 위법이 있다고 할 수 없다.

나. 살피건대 원심판결은 피해자는 자전거를 타고 피고인이 차를 뒤따라오다가 피고인의 차가 정차하자 그 우측으로 빠져나가려고 하였으나 피고인의 차가 후진을 하면서 노변에 너무 붙어 틈이 없게 되자 자전거를 세워 내리려고 하다가 실족하여 추락한 것이라고 추정하고 있는바 이런 추정이 정당하다면 도로우측에 대피하고 있는 피해자를 보지 못하고 그가 대피하고 있는 도로변에 바싹 붙어 차를 후진한 피고인에게 과실이 있다고 할 것이며 피해자가 이를 피하려다가 실족추락한 점에는 피고인의 과실과 인과관계가 있다고 한 것이다.

본건 공소장은 피고인의 운전과실과 피해자의 추락사고를 공소사실로 기재하고 있으므로 피해자가 피고인의 운전차량에 충돌되었다는 공소사실기재는 과실과 사망에 관한 인과관계의 중간경로를 설명한 데 불과함으로 그 중간사실에 차이가 있어도 과실과 치사에 인과관계가 있다면 공소장의 변경없이도 그 형사책임 여부를 심판하여야 할 것임에도 불구하고 다만 충돌이 없다 하여 무죄를 선고한 원심판결의 조치는 앞에서 본 법리를 오해하여 심리를 다하지 아니한 잘못이 있다고 할 것이니 이점에서 논지가 있다고 할 것이다.

2. 설문의 해결 — 항소심의 판결

위에서 살펴본 대로 제1심판결은 공소장변경 없이 심판할 수 있는 범위에 관한

---

1) 대법원 2009. 5. 14. 선고 2007도616 판결 참조.

법리를 오해한 위법이 있고, 이는 판결결과에 영향을 미쳤음이 분명하므로 항소이유가 된다(형소법 제361조의5 제1호). 한편, 항소법원은 항소이유가 있다고 인정하는 때에는 판결로써 원심판결을 파기하고 다시 판결하여야 한다(형소법 제364조 제6항). 이를 파기자판이라고 한다.

따라서 항소심은 파기자판하여 제1심에서 인정된 사실에 기초하여 甲에게 유죄판결을 선고하여야 한다. 이 경우, 공소장변경절차를 거치지 않고 유죄판결을 할 수도 있고, 검사에게 공소장변경을 요구하여 공소장변경절차를 거쳐1) 유죄판결을 할수도 있다.

그런데 죄를 범할 당시 18세 미만인 소년에 대하여 사형 또는 무기형으로 처할경우에는 15년의 유기징역으로 하고(소년법 제59조), 소년에 대하여 부정기형을 선고할경우에는 장기 10년 단기 5년을 초과할 수 없다(소년법 제60조 제1항). 그러나 살인죄는특정강력범죄에 해당하므로(특정강력범죄의 처벌에 관한 특례법 제2조 제1항 제1호) 18세 미만인 甲에게 형을 선고할 경우, 사형 또는 무기형으로 처할 것인 때에는 20년의 유기징역으로 하고(특강법 제4조 제1항), 부정기형을 선고할 경우에는 장기 15년, 단기 7년을 초과하지 못한다(특강법 제4조 제2항).

III. 제3문 — 범죄피해자의 형사절차상 권리

1. 피해자의 변호인제도

성폭력범죄의 피해자(성폭력범죄의 처벌 등에 관한 특례법 제27조 제1항,2) 아동·청소년의 성

---

1) 항소심에서의 공소장변경이 가능한지에 관하여는 학설상 다툼이 있으나, 판례는 항소심은 원칙적으로 속심으로서 공소장변경이 허용된다고 한다(대법원 1987. 7. 21. 선고 87도1101 판결).
2) 성폭력범죄의 처벌 등에 관한 특례법 제27조(성폭력범죄 피해자에 대한 변호사 선임의 특례)
　① 성폭력범죄의 피해자 및 그 법정대리인(이하 "피해자등"이라 한다)은 형사절차상 입을 수 있는 피해를 방어하고 법률적 조력을 보장하기 위하여 변호사를 선임할 수 있다.
　② 제1항에 따른 변호사는 검사 또는 사법경찰관의 피해자등에 대한 조사에 참여하여 의견을 진술할 수 있다. 다만, 조사 도중에는 검사 또는 사법경찰관의 승인을 받아 의견을 진술할 수 있다.
　③ 제1항에 따른 변호사는 피의자에 대한 구속 전 피의자심문, 증거보전절차, 공판준비기일 및 공판절차에 출석하여 의견을 진술할 수 있다. 이 경우 필요한 절차에 관한 구체적 사항은 대법원규칙으로 정한다.
　④ 제1항에 따른 변호사는 증거보전 후 관계 서류나 증거물, 소송계속 중의 관계 서류나 증거물을 열람하거나 등사할 수 있다.
　⑤ 제1항에 따른 변호사는 형사절차에서 피해자등의 대리가 허용될 수 있는 모든 소송행위에 대한 포괄적인 대리권을 가진다.

보호에 관한 법률 제30조 제2항), 아동학대범죄사건의 피해아동(아동학대범죄의 처벌 등에 관한 법률 제16조 제1항) 및 장애인학대사건의 피해장애인(장애인복지법 제59조의15 제1항)과 각 그 법정대리인에 대한 변호사제도는 인정되고 있으나, 일반범죄의 피해자1)에 대한 변호인제도는 아직 인정되고 있지 않다. 따라서 L은 M의 변호인으로 선임될 수는 없다. 다만, 일정한 경우 M을 법률상 대리하거나 사실상 M에게 조력할 수는 있다.

2. L의 조력 범위
(1) 소송기록의 열람·등사

【M의 요청】 甲이 공판과정에서 어떻게 부인하는지 알아보고 싶다.

L은 사망한 A의 직계친족인 M으로부터 위임을 받은 변호사로서 소송기록의 열람 또는 등사를 신청할 수 있다(형소법 제294조의4 제1항).

(2) M의 의견진술

【M의 요청】 법정에 가서 있었던 사실과 현재의 심경을 진술하고 싶다.

M은 사망한 A의 직계친족으로서 법정에서 위 내용을 진술할 수 있다(헌법 제27조 제5항). 의견진술에는 ① 증인으로 출석하는 방법과 ② 피해자로 출석하는 방법이 있다. 즉, ① M은 신청에 의하여 증인으로 출석하여 피해의 정도와 결과, 피고인의 처벌에 관한 의견 기타 당해 사건에 관한 의견을 진술할 수 있다(형소법 제294조의2 제1항, 제2항). 또한, ② M은 신청에 의하여 피해자의 유족으로 법정에 출석하여 ①에 정한 사항으로서 범죄사실의 인정에 해당하지 아니한 사항에 관하여 의견을 진술할 수 있다(형소규칙 제134조의10 제1항).2)

---

⑥ 검사는 피해자에게 변호사가 없는 경우 국선변호사를 선정하여 형사절차에서 피해자의 권익을 보호할 수 있다.
1) 타인의 범죄행위로 피해를 당한 사람과 그 배우자(사실상의 혼인관계를 포함한다), 직계친족 및 형제자매를 말한다(범죄피해자 보호법 제3조 제1항 제1호).
2) 헌법의 정신을 살리기 위해서는 피해자가 선서와 위증의 부담을 느끼는 증인으로서가 아니라 피해자의 자격으로 의견을 진술하는 방향으로 형사소송법 개정이 필요하다. 이에 따라 대법원은 2015. 6. 29. 형사소송규칙을 개정하여 필요하다고 인정되는 경우 직권 또는 신청에 따라 범죄사실의 인정에 해당하지 않는 사항에 관하여 피해자 등을 증인신문에 의하지 않고 의견을 진술하게 하거나(형소규칙 제134조의10 제1항), 의견진술에 갈음한 서면을 제출하게 할 수 있도록(형소규칙 제134조의11 제1항)

L은 어느 경우에나 M을 위하여 신청서를 작성하거나 대리 제출함으로써 M에게 조력할 수 있다.

(3) M의 증언 시 부담의 완화

【M의 요청】 甲을 대면하거나 목소리만 들어도 그때 일이 떠올라 가슴이 뛰고 진정이 되지 않아 혼자서는 제대로 말도 못할 것 같으니 도와 달라.

㈎ 비디오 등 중계장치 및 가림 시설 등 설치에 의한 증인신문

M은 범죄의 성질, 증인의 연령, 심신의 상태, 피고인 甲과의 관계, 그 밖의 사정으로 인하여 甲과 대면하여 진술하는 경우, 심리적인 부담으로 정신의 평온을 현저하게 잃을 우려가 있다고 인정된다. 따라서 비디오 등 중계장치에 의한 중계시설을 통하여 신문하거나 가림 시설 등을 설치하고 신문할 수 있다(형소법 제165조의2 제3호). 이러한 결정은 법원이 검사와 피고인 또는 변호인의 의견을 들어 결정하는데, L은 M을 위하여 공판검사에게 위 조치를 해 주도록 서면(M 명의)을 작성·제출하여 요청하거나, M이 법원에 요청서를 제출할 수 있도록 이를 대신 작성해 줄 수 있다.

이 제도에 대해서는 피고인의 방어권을 제약한다는 비판이 있으나, 피고인의 대면권이 제한되기는 하지만 반대신문권 자체는 보장되므로 큰 문제가 없다고 할 것이다.

㈏ 신뢰관계에 있는 사람의 동석 가능 여부

형사소송법 제163조의2 제1항은 법원이 피해자를 증인으로 신문하는 경우에는, 증인의 연령, 심신의 상태, 그 밖의 사정을 고려하여 증인이 현저하게 불안 또는 긴장을 느낄 우려가 있다고 인정하는 때에는 직권 또는 피해자·법정대리인·검사의 신청에 따라 피해자와 신뢰관계에 있는 자를 동석하게 할 수 있다고 규정하고 있다. 구체적인 사안에서 동석을 허락할 것인지는 법원의 재량이다.[1]

위 조문상 피해자 A의 직계친족인 유족 M은 이에 포함되지 않는다고 해석되지만, 향후 입법을 통하여 유족의 경우에도 신뢰관계에 있는 사람과의 동석을 인정하여야 한다. 신뢰관계에 있는 사람의 동석이 가능하다고 할 때 M의 변호사인 L은 신

하였다. 이 경우 진술이나 서면은 범죄사실의 인정을 위한 증거로 할 수 없다(형소규칙 제134조의12).
[1] 판례는 장애인 등 특별한 보호를 요하는 피의자의 신문 시 신뢰관계자의 동석은 검사나 사법경찰관의 재량이라고 판시하였다(대법원 2009. 6. 23. 선고 2009도1322 판결).

뢰관계에 있는 사람으로서 동석할 수 있다(형소규칙 제84조의3 제1항).

(4) M의 증언 시 안전 확보

【M의 요청】 혹시 甲을 엄벌해 달라고 하다가 甲의 가족들에게 봉변을 당할까봐 겁이 나니
도와 달라.

㈎ 신변안전조치

M은 특정강력사건인 살인사건의 증인으로서 피고인 기타의 사람으로부터 생명·
신체에 해를 받거나 받을 우려가 있는 때에는 관할 경찰서장에게 신변안전조치를 취
하도록 요청하거나 검사에게 위 조치를 취하도록 청구할 수 있다(특정강력범죄의 처벌에
관한 특례법 제7조 제1항, 제2항). 또한, 범죄신고자등[1]으로서 재판장으로 하여금 공판준
비 또는 공판진행과정에서 검사에게 신변안전조치[2]를 취하도록 요청해 줄 것을 신
청할 수 있다(특정범죄신고자 등 보호법 제13조 제3항, 제2항, 제1항).[3] L은 M이 위 신청 및
요청을 함에 있어 조력할 수 있다.

㈏ 증인신문의 특례

공판조서에 증인의 인적사항의 전부 또는 일부의 불기재(특정범죄신고자 등 보호법
제11조 제2항), 증인신문과정에서의 인적사항 미공개(동조 제3항), 증인선서에의 가명으
로 서명·무인(동조 제4항) 등의 특례가 인정된다. 또한, 범죄신고자등은 피고인이나 방
청인의 퇴정 및 공개법정 외의 장소에서의 증인신문(동조 제6항)을 신청할 수 있다(동조
제5항). L은 M이 위 신청을 함에 있어 조력할 수 있다.

㈐ 보좌인의 지정

범죄신고자등이 보복을 당할 우려가 있는 경우에는 법원은 직권 또는 범죄신고
자등의 신청에 의하여 보좌인을 지정할 수 있고(특정범죄신고자 등 보호법 제6조 제1항),

---

[1] 범죄신고자등은 특정범죄에 관한 신고·진정·고소·고발 등 수사 단서의 제공, 진술 또는 증언이나 그
밖의 자료제출행위 및 범인검거를 위한 제보 또는 검거활동을 한 자를 말하므로(특정범죄신고자 등
보호법 제2조 제2호, 제3호), M은 범행을 부인하는 甲에 대하여 경찰에서 진술을 하고 또한 증언을
하려는 자로서 범죄신고자등에 해당된다.
[2] 신변안전조치는 1. 일정기간동안의 특정시설에서의 보호, 2. 일정기간동안의 신변경호, 3. 참고인 또
는 증인으로 출석·귀가시 동행, 4. 대상자의 주거에 대한 주기적 순찰, 5. 기타 신변안전에 필요하다고
인정되는 조치이다(동법시행령 제7조).
[3] 특정범죄신고자 등 보호법의 성립에 따라 특정강력범죄의 처벌에 관한 특례법 제7조의 신변안전조치
규정은 이에 흡수되어 사실상 사문화되었다.

보좌인은 당해 형사사건의 수사·공판과정에 동행하거나 조언하는 등 필요한 조력을
할 수 있다(동법 제6조 제3항).

　　M은 '범죄신고자등'에 해당하는데, 특정범죄신고자 등 보호법 제6조 제2항, 동
법시행령 제2조1)에 보좌인으로서 변호사가 열거되어 있지 않은 점에 비추어, L은
원칙적으로 변호사라는 자격으로는 보좌인이 될 수 없지만, 동법시행령 제2조 제4호
의 '기타 학식과 덕망이 있는 자로서 범죄신고자등을 위하여 충분히 조력을 할 수
있다고 인정되는 자'로서 보좌인이 될 수는 있다고 할 것이다.

---

1) 특정범죄신고자등보호법시행령 제2조(범죄신고자등보좌인의 자격) 특정범죄신고자등보호법(이하 "법"
   이라 한다) 제6조제2항에서 "대통령령이 정하는 자"라 함은 다음 각호의 1에 해당하는 자를 말한다.
   　1. 학교·사회교육시설·사회복지시설 및 사회보호시설의 장 또는 그 직원
   　2. 법률구조법등 법령에 규정된 상담소의 장 또는 그 직원
   　3. 범죄신고자등의 고용주
   　4. 기타 학식과 덕망이 있는 자로서 범죄신고자등을 위하여 충분한 조력을 할 수 있다고 인정되는 자

사 례 [4] 싸움과 정당방위, 부동산 이중매매, 동산 이중매매, 재정신청

건축사업을 하던 甲은 자금사정이 어렵게 되자 소유하고 있던 재산을 처분하기로 하고, 甲 소유인 서울 강남구 소재 아파트 1채(근저당권 설정 등 부담이 전혀 없는 상태임)를 A에게 대금 20억 원에 매도하기로 계약을 체결한 다음 계약금과 중도금 명목으로 합계 10억 원을 교부받았다. 그리고 甲이 위 아파트에 진열하고 있던 甲 소유의 진품 고려청자 도자기 1점도 A에게 5,000만 원에 매도하기로 계약을 체결하고 계약금과 중도금 명목으로 합계 2,500만 원을 교부받았다.

그런데 甲의 친구인 乙이 위 계약사실을 알고 甲에게 찾아와 그동안 주택가격이 상승한 것을 감안하여 위 아파트를 25억 원에, 위 도자기를 1억 원에 매수할테니 자신에게 매도하라고 부탁하자 乙에게 매도하기로 하고, 위 아파트에 대하여는 乙로부터 계약금과 중도금 명목으로 10억 원을 교부받은 다음 乙 명의로 소유권이전청구권보전을 위한 가등기를 마쳐 주고, 위 도자기에 대하여는 1억 원을 교부받고 乙에게 인도하여 주었다.

이 사실을 뒤늦게 알게 된 A는 甲의 사무실을 찾아가 항의하면서 준 돈이라도 돌려 달라고 하였으나 甲이 조금만 기다리라고만 말할 뿐 성의 있는 답변을 하지 않자 화가 나 욕설을 하여 서로 밀고 당기고 몸싸움을 하던 중, A가 甲의 얼굴을 주먹으로 때리려고 하자 甲은 손으로 A의 가슴을 1회 밀어 A를 사무실 바닥에 넘어뜨렸다.

그러자 A는 ① 甲이 위 아파트를 乙에게 매도하고 가등기를 마쳐 준 행위, ② 甲이 위 도자기를 乙에게 인도한 행위, ③ 甲이 A의 가슴을 손으로 밀어 넘어뜨린 행위를 범죄사실로 하여 甲과 乙을 서울강남경찰서에 고소하였다.

설 문

1. 甲과 乙의 형사책임을 논하시오.

2. 甲의 ①행위에 대한 고소 후의 경과는 다음과 같고, A는 P3의 불기소처분에 대하여 재정신청을 하였다.

고소사건을 송치받은 검사 P1은 甲의 ①행위에 대하여 혐의없음(범죄인정안됨) 결정을 하였다. A 는 P1의 불기소처분에 대하여 서울고등검찰청에 항고하였고, 항고사건 담당검사 P2는 수사가 미 진하다는 이유로 재기수사명령을 내렸다. 위 재기수사명령에 따라 서울중앙지방검찰청 검사 P3는 재기수사를 하였지만 P2의 승인을 얻어 다시 혐의없음(범죄인정안됨) 결정을 하였다.

(1) 재정신청 후 이를 담당한 서울고등법원 형사부에서 사건을 심리하던 중, 甲의 계좌를 추적할 필요가 있다고 판단하고 계좌추적에 필요한 영장을 발부하였다. 한편, 계좌추적 사실을 알게 된 甲이 외국으로 도주할 우려가 있다고 판단한 법 원은 甲에 대하여 구속영장을 발부하였다. 위 재판부의 각 영장발부는 적법한가?

(2) 위 재판부가 甲의 ①행위에 대하여 공소제기결정을 하여 서울중앙지방검찰청 검사 P4가 甲을 서울중앙지방법원에 기소한 경우, 제1심공판 중 공소제기된 공소사실 과 동일성이 인정되는 범위에서 공소장변경을 할 수 있는가?

3. 甲의 ③행위에 대한 고소 후의 경과는 다음과 같고, A는 P1의 불기소처분에 대하여 재정신청을 하였다.

고소사건을 송치받은 검사 P1은 甲의 ③행위에 대하여 혐의없음(증거불충분) 결정을 하였다. A는 P1의 불기소처분에 대하여 서울고등검찰청에 항고하였고, 항고사건 담당검사 P2는 P1의 결정을 번복할 만한 증거가 없다는 이유로 항고를 기각하였다.

(1) 재정신청을 담당한 서울고등법원 형사부에서 사건을 심리한 결과, 甲의 ③행위는 인정되지만 A가 먼저 덤비려고 하였고, 피해도 경미한 점 등에 비추어 기소유예 사안에 해당된다고 판단하고 재정신청을 기각하였다. 위 기각결정은 타당한가?

(2) A는 (1)의 기각결정에 대하여 헌법상의 평등권을 침해하였다는 이유로 대법원에 재항고할 수 있는가?

해 설

Ⅰ. 제1문 — 甲과 乙의 형사책임

1. 문제의 제기

甲은 ① A에게 아파트를 매도하고 중도금까지 교부받고도 다시 乙에게 이를 매도하고 계약금을 받고 가등기를 마쳐 주었으며(부동산 이중매매), ② A에게 진품 고려청자 도자기 1점을 매도하고 중도금까지 교부받고도 다시 乙에게 이를 매도하여 그 대금을 받고 乙에게 인도하였으며(동산 이중매매), ③ A와 서로 몸싸움을 하던 중 A가 때리려고 하자 손으로 가슴을 밀어 바닥에 넘어뜨렸다. 위 ①행위, ②행위와 관련해서는 이중매매에 따른 배임죄의 성부가 문제되고, ③행위와 관련해서는 폭행죄의 정당방위가 성립하는지가 문제된다. 한편, 甲에게 위 아파트와 도자기를 이중으로 매도하도록 부탁한 乙에 대하여는 甲의 ①행위와 ②행위가 범죄에 해당한다고 할 때 공범이 되는지, 또는 장물취득죄가 성립하는지 여부가 문제된다.

2. 甲의 형사책임
(1) 부동산의 이중매매와 배임죄의 성립 여부

甲의 ①행위는 부동산의 이중매매에 해당한다. 물권변동에 관하여 형식주의를 취하고 있는 현행 민법 아래에서는 부동산의 이중매매는 횡령죄가 성립될 여지가 없다. 그리고 본 사례에서는 제2매수인(후매수인)과의 관계에서 사기죄가 성립될 여지도 없으므로 제1매수인(선매수인)과의 관계에서 배임죄(형법 제355조 제2항)의 성부만이 문제된다.

(가) 타인의 사무처리자

배임죄의 객관적 구성요건은 타인의 사무를 처리하는 자가 배임행위를 하여 재산상의 이익을 취득하거나 제3자로 하여금 이를 취득하게 하여 본인에게 손해를 가하는 것이다. 따라서 甲의 ①행위가 배임죄가 되기 위해서는 甲이 '타인의 사무를 처리하는 자'에 해당하여야 한다.

부동산 매매계약에서 매수인이 '타인의 사무를 처리하는 자'에 해당하는지 여부에 대해서는 견해가 대립된다. ① 긍정설은 계약금만 지급된 단계에서는 어느 당사자나 계약금을 포기하거나 그 배액을 상환함으로써 자유롭게 계약의 구속력에서 벗어날 수 있지만(민법 제565조 제1항), 중도금이 지급되는 등 계약이 본격적으로 이행되는 단계에 이른 때에는 계약이 취소되거나 해제되지 않는 한 매도인은 매수인에게 부동산의 소유권을 이전해 줄 의무에서 벗어날 수 없고, 이러한 단계에 이른 때에 매도인은 매수인에 대하여 매수인의 재산보전에 협력하여 재산적 이익을 보호·관리할 신임관계에 있게 되므로 그때부터 매도인은 배임죄에서 말하는 '타인의 사무를 처리하는 자'에 해당한다고 한다([관련판례]의 다수의견). 이에 대하여 ② 부정설은 계약 체결에 따른 매도인의 소유권이전의무는 매매계약에 따른 자기의 사무일 뿐 '타인의 사무'에 해당하지 않고, 이는 중도금을 수수하였다고 하더라도 마찬가지라고 한다([관련판례]의 반대의견).

판례는 종래부터 중도금까지 수령한 때는 소유권이전등기에 협력할 의무가 생기고, 이러한 의무는 주로 타인인 매수인을 위하여 부담하는 것으로 '타인의 사무'에 해당하므로 중도금까지 받은 매수인은 '타인의 사무를 처리하는 자'에 해당한다고 판시하여 왔는데,[1] 위 [관련판례]는 이를 다시 한 번 확인하였다.

현재의 부동산 거래 실정 등에 비추어 긍정설이 타당하다.

 관련판례

대법원 2018. 5. 17. 선고 2017도4027 전원합의체 판결【특정경제범죄가중처벌등에관한법률위반(배임)·특정경제범죄가중처벌등에관한법률위반(증재등)】

【다수의견】
부동산 매매계약에서 계약금만 지급된 단계에서는 어느 당사자나 계약금을 포기하거나 그 배액을 상환함으로써 자유롭게 계약의 구속력에서 벗어날 수 있다. 그러나 중도금이 지급되는 등 계약이 본격적으로 이행되는 단계에 이른 때에는 계약이 취소되거나 해제되지 않는 한 매도인은 매수인에게 부동산의 소유권을 이전해 줄 의무에서 벗어날 수 없다. 따라서 이러한 단계에 이른 때에 매도인은 매수인에 대하여 매수인의 재산보전에 협력하여 재산적 이익을 보호·관리할 신임관계에 있게 된다. 그때부터 매도인은 배임죄에서 말하는 '타인의 사무를 처리하는 자'에 해당한다고 보아야 한다. 그러한 지위에 있는 매도인이 매수인에게 계약 내용에 따라 부동산의 소유권

---

1) 대법원 1975. 12. 23. 선고 74도2215 판결; 대법원 2007. 6. 14. 선고 2007도379 판결.

을 이전해 주기 전에 그 부동산을 제3자에게 처분하고 제3자 앞으로 그 처분에 따른 등기를 마쳐 준 행위는 매수인의 부동산 취득 또는 보전에 지장을 초래하는 행위이다. 이는 매수인과의 신임관계를 저버리는 행위로서 배임죄가 성립한다.

그 이유는 다음과 같다.

① 배임죄는 타인과 그 재산상 이익을 보호·관리하여야 할 신임관계에 있는 사람이 신뢰를 저버리는 행위를 함으로써 타인의 재산상 이익을 침해할 때 성립하는 범죄이다. 계약관계에 있는 당사자 사이에 어느 정도의 신뢰가 형성되었을 때 형사법에 의해 보호받는 신임관계가 발생한다고 볼 것인지, 어떠한 형태의 신뢰위반 행위를 가벌적인 임무위배행위로 인정할 것인지는 계약의 내용과 이행의 정도, 그에 따른 계약의 구속력 정도, 거래 관행, 신임관계의 유형과 내용, 신뢰위반의 정도 등을 종합적으로 고려하여 타인의 재산상 이익 보호가 신임관계의 전형적·본질적 내용이 되었는지, 해당 행위가 형사법의 개입이 정당화될 정도의 배신적인 행위인지 등에 따라 규범적으로 판단해야 한다. 이와 같이 배임죄의 성립 범위를 확정함에 있어서는 형벌법규로서의 배임죄가 본연의 기능을 다하지 못하게 되어 개인의 재산권 보호가 소홀해지지 않도록 유의해야 한다.

② 우리나라에서 부동산은 국민의 기본적 생활의 터전으로 경제활동의 근저를 이루고 있고, 국민 개개인이 보유하는 재산가치의 대부분을 부동산이 차지하는 경우도 상당하다. 이렇듯 부동산이 경제생활에서 차지하는 비중이나 이를 목적으로 한 거래의 사회경제적 의미는 여전히 크다.

③ 부동산 매매대금은 통상 계약금, 중도금, 잔금으로 나뉘어 지급된다. 매수인이 매도인에게 중도금을 지급하면 당사자가 임의로 계약을 해제할 수 없는 구속력이 발생한다(민법 제565조 참조). 그런데 매수인이 매도인에게 매매대금의 상당부분에 이르는 계약금과 중도금까지 지급하더라도 매도인의 이중매매를 방지할 보편적이고 충분한 수단은 마련되어 있지 않다. 이러한 상황에서도 매수인은 매도인이 소유권이전등기를 마쳐 줄 것으로 믿고 중도금을 지급한다. 즉 매수인은 매도인이 소유권이전등기를 마쳐 줄 것이라는 신뢰에 기초하여 중도금을 지급하고, 매도인 또한 중도금이 그러한 신뢰를 바탕으로 지급된다는 것을 인식하면서 이를 받는다. 따라서 중도금이 지급된 단계부터는 매도인이 매수인의 재산보전에 협력하는 신임관계가 당사자 관계의 전형적·본질적 내용이 된다. 이러한 신임관계에 있는 매도인은 매수인의 소유권 취득 사무를 처리하는 자로서 배임죄에서 말하는 '타인의 사무를 처리하는 자'에 해당하게 된다. 나아가 그러한 지위에 있는 매도인이 매수인에게 소유권을 이전하기 전에 고의로 제3자에게 목적부동산을 처분하는 행위는 매매계약상 혹은 신의칙상 당연히 하지 않아야 할 행위로서 배임죄에서 말하는 임무위배행위로 평가할 수 있다.

④ 대법원은 오래전부터 부동산 이중매매 사건에서, 매도인은 매수인 앞으로 소유권이전등기를 마칠 때까지 협력할 의무가 있고, 매도인이 중도금을 지급받은 이후 목적

부동산을 제3자에게 이중으로 양도하면 배임죄가 성립한다고 일관되게 판결함으로써 그러한 판례를 확립하여 왔다. 이러한 판례 법리는 부동산 이중매매를 억제하고 매수인을 보호하는 역할을 충실히 수행하여 왔고, 현재 우리의 부동산 매매거래 현실에 비추어 보더라도 여전히 타당하다. 이러한 법리가 부동산 거래의 왜곡 또는 혼란을 야기하는 것도 아니고, 매도인의 계약의 자유를 과도하게 제한한다고 볼 수도 없다. 따라서 기존의 판례는 유지되어야 한다.

【반대의견】

다수의견은 부동산 거래에서 매수인 보호를 위한 처벌의 필요성만을 중시한 나머지 형법의 문언에 반하거나 그 문언의 의미를 피고인에게 불리하게 확장하여 형사법의 대원칙인 죄형법정주의를 도외시한 해석일 뿐 아니라, 동산 이중매매와 부동산 대물변제예약 사안에서 매도인 또는 채무자에 대하여 배임죄의 성립을 부정하는 대법원 판례의 흐름과도 맞지 않는 것이어서 찬성하기 어렵다.

배임죄에서 '타인의 사무'는 먼저 문언의 통상적 의미에 비추어 볼 때, 타인에게 귀속되는 사무로서 사무의 주체가 타인이어야 한다. 즉 본래 타인이 처리하여야 할 사무를 그를 대신하여 처리하는 것이어야 한다. 나아가 배임죄의 본질은 본인과의 내부관계 내지 신임관계에서 발생하는 본인의 재산적 이익을 보호할 의무를 위반하여 타인의 재산권을 침해하는 데에 있다는 점을 고려하면, 신임관계에 기초하여 위와 같은 의미의 '타인의 사무'를 처리하게 된 것이어야 하고, 사무 자체의 내용이나 신임관계의 본질적 내용이 타인의 재산적 이익을 보호·관리하는 것이어야 한다. 따라서 계약의 일방 당사자가 상대방에게 계약의 내용에 따른 의무를 성실하게 이행하고, 그로 인해 상대방은 계약상 권리의 만족이라는 이익을 얻는 관계에 있더라도 그 의무의 이행이 위와 같은 의미의 '타인의 사무'에 해당하지 않는다면, 그것은 '자기의 사무'에 불과할 뿐이다.

부동산 매매계약이 체결된 경우, 계약 체결과 동시에 그 계약의 효력으로 매도인에게는 부동산 소유권이전의무가 발생하고, 매수인에게는 매매대금 지급의무가 발생한다. 매도인이나 매수인의 이러한 의무는 매매계약에 따른 각자의 '자기의 사무'일 뿐 '타인의 사무'에 해당한다고 볼 수 없다. 매도인의 재산권이전의무나 매수인의 대금 지급의무는 매매계약에 의하여 발생한 것으로 본래부터 상대방이 처리하여야 할 사무도 아니고, 신임관계에 기초하여 상대방에게 위탁된 것이라고 볼 수도 없으며, 계약상대방의 재산적 이익을 보호·관리하는 것이 매매계약의 전형적·본질적 내용이라고도 볼 수 없기 때문이다. 매매계약에서 당사자들은 각자의 계약상 권리의 만족을 위해 상대방에게 그 반대급부를 이행하여야 하는 대향적 거래관계에 있을 뿐이다. 설사 매도인에게 등기협력의무가 있다거나 매수인의 재산취득사무에 협력할 의무가 있다고 주장해도 그 '협력의무'의 본질은 소유권이전의무를 달리 표현한 것에 지나지 않으니 그 부당함은 마찬가지이다.

만약 매도인에게 매수인의 재산보전에 협력할 의무가 있다고 가정하면, 쌍무계약의 본질에 비추어 상대방인 매수인에게도 매도인의 재산보전에 협력할 의무가 있다고 보아야 균형이 맞다. 그러나 판례는 잔금을 지급하기 전에 소유권을 먼저 이전받은 매수인이 부동산을 담보로 대출을 받아 매매잔금을 지급하기로 한 약정을 이행하지 않고 다른 용도로 근저당권을 설정한 사안에서 매수인인 피고인에게 배임죄가 성립하지 않는다고 판단하여 이를 부정한 바 있다. 다수의견에 따르면 계약 당사자 사이의 대등한 법적 지위의 보장을 전제로 하는 쌍무계약에서 매도인과 매수인의 상대방에 대한 재산보전에 협력할 의무의 유무를 달리 보는 이유에 대한 납득할 만한 설명을 할 수 없다.

또한 다수의견에 따르면, 매도인이 제2매수인으로부터 중도금을 받았다면 제2매수인에 대한 관계에서도 마찬가지로 그 재산보전에 협력하여 재산적 이익을 보호·관리할 신임관계에 있다고 보아야 한다. 그런데 판례는 매도인이 제2매수인에게 소유권이전등기를 마쳐 준 경우에는 제1매수인에 대한 관계에서 배임죄의 성립을 인정하는 반면, 제1매수인에게 소유권이전등기를 마쳐 준 경우에는 제2매수인으로부터 중도금 또는 잔금까지 받았다고 하더라도 그에 대한 관계에서는 배임죄가 성립하지 않는다고 본다. 소유권이전등기를 마쳐 물권을 취득하기 전에는 채권자로서 대등한 법적 지위를 보장받아야 할 제1매수인과 제2매수인에 대하여 배임죄 성립에 있어서 보호 정도를 달리할 논리적 근거는 어디에서도 찾아볼 수 없다.

한편 다수의견과 같이 매수인의 재산보전에 협력할 의무가 있음을 이유로 매도인이 '타인의 사무를 처리하는 자'에 해당하여 그를 배임죄로 처벌할 수 있다고 본다면, 이는 대법원이 종래 동산 이중매매 사건에서 선고한 판시와 배치된다.

(나) 실행의 착수시기

부동산 이중매매에 있어 배임죄의 실행의 착수시기에 대하여는 ① 제2매수인을 위한 등기에 착수한 때라는 견해, ② 제2매수인으로부터 중도금을 수령한 때라는 견해(통설)가 있으나, 판례는 ②설과 같은 입장이다.[1]

(다) 기수시기

배임죄는 배임행위로 인하여 본인에게 재산상의 손해가 발생하여야 성립하지만, 재산상의 손해는 반드시 현실적으로 발생할 필요는 없고 손해발생의 위험이 발생한 경우도 포함된다.[2] 따라서 손해발생의 위험을 초래하면 배임죄가 성립된다.

부동산의 이중매매에서는 제2매수인에게 소유권이전등기가 경료되면 당연히 배임죄의 기수가 되지만, 제2매수인에게 소유권이전등기청구권의 보전을 위한 가등기

---

1) 대법원 2003. 3. 25. 선고 2002도7134 판결; 대법원 2010. 4. 29. 선고 2009도14427 판결.
2) 대법원 1975. 12. 23. 선고 74도2215 판결.

를 마쳐 준 때에도 손해발생의 위험을 초래하므로 마찬가지로 배임죄의 기수가 된다고 할 것이다.[1]

(라) 소결

甲이 A에게 위 아파트를 매도하고 중도금까지 교부받고도 다시 乙에게 이를 매도하고 중도금까지 받고 가등기를 마쳐 주었으므로 甲의 ①행위는 A에 대한 배임죄의 객관적 구성요건에 해당한다. 그리고 고의도 인정되고, 달리 위법성이나 책임조각사유가 없으므로 배임죄가 성립한다. 이때, 甲의 형사책임과 관련하여 이득액이 얼마인지가 문제된다. 부동산 이중매매의 경우에 그 부동산에 아무런 부담이 없는 때에는 그 부동산의 시가 상당액이 곧 그 가액이지만, 그 부동산에 근저당권설정등기가 경료되어 있거나 압류 또는 가압류 등이 이루어져 있는 때에는 특별한 사정이 없는 한 아무런 부담이 없는 상태에서의 그 부동산의 시가 상당액에서 근저당권의 채권최고액 범위 내에서의 피담보채권액, 압류에 걸린 집행채권액, 가압류에 걸린 청구금액 범위 내에서의 피보전채권액 등을 뺀 실제의 교환가치가 그 부동산의 가액이라고 할 것이다.[2]

본 사례에서는 위 아파트에 아무런 부담이 없으므로 이득액은 부동산가액, 즉 제2매수인에게 매도한 금액이 될 것이다. 甲은 제2매수인인 乙에게 위 아파트를 25억 원에 매도하기로 하였으므로 이득액은 25억 원이다. 따라서 甲에 대하여는 특정경제범죄가중처벌등에관한법률위반(배임)죄(동법 제3조 제1항 제2호, 형법 제355조 제2항)가 성립한다.

(2) 동산의 이중매매와 배임죄의 성립 여부

甲의 ②행위는 동산의 이중매매에 해당한다. 그중에서도 제1매수인에게 현실의 점유이전이 없는 경우[3]이다. 동산의 이중매매에 관하여도 제1매수인과의 관계에서 배임죄가 성립하는지 문제된다.

(가) 긍정설

동산매매의 경우에도 당사자 사이에 중도금이 수수되는 등으로 계약의 이행이 일정한 단계를 넘어선 때에는 부동산의 이중매매와 마찬가지[4]로 매도인이 매매목적

---

[1] 대법원 2008. 7. 10. 선고 2008도3766 판결.
[2] 대법원 2011. 6. 30. 선고 2011도1651 판결.
[3] 제1매수인에게 점유개정(민법 제189조)에 의한 인도 후 제2매수인에게 다시 매도하고 현실로 인도한 경우에는, 자기가 점유하고 있는 타인의 재물에 대한 침해가 되어 횡령죄를 구성한다.
[4] 이에 대하여 【관련판례】의 다수의견에 대한 보충의견은 부동산과 동산의 이중매매를 평면적으로 대비

물을 타에 처분하는 행위는 배임죄로 처벌하는 것이 논리적으로 일관되고, 그와 달리 유독 동산을 다른 재산과 달리 취급할 아무런 이유를 찾아볼 수 없다는 견해이다 (【관련판례】의 반대의견).

(나) 부정설

매매의 목적물이 동산일 경우, 매도인은 매수인에게 계약에 정한 바에 따라 그 목적물인 동산을 인도함으로써 계약의 이행을 완료하게 되고 그때 매수인은 매매목적물에 대한 권리를 취득하게 되는 것이므로, 매도인에게 자기의 사무인 동산인도채무 외에 별도로 매수인의 재산의 보호 내지 관리행위에 협력할 의무가 있다고 할 수 없고, 따라서 동산매매계약에서의 매도인은 매수인에 대하여 그의 사무를 처리하는 지위에 있지 아니하므로, 매도인이 목적물을 매수인에게 인도하지 않고 이를 타에 처분하였더라도 배임죄가 성립하지 않는다는 견해이다(【관련판례】의 다수의견).

(다) 소결

부정설이 타당하다. 따라서 甲의 ②행위는 배임죄에 해당하지 않는다.

 관련판례

대법원 2011. 1. 20. 선고 2008도10479 전원합의체 판결 【배임】[1]

【사실관계】
피고인 甲은 2005. 4. 1.경 피해자 A에게 인쇄기를 1억 3,500만 원에 양도하고, 2005. 4. 30.경 1차 계약금으로 17,026,007원 상당의 원단, 2005. 6. 2.경 2차 계약금 명목으로 14,313,215원 상당의 원단을 각 지급받는 한편 2005. 6. 28.경 위 인쇄기를 인도하여 주기로 약정하였고, 2005. 7. 8.경 중도금 명목으로 12,270,860원 상당의 원단까지 지급받았음에도 불구하고, 사업자금이 필요하자 B에게 위 인쇄기를 양도하겠다는 의사를 표시하였고, B도 甲의 제안에 동의하여 대금 8,000만 원에 위 인쇄기에 대한 매매계약을 체결하되, 甲의 B에 대한 기존 채무 8,400만 원을 매매대금으로 갈음하기로 하여 2005. 12. 20.경 B에게 위 인쇄기를 양도하였다.

【판결요지】
【다수의견】
배임죄는 타인의 사무를 처리하는 자가 그 임무에 위배하는 행위로 재산상 이익을 취득하여 사무의 주체인 타인에게 손해를 가함으로써 성립하는 것이므로 그 범죄의 주체는 타인의 사무를 처리하는 지위에 있어야 한다. 여기에서 '타인의 사무를 처리

하는 것은 법리적으로 적절하지 않다고 한다.

1) 본 판결 평석은 신종열, "동산의 이중매매와 배임죄", 사법 제16호, 사법연구재단, 2011, 273-306면.

하는 자'라고 하려면 당사자 관계의 본질적 내용이 단순한 채권관계상의 의무를 넘어서 그들 간의 신임관계에 기초하여 타인의 재산을 보호 내지 관리하는 데 있어야 하고, 그 사무가 타인의 사무가 아니고 자기의 사무라면 그 사무의 처리가 타인에게 이익이 되어 타인에 대하여 이를 처리할 의무를 부담하는 경우라도 그는 타인의 사무를 처리하는 자에 해당하지 아니한다(대법원 1976. 5. 11. 선고 75도2245 판결, 대법원 1987. 4. 28. 선고 86도2490 판결, 대법원 2009. 2. 26. 선고 2008도11722 판결 등 참조).

원심은, 피고인이 이 사건 인쇄기를 A에게 135,000,000원에 양도하기로 하여 그로부터 1, 2차 계약금 및 중도금 명목으로 합계 43,610,082원 상당의 원단을 제공받아 이를 수령하였음에도 불구하고 그 인쇄기를 자신의 채권자인 乙에게 기존 채무 84,000,000원의 변제에 갈음하여 양도함으로써 동액 상당의 재산상 이익을 취득하고 A에게 동액 상당의 손해를 입혔다는 이 사건 공소사실에 대하여, 피고인이 이 사건 동산매매계약에 따라 A에게 이 사건 인쇄기를 인도하여 줄 의무는 민사상의 채무에 불과할 뿐 타인의 사무라고 할 수 없으므로 위 인쇄기의 양도와 관련하여 피고인이 타인의 사무를 처리하는 자의 지위에 있다고 볼 수 없다는 이유로, 피고인에 대하여 무죄를 선고한 제1심판결을 그대로 유지하였다.

이 사건 매매와 같이 당사자 일방이 재산권을 상대방에게 이전할 것을 약정하고 상대방이 그 대금을 지급할 것을 약정함으로써 그 효력이 생기는 계약의 경우(민법 제 563조), 쌍방이 그 계약의 내용에 좇은 이행을 하여야 할 채무는 특별한 사정이 없는 한 '자기의 사무'에 해당하는 것이 원칙이다. 매매의 목적물이 동산일 경우, 매도인은 매수인에게 계약에 정한 바에 따라 그 목적물인 동산을 인도함으로써 계약의 이행을 완료하게 되고 그때 매수인은 매매목적물에 대한 권리를 취득하게 되는 것이므로, 매도인에게 자기의 사무인 동산인도채무 외에 별도로 매수인의 재산의 보호 내지 관리 행위에 협력할 의무가 있다고 할 수 없다. 동산매매계약에서의 매도인은 매수인에 대하여 그의 사무를 처리하는 지위에 있지 아니하므로, 매도인이 목적물을 매수인에게 인도하지 아니하고 이를 타에 처분하였다하더라도 형법상 배임죄가 성립하는 것은 아니다.

【반대의견】

(가) 매매계약의 당사자 사이에 중도금을 수수하는 등으로 계약의 이행이 진행되어 다른 특별한 사정이 없는 한 임의로 계약을 해제할 수 없는 단계에 이른 때에는 그 계약의 내용에 좇은 채무의 이행은 채무자로서의 자기 사무의 처리라는 측면과 아울러 상대방의 재산보전에 협력하는 타인 사무의 처리라는 성격을 동시에 가지게 되므로, 이러한 경우 그 채무자는 배임죄의 주체인 '타인의 사무를 처리하는 자'의 지위에 있고, 이러한 지위에 있는 자가 그 의무의 이행을 통하여 상대방으로 하여금 그 재산에 관한 완전한 권리를 취득하게 하기 전에 이를 다시 제3자에게 처분하는 등 상대방의 재산 취득 혹은 보전에 지장을 초래하는 행위는 상대방의 정당한 신뢰를 저버리

는 것으로 비난가능성이 매우 높은 전형적인 임무위배행위에 해당한다.

(나) 동산매매의 경우에도 당사자 사이에 중도금이 수수되는 등으로 계약의 이행이
일정한 단계를 넘어선 때에는 매도인이 매매목적물을 타에 처분하는 행위는 배임죄
로 처벌하는 것이 논리적으로 일관되고, 그와 달리 유독 동산을 다른 재산과 달리 취
급할 아무런 이유를 찾아볼 수 없다. 다수의견은 본질적으로 유사한 사안을 합리적
근거 없이 달리 취급하는 것으로서 형평의 이념에 반하며, 재산권의 이중매매 또는
이중양도의 전반에 걸쳐 배임죄의 성립을 인정함으로써 거래상 신뢰관계의 보호에
기여하여 온 대법원판례의 의미를 크게 퇴색시키는 것이다.

(3) 폭행죄의 성립 여부

甲의 ③행위는 폭행죄(형법 제260조 제1항)의 구성요건을 충족한다. 다만, A가 먼
저 욕설을 하고 주먹으로 얼굴을 때리려고 하자 甲이 손으로 A의 가슴을 1회 밀어
넘어뜨렸으므로 정당방위에 해당하여 위법성이 조각되는지 여부가 문제된다.

판례는 싸움에 대해서는 "투쟁행위는 상대방에 대하여 방어행위인 동시에 공격행
위를 구성하며, 그 상대방의 행위를 부당한 침해라고 하고 피고인의 행위만을 방어행
위라고는 이해할 수 없다"고 하거나(방위의사의 측면 강조)([관련판례]), "구타행위는 일련의
상호쟁투 중에 이루어진 행위로서 서로 상대방의 폭력행위를 유발한 것이다"[1]라고 하
여(자초침해의 측면 강조) 원칙적으로 정당방위를 인정하지 않고 있다. 다만, 싸움의 실
질을 중시하여 예외적으로 ① 일방이 싸움을 중지하였거나,[2] ② 싸움에서 당연히 예
상할 수 있는 범위를 넘는 공격이 있거나,[3] ③ 외관상 싸움을 하는 것으로 보이지만
한 쪽 당사자가 일방적으로 불법한 공격을 가하고 상대방은 이러한 불법한 공격으로
부터 자신을 보호하고 이를 벗어나기 위한 저항수단으로 '적극적인 반격'[4]이 아니라
'소극적인 방어'의 한도를 벗어나지 않는 유형력을 행사한 경우에는 정당방위를 인
정하고 있다.[5]

본 사례에서 甲의 폭행행위는 정당방위가 성립하는 예외사례에 해당하지 않으
므로 甲에 대하여 폭행죄가 성립한다.

---

1) 대법원 1986. 12. 23. 선고 86도1491 판결.
2) 대법원 1957. 3. 8. 선고 4290형상18 판결.
3) 대법원 1968. 5. 7. 선고 68도370 판결.
4) 새로운 적극적인 공격으로 평가되는 경우를 의미한다(대법원 2010. 2. 11. 선고 2009도12958 판결)(남
   편이 피고인과 바람났다며 따지러 찾아와 싸운 사례).
5) 대법원 2007. 8. 23. 선고 2007도3443 판결.

관련판례

대법원 2000. 3. 28. 선고 2000도228 판결【폭력행위등처벌에관한법률위반】[1]

【사실관계】

피고인 甲은 1996. 8. 19. 10:00경 처남인 피해자 A의 집에서 A가 술에 만취하여 누나인 B와 말다툼을 하다가 B의 머리채를 잡고 때리는 것을 목격하고 화가 나서 A와 싸우게 되었는데, 그 과정에서 몸무게가 85㎏ 이상이나 되는 A가 62㎏의 甲을 침대 위에 넘어뜨리고 가슴 위에 올라타 목 부분을 누르자 호흡이 곤란하게 되어 안간힘을 쓰면서 허둥대다가 그 곳 침대 위에 놓여있던 과도(길이 21센티미터 가량)로 A의 왼쪽 허벅지를 1회 찔러 A에게 약 14일간의 치료를 요하는 좌측대퇴 외측부 심부자상을 가하였다.

【판결이유】

가해자의 행위가 피해자의 부당한 공격을 방위하기 위한 것이라기보다는 서로 공격할 의사로 싸우다가 먼저 공격을 받고 이에 대항하여 가해하게 된 것이라고 봄이 상당한 경우, 그 가해행위는 방어행위인 동시에 공격행위의 성격을 가지므로 정당방위 또는 과잉방위행위라고 볼 수 없다(대법원 1971. 4. 30. 선고 71도527 판결, 1993. 8. 24. 선고 92도1329 판결 등 참조). 그런데도 원심이 피고인의 행위가 과잉방위행위에 해당한다고 판단한 것은 과잉방위에 관한 법리를 오해하여 판결에 영향을 미친 위법을 저지른 것이다. 따라서 이를 지적하는 상고이유의 주장은 이유가 있다.

3. 乙의 형사책임

(1) 배임죄의 공범 성립 여부

앞서 살펴본 대로 甲의 ①행위, 즉 아파트의 이중매매행위는 피해자 A에 대한 특정경제범죄가중처벌등에관한법률위반(배임)죄에 해당한다. 이때, 이중매매사실을 알고 甲에게 위 아파트를 자신에게 이중으로 매도하라고 부탁하여 결국 甲으로 하여금 이중매도토록 한 乙의 행위가 甲의 범죄의 공범이 되는지 여부가 문제된다. 이는 통상 악의의 제2매수자의 형사책임의 문제로 논의된다.

원칙적으로 공범의 일반원칙에 따라 그 성립범위를 논하여야 할 것이지만, 거래상대방의 대향적 행위의 존재를 필요로 하는 유형의 배임죄에 있어서 거래상대방으로서는 기본적으로 배임행위의 실행행위자와는 별개의 이해관계를 가지고 반대편에서 독자적으로 거래에 임한다는 점을 감안할 때, 보다 제한적으로 접근할 필요가 있다. 먼저, 공동정범이나 교사범, 방조범 모두 공범으로서의 주관적 요건, 즉 제2매수

1) 본 판결 평석은 정현미, "유책한 도발과 정당방위", 형사판례연구 [10], 2002, 97-113면.

자가 실행행위자의 행위가 피해자 본인에 대한 배임행위에 해당한다는 점을 인식하여야 한다. 객관적 요건과 관련하여, 공동정범이 성립하기 위해서는 실행행위자의 배임행위 전 과정에 관여하는 등 배임행위에 적극 가담하여야 하고, 교사범이 성립하기 위해서는 실행행위자의 배임행위를 교사하여야 한다([관련판례]).[1] 따라서 본 사례의 경우에는 乙이 甲에게 이중매매를 부탁한 정도에 불과하므로 공동정범이나 교사범은 성립하지 않는다고 할 것이다.

다만, 방조행위란 정범의 실행행위를 용이하게 하는 직접·간접의 모든 행위를 의미한다는 점에서,[2] 방조죄에 해당하는지 여부가 문제된다. 부동산거래행위는 일상적인 사회·경제적 활동으로 이루어지는 행위이다. 이러한 일상적 행위에 대하여 널리 방조죄를 인정하면, 자칫 일상적 행위를 위축시키고 개인의 기본권을 침해할 우려가 크다. 따라서 종래부터 이러한 중립적 행위에 대해서는 방조죄의 성립을 부정해 오고 있는데, 그 근거와 기준에 관하여 다양한 논의가 있다.

이에 대하여 판례는 사회적 상당성을 기준으로 "법질서 전체적인 관점에서 살펴볼 때 사회적 상당성을 갖춘 경우에 있어서는 비록 정범의 행위가 배임행위에 해당한다는 점을 알고 거래에 임하였다는 사정이 있어 외견상 방조행위로 평가될 수 있는 행위가 있었다 할지라도 범죄를 구성할 정도의 위법성은 없다고 봄이 상당하다"고 판시하고 있다([관련판례]).[3] 따라서 乙에 대하여는 방조죄도 성립하지 않는다.

관련판례

대법원 2005. 10. 28. 선고 2005도4915 판결【특정경제범죄가중처벌등에관한법률위반(배임){일부 인정된 죄명 : 특정경제범죄가중처벌등에관한법률위반(배임)방조}】[4]

가. 배임죄는 재산상 이익을 객체로 하는 범죄이므로, 1인 회사의 주주가 자신의 개인채무를 담보하기 위하여 회사 소유의 부동산에 대하여 근저당권설정등기를 마쳐주어 배임죄가 성립한 이후에 그 부동산에 대하여 새로운 담보권을 설정해 주는 행위는 선순위 근저당권의 담보가치를 공제한 나머지 담보가치 상당의 재산상 이익을 침해하는 행위로서 별도의 배임죄가 성립한다 할 것이다. (중략)

나. 피고인 乙이 상피고인 甲 등으로부터 이 사건 부동산에 대하여 가등기를 설정받

1) 배임죄에 관한 대법원 2009. 9. 10. 선고 2009도5630 판결.
2) 대법원 1977. 9. 28. 선고 76도4133 판결; 대법원 2007. 12. 14. 선고 2005도872 판결; 대법원 2013. 4. 11. 선고 2012도15890 판결.
3) 대법원 2011. 10. 27. 선고 2010도7624 판결도 같은 취지.
4) 본 판결 평석은 신양균, "배임행위의 거래상대방의 형사책임", 형사판례연구 [15], 2007, 230-265면.

은 행위가 배임방조죄를 구성한다고 본 원심의 판단은 다음과 같은 이유로 수긍할 수 없다.

거래상대방의 대향적 행위의 존재를 필요로 하는 유형의 배임죄에 있어서 거래상대방으로서는 기본적으로 배임행위의 실행행위자와는 별개의 이해관계를 가지고 반대편에서 독자적으로 거래에 임한다는 점을 감안할 때, 거래상대방이 배임행위를 교사하거나 그 배임행위의 전 과정에 관여하는 등으로 배임행위에 적극 가담함으로써 그 실행행위자와의 계약이 반사회적 법률행위에 해당하여 무효로 되는 경우 배임죄의 교사범 또는 공동정범이 될 수 있음은 별론으로 하고, 관여의 정도가 거기에까지 이르지 아니하여 법질서 전체적인 관점에서 살펴볼 때 사회적 상당성을 갖춘 경우에 있어서는 비록 정범의 행위가 배임행위에 해당한다는 점을 알고 거래에 임하였다는 사정이 있어 외견상 방조행위로 평가될 수 있는 행위가 있었다 할지라도 범죄를 구성할 정도의 위법성은 없다고 봄이 상당하다 할 것이다(대법원 1975. 6. 10. 선고 74도2455 판결 참조).

위와 같은 법리에 비추어 살피건대, 원심이 인정한 바와 같이 피고인 甲 등은 상속세 납부자금 마련을 주된 목적으로 하는 주식매매계약이라는 개인적 거래에 수반하여 독립된 법인 소유의 이 사건 부동산을 피고인 乙에게 담보로 제공하였고 피고인 乙은 이러한 사정을 알면서 이 사건 가등기의 설정을 요구하고 그 등기를 경료한 것에 불과하다면, 거래상대방의 지위에 있는 피고인 乙에게 배임행위의 교사범 또는 공동정범의 책임뿐만 아니라 방조범의 책임도 물을 수 없다 할 것이다.

(2) 장물취득죄의 성립 여부

앞서 살펴본 대로 甲의 ①행위, 즉 아파트의 이중매매행위는 피해자 A에 대한 특정경제범죄가중처벌등에관한법률위반(배임)죄에 해당한다. 이때, 이중매매한다는 사실을 알고도 甲으로부터 위 아파트를 매수하여 소유권이전청구권보전을 위한 가등기를 경료받은 乙에 대하여 장물취득죄(형법 제362조 제1항)가 성립하는지 여부가 문제된다.[1)]

장물취득죄는 장물을 취득하는 경우에 성립하는데, 여기서 장물이란 재산죄인 범죄행위에 의하여 영득된 재물로서 피해자가 법률상 추구할 수 있는 것, 즉 반환청구할 수 있는 것을 말한다.[2)] 부동산도 재산죄의 객체가 될 수 있으므로 장물죄의 객체에 해당한다는 것이 통설이다. 그런데 부동산의 이중매매는 횡령죄가 아니라 배임죄를 구성하므로 배임행위에 의하여 영득한 것은 재산상 이익이지 재물 그 자체는

---

1) 동산의 이중매매는 배임죄에 해당하지 않으므로 장물취득죄 성립 여부를 검토할 여지가 없다.
2) 대법원 1972. 2. 22. 선고 71도2296 판결.

아니다. 따라서 이중매매된 부동산은 배임행위에 제공한 재물에 불과하므로 장물이 될 수 없다([관련판례]). 양도담보설정자가 처분한 부동산1)도 마찬가지이다.

따라서 乙에 대하여는 장물취득죄가 성립하지 않는다.

 관련판례

대법원 1975. 12. 9. 선고 74도2804 판결【배임·장물취득】

무릇 형법상 장물죄 객체인 장물이라 함은 재산권상의 침해를 가져올 위법행위로 인하여 영득한 물건으로서 피해자가 반환청구권을 가지는 것을 말한다고 할 것인바(본원 1975. 9. 23. 선고 74도1804 판결 참조), 본건에 있어 원판결이 적법하게 확정한 사실에 의하면 원심공동피고인이 본건 대지에 관하여 그 매수인인 A에게 소유권이전등기를 하여줄 임무가 있음에도 불구하고 그 임무에 위반하여 이를 대금 120,000원에 피고인 甲에게 매도하고 소유권이전등기를 경유하여서 위 대금상당의 재산상의 이익을 얻고 A에게 위 대지 시가 상당의 손해를 입혔으며, 피고인 乙은 위 대지를 피고인 甲으로부터 매수취득하였다는 것으로서, 위 원심공동피고인이 배임행위로 인하여 영득한 것은 재산상의 이익이고 위 배임범죄에 제공된 본건 대지는 위 범죄로 인하여 영득한 것 자체는 아니며 그 취득자 또는 전득자에게 대하여 위 배임죄의 가공여부를 논함은 별문제로 하고 장물취득죄로 처단할 수 없는 법리라 할 것이므로 피고인 乙에게 대하여도 무죄를 선고한 원판결은 정당하며 논지는 채택될 수 없다.

4. 설문의 해결

甲에 대하여는 특정경제범죄가중처벌등에관한법률위반(배임)죄와 폭행죄가 성립하고, 두 죄는 실체적 경합관계이다. 그리고 乙에 대하여는 아무런 범죄가 성립하지 않는다.

Ⅱ. 제2문 ― 甲의 ①행위 불기소처분에 대한 재정신청

1. 문제의 제기

甲의 ①행위의 재기수사명령사건을 담당한 검사 P3는 재기수사 후 다시 혐의없음(범죄인정안됨) 결정을 하였다. A는 P3로부터 공소를 제기하지 않는다는 통지를 받은 경우, 다시 그 결정에 대하여 항고할 필요 없이(형소법 제260조 제2항 제1호) 통지를

---

1) 대법원 1983. 11. 8. 선고 82도2119 판결.

받은 날로부터 10일 이내에 재정신청서를 제출하여 재정신청을 할 수 있다(형소법 제260조 제3항). A는 이러한 절차에 따라 재정신청을 하였다. 이때, 재정신청사건절차에서 계좌추적이나 구속 등 강제처분, 공소장변경이 허용되는지가 문제된다.

2. 제2문의 (1) — 강제처분

재정신청사건을 심리[1]함에 있어 법원은 필요한 때에는 '증거를 조사'할 수 있다(형소법 제262조 제2항 후단).[2] 그런데 형사소송법 제37조 제3항에서 "법원이 결정을 함에 있어서 필요한 때는 사실을 조사할 수 있다"고 규정하고 있는 것과 관련하여 조사의 범위가 문제된다. '증거의 조사'가 가능하므로 참고인에 대한 증인신문이나 검증, 감정이 가능한 점에는 다툼이 없으나, 피의자에 대한 구속 또는 압수·수색 등의 강제처분이 가능한가에 대해서는 견해의 대립이 있다.

이에 대하여는 ① 형사소송법 제262조 제2항 후단의 조사권규정은 형사소송법 제37조 제3항의 특칙규정으로서 '증거의 조사'만 가능하고 '증거의 수집'은 허용되지 않으며, 구속은 증거조사에 해당하지 않고 명문규정이 없다는 점 등을 들어 강제처분은 허용되지 않는다는 소극설(강제처분제외설), ② 수소법원에 준하여 허용된다는 적극설(강제처분허용설)(통설),[3] ③ 구속은 공소제기 시부터 수소법원의 구속기간이 기산되고(형소법 제92조 제3항), 재정신청을 심리하는 법원은 수사기관이 아니므로 허용되지 않지만, 압수·수색은 허용된다는 절충설의 대립이 있다.

통설에 따르면, 본 사례의 경우 법원에서 계좌추적을 위한 압수·수색영장은 물론 甲에 대한 구속영장의 발부도 적법하다. 법원의 실무도 마찬가지이다.[4]

3. 제2문의 (2) — 공소장변경

법원의 공소제기결정에 따라 검사가 공소제기한 경우 그 절차는 통상의 공판절

---

1) 재정신청심리절차의 구조에 관하여는 ① 수사절차라는 수사설, ② 검사의 불기소처분의 당부를 심판의 대상으로 하는 행정사건의 항고소송에 준하는 소송절차라는 항고소송설, ③ 수사와 항고소송의 성격을 함께 가진다는 중간설, ④ 형사소송, 특히 항고와 유사한 재판절차라는 형사소송유사설(통설)의 대립이 있다. 이러한 대립은 신청인과 피의자의 절차관여 범위와 관계되는데, 수사와 재판의 중간적인 절차로서 당사자주의와 직권주의가 함께 지배한다고 보아야 할 것이다.
2) 일본 형사소송법 제264조 제2항은 우리 규정과는 달리 '사실의 조사'를 할 수 있다고 규정하고 있다.
3) 일본에서도 직권으로 구속할 수 있다는 것이 통설이다. 이때, 구속기간에 대하여는 피의자구속기간규정에 의해야 한다는 견해와 피고인구속기간규정에 의해야 한다는 견해의 대립이 있다.
4) 서울고등법원, 재정신청 실무편람, 사법발전재단, 2013, 61면. 다만, 피의자의 구금 등 강제처분은 구속사유의 존부, 영장의 집행, 구속 이후의 후속조치 등에서 발생하는 문제 등을 고려하면 신중을 기할 필요가 있다고 한다.

차와 동일하다. 따라서 공소사실의 동일성이 인정되는 범위에서 공소장을 변경하는 것도 가능하다(통설·판례[1]). 따라서 검사 P4는 甲을 기소한 제1심공판 중 공소장변경을 할 수 있다.

Ⅲ. 제3문 — 甲의 ③행위 불기소처분에 대한 재정신청

1. 문제의 제기

甲의 ③행위에 대한 항고사건을 담당한 검사 P2가 P1의 결정을 번복할 만한 증거가 없다는 이유로 항고를 기각하자, 甲은 이에 대하여 재정신청을 하였다. 이때, 재정신청을 담당한 법원에서 검사의 불기소처분이 위법하다고 인정하더라도 기소유예처분을 할 만한 사안이라는 이유로 기각결정을 할 수 있는지가 문제된다. 또한, 이러한 기각결정에 대한 재항고가 가능한지가 문제된다.

2. 제3문의 (1) — 기소유예사안을 이유로 한 재정신청의 기각

검사의 무혐의 처분이 위법하다고 하더라도 기소유예의 불기소처분을 할 만한 사건인 때에는 기각결정을 할 수 있다는 것이 통설·판례([관련판례])이다. 따라서 재정법원은 甲의 ③행위가 인정되어 P1의 불기소처분이 위법하지만, A가 먼저 덤비려고 하였고, 피해가 경미한 점 등에 비추어 기소유예사안이라는 것을 이유로 기각결정을 할 수 있다.

관련판례

대법원 1997. 4. 22. 자 97모30 결정 【재정신청기각에 대한 재항고】[2]

【사실관계】

재항고인 甲은 1996. 10. 9. X 고등법원에 "1996. 3. 5.과 같은 달 23.의 기부행위, 연설과 선거홍보물을 통한 상대 후보 P에 대한 허위사실 공표행위"만을 재정신청의 대상으로 기재한 재정신청서를 접수시켰고, 1996. 12. 12. X 고등법원에 "1996. 2. 9.과 같은 달 10.의 '경실련 중앙위원'이라는 허위 경력이 기재된 명함 배부행위, 1995. 12. 말경의 연하장 발송 행위, 1996. 2. 25. 소사성당에서의 "아직도 나는 넥타이가 어색하

---

1) 대법원 1989. 3. 14. 선고 88도2428 판결.
2) 본 판결 평석은 김희옥, "재정신청 제기기간 후에 재정신청 대상을 추가할 수 있는지 여부", 고시연구 제24권 제9호(1997. 8), 고시연구사, 190-191면.

다"라는 책자를 무인판매한 행위, 같은 달 26. 소사구 송내동 소재 일일분식집에서의 명함과 "아직도 나는 넥타이가 어색하다" 등이 든 봉투 배포행위 등의 고발사실"을 재정신청 대상으로 추가한 재정신청보충서를 접수시켰다.

【판결이유】

(1) 1996. 3. 5.자 기부행위에 대하여

우선 원심결정 이유에 의하면, 원심은 판시 일시 장소에서 피의자가 정가 5,000원인 "아직도 나는 넥타이가 어색하다" 책자를 무료로 배포한 사실은 인정할 수 없고, 다만 같은 책자를 권당 1,000원에 판매하였다고 인정하였는바, 기록과 대조하여 검토하여 보면 여기에 채증법칙 위반으로 인한 사실오인이 있다고 볼 수 없다.

그리고 공소를 제기하지 아니하는 검사의 처분의 당부에 관한 재정신청이 있는 경우에 법원은 검사의 무혐의 불기소처분이 위법하다 하더라도 기록에 나타난 여러 가지 사정을 고려하여 기소유예의 불기소처분을 할 만한 사건이라고 인정되는 경우에는 재정신청을 기각할 수 있다(당원 1995. 6. 24.자 94모33 결정, 1996. 3. 11.자 96모1 결정, 1996. 7. 16.자 96모53 결정 등 참조). 원심은 나아가 피의자의 위 행위는 공직선거및선거부정방지법이 금지하는 기부행위에 해당하므로 검사가 이 점에 대하여 혐의 없음의 불기소처분을 한 것은 잘못이지만, 한편 A와 B의 진술에 따르면 홍보부장 A가 선거관리위원회에 질의한 결과 위 책자를 무료로 배포하면 문제의 소지가 있다는 회답을 듣고 이를 유료로 판매하기만 하면 되는 것으로 오해하여 위와 같은 기부행위에 이르게 된 것으로서, 이를 참작하면 위 피의사실은 기소유예의 불기소처분을 함이 적절하다고 판단하였는바, 위와 같은 법리와 기록에 비추어 살펴보면, 원심의 위와 같은 판단은 정당하고, 거기에 논하는 바와 같은 잘못이 있다고 할 수 없다. 논지도 이유가 없다.

3. 제3문의 (2) — 재정신청기각결정에 대한 재항고

재정신청에 대한 공소제기결정에 대하여는 불복할 수 없으나, 재정신청기각결정에 대하여는 형사소송법 제415조에 따른 즉시항고를 할 수 있다(형소법 제262조 제4항 전단). 종전에는 재정신청기각결정에 대하여 불복할 수 없도록 규정되어 있었다. 그러나 헌법재판소가 종전 규정은 재정신청인의 재판청구권을 지나치게 제약한다는 등의 이유로 "형사소송법 제262조 제4항 전문의 불복에 재항고가 포함되는 것으로 해석하는 한 헌법에 위반된다"는 결정을 선고함에 따라[1] 2015년 형사소송법이 개정되어 기각결정에 대해서도 재항고할 수 있게 되었다.[2]

---

1) 헌법재판소 2011. 11. 24. 선고 2008헌마578, 2009헌마41·98(병합) 결정.
2) 재정신청기각결정에 대한 재항고나 그 재항고 기각결정에 대한 즉시항고로서의 재항고에 대한 법정기간에 관하여는 형사소송법 제344조 제1항의 재소자 피고인 특칙은 준용되지 않는다(대법원 2015. 7. 16. 자 2013모2347 전원합의체 결정).

사 례 [5] 실행의 착수시기, 상습절도, 긴급체포 시의 영장 없는 압수, 이메일 출력물의 증거능력

甲은 2012. 4. 6. 서울중앙지방검찰청에서 절도죄로 기소유예처분을, 2013. 10. 8. 서울가정법원에서 절도죄로 소년보호처분을 받은 전력이 있고, 2014. 5. 6. 서울중앙지방법원에서 절도죄로 징역 1년을 선고받은 전력이 있고, 2016. 4. 12. 같은 법원에서 특수절도죄로 징역 2년을 선고받고 2018. 1. 11. 영등포교도소에서 그 최종형의 집행을 종료하였다.

甲은 2019. 1. 10. 20:00경 인천 영종도에 있는 K 해수욕장 해변 도로가에 주차된 A 소유의 승용차 옆을 지나가다가 가지고 있던 손전등으로 창문 안을 들여다보니 조수석에 지갑과 수첩이 있는 것이 보였다. 주위를 보니 아무도 없어 지갑을 훔치기로 마음먹고 조수석 손잡이를 당겨 보다가 주먹 크기 만한 돌로 창문을 내리쳐 깨트렸는데 갑자기 경보음이 울려 그대로 도주하였다.

甲은 한참을 뛰어 피하였다가 21:00경 다른 주변도로에 들어서자 마찬가지로 승용차들이 주차되어 있는 것을 보고 다시 물건을 훔치고자 B 소유의 승용차 옆으로 다가가 손전등으로 창문 안을 들여다보았는데 특별한 물건이 없는 것 같아 그 옆에 있는 C 소유의 승용차로 다가갔다. 창문으로 들여다보니 뒷좌석에 가방이 보여 甲은 미리 준비한 철사를 이용하여 운전석 문을 연 다음 가방을 열어보았다. 가방 안에는 옷 1벌이 들어 있었고, 조수석 앞의 사물함을 열어보니 현금 20만 원과 C의 주민등록증이 들어 있는 지갑이 있었다. 甲은 위 가방과 지갑을 가지고 나왔다.

그 다음 날 14:00경 甲은 甲의 ID vaga라는 이름으로 乙에게 ID vondo를 수신자로 하여 인터넷 이메일로 "오늘 주택가를 털려고 하는데 같이 가자. 15:30경까지 부천역으로 오라"는 연락을 하였고, vondo로부터 "OK"라는 메일을 수신하였다. 甲은 그날 15:30경 부천역에서 乙을 만나 부천시 원미구에 있는 주택가에서 남의 집에 들어가 물건을 훔칠 생각으로 주변을 돌아다니던 중, D의 집 앞에서 乙은 망을 보고 甲이 담을 넘어 들어갔다. 甲은 마당을 가로질러 현관문 앞에 이르러, 장갑을 낀 채로 현관문을 한번 잡아당겨 보고 잠겨 있는 것을 확인한 후에 현관문 틈으로 준비한 칼을 집어넣어 현관문을 열려고 하는 순간, 경보음이 울려 대문을 통해 뛰어 나와 乙과 함께 도주하였다.

그 날 20:00경 甲과 乙은 다시 같은 구에 있는 다른 주택가를 다니다가 E의 집인 P 아파트 3층 301호에 아무도 없는 것을 확인한 후 乙은 망을 보고 甲이 베란다 쪽에 있는 가스배관을 타고 올라가 유리칼을 이용하여 창문 유리 일부를 잘라낸 후 창문 잠금고리를 열고 안으로 들어갔다. 甲이 안방 서랍을 열어보니 현금 200만 원과 E 소유의 신한은행 신용카드 1장이 있어 이를 주머니에 넣었다. 그때 갑자기 아파트 복도 쪽에서 누군가 올라오는 소리가 들려 甲은 황급히 창문을 통해 다시 밖으로 나와 도주하였다. 그런데 그때 창문을 여는 데 사용한 유리칼을 아파트 거실에 놓고 나왔다.

사법경찰관 P는 E의 신고를 받고 E의 집에서 현장을 살펴보던 중 안방 서랍에서 지문을 채취하였다. 그리고 거실에 있던 유리칼을 수거하여 압수하였다. 경찰서에 있는 지문인식시스템에 의하여 채취된 지문이 甲의 지문임을 확인한 후, 甲의 주거지 부근을 살펴보던 P는 1. 12. 10:00경 버스정류장 부근을 배회하던 甲을 발견하고 E의 주거에 침입하여 절도범행을 한 혐의로 긴급체포하였다. 긴급체포하면서 변호인선임권과 진술거부권 등을 고지하였다.

P는 긴급체포 후 즉시 甲과 함께 甲의 주거지에 가서 수색을 하던 중 서랍에서 E의 신용카드를 발견하고 압수하였다. 그런데 그 수색 중에 C의 주민등록증이 있는 것을 발견하고 甲에게 진술거부권이 있음을 고지하고 어떤 경위로 소지하게 되었는지를 물었더니 甲이 C의 자동차에서 훔친 것이라고 말하면서 옷장 속에 있던 C의 옷 1벌도 그때 훔친 것이라고 말하여, P는 C의 주민등록증과 C의 옷 1벌도 압수하여 왔다. P는 1. 12. 20:00경 검사에게 E와 C에 대한 절도혐의를 범죄사실로 하여 甲에 대한 사후구속영장과 E의 신용카드 1장, C의 주민등록증, 옷 1벌에 대한 사후압수·수색영장을 신청하였고 검사가 이를 법원에 청구하여 각 영장을 발부받았다.

사법경찰관 P는 甲이 구속된 후에 여죄를 추궁하여 甲은 A의 승용차의 창문을 돌로 깬 사실, B의 승용차를 손전등으로 비추어보고 간 사실, C의 승용차에서 물건을 훔친 사실과 D의 집에 담을 넘어 들어가 현관문을 열다가 도주한 사실, E의 집에서 물건을 훔친 사실을 모두 자백하였다. 다만, 乙과 같이 범행한 사실은 숨기고 단독범행이라고 주장하였다.

사법경찰관 P로부터 사건을 송치받은 검사는 E의 아파트 경비원으로부터 甲이 도주할 때 근처에서 같이 도주하는 사람이 있었다는 말을 듣고 甲에게 공범관계를 추궁하던 중에 압수·수색영장을 발부받아 甲의 이메일을 압수·수색하였다. 그 결과 甲과 乙 사이에 위와 같이 이메일이 송·수신된 사실을 확인하였다.

설 문

1. 甲과 乙의 형사책임을 논하시오.

2. 검사는 甲의 절도 범행에 대하여 상습특수절도죄를 적용하려고 한다. 검사가 甲과 乙에 대하여 공소장에 기재할 죄명, 적용법조를 기재하시오.

3. 공판정에서 甲의 변호인은 범행을 부인하면서 검사가 제출한 증거물인 유리칼은 사후영장을 받지 않았으므로 위법수집증거라고 주장하고, 나아가 사법경찰관 P가 甲을 E에 대한 절도혐의로 긴급체포한 후에 그 긴급체포 대상범죄의 혐의와 관계없는 C의 주민등록증과 옷 1벌을 긴급압수한 것은 긴급압수·수색대상을 벗어난 위법한 압수이므로 증거능력이 없다고 주장하였다. 각 주장의 타당성에 대하여 논하시오.

4. 제1심공판에서 乙이 범행을 부인하자 검사는 甲과 乙이 연락한 이메일을 출력한 인쇄물인 서면을 증거로 제출하였다. 이메일 회사에 확인한 결과 vaga는 甲의 ID이고, vondo는 乙의 ID이며, 이메일 접속기록으로 각 발신과 수신은 甲과 乙의 스마트폰을 이용하여 이메일을 주고받은 것으로 확인되었으며, 검사는 그 회사에서 보낸 조회결과통보서도 제출하였다.
甲과 乙은 각각의 ID가 자신들의 것인 사실, 접속된 수단인 스마트폰을 자신들이 가지고 있었던 사실은 인정하나, 위와 같은 이메일을 보낸 일이 없다고 부인한다. 乙의 변호인은 위 출력물은 전문증거인데, 甲과 乙이 그와 같이 보낸 일이 없다고 진술하므로 증거능력이 없다고 주장한다. 이에 대하여 검사는 이메일은 전문증거가 아니므로 甲과 乙의 진술과 상관없이 진정성만 입증되면 되는데, 각각의 ID가 甲과 乙의 것인 사실, 그리고 각 이메일이 甲과 乙이 가지고 있던 스마트폰에서 보내진 사실에 비추어 甲과 乙이 보냈음이 인정되고, 이메일 화면과 출력물의 동일성과 관련하여 압수·수색 시 이를 출력한 이메일회사 직원을 증인으로 신청하여 증언하게 하는 방법으로 진정성 입증을 하였으므로 증거능력이 있다고 주장한다. 검사와 변호인의 각 주장을 논평하시오.

해 설

Ⅰ. 제1문 — 甲과 乙의 형사책임

1. 甲의 A, B, C에 대한 범행
(1) 문제의 제기

A, B, C에 대한 범행은 자동차에서 물건을 훔치는 이른바 자동차털이범이다. C에 대하여는 가방 등을 들고 나왔으므로 절도죄의 기수에 이르렀으나, A에 대하여는 승용차 안에서 지갑을 훔칠 생각으로 조수석 손잡이를 당겨 보다가 돌로 창문을 내리쳐 깨트렸는데 갑자기 경보음이 울려 그대로 도주하였고, B에 대하여는 손전등으로 승용차 안을 들여다보다가 그냥 가는 데 그쳤으므로 실행의 착수에 이르렀는지에 따라 각 절도죄의 미수범 성립 여부가 문제된다. 그리고 A에 대하여는 별도로 창문을 깨트린 행위가 재물손괴죄에 해당하는지가 문제된다.

(2) 절도죄에서의 실행의 착수시기
㈎ 실행의 착수시기

실행의 착수시기에 대하여는 ① 실행행위의 기준을 객관적 기준에 의하여 정하여야 한다는 객관설, ② 범의를 기준으로 정하여야 한다는 주관설, ③ 실질적·객관적 요소와 주관적 요소를 결합하여 결정해야 한다는 절충설(주관적 객관설)(통설)이 대립한다. 형법상의 행위는 주관적 의사와 객관적 표현으로 구성되는데, 객관설이나 주관설은 어느 한 면에만 치우친다는 점에 비추어 적절하지 않다. 따라서 행위자의 범죄계획을 고려하여 보호되는 행위의 객체 또는 구성요건에 대한 직접적인 위험성이 있는 행위를 개시하면 실행의 착수가 있다고 하는 절충설이 타당하다. 이때, 위험성의 내용이 문제되는데, ① 결과발생 내지는 구성요건실현의 시간적 절박성[1]과 ② 결과발생에 이르기까지의 과정에 있어서 장애의 부존재(결과발생의 자동성)[2]라는 기준 중

---

[1] 따라서 살인의 목적으로 총을 겨눈 때에 이미 살인죄의 실행의 착수가 인정된다.
[2] 살인의 목적으로 수개월 후에 폭발하는 시한폭탄을 쉽게 발견되지 않는 장소에 장치한 때에 실행의 착수가 인정된다.

어느 하나가 인정되면 실행의 착수가 있다고 할 것이다.

판례는 종래 간첩죄에 관하여 "국내에 잠입 또는 입국하였을 때" 실행의 착수가 있다고 판시하여[1] 주관설의 입장을 따른 것도 있었으나, 일반적으로 "범죄구성요건의 실현에 이르는 현실적 위험성을 포함하는 행위를 개시"[2]하거나,[3] 구성요건적 행위에 "밀접한 행위를 개시한 때"[4]에 실행의 착수가 있다고 판시하고 있다. 이러한 판례에 대해서는 일반적으로 실질적 객관설의 입장으로 이해하고 있으나(통설), 뒤에서 살펴보는 바와 같이 구체적인 사안에서는 절충설과 같이 주관적 측면도 함께 고려하는 점에 비추어 일률적으로 실질적 객관설이라고 하는 것은 적절하지 않다.

실행의 착수시기에 관한 학설

1. 객관설

실행행위의 기준을 객관적 기준에 의하여 정해야 한다는 견해로서 ① 형식적 객관설과 ② 실질적 객관설로 나누어진다. ① 형식적 객관설은 엄격한 의미에서 구성요건에 해당하는 행위 또는 적어도 이론적으로 구성요건에 해당한다고 볼 수 있는 행위의 일부분을 행해야 실행의 착수가 있다고 한다. 이에 대하여, ② 실질적 객관설은 엄격한 구성요건해당행위가 아니더라도 이와 밀접한[5] 또는 결합된 행위를 하거나 법익침해에 대한 직접적 위험 또는 현실적 위험성 있는 행위를 개시한 때에 실행의 착수가 있다고 한다.[6]

---

1) 대법원 1958. 9. 26. 선고 4291형상351 판결.
2) 대법원 2008. 4. 10. 선고 2008도1464 판결.
3) 일본에서는 이러한 입장을 실질적 객관설 중에서도 ① 현실적 위험설이라고 한다. 그 밖에, ② 결과 발생의 구체적 위험(절박한 위험)이 발생한 때에 실행의 착수가 있다는 구체적 위험설, ③ 실행행위·구성요건해당행위의 직전행위가 개시되면 실행의 착수가 있다는 직전행위설도 주장되고 있다. ①설과 ②설의 차이는 甲이 X를 살해하기 위하여 독이 든 과자를 넣은 상자를 우체국을 통하여 발송하여 X의 집에 배달되게 한 사례와 같은 이격범의 경우에 나타난다. ①설은 발송 시에, ②설은 도달 시에 실행의 착수가 있다고 한다.
4) 대법원 2009. 9. 24. 선고 2009도5595 판결.
5) 우리나라에서는 밀접한 행위가 있으면 실행의 착수가 있다고 하는 견해를 실질적 객관설을 구체화한 이론이라고 파악하고 있으나, 일본에서는 형식적 객관설의 일종으로 파악하고 있다. 즉, 형식적 객관설은 처음에는 구성요건에 해당하는 행위 또는 그 일부분을 행하면 실행의 착수가 있다고 하였으나(엄격한 형식적 객관설), 그 후 구성요건의 일부라고는 할 수 없으나 실행행위에 선행하여 그와 밀접불가분한 행위(직전행위)(예컨대, 절도죄에서의 재물의 물색행위)가 있으면 실행의 착수가 있다는 견해(확장된 형식적 객관설)로 수정되었다.
6) 객관설에 대하여는 구성요건적 실행행위가 어느 단계에 이르러야 실행행위의 일부분이 되는가를 명백히 확정하기 어렵고, 실행의 착수에 관한 문제는 구성요건의 일부가 실현되었을 때는 별로 문제가 없고 오히려 구성요건적 행위의 전 단계에 있을 때가 어려운 문제인데, 객관설은 이 경우에 도움이 되지 않는다는 점, 실질적 객관설의 경우도 그 실질로서 제시되는 기준인 구성요건과 필연적으로 결합된 행위라든가 직접적 위험 또는 법익침해와 밀접한 행위 등도 명확한 기준을 제기하지 못한다는

2. 주관설

주관설은 범죄가 범죄적 의사의 표동이므로 실행의 착수도 범의의 수행성(遂行性)과 확실성에 의해 정해야 한다는 견해이다. 실행의 착수는 결국 주관의 객관화를 말하므로 범의와 그 성립이 수행적 행위에 의하여 확정적으로 나타난 때 또는 범의의 비약적 표동이 있는 때에 실행의 착수가 있다고 한다.1)

3. 절충설(주관적 객관설)

주관적 객관설은 객관설에 의하면 실행의 착수가 지나치게 엄격하고, 주관설에 의하면 부당하게 확대되기 때문에 실질적·객관적 요소와 주관적 요소를 결합하여 결정해야 한다는 견해이다(통설). 즉, 실행의 착수가 있느냐에 대한 본질적인 기준은 보호되는 행위의 객체 또는 구성요건의 실현에 대한 직접적 위험이지만, 여기에 해당하느냐 여부는 객관적으로 결정되는 것이 아니라 주관적 표준, 즉 개별적 행위계획에 의하여 결정되어야 한다고 한다. 이를 개별적 객관설이라고 한다.2)3)

(나) 절도죄에서의 실행의 착수시기

판례는 ① 절취의 의사로 아파트에 사람이 있는지 확인하기 위하여 초인종을 누른 행위는 주거의 사실상의 평온을 침해할 '객관적인 위험성을 포함하는 행위를 한 것'으로 볼 수 없어 실행의 착수를 부정하였음에 반하여([관련판례 1]), ② 절취의 의사로 차량의 문이 잠겨 있는지 확인하기 위하여 양손으로 운전석 문의 손잡이를 잡고 열려고 한 행위는 차량 내에 있는 재물에 대한 피해자의 사실상의 지배를 침해하는 데에 '밀접한 행위가 개시되었다'고 하여 실행의 착수를 긍정하였다([관련판례 2]). 어느 판례나 외형적으로는 객관적인 측면을 기준으로 그 위험성(밀접성)의 정도에 따라 실행의 착수 여부를 판단한 것으로 보인다. 그러나 모두 절취의 목적을 미리 가지고 있었던 점에서 주관적인 측면이 고려되지 않았다고도 볼 수는 없다. 만일, [관련판례

비판을 받는다.
1) 주관설에 대하여는 범죄를 범의의 표현이라고 한다면 예비도 범죄의사의 표현이라는 점에서는 미수와 같으므로 예비와 미수를 구별하기 어렵다는 점, 범의의 비약적 표동 또는 범의가 확정적으로 표현되는 단계라는 것이 객관적 구성요건요소를 떠나서 생각하기 어렵다는 점, 범죄가 구성요건에 규정된 일정한 행위의 정형을 전제로 하고 있으므로 구성요건을 떠나서 지나치게 내부적인 의사에만 치중하는 것은 죄형법정주의 이념에 비추어 보아도 문제가 있다는 비판이 제기된다.
2) 이런 점에서 실행의 착수의 일반적 기준을 구체화하는 것이 각칙상의 개별적인 구성요건의 실행행위에 대한 해석의 문제라고 볼 수 있다.
3) 일본에서는 ① 주관적 객관설은 행위자의 전체적 기도를 기초로 하여 당해 구성요건의 보호객체에 대하여 직접 위험한 행위 중에 범죄적 의사가 명확하게 표현된 때에 실행의 착수가 있다고 하는 견해이고, ② 개별적 객관설은 행위자의 범죄계획에 비추어 법익침해의 위험이 절박한 시점에 실행의 착수가 있으며, 각 범죄별로 개별적으로 실행의 착수시기를 결정해야 한다는 견해라고 하여 이를 구분하고 있다.

2]에서 그 당시 단순히 차량 안에 무엇이 들어 있는지 확인하기 위한 의사만 있었다면 그 위험성의 정도는 더 적어 실행의 착수가 부정될 것이다. 실제로 판례는 절도죄에서 실행의 착수가 있었는지 여부를 판단함에 있어서는 "범행의 방법, 태양, 주변상황 등"을 종합 고려하여야 한다고 판시하였으나,[1] 방화죄에서는 "범행 당시 피고인의 의사 내지 인식, 범행의 방법과 태양, 범행 현장 및 주변의 상황, 매개물의 종류와 성질 등의 제반 사정"을 종합 고려하여야 한다고 판시하고 있다.[2]

　　구체적으로 판례[3]에 따라 절도죄의 실행의 착수시기를 살펴보면, 범행도구의 제조나 준비, 범행대상이나 장소의 물색행위만으로는 실행의 착수가 있다고 할 수 없다.[4] 그리고 주간에 절도의 의사로 타인의 주거에 침입한 것만으로는 절도죄의 실행의 착수가 있다고 볼 수 없으나,[5] 침입 후 절취할 재물을 물색하거나 그 재물에 접근한 때에는 실행의 착수를 인정할 수 있다.[6] 야간주거침입절도죄의 경우는 구성요

---

1) 대법원 2010. 4. 29. 선고 2009도14554 판결; 대법원 1983. 3. 8. 선고 82도2944 판결.
2) 대법원 2002. 3. 26. 선고 2001도6641 판결.
3) [절도죄의 실행의 착수시기에 관한 판례]

사건번호	사안	실행의 착수
대법원 2009. 12. 24. 선고 2009도9667 판결	주간에 아파트 출입문 시정장치를 손괴하다가 발각되어 도주	X
대법원 2009. 9. 24. 선고 2009도5595 판결	야간에 손전등과 박스 포장용 노끈을 이용하여 도로에 주차된 차량의 문을 열고 현금 등을 훔치기로 마음먹고, 차량의 문이 잠겨 있는지 확인하기 위하여 양손으로 운전석 문의 손잡이를 잡고 열려고 하던 중 경찰관에게 발각	○
대법원 1989. 9. 12. 선고 89도1153 판결	범인들이 함께 담을 넘어 마당에 들어가 그 중 1명이 그곳에 있는 구리를 찾기 위하여 담에 붙어 걸어가다가 잡힌 경우	○
대법원 1989. 2. 28. 선고 88도1165 판결	주간에 피해자 집 부엌문에 시정된 열쇠고리의 장식을 뜯는 행위	X
대법원 1987. 1. 20. 선고 86도2199, 86감도245 판결	피해자의 집에 담을 넘어 침입하여 그 집 부엌에서 금품을 물색하던 중에 발각되어 도주	○
대법원 1986. 12. 23. 선고 86도2256 판결	주간에 피해자 소유 자동차 안에 들어 있는 밍크코트를 발견하고 이를 절취할 생각으로 공범이 위 차 옆에서 망을 보는 사이 위 차 오른쪽 앞문을 열려고 앞문손잡이를 잡아당기다가 피해자에게 발각	○
대법원 1986. 11. 11. 선고 86도1109, 86감도143 판결	소를 흥정하고 있는 피해자의 뒤에 접근하여 들고 있던 가방으로 돈이 들어 있는 피해자의 하의 왼쪽 주머니를 스치면서 지나간 행위	X
대법원 1986. 10. 28. 선고 86도1753 판결	피해자의 집 현관을 통하여 그 집 마루 위에 올라서서 창고문 쪽으로 향하다가 피해자에게 발각, 체포	X
대법원 1985. 4. 23. 선고 85도464 판결	노상에 세워 놓은 자동차 안에 있는 물건을 훔칠 생각으로 자동차의 유리창을 통하여 그 내부를 손전등으로 비추어 본 행위	X
대법원 1984. 12. 11. 선고 84도2524 판결	소매치기가 피해자의 양복 상의 주머니에서 금품을 절취하려고 그 주머니에 손을 뻗어 겉을 더듬은 행위	○
대법원 1983. 10. 25. 선고 83도2432, 83감도420 판결	고속버스 선반 위에 놓여 있는 손가방의 한쪽 걸쇠만 연 행위	○
대법원 1983. 3. 8. 선고 82도2944 판결	피해자에게 전화채권을 사주겠다고 하면서 골목길로 유인하여 돈을 절취하려고 기회를 엿본 행위	X

4) 대법원 1985. 4. 23. 선고 85도464 판결.
5) 대법원 1992. 9. 8. 선고 92도1650, 92감도80 판결.
6) 대법원 1989. 9. 12. 선고 89도1153 판결; 대법원 1987. 1. 20. 선고 86도2199, 86감도245 판결.

건에 주거침입이 결합되어 있으므로 야간에 주거에 침입할 때 이미 실행의 착수가 있고,[1] 손괴특수절도죄에서는 건조물의 일부를 손괴한 때에 실행의 착수가 있다.[2]

 관련판례

1. 대법원 2008. 4. 10. 선고 2008도1464 판결【특정범죄가중처벌등에관한법률위반(절도)·폭력행위등처벌에관한법률위반(공동주거침입)미수】

주거침입죄의 실행의 착수는 주거자, 관리자, 점유자 등의 의사에 반하여 주거나 관리하는 건조물 등에 들어가는 행위, 즉 구성요건의 일부를 실현하는 행위까지 요구하는 것은 아니고 범죄구성요건의 실현에 이르는 현실적 위험성을 포함하는 행위를 개시하는 것으로 족하다고 할 것이나(대법원 2003. 10. 24. 선고 2003도4417 판결, 대법원 2006. 9. 14. 선고 2006도2824 판결 등 참조), 침입 대상인 아파트에 사람이 있는지를 확인하기 위해 그 집의 초인종을 누른 행위만으로는 침입의 현실적 위험성을 포함하는 행위를 시작하였다거나, 주거의 사실상의 평온을 침해할 객관적인 위험성을 포함하는 행위를 한 것으로 볼 수 없다 할 것이다.

2. 대법원 2009. 9. 24. 선고 2009도5595 판결【절도미수】

원심은, 야간에 노상에 주차된 차량은 통상 잠금장치가 되어 있을 가능성이 농후하므로 그 차량 안에 들어있는 물건 등을 훔치기 위해서는 그 잠금장치 등을 해제하고 들어가야 하는데 이러한 잠금장치를 해제하는 것이 용이하지 않다는 점을 감안하면, 이 사건 공소사실과 같이 야간에 소지하고 있던 손전등과 노상에서 주운 박스 포장용 노끈을 이용하여 노상에 주차된 차량의 문을 열고 그 안에 들어있는 현금 등을 절취할 것을 마음먹고 그 대상을 물색하기 위해 돌아다니다가 공소장 기재 승합차량을 발견하고 먼저 차량의 문이 잠겨 있는지 확인하기 위해 양손으로 운전석 문의 손잡이를 잡고 열려고 하던 중 순찰중인 경찰관에게 발각되어 멈춘 행위만으로는 위 차량 안의 재물에 대한 소유자의 사실상의 지배를 침해하는 데에 밀접한 행위에 해당한다고 보기 어려우므로, 이 사건 공소사실은 죄가 되지 아니하는 경우에 해당한다고 판단하였다.

그러나 피고인이 절도범행의 실행에 착수하지 아니하였다는 원심의 판단은 다음과 같은 이유로 수긍할 수 없다.

이 사건에서 피고인이 야간에 소지하고 있던 손전등과 박스 포장용 노끈을 이용하여 도로에 주차된 차량의 문을 열고 그 안에 들어있는 현금 등을 절취할 것을 마음먹고 이 사건 승합차량의 문이 잠겨 있는지 확인하기 위해 양손으로 운전석 문의 손잡이

---

1) 대법원 1984. 12. 26. 선고 84도2433 판결.
2) 대법원 1977. 7. 26. 선고 77도1802 판결.

를 잡고 열려고 하던 중 경찰관에게 발각된 사실이 인정되는데, 이러한 행위는 승합차량 내의 재물을 절취할 목적으로 승합차량 내에 침입하려는 행위에 착수한 것으로 볼 수 있고, 그로써 차량 내에 있는 재물에 대한 피해자의 사실상의 지배를 침해하는데에 밀접한 행위가 개시된 것으로 보아 절도죄의 실행에 착수한 것으로 봄이 상당하다.

(3) 소결

甲이 A의 차량에서 수첩과 지갑을 발견하고 이를 절취할 생각으로 문을 잡아당기다가 돌로 창문을 깨트린 행위는 절취할 재물이 특정된 상태에서 이에 접근하기 위한 행위이므로 실행의 착수에 이르렀다고 할 것이다. 경보음이 울려 도주하였으므로 장애미수에 해당한다. 그리고 돌로 A의 승용차의 창문을 깨트린 행위는 절도미수죄(형법 제342조, 제329조)와는 별도로 재물손괴죄(형법 제366조)가 성립하고, 두 죄는 실체적 경합관계이다.[1] B에 대하여는 손전등으로 승용차 안을 들여다보다가 그냥 가는 데 그쳤으므로 타인의 재물에 대한 지배를 침해하는 데 밀접한 행위를 한 것이라고는 볼 수 없어 아직 절취행위의 착수에 이른 것으로 볼 수 없다. 예비행위에 그친 것으로 볼 수 있는데, 절도죄는 예비죄를 처벌하는 규정이 없으므로 불가벌이다.

따라서 甲에 대하여는 A의 차량에 대한 절도미수죄와 재물손괴죄, C의 차량에 대한 절도죄가 각 성립하고, 각 죄는 실체적 경합관계이다.

2. 甲과 乙의 D, E에 대한 범행
(1) 문제의 제기

D에 대하여는 주간에 D의 집에 담을 넘어 들어가 현관문을 열려고 하다가 도주하였으므로 실행의 착수에 이르렀는지가 문제된다. 담을 넘을 때 실행의 착수가 있는 것인지 아니면 칼로 현관문을 열려고 한 행위를 실행의 착수로 볼 수 있는지 등이 문제된다. 실행의 착수에 이르지 못하였다면 주거침입죄만이 문제될 것이다. E에 대하여는 현금과 신용카드를 절취하여 나왔으므로 절도죄의 기수에 이르렀다. 다만, 야간에 문호의 일부를 손괴하고 침입한 행위와 2인 이상이 합동하여 절취한 행위에 대한 죄명과 적용법조가 문제될 것이다.

---

[1] 일본 판례 중에는 건조물손괴죄는 성질상 절도죄의 수단으로서 통상 사용되어야 할 행위라고 할 수 없다는 이유로 서로 실체적 경합관계를 인정한 사례가 있다(最判 1949. 2. 24. 刑集 7·571).

(2) D에 대한 범행

甲과 乙이 D의 집 담장을 넘어 들어간 행위는 주거침입죄(형법 제319조 제1항)에 해당한다. 본건 범행은 주간에 이루어졌으므로 야간의 경우에 적용되는 야간주거침입절도죄에서의 실행의 착수에 관한 법리는 적용되지 않는다. 따라서 주거침입행위 자체를 절도죄의 실행의 착수로 볼 수는 없다.

그렇다면 甲이 현관문을 잡아당겨 보고 칼을 현관문 틈으로 집어넣어 본 행위를 실행의 착수로 볼 수 있는가가 문제된다. 절도죄의 실행의 착수시기는 재물에 대한 타인의 사실상의 지배를 침해하는 데에 밀접한 행위를 개시한 때라고 보아야 하므로, 야간이 아닌 주간에 절도의 목적으로 타인의 주거에 침입하였다고 하여도 아직 절취할 물건의 물색행위를 시작하기 전이라면 실행의 착수에 이르렀다고 보기 어렵다. 본 사례에서는 현관문 안으로 들어가지도 못한 상태이기 때문에 집안에 있는 재물에 대한 사실상의 지배를 침해하였다고 보기 어려우므로 실행의 착수가 있었다고 할 수 없다.

따라서 甲과 乙이 공모하여 공동으로 주거에 침입한 것이므로 甲과 乙에 대하여는 폭력행위등처벌에관한법률위반(공동주거침입)죄(동법 제2조 제2항 제1호, 형법 제319조 제1항)만 성립한다.

(3) E에 대한 범행

E에 대한 범행에서는 乙은 망을 보고[1] 甲이 E의 집에 침입하여 절취행위를 하였으므로 절도죄의 합동범으로서 형법 제331조 제2항의 특수절도죄를 구성한다. 그런데 甲이 E의 집에 들어가는 수단으로 창문유리의 일부를 잘라내고 문고리를 열었으므로 이는 건조물의 일부를 손괴한 것에 해당하고, 시간적으로 야간이므로 이는 형법 제331조 제1항의 특수절도죄에도 해당한다. 그런데 형법 제331조 제1항과 제2항의 죄는 법정형이 같으므로 포괄하여 하나의 특수절도죄가 성립한다.

---

1) 합동범은 공모 외에 실행행위의 분담을 요하는데(대법원 1996. 3. 22. 선고 96도313 판결), 망을 보는 행위도 실행행위의 분담에 해당한다(대법원 1967. 12. 26. 선고 67도1469 판결; 대법원 1986. 7. 8. 선고 86도843 판결).

3. 설문의 해결

(1) 甲의 형사책임

(개) 상습성

위에서 살펴본 대로 甲에 대하여는 A에 대한 절도미수죄 및 재물손괴죄, C에 대한 절도죄, D에 대한 폭력행위등처벌에관한법률위반(공동주거침입)죄, E에 대한 특수절도죄가 각 성립한다.

그런데 甲은 2012. 4. 6. 서울중앙지방검찰청에서 절도죄로 기소유예처분을, 2013. 10. 8. 서울가정법원에서 절도죄로 소년보호처분을 받은 전력이 있고, 2014. 5. 6. 서울중앙지방법원에서 절도죄로 징역 1년을 선고받았고, 2016. 4. 12. 같은 법원에서 특수절도죄로 징역 2년을 선고받고 2018. 1. 11. 영등포교도소에서 그 최종형의 집행을 종료한 전과가 있다.

따라서 甲에 대하여는 상습절도죄가 성립하는 것은 아닌지 문제된다. 상습이란 반복된 행위로 인하여 얻어진 행위자의 습성 내지 경향 때문에 죄를 범하는 것으로, 절도죄에서의 상습성은 단순히 여러 번 절도를 하였고, 그 수단·방법이 같다는 것만으로는 부족하고, 여러 번 행해진 범행이 절도습성의 발현이라고 인정되어야 한다.[1] 甲은 4번의 절도 범죄전력이 있는데 그 중에 두 번은 실형을 선고받았으며, 최종형의 집행종료 후 1년 만에 다시 범행을 저질렀으며, 단기간에 3회에 걸쳐 범행을 저질렀다. 그뿐만 아니라 절도의 의사로 B의 차량 안을 들여다보고 D의 주거에 침입한 사실이 있고, 그 수법도 자동차털이 3회, 주거침입절도 2회 등 유사한 점 등에 비추어 절도의 상습성이 인정된다고 할 것이다. 따라서 甲에 대하여는 포괄하여 1개의 상습특수절도죄(형법 제332조)가 성립한다.[2]

한편, 甲을 특정범죄 가중처벌 등에 관한 법률 제5조의4 제5항의 죄로 처벌할 수 있는지 살펴보면, 구성요건상 절도죄 등으로 세 번 이상 징역형을 받은 사람의 경우로 한정하고 있으므로 甲에 대해서는 특정범죄 가중처벌 등에 관한 법률 제5조의4 제5항을 적용할 수는 없다.

(내) 폭력행위등처벌에관한법률위반(공동주거침입)죄가 별도로 성립하는지 여부

甲에 대하여 상습특수절도죄가 성립하는데, 그 안에는 형법 제331조 제1항의 야간손괴침입절도도 포함되어 있다. 이 경우, 甲이 절도 목적으로 주간에 D의 주거에 침입한 행위가 상습특수절도죄에 흡수되는지, 아니면 그와는 별도로 폭력행위등

---

1) 대법원 1976. 4. 13. 선고 76도259 판결 등.
2) 대법원 1975. 12. 23. 선고 75도3155 판결.

처벌에관한법률위반(공동주거침입)죄를 구성하는지가 문제된다.

형법 제330조에 규정된 야간주거침입절도죄 및 형법 제331조 제1항에 규정된 특수절도(야간손괴침입절도)죄를 제외하고 일반적으로 주거침입은 절도죄의 구성요건이 아니므로 절도범인이 그 범행수단으로 주거침입을 한 경우에 그 주거침입행위는 절도죄에 흡수되지 않고 별도로 주거침입죄를 구성하여 절도죄와는 실체적 경합관계가 되는 것이 원칙이다.[1] 또 형법 제332조는 상습으로 단순절도(형법 제329조), 야간주거침입절도(형법 제330조)와 특수절도(형법 제331조) 및 자동차 등 불법사용(형법 제331조의2)의 죄를 범한 자는 그 죄에 정한 각 형의 2분의 1을 가중하여 처벌하도록 규정하고 있으므로, 위 규정은 주거침입을 구성요건으로 하지 않는 상습단순절도와 주거침입을 구성요건으로 하고 있는 상습야간주거침입절도 또는 상습특수절도(야간손괴침입절도)에 대한 취급을 달리하여, 주거침입을 구성요건으로 하고 있는 상습야간주거침입절도 또는 상습특수절도(야간손괴침입절도)를 더 무거운 법정형을 기준으로 가중처벌하고 있다. 따라서 형법 제332조에 규정된 상습절도죄를 범한 범인이 그 범행의 수단으로 주간에 주거침입을 하거나, 그 범행 외에 상습적인 절도의 목적으로 주간에 주거침입을 하였다가 절도에 이르지 못하고 주거침입에 그친 경우에는 그 주간 주거침입행위는 상습절도죄와 별도로 주거침입죄를 구성한다.[2]

이와는 달리 상습절도죄가 아닌 상습특수절도(야간손괴침입절도)죄가 성립하는 경우에도 그 범행 외에 상습적인 절도의 목적으로 주간에 주거침입한 행위에 대하여 위와 마찬가지로 별도로 주거침입죄가 성립한다고 하면, 두 죄는 실체적 경합범이 되어 상습특수절도(야간손괴침입절도)죄의 법정형의 장기에 1/2까지 가중하게 된다(형법 제38조 제1항 제2호[3]). 그런데 그 주거침입이 야간에 이루어진 때에는 야간주거침입절도미수에 해당하여 다른 상습절도의 범행과 동종유형의 범행으로서 상습특수절도죄만 성립하게 된다. 그렇게 되면 야간에 주거침입행위를 한 것이 사실상 죄질과 범정(犯情)이 더 중한데도 불구하고 주간에 한 경우의 처단형이 야간에 한 경우의 처단형보다 더 중해지는 불합리한 결과가 발생한다. 따라서 본 사례와 같은 경우에는

1) 대법원 1984. 12. 26. 선고 84도1573 전원합의체 판결.
2) 대법원 2015. 10. 15. 선고 2015도8169 판결.
3) 형법 제38조(경합범과 처벌례) ① 경합범을 동시에 판결할 때에는 다음 각 호의 구분에 따라 처벌한다.
  2. 각 죄에 대하여 정한 형이 사형, 무기징역, 무기금고 외의 같은 종류의 형인 경우에는 가장 무거운 죄에 대하여 정한 형의 장기 또는 다액(多額)에 그 2분의 1까지 가중하되 각 죄에 대하여 정한 형의 장기 또는 다액을 합산한 형기 또는 액수를 초과할 수 없다. 다만, 과료와 과료, 몰수와 몰수는 병과(倂科)할 수 있다.

① 주간 주거침입행위는 상습특수절도죄에 흡수되어 상습특수절도죄만 성립하고, 이와는 별개로 주거침입죄를 구성하지 않는다고 할 것이다.[1] 이에 대하여 ② 흡수되지 않고 별도로 주거침입죄가 성립한다는 견해[2]도 있다.

따라서 甲이 D의 주거에 침입한 행위는 상습특수절도죄에 흡수되어 별도로 폭력행위등처벌에관한법률위반(공동주거침입)죄를 구성하지 않는다.

(다) 재물손괴죄가 별도로 성립하는지 여부

甲에 대하여는 상습특수절도(야간손괴침입절도)죄 외에 A에 대한 재물손괴죄(형법 제366조. 3년 이하의 징역 또는 700만 원 이하의 벌금)가 있는데, 주간 주거침입행위는 상습특수절도죄에 흡수된다는 대법원 1984. 12. 26. 선고 84도1573 전원합의체 판결의 취지에 비추어 이 경우에도 마찬가지로 상습특수절도죄에 흡수되는지 여부가 문제된다. 별도로 재물손괴죄가 성립하여 실체적 경합범이 된다고 하면, 야간에 문호 등을 손괴하고 침입절도를 한 행위가 죄질과 범정이 더 중함에도 불구하고 상습특수절도죄에 흡수되어 야간에 승용차 문을 손괴하고 절도미수한 경우가 처단형이 더 중해지는 불합리한 결과가 발생한다.

따라서 위 판례 취지에 비추어 甲의 A의 차량에 대한 손괴행위는 절도의 습벽의 발현으로서의 상습적인 절도의 수단으로 이루어진 것이므로 상습특수절도죄에 흡수된다.[3]

---

1) 대법원 1984. 12. 26. 선고 84도1573 전원합의체 판결; 대법원 2012. 9. 27. 선고 2012도9386 판결.

2) 대법원 1983. 4. 12. 선고 83도422 판결(상습특수절도죄와 주거침입죄는 실체적 경합) 및 2015년 형법 개정으로 폐지된 특정범죄 가중 처벌 등에 관한 법률 제5조의4 제1항(상습절도죄를 가중처벌하는 규정)에 대한 대법원 1984. 12. 26. 선고 84도1573 전원합의체 판결의 소수의견. ① 첫 번째 소수의견은 법률에 특별히 규정된 경우를 제외하고는 주거침입죄는 그 목적 여하에 불구하고 그 목적하는 죄와 별도로 성립하는 것이며, 그 목적 때문에 주거침입죄의 성립 여부에 영향을 받을 리 없다 할 것이므로, 원래 별개의 주거침입죄를 유독 그가 목적하는 상습절도의 경우에만 특가법 제5조의4 제1항 상습절도등 죄에 흡수 내지 포괄된다고 볼 수는 없다고 한다. ② 두 번째 소수의견은 특가법 제5조의4 제1항은 상습으로 절도죄를 범한 자를 가중처벌함으로써 사회질서를 유지하려는 형사정책적인 고려에서 나온 규정으로 동 조항을 구성하는 행위는 거기에 열기(列記)되어 있는 형법 제329조 내지 제331조의 죄 또는 그 미수죄에 한정하고 있으므로, 형법 제319조의 주거침입죄는 비록 상습성의 발현으로서의 절도목적의 주거침입이라 하여도 거기에 열기되어 있지 않은 이상 위 법조에 포함시켜 처벌할 수 없다고 한다.

3) 이에 대해서는 위 판결의 반대의견과 같은 입장에서 별도로 재물손괴죄가 성립한다는 반대견해가 있을 수 있다. 나아가 주거침입절도의 경우에는 단지 '주간'이냐 '야간'이냐는 범행시간만 차이가 있음에 비하여, 손괴절도의 경우에는 '문호·장벽·건조물 일부의 손괴'냐 자동차 등 '다른 물건의 손괴'냐 하는 범행대상물에 차이가 있으므로, 차원을 달리하여 재물손괴죄가 별도로 성립한다는 견해도 있을 수 있다.

㈜ 소결

따라서 甲에 대하여는 포괄하여 상습특수절도죄(형법 제332조)만 성립한다.

(2) 乙의 형사책임

乙에 대하여는 절도의 상습성이 인정되지 않으므로 D에 대한 폭력행위등처벌에관한법률위반(공동주거침입)죄와 E에 대한 특수절도죄가 각 성립하고, 두 죄는 실체적 경합관계이다.

II. 제2문 — 공소장의 죄명 및 법조

1. 피고인

1. 가.　　　甲
2. 나. 다.　　乙

2. 죄명

가. 상습특수절도

나. 특수절도

다. 폭력행위등처벌에관한법률위반(공동주거침입)

3. 적용법조

1. 형법 제332조, 제331조 제2항, 제1항, 제329조, 제342조, 형법 제319조 제1항, 제366조, 제35조[1]

2. 형법 제331조 제2항, 제1항, 폭력행위 등 처벌에 관한 법률 제2조 제2항 제1호, 형법 제319조 제1항, 제37조, 제38조

---

[1] 甲이 금고 이상의 형을 선고받아 그 집행이 종료되거나 면제된 후 3년 내에 금고 이상에 해당하는 죄를 지었으므로 누범(형법 제35조)에 해당한다.

Ⅲ. 제3문 — 압수물의 증거능력

1. 문제의 제기

변호인은 증거물인 유리칼과 C의 주민등록증 및 옷 1벌이 위법수집증거라는 이유로 증거능력이 없다고 한다. 유리칼의 경우는 사법경찰관이 이를 압수한 근거가 무엇인지가 문제되고, C의 주민등록증 및 옷 1벌에 대해서는 형사소송법 제217조 제1항에 의한 긴급체포 시의 압수·수색의 범위가 긴급체포 혐의 범죄와 관련된 증거물에 한정되는가, 그리고 사후에 영장을 발부받은 경우에 하자가 치유될 수 있는지가 문제된다.

2. 유리칼의 경우

위 유리칼은 甲이 창문을 여는 데 사용하고 아파트 거실에 놓고 나왔는데, 사법경찰관 P가 E의 신고를 받고 E의 집에서 현장을 살펴보던 중 거실에 있던 유리칼을 수거하여 압수하였다.

P가 유리칼을 압수한 근거로서는 ① 형사소송법 제216조 제3항의 범행 중 또는 범행 직후의 범죄장소에서의 압수·수색과 ② 형사소송법 제218조의 유류물의 압수를 생각할 수 있다. ①의 범죄장소에서의 압수·수색은 소유자나 보관자 등의 의사에 반해서도 행할 수 있는 반면에, 사후에 지체없이 판사의 영장을 받아야 한다. 그런데 본 사례에서는 범행 직후인지가 불분명하므로 ①의 압수·수색으로 볼 수는 없다. 그리고 ②의 유류물의 압수는 소유자 등이 유류한 물건에 대한 압수이며, 사후에 영장을 요하지 않는다. 위 유리칼은 甲이 두고 간 유류물(유류물은 유실물보다 넓은 개념)이므로 P는 유류물 압수의 권한으로 이를 압수할 수 있다. 이 경우 사후에 판사의 영장을 발부받지 않아도 된다. 따라서 위 유리칼은 적법한 압수물이며, 변호인의 주장은 이유가 없다.

3. C의 주민등록증 및 옷 1벌의 경우
(1) 긴급체포 시 긴급압수·수색의 범위
㈎ 학설
㈀ 한정설

형사소송법 제217조 제1항에 의한 압수·수색은 긴급체포의 사유가 된 범죄사실 수사에 필요한 최소한의 범위에서 당해 범죄사실과 관련된 증거물 또는 몰수할 것으로 판단되는 물건만을 압수할 수 있다는 견해이다(통설).

(ㄴ) 비한정설

긴급체포 시의 긴급압수·수색 대상은 긴급체포 대상범죄사실에 관련된 증거나 몰수물에 한정하지 않고 다른 범죄에 대한 증거나 몰수물도 대상이 된다는 견해이다. 종래에는 사후에 영장을 받지 않고 구속영장만 받으면 충분하였으므로 체포에 따르는 부수처분으로 이해할 수 있었지만, 2007년 형사소송법 개정으로 사후에 법관의 영장을 요구하도록 바뀜에 따라 독일법 체제와 같은 긴급행위로 성질이 변화하였다는 것을 논거로 한다.

(나) 판례

판례는 기본적으로 한정설의 입장에서, 긴급체포의 사유가 된 범죄사실 수사에 필요한 최소한의 범위 내의 것으로서 당해 범죄사실과 '관련된다고 의심할 만한 상당한 이유가 있는' 증거물 또는 몰수할 것으로 판단되는 물건을 압수할 수 있다고 한다(【관련판례】).

 관련판례

대법원 2008. 7. 10. 선고 2008도2245 판결【사기방조·전자금융거래법위반·점유이탈물횡령】

구 형사소송법(2007. 6. 1.법률 제8496호로 개정되기 전의 것, 이하 같다) 제217조 제1항 등에 의하면 검사 또는 사법경찰관은 피의자를 긴급체포한 경우 체포한 때부터 48시간 이내에 한하여 영장 없이, 긴급체포의 사유가 된 범죄사실 수사에 필요한 최소한의 범위 내에서 당해 범죄사실과 관련된 증거물 또는 몰수할 것으로 판단되는 피의자의 소유, 소지 또는 보관하는 물건을 압수할 수 있다. 이때, 어떤 물건이 긴급체포의 사유가 된 범죄사실 수사에 필요한 최소한의 범위 내의 것으로서 압수의 대상이 되는 것인지는 당해 범죄사실의 구체적인 내용과 성질, 압수하고자 하는 물건의 형상, 성질, 당해 범죄사실과의 관련 정도와 증거가치, 인멸의 우려는 물론 압수로 인하여 발생하는 불이익의 정도 등 압수 당시의 여러 사정을 종합적으로 고려하여 객관적으로 판단하여야 한다.
위 법리와 기록에 비추어 살펴보면, 이 사건 증 제1호 내지 제4호는 피고인이 보관하던 다른 사람의 주민등록증, 운전면허증 및 그것이 들어있던 지갑으로서, 피고인이 이른바 전화사기죄의 범행을 저질렀다는 범죄사실 등으로 긴급체포된 직후 압수되었는바, 그 압수 당시 위 범죄사실의 수사에 필요한 범위 내의 것으로서 전화사기범행

과 '관련된다고 의심할 만한 상당한 이유가 있었다'고 보이므로, 적법하게 압수되었다고 할 것이다. ●

㈐ 검토

비한정설에 의하면 C의 주민등록증 및 옷 1벌에 대한 긴급압수는 적법하고, 사후에 압수·수색영장을 발부받았으므로 계속 압수할 수 있다고 할 것이다. 비한정설은 수사의 합목적성 등을 고려할 때 경청할 만한 견해이기는 하지만,[1] 압수·수색에 있어 대상물의 범죄관련성을 강화하고 있는 최근 입법추세[2]에는 맞지 않는다. 한편 한정설이나 판례에 의하면 위 주민등록증 및 옷 1벌이 긴급체포대상인 E의 집에 대한 특수절도죄와 '관련성'이 있어야 긴급압수가 적법하게 될 것인데, 어느 범위까지 관련성이 있다고 할 것인지가 문제된다.

판례는 혐의사실과 ① '객관적 관련성'이 있고, 대상자와 피의자 사이에 ② '인적 관련성'이 있어야 한다는 입장이다. 여기서 ①은 혐의사실 자체 또는 그와 기본적 사실관계가 동일한 범행과 직접 관련되어 있는 경우는 물론, 범행 동기와 경위, 범행 수단과 방법, 범행 시간과 장소 등을 증명하기 위한 간접증거나 정황증거 등으로 사용될 수 있는 경우에도 인정될 수 있는데, 구체적·개별적 연관관계가 있는 경우에만 인정되고, 혐의사실과 단순히 동종 또는 유사 범행이라는 사유만으로 관련성이 있다고 할 수 없고,[3] ②는 대상자의 공동정범이나 교사범 등 공범이나 간접정범은 물론 필요적 공범 등에 대한 사건에 대해서도 인정될 수 있다고 한다.[4]

본 사례에서 위 주민등록증 및 옷 1벌에 관련된 범죄사실은 긴급체포된 범죄사실과 동종의 범죄사실로서 결과적으로 하나의 상습절도죄를 구성하는 점에서 구체적·

---

1) 비한정설은 긴급체포에 따르는 긴급수색은 형사소송법 제217조에 따라 적법한 수색이라는 점, 이러한 적법한 수색 과정에서 비록 긴급체포 대상범죄의 증거는 아니나 범죄의 증거임이 명백한 물건을 발견하였음에도 이를 압수하지 못하고 일단 그대로 두어야 한다는 것은 수사기관으로 하여금 급박하게 이루어져야 하는 실무상황에 대처할 수 없게 한다는 점, 대상을 폭넓게 인정하여도 지체 없이 법관의 영장을 받도록 하여 사법심사를 거치므로 수사기관의 권한남용을 통제할 수 있다는 점, 미국법상의 plain view 이론, 독일법상의 긴급압수·수색 등 수사기관이 적법한 수색의 과정에서 범죄의 증거를 발견하는 경우 긴급하게 압수할 수 있는 권한을 부여하고 있는 등 긴급한 실무상황에 대응하도록 하는 것이 합리적이라는 점 등에 비추어서 비한정설이 타당하다고 한다.
2) 2011. 7. 18. 형사소송법 개정으로 종래 '범죄수사에 필요한 때에는' 수사기관에서 압수·수색·검증을 할 수 있다고 규정되어 있던 것이 '범죄수사에 필요한 때에는 피의자가 죄를 범하였다고 의심할 만한 정황이 있고 해당 사건과 관계가 있다고 인정할 수 있는 것에 한정하여' 할 수 있도록 개정되었다(형소법 제215조).
3) 대법원 2017. 12. 5. 선고 2017도13458 판결; 대법원 2021. 11. 18. 선고 2016도348 판결.
4) 대법원 2017. 12. 5. 선고 2017도13458 판결; 대법원 2021. 7. 29. 선고 2020도14654 판결.

개별적 연관관계가 있으므로 ①의 '객관적 관련성'이 인정된다. 또한, 같은 甲에 대한 압수이므로 ②의 '인적 관련성'도 인정된다. 따라서 위 주민등록증 및 옷 1벌에 대한 압수는 적법하다고 할 것이다.[1]

(2) 사후영장에 의한 하자의 치유 가능성 문제

만일 P가 甲을 E에 대한 특수절도죄로 긴급체포한 후 그의 주거에서 C의 주민등록증과 옷 1벌을 긴급압수한 것이 부적법하다고 가정할 때, 본 사례와 같이 법원이 위 긴급압수에 대하여 사후압수·수색영장을 발부한 경우, 이 영장에 의하여 종전의 부적법한 긴급압수의 하자가 치유되는지가 문제된다.

이 문제는 사후압수·수색영장에 있어서 법원의 심사대상이 무엇인가와도 관련이 있다. 이에 대하여는 첫째, 법원의 심사대상이 계속 압수의 필요성에 한정된다면 긴급압수단계의 부적법 여부는 사법심사의 대상이 아니고, 따라서 영장에 의하여 계속 압수가 허용되는 것이므로 압수 자체는 적법한 것으로 전환된다는 견해가 있을 수 있다. 이 경우, 그 이전의 긴급압수의 부적법성은 별도로 그 단계의 증거능력 등 다른 문제로 해결하면 된다고 한다. 둘째, 법원의 심사대상이 긴급압수의 적법성 여부와 계속 압수의 필요성 모두 심사하는 것이므로 법원은 긴급압수의 부적법성을 이유로 영장을 기각하여야 하고, 그럼에도 불구하고 법원이 긴급압수의 부적법성을 간과하고 사후영장을 발부하였다고 한다면, 그것은 법원의 재판에 오류가 있는 것으로 그러한 오류에 의하여 하자가 치유된다고 할 수 없다는 견해가 있을 수 있다. 이 경우 검사가 계속 압수의 필요성이 있다고 판단하면, 사전영장으로 압수·수색영장을 다시 발부받아 압수하여야 한다고 한다.

두 번째 견해가 타당하다. 판례도 형사소송법 제216조 제3항의 범행 중 또는 범행 직후의 범죄장소에서 영장 없는 긴급압수·수색이 긴급성의 요건을 갖추지 못하면 위법하고, 사후에 법원으로부터 영장을 발부받았다고 해서 위법성이 치유되는 것은 아니라고 판시하였다([관련판례]).[2]

---

[1] P의 입장에서는 甲의 자백에 따라 C의 재물을 절취한 혐의로 甲을 다시 긴급체포하면서 C의 주민등록증과 옷 1벌을 긴급압수할 수도 있을 것이다(불법약물소지 등 사안에 따라서는 현행범인체포 후 압수). 그러면 이중 긴급체포가 될 것인데, 긴급압수대상을 한정적으로 해석하는 한 별개 범죄에 대한 증거를 발견할 때는 긴급압수를 위한 이중의 긴급체포를 활용할 수밖에 없다. 그러나 체포된 사람을 또 체포한다는 것은 개념적으로는 가능하지만 실무상 흔하지 않은데다가 사안에 따라서는 긴급성의 인정에도 문제가 있을 수 있다.
[2] 대법원 2021. 11. 18. 선고 2016도348 판결(임의제출된 휴대전화에서 대상범위를 넘은 전자정보의 영장 없는 압수).

관련판례

대법원 2012. 2. 9. 선고 2009도14884 판결【공무집행방해】

【사실관계】

경찰은 2008. 9. 8 인천 부평구에 있는 甲의 게임장을 단속하여 '바다이야기' 게임기 47대를 압수하였는데, 이 과정에서 甲의 채권자 乙이 "다 때려 부숴야겠다"며 목검으로 위협하자 공무집행방해 혐의로 연행하였다. 인천지방검찰청 검사 P는 다음 날 '경찰관들이 사행성 게임장 영업에 대하여 첩보를 입수하고 잠복 도중 손님이 들어가는 걸 확인하고 긴급히 게임기를 압수하였다'는 청구사유를 기재하여 사후영장을 발부받았다. 제1심은 乙에게 징역 1년을 선고하였으나, 제2심은 "경찰관들의 압수·수색에 긴급성이 인정되지 않는다"며 무죄를 선고하였다.

【판결요지】

1. (전략) 수사에 관한 강제처분은 형사소송법에 특별한 규정이 없으면 하지 못하고(형사소송법 제199조 제1항 단서), 사법경찰관이 범죄수사에 필요한 때에는 검사에게 신청하여 검사의 청구로 지방법원 판사가 발부한 영장에 의하여 압수·수색 또는 검증을 할 수 있으며(형사소송법 제215조 제2항), 다만 범행 중 또는 범행직후의 범죄 장소에서 긴급을 요하여 법원판사의 영장을 받을 수 없는 때에는 영장 없이 압수, 수색 또는 검증을 할 수 있으나, 이 경우에는 사후에 지체없이 영장을 받아야 한다(형사소송법 제216조 제3항). 형사소송법 제216조 제3항의 요건 중 어느 하나라도 갖추지 못한 경우 그러한 압수·수색 또는 검증은 위법하고, 이에 대하여 사후에 법원으로부터 영장을 발부받았다고 하여 그 위법성이 치유되는 것은 아니다.

2. 원심판결 이유에 의하면, 원심은 그 채용 증거들에 의하여, 인천 X 경찰서 생활질서계는 불법 게임장에 대한 112신고가 접수되면 관할 지구대 소속 경찰관들로 하여금 1차로 단속을 하도록 하고, 단속에 실패한 업소에 대해서는 리스트를 작성하여 위 생활질서계 소속 경찰관들이 리스트에 기재된 업소 주변을 살피거나 잠복하는 등의 방법으로 수사해 온 사실, 이 사건 게임장에 대하여 112신고가 여러 차례 접수되었으나 그때마다 단속에 실패하였고, 이에 위 생활질서계 소속 A 경장 등은 평소 이 사건 게임장 주위를 탐문한 결과 폐쇄회로 티브이(CCTV) 및 철문이 설치되어 있으며, 환풍기가 작동되고 있음에도 문을 두드려도 열어주지 않는 등 이 사건 게임장이 112신고 내용처럼 불법 게임장이라는 의심을 하게 되었으나, 사전 압수·수색영장을 신청한 바는 없었던 사실, 위 경찰관들은 2008. 9. 8. 차량을 타고 위 리스트에 기재된 업소들을 돌아보던 중 같은 날 17:00경 이 사건 게임장이 있는 건물을 지나다가, 남자들이 이 사건 게임장 안으로 들어가는 것을 보고 뒤따라 들어가, 게임장 내부를 수색하여, 등급분류를 받지 아니한 바다이야기 게임기 47대가 보관되어 있는 것을 확인 후, 같은 날 18:30경 위 게임기 등을 모두 압수한 사실, 이 사건 게임장 업주 甲은 유

통시킬 목적으로 이 사건 게임기 47대를 진열·보관하였다는 범죄사실로 유죄 판결을 선고받은 사실 등 그 판시 사실들을 인정한 다음, 위와 같이 위 경찰관들은 이 사건 당일이나 그에 근접한 일시경에 이 사건 게임장에 대한 112신고 등 첩보를 접수받은 바 없고, 위 경찰관들이 이 사건 게임장을 압수·수색할 당시 이 사건 게임장에서 범죄행위가 행해지고 있다는 구체적인 단서를 갖고 있지 않았으며, 단지 위 단속리스트에 기재된 게임장들 주위를 순찰하던 도중 이 사건 게임장에 남자들이 들어가는 것을 우연히 목격한 후 따라 들어가 그 내부를 수색한 점, 불법 게임장 영업은 그 성질상 상당한 기간 동안 계속적으로 이루어지고 불법 게임기는 상당한 부피 및 무게가 나가는 것들로서 은폐나 은닉이 쉽지 아니한 점 등 그 판시와 같은 사정들에 비추어 보면, 위 경찰관들의 압수수색은 형사소송법 제216조 제3항 소정의 '긴급성' 요건을 충족시키지 못한 것으로 위법하다고 판단하였다.

3. 앞에서 본 법리에 비추어 살펴보면, 원심의 위와 같은 판단은 정당하고, 위 경찰관들의 이 사건 압수·수색에 관하여 사후에 법원으로부터 영장이 발부되었다고 하여 이와 달리 볼 수 없으며, 이 부분 원심판결에 형사소송법 제216조 제3항에 관한 법리를 오해한 위법이 없다. ●

(3) 소결

C의 주민등록증과 옷 1벌의 압수행위는 적법하고 체포한 때로부터 10시간 후에 압수·수색영장을 청구하여 법원으로부터 영장을 발부받았으므로 이는 적법한 압수이다. 따라서 변호인의 주장은 이유 없다.[1]

4. 설문의 해결

위 유리칼의 압수는 형사소송법 제218조의 유류물의 압수로서 적법하므로 위법수집증거라는 변호인의 주장은 이유가 없다. 그리고 위 주민등록증 및 옷 1벌은 긴급체포된 범죄와 관련성이 있어 형사소송법 제217조 제1항에 따른 적법한 압수이므로 증거능력이 없다는 변호인의 주장은 이유가 없다.

---

[1] 범죄와의 관련성을 좁게 해석하는 순수한 한정설에 의할 때 긴급압수는 위법하다. 따라서 압수된 위 주민등록증 등은 위법수집증거로서 이는 영장주의에 반하는 중대한 위법이라 할 것이므로 증거능력이 배제되어야 할 것이며, 법원이 사후영장을 발부하였다고 하여 하자가 치유되지 않는다.

Ⅳ. 이메일 출력물의 증거능력

1. 증거의 성질
(1) 진술증거인지 여부
甲과 乙이 연락한 이메일을 출력한 인쇄물은 서면이므로 서면증거이다. 또한, 그 내용으로 甲과 乙의 말이 들어 있으므로 진술증거이다.

(2) 전문증거인지 여부
이메일에 들어 있는 甲과 乙의 말은 경험사실의 진술이 아니다. 이는 甲과 乙이 절도의 범행과 관련하여 범행을 제의하고 이에 응하는 의사표시일 뿐이다. 검사가 이메일을 제출하여 입증하고자 하는 것은 甲과 乙의 공모과정이며, 이 의사표시들은 그 존재 자체가 입증됨으로써 공모과정을 입증할 수 있는 것이다. 결국 이메일의 내용이 아니라 이메일 자체의 존재가 입증취지인 것이다.

전문법칙은 경험사실의 진술에 대하여 그 진술내용이 진실, 즉 사실과 일치함을 입증하고자 하는 경우에 적용되는 증거법칙이다. 여기서 검사가 입증하고자 하는 것은, 예컨대 甲이 행한 말로서 "오늘 주택가를 털려고 하는데 같이 가자. 15:30경까지 부천역으로 오라"는 말이 진실, 즉 사실에 부합한가가 아니라 그러한 말을 한 사실 자체의 존재 여부이다. 따라서 본건 이메일은 전문증거가 아니므로 전문법칙이 적용되지 않는다.[1]

2. 입증하여야 할 증거능력의 요건
(1) 진정성의 문제
甲과 乙은 검사가 제출한 이메일 출력물에 대하여 그러한 이메일을 보낸 일이 없다고 하면서 증거에 대하여 다투고 있다. 이 경우, 검사는 이를 증거로 사용하기 위하여 무엇을 입증하여야 할 것인지 문제된다.

앞에서 살펴본 바와 같이 이메일은 전문증거가 아니다. 그리고 이메일을 출력한 인쇄물은 이메일 자체를 기계적으로 그대로 인쇄한 것이므로 이메일과 인쇄물의 관계는 컴퓨터상에 파일로 존재하는 이메일 원본(1차적 증거)과 이를 인쇄한 출력물(2차

---

1) 대법원 2013. 7. 26. 선고 2013도2511 판결; 대법원 2013. 2. 15. 선고 2010도3504 판결.

적 증거)이라는 것일 뿐, 파일을 인쇄하였다고 하여도 전문증거의 문제는 발생하지 않는다. 전문증거의 문제는 사람의 경험이 중간에 개입되는 경우에 발생하기 때문이다. 그러므로 전문법칙에 따른 증거능력요건은 여기서 문제되지 않는다.

그러나 검사는 그 증거가 검사가 주장하는 바로 그 증거라는 점을 입증하여야한다. 이를 진정성이라고 한다. 여기서는 이메일이 甲과 乙 사이에 오고간 이메일이며, 제출된 출력물은 甲과 乙 사이에 주고받은 바로 그 이메일을 출력하여 인쇄한 것이라는 점을 입증하여야 한다.

(2) 진정성의 입증방법

진정성의 입증방법은 제한이 없다. 어떤 수단에 의하든 법원으로 하여금 그 증거가 검사가 주장하는 바로 그 증거라는 점을 인정할 수 있도록 할 수 있으면 충분하다.

3. 설문의 해결

검사는 각각의 ID가 甲과 乙의 것인 사실, 각 이메일이 甲과 乙이 가지고 있던 스마트폰에서 보내진 사실, 제출된 출력물이 이메일 화면과 동일한 것이라는 사실을 입증하면 될 것이다. 여기서 각 이메일이 甲과 乙이 가지고 있던 스마트폰에서 보내진 사실은 甲과 乙이 인정하고 있으므로 별도로 입증할 필요는 없을 것이고, 검사가 이에 더하여 ID와 관련하여 이메일 회사의 조회결과통보서를 제출하고, 출력물의 동일성과 관련하여 압수·수색 시 이를 출력한 이메일회사 직원을 증인으로 신청하여 증언하게 하여 진정성 입증을 하였다. 따라서 이를 증거로 할 수 있다. 그러므로 검사의 주장이 타당하고, 변호인의 주장은 그 이유가 없다.

사 례 [6] 교사의 착오, 사자의 점유, 유류물의 압수, 검증

甲은 A녀와 교제 중이었는데 6개월 전부터 A녀가 대기업에 다니는 B와도 교제 중임을 알게 되었다. 甲은 B를 만나 A녀와의 관계를 끊어줄 것을 요구하였으나 거절당하자 B를 혼내주기로 하였다. 2021. 8.경 甲은 우연히 고교 동창회에 갔다가 한때 폭력조직에서 활동했던 乙을 만나게 되었고, 술자리에서 A녀와 B에 대한 이야기를 하면서 B를 혼내주고 싶다고 말하였다. 그러자 乙은 그런 일이라면 어렵지 않으니 한번 알아보겠다고 대답하였다. 2021. 10. 초순경 甲은 乙로부터 연락을 받고 乙을 만났는데, 乙은 자신이 잘 아는 조직폭력배를 동원해서 B를 조용한 데로 끌고 가서 엄청 구타하겠다고 말하였고, 甲은 그 정도로 혼내주면 좋겠다고 말하고 나중에 사례하겠다고 약속하였다.

乙은 B가 출근하는 길에 납치하여 산으로 데려가 구타할 생각으로 납치할 때 사용할 전기충격기 1개를 구입하고, 위협용으로 사용할 칼 1개와 노끈, 테이프 등을 구입하였다. 2021. 10. 중순경 乙은 평소 알고 지내던 丙에게 나쁜 놈이 있는데 납치해서 혼내주려 한다고 하면서 도와주면 500만 원을 주겠다고 제의하였고, 丙이 이에 동의하였다. 2021. 10. 30. 03:00경 乙과 丙은 납치에 이용하기 위하여 충북 단양에 있는 소백산 기슭의 작은 마을에서 도로변에 주차되어 있던 L 소유의 승용차 문을 열고 전기선을 연결하여 시동을 걸고 몰래 운전하여 왔다.

2021. 11. 초순경 乙은 납치계획이나 준비물, 범행방식 등은 말하지 않은 채 甲에게 준비가 다 되었다고 전화하였고, 甲은 B의 집과 직장 주소를 알려주었다. 乙과 丙은 서울 서초구 서초동에 있는 B의 아파트 주차장에서 기다리고 있다가 B가 승용차에 타려고 할 때 다가가 丙은 B를 붙잡고 乙은 칼로 B를 위협하면서 전기충격기로 B의 목 뒷부분에 충격을 준 다음, 준비한 위 승용차에 B를 태우고 B의 입을 테이프로 막은 후 손과 발을 노끈으로 묶었다. 乙이 승용차를 운전하여 소백산으로 가는 도중 B가 심한 신음소리를 내자, 丙이 시끄럽다고 하면서 B의 머리를 수회 구타하였는데 갑자기 B가 숨을 거칠게 내쉬었다. 乙이 놀라 B의 입을 막은 테이프를 떼어주었는데 B가 숨을 계속 몰아쉬더니 늘어지면서 조용해졌다. 그래서 乙은 승용차를 잠시 멈추고 B를 살펴보았는데, B는 숨을 쉬지 않았고 이미 사망하였다.

乙과 丙은 B의 시체를 丙이 알고 있는 강원도 원주 부근의 야산에 묻기로 하고, 乙이 원주로 가는 동안 돈이 필요하니 옷을 뒤져보자고 하면서 B의 옷을 뒤져 지갑을 꺼냈더니 현금 50만 원과 K사의 신용카드가 들어 있었다. 한편, 乙은 丙과 함께 승용차로 강원도로 가서 원주 부근의 산기슭 마을에서 삽 2개를 사가지고 산으로 들어가 丙과 함께 B의 시체를 묻었다.

　　B의 부친인 C는 B가 귀가하지 않자 3일 후에 경찰에 B가 실종되었다는 신고를 하였다. 서초경찰서 소속 사법경찰관 P1은 탐문수사 중에 B의 출근시간 무렵 주차장에서 싸우는 소리가 났었다는 B의 아파트 경비원 D의 말을 듣고 관리사무소에 가서 주차장에 있던 CCTV 파일을 확인하였는데, 乙과 丙이 B를 납치하는 장면은 CCTV의 촬영범위 밖이어서 촬영되지 않았으나 乙과 丙이 타고 간 승용차가 출입하는 장면을 발견하고, CCTV 파일이 담긴 영상녹화 CD를 아파트 관리소장 E로부터 임의제출받았다. 아파트의 CCTV에서 乙과 丙이 타고 간 승용차가 X 회사에서 제조된 검정색 승용차라는 것이 확인되었지만 차량번호는 확인할 수 없었다. 그런데 마침 그 시간대에 그곳을 지나던 경비원 F가 乙과 丙이 B를 납치하는 상황을 목격하였다면서 乙과 丙의 인상착의에 대하여 D에게 진술하여 주었고, D는 마침 그 장면을 휴대폰으로 영상녹화하여 두었다. P1은 D로부터 휴대폰을 임의제출받아 영상파일을 다운로드하여 CD에 저장하였다.

　　이에 따라 P1은 아파트의 주변도로에 설치된 방범용 CCTV 파일에서 납치된 시간대에 그곳을 지나간 차량 등을 확인하면서 아파트 CCTV에 찍힌 승용차와 같은 차량을 찾았고, 그 차량의 차량번호 중 뒤의 세 자리 숫자가 234임을 확인하였다. P1은 서초구청에 차량번호를 조회하여 X 회사 제조의 검정색 승용차로서 뒤의 세 자리 번호가 234인 차량 10대의 자동차등록원부를 서초구청으로부터 송부받았는데, 그 중 한 대가 충북 단양에서 L이 도난신고한 ○○어X234임을 알게 되었다.

　　관악경찰서 관악산파출소에서 근무하던 경찰관 P2는 관악산 부근을 순찰하던 중 ○○어X234차량이 며칠째 방치되어 있는 것을 보고 차량수배조회를 해본 결과, 도난차량이며 서초경찰서 사법경찰관 P1이 수배하고 있는 차량임을 확인하고 P1에게 연락을 하였다. P1은 차량을 서초경찰서로 견인해 온 후, 지문감식을 하여 차량 뒷좌석 문 안쪽에서 2개의 지문을 찾아냈고, 이에 대하여 지문확인시스템에 조회한 결과 丙의 지문과 동일하다는 회보서를 송부받았다.

　　丙에 대하여 체포영장을 발부받은 P1은 2021. 11. 11. 04:00경 영월의 정선 카지노 부근 여관에 투숙 중이던 丙을 체포하였는데, 마침 같은 여관에 乙도 투숙하고 있어 乙도 긴급체포하였다. 乙을 긴급체포하면서 乙의 소지품을 수색하였고, 乙이 소지하고 있던 B의 지갑을 압수하였다. P1은 乙과 丙으로부터 B의 시체를 묻은 장소를 듣고 검사에게 보고하였고, 검사는 P1과 함께 강원도 원주 부근의 그 장소로 가서 그 산 주인의 승낙을 받아 시체발굴을 하고 현장검증을 하였다. P1은 2021. 11. 12. 16:00경 검사를 통하여 乙과 丙에 대한 구속영장 및 사후압수·수색영장을 발부받았다.

> B에 대한 부검결과 B는 호흡곤란과 혈액순환 장애로 인한 심근경색으로 사망한 것으로 밝혀졌다. 乙의 진술에 의하여 공범으로 지목된 甲은 경찰과 검찰에서 乙에게 혼내주라고만 하였을 뿐 B를 살해하라고 하지는 않았으며, 乙과 丙이 승용차를 훔친 것은 자신과 상관이 없다고 주장하였다.

설 문

1. 甲, 乙, 丙의 형사책임을 논하시오(적용법조도 기재).

2. 乙과 丙은 제1심공판에서 범행을 부인하면서 다음과 같은 주장을 하였다. 그 주장의 타당성에 대하여 논하시오.

   (1) 아파트 관리소장 E로부터 제출받은 CD와 F의 진술이 담긴 CD(각 증거부동의)는 전문증거로서 작성자나 원진술자의 진술에 의하여 진정성립이 입증되어야 하는데, 검찰에서 그 입증을 하지 못하면 증거능력이 없다.

   (2) P1이 관악산 기슭에 있는 승용차를 영장 없이 견인하여 간 것은 위법하므로 견인해 간 승용차는 증거능력이 없다.

   (3) P1이 영장 없이 차량에서 지문감식을 한 것은 위법하므로 그 지문은 증거능력이 없다.

   (4) 검사와 P1이 영장 없이 시체를 발굴하면서 실시한 현장검증은 위법하고, 발굴한 시체도 증거능력이 없다.

해 설

I. 제1문 — 甲, 乙, 丙의 형사책임

1. 문제의 제기

甲은 乙에게 B를 혼내주라고 하였고, 이에 따라 乙이 丙과 공모하여 ① 그 준비행위로서 L 소유의 자동차를 몰래 운전해 가고, ② B를 납치하여 이동 중에 사망하게 하였으며, ③ 그 후 B의 현금과 신용카드가 들어 있는 지갑을 꺼내 가지고 가고, ④ B의 사체를 땅에 묻었다.

乙과 丙이 공모하여 행한 범행들은 甲이 乙에게 B를 혼내주라고 한 말로부터 시작되었는데, 甲이 이 범행들에 대하여 공모공동정범으로서의 형사책임을 질 것인지 아니면 교사범으로서의 형사책임을 질 것인지 문제된다. 또한, 甲은 혼내주라고만 하였을 뿐인데 乙과 丙이 행한 ① 내지 ④의 행위에 대해서도 형사책임을 지는지가 문제된다. 먼저 실행범인 乙과 丙의 형사책임을 살펴본 후에, 甲의 형사책임을 검토한다.

2. 乙과 丙의 형사책임
(1) L 소유 승용차의 절취행위

乙과 丙은 2021. 10. 30. 03:00경 소백산 기슭 마을에서 길에 주차되어 있는 L의 승용차 문을 열어 전기선을 연결하는 방법으로 시동을 걸고 운전하여 갔다. 乙과 丙이 위 승용차를 B를 납치하는 데 사용한 후 관악산 부근에 방치하였으므로 불법영득의사가 인정된다. 따라서 자동차등불법사용죄(형법 제331조의2)가 아니라 절도죄에 해당한다.[1] 그런데 2인 이상이 절취범행을 하고 乙과 丙이 현장에 함께 있었으므로 2인 이상이 합동하여 절취한 특수절도죄(형법 제331조 제2항)에 해당한다. 절취수단으로서 전기선 연결을 위하여 시동장치의 전기선을 뜯게 되는데, 이러한 정도의 손괴는 절취의 수단이므로 별도로 재물손괴죄(형법 제366조)를 구성하지 않는다.

---

1) 대법원 2002. 9. 6. 선고 2002도3465 판결.

(2) B를 체포·감금하여 사망에 이르게 한 행위

(가) 체포·감금행위

乙과 丙이 B의 아파트 주차장에서 기다리고 있다가[1] B가 승용차에 타려고 할 때 다가가 丙은 B를 붙잡고 乙이 흉기인 칼로 B를 위협하면서 위험한 물건인 전기충격기로 B의 목 뒷부분에 충격을 준 다음 B를 승용차에 태운 행위는 특수체포죄[2](형법 제278조, 제276조 제1항)에 해당한다.

체포는 사람의 신체에 직접적·현실적인 구속을 가하여 행동의 자유를 빼앗는 것을 말하고, 그 수단은 유형적 방법이든 무형적 방법이든 묻지 않는다.[3] 행동의 자유를 빼앗는가의 여부는 전체적으로 판단하여야 하는데, 강제로 승용차에 태워졌으므로 자유가 박탈되었다고 할 것이다.

한편, 乙과 丙이 위와 같이 B를 승용차에 태워 이동하는 행위는 특수감금죄(형법 제278조, 제276조 제1항)에 해당한다. 감금죄는 사람을 일정한 장소 밖으로 나가지 못하게 하여 행동의 자유를 장소적으로 제한하는 것을 말하고, 그 수단과 방법은 유형적·무형적인 것을 가리지 않는다.[4] 승용차 밖으로 나가지 못하게 하는 행위만으로도 신체적 자유를 장소적으로 제한하였다고 할 것이므로 감금죄에 해당한다. 본 사례에서는 B의 입을 테이프로 막은 후 손과 발을 노끈으로 묶었으므로 더욱 자유가 제한되었다고 할 것이다.

체포는 흔히 감금으로 가기 위한 수단이 되는 경우가 많고, 감금과 같은 성질의 범죄로서 태양만을 달리하므로 사람을 체포한 자가 감금까지 한 때에는 포괄하여 감금죄만 성립한다(통설). 따라서 乙과 丙에 대하여 특수감금죄(형법 제278조, 제276조 제1항)가 각 성립한다.

(나) 체포과정에서의 폭행·협박행위

乙과 丙은 체포과정에서 체포의 수단으로 칼로 B를 위협하여 협박하였고, 전기충격기로 B를 폭행하였다. 그런데 체포·감금의 수단으로 폭행 또는 협박을 한 때에

---

[1] 乙과 丙이 B의 아파트에 들어간 행위는 본 사례상 아파트의 구조·경비상태, 주차장의 위치·형태 등을 알 수 없으므로 주거침입죄 성립 여부는 별도로 검토하지 않는다.

[2] 2016. 1. 6. 구 폭력행위 등 처벌에 관한 법률 제3조 제1항이 삭제되어 폭력행위등처벌에관한법률위반(집단·흉기등체포)죄와 동법위반(집단·흉기등감금)죄가 폐지된 것은 종전의 형벌규정이 과중하다는 데에서 나온 반성적 조치이므로, 폐지 이전의 범행에 대해서도 형법의 규정(특수체포죄와 특수감금죄)을 적용하여야 한다(특수상해죄의 신설과 관련된 대법원 2016. 1. 28. 선고 2015도17907 판결).

[3] 대법원 2018. 2. 28. 선고 2017도21249 판결.

[4] 대법원 2000. 2. 11. 선고 99도5286 판결.

는 체포·감금죄만 성립하고, 폭행죄나 협박죄는 별도로 성립하지 않는다.[1]

㈐ 사망에 이르게 한 행위

乙과 丙은 B를 납치하여 구타할 것을 사전에 미리 협의하여 공모하였고, 흉기인 칼과 위험한 물건인 전기충격기를 휴대하여 B를 체포·감금하여 사망에 이르게 한 행위도 함께 하였다. 따라서 공동정범(형법 제30조)이다. 감금죄를 범하여 사람을 사상에 이르게 한 때에는 감금치사상죄(형법 제281조 제1항)가 성립한다. 감금치사상죄는 결과적 가중범이다.

㈀ 결과적 가중범에서의 과실과 인과관계

乙과 丙은 B를 납치할 당시 B를 살해할 고의는 없었다. 승용차를 운전하여 산으로 가는 도중 B가 심한 신음소리를 냈는데 丙이 시끄럽다고 하면서 B의 머리를 수회 구타하기는 하였지만 이는 조용히 하라는 의도였을 뿐이다. 그런데 B가 갑자기 숨을 거칠게 쉬자 乙이 놀라 B의 입을 막은 테이프를 떼어주었다. 이러한 행위로 미루어 보건대, 乙과 丙에게 사망의 결과에 대한 고의를 인정하기는 어렵다. 다만 입을 테이프로 막고 손과 발을 묶어서 승용차와 같은 좁은 공간에 가둘 때, 호흡곤란이나 혈액순환 장애가 올 수 있고 이로 인하여 사망에 이를 가능성이 있다는 점은 예견가능성이 있다고 할 것이므로 사망의 결과에 대한 과실은 인정할 수 있다.

한편, B의 사망원인은 감금행위로 인한 호흡곤란과 혈액순환 장애이었으므로 감금행위와 사망 사이에 인과관계도 인정된다.[2]

㈁ 결과적 가중범의 공동정범

결과적 가중범에서도 공범의 성립은 가능하다. 결과적 가중범의 공동정범이 성립하는지 여부는 과실범의 공동정범을 인정할 것인지 여부와 밀접하게 연관되어 있다.[3] 과실범의 공동정범을 부정하는 입장에서는 결과적 가중범이 고의범과 과실범의 결합 형식이므로 기본범죄인 고의범의 공동정범과 중한 결과인 과실범의 동시범이 되고, 따라서 기본범죄에 대한 공동정범 각자가 중한 결과에 대하여 과실이 있는 경우에만 결과적 가중범의 죄책을 진다고 한다.

한편, 과실범의 공동정범이 가능하다는 입장에서는 결과적 가중범의 공범을 긍

---

1) 대법원 1982. 6. 22. 선고 82도705 판결.
2) 대법원 2002. 10. 11. 선고 2002도4315 판결(피해자의 손과 발을 묶어 좁은 차량 속에 움직이지 못하게 감금한 결과 묶인 부위의 혈액순환 장애로 형성된 혈전이 폐동맥을 막아 사망에 이르게 한 경우, 감금치사죄가 성립한다고 한 사례).
3) 과실의 공동정범 인정 여부와는 별개로 각 가담자가 결과적 가중범으로서의 성립요건을 갖추고 있으면 이를 긍정하는 견해도 있다.

정하는데, 과실범의 공동정범은 주의의무를 공동으로 위반하였을 것을 요건으로 하므로 중한 결과에 대하여 공동의 과실이 있는 때에만 공동정범이 성립한다고 한다. 긍정설이 타당하다. 긍정설에 의하면, 중한 결과에 대하여 과실이 있는 사람과 없는 사람이 기본범죄를 공동으로 범한 때에는 과실 없는 사람은 기본범죄에 대해서만 공동정범이 되고, 공동정범 전원이 중한 결과에 대해 과실이 있는 때에만 결과적 가중범의 공동정범이 된다. 판례도 과실의 공동정범을 인정하면서 결과적 가중범의 공동정범을 인정하고 있다.[1]

(ㄷ) 소결

본 사례에서 乙과 丙은 감금행위를 공동으로 하였고, 나아가 승용차 안에 함께 있으면서 어느 누구도 B가 호흡곤란 등으로 사망하지 않도록 적극적으로 노력하지 않았으므로 각자가 사망 결과에 대하여 과실이 있다고 할 것이다. 따라서 위 어느 견해에 의하더라도 乙과 丙 모두에 대하여 특수감금치사죄(형법 제281조 제1항, 제278조)가 성립한다. 특수감금치사죄가 성립하므로 기본범죄인 특수감금죄는 이에 흡수되어 별도로 성립하지 않는다. 결국 乙과 丙에 대하여는 포괄하여 각 특수감금치사죄만 성립한다.

(3) 사망한 B의 지갑을 가져간 행위

乙과 丙은 B가 사망한 사실을 알고 B의 옷을 뒤져 지갑을 꺼냈다. 그런데 절도죄는 타인이 점유하는 타인의 재물을 절취함으로 성립하는데, 사망한 사람의 재물을 가지고 가는 경우에 누구의 점유를 침해한 것인지가 문제된다. 이는 사자의 점유를 인정할 것인가의 문제이다.

(개) 학설

(ㄱ) 소극설

사자는 지배의사를 가질 수 없으므로 사자의 점유를 인정할 수 없다는 견해이다. 사람이 사망하면 점유의사를 가질 수 없다는 것을 이유로 한다. 이 견해에 의하면, 사람을 살해한 후에 재물을 가지고 간 때에는 살인죄와 점유이탈물횡령죄(형법 제360조 제1항)의 실체적 경합범이 된다.

(ㄴ) 적극설

사자에게도 점유가 계속된다는 견해이다. 다만, 적극설은 ⓐ 피해자의 사망과

---

1) 대법원 1997. 10. 10. 선고 97도1720 판결.

시간적·장소적으로 근접한 경우에는 사자의 생전 점유를 침해한 것으로 절도죄가 성립한다는 견해(근접점유 긍정설)와 ⓑ 사망 후에도 일정기간 사자의 점유가 계속된다는 견해(일정기간점유 긍정설)로 나뉜다. 이 견해에 의하면, 사람을 살해한 후에 재물을 가지고 간 때에는 살인죄와 절도죄의 실체적 경합범이 된다.

(나) 판례

판례는 피해자의 생전 점유가 사망 후에도 계속된다는 전제 아래 사람을 살해한 후 4시간 30분이 지나 그 재물을 영득한 경우에 살인죄와 절도죄의 실체적 경합범을 인정하고 있다([관련판례]).[1]

(다) 검토

피해자의 사망과 시간적·장소적으로 근접한 경우에는 생전의 점유가 사망 후에도 계속된다고 보는 판례의 견해에 따르면, 乙과 丙은 합동하여 B의 지갑과 현금 및 신용카드를 절취한 것으로서 특수절도죄(형법 제331조 제2항)가 성립한다.[2]

관련판례

대법원 1993. 9. 28. 선고 93도2143 판결【살인·사기·절도·사문서위조·동행사】

피고인이 피해자를 살해한 방에서 사망한 피해자 곁에 4시간 30분쯤 있다가 그 곳 피해자의 자취방 벽에 걸려있던 피해자가 소지하는 원심판시 물건들을 영득의 의사로 가지고 나온 사실이 인정되는바, 이와 같은 경우에 피해자가 생전에 가진 점유는 사망 후에도 여전히 계속되는 것으로 보아 이를 보호함이 법의 목적에 맞는 것이라고 할 것이고(당원 1968. 6. 25. 선고 68도590 판결 참조), 따라서 피고인의 위 행위는 피해자의 점유를 침탈한 것으로서 절도죄에 해당하므로, 원심판결에 채증법칙을 위반하여 점유이탈물횡령의 범행을 절도로 오인한 잘못이나 절도죄의 고의에 관한 법리를 오해한 위법이 있다는 논지는 받아들일 수 없다.

---

1) 일본 판례 중에는 ① 실내에서 살해한 경우 2일 후는 절도죄, 5일 후는 점유이탈물횡령죄를 적용한 것(新潟地判 1985. 7. 2. 判時 1160·167)이 있고, ② 실외에서 살해한 경우 4시간 후를 점유이탈물횡령죄로 적용하거나 8시간 30분 후를 절도죄로 적용한 것이 있고, ③ 살해현장과 다른 피해자의 집에서 4일 후에 재물을 가지고 나온 행위에 대하여 절도죄를 적용한 것(東京地判 1998. 6. 5. 判タ 1008·277)이 있다.

2) 피해자를 살해한 현장에서 피해자의 소지하는 물건을 영득의 의사로서 점유를 취득함은 피해자의 점유(이 경우에 피해자의 점유는 사망 후에도 계속되는 것으로 볼 것이다)를 침탈한 것이라 할 것이므로 피고인의 재물취득행위를 절도로 인정한 것은 타당하다(대법원 1968. 6. 25. 선고 68도590 판결).

(4) B의 시체를 산에 묻은 행위

시체·유골·유발 또는 관 속에 넣어 둔 물건을 손괴·유기·은닉 또는 영득한 경우에는 7년 이하의 징역에 처한다(형법 제161조 제1항). 乙과 丙이 B의 시체를 산에 묻은 행위가 시체유기 또는 시체은닉에 해당하는지 검토할 필요가 있다.

유기란 시체를 종교적·사회적으로 매·화장이라고 인정되는 방법에 의하지 않고 방기하는 것을 말한다. 시체에 대한 장소적 이전을 요건으로 하지는 않는다. 다만, 부작위에 의한 유기는 작위의무가 존재할 것을 전제로 하므로 사람을 살해한 후에 시체를 현장에 방치하는 것은 유기에 해당하지 않는다([관련판례]). 그러나 모(母)가 영아를 질식사시킨 후에 시체를 그대로 방치한 때에는 사체유기죄가 성립한다. 한편, 은닉이란 시체의 발견을 불가능하게 하거나 심히 곤란하게 하는 것을 말한다. 시체를 매몰하는 경우에도 그것이 시체를 방기하는 의도로 한 행위라면 유기라고 하겠지만, 시체의 발견을 불가능하게 하거나 곤란하게 할 의도로 한 행위라면 이는 은닉에 해당할 것이다.

본 사례에서 乙과 丙은 B의 시체를 이동하여 산에 묻었는데, 이는 시체의 발견을 불가능하게 하거나 곤란하게 할 의도가 있었다고 볼 것이다. 따라서 사체은닉죄에 해당한다. 사체은닉죄와 B를 사망하게 한 특수감금치사죄와는 실체적 경합관계이다.[1]

 관련판례

대법원 1986. 6. 24. 선고 86도891 판결 【강도살인·사체유기】

형법 제161조의 사체은닉이라 함은 사체의 발견을 불가능 또는 심히 곤란하게 하는 것을 구성요건으로 하고 있는바, 살인, 강도살인 등의 목적으로 사람을 살해한 자가 그 살해의 목적을 수행함에 있어 사후 사체의 발견이 불가능 또는 심히 곤란하게 하려는 의사로 인적이 드문 장소로 피해자를 유인하거나 실신한 피해자를 끌고가서 그곳에서 살해하고 사체를 그대로 둔 채 도주한 경우에는 비록 결과적으로 사체의 발견이 현저하게 곤란을 받게 되는 사정이 있다 하더라도 별도로 사체은닉죄가 성립되지 아니한다고 봄이 타당하다 할 것인바, 원심판결이 확정한 사실에 의하면 피고인이 실신한 피해자를 숲 속으로 끌고 들어가 살해하고 그 장소에 방치한 채 그대로 하산하였을 뿐이고 그밖에 사체의 발견을 불가능 또는 현저하게 곤란하게 하는 어떤 행위를 한 바도 없는 이 사건에 있어 강도살인죄 이외에 별도로 사체은닉죄가 성립한다고 볼 수 없다 할 것이다.

---

1) 대법원 1984. 11. 27. 선고 84도2263 판결.

(5) 소결

乙과 丙에 대하여는 특수감금치사죄, 사체은닉죄의 공동정범 및 특수절도죄가
각 성립하고, 각 죄는 실체적 경합관계이다.

3. 甲의 형사책임
(1) 문제의 제기

甲의 乙, 丙과의 공범관계가 교사범인지 공동정범인지가 문제되고, 甲이 乙에게
말한 내용과 乙과 丙의 행위가 달라져 있으므로 甲이 어느 범위까지 공범으로서의
형사책임을 질 것인지가 문제된다.

(2) 교사범인가 공동정범인가
(개) 공모공동정범

공동정범은 2인 이상이 공동하여 죄를 범하는 때에 성립한다. 따라서 공동정범
이 성립하기 위해서는 주관적 요건으로 공동가공의 의사와 객관적 요건으로서 공동
가공의 사실이 있을 것을 요한다. 공동가공의 의사는 공동의 의사로 특정한 범죄행
위를 하기 위하여 일체가 되어 서로 다른 사람의 행위를 이용하여 자기의 의사를 실
행에 옮기는 것을 내용으로 하는 것이어야 한다.[1] 공동가공의 사실은 실행행위의 분
담을 말한다. 그런데 공동정범은 역할 분담에 의한 기능적 행위지배에 그 의의가 있
으므로 실행의 분담이 있는가는 구성요건에 해당하는 행위에 제한되는 것이 아니라
전체 계획에 의하여 결과를 실현하는 데 불가결한 요건이 되는 기능을 분담하였는가
가 기준이 된다. 그리고 범죄계획의 수행에 필수적인 역할을 분담한 이상 실행행위
의 분담이 반드시 현장에서 행하여짐을 요하지 않는다.

한편, 2인 이상의 사람이 공모하고, 그 공모자 가운데 일부가 공모에 따라 실행
에 나아간 때에는 실행행위를 담당하지 아니한 공모자에게도 공동정범이 성립하는지
가 문제되는데, 이것이 공모공동정범이론이다. 공모공동정범에 있어서는 공동정범의
객관적 요건인 공동가공의 사실이 없다는 점에서 이를 인정하는 것이 타당한지가 문
제된다. 이에 대한 학설[2]로는 ① 부정설, ② 공동의사주체설, ③ 간접정범유사설, ④
기능적 행위지배설 등이 있다. 판례는 일관되게 공모공동정범을 인정하고 있는데,
최근에는 범죄에 대한 본질적 기여를 통한 기능적 행위지배가 존재하여야 인정된다

---

[1] 대법원 1997. 9. 30. 선고 97도1940 판결.
[2] 이에 대한 상세는 사례 [3] I. 3. '甲의 형사책임' 부분 참조.

는 판례1)가 주류를 이루고 있다.

(나) 교사범

교사범은 타인으로 하여금 범죄를 결의하여 실행하게 한 사람을 말한다. 교사범이 성립하기 위해서는 타인으로 하여금 범죄를 결의하게 하는 교사행위와 정범의 실행행위가 있어야 한다.2) 교사행위의 수단에는 제한이 없으며 범죄결의에 영향을 미칠 수 있는 것이면 충분하다. 명령, 지시, 설득, 애원, 요청, 유혹, 감언, 이익제공, 위협 등 수단을 묻지 않는다. 반드시 명시적·직접적 방법에 의할 것을 요하지 않으며 묵시적인 경우도 가능하다.

(다) 공모공동정범과 교사범의 구별

교사범에서는 실행행위는 정범이 하고 교사범은 실행행위의 분담을 필요로 하지 않는 점에서 공동정범과 구별된다. 그런데 공모공동정범의 경우에도 실행행위 분담을 필요로 하지 않으므로 어떤 기준으로 교사범과 구별할 것인지 문제된다.

교사범은 타인을 이용하여 죄를 범하는 것이고, 공동정범은 정범으로서 자신의 범죄를 실현하는 것이다. 공모공동정범의 경우도 정범으로서 자신의 범죄를 실현하는 것이다. 따라서 공모공동정범과 교사범은 행위지배 여부에서 그 구별기준을 찾아야 할 것이다.

(라) 소결

본 사례에서 甲은 우연히 고교 동창회에 갔다가 乙을 만나게 되었고, 술자리에서 A녀와 B에 대한 이야기를 하면서 B를 혼내주고 싶다고 말을 하였다. 그러자 乙이 그런 일이라면 어렵지 않으니 한번 알아보겠다고 대답하였고, 다시 2021. 10.초순경 甲은 乙로부터 연락을 받고 乙을 만났는데, 乙은 자신이 잘 아는 조직폭력배를 동원해서 엄청 구타해주겠다고 말을 하였고, 甲은 그 정도로 혼내주면 좋겠다고 말하고 사례를 하겠다고 하였다. 그리고 그 이후의 범행의 준비나 계획은 乙이 모두 수행하였고, 그 과정에서 甲이 관여한 바는 없다. 그러므로 乙이 丙과 함께 행한 범죄의 실행행위에 대하여 甲이 행위지배를 하였다고 보기는 어렵다. 따라서 甲은 교사범에 해당한다.

(3) 교사의 착오

교사의 착오에는 교사자의 교사내용과 피교사자의 실행행위가 일치하지 않는

---

1) 대법원 2011. 10. 13. 선고 2011도9584 판결; 대법원 2013. 6. 27. 선고 2013도3246 판결.
2) 대법원 2000. 2. 25. 선고 99도1252 판결.

실행행위의 착오와 피교사자의 책임능력에 관한 착오가 있다. 실행의 착오는 다시 교사자의 인식과 피교사자의 실행과의 불일치가 동일한 구성요건의 범위 내에서 일어난 구체적 사실의 착오1)와 다른 구성요건에서 일어난 추상적 사실의 착오가 있다. 후자는 다시 교사내용보다 적게 실행한 때와 교사내용 이상으로 실행한 때로 나눌 수 있다. 본 사례가 실행의 착오 중 추상적 사실의 착오에 해당함은 의문이 없지만 구체적으로 어디에 해당하고, 교사범인 甲에게 어디까지 책임을 지울 수 있느냐가 문제된다.

㈎ 교사내용보다 적게 실행한 때

피교사자가 교사받은 것보다 적게 실행한 때에는 교사자는 피교사자가 실행한 범위 내에서 책임을 져야 한다. 이는 공범의 종속성으로 인한 당연한 결과이다. 다만, 개별 구성요건에서 예비·음모를 처벌하는 죄의 경우는 형법 제31조 제2항에 의하여 교사의 미수가 성립한다. 예컨대, 강도를 교사하였는데 피교사자가 절도죄를 범한 경우, 교사자는 절도죄의 교사범과 강도죄에 대한 교사미수에 해당하고 두 죄는 상상적 경합관계에 있어 형이 중한 강도의 예비·음모에 의하여 처벌된다.

㈏ 교사내용 이상으로 실행한 때

㈀ 질적 초과의 경우

피교사자가 교사받은 범죄와 전혀 다른 범죄를 실행한 경우이다. 이때는 교사자는 교사범으로서의 책임을 지지 않는다. 예컨대, 상해를 교사받은 사람이 절도를 행한 경우에는 교사자는 상해의 교사도 절도의 교사도 되지 않는다. 그러나 교사한 범죄의 예비·음모를 벌하는 규정이 있는 때에는 교사자는 형법 제31조 제2항에 의하여 예비·음모에 준하여 처벌을 받게 된다. 그런데 여기서 질적 차이는 본질적이어야 한다. 따라서 공갈을 교사하였는데 강도를 행한 때에는, 양적 초과와 같이 교사한 범죄에 대한 교사범이 성립한다.

㈁ 양적 초과의 경우

교사의 내용과 실행행위가 구성요건을 달리하지만 공통적 요소를 포함하고 있는 양적 초과의 경우에는, 교사자는 초과부분에 대해서는 책임을 지지 않는다. 예컨대, 절도를 교사하였는데 강도를 실행한 때에는 교사범은 절도죄의 교사가 된다. 상해를 교사하였는데 살인을 한 때에도 상해죄의 교사범이 될 수 있을 뿐이다. 다만, 사망의 결과에 대하여 과실이 있느냐에 따라 결과적 가중범으로서의 책임을 질 수는

---

1) 甲이 乙에게 A의 살인을 교사하였으나 乙이 B를 살해한 경우이다. 교사자인 甲으로서는 방법의 착오에 해당하고, 법정적 부합설에 의할 경우 살인교사죄의 고의범이 성립한다.

있다([관련판례]).

 관련판례

대법원 2002. 10. 25. 선고 2002도4089 판결【살인·상해치사·총포·도검·화약류등단속법위반·범인은닉·범인도피·폭력행위등처벌에관한법률위반·협박(인정된 죄명 : 협박미수)·도로교통법위반(무면허운전)】

교사자가 피교사자에 대하여 상해 또는 중상해를 교사하였는데 피교사자가 이를 넘어 살인을 실행한 경우에, 일반적으로 교사자는 상해죄 또는 중상해죄의 죄책을 지게 되는 것이지만 이 경우에 교사자에게 피해자의 사망이라는 결과에 대하여 과실 내지 예견가능성이 있는 때에는 상해치사죄의 죄책을 지울 수 있는 것이다(대법원 1993. 10. 8. 선고 93도1873 판결 등 참조).

원심이 제1심판결 적시의 각 증거를 인용하여, 피고인 甲이 상 피고인 丙, 丁, 戊 및 원심 공동피고인 己에게 피고인 甲과 사업관계로 다툼이 있었던 피해자를 혼내주되, 평생 후회하면서 살도록 허리 아래 부분을 찌르고, 특히 허벅지나 종아리를 찔러 병신을 만들라는 취지로 이야기하면서 차량과 칼 구입비 명목으로 경비 90만 원 정도를 주어 범행에 이르게 한 사실, 피고인 乙은 위와 같이 甲이 상피고인들에게 범행을 지시할 때 그들에게 연락하여 모이도록 하였으며, "피고인 甲을 좀 도와주어라" 등의 말을 하였고, 그 결과 상피고인들이 공소사실 기재와 같이 피해자의 종아리 부위 등을 20여 회나 칼로 찔러 살해한 사실을 인정한 다음, 그 당시 상황으로 보아 피고인 乙 역시 공모관계에 있고, 피고인 甲과 乙은 피해자가 죽을 수도 있다는 점을 예견할 가능성이 있었다고 판단하여, 상해치사죄로 의율한 조치는 위 법리에 따른 것으로 정당하고, 거기에 상고이유에서 주장하는 바와 같은 상해치사죄 또는 공동정범에 관한 법리오해의 위법이 있다고 할 수 없다. ●

(4) 소결

㈎ 乙과 丙의 특수감금치사죄 관련

본 사례에서 甲은 乙에게 B를 혼내주라는 부탁을 하였고, 乙은 자신이 잘 아는 조직폭력배를 동원해서 조용한 데로 끌고 가서 엄청 구타해주겠다고 말을 하였다. 따라서 甲은 상해를 교사한 것이다.

㈀ 감금행위 관련

먼저 乙과 丙의 실행행위 중에서 감금행위에 대하여 살펴보면, 甲은 乙로부터 잘 아는 조직폭력배(丙)와 함께 B를 조용한 데로 끌고 가서 구타한다는 말을 들었으므로 체포·감금행위는 예상된 행위라 할 수 있다. 甲은 상해를 교사하였을 뿐 乙이

전기충격기나 칼을 준비하여 범행에 사용한다는 사실은 乙로부터 들은 바가 없으므로 이 부분은 양적 초과에 해당한다. 따라서 甲은 감금·상해와 관련해서는 '특수감금·상해'가 아니라 '공동감금·상해'의 책임을 진다. 그런데 감금치상죄(형법 제281조 제1항, 제276조 제1항. 1년 이상 징역)는 부진정결과적 가중범이므로 甲에 대하여는 폭력행위등처벌에관한법률위반(공동감금)죄(동법 제2조 제2항 제2호, 형법 제276조 제1항. 7년 6월 이하 징역)와 폭력행위등처벌에관한법률위반(공동상해)죄(동법 제2조 제2항 제3호, 형법 제257조 제1항. 10년 6월 이하의 징역)의 각 교사죄의 상상적 경합이 아니라 감금치상죄의 교사범이 성립한다.

(ㄴ) B의 사망 관련

B의 사망의 결과에 관하여 살펴보면, 甲이 乙로부터 B를 엄청 구타해주겠다는 말을 들었을 때 甲이 그 정도로 해달라고 말한 점을 보면 甲은 사망의 결과를 예상한 것으로 보기는 어렵다. 그러면 甲에게 과실이 있는가. 즉, 甲이 乙의 행위 과정에서 B가 죽을 수도 있다는 점을 예견할 가능성이 있는가가 문제된다. 만일 예견가능성이 긍정된다면 甲은 감금치사죄의 교사범이 된다. 본 사례의 경우, 甲이 B의 사망을 예견할 가능성이 있었다고 보기는 어려우므로 감금치사죄의 교사범으로서의 형사책임은 지지 않는다.

(내) 乙과 丙의 특수절도죄 및 사체은닉죄 관련

이들 행위는 甲의 교사내용인 감금 및 상해의 교사를 질적으로 초과하는 내용으로서 甲은 乙과 丙이 범한 이들 범죄에 대하여 교사범으로서의 책임을 지지 않는다.

4. 甲, 乙, 丙의 형사책임과 적용법조

(1) 형사책임

甲은 감금치상죄의 교사범으로서의 형사책임을 진다. 乙과 丙은 특수감금치사죄, 사체은닉죄의 공동정범 및 특수절도죄의 각 실체적 경합범으로서의 형사책임을 진다.

(2) 적용법조

(가) 甲 : 형법 제281조 제1항, 폭력행위 등 처벌에 관한 법률 제2조 제2항 제2호, 형법 제276조 제1항, 제31조 제1항.

(내) 乙, 丙 : 형법 제281조 제1항, 제278조, 제276조 제1항, 제331조 제2항, 제1항, 제161조 제1항, 제30조, 제37조, 제38조.

II. 제2문 — 乙, 丙의 주장의 타당성

1. 제2문의 (1) — 영상녹화 CD의 증거능력

(1) 문제의 제기

아파트 관리소장(E)으로부터 제출받은 CD에는 주차장에 설치되었던 CCTV에서 촬영된 영상파일이 들어 있다. 그 내용은 주차장에서 乙과 丙이 B를 납치하는 장면과 乙과 丙이 타고 간 승용차의 모습이 들어 있다. 이는 사람의 진술을 내용으로 하는 것이 아니라 현장상황을 내용으로 하므로 현장영상녹화물에 해당한다. 그런데 F의 진술을 녹화한 파일을 담은 CD에는 F의 경험사실의 진술이 들어 있으므로 진술영상녹화물이다.

(2) 현장영상녹화물의 성질

현장녹화영상물의 성질[1]에 관하여는 ① 진술증거가 아니므로 전문법칙이 적용되지 않는다는 비진술증거설, ② 진술증거로서 촬영자의 지위에 따라 형사소송법 제311조부터 제313조가 적용된다는 견해, ③ 비진술증거이지만 검증조서에 관한 규정이 유추적용되어 촬영자가 법관인 때에는 형사소송법 제311조, 수사기관과 사인인 때에는 제312조 제6항이 적용된다는 검증조서유추(유사)설의 대립이 있다. 녹화된 현장영상은 사람의 진술이 아니며, 작성과정에서의 조작가능성 문제는 전문증거의 문제가 아니라 증거의 진정성에 관한 것인 점에 비추어 비진술증거설이 타당하고, 실무이기도 하다.[2]

(3) 진술영상녹화물의 성질

F의 진술을 영상녹화한 파일을 담은 CD는 사람의 경험사실을 공판정 밖에서 진술한 것을 내용으로 한다. 여기서 경험사실을 공판정 밖에서 행한 진술이 바로 전문진술이며, 이를 담은 CD는 전문증거에 해당한다.

전문증거로서의 진술영상녹화물의 증거능력과 관련하여, 수사기관이 녹화(작성)한 진술영상녹화물에 대해서는 증거능력을 부정하는 견해와 긍정하는 견해가 있지만, 사인 녹화의 진술영상녹화물에 대해서는 이를 부정하는 견해는 없다. 따라서 적

---

1) 이에 대한 상세는 사례 [2] IV. 제4문 'CCTV 영상녹화물의 증거능력' 부분 참조.
2) 법원행정처, 법원실무제요 형사 [II], 131면.

어도 사인 녹화의 진술영상녹화물에 대해서는 종전의 통설, 판례에 따라 조서규정에 준하여 작성자(녹화자)의 지위에 따라 증거능력을 판단하여야 할 것이다.

본 사례에서는 사인인 D가 F의 진술장면을 영상녹화한 것이므로 이는 형사소송법 제311조, 제312조의 규정 이외에 '피고인이 아닌 자가 작성한 피고인 아닌 자의 진술을 기재한 서류'에 해당하므로 형사소송법 제313조 제1항 본문에 따라 증거능력의 요건을 갖추어야 할 것이다. 그러므로 원진술자인 F의 공판준비 또는 공판기일에서의 진술에 의하여 성립의 진정이 인정되어야 할 것이다.1) 나아가 이러한 전문증거의 문제뿐만 아니라 그 파일의 진정성에 대해서까지 다툰다면 작성자인 D 또는 파일을 다운로드한 P1이 법정에 나와 그 파일의 생성과정에 관하여 진술함으로써 진정성을 입증할 수 있을 것이다. 그러나 전문증거로서의 증거능력을 갖추기 위한 제313조 제1항의 진정성립 문제는 원진술자인 F의 증언에 의하여 입증되어야 하며, 작성자인 D의 증언에 의하여 입증될 수는 없다. 형사소송법 제313조 제1항 본문에서의 작성자는 자필진술서와 같이 스스로의 진술의 기록인 때에 적용되는 것으로 보아야 하기 때문이다.

(4) 설문의 해결

乙과 丙은 현장영상녹화물인 CCTV 영상녹화파일이 전문증거라고 주장하나, 이는 타당하지 않다. 그러나 증거에 대하여 부동의하였으므로 이를 증거로 하기 위하여는 증거능력의 기본적 요건으로서의 진정성을 입증하여야 한다. 전문증거의 경우는 작성자의 법정진술에 의하여 성립의 진정을 입증하여야 하지만, 비진술증거의 경우에는 그 증거에 관하여 아는 사람이 증언하거나 그 밖의 과학적 방법으로 입증하여도 된다. 예컨대, 검사는 이 CCTV 영상녹화파일에 관하여 알고 있는 사람으로서 관리소장 또는 관리소 직원을 증인으로 신청하여 그 파일이 주차장의 CCTV에서 찍힌 영상파일이고, CD에 그 파일을 다운로드하여 담은 것이라는 점을 증언하게 하면 된다.

반면에, F의 진술이 담긴 영상녹화물이 전문증거라는 주장은 타당하다. 따라서 이를 증거로 사용하기 위해서는 원진술자인 F가 법정에 나와 그 진정성립에 관하여 증언을 하여야 한다.

---

1) 영상녹화물의 성질상 작성자나 진술자의 서명 혹은 날인은 필요하지 않다(녹음테이프에 관한 대법원 2005. 12. 23. 선고 2005도2945 판결).

2. 제2문의 (2) — 영장 없는 승용차 견인행위의 적법성 및 승용차의 증거능력

(1) 문제의 제기

乙과 丙은 P1이 영장 없이 관악산 기슭에 있는 승용차를 견인하여 간 것은 위법하므로 승용차는 증거능력이 없다고 주장한다. 승용차가 위법수집증거가 된다면, 그 이후에 승용차에서 수집된 지문 등도 파생적 증거로 위법수집증거라는 주장이 가능할 것이다.

(2) 승용차 견인행위의 성질

P1이 관악산 기슭에 있는 승용차를 견인하여 경찰서에 보관한 행위는 압수에 해당한다. 그런데 이 승용차는 乙과 丙이 관악산 기슭에 가져다 버린 것으로서 방치된 차량이었다. 따라서 P1의 행위는 유류한 물건의 압수(형소법 제218조)에 해당한다.

(3) 설문의 해결

유류물의 압수에는 판사의 영장을 필요로 하지 않는다(형소법 제218조). 따라서 영장 없이 행한 압수이기 때문에 위법하다는 乙과 丙의 주장은 타당하지 않다. 유류물의 압수는 판사의 영장이 필요 없는 처분으로서 그 물건의 점유를 취득하는 과정은 임의적으로 행해지지만, 압수처분이 행해지면 소유자 등이 반환을 요구하여도 반환하지 않고 보관할 수 있다.

3. 제2문의 (3) — 영장 없는 지문감식의 적법성과 그 증거능력

(1) 지문감식행위의 성질

乙과 丙은 영장 없이 한 지문감식은 위법하다고 주장한다. 지문감식은 승용차에 묻어 있는 지문을 찾아내고 찾아낸 지문을 기록용지에 묻혀 기록하는 것이다. 지문을 찾아내는 과정은 수색이라 할 수 있고, 찾아낸 지문을 기록용지에 묻혀 기록하는 것은 유류물의 압수(형소법 제218조)로 볼 수 있다.

그런데 P1은 유류물로서 방치된 차량을 적법하게 압수하였고, 여기서의 수색은 적법하게 압수된 차량 안의 수색이다. 乙과 丙은 이 차량을 버림으로써 차량 안에 대한 사생활 보호나 프라이버시의 권리를 포기한 것이다. 그러므로 이 차량 안을 수색하여 지문을 찾아내는 것은 영장이 필요 없는 임의수사이고, 찾아낸 지문을 기록하

는 것은 영장이 필요 없는 압수이다.[1]

(2) 설문의 해결

P1이 차량 안을 수색하여 지문을 찾아내고 찾아낸 지문을 기록하는 것은 영장이 필요없으므로 乙과 丙의 주장은 타당하지 않다.

4. 제2문의 (4) ― 영장 없는 시체발굴과 현장검증의 적법성과 시체의 증거능력
(1) 문제의 제기

P1은 乙과 丙으로부터 B의 시체를 묻은 장소를 듣고 검사에게 보고하였고, 검사는 P1과 함께 그 곳으로 가서 그 산의 주인의 승낙을 받아 시체발굴을 하고 현장검증을 하였다. 이에 대하여 乙과 丙은 영장 없이 시체발굴과 현장검증을 하였으므로 위법하고, 따라서 시체도 증거능력이 없다고 주장한다. 여기서는 시체발굴의 성질 및 현장검증과의 관계, 그리고 이들 행위가 강제처분으로서 판사의 영장이 필요한지가 문제된다.

(2) 시체발굴의 성질과 현장검증과의 관계

시체의 발굴은 시체를 발견할 목적으로 시체가 매장된 장소로 추정되는 지점을 찾아 땅을 파헤치는 것이므로 그 자체만을 본다면 수색에 해당한다. 그리고 땅을 파헤쳐 찾아낸 시체의 상태나 매장상태 등을 확인하고 이를 기록하는 행위는 검증에 해당한다. 그런데 본 사례와 같이 시체가 매장된 장소를 乙과 丙의 진술에 의하여 특정한 상태에서의 발굴은 그 장소에서 시체의 존재와 상태를 오관의 작용에 의하여 확인하는 검증행위에 부수되는 처분으로도 볼 수 있다. 검증을 함에는 신체의 검사, 사체의 해부, 분묘의 발굴, 물건의 파괴 기타 필요한 처분을 할 수 있는데, 시체발굴 행위는 시체를 찾아 확인하기 위한 '기타 필요한 처분'(형소법 제219조, 제140조)으로 볼

---

[1] 대법원 2008. 10. 23. 선고 2008도7471 판결. 피해자 A의 신고를 받고 현장에 출동한 인천남동경찰서 과학수사팀 소속 경장 P는 피해자 A가 범인과 함께 술을 마신 테이블 위에 놓여 있던 맥주컵에서 지문 6점을, 물컵에서 지문 8점을, 맥주병에서 지문 2점을 각각 현장에서 직접 채취하였던바, 이와 같이 범행 현장에서 지문채취 대상물에 대한 지문채취가 먼저 이루어진 이상, 수사기관이 그 이후에 지문채취 대상물을 적법한 절차에 의하지 아니한 채 압수하였다고 하더라도(한편, 이 사건 지문채취 대상물인 맥주컵, 물컵, 맥주병 등은 피해자 A가 운영하는 주점 내에 있던 피해자 A의 소유로서 이를 수거한 행위가 피해자 A의 의사에 반한 것이라고 볼 수 없으므로, 이를 가리켜 위법한 압수라고 보기도 어렵다), 위와 같이 채취된 지문은 위법하게 압수한 지문채취 대상물로부터 획득한 2차적 증거에 해당하지 아니함이 분명하여, 이를 가리켜 위법수집증거라고 할 수 없다.

수 있다.

(3) 현장검증과 시체발굴의 강제처분성 문제

수사기관에서의 시체발굴이나 현장검증이 강제처분으로서 영장이 필요한지가 문제된다. 검증은 사람, 장소, 물건의 성질·형상을 오관의 작용에 의하여 인식하는 것을 말하는데, 법원의 검증에는 영장이 필요 없으나(형소법 제139조) 수사기관의 검증은 원칙적으로 판사가 발부하는 영장이 필요하고(형소법 제215조) 예외적으로 영장에 의하지 않는 검증(형소법 제216조 제1항, 제3항, 제217조 제1항)이 인정된다.

검증이 강제처분에 해당할 경우에는 원칙적으로 영장이 필요하다. 검증이 강제처분인지 여부에 관하여는 ① 강제처분이라고 견해(통설), ② 강제적으로 행해지는 경우만 검증이라고 논리구성하는 견해, ③ 검증 중 강제처분에 해당하는 것만 강제처분이라는 견해가 있다. 검증으로서의 성격을 가진 행위 중에는 실황조사와 같이 임의적인 것도 있으므로1) 일률적으로 검증은 강제처분이라고 할 것은 아니다. 따라서 검증은 수사기관이 행하든 법원이 행하든 상관없이, 그리고 임의처분으로 행하는 것이든 강제처분으로 행하는 것이든 상관없이 하나의 개념으로 파악하고, 그 행위가 강제처분인 검증에 해당하는지 여부는 강제처분은 무엇인가라는 별개의 기준으로 검토하는 것이 합리적이라고 하겠다.2)

강제처분이 무엇인지에 대하여는 여러 견해가 있으나, 상대방의 의사에 반하여 실질적으로 그의 법익을 침해하는 처분이라고 할 수 있다. 따라서 침해되는 개인적

---

1) 실황조사는 수사기관이 임의로 범죄의 현장 기타 장소에서 실황을 조사하는 것으로서(검찰사건사무규칙 제51조, 경찰수사규칙 제41조), 일반적으로 공공장소나 누구나 출입할 수 있는 장소에서 실시되며, 개인의 소유나 점유에 관련된 물건에 대하여는 소유자 등의 승낙을 얻어 실시된다.

2) 즉, ①의 견해와 같이 검증을 모두를 강제처분으로 파악하면, 강제처분이 무엇인가라는 기준에서 볼 때 강제처분으로 볼 수 없는 행위들을 강제처분으로 볼 수밖에 없게 되고, 이 경우 그러한 행위들에도 영장주의가 적용된다는 식의 논리전개까지로 나아가면 매우 불합리한 결과를 초래하게 될 것이다. 이런 식이라면 예컨대 경찰관이 교통사고현장인 도로에 가서 현장상태 등을 확인하면서 사진 등으로 기록하는 행위도 법원의 영장을 받아야만 할 것인데, 이는 수사기관에 의해 행해지는 중요한 기본권 침해에 대한 사법적 통제라는 영장주의의 기본 취지에도 적합하지 않다. 다음으로 ②의 견해에 의하면, 검증과 강제처분의 관계는 해결할 수 있지만 동일한 내용의 행위를 다른 개념으로 파악해야 하는 점에서 개념상의 혼란을 피할 수 없다. 이 접근방법에서는 예컨대 앞에서 든 교통사고현장 확인의 경우는 임의처분으로 행해지는 것이기 때문에 이를 검증이라고 하지 않고 실황조사라는 별개의 개념으로 파악한다. 그런데 이 접근방법은 검증으로 개념짓는 행위 중에서 임의처분으로 행해지는 영역의 행위가 교통사고현장의 실황조사만 있는 것이 아니기 때문에 실황조사 이외에 임의처분으로 행해지는 검증행위에도 또 다른 용어를 사용해야 할 것이므로 용어상 불필요한 혼란을 유발한다. 나아가 법원의 검증에 있어서는 임의처분이든 강제처분이든 모두 검증이라고 하고 있는데, 왜 수사기관의 검증에서는 강제처분만 검증이라고 해야 하는지 의문이 제기된다.

법익이 없거나 그 법익이 포기할 수 있는 법익인 경우에 법익의 주체가 승낙하는 경우는 임의처분으로서 영장이 필요 없다. 시체의 발굴이나 현장검증도 마찬가지로 임의처분의 성격을 가진 경우에는 영장 없이 할 수 있지만, 강제처분의 성격을 가진 경우에는 영장이 필요하다.

강제처분의 개념

강제처분의 개념에 대해서는 형사소송법에 강제처분으로 규정한 유형만을 강제처분으로 보는 형식설과 법률규정에 상관없이 일단 먼저 실질적 기준에 따라 강제처분을 개념하는 실질설이 나뉜다.

실질설에서도 ① 강제설은 물리적인 강제력 내지는 간접강제와 같이 강제력의 행사 여부에 따라 강제처분의 개념을 결정하는 견해이고, ② 강제·의무부과설은 강제설에서 논하는 물리적 강제 및 간접강제에 더하여 상대방에게 관념적인 의무를 부담시키는 것도 강제처분이라고 하는 견해이며, ③ 강제·의무부과 및 기본권침해설은 강제는 물론 의무부과도 강제처분의 징표로 보고, 나아가 상대방에게 강제력이나 의무를 부과하지는 않지만 대상자의 자유가 부지불식간에 또는 저항할 여유가 없는 상태에서 침해될 수 있거나 사생활의 비밀이 침해되는 경우에도 원칙적으로 강제수사로 보는 것이 타당하다는 견해이다. 한편, ④ 의사·법익침해 결합설은 상대방의 의사에 반하여 실질적으로 그의 법익을 침해하는 처분을 강제처분이라고 보는 견해이다. ⑤ 기본권기준설은 기본권의 침해 유무가 강제처분을 구별하는 기준이라고 하며, 여기서의 기본권 침해는 기본권 침해의 모든 경우가 아니라 '헌법상의 한계를 넘는 침해'를 의미한다. ⑥ 적법절차기준설은 헌법상의 적법절차 요청에서 강제처분의 기준을 구하여 적법절차의 원칙이 적용되어야 하는 경우는 강제처분이라고 한다.

(4) 설문의 해결

본 사례에서 시체의 발굴로서 법익을 침해받을 수 있는 사람은 시체가 매장된 산의 소유자일 것이다. 산이 파헤쳐짐으로써 소유권이 침해되고, 만약 그 소유자가 땅 속에 무언가를 은밀히 보관하고 있었다면 사생활이나 프라이버시의 침해도 문제될 것이다. 그런데 본 사례에서는 산의 소유자가 시체의 발굴에 승낙을 하였다. 그러므로 시체의 발굴은 영장 없이 행해질 수 있는 임의처분이다.

현장검증의 경우도 산의 소유자가 승낙을 하였으므로 시체를 발굴하고 이어서 행해지는 현장상황의 관찰 및 기록행위도 임의처분이고, 판사의 영장이 필요 없다. 본 사례에서 현장검증은 산속에서 검사와 수사관들이 발굴현장에서 오관으로 관찰하는 방법으로 실시된 것인데, 소유자의 승낙을 이미 얻은 상황이고, 그 밖에 어떤 사람의 법익을 침해한 것도 없고 누구에게든 강제력이 행사된 바도 없다. 따라서 현장검증도 임의수사로서 영장 없이 행할 수 있는 것이다. 실무에서는 산의 소유자 등의 승낙을 받을 시간이 없거나 승낙을 받기 어려운 사정 등을 감안하여 미리 사전에 압수·수색·검증영장을 발부받아 가서 시체의 발굴과 현장검증을 행하는 경우가 많지만, 본 사례에서와 같이 산의 소유자가 승낙을 한 경우에는 영장 없이 행하여도 적법하다.

따라서 乙과 丙의 주장은 타당하지 않다.

사 례 [7] 공갈교사죄, 불법연행과 위법수집증거, 국민참여재판

[I] 甲은 법인 아닌 사단인 J 서원의 총무인데, 2003. 10. 20. J 서원이 파주시 소재 답 2,337㎡(이하, 위 토지라 한다)에 대하여 전 소유자와 대금 10억 원에 매매계약을 체결한 다음, 甲 명의로 소유권이전등기를 경료하여 관리토록 함에 따라 위 토지를 관리하고 있다. 그러던 중 甲은 자신이 경영하는 H 주유소의 채무가 늘어나자 2020. 9. 25. J 서원의 승인을 받지 않고 위 토지를 A에게 대금 13억 원에 매도하고 같은 날 대금 전액을 교부받고 A 명의로 소유권이전등기를 경료해 주었다.

[II] 위 토지 매각으로 기분이 좋아진 甲은 친구인 乙과 호프집에서 술을 마시고 다음 날인 2020. 9. 26. 00:30경 호프집에서 나왔다. 甲은 택시를 타고 집으로 귀가하였고, 乙은 자신의 승용차(자동차종합보험에 가입되어 있음)를 운전하여 귀가하던 중 앞서 가던 B가 운전하는 승용차의 뒷부분을 들이받았다. 이로 인하여 B의 차량 범퍼가 부서졌는데, 수리하는 데 20만 원이 소요되었다. 위 교통사고로 인하여 乙과 B 사이에 시비가 붙었고, B는 乙에게서 술냄새가 심하게 나자 음주운전과 교통사고의 현행범인으로 체포한 뒤 경찰에 신고하여 현장에 출동한 경찰관 P 등 4명에게 인계하였다. 경찰관들은 乙의 얼굴이 붉고 입에서 술 냄새가 나자 음주운전을 의심하여 음주측정을 위하여 근처 지구대로 동행할 것을 요구하였다. 그러나 乙이 '술을 마시지 않았고, 자신은 아무 잘못이 없다'는 취지로 주장하면서 계속하여 동행을 거부하자, 경찰관들은 乙의 팔다리를 잡아 순찰차에 태워 지구대로 데려갔는데, 체포의 이유와 변호인 선임권 등을 고지한 사실은 없었다. 乙은 지구대로 연행된 후 경찰관들로부터 호흡조사 방법에 의한 음주측정에 응할 것을 요구받았으나 이를 거부하다가 계속 음주측정에 불응할 경우 구속된다는 말을 듣고 호흡측정에 응하였고, 그 결과 혈중알코올농도가 0.07퍼센트로 측정되었다. 경찰관 P는 乙에게 다 끝났으니 집으로 가라는 취지로 수차 말하였으나, 乙은 위 호흡측정결과를 받아들일 수 없다는 취지로 항의하면서 혈액측정을 요구하였다. 이에 P는 乙을 인근 병원으로 데리고 가 채혈을 하였는데, 혈액측정 결과 0.09퍼센트의 혈중알코올농도로 측정되었다.

[III] 한편 甲은 2019. 4. 1.부터 2021. 3. 31.까지 H 주유소의 부지 소유주 C와 토지임대차계약을 체결하고 H 주유소를 운영하고 있었는데, 영업실적이 부진하여 10개월의 임차료 5,000만 원을 지급하지 못하고 임대차계약 해지에 따른 C의 토지명도에도 응하지 않은 채 계속 영업을 하였다. 이에, C는 2021. 6. 7. 甲을 상대로 미지급 임차료와 차임 상당의 부당이득금의 지급을 구하는 민사소송을 제기하였다. 소송을 제기당한 甲은 2021. 6. 27. H 주유소의 주유대금 신용카드 결제를 자신의 처 W 명의로 운영하는 L 주

유소의 신용카드결제단말기로 처리하고, H 주유소에서 사용하는 금전등록기의 사업자 명의를 W로 변경하고 2021. 10. 8.까지 영업을 계속하였다. 그런데 甲은 2021. 12. 13. 소송기일에서 C의 청구액과 임대차보증금반환채권과 서로 상계한다고 주장하였고, 법원은 이 주장을 받아들여 C가 甲에게 반환하여야 할 임대차보증금이 500만 원 남게 된다는 이유로 C의 청구를 기각하였다.

[Ⅳ] 또한, 甲은 회사 채무가 누적되자 2018. 1. 15. 모친 명의만을 빌려 실질적으로 甲이 대금 3,000만 원에 매수한 승용차를 2021. 8. 9.경 신원을 확인할 수 없는 사채업자로부터 돈을 빌리고 담보조로 양도하면서 위 차량을 인도하였는데, 당시 사채업자에게 차량포기각서를 작성해 주었으나 모친 명의의 양도용 인감증명서는 교부하지 않았다. 甲이 양도한 위 승용차는 D 자동차구매캐피탈㈜로부터 대금 중 2,000만 원을 대출받아 구입한 것으로 자동차등록원부에 D 회사 앞으로 근저당권까지 설정된 차량이었으나, D 회사에 대출금을 변제하지 못한 상태였으므로 D 회사로부터 위 승용차 양도에 관하여 승낙을 받지 않았다. 甲이 위 승용차를 양도한 후 계속 채무를 연체하자 D 회사는 자동차에 대한 저당권을 실행하기 위하여 2021. 12. 10. 법원으로부터 자동차인도명령을 받았으나, 甲이 사채업자에게 빌린 돈을 갚지 않은데다 위 승용차의 소재조차 파악이 되지 않아 집행불능에 이르렀다.

[Ⅴ] 한편, 乙은 甲과 공모하여 위 부동산을 처분한 수고비조로 甲으로부터 1,000만 원을 교부받아 서류가방에 넣어 장롱 속에 보관해 두었는데, 2021. 10. 2. 새벽에 乙의 집에 직장 동료 E가 침입하여 장롱 속에 있던 1,000만 원이 든 서류가방을 몰래 가지고 갔다. E는 귀가하여 훔친 서류가방을 화장실 서랍에 그대로 보관하였다. 다음날 서류가방이 없어진 것을 확인한 乙은 수소문 끝에 E가 훔쳐갔다는 사실을 알게 되었다. 乙은 조직폭력배인 F에게 E가 거주하는 집 주소를 가르쳐주며 "E가 돈을 훔쳐갔는데, 사례비를 줄 테니 E에게 겁을 주든지 때리든지 하여 돈을 되찾아 오라"고 부탁하였다. 이를 수락한 F는 2021. 10. 3. E의 집 앞에서 E를 나오라고 하였고, E와 함께 집에 들어가 돈을 주지 않으면 신상에 해롭다고 말하였다. E는 만약 돈을 주지 않으면 크게 다칠 수 있다고 생각하고, 이를 모면하기 위하여 화장실 서랍에 보관하고 있던 1,000만 원이 든 서류가방을 그대로 F에게 주었다. F는 이를 乙에게 가져다주고 乙로부터 수고비조로 100만 원을 교부받았다.

설 문

1. 甲과 乙의 형사책임을 논하시오(부동산실권리자명의등기에관한법률위반의 점은 논외로 함).

2. 검사는 甲의 [I], [Ⅲ], [Ⅳ] 사실을 모두 범죄가 되는 것으로 기소하였는데, 제1심 재판부는 甲에게 국민참여재판을 원하는지 여부에 관하여 확인하지 않은 채 통상 공판절차에 따라 재판을 진행하고 모두 유죄판결을 선고하였다. 甲의 변호인은 판결 내용에 대한 주장 이외에 항소심에서 '甲이 국민참여재판 방식으로 재판을 받고 싶었음에도 제1심 재판부가 甲에게 국민참여재판을 원하는지에 관한 의사확인절차를 거치지 않은 것은 위법하다'고 주장하였다. 변호인 주장에 대하여 항소심 재판부는 어떤 조치를 취하여야 하는지 논하시오.

3. 검사는 乙의 음주운전과 관련된 범죄사실을 기소하고, 공소사실을 입증하기 위하여 乙에 대한 '혈중알코올농도감정서'와 '주취운전자적발보고서(혈중알코올농도 기재)'를 재판부에 증거로 제출하였다. 乙이 증거동의한 경우, 각 서류의 증거능력에 대하여 논하시오.

해 설

Ⅰ. 제1문 — 甲과 乙의 형사책임

1. 문제의 제기

甲에 대하여는 ① 명의신탁받은 위 토지에 대하여 임의로 A에게 대금 13억 원에 매도하고 소유권이전등기를 경료한 행위와 관련하여 횡령죄의 성립 여부가, ② C에 대한 임차료채무의 지급을 면하기 위하여 H 주유소의 주유대금 신용카드 결제를 처인 W 명의로 운영하는 주유소 L의 신용카드결제단말기로 처리하고, H 주유소에서 사용하는 금전등록기의 사업자명의를 W로 변경한 행위와 관련하여 강제집행면탈죄의 성립 여부가, ③ D 자동차구매캐피탈(주)로부터 자금을 대출받아 저당권을 설정하고 구매한 승용차를 임의로 신원불상의 사채업자에게 담보조로 양도하고 인도한 행위와 관련하여 배임죄의 성립 여부가 각 문제된다.

乙에 대하여는 ① 술에 취한 상태에서 운전하다가 교통사고를 낸 행위, ② 조직폭력배인 F로 하여금 乙의 돈을 훔쳐간 E를 폭행 또는 협박하여 돈을 되찾아오도록 한 행위가 어떤 범죄를 구성하는지 여부가 문제된다.

2. 甲의 형사책임
(1) 횡령죄의 성립 여부

甲의 위 ①행위에 대하여는 횡령죄(형법 제355조 제1항)가 성립하는지 여부가 문제된다. 횡령죄는 타인의 재물을 보관하는 자가 재물을 횡령하는 때에 성립하는데, 부동산도 횡령죄의 대상에 포함된다. 위 토지는 甲이 J 서원으로부터 명의신탁[1]받아 보관하는 부동산[2]이다.

부동산 명의신탁에는 ① 부동산 소유자가 그 등기명의를 타인에게 신탁하기로

---

[1] 부동산의 명의신탁은 부동산에 관한 소유권이나 그 밖의 물권을 보유한 자 또는 사실상 취득하거나 취득하려고 하는 자(이하, 실권리자라 함)가 타인과의 사이에서 대내적으로는 실권리자가 부동산에 관한 물권을 보유하거나 보유하기로 하고, 그에 관한 등기는 그 타인 명의로 하기로 약정하고 그 타인 명의로 등기하는 것을 말한다(대법원 1998. 5. 21. 선고 98도321 판결).

[2] 이에 대한 상세는 사례 [19] Ⅰ. 제1문 '甲의 형사책임' 부분 참조.

명의신탁약정을 하고 수탁자에게 등기를 이전하는 형식의 2자간 명의신탁, ② 신탁자가 부동산의 매도인으로부터 부동산을 매수한 후에 자신 명의로 등기를 경료하지 않은 상태에서 명의신탁약정에 따라 매도인으로부터 수탁자에게 등기를 이전하는 이른바 중간생략등기형의 3자간 명의신탁, ③ 신탁자가 수탁자와의 사이에 명의신탁약정을 맺고 부동산의 매수위임을 하여 수탁자가 직접 매매계약의 당사자가 되어 매도인과 매매계약을 체결하고 수탁자 앞으로 이전등기를 하는 방식인 계약명의신탁이 있다.

본 사례의 명의신탁은 ②의 중간생략형의 3자간 명의신탁에 해당한다. 3자간 명의신탁의 경우, 수탁자에 대하여 사실상의 위탁관계와 보관자 지위가 인정되어 명의신탁받은 부동산을 임의 처분하면 횡령죄가 성립하는지에 대해서는 ⓐ 긍정설과 ⓑ 부정설이 대립한다. ⓐ 종래 통설과 판례는 횡령죄가 성립한다는 입장이었다. 즉 대법원은 부동산 실권리자명의 등기에 관한 법률이 명의신탁자에게 등기회복의 권리행사를 금지하고 있지 않고, 명의수탁자의 신탁부동산 임의처분행위는 명의신탁자의 이러한 권리행사 등을 침해하는 위법·유책의 행위에 해당하므로 형사처벌의 필요성이 있다는 사정을 그 중요한 근거로 3자간 등기명의신탁에서 수탁자가 신탁부동산을 임의처분하면 신탁자(= 피해자)에 대한 횡령죄가 성립한다고 판시하였다.[1]

그러나 ⓑ 판례는 최근 견해를 변경하여 횡령죄의 성립을 부정하였다. 즉, 명의신탁에 의한 소유권이전등기는 무효이므로 신탁부동산의 소유권은 매도인에게 그대로 있을 뿐 신탁자는 소유권을 가지지 않고, 명의신탁자와 명의수탁자 사이에 형법상 보호할 만한 가치 있는 신임에 의한 위탁신임관계를 인정할 수도 없어, 명의수탁자가 명의신탁자의 재물을 보관하는 자라고 할 수 없으므로, 수탁자가 신탁부동산을 임의처분하더라도 신탁자에 대한 횡령죄가 성립하지 않는다고 판시하였다([관련판례]).[2]

판례에 의하면 甲의 ①행위는 횡령죄를 구성하지 않는다. 따라서 위 부동산을 대금 13억 원에 임의매도한 甲에 대하여 특정경제범죄가중처벌등에관한법률위반(횡령)죄가 성립하지 않는다.

---

1) 대법원 2001. 11. 27. 선고 2000도3463 판결; 대법원 2010. 1. 28. 선고 2009도1884 판결; 대법원 2010. 9. 30. 선고 2010도8556 판결. 위 2000도3463 판결에 대한 평석은 정형식, "이른바 중간생략등기형 명의신탁에 있어서 수탁자가 부동산을 임의로 처분한 경우 횡령죄의 성립 여부(적극)", 대법원판례해설 제39호(2001 하반기), 2002, 440~458면.
2) 대법원 2016. 5. 26. 선고 2015도89 판결.

관련판례

대법원 2016. 5. 19. 선고 2014도6992 전원합의체 판결【횡령】[1]

【사실관계】

피고인 甲은 2004. 7. 10. 매도인 A로부터 이 사건 토지를 대금 9억 8,000만 원에 피고인과 피해자 B가 공동으로 2/4, C와 D가 각 1/4 지분씩 공동으로 매수하기로 계약하고, 추후 매도 시 편의를 위해 피해자 측 지분을 피고인 앞으로 명의신탁하여 2004. 8. 24. 위 2/4 지분에 대하여 피고인 앞으로 소유권이전등기를 경료하였다. 그럼에도 불구하고 피고인은 피해자(계약 후 투자액수 변경에 따라 15/49 지분)의 승낙을 받지 아니하고 2007. 5. 3. E로부터 6,000만 원을 차용하면서 위 토지에 채권최고액 6,000만 원으로 하는 근저당권설정등기를, 2008. 9. 4. F 농업협동조합에서 5,000만 원을 추가로 대출받으면서 기존 근저당의 채권최고액을 1억 6,000만 원에서 2억 3,000만 원으로 변경하여 근저당권설정등기를 각 경료하였다.

【판결이유】

부동산을 매수한 명의신탁자가 자신의 명의로 소유권이전등기를 하지 아니하고 명의수탁자와 맺은 명의신탁약정에 따라 매도인으로부터 바로 명의수탁자에게 중간생략의 소유권이전등기를 마친 경우, 부동산 실권리자명의 등기에 관한 법률(이하 '부동산실명법'이라 한다) 제4조 제2항 본문에 의하여 명의수탁자 명의의 소유권이전등기는 무효이고, 신탁부동산의 소유권은 매도인이 그대로 보유하게 된다. 따라서 명의신탁자로서는 매도인에 대한 소유권이전등기청구권을 가질 뿐 신탁부동산의 소유권을 가지지 아니하고, 명의수탁자 역시 명의신탁자에 대하여 직접 신탁부동산의 소유권을 이전할 의무를 부담하지는 아니하므로, 신탁부동산의 소유자도 아닌 명의신탁자에 대한 관계에서 명의수탁자가 횡령죄에서 말하는 '타인의 재물을 보관하는 자'의 지위에 있다고 볼 수는 없다. 명의신탁자가 매매계약의 당사자로서 매도인을 대위하여 신탁부동산을 이전받아 취득할 수 있는 권리 기타 법적 가능성을 가지고 있기는 하지만, 명의신탁자가 이러한 권리 등을 보유하였음을 이유로 명의신탁자를 사실상 또는 실질적 소유권자로 보아 민사상 소유권이론과 달리 횡령죄가 보호하는 신탁부동산의 소유자라고 평가할 수는 없다. 명의수탁자에 대한 관계에서 명의신탁자를 사실상 또는 실질적 소유권자라고 형법적으로 평가하는 것은 부동산실명법이 명의신탁약정을 무효로 하고 있음에도 불구하고 무효인 명의신탁약정에 따른 소유권의 상대적 귀속을 인정하는 것과 다름이 없어서 부동산실명법의 규정과 취지에 명백히 반하여 허용될 수 없다.

---

1) 본 판결 평석은 강수진, "중간생략등기형 명의신탁과 횡령죄", 형법판례 150선, 박영사, 2018, 264-265면[115 판결]; 김희수, "중간생략등기형 명의신탁에서 신탁부동산의 임의 처분 시 횡령죄 성립 여부", 사법 제37호, 사법발전재단, 2016, 425-476면.

그리고 부동산에 관한 소유권과 그 밖의 물권을 실체적 권리관계와 일치하도록 실권리자 명의로 등기하게 함으로써 부동산등기제도를 악용한 투기·탈세·탈법행위 등 반사회적 행위를 방지하고 부동산 거래의 정상화와 부동산 가격의 안정을 도모하여 국민경제의 건전한 발전에 이바지함을 목적으로 하고 있는 부동산실명법의 입법 취지와 아울러, 명의신탁약정에 따른 명의수탁자 명의의 등기를 금지하고 이를 위반한 명의신탁자와 명의수탁자 쌍방을 형사처벌까지 하고 있는 부동산실명법의 명의신탁 관계에 대한 규율 내용 및 태도 등에 비추어 볼 때, 명의신탁자와 명의수탁자 사이에 그 위탁신임관계를 근거 지우는 계약인 명의신탁약정 또는 이에 부수한 위임약정이 무효임에도 불구하고 횡령죄 성립을 위한 사무관리·관습·조리·신의칙에 기초한 위탁신임관계가 있다고 할 수는 없다. 또한 명의신탁자와 명의수탁자 사이에 존재한다고 주장될 수 있는 사실상의 위탁관계라는 것도 부동산실명법에 반하여 범죄를 구성하는 불법적인 관계에 지나지 아니할 뿐 이를 형법상 보호할 만한 가치 있는 신임에 의한 것이라고 할 수 없다.

그러므로 명의신탁자가 매수한 부동산에 관하여 부동산실명법을 위반하여 명의수탁자와 맺은 명의신탁약정에 따라 매도인으로부터 바로 명의수탁자 명의로 소유권이전등기를 마친 이른바 중간생략등기형 명의신탁을 한 경우, 명의신탁자는 신탁부동산의 소유권을 가지지 아니하고, 명의신탁자와 명의수탁자 사이에 위탁신임관계를 인정할 수도 없다. 따라서 명의수탁자가 명의신탁자의 재물을 보관하는 자라고 할 수 없으므로, 명의수탁자가 신탁받은 부동산을 임의로 처분하여도 명의신탁자에 대한 관계에서 횡령죄가 성립하지 아니한다.

(2) 강제집행면탈죄 및 여신전문금융업법위반죄의 성립 여부

甲은 채권자 C에 대한 임차료채무를 면하기 위하여 H 주유소의 주유카드 결제대금을 처인 W 명의로 운영하는 L 주유소로 결제되도록 하고 H 주유소에서 사용하는 금전등록기의 사업자명의를 W로 변경하였는데, 이러한 甲의 위 ②행위가 강제집행면탈죄(형법 제327조)와 여신전문금융업법위반에 해당하는지 문제된다.

강제집행면탈죄가 성립하기 위해서는 주관적 구성요건으로 강제집행을 면할 목적과 고의가 있어야 하는 외에, 객관적인 요건으로 ① 강제집행을 당할 객관적 상태, ② 채무자 재산에 대한 은닉, 손괴, 허위의 양도 또는 허위의 채무부담, ③ 채권자를 해할 위험성, ④ 채권자의 채권 존재 등의 요건이 구비되어야 한다.

(개) 강제집행면탈죄의 성립 여부

강제집행면탈죄가 성립하기 위해서는 첫째, 강제집행을 받을 객관적인 상태가 존재하여야 한다. 강제집행을 받을 위험이 있는 객관적인 상태란 민사집행법 제2편의 적용대상인 강제집행 또는 가압류, 가처분 등의 집행을 당할 구체적 염려가 있는

상태를 말한다.1) 구체적으로는 채권자가 이행청구의 소 또는 그 보전을 위한 가압
류, 가처분신청을 제기한 경우뿐만 아니라 제기할 태세를 보인 경우까지 포함한다.2)
甲이 자신의 주유대금 신용카드결제를 L 주유소로 변경하기 이전에 부지 소유주 C
가 甲을 상대로 밀린 임차료 등을 청구하는 민사소송을 제기하여 소송진행 중이었으
므로, 甲은 강제집행을 받을 객관적인 상태에 있다고 할 것이다.

둘째, 채무자의 재산을 은닉, 손괴, 허위양도 또는 허위의 채무를 부담하여야 한
다. 재산에는 동산·부동산뿐만 아니라 재산적 가치가 있어 민사소송법에 의한 강제
집행 또는 보전처분이 가능한 권리3)도 포함된다.4) 이러한 채무자의 재산을 은닉,
손괴, 허위양도 또는 허위의 채무를 부담5)하여야 하는데, 본 사례에서 문제되는 행
위유형은 재산의 '은닉'이다. 은닉이란 강제집행을 실시하려는 자에 대하여 재산의
발견을 불가능하게 하거나 곤란하게 만드는 것을 말한다. 재산의 소재를 불명케 하
는 경우는 물론 그 소유관계를 불명하게 하는 경우도 포함한다.6) 그러나 공부상의
소유자명의를 변경하거나 폐업신고 후 다른 사람 명의로 새로 사업자등록을 할 것까
지 요하는 것은 아니며, 사업자등록명의는 그대로 두고 금전등록기의 사업자명의만
을 변경하였더라도 그로 인하여 사업소 내의 물건들에 대한 소유관계가 불분명하게
되었다면7) 강제집행면탈죄가 성립한다. 본 사례에서 H 주유소의 고객들이 H 주유

1) 대법원 1981. 6. 23. 선고 81도588 판결; 대법원 2015. 3. 26. 선고 2014도14909 판결.
2) 대법원 1999. 2. 9. 선고 96도3141 판결.
3) '보전처분 단계에서의 가압류채권자의 지위'(대법원 2008. 9. 11. 선고 2006도8721 판결), 명의변경된 신축 중 공사중단된 건물(대법원 2014. 10. 27. 선고 2014도9442 판결), 의료법에 의하여 적법하게 개설되지 아니한 의료기관에 대한 요양급여비용채권(대법원 2017. 4. 26. 선고 2016도19982 판결)은 강제집행면탈죄의 객체에 해당되지 않는다.
4) 대법원 2001. 11. 27. 선고 2001도4759 판결.
5) '손괴'는 재물의 물질적 훼손뿐 아니라 그 가치를 감소케 하는 일체의 행위를 말하고, '허위양도'란 실제로 재산의 양도가 없음에도 불구하고 양도한 것으로 가장하여 재산의 명의를 변경하는 것을 말하며, '허위의 채무부담'은 채무가 없음에도 불구하고 채무를 부담한 것처럼 가장하는 것을 말한다.
6) 대법원 1983. 5. 10. 선고 82도1987 판결; 대법원 2014. 6. 12. 선고 2012도2732 판결.
7) 대법원 2003. 10. 9. 선고 2003도3387 판결. "원심은 그 설시 증거들을 종합하여 피고인이 대림프라자 지하 1층에서 주식회사 엘지피앤에프의 명의로 LG슈퍼를 경영하다가 위 연쇄점 내에 있는 물건들에 관한 소유관계를 불명하게 하여 강제집행을 저지하려는 의도로 위 연쇄점에서 사용하는 금전등록기의 사업자 이름을 위 회사 대표이사 A에서 피고인의 형인 B로 변경하였고, 그로 인하여 위 회사에 대한 집행력 있는 공정증서정본의 소지자인 피해자 C가 유체동산가압류 집행을 하려 하였으나 집행위임을 받은 집행관이 금전등록기의 사업자 이름이 집행채무자의 이름과 다르다는 이유로 그 집행을 거부함으로써 결국 가압류 집행이 이루어지지 않은 사실을 인정한 다음, 그에 기하여 비록 사업자등록의 사업자 명의는 실제로 변경되지 않았다 하더라도, 피고인의 위와 같은 행위로 인해 위 연쇄점 내의 물건들에 관한 소유관계가 불명하게 되었고 그로 인해 피해자 C가 손해를 입을 위험이 야기되었다고 판단하여 피고인을 강제집행면탈죄로 처단하였는바, 이러한 원심의 조치는 위에서 본 법리 및

소로부터 유류를 제공받고 신용카드로 유류대금을 결제하면 甲은 고객들이 가입한 신용카드회사에 대하여 카드대금청구권 즉 채권을 가지게 되므로, 이는 민사집행법상 강제집행 또는 보전처분의 대상이 되는 재산적 가치가 있는 채무자의 재산에 해당한다. 그리고 甲은 H 주유소의 주유대금 신용카드 결제를 L 주유소의 신용카드결제단말기로 처리하고 금전등록기의 사업자명의도 W로 변경함으로써 H 주유소의 매출채권을 다른 주유소의 채권으로 바꾸었으므로, L 주유소 내 물품들의 소유관계를 불명하게 하는 수법으로 이를 은닉하였다고 할 것이다.

셋째, 채권자를 해할 위험성이 있어야 한다. 채권자가 현실적으로 손해까지 입을 것을 요하는 것이 아니라 채권자를 해할 위험성이 있으면 충분하다.[1] 甲의 행위가 C를 해할 위험성이 있음은 논란의 여지가 없다.

넷째, 채권자의 채권이 존재하여야 한다. 강제집행면탈죄의 주된 보호법익은 채권자의 권리보호이므로 채권이 존재하지 않는 경우[2]에는 강제집행면탈죄는 성립하지 않는다.[3] 甲은 주유소 부지 소유자 C와 부지에 관한 임대차계약을 체결하고, 이에 따라 임차료를 지급해야 함에도 지급하지 않고 있었으므로 소유주 C는 소송제기 당시에 甲에 대하여 차임채권이라는 금전채권을 가지고 있었다. 그런데 甲은 소송기일에서 임대차보증금반환채권과 채권자 C가 청구한 미지급 차임 등을 서로 상계한다는 의사표시를 하였고, 법원은 상계하더라도 甲의 반환채권이 500만 원 남는다는 이유로 이를 받아들여 C의 청구를 기각하였다. 상계의 의사표시가 있는 경우에는 각 채무는 상계할 수 있는 때에 대등액에 관하여 소멸한 것으로 보게 되므로(민법 제493조 제2항), 甲의 상계의사표시에 따라 위 임대차보증금의 변제기인 2021. 4. 1.을 기준

이 사건 기록에 비추어 정당하고, 거기에 상고이유 제2점에서 주장하는 바처럼 강제집행면탈죄의 은닉에 대한 법리오해의 위법이 없다."

[1] 채권자를 해할 위험이 없는 때에는 강제집행면탈죄가 성립하지 않는다. 따라서 강제집행을 면할 목적으로 재산을 허위양도하였다 하더라도 채무자에게 집행을 확보할 수 있는 충분한 재산이 있다면 채권자를 해한다고 할 수 없지만(대법원 1968. 3. 26. 선고 67도1577 판결), 약간의 잉여자산이 있다거나(대법원 1990. 3. 23. 선고 89도2506 판결) 허위양도한 부동산의 시가액보다 그 부동산에 의하여 담보된 채무액이 더 많다고 하여 그 허위양도로 인하여 채권자를 해할 위험이 없다고 할 수 없다(대법원 1999. 2. 12. 선고 98도2474 판결).

[2] 예컨대, 채권자의 채권이 금전채권이 아니라 토지소유자로서 그 지상 건물의 소유자에 대하여 가지는 건물철거 및 토지인도청구권인 경우라면, 채무자인 건물소유자가 제3자에게 허위의 금전채무를 부담하면서 이를 피담보채무로 하여 건물에 관하여 근저당권설정등기를 경료하였다는 것만으로는 직접적으로 토지소유자의 건물철거 및 토지인도청구권에 기한 강제집행을 불능케 하는 사유에 해당한다고 할 수 없으므로 건물소유자에게 강제집행면탈죄가 성립한다고 할 수 없다(대법원 2008. 6. 12. 선고 2008도2279 판결).

[3] 대법원 1988. 4. 12. 선고 88도48 판결.

으로 그때까지의 C의 차임채권 등과 甲의 임대차보증금반환채권이 대등액으로 상계되어 소급하여 소멸하였고, 2021. 4. 1.부터 2021. 10. 8.까지의 C의 부당이득금반환채권(甲의 주유소 부지 점유로 인한) 등은 각 채권의 발생일에 甲의 임대차보증금반환채권과 대등액으로 상계되어 소멸되었다 할 것이다. 따라서 甲이 2021. 6. 27.부터 2021. 10. 8.까지 주유대금 신용카드 결제를 L 주유소 신용카드결제단말기로 처리하여 그 명의로 매출전표를 작성하였다 하더라도, 행위 당시 C에게 채권은 존재하지 않았다고 할 것이다.

이상 살펴본 대로, 강제집행면탈죄가 성립하기 위해서는 행위 당시 채권자의 채권이 존재하여야 하는데 채권자 C의 채권이 존재하지 않았으므로 甲에 대하여 강제집행면탈죄가 성립하지 않는다(【관련판례】).

 관련판례

대법원 2012. 8. 30. 선고 2011도2252 판결【여신전문금융업법위반·강제집행면탈】[1]

【사실관계】
피고인은 'A 주유소'를 실질적으로 운영하는 사람이다. 위 'A 주유소'는 공소외 1 주식회사의 소유로, 공소외 1 주식회사에서는 2007. 4. 1.부터 2009. 3. 31.까지 피고인에게 보증금 5,000만 원, 차임 월 350만 원, 임차인 피고인의 처 공소외 2로 하여 임대를 하여 주었으나, 2009. 1. 28. 계약해지통고를 하여 2009. 3. 31. 위 임대차계약은 기간만료로 해지되었다. 그런데 피고인은 계약기간 중 2개월분의 차임을 지급하지 아니하였을 뿐 아니라, 위 계약해지의 효력을 다투며 계약만료 이후에도 위 주유소를 점유, 사용하고 있어, 위 공소외 1 주식회사에서는 피고인에 대한 연체차임 및 차임 상당의 부당이득금, 명도지연으로 인한 영업손실금 등 합계 68,977,900원의 채권을 확보하기 위하여 2009. 6.경 및 7.경 2차례에 걸쳐 서울중앙지방법원에 위 'A 주유소'의 신용카드 매출채권에 대하여 각 채권가압류신청을 하였고, 2009. 6. 18. 위 법원 2009카단74760호 및 2009. 7. 24. 같은 법원 2009카단83970호로 각 채권가압류결정이 내려져 이 사실이 피고인에게 통지되었다. 피고인은 2009. 6. 27.경 위 'A 주유소'에서, 피고인이 운영하고 있는 별개의 주유소인 'B 주유소'의 신용카드 결제 단말기를 위 'A 주유소'에 이동설치하고, 2009. 7. 8.경부터 2009. 10. 8.경까지 별지 범죄일람표에 기재된 것과 같이 위 'A 주유소'에서 주유한 손님 공소외 3 등의 주유대금 신용카드 결제를 위 'B 주유소'의 신용카드 결제 단말기로 처리하여 그 명의로 매출전표를 작성함으로써 위 'A 주유소'의 신용카드매출채권을 'B 주유소'의 채권으로 바꾸

---

1) 본 판결 평석은 김동석, "강제집행의 기본이 되는 채권이 존재하고 있다가 채무자의 상계에 의하여 소급적으로 소멸한 경우, 강제집행면탈죄의 성립 여부", 대법원판례해설 제94호, 2013, 595-608면.

는 수법으로 이를 은닉하였다.

【판결이유】

1. 형법 제327조의 강제집행면탈죄는 채권자의 권리보호를 주된 보호법익으로 하는 것이므로 강제집행의 기본이 되는 채권자의 권리, 즉 채권의 존재는 강제집행면탈죄의 성립요건이다. 따라서 그 채권의 존재가 인정되지 않을 때에는 강제집행면탈죄는 성립하지 않는다(대법원 1988. 4. 12. 선고 88도48 판결, 대법원 2007. 7. 12. 선고 2007도3005 판결 등 참조). 그러므로 강제집행면탈죄를 유죄로 인정하기 위해서는 먼저 채권이 존재하는지 여부에 관하여 심리·판단하여야 하고, 민사절차에서 이미 채권이 존재하지 않는 것으로 판명된 경우에는 다른 특별한 사정이 없는 한 이와 모순·저촉되는 판단을 할 수가 없다고 보아야 할 것이다.

한편 상계의 의사표시가 있는 경우에는 각 채무는 상계할 수 있는 때에 소급하여 대등액에 관하여 소멸한 것으로 보게 된다. 따라서 상계로 인하여 소멸한 것으로 보게 되는 채권에 관하여는 그 상계의 효력이 발생하는 시점 이후에는 채권의 존재가 인정되지 않으므로 강제집행면탈죄가 성립하지 않는다고 할 것이다.

2. (중략) 원심은, (중략 : 사실관계) 위 상계의 의사표시에 의하여 2009. 10. 31.까지 발생한 공소외 1 주식회사의 차임채권 및 부당이득금 반환채권 등은 그 채권의 발생일에 임대차보증금 반환채권과 대등액으로 상계되어 소멸되었다고 할 것이므로, 결국 피고인이 공소사실과 같이 2009. 7. 8.경부터 2009. 10. 8.경까지 위 A 주유소에서 주유한 손님 공소외 3 등의 주유대금 신용카드 결제를 B 주유소의 신용카드 결제 단말기로 처리하여 그 명의로 매출전표를 작성하였다고 하더라도, 그 행위 당시 공소외 1 주식회사의 채권의 존재가 인정되지 아니하여 강제집행면탈죄는 성립하지 아니한다고 판단하였다.

기록에 비추어 살펴보면, 원심의 위와 같은 판단은 앞서 본 법리에 따른 것이므로 정당하고, 거기에 상고이유로 주장하는 바와 같이 강제집행면탈죄의 성립에 관한 법리를 오해하는 등으로 판결에 영향을 미친 위법이 있다고 할 수 없다.

㈔ 여신전문금융업법위반죄의 성립 여부

여신전문금융업법은 다른 신용카드가맹점의 명의로 거래를 하는 행위를 금지하고(동법 제19조 제5항 제3호), 이를 위반한 때에는 3년 이하의 징역 또는 2천만 원 이하의 벌금에 처하도록 하고 있다(동법 제70조 제3항 제3호). 甲은 2021. 6. 27.부터 10. 8.까지 H 주유소에서 주유한 손님들의 의 주유대금 신용카드 결제를 L 주유소의 신용카드결제단말기로 처리하여 그 명의로 매출전표를 작성함으로써 다른 신용카드가맹점인 L 주유소 명의를 사용하여 신용카드거래를 하였다.

따라서 甲에 대하여 여신전문금융업법위반죄(동법 제70조 제3항 제3호, 제19조 제5항 제3호)가 성립한다.

(3) 배임죄의 성립 여부

甲의 위 ③행위에 대하여는 배임죄(형법 제355조 제2항, 제1항)의 성립 여부가 문제된다. 배임죄가 성립하기 위해서는 타인의 사무를 처리하는 자가 임무에 위배하는 행위를 하여 재산상 이익을 취득하거나 제3자로 하여금 이를 취득케 하여 본인에게 손해를 가하는 경우에 성립한다.

甲은 명의만 모친 명의로 하였을 뿐 실질적으로 자신이 대금 3,000만 원에 위 승용차를 매수하고, D 자동차구매캐피탈(주) 명의로 근저당권을 설정하였다. 이와 같은 사안에서, 종례 판례는 저당권설정자가 저당권자를 위하여 담보물을 보전·관리하여야 할 임무가 있다고 보아 '타인의 사무를 처리하는 자'의 지위를 인정하는 입장이었다.[1]

그러나 판례는 최근 견해를 변경하여 저당권설정자의 '타인의 사무를 처리하는 자'의 지위를 부정하였다. 즉, 채무자가 금전채무를 담보하기 위하여 그 소유의 동산에 관하여 채권자에게 저당권을 설정해 주기로 약정하거나 저당권을 설정한 경우라도, 채무자가 저당권설정계약에 따라 부담하는 의무, 즉 동산을 담보로 제공할 의무, 담보물의 담보가치를 유지·보전하거나 담보물을 손상, 감소 또는 멸실시키지 않을 소극적 의무, 담보권 실행 시 채권자나 그가 지정하는 자에게 담보물을 현실로 인도할 의무와 같이 채권자의 담보권 실행에 협조할 의무 등은 모두 저당권설정계약에 따라 부담하게 된 채무자 자신의 급무의무이므로, 채무자가 위와 같은 급부의무를 이행하는 것은 채무자 자신의 사무에 해당할 뿐이고, 채무자가 통상의 계약에서의 이익대립관계를 넘어서 채권자와의 신임관계에 기초하여 채권자의 사무를 맡아 처리한다고 볼 수 없으므로 채무자를 채권자에 대한 관계에서 배임죄의 주체인 '타인의 사무를 처리하는 자'에 해당한다고 볼 수 없고, 채무자가 담보물을 제3자에게 처분하는 등으로 담보가치를 감소 또는 상실시켜 채권자의 담보권 실행이나 이를 통한 채권실현에 위험을 초래하더라도 배임죄가 성립하지 않는다고 판시하였다([관련판례]).

변경된 판례에 의하면, 자동차관리법에 따라 등록된 자동차인 특정동산(자동차 등 특정동산 저당법 제3조 제3호)의 저당권설정자인 甲에게 '타인의 사무를 처리하는 자'의 지위를 인정할 수 없게 되므로, 甲의 행위는 배임죄를 구성하지 않는다.

---

1) 대법원 2012. 9. 13. 선고 2010도11665 판결 등.

관련판례

대법원 2020. 10. 22. 선고 2020도6258 전원합의체 판결【특정경제범죄가중처벌등에관한법률위반(사기) · 사기 · 사문서위조 · 위조사문서행사 · 도로교통법위반 · 횡령 · 업무상배임 · 배임 · 근로기준법위반 · 근로자퇴직급여보장법위반 · 권리행사방해 · 조세범처벌법위반】

금전채권채무 관계에서 채권자가 채무자의 급부이행에 대한 신뢰를 바탕으로 금전을 대여하고 채무자의 성실한 급부이행에 의해 채권의 만족이라는 이익을 얻게 된다 하더라도, 채권자가 채무자에 대한 신임을 기초로 그의 재산을 보호 또는 관리하는 임무를 부여하였다고 할 수 없고, 금전채무의 이행은 어디까지나 채무자가 자신의 급부의무의 이행으로서 행하는 것이므로 이를 두고 채권자의 사무를 맡아 처리하는 것으로 볼 수 없다. 따라서 채무자를 채권자에 대한 관계에서 '타인의 사무를 처리하는 자'에 해당한다고 할 수 없다.

채무자가 금전채무를 담보하기 위하여 「자동차 등 특정동산 저당법」 등에 따라 그 소유의 동산에 관하여 채권자에게 저당권을 설정해 주기로 약정하거나 저당권을 설정한 경우에도 마찬가지이다. 채무자가 저당권설정계약에 따라 부담하는 의무, 즉 동산을 담보로 제공할 의무, 담보물의 담보가치를 유지·보전하거나 담보물을 손상, 감소 또는 멸실시키지 않을 소극적 의무, 담보권 실행 시 채권자나 그가 지정하는 자에게 담보물을 현실로 인도할 의무와 같이 채권자의 담보권 실행에 협조할 의무 등은 모두 저당권설정계약에 따라 부담하게 된 채무자 자신의 급부의무이다. 또한 저당권설정계약은 피담보채권의 발생을 위한 계약에 종된 계약으로, 피담보채무가 소멸하면 저당권설정계약상의 권리의무도 소멸하게 된다. 저당권설정계약에 따라 채무자가 부담하는 의무는 담보목적의 달성, 즉 채무불이행 시 담보권 실행을 통한 채권의 실현을 위한 것이므로 저당권설정계약의 체결이나 저당권 설정 전후를 불문하고 당사자 관계의 전형적·본질적 내용은 여전히 금전채권의 실현 내지 피담보채무의 변제에 있다.

따라서 채무자가 위와 같은 급부의무를 이행하는 것은 채무자 자신의 사무에 해당할 뿐이고, 채무자가 통상의 계약에서의 이익대립관계를 넘어서 채권자와의 신임관계에 기초하여 채권자의 사무를 맡아 처리한다고 볼 수 없으므로 채무자를 채권자에 대한 관계에서 배임죄의 주체인 '타인의 사무를 처리하는 자'에 해당한다고 할 수 없다. 그러므로 채무자가 담보물을 제3자에게 처분하는 등으로 담보가치를 감소 또는 상실시켜 채권자의 담보권 실행이나 이를 통한 채권실현에 위험을 초래하더라도 배임죄가 성립하지 아니한다.

3. 乙의 형사책임

(1) 도로교통법위반(음주운전)죄와 업무상과실재물손괴에 관한 도로교통법위반 죄의 성립 여부

乙은 혈중알코올농도 0.09퍼센트의 술에 취한 상태에서 승용차를 운전하였으므로 도로교통법위반(음주운전)죄(동법 제148조의2 제3항 제2호, 제44조 제1항)가 성립한다. 그리고 업무상과실로 B의 승용차를 손괴하였으므로 도로교통법위반죄(동법 제151조)가 성립하는데, 동죄는 반의사불벌죄로서(교통사고처리 특례법 제3조 제2항 본문)[1] 보험 또는 공제에 가입한 경우에는 피해자의 명시적 처벌불원의사가 있는 것으로 의제된다(교통사고처리 특례법 제4조 제1항 본문). 乙의 승용차는 자동차종합보험에 가입되어 있으므로 업무상과실재물손괴에 관한 도로교통법위반죄에 대하여는 공소를 제기할 수 없다.

(2) 공갈교사죄와 협박교사죄의 성립 여부

(가) 공갈교사죄의 성립 여부

乙은 자신의 돈 1,000만 원을 훔쳐간 E를 상대로 조직폭력배인 F에게 겁을 주든지 때리든지 하여 E로부터 돈을 되찾아 오도록 부탁하였고, 乙의 부탁을 받은 F는 E에게 해악을 고지하여 겁을 먹은 E로부터 훔친 돈 그대로를 돌려받아 乙에게 교부하였다. 이때, 乙에 대하여 공갈교사죄가 성립하는지 문제된다. 교사란 타인으로 하여금 범죄의 실행을 결의하게 하는 것이므로(형법 제31조 제1항), 乙이 F를 교사한 것임에는 의문이 없다. 乙에 대한 공갈교사죄가 성립하기 위해서는 그 전제로서 정범인 F에 대하여 공갈죄가 성립하여야 한다(통설은 공범종속성설 중 제한적 종속형식설).[2]

공갈죄는 사람을 공갈하여 타인이 점유하는 재물 또는 재산상의 이익을 취득함으로써 성립한다(형법 제350조). 따라서 공갈죄의 행위 객체는 타인이 점유하는 타인소유의 재물 또는 재산상 이익이다([관련판례]). 여기서 '타인의 재물'인지의 여부는 민법, 상법, 그 밖의 실체법에 의하여 결정되는데,[3] 금전을 도난당한 경우 절도범이 절취한 금전만 소지하고 있는 때 등과 같이 구체적으로 절취된 금전을 특정할 수 있어 객관적으로 다른 금전 등과 구분됨이 명백한 예외적인 경우에는 절도 피해자에 대한 관계에서 그 금전이 절도범인 타인의 재물이라고 할 수 없다([관련판례]).

본 사례에서 E는 서류가방에 든 乙의 돈 1,000만 원을 훔친 다음 이를 교환하

---

1) 대법원 1983. 2. 8. 선고 82도2860 판결; 대법원 2005. 9. 30. 선고 2005도4249 판결.
2) 대법원 2000. 2. 25. 선고 99도1252 판결.
3) 대법원 2011. 4. 28. 선고 2010도15350 판결.

지 않고 그대로 자신의 집 화장실 서랍에 서류가방 채로 보관하고 있었다. E의 화장실 서랍에 보관된 서류가방에 들어있는 돈은 E의 다른 재산이나 돈과 섞이지도 않았고, 객관적으로 그와 구분됨이 명백하다. 따라서 乙이 F를 통하여 되찾은 돈은 E가 乙로부터 훔친 물건 그 자체임이 구체적으로 특정된 것이다. 그렇다면 절취 당시 소유자인 乙 및 그로부터 이 사건 행위를 부탁받은 F의 입장에서 이를 '타인인 E의 재물'이라고 볼 수는 없다. 따라서 F에 대하여 공갈죄가 성립하지 않으므로 乙에 대해서도 공갈교사죄가 성립하지 않는다.

 관련판례

대법원 2012. 8. 30. 선고 2012도6157 판결【폭력행위등처벌에관한법률위반(공동공갈)】

【사실관계】

피고인 甲은 A가 인터넷 도박사이트를 운영하면서 벌어들인 돈을 A의 지시에 따라 자신의 명의로 임차한 건물에 금고를 설치하고 보관하였는데, B와 피해자 C가 2010. 8. 28. 12:20경 약 40억 3,000만 원이 든 금고를 훔치자, A의 지시로 폭력조직인 X파 조직원 D와 함께 2010. 8. 30. 15:00경 피해자를 만나 겁을 주어 같은 날 18:00경 피해자의 집에서 피해자로부터 피해자가 B로부터 분배받은 돈 중 1,600만 원을 소비하고 남은 5억 5,400만 원을 교부받았다.

【판결이유】

1. 공갈죄의 대상이 되는 재물은 타인의 재물을 의미하므로, 사람을 공갈하여 자기의 재물의 교부를 받는 경우에는 공갈죄가 성립하지 아니한다. 그리고 타인의 재물인지의 여부는 민법, 상법, 기타의 실체법에 의하여 결정되는데, 금전을 도난당한 경우 절도범이 절취한 금전만 소지하고 있을 때 등과 같이 구체적으로 절취된 금전을 특정할 수 있어 객관적으로 다른 금전 등과 구분됨이 명백한 예외적인 경우에는 절도 피해자에 대한 관계에서 그 금전이 절도범인 타인의 재물이라고 할 수 없다.

2. 원심은, (중략 : 사실관계) 피고인의 이 사건 범행 당시 C 등이 절취한 이 사건 금전에 대한 사실상의 지배관계는 이미 C에게 이전되었으므로 이 사건 범행은 C의 소유에 속하는 돈을 객체로 한 것이라는 이유로, C가 그 소유권이나 처분권을 취득하지 아니하여 공갈죄의 피해자가 될 수 없다는 항소이유를 받아들이지 아니하고, 위 공소사실을 유죄로 인정한 제1심판결을 그대로 유지하였다.

그런데 기록에 의하면, ① 피고인은 금고에 오만 원권 지폐를 일정 단위로 고무줄로 묶어 넣는 등으로 관리하는 한편 금고 옆에는 일만 원권 등을 넣은 쇼핑백들을 두어 관리한 사실, ② C는 B와 약 40억 3,000만 원이 들어 있던 금고와 금고 옆 쇼핑백들을 훔친 다음, B로부터 5억 7,000만 원가량을 분배받아, 훔친 쇼핑백 1개와 자신이 가져간 나이키 운동가방 1개에 나누어 넣은 뒤 자신의 집 싱크대에 숨겨 둔 사실, ③ C는 공소사실 기재와 같은 경위로 피고인과 D에게 절취된 금전 중 1,600만 원을 소비한 외에 나머지 금전이 보관되어 있던 위 운동가방과 쇼핑백을 그대로 건네주었는데 그때까지 그 금전이 다른 금전과 섞이거나 교환된 바는 없는 사실을 알 수 있다.

위와 같은 사실관계를 앞서 본 법리에 비추어 보면, C에 의하여 위 금고와 함께 금전을 절취당한 A의 지시에 의하여 피고인과 D가 C로부터 되찾은 이 사건 금전은 바로 절취 대상인 당해 금전이라고 구체적으로 특정할 수 있어 객관적으로 C의 다른 재산과 구분됨이 명백하므로, 절취 당시 소유자인 A 및 그로부터 이 사건 행위를 지시받은 피고인과 D의 입장에서 이 사건 금전을 타인인 C의 재물이라고 볼 수 없다. 따라서 비록 피고인과 D가 C를 공갈하여 이 사건 금전을 교부받았다고 하더라도, 그 수단이 된 행위로 별도의 범죄가 성립될 수 있음은 별론으로 하고, 타인의 재물을 갈취한 행위로서 공갈죄가 성립된다고 할 수 없다.

(나) 협박교사죄의 성립 여부

F는 E에게 돈을 주지 않으면 신상에 해롭다고 말하였고, E는 만약 돈을 주지 않으면 더 크게 다칠 수 있다고 생각하여 F에게 훔친 돈이 든 서류가방을 돌려주었다. 일반적으로 그 상대방이 된 사람으로 하여금 공포심을 일으키기에 충분한 정도의 해악을 고지하면(최협의의 협박) 협박죄(형법 제283조 제1항)가 성립하는데, 그러한 해악의 고지에 해당하는지 여부는 행위자와 상대방의 성향, 고지 당시의 주변 상황, 행위자와 상대방 사이의 관계·지위, 그 친숙의 정도 등 행위 전후의 여러 사정을 종합하여 판단되어야 한다.[1] 이에 비추어 보면 F의 행위는 협박에 해당한다. 한편 해악의 고지가 합법적인 권리의 행사로서 사회상규에 반하지 않는 때에는 협박죄가 성립하지 않지만,[2] 외견상 권리의 행사로 보이는 경우에도 그것이 실질적으로 권리의 남용이 되어 사회상규에 반하는 때에는 협박죄가 성립한다. 본 사례에서 F가 乙로부터 부탁받은 자구행위의 일환으로 협박을 하였다고 하더라도 협박죄가 성립한다고 할 것이다.

이때, 공갈죄를 교사한 乙에 대하여 협박교사죄가 성립하는지 여부가 문제된다. 이는 피교사자가 교사받은 것보다 적게 실행한 때에 해당하므로 교사자는 피교사자

---

1) 대법원 2012. 8. 17. 선고 2011도10451 판결.
2) 이러한 의미의 협박행위 내지 협박의 고의가 있었는지 여부는 행위의 외형뿐 아니라 그러한 행위에 이르게 된 경위, 피해자와의 관계 등 전후 상황을 종합하여 판단해야 할 것이다(대법원 1991. 5. 10. 선고 90도2102 판결; 대법원 2005. 3. 25. 선고 2005도329 판결 등 참조). 그리고 채권자가 채권추심을 위하여 독촉 등 권리행사에 필요한 행위를 할 수 있기는 하지만, 법률상 허용되는 정당한 절차에 의한 것이어야 하며, 또한 채무자의 자발적 이행을 촉구하기 위해 필요한 범위 안에서 상당한 방법으로 그 권리가 행사되어야 한다(대법원 2011. 5. 26. 선고 2011도2412 판결).

가 실행한 범위 내에서 책임을 진다. 따라서 乙에 대하여는 협박교사죄(형법 제283조 제1항, 제31조 제1항)가 성립한다.

4. 설문의 해결

甲은 여신전문금융업법위반죄의 형사책임을 지고, 乙은 도로교통법위반(음주운전)죄, 협박교사죄의 실체적 경합범으로서의 형사책임을 진다.

II. 제2문 — 甲의 변호인 주장의 타당성과 항소심 재판부의 조치

1. 문제의 제기

검사는 甲의 [Ⅰ], [Ⅲ], [Ⅳ] 사실을 모두 범죄가 되는 것으로 기소하였고, 제1심 재판부는 甲에게 국민참여재판을 원하는지 여부에 관하여 확인하지 않은 채 통상 공판절차에 따라 재판을 진행하고 모두 유죄판결을 선고하였다. 이에, 甲의 변호인은 판결 내용에 대한 주장 이외에 절차적으로 항소심에서 '甲이 국민참여재판 방식으로 재판을 받고 싶었음에도 제1심 재판부가 甲에게 국민참여재판을 원하는지에 관한 의사확인절차를 거치지 않은 것은 위법하다'고 주장하고 있다. 甲의 변호인 주장의 타당성을 살펴보기 위해서는 먼저, 앞서 살펴본 甲에 대한 특정경제범죄가중처벌등에관한법률위반(횡령)죄, 강제집행면탈죄, 여신전문금융업법위반죄, 배임죄가 국민참여재판의 대상사건인지를 검토하여야 한다(이때, 유·무죄는 불문한다).

甲에 대한 특정경제범죄가중처벌등에관한법률위반(횡령)죄(동법 제3조 제1항 제2호, 형법 제355조 제1항)의 법정형은 3년 이상의 유기징역이다. 이는 합의부 관할사건(법원조직법 제32조 제1항 제3호[1])이므로 국민참여재판의 대상사건에 해당하고, 강제집행면탈죄·여신전문금융업법위반죄·배임죄도 병합심리사건으로 대상사건에 해당한다(국민의 형사재판 참여에 관한 법률 제5조 제1항 제1호, 제3호[2]).

---

1) 법원조직법 제32조(합의부의 심판권) ① 지방법원과 그 지원의 합의부는 다음의 사건을 제1심으로 심판한다.
  3. 사형·무기 또는 단기 1년 이상의 징역 또는 금고에 해당하는 사건. 다만, 다음 각 목의 사건은 제외한다.
2) 국민의 형사재판 참여에 관한 법률 제5조(대상사건) ① 다음 각 호에 정하는 사건을 국민참여재판의 대상사건(이하 "대상사건"이라 한다)으로 한다.
  1. 「법원조직법」 제32조제1항(제2호 및 제5호는 제외한다)에 따른 합의부 관할 사건
  2. 제1호에 해당하는 사건의 미수죄·교사죄·방조죄·예비죄·음모죄에 해당하는 사건

아래에서는 甲의 변호인 주장의 타당성과 항소심법원이 취할 수 있는 조치에 관하여 살펴본다.

2. 甲의 변호인 주장의 타당성

국민참여재판 대상사건이라고 하더라도 피고인이 국민참여재판을 원하지 않으면 국민참여재판을 할 수 없다(국민의 형사참여 재판에 관한 법률 제5조 제2항). 즉, 피고인 신청주의를 택하고 있다. 법원은 대상사건의 피고인에 대하여 국민참여재판을 원하는지 여부에 관한 의사를 서면 등의 방법으로 반드시 확인하여야 한다(국민의 형사참여 재판에 관한 법률 제8조 제1항). 따라서 법원에서 피고인이 국민참여재판을 원하는지에 관한 의사의 확인절차를 거치지 않은 채 통상의 공판절차로 재판을 진행하였다면, 이는 피고인의 국민참여재판을 받을 권리에 대한 중대한 침해로서 그 절차는 위법하고 이러한 위법한 공판절차에서 이루어진 소송행위도 무효라고 할 것이다.[1]

본 사례에서 제1심법원이 피고인 甲의 의사를 확인하지 않은 채 통상의 공판절차로 재판을 진행하여 유죄판결을 선고하였는데, 제1심 공판절차에서 이루어진 모든 소송행위는 위법하여 무효라고 할 것이므로 甲의 변호인의 주장은 타당하다.

3. 항소심에서의 절차상 하자의 치유

甲의 의사확인절차를 거치지 않은 제1심 공판절차는 무효인데, 먼저 항소심에서 무효인 소송행위가 사정변경에 의하여 치유되어 유효하게 될 수 있는지 문제된다.

제1심법원이 국민참여재판의 대상이 되는 사건임을 간과하여 이에 관한 피고인의 의사를 확인하지 않은 채 통상의 공판절차로 재판을 진행하였더라도, 피고인이 항소심에서 국민참여재판을 원하지 않는다고 하면서 위와 같은 제1심의 절차적 위법을 문제삼지 않을 의사를 명백히 표시하는 경우에는 그 하자가 치유되어 제1심 공판절차는 전체로서 적법하게 된다고 할 것이다. 다만, 국민참여재판제도의 취지와 피고인의 국민참여재판을 받을 권리를 실질적으로 보장하고자 하는 관련 규정의 내용에 비추어 위 권리를 침해한 제1심 공판절차의 하자가 치유된다고 보기 위해서는 국민의 형사재판 참여에 관한 법률 제8조 제1항, 동 규칙 제3조 제1항[2]에 준하여 피

---

3. 제1호 또는 제2호에 해당하는 사건과 「형사소송법」 제11조에 따른 관련 사건으로서 병합하여 심리하는 사건

[1] 대법원 2013. 1. 31. 선고 2012도13896 판결; 대법원 2012. 4. 26. 선고 2012도1225 판결.

[2] 국민의 형사재판 참여에 관한 규칙 제3조(피고인 의사의 확인) ① 법원은 대상사건에 대한 공소의 제기가 있는 때에는 공소장 부본과 함께 피고인 또는 변호인에게 국민참여재판의 절차, 법 제8조제2항

고인에게 국민참여재판절차 등에 관한 충분한 안내가 이루어지고 그 희망 여부에 관하여 숙고할 수 있는 상당한 시간이 사전에 부여되어야[1] 할 것이다.[2]

4. 설문의 해결

피고인 甲의 변호인의 주장은 타당하므로 항소심법원은 甲에게 국민참여재판절차 등에 관한 충분한 안내를 하고 그 희망 여부에 관한 숙고할 수 있는 상당한 시간을 부여하여야 한다. 그 결과 甲이 제1심의 절차적 위법을 문제삼지 않을 의사를 명백히 표시하는 등 제1심의 공판절차상 하자가 치유되었다고 볼 수 있는 사정이 있으면 그대로 항소심재판을 진행하면 된다. 만약, 甲이 계속하여 국민참여재판으로 진행해 줄 것을 요구하는 등 그 하자가 치유되지 않는 경우는 제1심 공판절차에서 이루어진 소송행위를 무효라고 보아 직권으로 제1심판결을 파기하고 사건을 제1심법원으로 환송하여야 한다.[3]

III. 제3문 — 혈중알코올농도감정서와 주취운전자적발보고서의 증거능력

1. 문제의 제기

본 사례에서 이 부분에 관한 진행경과를 정리하면 다음과 같다. ① 음주운전의 현행범인으로 경찰관들에게 인계된 乙은 교통사고 현장에서 경찰관 P로부터 음주측정을 위한 지구대로의 동행을 요구받았으나 거절하였다. 그러나 경찰관들은 乙에게 체포의 이유와 변호인 선임권 등을 고지하지 않은 채 강제로 지구대로 연행하였다. ② P가 음주측정에 계속 불응하는 乙에게 불응할 경우 구속된다고 말하자, 乙은 호흡측정에 응하였다. 그 결과 0.07퍼센트의 혈중알코올농도가 측정되었다. ③ P는 乙에게 다 끝났으니 집으로 가라고 하였으나 乙은 위 호흡측정결과를 탄핵하면서 스스로 혈액측정을 요구하였다. ④ 혈액측정 결과 0.09퍼센트의 혈중알코올농도가 측정

에 따른 서면의 제출, 법 제8조제4항에 따른 의사번복의 제한, 그 밖의 주의사항이 기재된 국민참여재판에 관한 안내서를 송달하여야 한다.

1) 따라서 단지 피고인과 변호인이 제1심에서 통상의 공판절차에 따라 재판을 받은 것에 대하여 이의가 없다고 진술한 사실만으로 제1심의 공판절차상 하자가 모두 치유되어 그에 따른 판결이 적법하게 된다고 볼 수는 없다(대법원 2012. 4. 26. 선고 2012도1225 판결).

2) 대법원 2013. 1. 31. 선고 2012도13896 판결; 대법원 2012. 4. 26. 선고 2012도1225 판결.

3) 대법원 2013. 1. 31. 선고 2012도13896 판결.

되었다. ⑤ 혈중알코올농도감정서와 주취운전자적발보고서(혈중알코올농도 기재)가 각 증거로 제출되었으며 乙은 증거동의하였다.

　　①과 관련하여, 위 연행이 위법한지 여부가 문제된다. ②와 관련하여, 호흡측정행위가 위법한 수사인지, 그 측정결과와 관련된 감정서 등이 위법수집증거로서 증거능력이 배제되는지 여부가 문제된다. ③과 관련하여, 스스로 혈액측정을 요구하였으므로 적법한 수사인지, 채취된 혈액이 위법수집증거인지 여부가, ④와 관련해서는 각 서류가 위법수집증거의 파생증거로서 증거능력이 없는지 여부가 각 문제된다.

2. 乙에 대한 지구대 연행의 적법성

　　경찰관 P는 乙이 지구대로의 동행을 거절하자 강제로 지구대까지 연행하였다. 일반적으로 수사로서의 임의동행(형소법 제199조)이 적법하기 위해서는 피동행자에게 '오로지 자발적인 의사'가 있다고 명백하게 입증되어야 하며, 적어도 ① 동행에 앞서 동행을 거부할 수 있음을 알려줄 것, ② 언제든지 자유로이 동행과정에서 이탈하거나 동행장소로부터 퇴거할 수 있었을 것이 입증되어야 한다.[1] 본 사례에서는 경찰관들이 동행을 거절하는 乙을 강제로 연행하였으므로 임의동행으로서는 위법하다.

　　그러나 사인이 체포한 현행범인을 인도받은 사법경찰관리는 필요한 때에는 동행을 요구할 수 있다(형소법 제213조 제2항). 본 사례의 동행 요구는 이에 해당하는데, 이 경우에도 피체포자에 대하여 피의사실의 요지, 체포의 이유와 변호인을 선임할 수 있음을 말하고 변명할 기회를 주어야 한다(형소법 제213조의2, 제200조의5).[2] 그러나 P는 乙에게 체포의 이유와 변호인 선임권 등을 고지하지 않았다. 따라서 乙에 대한 연행은 전형적인 불법체포라고 할 것이다.

3. 乙에 대한 음주측정의 적법성
(1) 위법수집증거의 배제 기준과 그 판단방법

　　적법한 절차에 따르지 아니하고 수집한 증거는 증거로 할 수 없는데(형소법 제308

---

1) 대법원 2006. 7. 6. 선고 2005도6810 판결. 본 판결 평석은 김택수, "수사상 임의동행의 허용 여부와 적법성 요건", 형사판례연구 [17], 2009, 340-376면; 정창호, "가. 임의동행의 적법요건, 나. 사법경찰관이 피고인을 수사관서까지 동행한 것이 사실상의 강제연행, 즉 불법체포에 해당하고, 불법체포로부터 6시간 상당이 경과한 후에 이루어진 긴급체포 또한 위법하므로 피고인 불법체포된 자로서 형법 제145조 제1항에 정한 '법률에 의하여 체포 또는 구금된 자'가 아니어서 도주죄의 주체가 될 수 없다고 한 사례", 대법원판례해설 제66호(2006 하반기), 2007, 349-370면; 조국, "긴급체포의 전(前)단계로 남용되는 불법적 임의수사에 대한 통제", 형사판례연구 [15], 2007, 251-265면.
2) 대법원 2010. 6. 24. 선고 2008도11226 판결.

조의2), 이를 위법수집증거배제의 법칙이라고 한다. 1차적 위법수집증거의 배제와 관련하여 판례는 '원칙 부정, 예외적으로 인정'이라는 입장이다.[1] 즉, 적극적으로 위법수집증거가 배제되는 범위를 정하지 않고, 헌법과 형사소송법이 정한 절차에 따르지 않고 수집된 증거는 원칙적으로 증거로 사용할 수 없다고 한다. 다만 예외적으로, ① 수사기관의 절차 위반행위가 적법절차의 실질적인 내용을 침해하는 경우에 해당하지 않고, ② 오히려 그 증거의 증거능력을 배제하는 것이 헌법과 형사소송법이 형사소송에 관한 절차 조항을 마련하여 적법절차의 원칙과 실체적 진실 규명의 조화를 도모하고 이를 통하여 형사 사법 정의를 실현하려 한 취지에 반하는 결과를 초래하는 것으로 평가되는 경우에는 그 증거를 유죄 인정의 증거로 사용할 수 있다고 판시하여, 소극적으로 배제범위를 정하고 있다.

구체적으로 위 기준에 해당하는지 여부는 수사기관의 증거수집과정에서 이루어진 절차위반행위와 관련된 모든 사정, 즉 ① 절차조항의 취지와 그 위반의 내용 및 정도, ② 구체적인 위반경위와 회피가능성, ③ 절차조항이 보호하고자 하는 권리 또는 법익의 성질과 침해 정도 및 피고인과의 관련성, ④ 절차위반행위와 증거수집 사이의 인과관계 등 관련성의 정도, ⑤ 수사기관의 인식과 의도 등을 전체적·종합적으로 판단하여야 한다고 판시하고 있다. 실무에서는 ④의 기준이 매우 중요한데, 【관련판례】는 이를 더욱 구체화하여 "증거수집 과정에서 이루어진 적법절차 위반행위의 내용과 경위 및 그 관련 사정을 종합하여 볼 때 당초의 적법절차 위반행위와 증거수집행위의 중간에 그 행위의 위법 요소가 제거 내지 배제되었다고 볼 만한 다른 사정이 개입됨으로써 인과관계가 단절된 것으로 평가할 수 있는 예외적인 경우에는 이를 유죄 인정의 증거로 사용할 수 있다"고 판시하고 있다.

일반적으로 '인과관계의 단절' 여부는 위법수집증거를 기초로 하여 획득된 파생증거(2차적 증거)의 증거능력을 판단하는 기준으로 사용되어 왔다. 즉, 판례는 파생증거의 증거능력은 1차적 증거 수집과 관련된 모든 사정을 살피는 외에, 1차적 증거를 기초로 하여 다시 2차적 증거를 수집하는 과정에서 추가로 발생한 모든 사정들까지 구체적인 사안에 따라 주로 인과관계 희석 또는 단절 여부를 중심으로 전체적·종합적으로 고려하여야 한다고 판시하였다.[2] 그런데 1차적 증거의 증거능력을 판단함에 있어서도, '당초의 적법절차 위반행위와 증거수집행위' 사이의 인과관계의 단절 여부

---

1) 대법원 2007. 11. 15. 선고 2007도3061 전원합의체 판결.
2) 대법원 2009. 3. 12. 선고 2008도11437 판결. 본 판결 평석은 조국, "독수과실의 원리", 형사판례연구 [17], 2009, 448-466면.

가 주요한 기준이 됨을 명백히 하고 있다.

(2) 호흡측정

불법체포 후에 이은 음주측정요구행위[1]는 연속하여 이루어진 일련의 과정으로서 전체적으로 볼 때 역시 위법하다고 할 것이다([관련판례]).[2] 본 사례에서 호흡측정은 불법체포 후 연속하여 계속 음주측정에 불응하는 乙에게 불응할 경우 구속된다고 하여 실시한 것이므로 역시 위법하다고 할 것이다. 따라서 그 측정 결과는 위법수집 증거에 해당하여 증거능력이 없다([관련판례]).[3]

(3) 혈액측정

혈액측정은 乙이 스스로 요구하였다는 점에서 당초의 불법체포와의 인과관계가 단절되어 적법한 것이 아닌지 문제된다. 이에 대해서는 ① 乙의 자발적인 의사에 기하여 이루어진 채혈이므로 적법하다는 견해[4]도 있으나, 판례는 ② 강제연행과 시간적·장소적으로 근접하고 강제연행 상태로부터 완전히 벗어나 의사결정의 자유가 확실하게 보장되었다고 볼 만한 사정이 없는 점에 비추어 볼 때, 乙이 스스로 채혈을 요구하였다는 사정만으로는 불법체포와 증거수집 사이의 인과관계가 단절되었다고 평가할 만한 객관적 사유가 개입되어 위법수집증거배제의 원칙이 적용되지 않는다고 할 예외적 사유에 해당한다고 보기는 어렵다고 판시하였다([관련판례]).

4. 설문의 해결

판례에 따르면 乙의 연행은 불법체포로서 위법하고, 위법하게 수집한 증거인 호흡조사 방법에 의한 음주측정결과에 이의를 제기하고 스스로 채혈 요구를 하여 채혈한 행위 또한 불법체포와의 인과관계가 단절되었다고 볼 수 없으므로 위법한 수사에 해당한다. 따라서 수집한 혈액은 1차적 위법수집증거로서 증거능력이 없고, 이를 기초로 한 혈중알코올농도감정서와 주취운전자적발보고서도 2차적 증거로서 인과관계가 희석되거나 단절되었다고 볼 수 없어 각 증거능력이 없다. 비록 乙이 각 증거에 동의하였더라도 역시 증거능력이 없다.[5]

---

1) 대법원 2006. 11. 9. 선고 2004도8404 판결.
2) 마찬가지로 위법한 긴급체포 후에 그에 수반하여 이루어진 영장 없는 압수·수색 또한 위법하다(대법원 2009. 12. 24. 선고 2009도11401 판결).
3) 대법원 2007. 11. 15. 선고 2007도3061 전원합의체 판결 등.
4) 【관련판례】의 원심(전주지방법원 2010. 1. 22. 선고 2009노1001 판결)의 입장이다.
5) 대법원 2009. 12. 24. 선고 2009도11401 판결. 이와는 달리 진술거부권의 불고지 등 본질적 위법에 해

관련판례

대법원 2013. 3. 14. 선고 2010도2094 판결【도로교통법위반(음주운전)】1)

1. (중략) 이러한 규정을 종합하면, 적법한 절차에 따르지 아니한 위법행위를 기초로 하여 증거가 수집된 경우에는 당해 증거뿐 아니라 그에 터 잡아 획득한 2차적 증거에 대해서도 그 증거능력은 부정되어야 할 것이다. 다만 위와 같은 위법수집증거 배제의 원칙은 수사과정의 위법행위를 억지함으로써 국민의 기본적 인권을 보장하기 위한 것이므로 적법절차에 위배되는 행위의 영향이 차단되거나 소멸되었다고 볼 수 있는 상태에서 수집한 증거는 그 증거능력을 인정하더라도 적법절차의 실질적 내용에 대한 침해가 일어나지는 않는다 할 것이니 그 증거능력을 부정할 이유는 없다. 따라서 증거수집 과정에서 이루어진 적법절차 위반행위의 내용과 경위 및 그 관련 사정을 종합하여 볼 때 당초의 적법절차 위반행위와 증거수집 행위의 중간에 그 행위의 위법 요소가 제거 내지 배제되었다고 볼 만한 다른 사정이 개입됨으로써 인과관계가 단절된 것으로 평가할 수 있는 예외적인 경우에는 이를 유죄 인정의 증거로 사용할 수 있다고 할 것이다.

체포의 이유와 변호인 선임권의 고지 등 적법한 절차를 무시한 채 이루어진 강제연행은 전형적인 위법한 체포에 해당하고, 위법한 체포 상태에서 이루어진 음주측정요구는 주취운전의 범죄행위에 대한 증거수집을 목적으로 한 일련의 과정에서 이루어진 것이므로, 그 측정 결과는 형사소송법 제308조의2에 규정된 '적법한 절차에 따르지 아니하고 수집한 증거'에 해당하여 증거능력을 인정할 수 없다(대법원 2007. 11. 15. 선고 2007도3061 전원합의체 판결 등 참조). 또한 위법한 강제연행 상태에서 호흡측정의 방법에 의한 음주측정을 한 다음 그 강제연행 상태로부터 시간적·장소적으로 단절되었다고 볼 수도 없고 피의자의 심적 상태 또한 강제연행 상태로부터 완전히 벗어났다고 볼 수 없는 상황에서 피의자가 호흡측정 결과에 대한 탄핵을 하기 위하여 스스로 혈액채취 방법에 의한 측정을 할 것을 요구하여 혈액채취가 이루어졌다고 하더라도 그 사이에 위법한 체포 상태에 의한 영향이 완전하게 배제되고 피의자의 의사결정의 자유가 확실하게 보장되었다고 볼 만한 다른 사정이 개입되지 않은 이상 불법체포와 증거수집 사이의 인과관계가 단절된 것으로 볼 수는 없다. 따라서 그러한 혈액채취에 의한 측정 결과 역시 유죄 인정의 증거로 쓸 수 없다고 보아야 한다. 그리고 이는 수사기관이 위법한 체포 상태를 이용하여 증거를 수집하는 등의 행위를 효과적으로 억지하기 위한 것이므로, 피고인이나 변호인이 이를 증거로 함에 동의하였다고 하여도 달리 볼 것은 아니다.

당하지 않는 경우에는 증거동의의 대상이 된다는 견해(제한적 긍정설)도 있다.
1) 본 판결 평석은 조국, "독수과실의 원리 보론", 형사판례연구 [23], 2015, 617-650면.

2. (중략 : 사실관계[1]) 위와 같은 사실관계를 토대로 원심은, 비록 피고인을 이 사건 현장에서 지구대로 데리고 간 경찰관들의 행위가 임의동행이 아닌 강제력에 의한 체포에 해당하고, 그 체포 당시 형사소송법 제200조의5에 정한 절차가 이행되지 않았다고 하더라도, 피고인의 자발적인 의사에 기하여 이루어진 채혈을 바탕으로 이루어진 혈중알코올농도 감정서와 주취운전자 적발보고서는 증거능력이 있다고 보아 피고인을 유죄로 판단하였다.

그러나 피고인의 연행 경위 및 채혈에 이르는 과정 등 위 사실관계를 앞서 본 법리에 비추어 보면, 경찰관들이 피고인을 지구대로 강제연행한 행위는 위법한 체포에 해당하므로 그 상태에서 한 음주측정요구는 위법한 수사라고 볼 수밖에 없고, 그러한 요구에 따른 음주측정 결과 또한 적법한 절차에 따르지 아니하고 수집한 증거로서 그 증거능력을 인정할 수 없다. 나아가 피고인이 위와 같이 적법한 절차에 따르지 아니하고 수집한 증거인 호흡조사 방법에 의한 음주측정 결과에 이의를 제기하고 채혈을 하기에 이른 과정 등 제반 사정에 비추어 보면, 혈액채취 방법에 의한 혈중알코올농도 감정서 및 주취운전자 적발보고서 역시 불법체포의 연장선상에서 수집된 증거 내지 이를 기초로 한 2차적 증거로서 형사소송법 제308조의2에 규정된 '적법한 절차에 따르지 아니하고 수집된 증거'에 해당한다 할 것이므로 이는 원칙적으로 유죄 인정의 증거로 삼을 수 없다. 또한 강제연행과 호흡측정 및 채혈에 이르기까지의 장소적 연계와 시간적 근접성 등 연결된 상황에 비추어 볼 때, 당시 불법적인 호흡측정을 마친 경찰관이 피고인에게 귀가를 권유하였음에도 불구하고 피고인 스스로 채혈을 요구하였다는 등 원심이 든 사정만으로는 그 채혈이 위법한 체포 상태에 의한 영향이 완전하게 배제되고 피의자의 자유로운 의사결정이 확실하게 보장된 상태에서 이루어진 것으로서 불법체포와 증거수집 사이의 인과관계가 단절되었다고 평가할 만한 객관적 사유가 개입되어 위법수집증거 배제의 원칙이 적용되지 않는다고 할 예외적 사유에 해당한다고 보기는 어렵다고 할 것이다.

그럼에도 원심은 위 혈액채취 방법에 의한 음주측정의 결과를 담은 혈중알코올농도 감정서 및 주취운전자 적발보고서가 증거능력이 있다고 판단하여 이 사건 공소사실을 유죄로 인정하였으니, 이러한 원심판결에는 위법수집증거 배제의 원칙과 그 예외 인정의 범위에 관한 법리를 오해하여 판결 결과에 영향을 미친 위법이 있다.

---

1) 본 사례와 거의 같은 내용이다.

사 례 [8] 간접정범의 미수, 공범과 신분, 도주차량, 수사보고서와 실황조사서

A는 소유하고 있던 외제 자동차(시가 1억 원 상당)가 시동이 잘 안 걸리자 수리업자 甲에게 자동차 수리를 맡기면서 수리비를 미리 지급하였다. 甲은 수리를 마친 후 처인 乙과 시승을 해보다가 자동차가 탐이 나 乙과 공모하여 A에게는 자동차를 도난당하였다고 거짓말하고 자동차를 되돌려주지 않은 채 A의 명의로 등록된 그대로 乙과 함께 타고 다녔다. A가 항의하자 甲은 X 보험회사에 자동차를 도난당하였다고 신고하여 자신이 가입한 일반보험계약에 근거하여 A로 하여금 보험금 1억 원을 수령하도록 해 주었다.

어느 날 甲은 혈중알코올농도 0.197%의 술에 취한 상태에서 도로상에서 위 자동차를 운전한 과실로 피해자 B가 운전하던 승용차를 충격하여 B는 얼굴에 타박상을, 승용차에 같이 타고 있던 B의 아들 C는 왼쪽 팔꿈치에 찰과상을 각 입었고, 위 승용차도 앞 범퍼가 찌그러져 수리비 50만 원의 견적이 나왔다(위 자동차는 자동차종합보험 미가입). 교통사고를 낸 甲은 일단 차량에서 내려 B와 10분 동안 피해변상에 관한 이야기를 나누었으나, 당시 비가 내리고 있었고 차량의 통행이 많아 주변 차량들이 경적음을 울리자 당황한 나머지 B에게 자신의 명함을 건네주고는 위 자동차를 다른 장소로 이동시키는 척 하면서 차량을 그대로 두고 달아났다. 甲이 달아난 이후에 사고 신고를 받은 경찰이 출동하였고, B와 C는 병원에 후송되었으며 甲에 대한 엄중한 처벌을 원하고 있다.

한편, 사채업자들로부터 채무이행 독촉에 시달리던 甲은 이웃마을에 사는 사촌 동생 D에게 "내가 구입한 성능 좋은 자동차인데 형편이 어려워 싼 값에 팔려고 한다"며 위 자동차를 인도하고 매매대금 5,000만 원을 수령하였으나 D 앞으로 이전등록은 해주지 않았다. 甲은 매매대금으로 받은 5,000만 원을 불려 사채를 갚으려고 친구 丙과 함께 도박판으로 갔다. 甲은 화투패를 순차로 뽑아 높은 점수를 취득하는 사람이 판돈을 가져가는 방법으로 도박에 참여하였고, 甲이 도박하는 줄 모르고 따라왔던 丙은 구경만 하였다. 甲은 도박하다가 돈을 모두 잃어버리게 되자 丙에게 돈을 빌려줄 것을 요구하였고, 丙이 계속 거절하다가 마지못해 때마침 적금이 만기가 되어 찾은 돈 500만 원을 빌려주자 다시 판돈으로 이를 걸었지만 결국 모두 잃고 말았다. 그때 제보를 받은 경찰관 P가 현장에 들이닥쳐 도박에 참여한 사람 전원을 현행범인으로 체포하면서 즉시 화투패와 판돈을 압수하였다. 경찰관 P는 시급히 현장을 보존하지 않아 범행현장이 어지럽혀지면 범행방법을 입증하기 어려울 것이라 생각하고 즉석에서 도박 참여자들의 승낙을 얻어 도박장면을 재연하도록 한 다음, 도박 참여자들의 재연상황을 기재하고 이를 사진으로 촬영하여 실황조사서를 작성하였다.

이후 甲이 丙에게 500만 원을 갚지 못하자 丙은 도박자금으로 빌려준 사실을 숨기고자

甲으로부터 '丙이 甲에게 500만 원 상당의 자동차부품을 납품하고 대금 500만 원을 받기로 한다'는 계약서를 작성·교부받고 다만 이 서류를 담보조로 보관만 하기로 약속하였다. 그러나 丙은 변호사인 아들 E에게 이 계약서를 주면서 실제로 자동차부품을 甲에게 전부 납품하였음에도 甲이 대금 500만 원을 주지 않고 있어 억울하다고 거짓말을 하면서 소송을 제기해 달라고 하였다. 丙의 말을 믿은 E는 그러한 취지로 소장을 작성하고 위 계약서를 증거서류로 첨부하여 법원에 원고를 丙으로 하여 甲을 상대로 물품대금청구의 소를 제기하였다. 그러나 E는 소송대리과정에서 丙의 말이 거짓임을 알고 법원으로부터 기일소환장을 받은 후 丙 몰래 소를 취하하였다.

한편 A는 자신의 자동차를 운전하고 다니는 D를 우연히 발견하고 경찰에 신고하였고, D는 자동차가 도난신고된 것을 알게 되어 A에게 자동차를 돌려주었다. D는 甲이 도난신고된 자동차를 판 것에 대하여 甲을 경찰서에 고소하였다.

설 문

1. 甲, 乙, 丙의 형사책임을 논하시오.

2. 교통사고를 담당한 경찰관 Q는 상해진단서를 제출하기로 한 B가 진단서발급비용이 많이 든다며 상해진단서를 제출하지 않자 수사보고서 양식에 "교통사고 신고를 받고 출동하니 B의 얼굴에 타박상이 있고, C의 왼쪽 팔꿈치에 찰과상이 발견되었으나 B가 위와 같은 상처가 났지만 비용이 들어 진단서를 제출할 수 없다고 하여 진단서를 첨부하지 못하였음을 보고합니다"라고 기재하여 수사과장의 결재를 받았다. 법정에서 증거로 신청된 Q의 수사보고서에 대하여 甲이 부동의하자 검사는 Q를 증인으로 신청하여 수사보고서의 진정성립과 상처를 목격한 내용에 관하여 증언하도록 하였다. 위 수사보고서의 증거능력을 논하시오.

3. 경찰관 P는 D로부터 甲에 대한 고소장을 우편으로 제출받아 "첨부와 같은 고소장을 우편으로 송부받아 접수하였습니다"라는 내용의 수사보고서를 작성하고, 고소장을

수사보고서 말미에 첨부하였다. 甲은 법정에서 D에 대한 범행의 공소사실을 부인하고 D의 진술이 담긴 모든 증거에 관하여 증거부동의하면서 증거로 신청된 위 수사보고서에 대해서는 증거동의하였으나 별도로 첨부된 고소장에 대해서는 아무런 언급이 없었다. 한편, 증인으로 채택된 D는 생계에 바빠 법정에 출석할 수 없다며 법정출석을 거부하고 있다. 법원은 수사보고서의 첨부서류인 고소장에 대하여 증거동의가 있다고 보아 이를 유죄의 증거로 사용할 수 있는가?

4. 검사는 경찰관 P가 수사한 도박사건에 대하여 甲을 기소하고 경찰관 P가 압수한 화투패와 판돈, P가 작성한 범행재연사진이 첨부된 실황조사서를 증거로 신청하였다. 甲이 실황조사서에 기재된 범행재연의 상황이 사실이 아니라고 부인하며 증거부동의하자 검사는 P를 증인으로 채택하였고, 증인 P는 실황조사서의 진정성립을 인정하였다. 甲의 범행재연과 관련된 실황조사서의 증거능력 유무는 어떠한가?

해 설

I. 제1문 ─ 甲, 乙, 丙의 형사책임

1. 문제의 제기

甲에 대하여는 ① 수리를 맡은 A 소유의 외제 자동차를 반환하지 않는 행위, ② A가 항의하자 X 보험회사에 허위 신고를 하여 A로 하여금 보험금을 수령하게 해 준 행위, ③ 음주운전으로 대인과 대물 교통사고를 내고도 그대로 달아난 행위, ④ 사촌 동생인 D에게 자신이 구입한 자동차라고 거짓말하여 자동차를 매도하고 매매대금을 수령한 행위, ⑤ 도박한 행위에 대한 각 형사책임이 문제되고, 乙에 대해서는 甲의 ① 행위에 대한 공범으로서의 형사책임이 문제된다. 丙에 대해서는 ① 담보조로 보관만 하기로 약속하고 작성한 계약서를 변호사인 아들 E에게 실제 받을 대금이 있다고 거짓 말하면서 교부하여 E가 소송을 제기한 것이 소송사기죄에 해당하는지와 ② 甲이 도박하 는 것을 알면서도 500만 원을 빌려준 것이 도박방조죄에 해당하는지 문제된다.

2. 甲의 형사책임

(1) A 소유의 외제 자동차를 반환하지 않는 행위

㈎ 업무상횡령죄의 성립 여부

甲은 A로부터 자동차의 수리를 의뢰받아 보관하고 있다가 도난당하였다고 거짓 말하고 이를 반환하지 않았는데, 이러한 甲의 행위가 업무상횡령죄에 해당하는지 문 제된다.

업무상횡령죄는 업무상의 임무에 의하여 자기가 보관하는 타인의 재물을 횡령 하거나 반환을 거부하는 경우에 성립한다(형법 제356조, 제355조 제1항). 업무상횡령죄가 성립하기 위해서는 첫째, 업무상 위탁관계에 의하여 타인의 재물을 보관하여야 한 다. 여기서 '업무'는 법령, 계약에 의한 것뿐만 아니라 관례를 좇거나 사실상의 것이 거나를 묻지 않고 같은 행위를 반복할 지위에 따른 사무를 가리키며, 재물 보관에 관한 위탁관계는 사실상의 관계에 있으면 충분하다.[1] 甲은 자동차수리업자로서 A와

---

[1] 대법원 2011. 10. 13. 선고 2009도13751 판결.

의 사이에 자동차를 수리한 다음 반환하는 것을 내용으로 하는 계약을 체결하였다. 따라서 甲은 업무상 위탁관계에 의하여 A의 자동차를 보관하게 되었다.

둘째, 타인의 재물을 횡령하거나 반환을 거부하여야 한다. 이러한 횡령행위의 의미에 대하여는 ① 불법영득의사를 표현하는 행위라는 견해(표현설)와 ② 불법영득의사를 실현하는 행위라는 견해(실현설)의 대립이 있다. 여기서 불법영득의사라 함은 자기 또는 제3자의 이익을 꾀할 목적으로 임무에 위배하여 보관하는 타인의 재물을 자기의 소유인 경우와 같은 처분을 하는 의사를 말하고 사후에 이를 반환하거나 변상, 보전하는 의사가 있다 하더라도 불법영득의 의사를 인정함에 지장이 없다.[1] 불법영득의사의 '표현'과 '실현'의 구별은 횡령죄의 기수시기와 관련하여 의미가 있다. 즉 표현설은 매매계약을 체결하거나 매매의 의사를 표시하는 청약과 같이 불법영득의 의사가 외부적·객관적으로 표현되기만 하면 횡령죄는 기수가 된다고 함에 반하여, 실현설은 부동산에 대한 횡령의 경우 매매계약만으로는 부족하고 소유권이전등기를 마치는 등 본권 침해에 대한 구체적 위험이 발생하여야 기수가 된다고 한다.

이에 대하여 판례는 횡령죄는 법익침해의 위험이 있으면 그 침해의 결과가 발생하지 않더라도 성립하는 구체적 위험범이라고 하면서,[2] ⓐ 횡령행위는 불법영득의사가 확정적으로 외부에 표현되었을 때 성립한다[3]고 하거나 불법영득의사가 외부에 인식될 수 있는 객관적 행위가 있을 때 횡령죄가 성립한다[4]고 하는 한편, ⓑ 횡령행위는 불법영득의사를 실현하는 행위[5]라고 판시하고 있어, 그 입장이 명백하지 않다는 평가를 받고 있다. 그러나 거래 현실에서는 불법영득의사가 '표현'되면 바로 결과 발생의 위험이나 결과 발생이 '실현'되는 경우가 있는가 하면, 불법영득의사가 '표현'된 후 '실현'까지 시간을 요하거나 다른 행위가 개재되어야 하는 경우도 있다. 실제로 판례는 보관금원의 임의 사용행위로 불법영득의사가 확정적으로 외부에 '표현'되었다고 하면서도,[6] 비자금 조성행위로 불법영득의사가 '실현'되었다고 하는데,[7] 이때의 행위들은 불법영득의사의 '표현' 자체가 '실현'에 해당한다고 할 수

---

1) 대법원 2013. 3. 14. 선고 2011도7259 판결; 대법원 2006. 6. 2. 선고 2005도3431 판결.
2) 대법원 2013. 2. 21. 선고 2010도10500 전원합의체 판결; 대법원 2012. 8. 17. 선고 2011도9113 판결(구체적 위험범); 대법원 2002. 11. 13. 선고 2002도2219 판결.
3) 대법원 2012. 6. 14. 선고 2010도9871 판결.
4) 대법원 2017. 9. 21. 선고 2017도7843 판결.
5) 대법원 1994. 9. 9. 선고 94도998 판결; 대법원 2010. 2. 25. 선고 2008도8356 판결; 대법원 2017. 2. 15. 선고 2013도14777 판결 등 다수 판결.
6) 대법원 2012. 6. 14. 선고 2010도9871 판결.
7) 대법원 2017. 3. 9. 선고 2014도144 판결.

있다. 이와는 달리 관리하던 수목을 함부로 제3자에게 매도하는 계약을 체결하고 계약금을 수령하였더라도 명인방법 등의 조치를 취한 바가 없고 수목을 토지에서 분리·보관하거나 분리·반출한 사실이 없는 경우에는 횡령미수죄(형법 제359조)에 그친다고 한 원심이 정당하다고 한 것이 있는데,1) 이때는 '표현' 후 일정 행위를 하여야 '실현'되는 경우에 해당한다. 그리고 부동산에 대하여 신탁관계에 위반하여 근저당권을 설정하는 때에는 근저당권설정등기를 마치는 때에 기수가 된다고 한다.2) 이런 점에서 '표현'과 '실현'의 용어 사용에도 불구하고 판례는 원칙적으로 ②의 실현설의 입장으로 보아야 할 것이고, "횡령행위란 불법영득의사를 실현하는 일체의 행위를 말하는 것으로서 불법영득의사가 외부에 인식될 수 있는 객관적 행위가 있을 때 횡령죄가 성립한다"고 판시한 판례3)가 이를 대변한다고 볼 수 있다.

본 사례에서 甲은 A에게 자동차를 도난당하여 반환할 수 없다는 의사를 표시함으로써 영득의 의사를 외부에 표현하고 도난당하였다고 거짓말을 하며 사실상 반환을 거부하고 자신이 타고 다녔다. 비록 A의 등록명의를 변경하지 않고 그대로 두었다 하더라도 이미 불법영득의사가 실현되었으므로 어느 설에 의하더라도 횡령행위가 성립한다. 나아가 거짓말을 하여 A의 자동차를 자기 것으로 만들 의사가 있었으므로 횡령의 고의와 불법영득의 의사도 인정된다. 따라서 甲에 대하여는 업무상횡령죄가 성립한다.

(나) 사기죄와의 관계

甲은 수리계약상 반환의무가 발생한 시점에 A에게 단순히 반환을 거부하거나 처분하여 반환할 수 없었던 상태가 아니었다. 다만, A를 속이고 반환하지 않는 것이다. 이러한 경우 횡령죄와 사기죄의 관계가 문제된다. 사기죄는 타인이 점유하는 재물을 객체로 하기 때문에 자기가 점유하는 재물에 대하여 기망행위를 하여 영득한 때에는, 횡령죄만 성립하고 사기죄는 성립하지 않는다(통설·판례4)).

---

1) 대법원 2012. 8. 17. 선고 2011도9113 판결. 원심은 춘천지방법원 2011. 6. 22. 선고 2010노197 판결.
2) 대법원 1985. 9. 10. 선고 85도86 판결.
3) 대법원 2004. 12. 9. 선고 2004도5904 판결(회사자금의 임의 사용).
4) 대법원 1987. 12. 22. 선고 87도2168 판결; 대법원 1980. 12. 9. 선고 80도1177 판결. 다만, 타인의 위탁에 의하여 사무를 처리하는 자가 그 사무처리상 임무에 위배하여 본인을 기망하고 착오에 빠진 본인으로부터 재물을 교부받은 경우 사기죄와 업무상배임죄가 모두 성립하고, 두 죄는 상상적 경합관계에 있다고 한다(대법원 2002. 7. 19. 선고 2002도669 전원합의체 판결). 한편, 건물관리인이 건물주로부터 월세임대차계약 체결업무를 위임받고도 임차인들을 속여 전세임대차계약을 체결하고 그 보증금을 편취한 경우, 사기죄와 별도로 업무상배임죄가 성립하고 두 죄는 실체적 경합범관계이다(대법원 2010. 11. 11. 선고 2010도10690 판결).

(2) X 보험회사에 허위 신고를 하여 A로 하여금 보험금을 수령하게 해 준 행위

甲은 사실은 자신이 A의 자동차를 횡령하였음에도 불구하고 자동차를 도난당한 것처럼 X 보험회사에 신고하여 자동차 소유자인 A로 하여금 보험금을 수령하게 하였으므로 사기죄가 문제된다.

사기죄는 사람을 기망하여 재물의 교부를 받거나 재산상의 이익을 취득하거나(형법 제347조 제1항), 제3자로 하여금 교부받게 하거나 취득하게 하는 경우(형법 제347조 제2항)에 성립한다. 보험계약에 따라 보험금을 지급받을 요건이 되지 않음에도 불구하고 요건이 되는 것처럼 허위의 신고1)를 한 것은 기망행위에 해당하고, 이에 속은 X 회사가 보험금을 지급하여 A로 하여금 보험금 1억 원을 수령하게 하였으므로 피기망자의 착오에 따른 처분행위, 제3자에 대한 재물교부가 모두 인정된다. 따라서 甲의 행위는 사기죄(형법 제347조 제2항, 제1항)에 해당하는데, 보험사기행위2)로 보험금을 취득하면 보험사기방지 특별법에 의하여 가중처벌되므로 甲에 대하여 보험사기방지특별법위반죄(동법 제8조)가 성립한다.

(3) 음주운전으로 대인과 대물 교통사고를 내고도 그대로 달아난 행위
(가) 도로교통법위반(음주운전)죄의 성립 여부

甲은 운전이 금지되는 술에 취한 상태의 기준인 혈중알코올농도를 초과한 혈중알코올농도 0.197%의 주취상태에서 위 자동차를 운전하였다. 음주운전은 도로교통법상의 도로 외의 곳에서 운전하는 경우도 포함되지만(도로교통법 제2조 제26호), 본 사례에서 甲이 운전한 곳은 도로교통법상의 도로(도로교통법 제2조 제1호)이다. 따라서 甲에 대하여 도로교통법위반(음주운전)죄(동법 제148조의2 제3항 제2호, 제44조 제1항)가 성립한다.

---

1) 보험사기의 경우, 원칙적으로 보험회사에 보험금지급을 청구할 때에 실행의 착수가 있다고 할 것이다. 그러나 ① 보험계약 체결 당시에 이미 보험사고가 발생하였음에도 이를 숨겼다거나 ② 보험사고의 구체적 발생가능성을 예견할 만한 사정을 인식하고 있었던 경우 또는 ③ 고의로 보험사고를 일으키려는 의도를 가지고 보험계약을 체결한 경우와 같이 보험사고의 우연성과 같은 보험의 본질을 해칠 정도라고 볼 수 있는 특별한 사정이 있는 경우에는 보험계약을 체결하는 행위만으로 실행의 착수가 있다고 할 것이다(대법원 2013. 11. 14. 선고 2013도7494 판결; 대법원 2012. 11. 15. 선고 2010도6910 판결). 위 2010도6910 판결에 대한 평석은 우인성, "보험계약 체결 시 고지의무를 위반한 것이 보험금 편취를 위한 기망행위로 볼 수 있는지 여부", 대법원판례해설 제94호(2012 하반기), 2013, 629-684면.
2) 보험사기행위란 보험사고의 발생, 원인 또는 내용에 관하여 보험자를 기망하여 보험금을 청구하는 행위를 말한다(보험사기방지 특별법 제2조 제1호).

(나) 특정범죄가중처벌등에관한법률위반(도주치상)죄의 성립 여부

甲은 음주운전을 한 과실로 피해자 B가 운전하던 승용차를 충격하여 B와 C에게 각 상해를 입혔다. 따라서 甲에 대하여는 피해자별로 교통사고처리특례법위반(치상)죄(동법 제3조 제1항, 제2항 단서 제8호, 형법 제268조)가 각 성립하고, 두 죄는 상상적 경합관계이다. 한편, 만일 甲이 음주의 영향으로 정상적인 운전이 곤란한 상태에서 운전을 하였다고 인정되면 특정범죄가중처벌등에관한법률위반(위험운전치상)죄(동법 제5조의11)가 성립된다. 여기서 '음주의 영향으로 정상적인 운전이 곤란한 상태'란 음주로 인하여 운전자가 현실적으로 전방 주시력, 운동능력이 저하되고 판단력이 흐려짐으로써 도로교통법상 운전에 요구되는 주의의무를 다할 수 없거나, 자동차의 운전에 필수적인 조향 및 제동장치, 등화장치 등의 기계장치의 조작방법 등을 준수하지 못하게 되는 경우를 의미한다.[1] 그런데 본 사례에서는 이에 관한 언급이 없으므로 특정범죄가중처벌등에관한법률위반(위험운전치상)죄는 성립하지 않는다.[2]

한편, 甲은 위와 같이 교통사고를 내고도 경찰의 출동 및 피해자의 병원 후송 전에 자신의 명함만을 건네주고 그대로 달아났으므로 특정범죄가중처벌등에관한법률위반(도주치상)죄(동법 제5조의3 제1항 제2호)가 성립하는지 문제된다. '도주'는 사고운전자가 피해자를 구조하는 등 도로교통법 제54조 제1항에 규정된 의무를 이행하기 이전에 사고현장을 이탈하여 사고야기자로서 확정될 수 없는 상태를 초래하는 경우를 의미한다. 즉, 도주로 인정되기 위해서는 ① 도로교통법 제54조 제1항에 규정된 의무, 즉 즉시정차·구호·신원확인의무를 이행하기 전일 것, ② 사고현장을 이탈하였을 것, ③ 사고야기자로서 확정될 수 없는 상태를 초래하였을 것을 요한다.[3]

본 사례에서 甲은 즉시정차의무와 신원확인의무는 이행하고 사고현장을 이탈하였다. 문제는 甲에게 구호의무가 있는지 여부이다. 만일 경미한 교통사고로 구호조치가 필요하지 않는 경우라면 현장을 이탈하더라도 도주가 되지 않는다.[4] 그런데 B는 교통사고로 얼굴에 타박상을 입어 甲으로서는 이를 눈으로 확인할 수 있었고, 또한

---

1) 이때, '정상적인 운전이 곤란한 상태'에 해당되는지 여부는 구체적인 교통사고에 관하여 운전자의 주취정도뿐만 아니라 알코올 냄새, 말할 때 혀가 꼬부라졌는지 여부, 똑바로 걸을 수 있는지 여부, 교통사고 전후의 행태 등과 같은 운전자의 상태 및 교통사고의 발생 경위, 교통상황에 대한 주의력·반응속도·운동능력이 저하된 정도, 자동차 운전장치의 조작을 제대로 조절했는지 여부 등을 종합하여 판단하여야 한다(헌법재판소 2009. 5. 28. 선고 2008헌가11 결정).
2) 만일 특정범죄가중처벌등에관한법률위반(위험운전치상)죄가 성립할 경우, 교통사고처리특례법위반죄는 그 죄에 흡수된다(대법원 2008. 12. 11. 선고 2008도9182 판결).
3) 대법원 2000. 5. 12. 선고 2000도1038 판결.
4) 대법원 2002. 1. 11. 선고 2001도2869 판결.

피해변상에 관하여 이야기를 나누던 중이므로 구호조치가 필요한 것으로 판단된다. 그럼에도 불구하고 구호조치 전에 현장을 이탈하였으므로 도주에 해당한다.[1] 그리고 도주의 범의도 인정되므로 甲에 대하여는 특정범죄가중처벌등에관한법률위반(도주치상)죄가 성립한다. 피해자가 B와 C 2명이므로 피해자별로 특정범죄가중처벌등에관한법률위반(도주치상)죄가 성립하고, 두 죄는 상상적 경합관계이다.[2]

그런데 甲은 위와 같이 도로교통법 제54조 제1항의 '구호조치'를 취하지 않았을 뿐 아니라 사고장소에서의 안전확보와 교통질서의 회복을 위한 조치, 즉 '안전확보조치'도 취하지 않음으로서 교통상의 위험과 장애를 초래하였다.[3] 따라서 甲에 대하여는 위 대인·대물 교통사고 모두를 포함하여 도로교통법위반(사고후미조치)죄(동법 제148조, 제54조 제1항)도 성립한다. 그러나 특정범죄가중처벌등에관한법률위반(도주치상)죄가 성립하는 이상, 위 교통사고처리특례법위반(치상)죄와 위 대인 교통사고와 관련된 도로교통법위반(사고후미조치)죄는 동죄에 흡수된다.

(다) 교통사고발생 시 미신고에 대한 도로교통법위반죄의 성립 여부

교통사고를 내고도 경찰공무원이나 경찰관서에 사고의 내용이나 조치사항 등을 지체없이 신고하지 않으면 도로교통법위반죄(도로교통법 제154조 제4호, 제54조 제2항)로 처벌된다. 그러나 이러한 신고의무는 언제나 요구되는 것은 아니고, 교통사고의 규모, 사고당시의 상황, 운전자등의 조치내용 등을 종합적으로 고려할 때, 도로에서의 위험방지와 원활한 소통을 위하여 필요한 조치를 이미 한 때에는 신고의무가 없다.[4] 그러나 본 사례와 같이 교통사고로 대인·대물 교통사고를 내고도 안전확보조치를 취하지 않고 도주한 경우에는 대인·대물 교통사고를 포괄하여 1개의 도로교통법위반죄가 성립한다. 이때, 본죄와 특정범죄가중처벌등에관한법률위반(도주치상)죄는 모두 교통사고 이후의 작위의무위반에 대한 것이기는 하나 각 구성요건상의 행위의 태

---

1) 대법원 2011. 3. 10. 선고 2010도16027 판결(혈중알코올농도 0.197%의 음주상태에서 차량을 운전하다가 교통사고를 일으켜 피해자에게 상해를 입힌 운전자가, 피해자 병원 이송과 경찰관 사고현장 도착 전에 견인차량 기사를 통해 피해자에게 신분증을 교부한 후 피해자의 동의 없이 일방적으로 현장을 이탈하였다가 약 20분 후 되돌아온 사안에서, 위 운전자의 행위가 구 특정범죄가중처벌등에관한법률 제5조의3 제1항의 '피해자를 구호하는 등 조치를 취하지 아니하고 도주한 때'에 해당한다고 한 사례).

2) 대법원 2002. 1. 25. 선고 2001도6408 판결.

3) 대법원 1993. 11. 26. 선고 93도2346 판결.

4) 대법원 1991. 6. 25. 선고 91도1013 판결(승용차를 운전하다가 상가지대로서 도로 폭이 30미터인 편도 2차선 도로에서 야간인 23:30경이어서 교통량이 많지 않을 때 횡단보도를 건너던 피해자 2명을 치어 중상을 입히는 교통사고를 일으켰으나, 사고 직후 피해자들을 병원으로 데려간 피고인에게 도로교통법 제50조 제2항에서 규정한 신고의무가 있다고 할 수 없다고 한 사례).

양, 시간적·장소적인 연관성 등을 종합해 볼 때 실체적 경합관계에 있다.[1]

㈃ 그 밖에 대물사고와 관련된 도로교통법위반죄의 성립 여부

甲은 위와 같이 교통사고를 일으켜 B의 승용차에 수리비 50만 원이 들도록 앞 범퍼를 손괴하고도 그대로 달아났다. 업무상과실로 B의 승용차를 손괴한 행위는 도로교통법위반죄(동법 제151조)에 해당한다. 본 죄는 반의사불벌죄이지만(교통사고처리 특례법 제3조 제2항), B가 甲에 대한 처벌을 원하고 있고, 위 차량이 자동차종합보험에 가입되어 있지 않으므로 공소를 제기할 수 있다. 앞에서 살펴본 대로 교통사고발생 시 미신고에 대한 도로교통법위반죄는 대인·대물 교통사고를 포괄하여 1개의 도로교통법위반죄가 성립하고, 대인 교통사고와 관련된 도로교통법위반(사고후미조치)죄는 특정범죄가중처벌등에관한법률위반(도주치상)죄에 흡수되지만 대물 교통사고와 관련된 도로교통법위반(사고후미조치)죄는 별도로 성립한다(상상적 경합관계).

이때, 업무상과실재물손괴에 대한 도로교통법위반죄와 도로교통법위반(사고후미조치)죄,[2] 미신고에 대한 도로교통법위반죄[3]는 각 실체적 경합관계이다.

㈄ 소결

교통사고와 관련하여 甲에 대하여는 ① 도로교통법위반(음주운전)죄, ② B와 C에 대한 각 특정범죄가중처벌등에관한법률위반(도주치상)죄, ③ 교통사고 발생 시 미신고에 대한 도로교통법위반죄, ④ 업무상과실재물손괴에 대한 도로교통법위반죄, ⑤ 도로교통법위반(사고후미조치)죄가 각 성립한다. 이 중에서 ②와 ⑤는 상상적 경합관계이고,[4] 나머지 죄들은 각 실체적 경합관계이다.[5]

(4) D에게 자동차를 매도하고 매매대금을 수령한 행위

甲이 취득한 A의 자동차는 업무상횡령죄의 장물에 해당한다. 범죄에 의하여 획득한 위법한 이익을 확보하거나 사용·처분하는 구성요건에 해당하는 사후행위가 이미 주된 범죄에 의하여 완전히 평가된 경우에는 불가벌적 사후행위로서 별도로 범죄

---

1) 대법원 1992. 11. 13. 선고 92도1749 판결. 다만, 실무에서는 별도로 의율하지 않기도 한다. 한편, 두 범죄사실의 기초가 되는 사회적 사실관계도 상이하므로 가령 도로교통법위반죄에 대하여 약식명령이 확정되었다 하여도 그 기판력이 특정범죄가중처벌등에관한법률위반(도주치상)죄에 미치지 않는다.
2) 대법원 1991. 6. 14. 선고 91도253 판결.
3) 대법원 1993. 5. 22. 선고 93도49 판결.
4) 대법원 1996. 4. 12. 선고 95도2312 판결.
5) 대법원 1996. 4. 12. 선고 95도2312 판결은 ②와 ④는 실체적 경합관계라고 판시하고 있다. 이에 대하여 상상적 경합관계라고 하는 견해도 있다.

를 구성하지 않는다.1) 그러나 사후행위가 타인이나 동일 피해자의 새로운 법익을 침해한 경우에는 불가벌적 사후행위에 해당되지 않고 별도로 처벌된다.

본 사례에서 甲은 D에게 장물인 자동차가 마치 정상적인 자기 소유의 물건인 것처럼 속여 이를 매도하면서 매매대금 5,000만 원을 교부받았으므로 별도로 사기죄가 성립하는지 문제된다. 요컨대, D에게 자동차를 매도하고 매매대금을 수령한 행위가 새로운 법익을 침해하느냐의 문제이다. 자동차는 인도에 의하여 소유권이 공시되는 일반물건과는 달리, 등록원부에 등재됨으로써 소유권이 공시되고 자동차 소유권의 득실변경은 등록하지 않으면 효력이 없다(자동차관리법 제6조). 甲은 장물인 자동차가 마치 정상적인 자기 소유 자동차인 것처럼 D를 속여 이를 매도하고 대금 5,000만 원을 교부받고 D 명의로 이전등록도 해 주지 않았으므로, D에 대하여 새로운 법익이 침해되었다고 할 것이다. 따라서 甲에 대하여 사기죄(형법 제347조 제1항)가 성립한다. 한편 D는 甲의 동거하지 않는 4촌 동생으로 상대적 친고죄(형법 제354조, 제328조 제2항)에 해당하는데, D가 고소하였으므로 공소를 제기할 수 있다.

(5) 도박한 행위

도박한 경우에는 도박죄(형법 제246조 제1항)가 성립한다. 도박은 재물 또는 재산상 이익(이하, 재물 등이라 한다)을 걸고 하여야 하며, 이는 재물 등을 승자에게 줄 것을 약속하는 것을 말한다. 도박은 재물 등을 걸고 우연에 의하여 그 득실을 결정하여야 한다. 사기도박과 같이 우연성 없는 편면적 도박의 경우 도박죄가 성립하지 않는다.2) 그리고 일시오락의 정도에 불과한 때에는 도박죄가 성립하지 않는다(형법 제246조 제1항 단서). 일시오락의 정도에 불과한 것인가는 도박의 시간과 장소, 도박에 건 재물 등의 가액, 도박에 가담한 자들의 사회적 지위나 재산정도 및 도박으로 인한 이득의 용도 등 여러 가지 사정을 참작하여 판단하여야 한다.3)

본 사례에서 甲은 화투패의 우열이란 우연성에 따라 판돈을 가져가는 방법으로 도박을 하였으므로 도박에 해당하고, 도박으로 5,000만 원을 잃은 사정으로 보아 일시오락에 불과하다고 볼 수도 없다. 따라서 甲에 대하여 도박죄가 성립한다.

---

1) 그 근거에 관하여는 ① 주된 범죄의 불법 내용에 의하여 이미 평가되었기 때문에 흡수관계에 해당한다는 견해와 ② 주된 범죄와 포괄하여 처벌되기 때문에 포괄일죄에 해당한다는 견해의 대립이 있다. ②설에서는 이를 '공벌적 사후행위'라고 한다.
2) 대법원 2011. 1. 13. 선고 2010도9330 판결.
3) 대법원 1985. 11. 12. 선고 85도2096 판결.

3. 乙의 형사책임

횡령죄는 타인의 재물을 보관하는 자만이 주체가 될 수 있는 신분범이며, 여기의 신분은 구성적 신분(진정신분범)이다. 甲에 대하여 업무상횡령죄가 성립하는데, 甲과 공모한 비신분자인 처 乙도 업무상횡령죄의 공동정범이 되는지 여부가 문제된다.

공범과 신분에 관한 형법 제33조는 "신분이 있어야 성립되는 범죄에 신분 없는 사람이 가담한 경우에는 그 신분 없는 사람에게도 제30조부터 제32조까지의 규정을 적용한다. 다만, 신분 때문에 형의 경중이 달라지는 경우에 신분이 없는 사람은 무거운 형으로 벌하지 아니한다."고 규정하고 있다. 여기서 형법 제33조 본문의 '신분이 있어야 성립되는 범죄'와 관련하여 그 성격에 관하여, ① 진정신분범에 대해서만 적용된다는 진정신분범적용설(통설), ② 진정신분범뿐만 아니라 부진정신분범에도 적용된다는 진정신분범 및 부진정신분범 전부적용설이 대립된다. 판례[1]는 ②설과 같은 입장이다. 그러나 어느 견해에 의하더라도 진정신분범의 성립근거규정이 형법 제33조 본문인 점에는 다툼이 없다.

본 사례에서 형법 제33조 본문에 따라 乙에 대하여 업무상횡령죄가 성립하고, 다만 제33조 단서에 따라 횡령죄의 형으로 처벌된다.[2]

공범과 신분

(1) 형법 제33조의 해석

㉮ 본문

신분이 있어야 성립되는 범죄에 가담한 행위는 그 신분 없는 사람에게도 형법 제30조(공동정범), 제31조(교사범), 제32조(종범)의 규정을 적용한다(형법 제33조 본문). 甲은 乙의 교사범이므로 형법 제33조 본문 적용에 아무런 문제가 없으나, 부진정신분범인 존속살해죄가 위 '신분이 있어야 성립되는 범죄'에 해당되는지가 문제된다. 이에 대해서는 ① 부진정신분범에서는 신분이 범죄의 구성에 영향을 미치지 않고 형벌을 가감하는 기능을 가질 뿐이며, 별도로 형법 제33조 단서에서 이를 규정하고 있으므로 형법 제33조 본문은 진정신분범(예컨대, 수뢰죄 등)에 대하여만 적용된다는 견해(진정신분범적용설)(통설)[3]와 ② 형법 제33조 본문은

---

1) 대법원 1997. 12. 26. 선고 97도2609 판결.
2) 진정신분범에 가공한 비신분자에 대하여는 형법 제33조 본문에 따라 '제30조부터 제32조까지의 규정을 적용한다'고 하였으므로, '제30조부터 제32조까지의 규정'에 정한 대로 처벌하게 된다. 이런 점에서 형법 제33조 본문을 처벌근거라고 볼 수도 있다. 이에 대해서는 진정신분범이 성립하면 그 형벌로 처벌하는 것이 당연하므로 별도 처벌근거규정이 필요 없다는 견해도 있다. 한편, 입법론으로서 진정신분범에 가공한 비신분자에 대해서는 형을 감경하는 타당하다는 주장도 있다.
3) 이 견해에 대해서는, ⓐ 위와 같이 해석하면 부진정신분범에 대하여는 공범 성립의 근거규정이 없고,

진정신분범과 부진정신분범의 성립근거를 규정하고, 형법 제33조 단서는 부진정신분범의 과형만을 규정한 것이라는 견해(진정신분범 및 부진정신분범 전부적용설)[1]의 대립이 있다.

(나) 단서

"신분 때문에 형의 경중이 달라지는 경우에 신분이 없는 사람은 무거운 형으로 벌하지 아니한다"는 형법 제33조 단서의 성격에 관해서도 위 본문의 해석에 관한 학설의 대립이 그대로 적용된다. ① 위 본문의 진정신분범적용설의 입장에서는, 형법 제33조 본문은 진정신분범에 대해서만 적용되므로 단서는 부진정신분범의 성립근거인 동시에 과형을 규정한 것이라고 주장하고(부진정신분범의 성립근거 및 과형규정설)(통설), ② 위 본문의 진정신분범 및 부진정신분범 전부적용설의 입장에서는, 형법 제33조 본문이 진정신분범과 부진정신분범의 성립근거를 규정하고 단서는 부진정신분범의 과형만을 규정한 것이라고 주장한다(부진정신분범의 과형규정설).

(다) 소결

예컨대, 乙의 존속살해미수죄에 신분 없는 甲이 교사한 경우, ①설에 의하면 甲에 대하여 보통살인미수죄의 교사범이 성립하지만, ②설에 의하면 甲에 대하여 존속살해미수죄의 교사범이 성립하고, 다만 형법 제33조 단서에 의하여 보통살인미수죄의 교사범으로 처벌된다는 점에서 두 설의 차이가 있다. 이러한 형법 제33조 본문과 단서의 해석에 관하여 판례는 ②설과 같은 입장이다([관련판례]).[2]

관련판례

대법원 1997. 12. 26. 선고 97도2609 판결【특정범죄가중처벌등에관한법률위반(뇌물) · 특정경제범죄가중처벌등에관한법률위반(사기 · 횡령 · 증재등 · 알선수재) · 사기 · 제3자뇌물취득 · 제3자뇌물교부 · 뇌물공여 · 상호신용금고법위반(일부 인정된 죄명 : 배임) · 부정수표단속법위반】

<u>상호신용금고법 제39조 제1항 제2호[3]</u> 위반죄는 상호신용금고의 발기인 · 임원 · 관리

ⓑ 형법 제33조 단서는 부진정신분범의 과형에 대하여만 규정한 것이 명백하므로 형법 제33조 본문을 진정신분범에 제한하여 적용할 근거가 없다는 비판이 있다.

1) 이 견해에 대해서는, ⓐ 위와 같이 해석하면 진정신분범에 대한 과형에 관한 규정이 없게 되고, ⓑ 형법 제33조 본문이 '신분이 있어야 성립되는 범죄'라고 규정하고 있는데, 이는 구성적 신분, 즉 진정신분범에 관한 규정이라고 해석하여야 한다는 비판이 있다.

2) 대법원 1961. 8. 2. 선고 4294형상284 판결(처가 아들과 공동하여 남편을 살해한 때에 처에게도 존속살해죄의 공동정범을 인정한 사례).

3) 구 상호신용금고법 제39조(벌칙) ① 다음 각호의 1에 해당하는 자는 1년 이상 10년 이하의 징역 또는 1천만 원 이상 1억 원 이하의 벌금에 처한다.

  2. 상호신용금고의 발기인 · 임원 · 관리인 · 청산인 · 지배인 기타 상호신용금고의 영업에 관한 어느 종류 또는 특정한 사항의 위임을 받은 사용인으로서 그 업무에 위배한 행위로 재산상의 이익을 취득하거나 제3자로 하여금 이를 취득하게 하여 상호신용금고에 손해를 가한 자

인·청산인·지배인 기타 상호신용금고의 영업에 관한 어느 종류 또는 특정한 사항의 위임을 받은 사용인이 그 업무에 위배하여 배임행위를 한 때에 성립하는 것으로서, 이는 위와 같은 지위에 있는 자의 배임행위에 대한 형법상의 배임 내지 업무상배임 죄의 가중규정이고(대법원 1990. 11. 13. 선고 90도1885 판결 참조), 따라서 형법 제355 조 제2항의 배임죄와의 관계에서는 신분관계로 인하여 형의 경중이 있는 경우라고 할 것이다. 같은 취지의 원심의 판단은 옳고, 거기에 소론과 같은 상호신용금고법 제 39조 제1항 제2호와 형법 제33조에 관한 법리오해의 위법이 있다고 할 수 없다.

그리고 위와 같은 신분관계가 없는 자가 그러한 신분관계에 있는 자와 공모하여 위 상호신용금고법위반죄를 저질렀다면, 그러한 신분관계가 없는 자에 대하여는 형법 제33조 단서에 의하여 형법 제355조 제2항에 따라 처단하여야 할 것인바, 그러한 경 우에는 신분관계가 없는 자에게도 일단 업무상배임으로 인한 상호신용금고법 제39조 제1항 제2호 위반죄가 성립한 다음 형법 제33조 단서에 의하여 중한 형이 아닌 형법 제355조 제2항에 정한 형으로 처벌되는 것으로 보아야 할 것이다(대법원 1986. 10. 28. 선고 86도1517 판결 참조). 이 점에서 원심이 위와 같은 신분관계가 없는 피고인 甲의 그 판시 행위에 대하여 이를 곧바로 형법 제355조 제2항의 배임죄에 해당한다 고 판시한 것은 법률적용을 그르친 잘못이 있는 것이라고 할 것이나, 위 피고인으로 서는 어차피 같은 죄의 형으로 처벌되는 셈이므로 위와 같은 원심의 잘못은 판결 결 과에 영향이 없다.

4. 丙의 형사책임

(1) 사기죄의 성립 여부

㈎ 소송사기와 간접정범

丙이 甲에게 도박자금으로 빌려준 500만 원을 받기 위하여 E로 하여금 소송을 제기토록 한 행위와 관련해서는 이른바 '소송사기'가 문제된다. 소송사기란 법원에 허위의 사실을 주장하거나 허위의 증거를 제출함으로써 법원을 기망하여 승소판결을 받는 경우를 말한다. 피기망자는 법원이지만 피해자는 소송의 상대방이다. 피기망자 와 피해자가 일치하지 않지만 피기망자의 행위에 의하여 재물 또는 재산상 이익을 취득하였으므로 소송사기가 사기죄를 구성한다는 데 대하여는 의문이 없다.

소송사기가 사기죄로 인정되기 위해서는 제소 당시 그 주장과 같은 권리가 존재 하지 않는다는 것만으로는 부족하고, 그 주장의 권리가 존재하지 않는 사실을 잘 알 고 있으면서도 허위의 주장과 입증으로 법원을 기망한다는 인식을 요한다([관련판례]). 따라서 사실을 잘못 인식하거나 법률적 평가를 그릇하여 존재하지 않는 채권을 존재 한다고 믿고 제소한 때에는 사기죄가 성립하지 않는다.[1] 기망행위가 있을 것을 요하므로 단순히 상대방에게 유리한 증거를 제출하지 않거나 상대방에게 유리한 사실을 진술하지 않은 행위만으로는 사기죄가 성립하지 않는다.[1] 그러나 법원을 기망한다는 고의가 있는 경우에는 반드시 허위의 증거를 이용하지 않더라도 당사자의 주장이 법원을 기망하기에 충분한 것이라면 기망수단이 된다([관련판례]).

소송사기는 허위의 주장과 입증을 담은 소장을 제출한 때 또는 허위내용의 서류를 증거로 제출하거나 그러한 주장을 담은 답변서나 준비서면을 제출한 때에 실행의 착수가 인정된다.[2] 그리고 법원을 기망하여 승소판결이 확정되면 이미 재산상의 이익을 취득한 것으로 보아야 하기 때문에 기수에 이른다.[3]

본 사례의 경우, 丙은 甲에게 도박자금으로 500만 원을 빌려주었으므로 민법 제746조의 불법원인급여에 해당하여 丙에 대한 반환청구권이 없다. 그럼에도 불구하고 500만 원을 반환받을 근거를 마련하기 위하여 500만 원 상당의 물품을 납품하여 납품대금채권이 있는 것처럼 허위의 계약서를 작성하였다. 그리고 甲과는 담보조로 보관만 하기로 하였을 뿐, 실제 이를 행사하기로 한 사실도 없고 실제 반환청구권이 있는 물품대금채권도 존재하지 않았다. 그런데도 丙은 이처럼 500만 원 상당의 채권이 존재하지 않는다는 것을 잘 알고 있으면서도 그 사정을 모르는 변호사인 아들 E에게 실제로 채권이 있는 것처럼 거짓말하였다. 이에 따라 E는 위 계약서를 근거로 甲을 상대로 물품대금청구의 소를 제기하였다. E의 소제기행위는 소송사기에 해당하지만, E는 그러한 사정을 알지 못하였으므로 구성요건적 고의를 인정할 수 없다. 결국 丙은 고의 없는 도구 E를 이용하여 사기죄의 실행에 착수한 간접정범(형법 제34조)에 해당한다.

 관련판례

대법원 2011. 9. 8. 선고 2011도7262 판결【특정경제범죄가중처벌등에관한법률위반(횡령) · 특정경제범죄가중처벌등에관한법률위반(배임) · 유가증권위조 · 위조유가증권행사 · 사문서위조 · 위조사문서행사 · 공정증서원본불실기재 · 불실기재공정증서원본행사 · 사기미수 · 신용훼손 · 무고 · 범인은닉 · 사기 · 성폭력범죄의처벌및피해자보호등에관한법률위반(카메라등이용촬영) · 상해 · 협박】

소송사기는 법원을 기망하여 제3자의 재물을 편취할 것을 기도하는 것을 내용으로

---

1) 대법원 2003. 5. 16. 선고 2003도373 판결.
1) 대법원 2002. 6. 28. 선고 2001도1610 판결.
2) 대법원 2003. 7. 22. 선고 2003도1951 판결.
3) 대법원 1998. 2. 27. 선고 97도2786 판결.

하는 것으로서, 사기죄로 인정하기 위하여는 제소 당시 그 주장과 같은 권리가 존재하지 않는다는 것만으로는 부족하고, 그 주장의 권리가 존재하지 않는 사실을 잘 알고 있으면서도 허위의 주장과 입증으로 법원을 기망한다는 인식을 요한다(대법원 2003. 5. 16. 선고 2003도373 판결 등 참조). 그러나 허위의 내용으로 소송을 제기하여 법원을 기망한다는 고의가 있는 경우에 법원을 기망하는 것은 반드시 허위의 증거를 이용하지 않더라도 당사자의 주장이 법원을 기망하기에 충분한 것이라면 기망수단이 된다(대법원 2004. 6. 24. 선고 2002도4151 판결 등 참조).

원심판결 이유에 의하면, 원심은, 그 판시와 같은 사정을 종합하여 피고인 3이 운영하는 공소외 5 주식회사와 공소외 2 주식회사 사이의 물품공급계약서는 피고인 1, 3이 공소외 2 주식회사 명의의 어음을 할인하여 자금을 조달할 목적으로 허위로 작성한 것일 뿐 물품공급을 목적으로 체결한 것이 아니고 실제로 공소외 5 주식회사가 위 계약에 따른 물품공급을 한 사실도 전혀 없다고 인정하였다. 위 인정사실을 기초로 원심은, 피고인 3이 위 물품공급계약에 따른 공급을 완료하였음을 전제로 하여 공소외 2 주식회사를 상대로 물품대금 청구소송을 제기하면서 그 증거자료로 위 물품공급계약서를 제출한 행위는 사기미수죄에 해당하고, 공소외 6 등 공소외 2 주식회사 임원을 같은 취지로 고소한 것도 허위 사실의 신고로서 무고죄에 해당한다고 판단하였다.

위 법리와 기록에 비추어 살펴보면, 원심의 사실인정 및 판단은 모두 정당한 것으로 수긍할 수 있고, 거기에 상고이유 주장과 같이 소송사기의 범의에 관한 법리를 오해하거나 논리와 경험칙에 위배하여 자유심증주의의 한계를 벗어난 등의 위법이 없다. ●

⑷ 간접정범의 미수

丙은 허위의 소송을 제기하여 승소판결을 받으려고 하였으나 뒤늦게 丙의 말이 거짓임을 알게 된 E가 소를 취하하여 승소판결을 받지 못하였다. 따라서 소송사기는 실행의 착수만 있을 뿐, 기수에 이르지 못하였다. E는 소송사기임을 알고 자의로 범행을 중지하였지만, 丙은 도구인 E가 교사한 대로 행동하지 않음으로써 미수에 그친 것이므로 장애미수에 해당한다.

이때 丙을 ① 간접정범에 관한 형법 제34조 제1항의 규정에 따라 '교사의 예', 즉 사기교사미수죄로 처벌할 것인지, 아니면 ② 사기죄의 미수, 즉 사기미수죄로 처벌할 것인지가 문제된다. 형법 제34조 제1항은 '범죄행위의 결과를 발생하게 한 경우'에 '교사 또는 방조의 예'에 따라 처벌하도록 규정하고 있으므로, 교사 또는 방조의 예에 의하는 것은 성공한 교사(형법 제31조 제1항)와 방조(형법 제32조)의 경우에 한한다. 실패한 교사의 경우에는 예비 또는 음모에 준하여 처벌하는데(형법 제31조 제2항, 제3항), 간접정범은 정범이고 그 실행의 착수는 이용자의 이용행위에 의하여 개시되는 것이므로 실행에 착수한 이후에 예비 또는 음모에 준하여 처벌한다는 것도 있을 수 없다. 따라서 간접정범의 미수의 경우에는 간접정범인 죄의 미수로 처벌하여야 한다(통설).

본 사례에서 피이용자인 E가 실행에 착수한 후 임의로 소를 취하하여 범죄행위의 결과가 발생하지 않았으므로 丙에 대하여 사기미수죄(형법 제352조, 제347조 제1항)가 성립한다.

(2) 도박방조죄의 성립 여부

丙이 甲에게 도박자금으로 500만 원을 빌려준 것이 도박방조죄(형법 제246조 제1항, 제32조 제1항)에 해당하는지 문제된다.

형법상 방조행위는 정범이 범행을 한다는 정을 알면서 그 실행행위를 용이하게 하는 직접·간접의 행위를 말하므로, 방조범은 정범의 실행을 방조한다는 이른바 방조의 고의와 정범의 행위가 구성요건에 해당하는 행위인 점에 대한 정범의 고의가 있어야 한다.[1] 丙은 甲이 도박행위를 하고 있다는 점을 잘 알고 있었으므로 정범의 고의는 인정된다. 문제는 甲의 도박행위를 용이하게 하기 위하여 돈을 빌려준다는 인식, 즉 방조의 고의가 있었는지 여부이다. 丙은 甲이 도박을 하는 줄 모르고 함께 도박하는 곳에 갔고, 처음에는 돈을 빌려주지 않으려고 하였으나 계속되는 甲의 요구에 마지못해 돈을 빌려주기는 하였으나, 돈을 빌려줌으로써 甲이 계속 도박을 할 수 있게 될 것이라는 사실을 알았으므로 방조의 고의를 인정할 수 있다.[2] 따라서 丙에 대하여 도박방조죄가 성립한다.

5. 설문의 해결

甲에 대하여 ① 도로교통법위반(음주운전)죄, ② B와 C에 대한 각 특정범죄가중처벌등에관한법률위반(도주치상)죄, ③ 미신고에 대한 도로교통법위반죄, ④ 업무상과실재산손괴에 대한 도로교통법위반죄, ⑤ 도로교통법위반(사고후미조치)죄, ⑥ 업무상횡령죄의 공동정범, ⑦ 보험사기방지특별법위반죄, ⑧ 사기죄, ⑨ 도박죄가 각 성립한다. 이 중에서 ②와 ⑤는 상상적 경합관계이고, 나머지 죄들은 각 실체적 경합관계이다.

---

1) 대법원 2012. 6. 28. 선고 2012도2628 판결; 대법원 2018. 1. 25. 선고 2016도18715 판결.
2) 판례도 도박을 한다는 사실을 알면서 그 자금을 빌려준 행위에 대하여 도박방조죄를 인정하고 있다(대법원 1982. 9. 28. 선고 82도1669 판결).

乙에 대하여는 업무상횡령죄의 공동정범이 성립하고, 丙에 대하여는 사기미수죄와 도박방조죄가 각 성립하고, 두 죄는 실체적 경합관계이다.

II. 제2문 — 수사보고서의 증거능력

1. 문제의 제기

경찰관 Q가 작성한 B와 C의 상처와 관련된 수사보고서에 대하여 甲은 증거부동의를 하였고, Q는 법정에서 진정하게 성립되었다고 증언하였다. 이 경우 수사보고서의 증거능력이 인정되는지 여부가 문제된다.

수사보고서는 수사기관의 직원이 수사의 과정에서 필요한 조사를 하고 그 결과를 상사에게 보고하는 문서로서 그 내용은 다종다양하다. 이러한 수사보고서(첨부물 포함)의 증거능력은 그 내용에 따라 개별적으로 판단하여야 한다. ① 그 내용이 작성자의 단순한 의견, 추측을 기재한 것은 전문 이전의 문제로서 증거가 되지 않는다(의견증거).[1] ② 체포의 적법성, 처벌희망 의사표시의 철회[2] 등과 같이 소송상의 사실을 증명하는 데 사용하는 경우에는 그 사실이 엄격한 증명이 아닌 자유로운 증명의 대상이므로 증거능력이 없더라도 이를 사용할 수 있다. ③ 수사보고서의 내용이 전문증거가 아닌 경우에는 증거 일반에 요구되는 관련성과 진정성이 인정되면 증거능력이 인정되는데, 수사보고서 자체는 형사소송법 제313조 제1항의 '피고인이 아닌 자가 작성한 진술서'에 해당되어 공판준비 또는 공판기일에서의 그 작성자의 진술에 의하여 그 성립의 진정함이 인정되면 증거로 사용할 수 있다([관련판례]). 나아가 ④ 수사보고서의 내용이 전문증거에 해당하는 경우에는 수사보고서 자체의 증거능력에 더하여, 그 내용이 전문법칙의 예외에 관한 형사소송법 제311조 내지 제316조의 어느 규정의 적용대상인지에 따라 그 증거능력을 판단해야 할 것이다.[3] 그리고 ⑤ 수사보고서가 특히 신용할 만한 정황에 의하여 작성된 경우에는 예외적으로 형사소송법 제315조 제3호에 의하여 당연히 증거능력이 인정된다.[4]

---

1) 서울중앙지방법원 2016. 6. 10. 선고 2015가합543172 판결.
2) 대법원 2010. 10. 14. 선고 2010도5610, 2010전도31 판결(검사가 피해자와의 전화통화를 기재한 증거능력 없는 수사보고서).
3) 대법원 1999. 2. 26. 선고 98도2742 판결.
4) 수사보고서는 원칙적으로 형사소송법 제315조의 당연히 증거능력이 있는 서류에는 해당하지 않는다. 다만, 판례 중에는 수사보고서에 대하여 형사소송법 제315조 제3호에 해당한다고 판시한 것이 있다.

위 수사보고서 자체는 甲이 증거부동의를 하였으나 경찰관 Q가 법정에서 진정성립을 인정하였으므로 '경찰관 Q가 위와 같은 내용의 수사보고서 자체를 작성하였다는 사실'을 입증하는 증거로는 증거능력이 있다. 수사보고서의 내용에 관하여는 ① Q가 B와 C의 상처를 목격·관찰한 사실을 기재한 부분과 ② B가 위와 같은 상처가 났지만 진단서를 제출할 수 없다고 말한 내용을 기재한 부분이 있으므로 이를 나누어 그 증거능력을 살펴본다.

 관련판례

대법원 2013. 2. 15. 선고 2010도3504 판결【국가보안법위반(찬양·고무등)】

(1) 원심판결 이유 및 기록에 의하면, 원심이 유지한 제1심 채택 증거 중, (중략) 수사보고(피고인 2 주거지에서 전국회의 관련 문건 입수)는 수사기관이 위 각 수사보고에 첨부된 자료를 입수하게 된 경위, 그 자료의 내용, 혐의사실과의 관련성 등을 기재한 것이고, 각 첨부 자료는 정보저장매체에 기억된 문자정보를 출력한 것으로서 그 작성자가 밝혀지지 아니하였거나 작성자 또는 진술자의 진술에 의하여 그 성립의 진정함이 증명되지 아니한 것임을 알 수 있다.

(2) 위 증거들 중 수사보고(기초교양자료집 및 감정서), 수사보고(CD: 현대조선역사, 조선로동당 4, 5차 대회, 주체사상 총서 등), 수사보고[CD: 공소외 1 - 북(조선)의 선군정치와 한(조선)반도의 정세 등], 수사보고(피고인 2 주거지에서 전국회의 관련 문건 입수)의 경우, 원심판결 이유 및 제1심이 적법하게 채택하고 원심이 유지한 증거에 의하면, 각 첨부 자료는 그 내용의 진실성을 요증사실로 하는 것이 아니라, 그 자료 자체가 이적표현물에 해당한다는 점 또는 수사기관이 피고인 2의 주거지에서 입수한 해당 첨부 자료가 전국회의 ○○지부 사무실 등에서 발견된 기존 증거와 동일한 것이라는 점을 증명하기 위한 것으로서, 그와 같은 내용을 담은 자료의 존재 자체가 요증사실인 증거에 해당하고, 위 각 수사보고의 작성자인 경찰관 공소외 2가 제1심 공판기일에 증인으로 출석하여 그 성립의 진정에 관하여 진술한 사실이 인정된다.

이를 앞서 본 증거능력에 관한 법리에 비추어 살펴보면, 위 각 첨부 자료는 전문법칙이 적용되는 증거라고 할 수 없고 달리 그 증거능력을 배척할 사유가 없으며, 위 각 수사보고는 이러한 첨부 자료의 입수경위와 내용 등을 요약·설명한 서류로서 그 작성자의 공판기일 진술에 의하여 그 성립의 진정함이 증명되었으므로, 형사소송법 제313조 제1항에

즉, "사법경찰관 작성의 새세대 16호에 대한 수사보고서는 피고인이 검찰에서 소지·탐독사실을 인정하고 있는 새세대 16호라는 유인물의 내용을 분석하고, 이를 기계적으로 복사하여 그 말미에 그대로 첨부한 문서로서 그 신용성이 담보되어 있어 형사소송법 제315조 제3호 소정의 '기타 특히 신용할 만한정황에 의하여 작성된 문서'에 해당되는 문서로서 당연히 증거능력이 인정된다"고 판시하였다(대법원 1992. 8. 14. 선고 92도1211 판결).

의하여 증거로 할 수 있다고 할 것이다. 따라서 원심이 위 각 수사보고를 증거로 채택한 제1심을 유지한 조치에 상고이유의 주장과 같은 증거법칙 위반의 잘못이 없다.

(3) 한편 위 증거들 중 나머지 각 수사보고의 경우, 만일 원심이 거기에 첨부된 자료 내용의 진실함을 요증사실로 하여 해당 자료를 증거로 채택하였고, 이를 전제로 위 각 수사보고를 피고인들에 대한 유죄의 증거로 삼아 피고인들의 행위와 민주노동자 전국회의 ○○지부와의 관련성 등에 관한 판시 사정을 인정한 것이라면 이는 적법하다고 할 수 없다. 앞서 본 증거능력에 관한 법리에 비추어 볼 때, 그 경우 위 각 수사보고에 첨부된 자료는 전문법칙에 의하여 그 증거능력을 인정할 수 없고, 이처럼 증거능력이 없는 증거의 내용을 요약·설명한 데 불과한 수사보고 역시 유죄의 증거로 삼을 수 없다고 할 것이기 때문이다.

2. 수사보고서의 증거능력
(1) B와 C의 상처에 관하여 기재한 부분

경찰관 Q는 B와 C의 상처를 관찰하고 목격한 다음 이를 수사보고서에 기재하였다. 오관의 작용에 의하여 물건, 인체 또는 장소의 존재, 형태, 성질과 상태 등을 실험·관찰하여 인식하는 것을 검증이라 한다. 따라서 위 수사보고서는 검증의 결과가 기재된 수사보고서이다. 검증의 결과를 기재한 것은 전문증거이므로 형사소송법 제311조 내지 제316조의 각 규정에 해당하여야 이를 증거로 할 수 있다.

첫째, 형사소송법 제312조 제6항의 '사법경찰관이 검증의 결과를 기재한 조서', 즉 검증조서에 해당하는지 살펴본다. 위 수사보고서는 단지 수사의 경위 및 결과를 내부적으로 보고하기 위하여 작성된 서류에 불과할 뿐 형사소송법에서 정한 검증의 적법한 절차(형소법 제215조 내지 제217조)에 따라 검증한 뒤 검증조서의 형식으로 작성된 것이 아니므로 검증조서라고 할 수 없다.

둘째, 실황조사서(실황조서)에 해당하는지 살펴본다. 수사기관은 범죄의 현장 기타 장소에 임하여 실황을 조사하는 실황조사를 할 수 있는데(검찰사건사무규칙 제51조, 경찰수사규칙 제41조), 실황조사는 일종의 임의처분으로 행해지는 검증이다. 실황을 조사할 때 작성하는 실황조사서에 대하여도 검증조서의 증거능력에 관한 규정인 형사소송법 제312조 제6항에 의하여 증거능력을 인정할 수 있는지에 관하여는, ① 부정설, ② 긍정설(통설), ③ 허용되지만 사후에 검증영장을 발부받아야 한다는 절충설의 대립이 있다. 피의자의 동의에 의한 임의수사로서의 검증이 불가능한 일이 아니고, 승낙에 의한 검증의 결과가 정확성에 있어서 실질적으로 검증조서와 다르지 않은 이상 수사기관의 실황조사서도 형사소송법 제312조 제6항에 의하여 증거능력을 판단해야 할 것이다. 판례도 실황조사서의 증거능력을 정면으로 인정한 것은 없으나 간접적으로 이를 긍정하고 있다([관련판례]).[1] 그런데 위 수사보고서는 수사결과 등에 대한 내부보고서일 뿐 실황조사 후 법적 절차와 양식에 따라 작성한 실황조사서라고 할 수 없다.

셋째, 그 내용과 관련하여 판례는 위 수사보고서는 형사소송법 제313조 제1항의 '피고인 또는 피고인이 아닌 자가 작성한 진술서나 그 진술을 기재한 서류'라고 할 수도 없고, 형사소송법 제311조, 제315조, 제316조의 적용대상도 되지 않으므로, 비록 그 작성자인 Q가 법정에서 진정성립을 인정하였더라도 이를 증거로 할 수 없다고 한다([관련판례]). 이에 대하여 Q가 상해부위를 보았다는 진술서로서 형사소송법 제313조 제1항에 따라 증거능력이 있다는 견해가 있다.

(2) B의 진술을 기재한 부분

B가 위와 같은 상처는 났지만 진단서를 제출할 수 없다는 진술을 기재한 부분은 검증의 결과에 해당하는 내용을 기재한 것이 아니라 B의 진술을 기재한 것이다. 판례는 위 수사보고서는 원진술자인 B의 자필로 기재되거나 B의 서명 또는 날인이 있는 서류가 아닐 뿐더러 공판준비 또는 공판기일에서 원진술자인 B의 진술에 의하여 그 성립의 진정함이 증명되지 않았으므로 형사소송법 제313조 제1항의 요건을 갖추지 못하여 그 증거능력이 없다고 한다([관련판례]).[2] 이에 대하여 '상처가 났다'는 기재부분은 판례와 같이 B의 서명·날인이 없어 형사소송법 제313조 제1항의 적용대상인 진술기재서류에 해당하지 않고, 나아가 형사소송법 제316조 제2항의 요건도 갖추지 못하여 증거능력이 없으나, '진단서를 제출할 수 없다'는 기재부분은 의사표시로서 전문증거가 아니므로 Q의 법정진술로 위 수사보고서의 진정성립이 증명된 이상 증거능력이 있다는 견해가 있다.

3. 설문의 해결

판례에 의하면 경찰관 Q가 작성한 수사보고서는 증거능력이 없다.

---

1) 대법원 1982. 9. 14. 선고 82도1504 판결(실황조사서는 원작성자의 공판기일의 진술에 의하여 그 성립의 진정함이 인정되었으므로 위 서류를 유죄인정의 증거로 채택한 것은 적법하다). 이와는 달리 범행현장에서 긴급하게 실황조사를 한 후 사후영장을 받지 않은 실황조서는 유죄의 증거로 할 수 없다는 판례가 있는데(대법원 1989. 3. 14. 선고 88도1399 판결), 이 판결은 사실상 실황조사서의 증거능력을 부인한 것으로 해석하는 견해도 있다(본 판결 평석은 강용현, "사법경찰관 사무취급작성의 실황조사서의 증거능력", 형사판례연구 [2], 1994, 276-286면).

2) 대법원 2010. 10. 14. 선고 2010도5610, 2010전도31 판결(피해자의 전화통화 내용을 기재한 검사 작성의 수사보고서); 대법원 1999. 2. 26. 선고 98도2742 판결(두 사람의 전화통화 내용을 기재한 검찰주사보 작성의 수사보고서).

관련판례

대법원 2001. 5. 29. 선고 2000도2933 판결【폭력행위등처벌에관한법률위반】

원심이 인용한 제1심판결의 채용증거 중 수사보고서(수사기록 제9장)는 수신을 경찰서장, 참조를 형사과장, 제목을 수사보고로 하여, 그 내용이 "1998. 2. 23. 02:00경 안양시 동안구 관양2동 소재 백운나이트 앞 노상에서 발생한 폭력행위등처벌에관한법률위반 피의사건에 대하여 다음과 같이 수사하였기에 보고합니다. 1. 견적서 미첨부에 대하여, 피고인 甲이 날이 밝으면 견적서를 제출한다 하고, 2. 진단서 미제출에 대하여, 피고인 甲, 乙 서로 왼쪽 눈부위에 타박상이 있고, 피고인 甲은 무릎에도 찰과상이 있는데 현재 심야인 관계로 날이 밝으면 치료 후 진단서 제출한다 하기에 이상과 같이 수사보고합니다."라고 되어 있고, 그 밑에 작성경찰관인 경장 조계원이 자신의 소속 및 계급과 이름을 타자한 후 날인한 것으로서, 피고인들은 위 수사보고서에 대하여 증거로 함에 동의하지 않았고 제1심 법정에서 증인 A가 위 수사보고서를 진정하게 작성하였다고 진술하고 있으나, 위 수사보고서는 전문증거이므로 형사소송법 제310조의2에 의하여 같은 법 제311조 내지 제316조의 각 규정에 해당하지 아니하는 한 이를 증거로 할 수 없는 것이다. 나아가 위 수사보고서 중 "피고인 甲, 乙 서로 왼쪽 눈부위에 타박상이 있고, 피고인 甲은 무릎에도 찰과상이 있다."라는 기재 부분은 검찰사건사무규칙 제17조에 의하여 검사가 범죄의 현장 기타 장소에서 실황조사를 한 후 작성하는 실황조서 또는 사법경찰관리집무규칙 제49조 제1항, 제2항에 의하여 사법경찰관이 수사상 필요하다고 인정하여 범죄현장 또는 기타 장소에 임하여 실황을 조사할 때 작성하는 실황조사서에 해당하지 아니하며, 단지 수사의 경위 및 결과를 내부적으로 보고하기 위하여 작성된 서류에 불과하므로 그 안에 검증의 결과에 해당하는 기재가 있다고 하여 이를 형사소송법 제312조 제1항의 '검사 또는 사법경찰관이 검증의 결과를 기재한 조서'라고 할 수 없을 뿐만 아니라 이를 같은 법 제313조 제1항의 '피고인 또는 피고인이 아닌 자가 작성한 진술서나 그 진술을 기재한 서류'라고 할 수도 없고, 같은 법 제311조, 제315조, 제316조의 적용대상이 되지 아니함이 분명하므로 그 기재 부분은 증거로 할 수 없고, 또한 위 수사보고서 중 "날이 밝으면 치료 후 진단서 제출한다고 한다."라는 기재 부분은 진술자인 피고인들이 각 상대방에 대한 피해자의 지위에서 진술한 것으로서 진술자들의 자필이 아닐 뿐만 아니라 그 서명 또는 날인도 없으며, 공판준비 또는 공판기일에서 진술자들의 진술에 의하여 그 성립의 진정함이 증명되지도 않았으므로 형사소송법 제313조 제1항의 요건을 갖추지 못하여 그 기재부분 역시 증거로 할 수 없다고 할 것이다. 그럼에도 원심이 위 수사보고서를 증거로 인용한 조치는 위법하다고 할 것이므로, 이 점을 지적하는 상고이유의 주장은 이유 있다.

Ⅲ. 제3문 — 수사보고서 첨부서류의 증거능력

1. 문제의 제기

甲은 고소장을 우편으로 송부받아 접수하였다는 내용의 수사보고서에 대하여는 증거동의하였으나, 공소사실 즉 고소내용에 대하여는 부인하고 있다. 이 경우, 수사보고서의 첨부서류인 고소장에 대하여 수사보고서와 일체로 증거능력이 인정되는지가 문제된다.

2. 수사보고서 첨부서류의 증거능력

수사기관이 수사과정에서 수집한 자료를 기록에 현출시키는 방법으로 자료의 의미, 성격, 혐의사실과의 관련성 등을 수사보고의 형태로 요약·설명하고 해당 자료를 수사보고에 첨부하는 경우, 수사보고에 기재된 내용은 수사기관이 첨부한 자료를 통하여 얻은 인식·판단·추론이거나 자료의 단순한 요약에 불과하여 원 자료로부터 독립하여 공소사실에 대한 증명력을 가질 수 없어 첨부자료에 대하여 별도로 증거신청·증거결정·증거조사 절차를 거치지 않으면 수사보고서와 일체로 증거능력을 인정할 수 없다([관련판례]).

첨부서류가 매매계약서와 같이 전문증거가 아닌 경우에는 첨부서류의 진정성 입증만 되면 증거로 사용할 수 있고, 첨부자료의 입수경위 등을 설명한 수사보고서는 형사소송법 제313조 제1항에 의하여 증거로 사용할 수 있다.[1] 반면에 첨부서류가 전문증거인 경우에는 별도로 증거조사를 거쳐 전문법칙의 예외에 해당할 경우에만 증거로 사용할 수 있다.[2]

본 사례에서 첨부서류인 고소장은 D의 진술을 내용으로 하는 전문증거이다. 따라서 수사보고서에 대하여 증거동의를 하였더라도 D의 진술이 담긴 증거에 대하여 증거부동의한 이상, 수사보고서와 함께 증거신청된 고소장에 기재된 D의 진술은 전문법칙의 예외에 해당할 경우에만 증거로 사용할 수 있다.

---

[1] 대법원 2013. 2. 15. 선고 2010도3504. 그러나 수사보고서를 첨부서류의 진정성 입증수단으로 사용하는 경우에는, 자유로운 증명의 수단이므로 굳이 형사소송법 제313조 제1항의 요건까지 갖출 필요가 없다.

[2] 대법원 2011. 10. 13. 선고 2009도13846 판결. 피고인들의 체포장면이 녹화된 CD를 수사보고서에 첨부하여 수사보고서만을 서증으로 제출한 경우, CD에 대하여 별도의 증거조사절차를 거치지 않으면 유죄의 증거로 할 수 없다.

고소장은 기본적으로 형사소송법 제313조 제1항의 '피고인이 아닌 자가 작성한 진술서'로서 작성자(= 진술자)인 D의 서명날인이 있는 것이므로 공판준비나 공판기일에서의 D의 진술에 의하여 그 성립의 진정함이 증명되어야만 증거로 할 수 있다(형소법 제313조 제1항 본문).[1] 그런데 D는 생계를 이유로 법정에 출석하지 않았는데, 이러한 불출석 사유는 형사소송법 제314조에서 규정하고 있는 사망, 질병, 외국거주, 소재불명, 그 밖에 이에 준하는 사유에 해당하지 않으므로 그 증거능력을 인정할 수 없다.

 관련판례

대법원 2011. 7. 14. 선고 2011도3809 판결【특정범죄가중처벌등에관한법률위반(뇌물)】

기록에 의하면, 검찰관이 제1심 제1회 공판기일에 A가 작성한 제보문건(증거목록 순번 11, 이하 '고발장'이라고 한다)과 대전지방검찰청 검찰주사보가 작성한 수사보고(증거목록 순번 24, 이하 '이 사건 수사보고'라고 한다)를 함께 증거로 신청하였는데, 피고인의 변호인은 고발장에 대하여는 증거로 하는 것에 동의하지 않는다는 의견을 밝혔음에도 같은 고발장을 첨부문서로 포함하고 있는 이 사건 수사보고에 대하여는 증거에 동의한 사실, 이에 제1심법원은 제1회 공판기일에서 이 사건 수사보고에 대하여는 증거조사를 마치고 고발장에 대하여는 증거 채부를 보류하였다가 제4회 공판기일에 이르러 검찰관이 고발장에 대한 증거신청을 철회하자 그에 대한 증거조사는 하지 않은 사실, 제1심과 원심은 피고인과 변호인이 이 사건 수사보고와 그에 첨부된 서류에 대하여 분리하여 증거의견을 밝히지 아니한 이상 이 사건 수사보고에 대한 증거동의의 효력이 그에 첨부된 고발장에도 당연히 미친다고 보아, 별도의 증거로 신청된 같은 고발장에 대한 피고인과 변호인의 명시적 부동의 의견에도 불구하고 이를 유죄의 증거로 삼은 사실(제1심판결의 증거의 요지에는 포함되지 않았으나, 피고인과 변호인의 주장을 배척하는 유죄판단에서 위 고발장을 근거로 삼았다)을 알 수 있다.

위와 같이 수사기관이 수사과정에서 수집한 자료를 기록에 현출시키는 방법으로 위 자료의 의미, 성격, 혐의사실과의 관련성 등을 수사보고의 형태로 요약·설명하고 해당 자료를 수사보고에 첨부하는 경우, 그 수사보고에 기재된 내용은 수사기관이 첨부한 자료를 통하여 얻은 인식·판단·추론이거나 아니면 자료의 단순한 요약에 불과하여 원 자료로부터 독립하여 공소사실에 대한 증명력을 가질 수 없는 성격의 것이고, 이 사건에서 피고인이나 변호인도 이 사건 수사보고의 증명력을 위와 같은 취지로 이해하여 공소사실에 대한 부인에도 불구하고 그 증거능력을 다투지 않은 것으로 보

---

[1] 고소장 내용 중 D가 甲의 진술을 인용한 부분이 있는 경우, 예컨대 "내가 구입한 성능 좋은 자동차인데 형편이 어려워 싼 값에 팔려고 한다"는 부분은 그 자체 요증사실의 일부를 구성하므로 전문증거가 아니다.

인다.

따라서 만일 검찰관이 이 사건 수사보고를 증거로 신청하면서 그에 첨부된 A의 고발장을 단순히 B가 A에게 새로운 사실확인서를 요구하게 된 계기를 설명하기 위한 자료로 제시하는 것을 넘어 고발 내용이 공소사실과 부합한다는 점을 통해 공소사실을 증명하고자 하였다면, 위 고발장은 이 사건 수사보고의 일부로 편입되거나 양자가 내용상 결합하여 단일한 문서로서의 증명력이나 증거가치를 갖는 것이 아니라 독립한 별개의 증거로서 독자적인 증명력을 갖는 것이므로 마땅히 증거목록에 별도의 표목을 붙여 독립한 증거로 신청하였어야 한다. 그리고 그러한 경우 군사법원으로서는 검찰관의 위 증거신청이 이미 증거목록 순번 11로 제출된 고발장에 대한 증거신청과 중복되므로 이를 철회하도록 하거나, 변호인이 동일한 고발장에 대하여 이미 증거에 동의하지 않는다는 의사를 표시한 바 있으므로 이 사건 수사보고에 관하여 증거로 동의한다는 의사를 표시하더라도 그에 첨부된 고발장을 따로 피고인과 변호인에게 제시하여 해당 부분 증거동의 여부에 관한 진의를 확인하는 등 적절한 소송지휘권을 행사하였어야 했음에도 불구하고, 이 사건 수사보고에 대한 증거동의가 있다는 이유로 아무런 지적 없이 그에 첨부된 고발장까지 증거로 채택해 두었다가 판결을 선고하는 단계에 이르러 이를 유죄 인정의 증거로 삼은 것은 실질적 적법절차의 원칙에 비추어 수긍할 수 없다.

결국 이 사건 수사보고에 첨부된 A의 고발장은 군사법원법에 따른 적법한 증거신청·증거결정·증거조사의 절차를 거쳤다고 볼 수 없거나 공소사실을 뒷받침하는 증명력을 가진 증거가 아니므로 이를 유죄의 증거로 삼을 수 없다.

Ⅳ. 제4문 — 실황조사서의 증거능력

경찰관 P는 甲을 포함한 도박 참여자의 승낙을 얻어 도박장면을 재연하도록 한 다음, 도박 참여자들의 재연상황을 기재하고 이를 사진으로 촬영하여 실황조사서를 작성하였다. 실황조사서 자체의 증거능력에 대하여는 앞서 살펴본 대로 검증조서에 관한 형사소송법 제312조 제6항에 의하여 증거능력을 인정할 수 있는지에 대하여 긍정설과 부정설이 대립되지만, 판례는 이를 긍정하고 있다.[1] 그런데 위 실황조사서에는 범행재연에 대한 내용이 기재되어 있고, 범행재연사진이 첨부되어 있는데, 甲이 범행재연의 상황, 즉 범행사실을 부인하고 있어 증거능력이 있는지 여부가 문제된다.

피의자의 범행재연상황을 기재한 내용이나 이를 촬영한 사진은 그 실질에 있어

---

1) 대법원 2001. 5. 29. 선고 2000도2933 판결.

서는 범행에 관한 현장진술로 볼 수 있다. 따라서 사법경찰관 P가 甲의 재연상황을 기재한 부분과 이를 촬영한 사진은 실질에 있어서는 사법경찰관이 작성한 피의자신문조서와 다를 바 없으므로 피의자가 증거동의하지 않는 경우에는 형사소송법 제312조 제3항에 의하여 공판준비 또는 공판기일에 그 피의자였던 피고인 또는 변호인이 그 내용을 인정할 때에 한하여 증거로 할 수 있다. 그런데 甲은 증거부동의하고 재연상황이 사실이 아니라고 부인하고 있으므로 실황조사서 중 甲의 재연상황을 기재한 부분과 사진은 증거능력이 없다(【관련판례】).[1] 나아가 공범인 다른 도박참여자들의 재연상황을 기재한 부분과 이를 촬영한 사진의 증거능력은 형사소송법 제312조 제3항에 따라 판단하여야 하는데,[2] 甲이 그 내용을 부인하므로 마찬가지로 증거능력이 없다. 따라서 P가 법정에서 진정성립을 인정하였더라도 범행재연과 관련하여 위 실황조사서는 증거능력이 없다.

 관련판례

대법원 1998. 3. 13. 선고 98도159 판결【존속폭행치사】

원심이 적법하게 조사하여 채택한 것으로 본 제1심 채용의 '사법경찰관이 작성한 검증조서'에는 이 사건 범행에 부합되는 피의자이었던 피고인의 진술기재 부분이 포함되어 있고 또한 범행을 재연하는 사진이 첨부되어 있으나, 기록에 의하면 피고인이 위 검증조서에 대하여 증거로 함에 동의만 하였을 뿐 공판정에서 검증조서에 기재된 진술내용 및 범행을 재연한 부분에 대하여 그 성립의 진정 및 내용을 인정한 흔적을 찾아 볼 수 없고 오히려 이를 부인하고 있으므로 그 증거능력을 인정할 수 없는바, 원심으로서는 위 검증조서 중 이 사건 범행에 부합되는 피고인의 진술을 기재한 부분과 범행을 재연한 부분을 제외한 나머지 부분만을 증거로 채용하여야 함에도 이를 구분하지 아니한 채 그 전부를 유죄의 증거로 인용한 조치는 위법하다고 할 것이고 (대법원 1990. 7. 24. 선고 90도1303 판결, 1988. 3. 8. 선고 87도2692 판결, 대법원 1982. 9. 14. 선고 82도1479 전원합의체 판결 등 참조), 이 점을 지적한 논지는 이유 있다.

---

1) 대법원 2007. 4. 26. 선고 2007도1794 판결(검증조서); 대법원 2006. 1. 13. 선고 2003도6548 판결(외국 수사기관의 검증조서); 대법원 1989. 12. 26. 선고 89도1557 판결(실황조사서); 대법원 1984. 5. 29. 선고 84도378 판결(실황조사서).
2) 사법경찰관 작성의 공범에 대한 피의자신문에 관한 대법원 2010. 1. 28. 선고 2009도10139 판결.

사 례 [9] 연결효과에 의한 상상적 경합, 예금통장의 절취와 부정사용, 직무질문, 강제채뇨

[Ⅰ] 甲(남, 30세)은 집에 아무도 없는 사이에 자신의 방에서 가지고 있던 마지막 필로폰 0.03그램을 투약한 다음, 다시 필로폰을 살 돈을 마련할 방안을 이리저리 궁리하다가 안방 장롱서랍에 들어 있던 아버지 A의 우리은행 예금통장 1매를 몰래 가지고 나왔다. 그 후 신촌사거리에 가서 우리은행 신촌지점에 설치된 현금자동지급기에 위 예금통장을 넣고 미리 알고 있던 통장 비밀번호를 입력하는 등 이를 조작하여 A 명의 우리은행 계좌의 예금 잔고 중 100만 원을 甲 명의 국민은행 계좌로 이체하였다. 甲은 바로 집으로 돌아와 A의 예금통장을 있던 자리에 가져다 놓은 뒤, 근처 국민은행 신촌지점으로 가서 자신의 신용카드를 이용하여 현금자동지급기에서 100만 원을 인출하였다.

[Ⅱ] 돈을 인출한 甲은 신촌역 쪽으로 걸어가고 있었는데, 마침 정복을 입고 그곳을 순찰 중이던 경찰관 X는 甲이 건들건들 혼자서 걸어가는 것이 수상하여 잠시 뒤따라갔다. 아무리 보아도 정상적으로는 보이지 않자 X는 甲을 불러 세우고 질문을 하였으나, 甲은 이름과 주민등록번호만 대답하였을 뿐 다른 질문에 대답할 수 있는 상태가 아니었으며 필로폰 중독을 의심케 하는 이상한 언동을 반복하였다. 이에 X는 길거리에서 계속 질문하기는 적절치 않다고 판단하고 甲에게 동행을 거부할 수 있음을 알려주고 경찰서로의 동행을 요구하였으나 甲이 별다른 반응을 보이지 않고 그대로 있으므로 30분가량 그곳에서 계속 설득하였다. 그러던 중 잠시 X가 한 눈을 판 사이에 甲은 골목길로 도주하였으며, X는 약 130미터를 추적하여 X에게 바짝 다가가 "왜 도망가느냐, 서라"고 말하자, 甲은 뒤돌아서서 갑자기 X를 밀어 넘어뜨린 다음 도주하였다.

[Ⅲ] 3일 후, X로부터 연락을 받은 A의 설득으로 자진출석한 甲은 필로폰 투약사실만은 부인하면서 소변의 임의제출도 거부하므로 X는 강제채뇨를 위한 압수·수색영장을 발부받아 甲을 경찰서 부근 대학병원으로 데리고 가려고 하였다. 그러나 甲이 이 또한 거부하므로 순찰차에 강제로 태워 위 대학병원으로 데리고 갔다. 위 대학병원 의사 B는 의료기구를 이용하여 甲의 소변을 채취하였으며, 감정한 결과 甲의 소변에서 필로폰이 검출되었다.

설 문

1. 甲의 형사책임을 논하시오.

2. [II]에 기술된 경찰관 X의 행위의 적법성 여부를 논하시오.

3. 甲을 강제로 대학병원으로 데리고 가서 채뇨한 행위의 적법성 여부 및 감정결과서의 증거능력 유무를 논하시오.

해 설

I. 제1문 — 甲의 형사책임

1. 문제의 제기

甲이 ① 필로폰을 투약한 행위, ② 예금통장을 가지고 나온 행위, ③ 예금통장을 현금자동지급기에 넣고 자신의 계좌로 100만 원을 이체한 행위, ④ 자신의 신용카드를 이용하여 현금자동지급기에서 100만 원을 인출한 행위, ⑤ 도주하면서 경찰관 X를 밀어 넘어뜨린 행위에 대하여 어떤 형사책임을 지는지가 문제된다.

2. 필로폰의 투약 및 소지행위

필로폰은 마약류 관리에 관한 법률 제2조 제3호 나목에 해당하는 향정신성의약품이고, 甲의 투약행위는 마약류관리에관한법률위반(향정)죄(동법 제60조 제1항 제2호, 제4조 제1항 제1호[1])에 해당한다. 이와는 별도로 甲이 투약하기 위하여 이를 소지하고 있던 행위가 향정신성의약품소지죄[2]를 구성하는지 문제된다. 투약하기 위하여 소지한 경우

---

[1] 마약류 관리에 관한 법률 제60조(벌칙) ① 다음 각 호의 어느 하나에 해당하는 자는 10년 이하의 징역 또는 1억원 이하의 벌금에 처한다.
  1. 제3조제1호를 위반하여 마약 또는 제2조제3호가목에 해당하는 향정신성의약품을 사용하거나 제3조제11호를 위반하여 마약 또는 제2조제3호가목에 해당하는 향정신성의약품과 관련된 금지된 행위를 하기 위한 장소·시설·장비·자금 또는 운반 수단을 타인에게 제공한 자
  2. 제4조제1항을 위반하여 제2조제3호나목 및 다목에 해당하는 향정신성의약품 또는 그 물질을 함유하는 향정신성의약품을 매매, 매매의 알선, 수수, 소지, 소유, 사용, 관리, 조제, 투약, 제공한 자 또는 향정신성의약품을 기재한 처방전을 발급한 자
  3. 제4조제1항을 위반하여 제2조제3호라목에 해당하는 향정신성의약품 또는 그 물질을 함유하는 향정신성의약품을 제조 또는 수출입하거나 그러할 목적으로 소지·소유한 자
  4. 제5조제1항·제2항, 제9조제1항, 제28조제1항, 제30조제1항, 제35조제1항 또는 제39조를 위반하여 마약을 취급하거나 그 처방전을 발급한 자
  5. 1군 임시마약류에 대하여 제5조의2제5항제4호를 위반한 자
  6. 2군 임시마약류에 대하여 제5조의2제5항제1호를 위반한 자
마약류 관리에 관한 법률 제4조(마약류취급자가 아닌 자의 마약류 취급 금지) ① 마약류취급자가 아니면 다음 각 호의 어느 하나에 해당하는 행위를 하여서는 아니 된다.
  1. 마약 또는 향정신성의약품을 소지, 소유, 사용, 운반, 관리, 수입, 수출, 제조, 조제, 투약, 수수, 매매, 매매의 알선 또는 제공하는 행위
[2] 마약류 관리에 관한 법률 제60조 제1항 제2호, 제4조 제1항 제1호.

에는 별도로 소지죄가 성립한다.1) 이때, 소지죄와 투약죄는 실체적 경합관계이다.2)

3. 예금통장을 가지고 나온 행위
(1) 절도죄의 성립 여부

甲의 행위 자체는 절도의 구성요건에 해당한다(형법 제329조). 그런데 甲이 예금통장을 일시적으로 사용하고 그 자리에 가져다 두었으므로 불법영득의사가 인정되는지 문제된다.

절도죄에서 불법영득의사는 권리자를 배제하고 타인의 물건을 자기의 소유물과 같이 그 경제적 용법에 따라서 이용하고 처분할 의사를 말한다.3) 절도죄의 성립에 불법영득의사가 필요한지에 대하여는 ① 불요설과 ② 필요설(통설)이 대립한다. 절도죄가 소유권을 보호법익으로 하는 소유권범죄인 이상 절도죄의 성립에 소유권을 침해한다는 의사로서 불법영득의사가 필요하다는 점에서 필요설이 타당하다. 판례도 일관되게 절도죄의 성립에는 불법영득의사가 필요하다고 한다.4) 그리고 타인의 물건을 무단사용하는 경우에 불법영득의사가 있는지 여부를 판단함에 있어서는, 그 사용으로 물건 자체가 가지는 경제적 가치가 상당한 정도로 소모되거나 또는 사용 후 본래의 장소가 아닌 다른 곳에 버리거나 곧 반환하지 않고 장시간 점유하고 있었다면 불법영득의사가 인정되지만, 그 사용으로 인한 가치의 소모가 무시할 수 있을 정도로 경미하고 또 사용 후 곧 반환하였다면 불법영득의사를 인정할 수 없다.5)

그런데 예금통장은 예금액에 대한 증명기능이 있고 이러한 증명기능은 예금통장 자체가 가지는 경제적 가치이며, 인출 등에 무단사용하고 바로 돌려주었다고 하더라도 경제적 가치의 소모가 무시할 수 있을 정도로 경미한 경우가 아닌 한 불법영득의사가 있다([관련판례])고 할 것이다.6)

---

1) 대법원 1995. 7. 28. 선고 95도869 판결. 동 판결은 매입한 향정신성의약품을 처분함이 없이 계속 소지하고 있는 경우에는 그 소지행위가 매매행위와 불가분의 관계에 있는 것이라거나, 매매행위에 수반되는 필연적 결과로서 일시적으로 행하여진 것에 지나지 않는다고 평가되지 않는 한 그 소지행위는 매매행위에 포괄 흡수되지 않고 향정신성의약품의 매매죄와는 별도로 향정신성의약품의 소지죄가 성립한다고 판시하였다.
2) 最判 1950. 7. 22. 刑集 4·8·1513(단순한 소지는 반드시 사용만을 위하여 소지하는 것은 아니라는 취지).
3) 대법원 2006. 3. 24. 선고 2005도8081 판결; 대법원 2012. 7. 12. 선고 2012도1132 판결.
4) 대법원 1973. 2. 28. 선고 72도2812 판결; 대법원 2014. 2. 21. 선고 2013도14139 판결.
5) 대법원 1987. 12. 8. 선고 87도1959 판결.
6) 이에 반하여, 판례는 신용카드를 일시 사용하고 바로 돌려주면 불법영득의사가 없다고 한다. 즉, "신용카드업자가 발행한 신용카드는 이를 소지함으로써 신용구매가 가능하고 금융의 편의를 받을 수 있다는 점에서 경제적 가치가 있다 하더라도, 그 자체에 경제적 가치가 화체되어 있거나 특정의 재산권

본 사례에서는 A의 예금통장을 무단사용하여 예금 100만 원을 인출함으로써 예금통장의 경제적 가치가 상당한 정도로 소모되었으므로 사용 후 바로 제자리에 갖다 놓았다 하더라도 불법영득의사가 인정되어 절도죄가 성립한다.

 관련판례

대법원 2010. 5. 27. 선고 2009도9008 판결【절도】[1]

【사실관계】

피고인 甲은 2007. 12. 11. 피해자인 A 주식회사의 사무실에서 피해자 명의의 농협 통장을 몰래 가지고 나와 예금 1,000만 원을 인출한 후 다시 이 사건 통장을 제자리에 갖다 놓았다.

【판결요지】

예금통장은 예금채권을 표창하는 유가증권이 아니고 그 자체에 예금액 상당의 경제적 가치가 화체되어 있는 것도 아니지만, 이를 소지함으로써 예금채권의 행사자격을 증명할 수 있는 자격증권으로서 예금계약사실뿐 아니라 예금액에 대한 증명기능이 있고 이러한 증명기능은 예금통장 자체가 가지는 경제적 가치라고 보아야 하므로, 예금통장을 사용하여 예금을 인출하게 되면 그 인출된 예금액에 대하여는 예금통장 자체의 예금액 증명기능이 상실되고 이에 따라 그 상실된 기능에 상응한 경제적 가치도 소모된다고 할 수 있다. 그렇다면 타인의 예금통장을 무단사용하여 예금을 인출한 후 바로 예금통장을 반환하였다 하더라도 그 사용으로 인한 위와 같은 경제적 가치의 소모가 무시할 수 있을 정도로 경미한 경우가 아닌 이상, 예금통장 자체가 가지는 예금액 증명기능의 경제적 가치에 대한 불법영득의 의사를 인정할 수 있으므로 절도죄가 성립한다.

을 표창하는 유가증권이라고 볼 수 없고, 단지 신용카드회원이 그 제시를 통하여 신용카드회원이라는 사실을 증명하거나 현금자동지급기 등에 주입하는 등의 방법으로 신용카드업자로부터 서비스를 받을 수 있는 증표로서의 가치를 갖는 것이어서(여신전문금융업법 제2조 제3호, 제13조 제1항 제1호 참조), 이를 사용하여 현금자동지급기에서 현금을 인출하였다 하더라도 신용카드 자체가 가지는 경제적 가치가 인출된 예금액만큼 소모되었다고 할 수 없으므로, 이를 일시 사용하고 곧 반환한 경우에는 불법영득의 의사가 없다고 보아야 할 것이다"고 판시하였다[대법원 1999. 7. 9. 선고 99도857 판결. 본 판결 평석은 안경옥, "타인 명의의 신용카드를 부정 사용한 행위의 형사책임에 대한 재조명", 비교형사법연구 제4권 제2호(2002. 12), 261-280면]. 타인의 은행 직불카드를 무단 사용하여 자신의 예금계좌로 돈을 이체시킨 후 곧 직불카드를 반환한 경우에도 마찬가지이다[대법원 2006. 3. 9. 선고 2005도7819 판결. 본 판결 평석은 성낙현, "직불카드 부정사용행위와 관련한 영득의 객체문제", 법조 제56권 제6호(2007. 6), 291-324면].

1) 본 판결 평석은 장준현, "타인의 예금통장을 무단사용하여 예금을 인출한 후 예금통장을 반환한 경우 예금통장에 대한 절도죄가 성립하는지 여부(한정 적극)", 대법원판례해설 제84호(2010 상반기), 2010, 667-676면.

이러한 법리에 비추어 보면, 이 사건 통장 자체가 가지는 예금액 증명기능의 경제적 가치는 피고인이 이 사건 통장을 무단사용하여 예금 1,000만 원을 인출함으로써 상당한 정도로 소모되었다고 할 수 있으므로, 피고인이 그 사용 후 바로 이 사건 통장을 제자리에 갖다 놓았다 하더라도 그 소모된 가치에 대한 불법영득의 의사가 인정된다. 그리고 피고인이 피해자로부터 자신의 월급 등을 제대로 받지 못할 것을 염려하여 이 사건 통장을 무단사용하게 되었다고 하여 달리 볼 수 없다. ●

(2) 친족상도례

甲은 피해자 A의 아들로서 부자지간(직계혈족)이므로 친족상도례의 규정(형법 제334조, 제328조 제1항1))이 적용되어 필요적으로 그 형이 면제된다.2)

4. 예금통장을 현금자동지급기에 넣고 甲의 계좌로 100만 원을 이체한 행위

(1) 컴퓨터등사용사기죄의 성립 여부

甲이 현금자동지급기(ATM)에 권한 없이 A의 예금통장 비밀번호를 입력하여 금 100만 원을 자신의 은행계좌로 이체한 행위에 대하여는 먼저, ① 절도죄가 성립하는지, ② 컴퓨터등사용사기죄(형법 제347조의23))가 성립하는지 문제된다.

판례는 컴퓨터등사용사기죄가 성립한다고 한다([관련판례]). 현금자동지급기는 컴퓨터 등 정보처리장치에 해당하고, 타인의 비밀번호를 입력하는 것은 권한 없이 정

---

1) 형법 제334조(친족간의 범행) 제328조의 규정은 제329조 내지 제332조의 죄 또는 미수범에 준용한다.
   형법 제328조(친족간의 범행과 고소) ① 직계혈족, 배우자, 동거친족, 동거가족 또는 그 배우자 간의 제323조의 죄는 그 형을 면제한다.
   ② 제1항 이외의 친족간에 제323조의 죄를 범한 때에는 고소가 있어야 공소를 제기할 수 있다.
   ③ 전2항의 신분관계가 없는 공범에 대하여는 전2항을 적용하지 아니한다.
2) 필요적 형면제 사유에 해당하는 경우에, 만일 사건이 입건되었다면 공소권없음 결정을 하여야 한다(검찰사건사무규칙 제115조 제3항 제4호). 기소된 경우에는 ① 근친 사이의 범죄에는 실체판결을 하고 원친(遠親) 사이의 범죄는 형식판결을 하는 것은 균형에 어긋나므로, 형법 제328조 제1항의 경우에도 형사소송법 제328조 제1항 제4호(공소장에 기재된 사실이 진실하다 하더라도 범죄가 될 만한 사실이 포함되지 아니한 때)를 준용하여 공소기각의 판결을 하여야 한다는 견해, ② 형면제의 선고를 하여야 한다는 견해(형소법 제322조)의 대립이 있다. 이에 대하여 헌법재판소는 형법 제328조 제1항이 가까운 친족 간의 절도죄는 형을 면제하는 반면, 형법 제328조 제2항의 먼 친족 간의 절도죄는 고소가 있어야 공소를 제기할 수 있도록 한 것이 평등원칙에 위반되지 않는다고 결정하였다(헌법재판소 2012. 3. 29. 선고 2010헌바89 결정). 반대의견(4인)은 위헌이 선언되어야 하고, 위헌상태가 제거되기 위하여는 형법 제328조 제1항이 "직계혈족 등의 죄는 고소가 있어야 공소를 제기할 수 있고, 고소가 있는 경우에는 형을 면제한다"라고 규정되어야 한다고 주장한다.
3) 형법 제347조의2(컴퓨터 등 사용사기) 컴퓨터등 정보처리장치에 허위의 정보 또는 부정한 명령을 입력하거나 권한 없이 정보를 입력·변경하여 정보처리를 하게 함으로써 재산상의 이익을 취득하거나 제3자로 하여금 취득하게 한 자는 10년 이하의 징역 또는 2천만원 이하의 벌금에 처한다.

보를 입력하는 것에 해당하며, 일련의 절차에 따라 정보처리를 하게 함으로써 예금을 이체하여 예금채권,1) 즉 재산상 이익을 취득하기 때문이다.2) 이는 타인의 예금통장 대신에 타인의 신용카드를 사용하여 자신의 계좌로 이체한 경우에도 마찬가지이다.3)

甲에 대하여 컴퓨터등사용사기죄가 성립하는 경우, 피해자가 ① 예금주인 A인지, ② A의 거래은행인 우리은행인지가 문제된다. 만일 A가 피해자라고 하면 甲과 A가 부자지간이므로 친족상도례의 규정이 적용되어 필요적 형면제에 해당한다. 판례는 자금이체거래의 직접적인 당사자이자 이중지급 위험의 원칙적 부담자인 거래금융기관, 즉 본 사례에서는 A의 거래은행인 우리은행이 피해자에 해당한다고 한다([관련판례]). 따라서 친족상도례의 규정은 적용되지 않는다.

 관련판례

대법원 2007. 3. 15. 선고 2006도2704 판결【컴퓨터등사용사기】4)

【사실관계】
피고인 甲은 2005. 8. 23. 22:30경 고흥농협 365코너에서 같은 날 22:30경 친할아버지인 A의 집에서 몰래 가지고 나온 A 명의의 농협통장 1장을 위 코너에 설치된 현금인출기에 집어넣고 권한 없이 위 통장 뒷면에 기재된 비밀번호를 입력하고 금 570,000원을 피고인 명의의 국민은행 계좌로 이체하는 내용의 정보를 입력한 후 위 금원을 이체받았다.

【판결이유】
컴퓨터 등 정보처리장치를 통하여 이루어지는 금융기관 사이의 전자식 자금이체거래는 금융기관 사이의 환거래관계를 매개로 하여 금융기관 사이나 금융기관을 이용하는 고객 사이에서 현실적인 자금의 수수 없이 지급·수령을 실현하는 거래방식인바,

---

1) 보통예금은 은행 등 법률이 정하는 금융기관을 수치인으로 하는 금전의 소비임치 계약으로서(대법원 1985. 12. 24. 선고 85다카880 판결 참조), 그 예금계좌에 입금된 금전의 소유권은 금융기관에 이전되고(대법원 1972. 11. 14. 선고 72도1946 판결; 대법원 2007. 3. 15. 선고 2006도2704 판결 등 참조), 예금주는 그 예금계좌를 통한 예금반환채권을 취득하는 것이므로, 금융기관의 임직원은 예금주로부터 예금계좌를 통한 적법한 예금반환 청구가 있으면 이에 응할 의무가 있을 뿐 예금주와 사이에서 그의 재산관리에 관한 사무를 처리하는 자의 지위에 있다고는 할 수 없다(대법원 2008. 4. 24. 선고 2008도1408 판결).
2) 현금을 인출하는 경우에는, 현금은 '재물'이지 '재산상 이익'이 아니므로 컴퓨터등사용사기죄는 성립하지 않고 절도죄가 성립한다는 것이 판례의 입장이다(대법원 2003. 5. 13. 선고 2003도1178 판결). 이에 대하여 컴퓨터등사용사기죄가 성립한다는 견해도 있다.
3) 대법원 2008. 6. 12. 선고 2008도2440 판결.
4) 본 판결 평석은 박이규, "절취한 친족 소유의 예금통장을 현금자동지급기에 넣고 조작하여 예금 잔고를 다른 금융기관의 자기 계좌로 이체하는 방법으로 저지른 컴퓨터등사용사기죄에 있어서의 피해자(=친족 명의 계좌의 금융기관)", 대법원판례해설 제70호(2007 상반기), 2007, 222-244면.

피고인이 권한 없이 컴퓨터 등 정보처리장치를 이용하여 예금계좌 명의인이 거래하는 금융기관의 계좌 예금 잔고 중 일부를 피고인이 거래하는 다른 금융기관에 개설된 그 명의 계좌로 이체한 경우, 예금계좌 명의인의 거래 금융기관에 대한 예금반환채권은 이러한 행위로 인하여 영향을 받을 이유가 없는 것이므로, 거래 금융기관으로서는 예금계좌 명의인에 대한 예금반환채무를 여전히 부담하면서도 환거래관계상 다른 금융기관에 대하여 자금이체로 인한 이체자금 상당액 결제채무를 추가 부담하게 됨으로써 이체된 예금 상당액의 채무를 이중으로 지급해야 할 위험에 처하게 된다. 따라서 친척 소유 예금통장을 절취한 피고인이 그 친척 거래 금융기관에 설치된 현금자동지급기에 예금통장을 넣고 조작하는 방법으로 친척 명의 계좌의 예금 잔고를 피고인이 거래하는 다른 금융기관에 개설된 피고인 명의 계좌로 이체한 경우, 그 범행으로 인한 피해자는 이체된 예금 상당액의 채무를 이중으로 지급해야 할 위험에 처하게 되는 그 친척 거래 금융기관이라 할 것이고, 거래 약관의 면책 조항이나 채권의 준점유자에 대한 법리 적용 등에 의하여 위와 같은 범행으로 인한 피해가 최종적으로는 예금 명의인인 친척에게 전가될 수 있다고 하여, 자금이체 거래의 직접적인 당사자이자 이중지급 위험의 원칙적인 부담자인 거래 금융기관을 위와 같은 컴퓨터 등 사용사기 범행의 피해자에 해당하지 않는다고 볼 수는 없다. 따라서 위와 같은 경우에는 친족 사이의 범행을 전제로 하는 친족상도례를 적용할 수 없는 것이다.

(2) 사문서부정행사죄의 성립 여부

신용카드업의 부대업무가 '여신전문금융업법 제1조의 목적 달성을 위하여 필요하다고 인정되는 업무'로 포괄적으로 규정되어 있었을 당시에,[1] 강취한 신용카드를 이용한 예금인출행위에 대하여 여신전문금융업법상의 신용카드부정사용죄[2]의 성립을 인정한 판례[3]의 취지에 비추어, 절취한 예금통장을 이용한 예금이체행위가 사문

---

[1] 현행 여신전문금융업법 제2조 제2호는 신용카드업의 업무를 제한적으로 열거하고 있어, 절취한 직불카드를 이용한 예금인출행위에 대하여 직불카드가 겸한 현금카드의 기능은 법령에 규정된 신용카드의 기능에 포함되지 않는다고 하여 신용카드부정사용죄의 개념에 포함될 수 없다고 판시하였다(대법원 2003. 11. 14. 선고 2003도3977 판결).
[2] 여신전문금융업법 제70조(벌칙) ① 다음 각 호의 어느 하나에 해당하는 자는 7년 이하의 징역 또는 5천만원 이하의 벌금에 처한다.
  1. 신용카드등을 위조하거나 변조한 자
  2. 위조되거나 변조된 신용카드등을 판매하거나 사용한 자
  3. 분실 또는 도난된 신용카드나 직불카드를 판매하거나 사용한 자
  4. 강취·횡령하거나 사람을 기망·공갈하여 취득한 신용카드나 직불카드를 판매하거나 사용한 자
  5. 행사할 목적으로 위조되거나 변조된 신용카드등을 취득한 자
  6. 거짓이나 그 밖의 부정한 방법으로 알아낸 타인의 신용카드 정보를 보유하거나 이를 이용하여 신용카드로 거래한 자 [이하 생략]
[3] 대법원 1998. 2. 27. 선고 97도2974 판결.

서부정행사죄(형법 제236조)에 해당하는지 여부가 문제된다.

사문서인 예금통장을 사용하여 예금을 이체하는 것은 예금통장의 본래의 용법에 따라 사용하는 것이며, 진정하게 성립된 예금통장을 사용할 권한이 없는 자가 사용하는 행위는 형법 제236조의 부정행사에 해당하므로 사문서부정행사죄가 성립한다. 판례 중에는 절취한 후불식 전화카드를 사용하여 공중전화를 건 행위가 사문서부정행사죄에 해당한다고 한 것이 있다([관련판례]). 이 경우, 컴퓨터등사용사기죄와 사문서부정행사죄의 관계가 문제된다. 절취한 신용카드를 사용한 현금인출행위에 대하여 절도죄와 신용카드부정사용죄의 보호법익과 행위태양은 서로 다르므로 두 죄는 실체적 경합관계라고 한 판례[1]의 취지에 비추어, 컴퓨터등사용사기죄와 사문서부정행사죄는 실체적 경합관계라고 할 것이다.[2]

 관련판례

대법원 2002. 6. 25. 선고 2002도461 판결 【편의시설부정이용(변경된 죄명 : 사문서부정행사)】[3]

【사실관계】
피고인 甲은 2000. 10. 25.경 절취한 피해자 A의 케이티(KT) 카드(아래에서는 '전화카드'라고 한다)를 자신의 전화카드인 것처럼 공중전화기에 넣고 사용하여 권리의무에 관한 사문서인 전화카드를 사용한 것을 비롯하여 그 무렵부터 2000. 12. 22.경까지 사이에 같은 방법으로 모두 1,706회에 걸쳐 이를 사용하였다.

【판결요지】
(1) 원심은, 전화카드는 한국전기통신공사가 발행한 후불식 통신카드로서 이 카드를 이용하여 전화를 사용하면 그 요금이 미리 지정된 전화번호 요금이나 신용카드 대금에 합산되어 청구되고, 전화카드를 신용카드 겸용 공중전화기에 넣으면 전화기가 기계적 방식으로 전화카드의 자기띠 부분에 기록된 사용자 정보와 비밀번호 등을 판독하여 작동이 되는 사실을 인정하고, 전화카드 자체는 그 카드번호를 부여받은 사람이 한국전기통신공사의 전화카드 회원이라는 사실을 증명하는 사문서에 해당하지만, 피고인이 전화카드를 공중전화기에 넣어 사용한 것은 그 사문서 부분을 행사한 것이 아니고 단지 카드의 뒷면에 부착된 자기띠 부분을 사용한 것일 뿐인데, 형법 제232조의2가 사문서위조 또는 변조죄와 별도로 전자기록 등 특수매체기록의 위작 또는

1) 대법원 1995. 7. 28. 선고 95도997 판결.
2) 상상적 경합이라는 견해도 있다.
3) 본 판결 평석은 강일원, "절취한 전화카드의 사용과 사문서부정행사", 대법원판례해설 제41호(2002 상반기), 2002, 535-545면.

변작죄에 대한 처벌규정을 두고 있는 점에 비추어 볼 때, 전화카드의 자기띠 부분은 형법 제236조의 사문서에 해당하지 아니하므로, 이 사건 공소사실은 사문서부정행사죄를 구성하지 아니한다고 판단하였다.

(2) 그러나 사용자에 관한 각종 정보가 전자기록되어 있는 자기띠가 카드번호와 카드 발행자 등이 문자로 인쇄된 플라스틱 카드에 부착되어 있는 전화카드의 경우 그 자기띠 부분은 카드의 나머지 부분과 불가분적으로 결합되어 전체가 하나의 문서를 구성하므로, 전화카드를 공중전화기에 넣어 사용하는 경우 비록 전화기가 전화카드로부터 판독할 수 있는 부분은 자기띠 부분에 수록된 전자기록에 한정된다고 할지라도, 전화카드 전체가 하나의 문서로서 사용된 것으로 보아야 하고 그 자기띠 부분만 사용된 것으로 볼 수는 없다. 따라서 피고인이 절취한 전화카드를 공중전화기에 넣어 사용한 것은 권리의무에 관한 타인의 사문서를 부정행사한 경우에 해당한다. ●

(3) 사전자기록등위·변작죄 및 위·변작사전자기록등행사죄의 성립 여부

(가) 사전자기록등위·변작죄

甲이 현금자동지급기에 권한 없이 A의 예금통장 비밀번호를 입력하여 이체한 행위가 별도로 사전자기록등위·변작죄(형법 제232조의2[1])에 해당하는지 문제된다.[2] 이에 대해서는 ① 부정하는 견해, ② 사전자기록등변작죄가 된다는 견해, ③ 사전자기록등위작죄가 된다는 견해가 있을 수 있다.

①의 견해는 위 행위는 컴퓨터등사용사기죄의 구성요건적 행위에 포함되는 것이므로 별도로 사전자기록등위·변작죄가 성립할 여지는 없다는 것을 근거로 한다. ②와 ③의 견해는 위 행위는 형법 제232조의2의 구성요건에 해당하고, 컴퓨터등사용사기죄와는 보호법익이 다르므로 별도로 죄가 성립한다는 것이다.[3] 즉, 은행의 예금파일은 특수매체기록에 해당하고, 위·변작된 전자기록이 사용되면 예금관리시스템을 설치·운영하는 은행의 사무처리가 잘못되게 되므로 '사무처리를 그르치게 할 목적'[4]

---

1) 형법 제232조의2(사전자기록위작·변작) 사무처리를 그르치게 할 목적으로 권리·의무 또는 사실증명에 관한 타인의 전자기록등 특수매체기록을 위작 또는 변작한 자는 5년 이하의 징역 또는 1천만원 이하의 벌금에 처한다.
2) 현재 검찰 실무에서는 이 부분에 대하여 사전자기록등위·변작죄의 성립 여부를 검토하지 않고 기소도 하지 않고 있어 관련 판례도 없으며, 학계에서도 특별한 논의가 없다.
3) 컴퓨터등사용사기죄의 수단인 행위가 전자기록위작·변작죄 또는 동행사죄에 해당할 때에는 컴퓨터등사용사기죄와 상상적 경합이 된다고 한다.
4) 대법원 2008. 6.12. 선고 2008도938 판결; 대법원 2010. 7. 8. 선고 2010도3545 판결. 형법 제232조의2에 정한 전자기록은 그 자체로서 객관적·고정적 의미를 가지면서 독립적으로 쓰이는 것이 아니라 개인 또는 법인이 전자적 방식에 의한 정보의 생성·처리·저장·출력을 목적으로 구축하여 설치·운영하는 시스템에서 쓰임으로써 예정된 증명적 기능을 수행하는 것이므로, '사무처리를 그르치게 할 목적'이란 위작 또는 변작된 전자기록이 사용됨으로써 위와 같은 시스템을 설치·운영하는 주체의 사무처

도 인정된다는 것이다.

　　다만, 위 행위가 위작에 해당하는지, 변작에 해당하는지 문제된다. 일반적으로 위작은 권한 없이 전자기록을 만들어내어 저장·기억시키는 행위를 말하고,[1] 변작은 이미 작성된 전자기록을 권한 없이 부분적으로 고치거나 말소하여 새로운 기록을 현출시키는 행위를 말한다. 甲이 권한 없이 'A 본인이 甲에게 100만 원을 (정상적으로) 이체하는 전자적 기록'을 만들었다는 측면에서 보면 위작에 해당할 수 있고, 이미 만들어진 예금파일에 내용을 변경했다는 측면에서 보면 변작에 해당할 수도 있다. ⓐ 새마을금고의 예금 및 입·출금 업무를 총괄하는 직원이 전 이사장 명의 예금계좌로 상조금이 입금되자 전 이사장에 대한 금고의 채권확보를 위해 내부 결재를 받아 금고의 예금 관련 컴퓨터 프로그램에 접속하여 전 이사장 명의 예금계좌의 비밀번호를 동의 없이 입력한 후 위 금원을 위 금고의 가수금계정으로 이체한 행위를 원심에서 사전자기록등변작죄로 인정한 사안에서 특별히 위·변작인지를 문제삼지 않은 판례,[2] ⓑ 램에 올려진 전산자료에 허구의 내용을 권한 없이 수정입력한 것은 그 자체로 그러한 사전자기록을 변작한 행위의 구성요건에 해당된다고 한 판례[3] 등에 비추어보면, ②견해와 같이 사전자기록등변작죄에 해당한다고 볼 수 있다.[4]

(나) 변작사전자기록등행사죄

　　사전자기록을 변작하여 이를 은행의 사무처리에 사용할 수 있는 상태에 두었으므로 변작사전자기록등행사죄(형법 제234조)도 성립한다. 사전자기록등변작죄와 변작사전자기록등행사죄의 관계에 대하여는 상상적 경합관계라는 견해도 있으나 통설·판례[5]는 실체적 경합관계라고 한다.

(다) 컴퓨터등사용사기죄와 사전자기록등변작죄 및 변작사전자기록등행사죄와의 관계

　　예금통장을 현금자동지급기에 넣고 이를 조작하여 금원을 이체하는 행위는 그

리를 잘못되게 하는 것을 말한다.
1) 판례는 전자기록의 생성에 관여할 권한이 없는 사람이 전자기록을 작출하거나 전자기록의 생성에 필요한 단위 정보의 입력을 하는 경우는 물론 시스템의 설치·운영 주체로부터 각자의 직무 범위에서 개개의 단위정보의 입력 권한을 부여받은 사람이 그 권한을 남용하여 허위의 정보를 입력함으로써 시스템 설치·운영 주체의 의사에 반하는 전자기록을 생성하는 경우도 형법 제227조의2(공전자기록위작·변작)에서 말하는 전자기록의 '위작'에 포함된다고 한다(대법원 2005. 6. 9. 선고 2004도6132 판결).
2) 대법원 2008. 6. 12. 선고 2008도938 판결(금고의 업무에 부합하는 행위이므로 '사무처리를 그르치게 할 목적'을 인정할 수 없다는 이유로 범죄 성립을 부정한 사례).
3) 대법원 2003. 10. 9. 선고 2000도4993 판결.
4) 마찬가지로 현금카드를 사용한 권한 없는 송금행위에 관하여 사전자기록등변작죄가 성립한다는 견해가 있다.
5) 대법원 1981. 7. 28. 선고 81도529 판결.

객관적 사실관계가 하나의 행위이므로 컴퓨터등사용사기죄와 사전자기록등변작죄 및 변작사전자기록등행사죄와의 관계가 문제된다. 먼저, ① 컴퓨터등사용사기죄(형법 제347조의2. 10년 이하의 징역)와 ② 사전자기록등변작죄(형법 제232조의2. 5년 이하의 징역), ① 컴퓨터등사용사기죄와 ③ 변작사전자기록등행사죄(형법 제234조. 각 죄의 정한 형, 즉 5년 이하의 징역)는 각 상상적 경합관계이다. 그리고 앞서 본 대로 ② 사전자기록등변작죄와 ③ 변작사전자기록등행사죄는 실체적 경합관계이다. 이때 위 3개의 범죄의 관계가 문제되는데, 이는 통상 연결효과에 의한 상상적 경합을 인정할 것인가 하는 문제로 논의된다.

'연결효과에 의한 상상적 경합'이란 위와 같이 실체적 경합관계에 있는 ②죄와 ③죄가 이들 범죄와 각각 상상적 경합관계에 있는 제3의 범죄인 ①죄에 의하여 연결되어 3개의 범죄 모두가 상상적 경합이 된다는 것이다. 연결효과에 의한 상상적 경합이 인정되는지 여부에 관하여, ⓐ 이중 평가를 막기 위하여 이를 인정하여야 한다는 긍정설, ⓑ 서로 다른 2개의 행위가 제3의 행위에 의하여 1개가 될 수는 없으므로 이를 인정할 수 없다는 부정설, ⓒ 연결하는 제3의 범죄의 형이 연결되는 다른 독립된 범죄의 형보다 무겁거나 같은 경우에는 이를 인정하고, 가벼운 경우에는 무거운 각 죄와 실체적 경합관계에 있다는 제한긍정설(통설)이 대립된다.

판례는 초기에는 실체적 경합관계에 있는 공도화변조죄(형법 제225조. 10년 이하 징역) 및 변조공도화행사죄(형법 제229조. 10년 이하 징역)([관련판례]), 또는 허위공문서작성죄(형법 제227조. 7년 이하 징역) 및 허위작성공문서행사죄(형법 제229조. 7년 이하 징역)[1]가 수뢰후부정처사죄(형법 제131조 제1항. 1년 이상 유기징역)와 각각 상상적 경합관계에 있는 경우에는 수뢰후부정처사죄와 대비하여 가장 무거운 죄에 정한 형(수뢰후부정처사죄)으로 처단하면 충분하고 따로 경합범 가중을 할 필요가 없다고 판시하여, 연결효과에 의한 상상적 경합을 인정하지 않으면서도 처벌에 있어서는 이를 긍정하는 효과를 인정하였다.[2] 그 후 판례는 사문서위조죄(형법 제231조. 5년 이하 징역)와 위조사문서행사죄(형법 제234조. 5년 이하 징역)와 그로 인하여 회사에 재산상 손해를 가한 업무상배임죄(형법 356조. 10년 이하 징역)는 그 객관적 사실관계가 하나의 행위이므로 상상적 경합관계에 있다고 판시하여[3] 사실상 연결효과에 의한 상상적 경합을 인정하고 있다.

---

1) 대법원 1983. 7. 26. 선고 83도1378 판결.
2) 위 판결에 대하여 연결효과에 의한 상상적 경합관계를 인정한 것으로 평가하는 견해도 있다.
3) 대법원 2009. 4. 9. 선고 2008도5634 판결. 다만, 본 판결은 이미 약식명령이 확정된 사문서위조 및 위조사문서행사죄의 기판력이 업무상배임죄에도 미친다고 하면서, 사문서위조 및 위조사문서행사죄의 범죄사실과 업무상배임죄의 공소사실이 상상적 경합관계에 있다고 판시한 것으로, 업무상배임죄와 사

본 사례의 경우, 부정설에 의하면 예컨대 사전자기록등변작죄와 변작사전자기록등행사죄를 경합범 가중하고(형법 제38조 제1항 제2호에 의하여 7년 6월 이하의 징역) 그것과 컴퓨터등사용사기죄 중에서 무거운 컴퓨터등사용사기죄의 정한 형으로 처벌해야 하지만,[1] 긍정설·제한적 긍정설 및 판례에 의하면 3개의 범죄가 상상적 경합관계가 되어 그 중 가장 무거운 컴퓨터등사용사기죄의 정한 형으로 처벌하게 된다.[2] 어느 견해에 의하든 처단형은 동일하다.

 관련판례

대법원 2001. 2. 9. 선고 2000도1216 판결【수뢰후부정처사·공도화변조·변조 공도화행사·뇌물수수】[3]

【사실관계】

피고인 甲은 구청 건설도시국 도시과에서 토지 분할, 지목 변경, 합병, 지적 고시에 따른 도시계획도 지적선의 정리, 토지이용계획확인원 발급 업무에 종사하는 자인바, 1995. 9월 초순 11:00경 위 구청 민원실에서 건축사 사무실 직원인 乙로부터 같은 구 소재 다세대주택의 부지 경계선이 8m 도시계획도로선과 90㎝ 떨어져 평행으로 되어 있어서 위 다세대주택의 건축에 애로가 있으니 위 지번의 토지 경계선과 도시계획도로선을 일치시켜 달라는 부탁을 받고 그로부터 금 300만 원을 교부받아 공무원이 그 직무에 관하여 뇌물을 수수한 다음, 같은 달 일자 불상 19:00경 위 민원실에서 행사할 목적으로 권한 없이 지우개로 위 지번의 토지 경계선과 90㎝ 떨어져 평행으로 그어져 있는 위 도시계획도로선을 지우고 붉은 색 먹으로 위 지번의 경계선과 일치되도록 8m 도시계획도로선을 새로 그어 도시계획도를 고쳐 구청의 공도화인 도시계획도를 변조함과 아울러 부정한 행위를 하고, 같은 일시경 구청 지적서고에서 위와 같

문서위조죄, 업무상배임죄와 위조사문서행사죄가 각 상상적 경합이라고 한 것인지, 위 3개의 범죄가 상상적 경합관계라고 한 것인지가 명확하지 않다.

1) 연결효과에 의한 상상적 경합을 부정할 경우, 컴퓨터등사용사기죄와 사전자기록등변작죄 중에서 무거운 형인 컴퓨터사용사기죄를 택하고, 다시 컴퓨터등사용사기죄와 변작사전자기록등변작죄 중에서 무거운 형인 컴퓨터등사용사기죄를 택하여, 두 죄를 실체적 경합, 즉 무거운 형의 1/2을 가중한 형기 범위(15년 이하의 징역) 내에서 형을 정하는 것이 원칙이다. 그러나 부정설을 택하면서도 이중평가를 피하면서 정당한 처벌을 가능하게 하기 위해서는 2개의 행위를 실체적 경합으로 가중한 형을 정한 후에 그것과 상상적 경합관계에 있는 제3의 행위와 비교하여 무거운 형으로 처벌하는 것이 타당하다고 하는 견해도 있다.

2) 일본 하급심판례 중에는 현금카드의 전자기록을 복사하여 예금인출용 전자기록을 부정작출하고, 이것을 현금자동지급기에 넣고 현금을 인출한 사안에서, 사전자기록부정작출죄와 부정작출사전자기록행사죄 및 절도죄는 순차 수단과 결과의 관계에 있으므로 견련범(일본 형법 제54조 제1항 후단)이 되어 가장 중한 형으로 처벌한다고 판시한 것이 있다(東京地判 1989. 2. 22. 判時 1308·161).

3) 본 판결 평석은 김성돈, "이중평가금지와 연결효과에 의한 상상적 경합", 172-200면; 이승호, "상상적 경합의 비교단위", 형사판례연구 [10], 2002, 201-229면.

이 변조한 도시계획도를 비치함으로써 변조한 공도화를 행사하였다.

【판결요지】

원심이 유지한 제1심판결 이유에 의하면, 피고인의 행위 중 수뢰후부정처사의 점에 대하여는 형법 제131조 제1항, 제129조 제1항을, 공도화변조 및 동행사의 점에 대하여는 형법 제225조 및 제229조를 각 적용한 후 위 각 죄(이와 별개인 1996년 9월 초순경의 뇌물수수죄 포함)는 형법 제37조 전단의 경합범에 해당한다고 하여 그 형이 가장 무거운 수뢰후부정처사죄의 형에 경합범 가중을 하여 피고인에 대한 처단형을 정하고 있다.

그러나 형법 제131조 제1항의 수뢰후부정처사죄에 있어서 공무원이 수뢰 후 행한 부정행위가 공도화변조 및 동행사죄와 같이 보호법익을 달리하는 별개 범죄의 구성요건을 충족하는 경우에는 수뢰후부정처사죄 외에 별도로 공도화변조 및 동행사죄가 성립하고 이들 죄와 수뢰후부정처사죄는 각각 상상적 경합 관계에 있다고 할 것인바, 이와 같이 공도화변조죄와 동행사죄가 수뢰후부정처사죄와 각각 상상적 경합범 관계에 있을 때에는 공도화변조죄와 동행사죄 상호 간은 실체적 경합범 관계에 있다고 할지라도 상상적 경합범 관계에 있는 수뢰후부정처사죄와 대비하여 가장 중한 죄에 정한 형으로 처단하면 족한 것이고 따로이 경합범 가중을 할 필요가 없다고 할 것이다(대법원 1983. 7. 26. 선고 83도1378 판결 참조).

그리고 위 각 죄와 별도로 원심에서 인정된 대로 위 뇌물수수죄가 성립한다고 하여도 그 법정형이 5년 이하의 징역 또는 10년 이하의 자격정지인 점, 공도화변조죄 및 동행사죄의 각 법정형(10년 이하의 징역)과 수뢰후부정처사죄의 법정형(1년 이상의 유기징역) 및 경합범 가중 시의 처벌례(형법 제38조 제1항 제2호 본문) 등에 비추어 보면, 원심과 같이 죄수평가를 한 경우 처단형의 범위에 차이가 생기게 됨이 분명하므로, 위와 같은 죄수에 관한 법리오해는 판결에 영향을 미친다고 볼 것이다.

그렇다면, 수뢰후부정처사죄와 공도화변조죄 및 동행사죄를 모두 실체적 경합범으로 보고 경합범 가중을 한 제1심을 그대로 유지한 원심판결에는, 그 죄수에 관한 법리를 오해함으로써 판결에 영향을 미친 위법이 있다고 할 것이므로, 이 점을 지적하는 상고이유의 주장은 그 이유 있다.

5. 甲의 신용카드를 이용하여 현금자동지급기에서 100만 원을 인출한 행위

甲이 자신의 신용카드를 이용하여 현금자동지급기에서 100만 원을 인출한 행위가 절도죄나 사기죄에 해당하는지 문제된다. ① 별도로 절도죄나 사기죄가 성립한다는 견해, ② 불가벌적 사후행위라는 견해도 있으나, ③ 카드 사용권한 있는 자의 정당한 사용에 의한 것이므로 현금자동지급기 관리자의 의사에 반하거나 기망행위 및 그에 따른 처분행위도 없었으므로, 별도로 절도죄나 사기죄의 구성요건에 해당하지 않는다고 할 것이다(현금카드에 관한 【관련판례】).

관련판례

대법원 2004. 4. 16. 선고 2004도353 판결 【장물취득】1)

기록에 의하면, A는 권한 없이 주식회사 신진기획의 아이디와 패스워드를 입력하여 인터넷뱅킹에 접속한 다음 위 회사의 예금계좌로부터 자신의 예금계좌로 합계 180,500,000원을 이체하는 내용의 정보를 입력하여 자신의 예금액을 증액시킴으로서 컴퓨터등사용사기죄의 범행을 저지른 다음 자신의 현금카드를 사용하여 현금자동지급기에서 현금을 인출한 사실을 인정할 수 있는바, 이와 같이 자기의 현금카드를 사용하여 현금자동지급기에서 현금을 인출한 경우에는 그것이 비록 컴퓨터등사용사기죄의 범행으로 취득한 예금채권을 인출한 것이라 할지라도 현금카드 사용권한 있는 자의 정당한 사용에 의한 것으로서 현금자동지급기 관리자의 의사에 반하거나 기망행위 및 그에 따른 처분행위도 없었으므로, 별도로 절도죄나 사기죄의 구성요건에 해당하지 않는다 할 것이고, 그 결과 그 인출된 현금은 재산범죄에 의하여 취득한 재물이 아니므로 장물이 될 수 없다고 할 것이다.

또 장물인 현금 또는 수표를 금융기관에 예금의 형태로 보관하였다가 이를 반환받기 위하여 동일한 액수의 현금 또는 수표를 인출한 경우에 예금계약의 성질상 그 인출된 현금 또는 수표는 당초의 현금 또는 수표와 물리적인 동일성은 상실되었지만 액수에 의하여 표시되는 금전적 가치에는 아무런 변동이 없으므로, 장물로서의 성질은 그대로 유지되지만(대법원 1999. 9. 17. 선고 98도2269 판결, 대법원 2000. 3. 10. 선고 98도2579 판결, 대법원 2002. 4. 12. 선고 2002도53 판결 등 참조), 공소외인이 컴퓨터등사용사기죄에 의하여 취득한 예금채권은 재물이 아니라 재산상 이익이므로, 그가 자신의 예금구좌에서 6,000만 원을 인출하였더라도 장물을 금융기관에 예치하였다가 인출한 것으로 볼 수 없다.

6. 경찰관 X를 밀어 넘어뜨린 행위

甲이 추적하여 바짝 다가온 X에 대하여 갑자기 뒤돌아서면서 밀어 넘어뜨린 행위가 공무집행방해죄(형법 제136조 제1항)에 해당하는지 문제된다. 먼저, 경찰관 X가 직무질문 중 도주하는 甲을 130미터 추적한 행위는 직무질문에서 허용되는 행위로서 적법한 공무집행에 해당한다(제2문 부분에서 상술).2) 그리고 공무집행방해죄에서의

---

1) 본 판결 평석은 천진호, "타인명의예금 인출행위의 형사책임과 장물죄", 형사판례연구 [13], 2005, 354-387면.
2) 그러나 경찰관이 임의동행을 요구하며 손목을 잡고 뒤로 꺾어 올리는 등으로 제압하자 거기에서 벗어나려고 몸싸움하는 과정에서 경찰관에게 경미한 상해를 입힌 경우에는 공무집행방해죄가 성립하지 않는다(대법원 1999. 12. 28. 선고 98도138 판결).

폭행은 공무집행을 방해할 수 있을 정도에 이를 것을 요하고, 공무원이 전혀 개의치 않을 정도의 경미한 폭행은 이에 해당하지 않는데([관련판례]),[1] 甲의 행위는 X가 개의치 않을 정도의 경미한 폭행이라고는 볼 수 없다. 나아가 X가 정복을 입고 있어서 甲도 X가 경찰관임을 알 수 있었으므로 고의도 인정된다고 할 것이다. 따라서 甲에 대하여 공무집행방해죄가 성립한다.[2]

 관련판례

대법원 2007. 6. 1. 선고 2006도4449 판결【폭력행위등처벌에관한법률위반(야간·공동상해)(인정된 죄명 : 상해)·공무집행방해·음반·비디오물및게임물에관한법률위반】

공무집행방해죄에 있어서의 폭행·협박은 성질상 공무원의 직무집행을 방해할 만한 정도의 것이어야 하므로, 경미하여 공무원이 개의치 않을 정도의 것이라면 여기의 폭행·협박에는 해당하지 아니한다고 할 것이다(대법원 1972. 9. 26. 선고 72도1783 판결 등 참조).

위 법리와 기록에 의하여 살펴보면, 원심이, 피고인 乙이 피고인 甲과 이 사건 공무집행방해행위 또는 상해행위를 공모하거나 공동으로 저질렀다고 인정할 증거가 없다고 판단하는 한편, 피고인 乙이 위 오락실 밖에서 기판이 든 박스를 옮기고 있던 의경 X를 뒤쫓아 가 '이 박스는 압수된 것이 아니다'라고 말하며 X의 손에 있던 박스를 들고 간 것은 당시 X가 즉각적으로 대응하거나 저항하지 아니한 점에 비추어 X의 공무집행을 방해할 만한 폭행 또는 협박에 해당하지 아니한다고 판단한 것은 정당한 것으로 수긍이 가고, 거기에 상고이유의 주장과 같은 채증법칙 위반으로 인한 사실오인이나 법리오해 등의 위법이 있다고 할 수 없다.

7. 설문의 해결

甲에 대하여는 ① 2개의 마약류관리에관한법률위반(향정)죄, ② 컴퓨터등사용사기죄, ③ 사전자기록등변작죄, ④ 변작사전자기록등행사죄, ⑤ 사문서부정행사죄, ⑥ 공무집행방해죄가 각 성립한다. 이때 판례에 의하면 ②, ③, ④는 상상적 경합관계이고, 이것과 나머지 범죄들은 실체적 경합관계이다.

한편, 甲은 A의 설득으로 경찰서에 자진출석하였으므로 자수(형법 제52조 제1항)에 해당하여 임의적 감면사유가 된다. 다만, 필로폰 투약행위는 부인하고 있으므로 그 부분에 관해서는 자수로서의 효력이 없다([관련판례]).

---

1) 협박도 마찬가지이다(대법원 2006. 1. 13. 선고 2005도4799 판결 : 노조원들의 폭언).
2) 필로폰 투약에 따른 심신미약(형법 제10조 제2항)을 검토할 여지는 있을 것이다.

따라서 형을 양정1)함에 있어서는, 먼저 연결효과에 의한 상상적 경합관계인 ②, ③, ④ 중에서 무거운 죄인 ②를 선택하고(형법 제40조), 자수감경을 할 경우 ② 내지 ⑥에 정한 형의 장기의 2분의 1 또는 다액의 2분의 1로 감경한 다음(형법 제55조 제1항 제3호, 제4호), 실체적 경합관계인 ①, ②, ⑤, ⑥ 중에서 가장 무거운 ①에 정한 형(1년 이상의 유기징역)의 장기의 2분의 1까지 가중한(형법 제38조 제1항 제2호) 형기범위 내에서 처벌한다.

 관련판례

대법원 1994. 10. 14. 선고 94도2130 판결【강간치상】

형법 제52조 제1항 소정의 자수란 범인이 자발적으로 자신의 범죄사실을 수사기관에 신고하여 그 소추를 구하는 의사표시로서 이를 형의 감경사유로 삼는 주된 이유는 범인이 그 죄를 뉘우치고 있다는 점에 있으므로 범죄사실을 부인하거나 죄의 뉘우침이 없는 자수는 그 외형은 자수일지라도 법률상 형의 감경사유가 되는 진정한 자수라고는 할 수 없는 것이고(당원 1993. 6. 11. 선고 93도1054 판결 참조), 또 수개의 범죄사실 중 일부에 관하여만 자수한 경우에는 그 부분 범죄사실에 대하여만 자수의 효력이 있다고 할 것이다(당원 1969. 7. 22. 선고 69도779 판결 참조).

그런데 피고인이 경찰에 자진출석한 당일 최초로 작성된 진술서와 피의자신문조서의 기재에 의하면, 피고인은 이 사건 범죄사실에 대한 조사를 받으면서 비록 '강간'이라는 낱말을 일부 사용하기는 하였으나 그 전체적인 진술취지가 그 범행 당일 피해자와 간음한 장소는 이 사건 범행장소인 남부순환도로 옆 야산이 아니라 서울 신월동 소재 청기와여관이고 일시도 같은 날 06:00경이며 그것도 강제로 간음한 것은 아니라고 하여(수사 11, 13, 16-19면 참조) 위 범죄사실과는 전혀 다른 진술을 한 사실을 엿볼 수 있고, 그 후 경찰이나 검찰, 그리고 제1심 및 원심법정에 이르기까지 일관하여 이 사건 범행을 부인한 사실이 기록상 인정되는바, 그렇다면 비록 피고인이 수사기관에 자진출석하였다 하더라도 위 범죄사실을 부인하고 있는 이상 이를 형법상 형의 감경사유가 되는 자수라고는 할 수 없을 것임에도 불구하고 원심이 피고인의 자수를 이유로 법률상 감경을 한 것은 형법상의 자수에 관한 법리를 오해하여 판결에 영향을 미쳤다고 할 것이므로 이 점을 지적하는 논지는 이유 있다.

---

1) 법령적용의 순서는 다음과 같다. ① 구성요건 및 법정형을 표시하는 규정, ② 각칙 본조에 의한 가중, ③ 형법 제34조 제2항의 가중, ④ 과형상 일죄, ⑤ 형의 종류의 선택, ⑥ 누범가중, ⑦ 법령상감경, ⑧ 경합범가중, ⑨ 작량감경, ⑩ 선고형의 결정.

II. 제2문 — X의 행위의 적법성

1. 문제의 제기

경찰관 X가 아무리 보아도 정상적으로 보이지 않는 甲을 정지시켜 질문한 행위는 직무질문이다. 불심검문 또는 직무질문이란 경찰관이 행동이 수상한 사람을 발견한 때에 정지시켜 질문하는 것을 말한다. 직무질문은 수사 그 자체가 아니라 경우에 따라 수사의 단서가 되는 것이지만, 실질적으로는 행정경찰작용과 수사경찰작용의 중간에 위치하며 순간적으로 수사로 이행될 수 있는 동적인 성격을 지닌다. 직무질문에 대하여는 경찰관 직무집행법 제3조[1]에 규정되어 있으므로[2] 경찰관 X가 아무리 보아도 정상적으로 보이지 않는 甲을 정지시켜 질문한 행위는 직무질문으로서 적법하다.

문제는 경찰관 X가 甲의 상태에 비추어 길거리에서 계속 질문하는 것이 적절치 않다고 판단하고 임의동행을 요구하였는데, 아무런 반응을 보이지 않자 30분간 설득한 행위와 동행요구에 불응하고 도주하는 甲을 130미터 추적하여 X에게 바짝 다가간 한 행위가 적법한지가 문제된다.

---

1) 경찰관 직무집행법 제3조(불심검문) ① 경찰관은 다음 각 호의 어느 하나에 해당하는 사람을 정지시켜 질문할 수 있다.
    1. 수상한 행동이나 그 밖의 주위 사정을 합리적으로 판단하여 볼 때 어떠한 죄를 범하였거나 범하려 하고 있다고 의심할 만한 상당한 이유가 있는 사람
    2. 이미 행하여진 범죄나 행하여지려고 하는 범죄행위에 관한 사실을 안다고 인정되는 사람
② 경찰관은 제1항에 따라 같은 항 각 호의 사람을 정지시킨 장소에서 질문을 하는 것이 그 사람에게 불리하거나 교통에 방해가 된다고 인정될 때에는 질문을 하기 위하여 가까운 경찰서·지구대·파출소 또는 출장소(지방해양경찰관서를 포함하며, 이하 "경찰관서"라 한다)로 동행할 것을 요구할 수 있다. 이 경우 동행을 요구받은 사람은 그 요구를 거절할 수 있다.
③ 경찰관은 제1항 각 호의 어느 하나에 해당하는 사람에게 질문을 할 때에 그 사람이 흉기를 가지고 있는지를 조사할 수 있다.
④ 경찰관은 제1항이나 제2항에 따라 질문을 하거나 동행을 요구할 경우 자신의 신분을 표시하는 증표를 제시하면서 소속과 성명을 밝히고 질문이나 동행의 목적과 이유를 설명하여야 하며, 동행을 요구하는 경우에는 동행 장소를 밝혀야 한다.
⑤ 경찰관은 제2항에 따라 동행한 사람의 가족이나 친지 등에게 동행한 경찰관의 신분, 동행 장소, 동행 목적과 이유를 알리거나 본인으로 하여금 즉시 연락할 수 있는 기회를 주어야 하며, 변호인의 도움을 받을 권리가 있음을 알려야 한다.
⑥ 경찰관은 제2항에 따라 동행한 사람을 6시간을 초과하여 경찰관서에 머물게 할 수 없다.
⑦ 제1항부터 제3항까지의 규정에 따라 질문을 받거나 동행을 요구받은 사람은 형사소송에 관한 법률에 따르지 아니하고는 신체를 구속당하지 아니하며, 그 의사에 반하여 답변을 강요당하지 아니한다.
2) 직무질문에 대하여는 ① 임의처분이라는 견해(통설)와 ② 법률적 근거를 가진 강제처분이라는 견해의 대립이 있다.

2. 임의동행 요구행위의 적법성

임의동행이란 수사기관이 당사자의 동의를 얻어 수사기관까지 동행하는 것을 말하는데, 행정작용으로서의 임의동행(경찰관 직무집행법 제3조 제2항, 주민등록법 제26조[1])과 수사로서의 임의동행(형소법 제199조)이 있다. 수사로서의 임의동행의 성질에 대하여는, ① 강제수사로서 일절 허용되지 않는다는 강제수사설, ② 임의수사의 일종으로 허용된다는 임의수사설(통설)이 있다. 형사소송법은 피의자에 대한 출석요구방법을 제한하고 있지 않으므로 사회통념상 신체의 속박이나 심리적 압박에 의한 자유의 구속이 있었다고 할 수 없는 객관적인 상황이 있는 때에는 임의수사로서 허용된다고 할 것이다.

본 사례에서 甲이 질문에 제대로 대답할 수 있는 상태가 아니었고 필로폰 중독을 의심케 하는 이상한 언동을 반복한 점에 비추어, 경찰관 X의 임의동행 요구는 행정작용(경찰관 직무집행법 제3조 제2항)으로서의 임의동행에서 수사로 이어진 임의동행으로서 적법하다.

3. 설득행위의 적법성

임의동행을 요구받은 甲은 경찰관 X의 동행요구를 거절할 수 있다(경찰관 직무집행법 제3조 제2항 제2문). 판례도 임의동행은 "오로지 자발적인 의사"가 있다고 명백하게 입증된 경우에만 허용된다고 한다([관련판례]). 위 판례에서 요구하는 '오로지 자발적인 의사에 의하였는지'라는 기준을 엄격하게 확장하여 해석할 경우, 명시적이든 묵시적이든 일단 거절의사를 밝힌 이상 설득행위는 위법하다고 할 여지도 있다. 그러나 위 판례는 동행 그 자체에 관한 것이지, 동행을 위한 설득행위 자체가 당연히 위법하다는 것을 의미하는 것은 아니므로 위와 같이 해석하는 것은 타당하지 않다. 오히려 '오로지 자발적인 의사'라는 문구만을 강조하면, 임의동행에는 일체의 유형력의 행사가 허용되지 않게 되어 '임의동행으로도 충분함에도 원칙적으로 체포해야 하는 '강제수사원칙'이 적용됨으로써 오히려 피의자에게 불리하게 될 여지도 배제할 수 없다.[2]

---

[1] 주민등록법 제26조(주민등록증의 제시요구) ① 사법경찰관리가 범인을 체포하는 등 그 직무를 수행할 때에 17세 이상인 주민의 신원이나 거주 관계를 확인할 필요가 있으면 주민등록증의 제시를 요구할 수 있다. 이 경우 사법경찰관리는 주민등록증을 제시하지 아니하는 자로서 신원을 증명하는 증표나 그 밖의 방법에 따라 신원이나 거주 관계가 확인되지 아니하는 자에게는 범죄의 혐의가 있다고 인정되는 상당한 이유가 있을 때에 한정하여 인근 관계 관서에서 신원이나 거주 관계를 밝힐 것을 요구할 수 있다.

[2] 이런 점에서, 판례의 취지를 최대한 존중하면서도 동행의 시간과 장소, 동행의 방법과 동행거부의사의 유무, 동행 이후의 조사방법과 퇴거의사의 유무 등 여러 사정을 종합하여 객관적인 상황을 기준

생각건대, 임의동행을 요구하였으나 별다른 반응을 보이지 않는 경우에 동행에 응하도록 설득하면서 현장에 정지시켜 두는 행위 자체는 적법하지만, 그 기간이 임의수사로서의 한계를 벗어나 당사자의 이동의 자유를 침해할 정도로 장시간인 경우에는 위법하다고 할 것이다. 본 사례에서는 X가 이상한 언동을 보여 길거리에서 계속 질문하는 것이 적절치 않다고 판단하고(경찰관 직무집행법 제3조 제2항 참조) 동행을 거부할 수 있음을 알려주었을 뿐 아니라, 甲이 임의동행 요구에 별다른 반응을 보이지 않자 약 30분 설득하는 데 그쳤으므로 위 설득행위는 허용된다고 할 것이다.[1]

 관련판례

대법원 2006. 7. 6. 선고 2005도6810 판결 【도주】[2]

【판결요지】

형사소송법 제199조 제1항은 "수사에 관하여 그 목적을 달성하기 위하여 필요한 조사를 할 수 있다. 다만, 강제처분은 이 법률에 특별한 규정이 있는 경우에 한하며, 필요한 최소한도의 범위 안에서만 하여야 한다"고 규정하여 임의수사의 원칙을 명시하고 있는바, 수사관이 수사과정에서 당사자의 동의를 받는 형식으로 피의자를 수사관서 등에 동행하는 것은, 상대방의 신체의 자유가 현실적으로 제한되어 실질적으로 체포와 유사한 상태에 놓이게 됨에도, 영장에 의하지 아니하고 그 밖에 강제성을 띤 동

으로 임의성을 판단할 필요가 있다(종전의 대법원판례의 입장. 대법원 1993. 11. 23. 선고 93다35155 판결).

1) 일본 판례 중에는 약 6시간 반 이상 임의동행에 응할 것을 설득하면서 현장에 유치한 것은 임의수사로서 허용된 범위를 벗어나서 위법하다고 판시한 것이 있다(最決 1994. 9. 16. 刑集 48·6·420). 동 판결은 각성제 사용 혐의가 있는 피의자에 대하여, 자동차의 엔진 키를 빼앗는 등으로 운전을 저지한 다음, 임의동행을 요구하고 약 6시간 반 이상에 걸쳐 직무질문 현장에 머무르게 한 경찰관의 조치는 임의수사로서 허용되는 범위를 일탈하여 위법하지만, 피의자가 각성제 중독이 의심되는 이상한 언동을 반복하는 등에 비추어 운전을 저지할 필요성이 크고, 그러기 위해 경찰관이 행사한 유형력도 필요 최소한도의 범위에 그치고, 피의자가 스스로 운전하겠다고 고집하여 임의동행을 완강하게 계속 거부하기 때문에 설득하는 데 장시간이 걸린 외에, 그 후 뒤이어 행해진 강제채뇨절차 자체에 위법이 없는 등의 판시 사정하에서는, 위 일련의 절차를 전체로 보아도 그 위법의 정도는 아직 중대하다고는 할 수 없고, 위 강제채뇨절차에 의하여 취득된 소변에 관한 감정서의 증거능력은 부정되지 않는다고 판시하였다.

2) 본 판결 평석은 김택수, "수사상 임의동행의 허용 여부와 적법성 요건", 형사판례연구 [17], 2009, 340-376면; 심희기, "임의동행의 임의성의 판단기준, 임의출석 참고인의 긴급체포의 적법성", 고시연구 제33권 11호(2006. 11), 99-110면; 정창호, "가. 임의동행의 적법요건. 나. 사법경찰관이 피고인을 수사관서까지 동행한 것이 사실상의 강제연행, 즉 불법체포에 해당하고, 불법체포로부터 6시간 상당이 경과한 후에 이루어진 긴급체포 또한 위법하므로 피고인은 불법체포된 자로서 형법 제145조 제1항에 정한 '법률에 의하여 체포 또는 구금된 자'가 아니어서 도주죄의 주체가 될 수 없다고 한 사례", 대법원판례해설 제66호(2006 하반기), 2007, 349-370면; 조국, "긴급체포의 전(前)단계로 남용되는 불법적 임의수사에 대한 통제", 형사판례연구 [15], 2007, 251-265면.

행을 억제할 방법도 없어서 제도적으로는 물론 현실적으로도 임의성이 보장되지 않을 뿐만 아니라, 아직 정식의 체포·구속단계 이전이라는 이유로 상대방에게 헌법 및 형사소송법이 체포·구속된 피의자에게 부여하는 각종의 권리보장 장치가 제공되지 않는 등 형사소송법의 원리에 반하는 결과를 초래할 가능성이 크므로, 수사관이 동행에 앞서 피의자에게 동행을 거부할 수 있음을 알려 주었거나 동행한 피의자가 언제든지 자유로이 동행과정에서 이탈 또는 동행장소로부터 퇴거할 수 있었음이 인정되는 등 오로지 피의자의 자발적인 의사에 의하여 수사관서 등에의 동행이 이루어졌음이 객관적인 사정에 의하여 명백하게 입증된 경우에 한하여, 그 적법성이 인정되는 것으로 봄이 상당하다. 형사소송법 제200조 제1항에 의하여 검사 또는 사법경찰관이 피의자에 대하여 임의적 출석을 요구할 수는 있겠으나, 그 경우에도 수사관이 단순히 출석을 요구함에 그치지 않고 일정 장소로의 동행을 요구하여 실행한다면 위에서 본 법리가 적용되어야 하고, 한편 행정경찰 목적의 경찰활동으로 행하여지는 경찰관직무집행법 제3조 제2항 소정의 질문을 위한 동행요구도 형사소송법의 규율을 받는 수사로 이어지는 경우에는 역시 위에서 본 법리가 적용되어야 한다.

4. 추적행위의 적법성

본 사례는 임의동행 요구 중에 도주한 것이지만 이는 직무질문의 연장선에서 도주한 것으로 볼 수 있다. 이처럼 직무질문에서 직무질문 대상자가 정지 자체를 거부하거나 도주하는 경우, 정지에는 응하였으나 질문에 대한 답변을 거부하는 경우, 정지 후 질문 도중에 도주하는 경우에 추적행위를 포함하여 유형력을 행사할 수 있는지 여부가 문제된다.

(1) 직무질문에서의 유형력 행사의 가부에 관한 학설

(가) 제한적 허용설(통설)

범죄의 조기발견이나 예방을 위하여 필요한 경우에는 사태의 긴급성·혐의의 정도·질문의 필요성과 수단의 상당성을 고려하여 허용된다고 한다. 따라서 질문장소를 떠나려는 상대방에게 생각을 바꾸도록 요구하는 수준이나, 정지를 위하여 길을 막거나 추적하거나 몸에 손을 대는 정도는 허용되지만, 귀찮거나 번잡스럽게 하는 정도를 넘어선 고강도의 실력행사나 멱살을 잡거나 폭력을 행사하는 것은 허용되지 않는다고 한다.

(나) 예외적 허용설

살인·강도 등의 중범죄에 한하여 긴급체포도 가능하지만 신중을 기하기 위한 경우에만 예외적으로 허용된다고 한다.

(다) 원칙적 허용설

직무질문이 강제처분이라고 하는 입장에서는 구금에 이르지 않는 한 유형력 행사는 허용된다고 한다.

(2) 판례

판례는 직무질문대상자에게 질문을 하기 위하여 범행의 경중, 범행과의 관련성, 상황의 긴박성, 혐의의 정도, 질문의 필요성 등에 비추어 그 목적 달성에 필요한 최소한의 범위 내에서 사회통념상 용인될 수 있는 상당한 방법으로 그 대상자를 정지시킬 수 있다고 하면서,[1] ① 범행 장소 인근에서 자전거를 이용한 날치기 사건이 발생한 직후 검문을 실시 중이던 경찰관들이 위 날치기 사건의 범인과 흡사한 인상착의의 피고인을 발견하고 앞을 가로막으며 진행을 제지한 행위([관련판례]), ② 술값 문제로 시비를 벌인 피의자에게 질문을 하자 불응하고 막무가내로 밖으로 나가려고 하므로 앞을 막아서는 행위,[2] ③ 중앙선침범 도로교통법위반자에 대한 경찰관의 차량추적행위[3]는 적법하다고 판시하였다. 이는 제한적 허용설과 같은 입장으로 볼 수 있다.

 관련판례

대법원 2012. 9. 13. 선고 2010도6203 판결 【상해·공무집행방해·모욕】

【판결요지】

1. (전략) 위와 같은 경찰관직무집행법의 목적, 규정 내용 및 체계 등을 종합하면, 경찰관은 법 제3조 제1항에 규정된 대상자에게 질문을 하기 위하여 범행의 경중, 범행과의 관련성, 상황의 긴박성, 혐의의 정도, 질문의 필요성 등에 비추어 그 목적 달성에 필요한 최소한의 범위 내에서 사회통념상 용인될 수 있는 상당한 방법으로 그 대상자를 정지시킬 수 있고 질문에 수반하여 흉기의 소지 여부도 조사할 수 있다 할 것이다.

2. 원심은 그 채택 증거를 종합하여, 부평경찰서 역전지구대 소속 경위 A, 순경 B, 순경 C가 2009. 2. 15. 01:00경 인천 부평구 부평동 소재 ○○○ 앞길에서 경찰관 정

---

1) 대법원 2014. 2. 27. 선고 2011도13999 판결.
2) 대법원 2014. 12. 11. 선고 2014도7976 판결.
3) 대법원 2000. 11. 10. 선고 2000다26807, 26814 판결(추적이 당해 직무 목적을 수행하는 데에 불필요하다거나 또는 도주차량의 도주의 태양 및 도로교통상황 등으로부터 예측되는 피해발생의 구체적 위험성의 유무 및 내용에 비추어 추적의 개시·계속 혹은 추적의 방법이 상당하지 않다는 등의 특별한 사정이 없는 한 그 추적행위를 위법하다고 할 수 없다).

복 차림으로 검문을 하던 중, '01:00경 자전거를 이용한 핸드백 날치기 사건발생 및 자전거에 대한 검문검색 지령'이 01:14경 무전으로 전파되면서, 범인의 인상착의가 '30대 남자, 찢어진 눈, 짧은 머리, 회색바지, 검정잠바 착용'이라고 알려진 사실, 위 경찰관들은 무전을 청취한 직후인 01:20경 자전거를 타고 검문 장소로 다가오는 피고인을 발견한 사실, B가 피고인에게 다가가 정지를 요구하였으나, 피고인은 자전거를 멈추지 않은 채 B를 지나쳤고, 이에 C가 경찰봉으로 피고인의 앞을 가로막고 자전거를 세워 줄 것을 요구하면서 소속과 성명을 고지하고, "인근 경찰서에서 자전거를 이용한 날치기가 있었는데 인상착의가 비슷하니 검문에 협조해 달라."는 취지로 말하였음에도 피고인은 평상시 그곳에서 한 번도 검문을 받은 바 없다고 하면서 검문에 불응하고 그대로 전진한 사실, 이에 C는 피고인을 따라가서 피고인이 가지 못하게 앞을 막고 검문에 응할 것을 요구한 사실, 이와 같은 제지행위로 더 이상 자전거를 진행할 수 없게 된 피고인은 경찰관들이 자신을 범인 취급한다고 느껴 C의 멱살을 잡아 밀치고 A, B에게 욕설을 하는 등 거세게 항의한 사실, 이에 위 경찰관들은 피고인을 공무집행방해죄와 모욕죄의 현행범인으로 체포한 사실을 인정한 다음, 불심검문은 상대방의 임의에 맡겨져 있는 이상 질문에 대한 답변을 거부할 의사를 밝힌 상대방에 대하여 유형력을 사용하여 그 진행을 막는 등의 방법은 사실상 답변을 강요하는 것이어서 허용되지 않고, 따라서 C의 위 제지행위는 불심검문의 한계를 벗어나 위법하므로 직무집행의 적법성을 전제로 하는 공무집행방해죄는 성립하지 않고, 위법한 공무집행방해죄에 대한 저항행위로 행하여진 상해 및 모욕도 정당방위로서 위법성이 조각된다고 판단하여, 이 사건 공소사실에 대하여 모두 무죄를 선고하였다. 그러나 원심이 인정한 사실관계를 앞서 본 법리에 비추어 살펴보면, 이 사건 범행 장소 인근에서 자전거를 이용한 날치기 사건이 발생한 직후 검문을 실시 중이던 경찰관들이 위 날치기 사건의 범인과 흡사한 인상착의의 피고인을 발견하고 앞을 가로막으며 진행을 제지한 행위는 그 범행의 경중, 범행과의 관련성, 상황의 긴박성, 혐의의 정도, 질문의 필요성 등에 비추어 그 목적 달성에 필요한 최소한의 범위 내에서 사회통념상 용인될 수 있는 상당한 방법으로 법 제3조 제1항에 규정된 자에 대하여 의심되는 사항에 관한 질문을 하기 위하여 정지시킨 것으로 보아야 한다. 그럼에도 원심은 그 판시와 같은 이유만으로 이 사건 공소사실 중 공무집행방해 부분에 관하여 경찰관들의 불심검문이 위법하다고 보아 무죄를 선고하고 말았으니, 이러한 원심의 판단에는 불심검문의 내용과 한계에 관한 법리를 오해하여 판결 결과에 영향을 미친 위법이 있다 할 것이다.

(3) 소결

정복을 입은[1] 경찰관 X가 필로폰 중독의 의심이 짙은 甲이 도주하는 것을 130미

---

[1] 경찰관이 불심검문을 하고자 할 때에는 자신의 신분을 표시하는 증표를 제시하도록 규정되어 있으나

터 추적한 행위는 판례와 통설인 제한적 허용설에 비추어 적법하다[1]고 할 것이다.[2]

반면에, 추적하면서 가볍게 신체에 손을 대거나 앞을 일시적으로 막고 설득하는 정도는 허용되지만, 뒤에서 허리춤을 잡는 것은 허용되지 않는다는 견해도 있다.

5. 설문의 해결

이상 살펴본 바와 같이 본 사례 [Ⅱ]에 기술된 X의 행위는 적법하다.[3]

Ⅲ. 제3문 — 강제채뇨의 적법성 및 소변감정결과서의 증거능력

1. 문제의 제기

X는 강제채뇨를 위한 압수·수색영장을 발부받아 강제로 甲을 대학병원으로 데리고 가서 소변을 채취하였다. 이와 관련하여, ① 강제채뇨가 허용되는지, ② 강제로 대학병원으로 데리고 간 것이 적법한지, ③ 소변에서 필로폰이 검출되었다는 감정결과서의 증거능력이 있는지 여부가 문제된다.

(경찰관 직무집행법 제3조 제4항), 검문하는 사람이 경찰관이고 검문하는 이유가 범죄행위에 관한 것임을 피검문자가 충분히 알고 있었다고 보이는 경우에는 신분증을 제시하지 않았더라도 위법이 아니다(대법원 2014. 12. 11. 선고 2014도7976 판결).

1) 이에 대하여, ① 이 경우의 도주는 임의동행에 대한 명백한 거부의사의 다른 표현이므로, 이를 추적하여 제지하는 것은 위법이라는 견해도 있을 수 있다. 이를 임의동행의 거부의사의 다른 표현으로 보더라도, 본 사례에서는 甲이 필로폰 중독을 의심케 하는 이상한 언동을 한 점에 비추어, 추적행위는 긴급체포를 위한 행위로 파악할 수도 있다. 한편, ② 현행범인 또는 형사소송법 제211조 제2항 제4호의 준현행범인에 해당하므로 추적하여 검거하는 행위는 적법하다는 견해가 있을 수 있다. 그러나 본 사례에서는 범죄를 실행하고 난 직후인지 불명하고, '누구냐고 묻자 도망하려고 할 때'가 아니므로 준현행범인으로 보기는 어렵다.

2) 일본 판례 중에는 직무질문 중에 틈을 봐서 갑자기 도망가는 것을 130미터 추적하여 뒤에서 손으로 팔을 잡아 멈추게 한 경우는 적법하다고 하고(最決 1954. 7. 15. 刑集 8·7·1137), 그 외에도 추적은 사람의 자유를 구속하는 것이 아니고, 경찰관의 직무행위로서 적법하다는 사례가 많다(最決 1954. 12. 27. 刑集 8·13·2435; 最決 1955. 7. 19. 刑集 9·9·1908). 그리고 도망가는 것을 추적하여 어깨를 잡아 정지시키고, 또 도망을 방지하기 위하여 허리춤을 뒤에서 잡는 경우도 적법하다고 한다(札幌高判 1992. 6. 18. 判時 1450·157).

3) 위법한 직무집행이라고 한다면, 甲이 도주하는 것을 추적하여 바짝 다가간 경찰관 X를 밀어 넘어뜨린 행위는 공무집행방해죄에 해당하지 않고, 폭행도 정당방위에 해당되어 위법성이 조각된다(대법원 2000. 7. 4. 선고 99도4341 판결).

2. 강제채뇨의 허용 여부

강제채뇨는 임의로 소변을 제출하지 않는 경우에 강제력을 사용해서 도뇨관 (catheter)을 요도를 통하여 방광에 삽입한 뒤 체내에 있는 소변을 배출시켜[1] 소변을 취득·보관하는 행위이다. 수사기관이 범죄 증거를 수집할 목적으로 하는 강제채뇨는 피의자의 신체에 직접적인 작용을 수반할 뿐만 아니라 피의자에게 신체적 고통이나 장애를 초래하거나 수치심이나 굴욕감을 줄 수 있기 때문에 그 허용성이 문제된다.

통설과 판례[2]는 영장에 의한 강제채뇨를 인정하고 있지만, 일정한 제한을 두고 있다. 즉, 피의자에게 범죄 혐의가 있고 그 범죄가 중대한지, 소변성분 분석을 통해서 범죄 혐의를 밝힐 수 있는지, 범죄 증거를 수집하기 위하여 피의자의 신체에서 소변을 확보하는 것이 필요한 것인지, 채뇨가 아닌 다른 수단으로는 증명이 곤란한지 등을 고려하여 ① 범죄 수사를 위해서 강제채뇨가 부득이하다고 인정되는 경우에, ② 최후의 수단으로 적법한 절차에 따라 허용되고, 이때 ③ 의사, 간호사, 그 밖의 숙련된 의료인 등으로 하여금 소변 채취에 적합한 의료장비와 시설을 갖춘 곳에서 피의자의 신체와 건강을 해칠 위험이 적고 피의자의 굴욕감 등을 최소화하는 방법으로 소변을 채취하여야 한다고 판시하였다.[3]

3. 영장의 종류
(1) 학설
㈎ 압수·수색영장설

소변은 배출해야 할 물건으로서 가치가 없는 것이기 때문에 압수·수색영장에 의한다는 견해이다. 일본 판례[4]의 입장으로, 의사로 하여금 의학적으로 상당하다고 인정되는 방법에 의하여 행해져야 한다고 영장에 기재할 필요가 있다고 하는 점에서 일종의 조건부 압수·수색영장설이다.

---

1) 필로폰이 체내에 섭취된 경우, 혈액 중에서 검출할 수 있는 것은 섭취 후 30분 정도임에 반해서, 소변 중에서 필로폰이 체내에서 검출될 수 있는 기간은 약 2주간 정도이다.
2) 대법원 2013. 3. 14. 선고 2012도13611 판결 등.
3) 대법원 2018. 7. 12. 선고 2018도6219 판결. 일본 판례는 "피의사건의 중대성, 혐의의 존재, 당해 증거의 중요성과 그 취득의 필요성, 적당한 대체수단의 부존재 등의 사정에 비추어, 범죄의 성질상 정말로 어쩔 수 없다고 인정되는 경우에는, 최종적 수단으로서 적절한 법률상의 절차를 거친 다음 허용된다"고 판시하였다(最決 1991. 7. 16. 刑集 45·6·201).
4) 最決 1980. 10. 23. 刑集 34·5·300.

(나) 검증영장설

신체검사는 신체의 외부검사는 물론 내부검사도 포함되므로 신체로부터 소변이나 혈액을 채취하여 그 성분을 검사하는 것은 기본적으로 검증에 해당된다는 견해이다.

(다) 압수·수색영장 및 감정처분허가장이 필요하다는 설

강제채뇨는 전문의료인에 의한 특별한 감정이 필요한 체내검사의 일종이므로 소변을 채취하기 위해서는 압수·수색영장이 필요하고, 이를 분석하기 위해서는 감정처분허가장이 필요하다는 견해이다.

(라) 검증영장 및 감정처분허가장이 필요하다는 설

검증으로서의 신체검사와 감정으로서의 신체검사는 서로 구별되어야 하며, 신체검사는 신체의 일부를 분리하는 결과를 초래한다는 점에서 감정으로서의 성질을 부인할 수 없으므로 양자를 병용해야 한다는 견해이다.

(2) 판례

판례1)는 강제채뇨는 ① 법원으로부터 감정허가장을 받아 형사소송법 제221조의4 제1항, 제173조 제1항에서 정한 '감정에 필요한 처분'으로 하거나(피의자를 병원 등에 유치할 필요가 있는 경우에는 형사소송법 제221조의3에 따라 법원으로부터 감정유치장을 받아야 한다), ② 형사소송법 제215조에 따라 판사로부터 압수·수색영장을 발부받아 할 수 있다고 판시하고 있다.2)

(3) 소결

강제채뇨는 소변을 체외로 배출시켜 이를 증거로 한다는 점에서 기본적으로 단순히 사람의 오관 작용에 의하여 인식하는 검증과 다르고, 특수한 지식이나 경험을 가진 자가 이를 적용한 판단결과를 보고하는 감정과도 다르다. 증거물을 확보한다는 점에서 압수·수색과 가장 근접하다고 할 것이다. 위 판례는 감정허가장을 받아서도 할 수 있다고 하지만, 실무에서는 압수·수색영장에 의하여 인근 병원에서 의사로 하여금 채뇨토록 하고 있다. 그리고 압수한 소변의 감정의뢰 시에는 별도로

---

1) 대법원 2018. 7. 12. 선고 2018도6219 판결.
2) 판례는 강제적인 혈액의 취득·보관(강제채혈)은 ① 감정처분허가장을 받아 감정에 필요한 처분으로 하거나, ② 압수·수색영장의 집행에 있어 필요한 처분으로 할 수 있다고 한다(대법원 2012. 11. 15. 선고 2011도15258 판결).

감정처분허가장을 요하지 않는다. 그리고 압수된 소변에 대하여 감정을 위촉하고 감정을 위해 이를 소비하는 데는 별도의 영장을 요하지 않는다.

4. 강제채뇨를 위한 연행의 가부

(1) 개요

이미 체포·구속된 피의자는 체포·구속의 효력으로서 채취장소로 인치할 수 있으나,[1] 신병이 확보되지 않은 피의자에 대해서는 채취장소로 강제인치할 수 있는지, 즉 인치하기 위하여 필요 최소한의 유형력을 행사할 수 있는지가 문제된다. 강제채뇨를 위한 영장으로는 강제인치할 수 없다는 견해도 있으나, 강제채뇨영장에 의하여 인치가 가능하다고 할 것이다. 이때, 그 근거에 관하여는 ① 강제채뇨영장의 집행 시 필요한 처분으로서 인정된다는 견해, ② 강제채뇨영장에 채뇨장소를 명시하거나 수사관에게 강제연행할 것을 허가하는 취지를 영장 자체에 기재함으로써 강제연행의 권한을 부여할 수 있다는 견해(영장기재설), ③ 채뇨장소까지의 연행은 강제채뇨영장이 예정하고 있는 범위의 행위라는 견해(영장효력설)[2]가 대립된다. 판례는 ①견해의 입장이다.[3]

(2) 소결

판례에 의하면 압수·수색영장에 의한 강재채뇨는 허용되며, 채취를 위한 대학병원으로의 동행을 거부하는 경우에는 강제채뇨영장의 집행에 필요한 처분(형소법 제219조, 제120조 제1항)으로서 강제연행할 수 있다.

5. 감정서의 증거능력

甲의 소변채취행위가 적법하므로 의사 B의 감정서인 소변감정결과서에 대하여

---

1) 대법원 2013. 7. 1. 자 2013모160 결정 참조. 수사기관이 관할 지방법원 판사가 발부한 구속영장에 의하여 피의자를 구속하는 경우, 그 구속영장은 기본적으로 장차 공판정에의 출석이나 형의 집행을 담보하기 위한 것이지만, 이와 함께 법 제202조, 제203조에서 정하는 구속기간의 범위 내에서 수사기관이 법 제200조, 제241조 내지 제244조의5에 규정된 피의자신문의 방식으로 구속된 피의자를 조사하는 등 적정한 방법으로 범죄를 수사하는 것도 예정하고 있다고 할 것이다. 따라서 구속영장 발부에 의하여 적법하게 구금된 피의자가 피의자신문을 위한 출석요구에 응하지 아니하면서 수사기관 조사실에 출석을 거부한다면 수사기관은 그 구속영장의 효력에 의하여 피의자를 조사실로 구인할 수 있다고 보아야 한다.

2) 最決 1994. 9. 16. 刑集 48·6·420; 最決 1980. 10. 23. 刑集 34·5·300도 같은 취지이다.

3) 대법원 2018. 7. 12. 선고 2018도6219 판결.

위법수집증거 문제는 생기지 않고, 전문법칙의 문제만 생긴다. 따라서 甲이 이를 증거로 함에 동의한 경우에는 증거능력이 있다(형소법 제318조 제1항). 문제는 甲이 증거로 하는 데 부동의한 경우이다. 위 감정서는 수사기관의 위촉에 의하여 감정수탁자인 의사 B가 작성한 것인데, 그 증거능력에 관하여는 ① 형사소송법 제313조 제3항에 의한다는 견해(통설)와 ② 당사자가 동의하거나 형사소송법 제314조(증거능력에 대한 예외)의 사유가 존재하는 경우에 한하여 증거로 할 수 있다는 견해가 있다. ①설이 타당하다. 따라서 甲이 증거부동의한 경우에는 그 작성자인 B의 자필이거나 서명 또는 날인이 있고, 공판준비나 공판기일에서의 그 작성자인 B의 진술에 의하여 그 성립의 진정함이 증명된 때는 증거로 할 수 있다(형소법 제313조 제1항). 그런데 실제로 그런 일은 없겠지만 B가 공판준비나 공판기일에서 그 성립의 진정을 부인하는 경우에는, 과학적 분석결과에 기초한 디지털포렌식 자료, 감정 등 객관적 방법으로 성립의 진정함이 증명되는 때에는 증거로 할 수 있는데, 이때는 피고인 또는 변호인이 공판준비 또는 공판기일에 그 기재 내용에 관하여 B를 신문할 수 있었을 것을 요한다(형소법 제313조 제2항). 그리고 만일 B가 사망·질병·외국거주·소재불명 그 밖에 이에 준하는 사유로 진술할 수 없는 때에는 그 작성이 특히 신빙할 수 있는 상태하에서 행하여진 때에 한하여 증거능력이 인정된다(형소법 제314조).

6. 설문의 해결

甲을 대학병원으로 강제연행하여 의사가 소변을 채취한 행위는 적법하고, 필로폰이 검출되었다는 의사 B의 소변감정결과서는 甲이 증거로 함에 동의한 경우와 증거부동의하더라도 형사소송법 제313조 제3항의 요건을 충족하면(형소법 제314조 적용됨) 증거능력이 인정된다.[1]

---

[1] 위법한 강제연행 후의 채뇨 요구는 위법하므로 위법한 채뇨 요구에 의하여 수집된 '소변검사시인서'나 그 소변에 대한 감정서는 위법수집증거로서 증거능력이 없다. 그러나 임의동행 당시에 긴급체포도 가능하였음에도 경찰관이 수사의 순서를 잘못 선택하여 위법하게 동행하였을 뿐 아니라 바로 압수영장을 발부받아 채뇨한 사정이 있는 등 제반 사정을 전체적·종합적으로 고려하여 볼 때, 2차적 증거인 소변감정서는 증거능력이 인정된다고 한 판례가 있다(대법원 2013. 3. 14. 선고 2012도13611 판결). 본 사례에서는 도주 3일 후에 자신출석한 甲에 대하여 영장을 발부받아 강제채뇨하였으므로 위법수집증거의 문제가 발생할 여지는 없다. 다만 채뇨를 위한 압수·수색영장으로는 채뇨장소까지 강제연행할 수 없다는 견해에 의하면, 위법수집증거로서 증거능력이 인정되지 않을 것이다. 위법수집증거인 경우에는 甲이 증거동의하더라도 증거능력이 없다(대법원 2009. 12. 24. 선고 2009도11401 판결).

사 례 [10] 범인도피죄, 위증·무고교사죄, 상해와
정당행위, 체포영장의 집행

　　서울 가리봉동 차이나타운을 장악하고 있는 '연변 흑사파'의 두목 甲(중국 국적 조선족)은 "2021. 1. 5. 23:00경 가리봉동 소재 M 단란주점에서 술을 마시던 중, 옆 좌석에서 술에 만취되어 시끄럽게 떠들고 있던 A에게 조용히 하라고 주의를 주었으나 계속 행패를 부리고 눈을 째려보았다는 이유로 미리 가지고 있던 생선회칼로 A의 가슴과 배를 흉벽과 복부자상 및 장천공이 생길 정도로 힘껏 2회씩 찔러 A에게 전치 3개월을 요하는 상해를 가하였다"는 범죄사실로 체포영장이 발부되어 있었다.

　　사법경찰관 X와 Y는 甲이 애인인 M 주점 마담 B와 동거하고 있던 빌라를 확인하고 甲을 체포하기 위하여 2021. 1. 11. 17:00경부터 빌라 바로 앞에서 망을 보고 있었는데, 같은 날 20:00경 甲이 B와 함께 빌라로 들어가는 것을 보고 체포하기 위하여 甲의 이름을 부르면서 다가가 멈춰 세우려고 하였으나 甲이 갑자기 도주하므로 X와 Y는 빌라로부터 약 20미터 떨어진 지점까지 뒤쫓아 가다가 X가 권총형 전기충격기(테이저건)를 甲에게 쏘아 충격을 주고 Y는 뒤이어 甲을 뒤에서 덮치면서 제압한 다음, X가 다가가 가지고 있던 체포영장을 제시하고 피의사실의 요지, 체포의 이유와 변호인을 선임할 수 있음을 고지하고 甲을 체포하였다. 이로 인하여 甲은 전치 2주의 흉부찰과상 등을 입었다. 甲을 체포한 뒤 X와 Y는 甲의 손에 수갑을 채우고 바로 위 빌라로 데리고 가서 집안을 수색하여 안방 책상 위에 있던 휴대용 생선회칼 1개와 필로폰으로 보이는 분말이 약간 들어 있는 비닐봉지 1개와 1회용 주사기를 발견하고, 이를 수거하여 경찰서에 돌아온 뒤 甲으로부터 임의제출동의서를 받아 임의제출에 따른 압수조서를 작성하였다.

　　甲은 체포 후 자신은 범인이 아니라고 범행 일체를 부인하였다. 한편, 甲이 체포되었다는 소식을 들은 '연변 흑사파'의 부두목 乙은 甲의 혐의를 다른 사람에게 전가시켜 甲의 소추와 처벌을 면하게 할 목적으로 행동대장인 丙으로 하여금 甲의 혐의를 뒤집어쓰도록 지시하였으며, 丙은 乙의 지시에 따라 그렇게 하기로 결의하였다. 이에, 丙은 甲이 구속송치된 후인 2021. 1. 15. 자진해서 담당검사 P를 찾아가 자신이 위와 같이 A를 찔렀다고 자수하였다. 한편, 乙은 당시 甲의 좌석에 함께 있었던 M 단란주점 여종업원 C(중국 국적 조선족)에게 만일 검찰청에서 목격자로 소환하면 "丙이 A를 찌르는 것을 보았다"고 진술해 주도록 부탁하였고, C는 같은 달 18. P로부터 조사를 받으면서 부탁받은 대로 "丙이 A를 찌르는 것을 보았다"고 진술한 뒤, 진술조서가 진술한 대로 되어 있음을 확인하고 서명날인하였다. P는 丙이 甲 대신 죄를 뒤집어쓰는 것은 아닌가 하는 강한 의심이 들었지만, 당시 A가 일행도 없이 혼자 만취된 상태여서 상황을 전혀 기억하지 못하고 있는데다 C도 丙이 범인이라고 하는 점 등을 고려하여 같은 달 19. 甲을 석방함과 동시에 丙을 A에 대한 상해와 관련한 범죄사실로 구속, 기소하였다.

丙에 대한 제1심공판에서 공판검사 Q는 검사 작성의 C에 대한 진술조서를 증거로 제출하고 B와 C를 증인으로 신청하였다. B에 대해서는 丙도 검찰에 최초 출석하기 전에 이미 검찰이나 법원에서 부르면 "丙이 A를 찌르는 것을 보았다"고 진술해 주도록 부탁해 두었고, B는 丙의 부탁을 받고 위증하기로 마음먹은 다음 법정에서 선서 후 부탁받은 대로 증언하였다. 그러나 C는 검찰 조사 이후에 불법체류자로 적발되어 본국에 강제송환되었기 때문에 증언을 할 수 없었다.

결국, 丙은 자수한데다 A와 합의하는 등 정상이 참작되어 징역 3년을 선고받고 그 판결은 확정되었다. 그런데 그 판결 확정 후, 丙이 甲 대신 죄를 뒤집어쓴 것이 발각되어, 검사 P는 다시 甲과 丙을 기소하였다.

설 문

1. 甲, 乙, 丙의 형사책임을 논하시오(다만, 범죄단체의 조직·가입 등과 관련된 범죄는 제외한다).

2. X와 Y의 甲에 대한 체포행위는 적법한가?

3. 甲이 X와 Y를 특정범죄가중처벌등에관한법률위반(독직폭행)죄로 검찰청에 고소하였다. 담당검사 P는 어떤 처분을 하여야 하는가?

해 설

Ⅰ. 제1문 - 甲, 乙, 丙의 형사책임

1. 문제의 제기

甲에 대해서는 생선회칼로 A를 찔러 상해를 가한 행위의 형사책임이 문제되고, 乙에 대해서는 丙에게 A를 찌른 범인으로 허위로 자수하여 허위진술토록 한 행위와 C에게 검찰에서 허위진술해 달라고 부탁한 행위의 형사책임이 문제되며, 丙에 대해서는 乙의 부탁에 따라 자신이 A를 찌른 범인이라고 허위로 자수하여 허위진술한 행위와 B에게 법정에서 허위증언하여 달라고 부탁한 행위의 형사책임이 문제된다. 편의상 甲, 丙, 乙의 순으로 살펴본다.

2. 甲의 형사책임

甲은 생선회칼로 피해자 A를 찔러 전치 3개월을 요하는 상해를 가하였는데, 상해의 고의로 찔렀는지 살인의 고의로 찔렀는지가 문제된다. 살인죄에서의 범의는 반드시 살해의 목적이나 계획적인 살해의 의도가 있어야 인정되는 것은 아니고, 자기의 행위로 인하여 타인의 사망의 결과를 발생시킬 만한 가능 또는 위험이 있음을 인식하거나 예견하면 충분한 것이고, 그 인식이나 예견은 확정적인 것은 물론 불확정적인 것이라도 이른바 미필적 고의로 인정된다.[1] 그리고 피고인에게 범행 당시 살인의 범의가 있었는지 여부는 피고인이 범행에 이르게 된 경위, 범행의 동기, 준비된 흉기의 유무·종류·용법, 공격의 부위와 반복성, 사망의 결과발생가능성 정도 등 범행 전후의 객관적인 사정을 종합하여 판단하여야 한다.[2]

본 사례에서는 폭력조직인 연변 흑사파[3]의 두목인 甲이 A가 술에 취해 행패를

---

1) 대법원 2002. 2. 8. 선고 2001도6425 판결.
2) 대법원 2009. 2. 26. 선고 2008도9867 판결; 대법원 2002. 2. 8. 선고 2001도6425 판결.
3) 甲이 폭력조직인 연변 흑사파의 두목인 점에서 폭력행위등처벌에관한법률위반(단체등의구성·활동)죄(동법 제4조 제1항)의 성립 여부가 문제되지만, 여기서는 논외로 한다. 참고로 형법 제114조의 범죄단체조직죄와 특별관계에 있는 범죄로는 ① 폭력조직에 대한 위 폭력행위등처벌에관한법률위반(단체등의구성·활동)죄, ② 반국가단체에 대한 국가보안법위반(반국가단체의구성등)죄(동법 제3조), ③ 테러

부리고 눈을 째려보았다는 이유로 미리 가지고 있던 생선회칼로 A의 가슴과 배를 흉벽과 복부자상 및 장천공이 생길 정도로 힘껏 2회씩 찔러 A에게 전치 3개월을 요하는 상해를 가한 점에 비추어 살인의 고의가 인정된다고 할 것이다.1) 따라서 甲에 대하여 살인미수죄(형법 제254조, 제250조 제1항)가 성립한다. 한편, 甲은 중국 국적 조선족이지만 외국인의 국내범(형법 제2조)이므로 속지주의에 따라 우리 형법이 적용된다.

3. 丙의 형사책임
(1) 허위자수하고 허위진술한 행위
㈎ 범인도피죄의 성립 여부

丙이 범인이 아니면서 스스로 수사기관에 범인이라고 자수하고 허위진술한 행위가 범인도피죄(형법 제151조 제1항)에 해당하는지가 문제된다.

범인도피죄는 '벌금 이상의 형에 해당하는 죄를 범한 자를 은닉 또는 도피하게 한' 경우에 성립하는데, 甲이 A에 대한 상해 혐의로 체포되었으므로 '벌금 이상의 형에 해당하는 죄를 범한 자'에 해당하는 것은 명백하다. 다만, '도피하게 한' 것의 의미가 문제되는데, 이에 대해서는 두 가지 견해가 있다. 첫째는, '도피하게 한다'는 것은 은닉장소를 제공하는 은닉 이외의 방법으로 범인에 대한 수사, 재판 및 형의 집행 등 형사사법의 작용을 곤란 내지 불가능하게 하는 일체의 행위를 말한다는 견해이다([관련판례])(①견해).2) 이 견해는 현실적으로 형사사법작용을 방해할 필요는 없으나(위험범) 은닉행위에 비견될 정도로 수사기관의 발견·체포를 곤란하게 하는 행위, 즉 직접 범인을 도피시키는 행위 또는 도피를 직접적으로 용이하게 하는 행위에 한정되고, 그 자체로는 도피시키는 것을 직접적인 목적으로 하였다고 보기 어려운 어떤 행위의 결과 간접적으로 범인이 안심하고 도피할 수 있게 한 경우까지 포함되는 것은 아니라고 한다.3) 둘째는, 범인도피죄의 보호법익을 좁게 '신병확보를 위한 형

단체에 대한 국민보호와공공안전을위한테러방지법위반죄(동법 제17조 제1항)가 있다.
1) 대법원 1983. 6. 28. 선고 83도1269 판결(과도로 흉벽과 복부자상 및 장천공이 생길 정도로 피해자의 가슴과 배를 힘껏·찌른 경우 살인의 미필적 고의가 인정된다고 하여 살인미수죄를 인정한 사례).
2) 대법원 2018. 8. 1. 선고 2015도20396 판결.
3) 대법원 2003. 2. 14. 선고 2002도5374 판결(도로교통법위반으로 체포된 범인이 타인의 성명을 모용한다는 정을 알면서 신원보증인으로서 신원보증서에 자신의 인적사항을 허위로 기재하여 제출한 경우, 범인도피죄가 성립되지 않는다고 한 사례). 그 밖에 범행자금 중 일부를 여러 차례에 걸쳐 가명으로 예금하고 입금과 출금을 되풀이하면서 그 인출한 돈 중 일부를 범인의 자녀들의 생활비나 범인 소유의 유령회사들의 운영유지비 등으로 사용하게 하고 범인의 도피자금으로 비축하여 도피생활을 용이하게 한 경우(대법원 1995. 3. 3. 선고 93도3080 판결)에도 범인도피죄가 성립하지 않는다.

사사법작용'으로 한정하는 입장에서, '도피하게 한다'는 것은 범인의 소재를 규명하여 신병을 확보하는 것을 방해하는 것만을 의미하고 단순히 범인의 특정을 방해하는 행위는 이에 해당하지 않는다는 견해이다(②견해).

두 견해는 본 사례와 같이 체포·구속 중인 범인 대신 자수하는 행위의 판단에서 차이가 난다. 즉, ①견해는 범인도피죄를 긍정하지만 ②견해는 이를 부정한다. 우리 판례1)는 ①견해의 입장에서 구금되지 않은 진범 대신 자수하는 행위는 범인도피죄에 해당한다고 판시하였다([관련판례]).2)

통설·판례의 입장이 타당하고, 따라서 丙에 대하여 범인도피죄가 성립한다. 범인도피죄는 범인을 도피하게 함으로써 기수에 이르지만, 범인도피행위가 계속되는 동안에는 범죄행위도 계속되고 행위가 끝날 때 비로소 범죄행위가 종료된다.3)

---

1) [범인도피죄에 관한 대법원 판결]

범인도피죄 인정	범인도피죄 부정
도피 중인 자에게 상피의자를 만나게 해 줌 (대법원 1990. 12. 26. 선고 90도2439 판결)	범인에게 단순히 안부를 묻거나 통상 안부인사를 함 (대법원 1992. 6. 12. 선고 92도736 판결)
범인 아닌 다른 사람을 범인으로 가장하게 하여 수사받도록 함 (대법원 1967. 5. 23. 선고 67도366 판결)	도로교통법위반으로 체포된 범인이 타인성명을 모용하는 사실을 알면서도 신원보증인으로서 신원보증서에 자신의 인적사항을 허위기재하여 제출 (대법원 2003. 2. 14. 2002도5374 판결)
우측 사례에서, 적극적으로 허위진술하거나 허위자료를 제시하여 실제 업주의 발견 또는 체포를 곤란 내지 불가능하게 한 경우 (대법원 2010. 1. 28. 선고 2009도10709 판결; 대법원 2010. 2. 11. 선고 2009도12164 판결)	수사기관에서 조사받는 피의자가 사실은 게임장·오락실·피씨방의 실제 업주가 아님에도 불구하고 자신이 실제 업주라고 허위진술 (대법원 2013. 1.10. 선고 2012도13999 판결; 대법원 2010. 2. 11. 선고 2009도12164 판결)
피의자 아닌 자가 수사기관에 대하여 피의자임을 자처하고 허위사실을 진술 (대법원 2000. 11. 24. 선고 2000도4078 판결)	범행자금 중 일부를 가명으로 예금하여 입출금을 되풀이하면서 인출한 돈 중 일부를 범인 자녀들의 생활비나 범인 소유 유령회사 운영유지비 등으로 사용하게 하고 범인도피자금으로 비축하여 도피생활을 용이하게 함 (대법원 1995. 3. 3. 선고 93도3080 판결)
범인이 기소중지자임을 알고도 다른 사람 명의로 대신 임대차계약을 체결해 줌 (대법원 2004. 3. 26. 선고 2003도8226 판결)	참고인이 출동한 경찰관에게 범인의 이름 대신 허무인의 이름을 대면서 구체적인 인적사항에 대한 언급을 피한 경우 (대법원 2008. 6. 25. 선고 2008도1059 판결)
변호사사무실 직원이 법원 직원으로부터 체포영장발부자명단을 받아 당사자에게 알려 줌 (대법원 2011. 4. 28. 선고 2009도3642 판결)	

2) 일본 판례도 같은 입장에서 범인도피죄가 성립한다고 판시하였다(最判 1989. 5. 1. 刑集 43·5·405).
3) 대법원 2017. 3. 15. 선고 2015도1456 판결.

관련판례

대법원 2000. 11. 24. 선고 2000도4078 판결【범인도피】

【사실관계】

피고인은 1999. 1. 5. 08:00경 영동고속도로 신갈기점 159.5km 지점에서 공소외인 운전의 승용차에 동승하여 가던 중 공소외인이 교통사고를 야기하여 벌금 이상의 형에 해당하는 교통사고처리특례법위반죄를 범하였다는 것을 알면서도 공소외인으로 하여금 형사처벌을 면하게 할 목적으로 위 교통사고에 관한 조사를 담당한 경장 X에게 피고인 자신이 위 승용차를 운전하다가 교통사고를 발생하게 하였다고 허위의 사실을 진술하였다.

【판결이유】

가. 원심판결 이유에 의하면 원심은, (중략 : 위 사실관계)에 대하여, 형사소추 또는 처벌받을 가능성이 없는 자를 도피하게 한 경우에는 국가의 형사사법 작용을 저해할 위험이 없어 형법 제151조가 규정하는 범인도피죄가 성립하지 아니한다고 할 것인데, 이 사건에 있어서 피고인이 도피시켰다는 공소외인은 사고 차량이 자동차종합보험에 가입되어 있어서 교통사고처리특례법 제4조 제1항에 의하여 위 교통사고를 이유로 교통사고처리특례법위반죄로 공소를 제기할 수 없어 원시적으로 소추 또는 처벌받을 가능성이 없는 자에 해당하므로, 피고인이 공소외인을 도피시켰다 하여도 그 행위는 범인도피죄를 구성하지 아니한다고 판단하였다.

나. 살피건대, 형법 제151조에서 규정하는 범인도피죄는 범인은닉 이외의 방법으로 범인에 대한 수사, 재판 및 형의 집행 등 형사사법의 작용을 곤란 또는 불가능하게 하는 행위를 말하는 것으로서, 그 방법에는 어떠한 제한이 없고, 또한 위 죄는 위험범으로서 현실적으로 형사사법의 작용을 방해하는 결과가 초래될 것이 요구되지 아니할 뿐만 아니라(대법원 1995. 3. 3. 선고 93도3080 판결 등 참조), 위 법조 소정의 '벌금 이상의 형에 해당하는 죄를 범한 자'라 함은 범죄의 혐의를 받아 수사 대상이 되어 있는 자도 포함하고(대법원 1960. 2. 24. 선고 4292형상555 판결, 1982. 1.26. 선고 81도1931 판결 등 참조), 벌금 이상의 형에 해당하는 자에 대한 인식은 실제로 벌금 이상의 형에 해당하는 범죄를 범한 자라는 것을 인식함으로써 족하고 그 법정형이 벌금 이상이라는 것까지 알 필요는 없으며(대법원 1995. 12. 26. 선고 93도904 판결 참조), 범인이 아닌 자가 수사기관에 범인임을 자처하고 허위사실을 진술하여 진범의 체포와 발견에 지장을 초래하게 한 행위는 위 죄에 해당하는 것이다(대법원 1996. 6. 14. 선고 96도1016 판결 등 참조).

그런데 위 공소사실과 기록에 의하면, 공소외인의 이 사건 행위는 자신이 위 승용차를 운전하던 중 사고장소 좌측에 설치된 노면 턱을 들이받는 바람에 그 충격으로 조수석에 탑승하고 있던 피고인에게 전치 4주간의 상해를 입혔다는 것인바, 이러한 경우 공소외인에 대하여 적용이 가능한 죄는 가볍게는 도로교통법 제113조 제1호, 제44조 위반죄로부터 교통사고처리특례법 제3조 제1항 위반죄를 거쳐 공소외인의 범의에 따라서는 형법 제257조 제1항의 상해죄에 이르기까지 다양하고, 위 각 죄는 모두 벌금 이상의 형을 정하고 있음이 분명할 뿐만 아니라, 나아가 공소외인에게 적용될 수 있는 죄가 결과적으로 위 공소사실과 같이 교통사고처리특례법 제3조 제1항 위반죄에 한정된다고 하더라도, 원심이 내세우는 자동차종합보험 가입사실은 같은 법 제4조 제1항이 규정하는 바와 같이 공소를 제기할 수 없다는 소송조건에 해당하는 것으로서, 그것도 같은 법 제3조 제2항에 의하여 피해자가 나중에 사망에 이르거나 또는 같은 항이 규정하는 10가지의 단서, 특히 음주나 과속 운전 등에 해당하는 경우에는 적용되지 아니하는 것이므로, 이러한 경우 수사기관으로서는 위 단서의 적용 여부를 가리기 위하여 공소외인의 행위에 대하여 얼마든지 수사를 할 수 있는 것이고 그 결과에 따라 공소외인에 대한 소추나 처벌 여부가 가려지게 되는 것이다. 따라서, 이 사건에 있어서 원심이 내세우는 자동차종합보험 가입사실만으로 위와 같은 공소외인의 행위가 형사소추 또는 처벌을 받을 가능성이 없는 경우에 해당한다고 단정할 수 없는 것임은 물론이고, 피고인이 수사기관에 적극적으로 자신이 운전자라는 허위사실을 진술함으로써 실제 운전자인 공소외인을 도피하게 하였다면 그로써 수사권의 행사를 비롯한 국가의 형사사법 작용은 곤란 또는 불가능하게 되는 것이라고 아니할 수 없으므로(예컨대, 수사기관이 초동단계에서 실제 운전자에 대한 음주측정을 하지 못하여 교통사고처리특례법위반죄로 기소하지 못하게 되는 상황이 발생할 수 있다), 이는 범인도피죄에 해당한다고 할 것이다.

(나) 무고죄의 성립 여부

丙이 스스로 검사를 찾아가 자신이 범인이라고 자수한 행위가 무고죄에 해당하는지 문제된다. 무고죄는 타인으로 하여금 형사처벌 또는 징계처분을 받게 할 목적으로 허위의 신고를 하는 것을 구성요건으로 하고 있으므로(형법 제156조), 자기무고를 한 경우에는 무고죄가 성립하지 않는다.

(다) 위계공무집행방해죄의 성립 여부

丙이 위와 같이 허위자수하여 허위진술을 한 것은 전체적으로 하나의 범인도피죄가 성립할 뿐([관련판례]), 허위자수행위와 허위진술행위를 따로 떼어 각각 범인도피죄 성립 여부를 판단하거나 허위진술행위에 대하여 별도로 위계공무집행방해죄 성립 여부를 판단할 필요는 없다. 한편, 판례는 수사기관에 대하여 허위사실을 진술한 것만으로는 위계공무집행방해죄가 성립하지 않지만([관련판례]), 적극적으로 허위의 증거를 조작하여 제출하여 수사기관이 그 진위에 관하여 나름대로 충실한 수사를 하더라도 제출된 증거가 허위임을 발견하지 못하고 잘못된 결론을 내리게 될 정도에 이른 경우에는 위계공무집행방해죄가 성립한다고 판시하고 있다.[1]

 관련판례

대법원 1977. 2. 8. 선고 76도3685 판결【위계공무집행방해 · 범인은닉】

원래 수사기관이 범죄사건을 수사함에 있어서는 피의자나 피의자로 자처하는 자 또는 참고인의 진술여하에 불구하고 피의자를 확정하고 그 피의사실을 인정할 만한 객관적인 제반증거를 수집조사하여야 할 권리와 의무가 있는 것이라고 할 것이므로 이러한 자들이 수사기관에 대하여 허위사실을 진술하였다 하여 바로 이를 위계에 의한 공무집행방해죄가 성립된다고 할 수는 없다고 봄이 상당할 것이다(본원 1971. 3. 9. 선고 71도186호 판결 참조). 위와 같이 보지 않는다면 형사피의자나 그 밖의 모든 사람은 항상 수사기관에 대하여 진실만을 진술하여야 할 법률상의 의무가 있는 결과가 되어 이는 형사피의자와 수사기관에 대립적 위치에서 서로 공격방어를 할 수 있는 취지의 형사소송법의 규정과 법률에 의한 선서를 한 증인이 허위로 진술을 한 경우에 한하여 위증죄가 성립된다는 형법의 규정취지에 어긋나기 때문이다.

이 사건에서 피고인이 공동피고인과 공모하고 피고인이 당시의 청구권자금의 운용 및 관리에 관한 법률위반사건의 형사 피의자인 공동피고인을 가장하여 검사앞에 출석한 다음 공소적시와 같은 허위진술을 하였다는 사실에 관하여 원심의 위와 같은 취지에서 피고인에 대하여 위 형사피의자인 공동피고인에 대한 범인은닉죄만을 적용하여 처벌을 하고 위계에 의한 공무집행죄에 관하여 무죄를 선고한 제1심판결을 유지하였음은 정당하다 할 것이며 피고인이 위와 같은 허위진술을 하게 된 경위가 소론과 같이 자발적이고 계획적이었다고 하여 위 결론을 달리할 바는 되지 못한다 할 것이므로 원심판결에 위계에 의한 공무집행방해죄의 법리오해가 있다고 할 수 없다.

(2) B에게 허위 증언하도록 부탁한 행위

피고인인 丙이 B에게 허위로 증언해 달라고 부탁하여 B가 부탁받은 대로 위증하였다. 따라서 B에 대하여 위증죄가 성립하는데, 이때 위증을 부탁한 丙의 행위가 위증교사죄에 해당하는지가 문제된다. 위증죄에 대한 교사가 가능하고 교사자의 신

---

1) 대법원 2003. 7. 25. 선고 2003도1609 판결. 동 판결은 피고인이 교통사고 조사를 담당하는 경찰관에게 타인의 혈액을 마치 자신의 혈액인 것처럼 건네주어 위 경찰관으로 하여금 그것으로 국립과학수사연구소에 의뢰하여 혈중알코올농도를 감정하게 하고 그 결과에 따라 피고인의 음주운전 혐의에 대하여 공소권 없음의 의견으로 송치하게 한 행위에 대하여, 위계에 의한 공무집행방해죄의 성립을 긍정하고 있다. 동 판결 평석은 김종필, "피의자의 증거위작과 위계에 의한 공무집행방해죄의 성부", 대법원판례해설 제48호(2003 하반기), 2004, 378-394면.

분에 대하여 제한이 없으나, 피고인이 자기의 형사사건에 관하여 위증을 교사하는 경우에도 위증교사죄가 성립하는지 여부에 관하여는 다툼이 있다.

먼저 피고인이 위증을 교사하는 통상적인 사례, 즉 피고인이 자신의 범죄사실을 감추기 위한 경우에 관하여 살펴본다. 이에 대하여 학설은 소극설과 적극설이 대립한다. 소극설(통설)은 ① 정범으로 처벌되지 않는 피고인에게 교사범으로서의 형사책임을 부담하게 하는 것은 부당하고, ② 피고인이 타인을 교사하여 위증하게 하는 것은 피고인 자신이 허위의 진술을 하는 것과 차이가 없고, ③ 피고인은 증인적격이 없으므로 구성요건을 충족할 수 없다고 한다. 이에 반하여 적극설은 ① 형사피고인에 대하여 위증죄가 성립하지 않는 것은 기대가능성이 없기 때문인데 타인에게 위증을 교사하는 경우까지 기대가능성이 없다고 할 수 없고, ② 정범에게 위증죄가 성립하는 이상 교사범의 성립도 인정해야 하고, ③ 교사는 새로운 범죄창조라는 점에서 특수한 반사회성이 있으며 변호권의 범위를 넘는다고 한다. 이에 대하여 판례는 방어권의 남용이라는 이유로 위증죄의 교사범 성립을 인정하고 있다([관련판례]).[1]

판례의 입장에 따르면, 피고인인 丙이 자신의 범죄사실을 감추려고 위증을 교사하는 경우라면 위증교사죄가 성립할 것이다. 그런데 본 사례는 실제범인이 아닌 丙이 자신이 죄를 면하려는 것이 아니라 타인인 甲의 죄를 뒤집어쓰기 위하여 B에게 위증을 교사한 경우에 해당한다. 생각건대, 위증죄의 보호법익이 국가의 사법작용과 징계작용이라는 점, 자신의 범죄사실을 감추려는 피고인에 대해서까지 위증교사죄로 처벌하는 점과의 균형을 고려할 때 丙에 대하여 위증교사죄가 성립한다고 할 것이다.

관련판례

대법원 2004. 1. 27. 선고 2003도5114 판결【사기미수·위증교사·무고】

피고인이 자기의 형사사건에 관하여 허위의 진술을 하는 행위는 피고인의 형사소송에 있어서의 방어권을 인정하는 취지에서 처벌의 대상이 되지 않으나, 법률에 의하여 선서한 증인이 타인의 형사사건에 관하여 위증을 하면 형법 제152조 제1항의 위증죄가 성립되므로 자기의 형사사건에 관하여 타인을 교사하여 위증죄를 범하게 하는 것은 이러한 방어권을 남용하는 것이라고 할 것이어서 교사범의 형사책임을 부담케 함이 상당할 것이다.

---

1) 일본 판례도 타인으로 하여금 죄를 짓도록 하면서까지 자신의 죄를 면하려고 하는 것은 국민의 도덕관념상 허용되지 않고, 이미 법이 방임하는 방어권의 범위를 일탈하였다는 이유로 위증죄의 교사범이 성립한다고 한다(最決 1953. 10. 19. 刑集 7·10·1945).

원심이 피고인 자신에 대한 사기미수 피고사건의 증인인 제1심 공동피고인 2에게 위증을 교사하였다 하여 위증교사죄로 처벌한 것은 위와 같은 법리에 따른 것으로서 정당하고, 거기에 위증교사죄의 법리를 오해한 위법이 있다고 할 수 없다.

검사가 위증죄로 공소를 제기하면서, 공소사실에 피고인이 어떤 사실에 관하여 허위의 진술을 하였다는 허위가 문제되는 당해 사실 이외에 그 전제사실을 기재한 경우에 그 전제사실이 피고인의 증언이 허위가 되는 이유에 관하여 설시한 것에 불과한 것이라면, 법원은 심리 결과 피고인의 증언이 허위가 문제되는 당해 사실에 관하여 기억에 반하는 허위의 진술을 한 것으로 인정되기만 한다면 법원은 공소장변경의 절차 없이 공소장기재의 전제사실과 다른 전제사실을 인정하여 유죄판결을 할 수 있다 (대법원 2001. 8. 24. 선고 2001도2832 판결 등 참조).

(3) 소결

丙에 대하여는 범인도피죄(형법 제151조 제1항)와 위증교사죄(형법 제152조 제1항, 형법 제31조)가 각 성립하고, 두 죄는 실체적 경합관계이다.

4. 乙의 형사책임
(1) 丙으로 하여금 허위자수하여 허위진술토록 한 행위
㈎ 범인도피죄의 성립 여부

丙에게 범인도피죄가 성립함은 앞에서 살펴보았는데, 丙으로 하여금 허위자수하여 허위진술토록 지시한 乙의 형사책임이 문제된다. 일반적으로 범인이 제3자를 교사하여 위와 같이 자신의 범인도피행위를 하도록 한 경우에 범인도피교사죄가 성립하는지 여부에 관하여는, ① 자기비호권의 한계를 일탈한 것으로서 기대가능성이 인정되기 때문에 교사죄가 성립한다는 적극설, ② 이는 자기비호의 연장이므로 교사죄가 성립하지 않는다는 소극설(통설)이 대립되는데, 판례는 방어권의 남용으로 볼 수 있을 때에는 교사죄가 성립한다고 판시하고 있다.[1] 이 경우 방어권의 남용이라고 볼 수 있는지 여부는, 범인을 도피하게 하는 것이라고 지목된 행위의 태양과 내용, 범인과 행위자의 관계, 행위 당시의 구체적인 상황, 형사사법의 작용에 영향을 미칠 수 있는 위험성의 정도 등을 종합하여 판단하여야 한다.[2]

---

1) 대법원 2008. 11. 13. 선고 2008도7647 판결; 대법원 2006. 12. 7. 선고 2005도3707 판결; 대법원 2000. 3. 24. 선고 2000도20 판결 등. 위 2000도20 판결 평석은 박종문, "범인이 타인으로 하여금 허위의 자백을 하게 하여 범인도피죄를 범하게 하는 행위가 범인도피교사죄에 해당하는지 여부", 대법원판례해설 제34호(2000 상반기), 2000, 825-829면.
2) 대법원 2014. 4. 10. 선고 2013도12079 판결.

그런데 본 사례의 경우는 허위자수하여 허위진술토록 한 자가 범인이 아니라 제 3자라는 점에서 달리 검토할 필요가 있다. 이에 대해서는 ① 乙이 범인이 아닌 丙으로 하여금 범인으로 가장케 하여 수사기관으로 하여금 조사를 받도록 하는 행위는 그 자체 범인도피죄에 해당한다는 견해([관련판례]1)), ② 범인도피교사죄에 해당한다는 견해, ③ 범인도피죄에도 해당하고 丙에 대한 범인도피죄의 교사범에도 해당하지만, 교사범은 정범에 대한 보충관계에 있으므로 범인도피죄의 형사책임만을 진다는 견해가 있을 수 있다.

판례 및 ③의 견해에 의할 경우, 乙에 대하여 범인도피죄가 성립한다.

 관련판례

대법원 1967. 5. 23. 선고 67도366 판결【범인은닉·허위공문서작성·허위공문서작성행사·무고】

원심이 인용한 제1심판결 적시의 증거를 기록에 의하여 검토하면 원심이 본건 범죄사실을 인정하는 데 있어서 위법이 있다 할 수 없고 범인은닉죄에 있어서의 고의는 "벌금이상의 형에 해당하는 죄를 범한 자"라는 것을 인식하면서 그를 은닉 또는 도피케 한 때에는 그 고의가 있다 할 것이고 피은닉자의 처벌을 면하게 할 목적의 유무는 범인은닉죄의 성립에 아무 영향이 없다 할 것이며 그 범인이 누구이냐 함도 범인은닉죄의 성립에는 아무 지장이 없을 뿐 아니라 범인이 아닌 자로 하여금 범인으로 가장케 하여 수사기관으로 하여금 조사를 하도록 하는 행위는 역시 범인은닉죄의 법조에 해당된다고 할 것이며 범인은닉죄는 벌금이상의 죄에 해당하는 죄를 범한 자에게 대한 수사, 재판 등에 관한 국가권력 작용을 방해하는 데 그 법익침해가 있는 것이므로 혐의를 받아 수사기관으로부터 수사 중인 경우에 범인 아닌 다른 사람으로 하여금 범인으로 가장케 하여 수사를 받도록 함으로써 범인의 발견, 체포에 지장을 초래케 하는 행위는 "범인은닉 또는 도피"에 해당된다 할 것인즉 위와 견해를 달리한 논지는 독자적 견해로서 채용할 수 없다.

---

1) 대법원 1995. 12. 26. 선고 93도904 판결도 같은 취지이다. 동 판결은 "원심판시와 같이 피고인들이 위 물고문에 가담한 자가 A, B 이외에 더 있었다는 사실을 충분히 인식하고도 이 사건 변사사건 발생보고서를 받아 보고 이를 그대로 용인한 다음 이를 치안본부장 및 검찰에 이르도록 하고 나아가 위 A 등에게 예행연습을 시키거나 조사를 받고 있는 위 A, B에게 다른 범인이 더 있음을 실토하지 아니하도록 설득까지 하였다면 피고인들에게는 물고문 도중에 일어난 사고를 변사사건 발생보고서에 기재된 대로 단순 쇼크사로 은폐하거나 축소함으로써 그 범인들을 도피하게 하려는 고의가 있었다고 보아야 할 것이므로, 원심판결에 소론과 같은 범인도피죄의 고의에 대한 법리를 오해한 위법이 있다고 할 수 없다"고 판시하고 있다.

(나) 무고교사죄의 성립 여부

앞서 살펴본 대로 丙은 자기무고로서 무고죄가 성립하지 않는다. 다만, 丙에게 자기무고하도록 교사한 乙에 대해서는 무고교사죄가 성립하는지가 문제된다.

일반적으로 타인에게 자신을 무고하도록 교사한 경우, 자기무고가 무고죄의 구성요건에 해당하지 않는 이상 교사죄도 성립하지 않는다는 소극설이 통설이나, 판례는 무고교사죄의 성립을 긍정하고 있다.[1] 그러나 본 사례는 그 경우와는 달리 타인(乙)이 타인(丙)을 자기무고하도록 교사한 경우로서 정범인 丙의 행위가 무고죄에 해당하지 않으므로 乙에 대하여 교사범이 성립할 여지가 없다.

(2) C에게 검찰에서 허위진술토록 한 행위

(가) 범인도피교사죄의 성립 여부

C가 검찰에서 본 사례와 같이 허위진술한 행위는 적극적으로 수사기관을 기만하여 착오에 빠지게 함으로써 범인의 발견 또는 체포를 곤란 내지 불가능하게 할 정도로 평가되지 않으므로 범인도피죄를 구성하지 않는다([관련판례]).[2] 따라서 위와 같이 C에게 허위진술을 하도록 부탁한 乙의 행위도 범인도피교사죄를 구성하지 않는다.

관련판례

대법원 2010. 2. 11. 선고 2009도12164 판결【범인도피교사】

수사기관은 범죄사건을 수사함에 있어서 피의자나 참고인의 진술 여하에 불구하고, 피의자를 확정하고 그 피의사실을 인정할 만한 객관적인 제반 증거를 수집·조사하여야 할 권리와 의무가 있으므로, 참고인이 수사기관에서 범인에 관하여 조사를 받으면서 그가 알고 있는 사실을 묵비하거나 허위로 진술하였다고 하더라도, 그것이 적극적으로 수사기관을 기만하여 착오에 빠지게 함으로써 범인의 발견 또는 체포를 곤란 내지·불가능하게 할 정도가 아닌 한 범인도피죄를 구성하지 않는 것이고(대법원 2003. 2. 14. 선고 2002도5374 판결 등 참조), 이러한 법리는 피의자가 수사기관에서 공범에 관하여 묵비하거나 허위로 진술한 경우에도 그대로 적용된다(대법원 2008. 12. 24. 선고 2007도11137 판결 등 참조).
따라서 게임산업진흥에 관한 법률 위반 혐의로 수사기관에서 조사받는 피의자가 사실은 게임장·오락실·피씨방 등의 실제 업주가 아님에도 불구하고 자신이 실제 업주라

---

1) 대법원 2008. 10. 23. 선고 2008도4852 판결.
2) 대법원 2014. 3. 27. 선고 2013도152 판결; 대법원 2010. 1. 28. 선고 2009도10709 판결; 대법원 2008. 12. 24. 선고 2007도11137 판결 등.

고 허위로 진술하였다고 하더라도 그 자체만으로 범인도피죄를 구성하는 것은 아니다. 다만, 그 피의자가 실제 업주로부터 금전적 이익 등을 제공받기로 하고 단속이 되면 실제 업주를 숨기고 자신이 대신하여 처벌받기로 하는 역할(이른바 바지사장)을 맡기로 하는 등 수사기관을 착오에 빠뜨리기로 하고, 단순히 실제 업주라고 진술하는 것에서 나아가 게임장 등의 운영 경위, 자금 출처, 게임기 등의 구입 경위, 점포의 임대차계약 체결 경위 등에 관해서까지 적극적으로 허위로 진술하거나 허위 자료를 제시하여 그 결과 수사기관이 실제 업주를 발견 또는 체포하는 것이 곤란 내지 불가능하게 될 정도 에까지 이른 것으로 평가되는 경우 등에는 범인도피죄를 구성할 수 있다.

㈏ 증거인멸교사죄의 성부

C가 乙의 부탁으로 검찰에서 허위진술한 행위가 증거인멸죄(형법 제155조 제1항)를 구성하는지에 관하여는 ① 긍정설과 ② 부정설의 대립이 있다. 판례는 ② 부정설의 입장이다([관련판례]). 증거를 위조한다 함은 증거 자체를 위조하는 것이므로 부정설이 타당하고, 따라서 乙에 대해서도 증거인멸교사죄가 성립하지 않는다.

관련판례

대법원 1995. 4. 7. 선고 94도3412 판결【증거위조】

이 사건 공소사실은, A가 B를 고소함에 따라 B에 대하여 수사가 시작되자, 피고인은 위 사건에 관하여 아는 바가 없음에도 불구하고 A의 부탁을 받아 경찰서에서 참고인으로 조사를 받으면서 그 부탁에 따라 B가 A를 강간하려고 하는 것을 목격하였다는 요지의 진술을 함으로써 타인의 형사사건에 관한 증거를 위조하였다는 취지이다. 그러나 형법 제155조 제1항에서 타인의 형사사건에 관한 증거를 위조한다 함은 증거 자체를 위조함을 말하는 것이고, 참고인이 수사기관에서 허위의 진술을 하는 것은 이에 포함되지 아니한다 할 것이다.

㈐ 위계공무집행방해교사죄의 성부

C가 검찰에서 허위진술한 행위가 위계공무집행방해죄를 구성하지 않으므로 乙에 대해서도 위계공무집행방해교사죄가 성립할 여지가 없다.

(3) 소결

乙에 대하여는 범인도피죄(형법 제151조 제1항)가 성립한다.

5. 설문의 해결

甲에 대하여는 살인미수죄가, 乙에 대하여는 범인도피죄가 각 성립한다. 丙에 대하여는 범인도피죄와 위증교사죄가 각 성립하고, 두 죄는 실체적 경합관계이다.

Ⅱ. 제2문 ― 甲에 대한 체포행위의 적법성

X와 Y의 甲 체포행위의 적법성은 ① 체포영장 집행 시의 영장제시, ② 체포 시 피의사실 등 고지, ③ 체포 시의 유형력의 행사라는 측면에서 검토할 필요가 있다.

1. 체포영장 집행 시의 영장제시

체포영장을 집행함에는 체포영장을 제시하여야 한다(형소법 제200조의6, 제85조 제1항). 다만 급속을 요하는 경우에는 피의자에 대하여 공소사실의 요지와 영장이 발부되었음을 고하고 긴급집행할 수 있으며(형소법 제200조의6, 제85조 제3항), 집행을 완료한 후에는 신속히 이를 제시하여야 한다(형소법 제200조의6, 제85조 제4항).

본 사례에서는 X와 Y가 甲을 체포하려고 甲의 이름을 부르면서 멈춰 세우려고 하자 도주하는 甲을 추적하여 Y가 제압한 다음, X가 다가가 가지고 있던 체포영장을 제시하면서 피의사실의 요지, 체포의 이유와 변호인을 선임할 수 있음을 고지하였다. 이러한 상황을 ① 전체적으로 체포영장을 '집행'하는 것으로 해석하여 통상적인 체포영장의 집행이라고 할 것인지, ② 처음 체포하려고 한 때를 '집행'하는 것으로 해석하여 긴급집행이라고 할 것인지 문제된다. ②라고 볼 경우, Y가 제압하여 체포하면서 '영장이 발부되었음'을 고하지 않았기 때문에 절차상 위법하다고 볼 여지가 있게 된다.

체포영장의 긴급집행은 예외적인 조치이므로 제한적으로 인정해야 하며, 형사소송법에 '체포영장을 소지하지 아니한 경우'(형소법 제200조의6, 제85조 제3항)라고 되어 있어 체포영장을 소지하고 있는 경우에까지 긴급집행을 인정하는 것은 적절치 않다. 또한, 도주하거나 저항하는 경우에는 피의자가 이미 체포영장 기재의 범죄사실로 체포당하려고 하는 것을 인식하고 있다고 보여지므로 체포영장 제시에 의하여 범죄사실을 명시할 필요성이 그만큼 크지 않다고 할 것이다. 따라서 '체포영장을 집행함에는'이란 추적에서 제압에 이르기까지 일련의 체포절차의 과정에서 이를 제시하면 된다고 해석하여야 할 것이다(위 ①상황).[1] 판례도 같은 입장이다.[2] 이 점에서, X와 Y의 체포는 적법하다.

2. 체포 시 피의사실 등 고지

피의자를 체포하는 경우에는 피의사실의 요지, 체포의 이유와 변호인을 선임할 수 있음을 말하고 변명의 기회를 주어야 한다(형소법 제200조의5). 이러한 고지는 체포를 위한 실력행사에 들어가기 이전에 미리 하여야 하는 것이 원칙이다. 그러나 달아나는 피의자를 쫓아가 붙들거나 폭력으로 대항하는 피의자를 실력으로 제압하는 경우에는 붙들거나 제압하는 과정에서 하거나, 그것이 여의치 않은 경우에는 일단 붙들거나 제압한 후에 지체 없이 하면 된다(【관련판례】).[3] 이 점에서, X와 Y의 체포는 적법하다.

관련판례

대법원 2004. 8. 30. 선고 2004도3212 판결【국가보안법위반(찬양 · 고무등) · 폭력행위등처벌에관한법률위반(야간집단 · 흉기등상해) · 폭력행위등처벌에관한법률위반(야간 · 공동주거침입) · 특수공무집행방해치상 · 집회및시위에관한법률위반 · 일반교통방해 · 특수강도 · 폭력행위등처벌에관한법률위반(집단 · 흉기등주거침입) · 병역법위반】

【사실관계】
경기지방경찰청 보안수사대 소속 경사 X는 2003. 10. 11. 서울 광화문 등지에서 개최된 집회에 참가한 피고인 甲이 A 등과 함께 시내버스를 타고 같은 날 21:20경 경원대학교 정문 앞 버스정류장에 하차하는 것을 보고 다른 경찰관들과 함께 甲에 대하여 발부된 체포영장을 집행하기 위하여 甲의 이름을 부르자, 甲은 X가 자신을 체포하기 위한 경찰관임을 알고 X를 밀치면서 도주하였고, A는 소지하고 있던 깃봉(길이 약 150cm)을 경찰관에게 휘두르는 등 저항하였는데, 그 과정에서 甲은 X의 우측다리를 물어 상해를 입혔고, X는 다른 경찰관들과 함께 실력을 행사하여 甲을 검거하여 승합차에 태운 후 甲에게 범죄사실의 요지, 변호인 선임권 등을 고지하였다.
【판결요지】
사법경찰관 등이 체포영장을 소지하고 피의자를 체포하기 위하여는 체포 당시에 피의자에 대한 범죄사실의 요지, 구속의 이유와 변호인을 선임할 수 있음을 말하고 변

1) 東京高判 1985. 3. 19. 刑月 17 · 3=4 · 57도 같은 취지.
2) 대법원 2008. 2. 14. 선고 2007도10006 판결.
3) 긴급체포(대법원 2008. 7. 24. 선고 2008도2794 판결)나 현행범인체포(대법원 2012. 2. 9. 선고 2011도 7193) 시에도 마찬가지이다.

명할 기회를 주어야 하는데, 이와 같은 고지는 체포를 위한 실력행사에 들어가기 이전에 미리 하여야 하는 것이 원칙이나, 달아나는 피의자를 쫓아가 붙들거나 폭력으로 대항하는 피의자를 실력으로 제압하는 경우에는 붙들거나 제압하는 과정에서 하거나, 그것이 여의치 않은 경우에라도 일단 붙들거나 제압한 후에 지체 없이 행하여야 한다(대법원 2000. 7. 4. 선고 99도4341 판결 참조).

원심판결 이유에 의하면, 원심은 그 채택 증거를 종합하여, (중략 : 위 사실관계) 인정한 다음, 경사 X가 甲에 대한 체포영장을 집행하기 위하여 범죄사실의 요지, 변호인 선임권 등을 고지하기 전에 이미 甲은 X가 경찰관으로서 자신을 체포하려는 것임을 알고 X를 밀치면서 도주하려고 시도하였고, 이에 X 등 경찰관들이 실력을 행사하여 甲을 검거한 후 바로 위와 같은 고지를 한 이상 이는 적법한 공무집행으로 보아야 한다는 이유로 甲의 특수공무집행방해치상의 점을 유죄로 처단한 제1심판결을 유지하였다.

앞서 본 법리와 기록에 비추어 살펴보면, 원심의 인정과 판단은 정당하고, 거기에 상고이유에서 주장하는 바와 같이 사실오인, 법리오해 등의 위법이 있다고 할 수 없다.

3. 체포 시의 유형력 행사

체포 시 사회통념상 적정한 한계 내에서의 유형력의 행사는 허용된다.[1] 본 사례에서는 X가 전자충격기인 테이저건(Taser stun gun)을 발사하고 Y가 뒤에서 덮쳐 제압함으로써 甲에게 전치 14일을 요하는 흉부찰과상을 입혔는데, 이 정도의 유형력의 행사가 허용되는지 문제된다.

테이저건은 최대 사거리가 6~7m 정도로 일반 총보다 사용범위가 좁고 총알 대신 전기선으로 이어진 탐침 2개를 발사하여 약 5만 볼트의 고압전류를 사람의 몸에 흘려보내 뇌와 근육의 신경계를 혼란시키는 장치이다. 이러한 위험성을 지닌 테이저건을 사용하는 것이 적법한 것인지 문제된다. 경찰관은 현행범인인 경우와 사형·무기 또는 장기 3년 이상의 징역이나 금고에 해당하는 죄를 범한 범인의 체포·도주 방지, 자신이나 다른 사람의 생명·신체의 방어 및 보호, 공무집행에 대한 항거 제지를 위하여 필요하다고 인정되는 상당한 이유가 있을 때에는 그 사태를 합리적으로 판단하여 필요한 한도 내에서 경찰장구를 사용할 수 있다(경찰관 직무집행법 제10조의2 제1항). 테이저건은 일종의 전자충격기로서 경찰장구에 포함된다(경찰관 직무집행법 제10조의2 제2항, 위해성 경찰장비의 사용기준 등에 관한 규정 제2조 제1호).

---

[1] 판례는 차를 손괴하고 도망가려는 현행범인을 도망가지 못하게 멱살을 잡고 흔들어 전치 2주의 흉부찰과상을 입힌 사안에서 정당행위(형법 제20조)를 인정하였다(대법원 1999. 1. 26. 선고 98도3029 판결).

X는 사법경찰관으로서 경찰관 직무집행법 등에 의하여 테이저건을 사용할 수 있음은 물론이다.[1] 다만, 합리적으로 판단하여 필요한 한도 내에서 사용하였는지 여부가 문제되는데, 범죄의 종류, 죄질, 피해법익의 경중, 위해의 급박성, 저항의 강약, 범인과 경찰관의 수, 경찰장비의 수와 종류, 사용의 태양, 주변의 상황 등을 고려하여 판단하여야 할 것이다.[2]

본 사례의 경우, 甲은 연변 흑사파란 범죄조직의 두목으로서 칼로 사람을 찔러 상해를 가한 혐의로 체포영장이 발부되어 있고, 경찰관을 보자 바로 도주하여 뒤쫓아 가면서 1회 테이저건을 발사한 점 등을 종합하면 필요한 한도 내에서 사용한 것으로 판단된다. 나아가 X가 테이저건을 쏜 후 Y가 뒤에서 덮친 행위도 마찬가지로 필요한 한도 내의 유형력의 행사에 해당한다고 할 것이다.

4. 설문의 해결

X와 Y의 甲에 대한 체포영장에 따른 체포는 영장제시, 피의사실 등 고지, 유형력의 행사 등 어느 면에서 보나 적법하다.

Ⅲ. 제3문 ─ X, Y의 甲에 대한 상해와 정당행위

1. 甲의 고소사실에 관한 판단

甲이 X와 Y를 특정범죄가중처벌등에관한법률(독직폭행)죄(동법 제4조의2 제1항,[3] 형법 제125조[4])로 검찰청에 고소하였다.[5] X와 Y가 甲을 체포하면서 테이저건을 쏘는

---

1) 경찰청의 「위해성 경찰장비의 사용기준 등에 관한 규정」(대통령령 제31380호, 타법 개정 2021. 1. 5.) 제2조 제1호는 경찰장구의 하나로 전자충격기를 열거하고, 동 규정 제8조에서 ① 14세미만의 자 또는 임산부에 대하여 전자충격기 또는 전자방패를 사용하여서는 아니 되고, ② 전극침(電極針) 발사장치가 있는 전자충격기를 사용하는 경우 상대방의 얼굴을 향하여 전극침을 발사하여서는 아니 된다고 규정하고 있다(규정 제8조). 대검찰청의 「수사장비 관리규정」(예규 제1213호, 일부개정 2021. 8. 11.)도 체포·호송용 장비로서 전자충격기를 열거하고 있다(별표 수사장비의 범위).

2) 대법원 2004. 3. 25. 선고 2003도3842 판결(무기사용에 관한 업무상과실치사사건).

3) 특정범죄 가중처벌 등에 관한 법률 제4조의2(체포·감금 등의 가중처벌) ① 「형법」 제124조·제125조에 규정된 죄를 범하여 사람을 상해(傷害)에 이르게 한 경우에는 1년 이상의 유기징역에 처한다.

4) 형법 제125조(폭행, 가혹행위) 재판, 검찰, 경찰 그 밖에 인신구속에 관한 직무를 수행하는 자 또는 이를 보조하는 자가 그 직무를 수행하면서 형사피의자나 그 밖의 사람에 대하여 폭행 또는 가혹행위를 한 경우에는 5년 이하의 징역과 10년 이하의 자격정지에 처한다.

5) 「검사와 사법경찰관의 상호협력과 일반적 수사준칙에 관한 규정」 제4조 제1항 제1호 나목에 의하면, 검사는 경찰공무원이 범한 범죄에 대하여 수사를 개시할 수 있다. 甲은 경찰공무원 X, Y가 범한 범죄

등 유형력을 행사하여 전치 2주의 상해를 입힌 것은 사실이므로 위 죄의 구성요건에는 해당한다고 할 것이다.

그러나 X와 Y가 甲을 체포하는 과정에서 전치 2주의 상해를 입혔더라도 그 행위가 ① 법령에 규정된 요건을 충족하고, ② 그 직무가 공무원의 담당사무일 뿐 아니라 담당지역 안에서 행해지고, ③ 정규의 절차에 따라 행해지며, ④ 남용되지 않는 한 법령에 의한 행위로서 위법성이 조각된다(형법 제20조).

본 사례에서 X와 Y가 甲을 체포하면서 테이저건을 쏘고 뒤에서 덮친 행위는 앞에서 살펴본 바와 같이 적법하므로, 이로 인하여 甲이 전치 14일의 흉부찰과상을 입었다 하더라도 이는 정당행위로서 위법성이 조각된다. 판례도 차를 손괴하고 도망가려는 현행범인을 도망가지 못하게 멱살을 잡고 흔들어 전치 14일의 흉부찰과상을 입힌 사례에서 정당행위를 인정한 바 있다(【관련판례】).

 관련판례

대법원 1999. 1. 26. 선고 98도3029 판결【폭력행위등처벌에관한법률위반】

어떠한 행위가 위법성조각사유로서의 정당행위가 되는지 여부는 구체적인 경우에 따라 합목적적, 합리적으로 가려져야 할 것인바, 정당행위를 인정하려면 첫째 그 행위의 동기나 목적의 정당성, 둘째 행위의 수단이나 방법의 상당성, 셋째 보호법익과 침해법익의 권형성, 넷째 긴급성, 다섯째 그 행위 이외의 다른 수단이나 방법이 없다는 보충성의 요건을 모두 갖추어야 할 것이다(대법원 1992. 9. 25. 선고 92도1520 판결, 대법원 1994. 4. 15. 선고 93도2899 판결, 대법원 1998. 10. 13. 선고 97도3337 판결 등 참조). 그리고 현행범인은 누구든지 영장 없이 체포할 수 있으므로(형사소송법 제212조) 사인의 현행범인체포는 법령에 의한 행위로서 위법성이 조각된다고 할 것인데, 현행범인 체포의 요건으로서는 행위의 가벌성, 범죄의 현행성·시간적 접착성, 범인·범죄의 명백성 외에 체포의 필요성 즉, 도망 또는 증거인멸의 염려가 있을 것을 요한다고 보아야 함은 소론과 같다고 할 것이다.

그러나 이 사건에서 피해자가 재물손괴죄의 현행범인에 해당함은 명백하고, 피해자는 당시 열쇠로 피고인의 차를 긁고 있다가 피고인이 나타나자 부인하면서 도망하려고 하였다는 것이므로 위에서 말하는 체포의 필요성의 요건도 갖추었다고 할 것이다. 같은 취지의 원심 판단은 정당하다.

한편, 적정한 한계를 벗어나는 체포행위는 그 부분에 관한 한 법령에 의한 행위로 될 수 없다고 할 것이나, 적정한 한계를 벗어나는 행위인가 여부는 결국 앞서 본 정당행

에 대하여 검찰청에 고소하였으므로, 검사가 이에 대한 수사를 개시할 수 있다.

위의 일반적 요건을 갖추었는지 여부에 따라 결정되어야 할 것이지 소론이 주장하고 있는 바와 같이 그 행위가 소극적인 방어행위인가 적극적인 공격행위인가에 따라 결정되어야 하는 것은 아니다. 소론이 인용하고 있는 당원의 판결들이 본능적인 소극적 방어행위에 해당하는 경우에 위법성이 없다고 판시하고 있음은 소론과 같으나, 그 행위 자체로서는 다소 공격적인 행위로 보이더라도 사회통념상 허용될 수 있는 행위인 경우에는 위법성이 없다고 할 것이므로 당원의 판례가 소극적인 방어행위에 한하여 정당행위를 인정하고 있다는 소론은 당원의 판례를 오해한 것이다.

그런데 이 사건에서 피고인이 피해자를 체포함에 있어서 멱살을 잡은 행위는 그와 같은 적정한 한계를 벗어나는 행위라고 볼 수 없을 뿐만 아니라 설사 소론이 주장하는 바와 같이 피고인이 도망하려는 피해자를 체포함에 있어서 멱살을 잡고 흔들어 피해자가 결과적으로 그 주장과 같은 상처를 입게 된 사실이 인정된다고 하더라도 그것이 사회통념상 허용될 수 없는 행위라고 보기는 어렵다고 할 것이다.

2. 검사 P의 조치

검사 P는 고소사실이 위법성조각사유에 해당하므로 죄가안됨 불기소결정을 하여야 한다(검찰사건사무규칙 제115조 제3항 제3호). 죄가안됨 결정을 할 경우에는 혐의없음 결정과는 달리 무고혐의의 유무를 판단할 필요가 없다(검찰사건사무규칙 제117조).[1]

---

1) 일반적으로 신고사실이 객관적 사실과 일치하는 경우, 법률적 평가를 잘못하였다고 하여 무고죄가 성립하는 것은 아니다. 따라서 본 사례의 경우, 甲에 대하여 무고죄가 성립하지 않는다. 그러나 위법성조각사유가 있어 처벌할 수 없음에도 적극적으로 처벌되어야 한다고 주장하며 고소한 경우에는 무고죄가 성립할 수도 있다(대법원 1998. 3. 24. 선고 97도2956 판결. 선거상대방이 주장한 사실이 진실로서 위법성이 조각된다는 것을 잘 알면서도 적극적으로 공직선거법상의 허위사실유포죄로 고소한 사례).

사 례 [11] 허위공문서작성죄, 영업비밀유출, 법률의견서의 증거능력, 재전문증거

甲은 국립병원의 외과과장 겸 진료부장으로 근무하는 의사(보건복지부 소속 의무서기관)로서 경찰대학에 '의학개론' 과목의 시간강사로도 출강하고 있다. 甲의 친구인 A는 2021. 1. 3. 경미한 교통사고를 당하여 약 2주간의 치료를 요하는 경추부염좌상을 입게 되었는데, 보험회사에 과다한 보험금을 청구하기 위하여 甲을 찾아가 말 못할 사정이 있으니 약 10주간의 치료를 요하는 상해진단서를 발급해 달라고 부탁하였다. 甲은 A의 부탁을 들어주기로 하고, 2021. 1. 4. A에게 전치 10주간을 요하는 경추부염좌, 요추부염좌, 발목인대파열상을 입었다는 내용의 진단서를 작성하여 교부하였다. A는 甲이 작성해 준 진단서를 근거로 2021. 8. 2. 보험회사로부터 보험금 700만 원을 받게 되었고, 2021. 9. 1. 甲을 만나 사례의 표시로 현금 200만 원을 교부하였다.

한편, 甲의 모교인 T 의과대학(사립대학) 대학원생 B, C는 甲이 자신의 전공분야에서 학식과 경험이 풍부하다는 것을 알고 甲을 찾아가 '석사학위논문 작성에 필요한 실험대행 및 논문원고를 작성해 달라. 문제없이 학위를 취득할 수 있게 도와 달라'라는 취지로 부탁을 하였고, 甲은 그 대가를 요구하면서 이를 승낙하였다. 甲은 2021. 5. 1. 정기 인사이동으로 환자진료를 담당하지 않는 기획부서의 공보팀장으로 보직이 변경된 후 논문작성에 필요한 실험을 대행하는 등 석사학위논문을 대신 작성하여 2021. 7. 2. B, C에게 건네주고 그 대가로 B, C로부터 각 500만 원씩을 교부받았다. 그러나 B와 C는 논문제출 자격시험에 낙방하여 위 논문을 T 의과대학 지도교수에게 제출하지 못하였다.

한편, 甲의 동생 乙은 가족을 모두 외국에 보내고 3년 전부터 사촌형 E의 집에서 함께 거주하면서 E가 대표로 있는 개인사업체인 D 게임프로그램 개발업체에서 소프트웨어를 개발하는 연구원으로 근무하다가, 누적된 과로로 건강이 나빠져 2021. 12. 3. 부득이 D 개발업체에서 퇴사하게 되었다. 乙은 D 개발업체가 2022년 상반기에 출시할 컴퓨터게임 프로그램을 개발하면서 영업비밀인 설계도파일을 개인 노트북 컴퓨터에 저장해 두었는데, 퇴사 시 혹시라도 나중에 경쟁업체에 유출하거나 자신의 이익을 위하여 사용할 기회가 있을지도 모른다는 생각에 위 설계도파일을 삭제하거나 D 개발업체에 반환하지 않았다. D 개발업체의 내부규정에는 "D 개발업체에서 개발하였거나 개발 진행 중인 모든 프로그램은 대표 E가 소유하고, 모든 직원은 퇴사 시에 업무상 자료 및 회사 영업비밀은 모두 회사에 반환하거나 폐기하여야 한다."고 규정되어 있다. 그리고 乙은 D 개발업체에 입사할 당시 영업비밀보호서약서에 서명하였는데, 서약서에는 "본인은 회사의 영업비밀과 관련하여 재직 중이거나, 회사를 퇴사한 시점으로부터 3년 이내에 회사의 사업계획을 이용하여 창업하거나 회사의 경쟁관계에 있는 사업체를 위하여 일하지 않을 것을 서약합니다."라는 내용이 기재되어 있었다. 그런데 乙은 2022. 1. 3. 경쟁 게임프로그램업체 간부인 F로부터 연락을 받고 만났는데, F는 D 개발업체에서 개발하고 있는 게임프로그램 설계도를 건네주면 1억 원을 주겠다고 약속하였다. 마침 자녀 학비 등으로 돈이 필요하였던 乙은 노트북 컴퓨터에 저장되어 있던 위 설계도파일을 이동식저장장치에 저장하여 F에게 전달해 주고 F로부터 1억 원을 교부받았다.

설 문

1. 甲과 乙의 형사책임을 논하시오.

2. 乙은 경찰에서는 범죄사실을 모두 자백하였으나 검찰에 송치되어 범죄사실을 부인하자, 검사 P는 乙의 직장동료였던 G의 처 H를 참고인으로 소환하여 진술조서를 작성하였다. H는 "남편 G와는 평소에도 그날그날 있었던 일을 서로 다 말하는데, 어느날 '회사 근처 커피전문점에 갔다가 乙이 경쟁업체 간부 F와 만나는 것을 보았는데 乙이 F에게 이동식저장장치인 USB를 건네주자 F가 乙에게 현금이 든 것으로 보이는 봉투를 건네주는 것을 보았다'고 하는 말을 들었다"는 취지의 진술을 하여 검사는 그와 같은 내용의 진술조서를 작성하였다. 공판검사 Q는 乙에 대한 제1심공판에서 H의 진술조서를 증거로 신청하였다. Q는 乙이 증거부동의하자 H와 G를 증인으로 신청하였고, H는 법정에 증인으로 출석하여 조서의 진정성립을 인정하였으나 G는 법정에 증인으로 출석하여 증언을 거부하였다. 위 진술조서의 증거능력을 논하시오.

3. 공판검사 Q는 甲에 대한 제1심공판에서 甲의 범죄사실을 입증하기 위하여 甲의 사무실에서 적법하게 압수한 변호사 L이 甲의 의뢰를 받아 법률자문을 한 뒤 작성해 준 '법률의견서'를 증거로 신청하였다. Q는 甲이 위 법률의견서에 대하여 증거부동의하자 L을 증인으로 신청하였고, L은 법정에 증인으로 출석하여 증인선서 후 증언거부권을 행사하였다. 위 법률의견서의 증거능력을 논하시오.

해 설

I. 제1문 — 甲과 乙의 형사책임

1. 문제의 제기

甲에 대하여는 ① 친구인 A의 부탁을 받고 허위로 상해진단서를 작성하여 준 행위, ② 허위진단서 작성의 대가로 A로부터 200만 원을 교부받은 행위, ③ T 의과 대학 대학원생 B, C의 석사논문을 대신 작성해 주고 각 500만 원을 교부받은 행위가 어떤 범죄를 구성하는지가 문제된다.

乙에 대하여는 ① 사촌형 E가 경영하는 D 게임프로그램 개발업체에 근무하다가 퇴직한 후 재직 중 보유하게 된 게임프로그램 설계도파일을 경쟁업체에 전달한 행위, ② 그 대가로 경쟁업체 간부인 F로부터 1억 원을 교부받은 행위가 어떤 범죄를 구성하는지가 문제된다.

2. 甲의 형사책임
(1) 허위 상해진단서를 작성하여 준 행위

甲은 친구 A의 부탁으로 사실은 A가 전치 2주간을 요하는 상해를 입었음에도 사실과 다르게 전치 10주간을 요하는 진단서를 작성하여 발급해 주었다. 의사·한의사·치과의사 또는 조산사가 진단서·검안서 또는 생사에 관한 증명서를 허위로 작성한 때에는 허위진단서작성죄(형법 제233조. 3년 이하의 징역이나 금고, 7년 이하의 자격정지 또는 3천만 원 이하의 벌금)가 성립한다. 여기서 '허위'란 진실에 반하는 것, 즉 무형위조를 말한다. 甲은 의사로서 병명과 치료기간을 사실과 다르게 기재한 진단서를 작성하였으므로 허위진단서작성죄의 구성요건을 충족한다.

한편 甲은 국립병원 의사인 공무원인데, 공무원이 행사할 목적으로 그 직무에 관하여 문서 또는 도화를 허위로 작성하거나 변개한 때에는 허위공문서작성죄(형법 제227조. 7년 이하의 징역 또는 2천만 원 이하의 벌금)가 성립한다. 허위공문서작성죄에서의 허위도 허위진단서작성죄의 허위와 마찬가지로 진실에 반하는 것을 말한다. 甲이 A

에게 교부할 목적으로 병명과 치료기간을 사실과 다르게 기재한 진단서를 작성하였으므로 허위공문서작성죄에도 해당한다.

이때, 두 죄의 관계가 문제된다. ① 상상적 경합이 인정된다는 견해, ② 법조경합으로 허위공문서작성죄만 성립한다는 견해가 있다. 이에 대하여 판례는 "형법이 제225조 내지 제230조에서 공문서에 관한 범죄를 규정하고, 이어 제231조 내지 제236조에서 사문서에 관한 범죄를 규정하고 있는 점 등에 비추어 볼 때 형법 제233조 소정의 허위진단서작성죄의 대상은 공무원이 아닌 의사가 사문서로서 진단서를 작성한 경우에 한정되고, 공무원인 의사가 공무소의 명의로 허위진단서를 작성한 경우에는 허위공문서작성죄만이 성립하고 허위진단서작성죄는 별도로 성립하지 않는다"고 판시하여[1] 허위공문서작성죄만 성립한다는 입장이다.

판례에 따르면 甲에 대하여 허위공문서작성죄(형법 제227조)가 성립한다. 한편, 허위작성공문서를 A에게 교부하였으나 A가 허위로 작성되었다는 사실을 알고 있으므로 허위작성공문서행사죄는 성립하지 않는다.[2]

(2) A로부터 200만 원을 교부받은 행위

甲은 친구 A로부터 허위진단서를 발급해 준 사례로 현금 200만 원을 교부받았는데, 부정처사후수뢰죄(형법 제131조 제2항)에 해당하는지 문제된다.

부정처사후수뢰죄는 공무원 또는 중재인이 그 직무상 부정한 행위를 한 후 뇌물을 수수, 요구 또는 약속하거나 제3자에게 이를 공여하거나 공여를 요구 또는 약속한 때에 성립한다. 뇌물은 직무에 관한 이익인데, '직무'는 공무원이 그 직위에 따라 공무로 담당하는 일체의 집무를 말하고,[3] '직무에 관하여'는 권한에 속하는 직무행위뿐 아니라 직무행위에는 속하지 않더라도 직무행위와 밀접한 관계가 있거나,[4] 직무행위와 관련하여 사실상 처리하던 직무를 포함한다.[5]

甲이 진단서발급이라는 의사로서의 직무범위 내에서 A에게 허위진단서를 작성해 주는 부정한 행위를 한 후 사례비로 200만 원을 교부받았으므로 甲은 '직무에 관하여' 금원을 교부받은 것이다. 다만 공보팀장으로 보직이 변경된 후에 금원을 교부

---

1) 대법원 2004. 4. 9. 선고 2003도7762 판결. 본 판결 평석은 민유숙, "허위진단서작성죄와 허위공문서작성죄의 관계", 대법원판례해설 제50호(2004 상반기), 2004, 620-644면.
2) 대법원 1986. 2. 25. 선고 85도2798 판결.
3) 대법원 1982. 11. 23. 선고 82도1549 판결.
4) 대법원 1977. 6. 7. 선고 77도842 판결.
5) 대법원 1999. 1. 29. 선고 98도3584 판결.

받았는데, 이 경우에도 직무에 관한 것이라고 할 수 있는지 문제된다. 이에 대해서는 부정설도 있으나, 과거의 직무행위에 대한 공정과 이에 대한 사회의 신뢰보호도 필요하기 때문에 이를 긍정하는 것이 통설이다.

따라서 甲에 대하여 부정처사후수뢰죄(형법 제131조 제2항, 제1항. 1년 이상의 유기징역)가 성립한다. 이때, ① 부정처사후수뢰죄와 부정한 행위에 해당하는 ② 허위공문서작성죄와는 상상적 경합관계이다. 만일 甲에 대하여 ③ 허위작성공문서행사죄가 성립한다고 가정할 때, 그 관계가 문제된다. 판례[1]에 따르면, ②죄와 ③죄는 각 ①죄와 상상적 경합관계로서 비록 ②죄와 ③죄가 실체적 경합관계에 있다고 하더라도 상상적 경합관계에 있는 ①죄와 대비하여 가장 무거운 죄에 정한 형으로 처단하면 되고, 따로 경합범 가중을 할 필요가 없다.[2]

(3) 석사논문을 대신 작성해 주고 1,000만 원을 교부받은 행위

甲이 T 의과대학 대학원생 B, C의 석사학위논문을 대신 작성해 주고 그 대가로 각 500만 원씩 합계 1,000만 원을 교부받은 행위와 관련해서는 배임수재죄와 업무방해죄의 성립 여부를 검토하여야 한다.

(가) 배임수재죄의 성립 여부

타인의 사무를 처리하는 자가 그 임무에 관하여 부정한 청탁을 받고 재물 또는 재산상 이익을 취득하면 배임수재죄(형법 제357조 제1항)가 성립한다. 배임수재죄가 성립하기 위해서는 '타인의 사무를 처리하는 자'라는 요건과 '부정한 청탁'이라는 요건을 충족하여야 한다.

'타인의 사무를 처리하는 자'란 타인과의 대내관계에 있어서 신의성실의 원칙에 비추어 그 사무를 처리할 신임관계가 존재한다고 인정되는 자를 의미하고, 반드시 제3자에 대한 대외관계에서 그 사무에 관한 권한이 존재할 것을 요하지 않으며, 또 그 사무가 포괄적 위탁사무일 것을 요하는 것도 아니고, 사무처리의 근거, 즉 신임관계의 발생근거는 법령의 규정, 법률행위, 관습 또는 사무관리에 의하여도 발생할 수 있으며, 그 위탁관계로 인한 본래의 사무뿐만 아니라 그와 밀접한 관계가 있는 범위

---

1) 대법원 1983. 7. 26. 선고 83도1378 판결(수뢰후부정처사죄와 허위공문서작성죄 및 허위작성공문서행사죄와의 관계); 대법원 2001. 2. 9. 선고 2000도1216 판결(수뢰후부정처사죄와 공도화변조죄 및 변조공도화행사죄와의 관계).

2) 이는 연결효과에 의한 상상적 경합을 인정할 것인가 하는 관점에서 논의된다. 이에 대한 상세는 사례 [9] I. 제1문 '甲의 형사책임' 부분 참조.

내의 사무도 포함된다.[1] 甲은 경찰대학에 출강을 나갈 뿐 T 의과대학과 업무상 아무런 관계가 없고, 대학원생들의 논문을 지도하거나 해당 논문을 심사할 지위에 있지도 않으므로 '타인의 사무를 처리하는 자'라고 할 수 없다. 따라서 甲에 대하여 더 나아가 살펴볼 것도 없이 배임수재죄는 성립하지 않는다.

(나) 업무방해죄의 성립 여부

허위의 사실을 유포하거나 기타 위계 또는 위력으로써 사람의 업무를 방해한 때에는 업무방해죄(형법 제314조 제1항)가 성립한다. 업무방해죄에서의 '업무'라 함은 직업 기타 사회생활상의 지위에 기하여 계속적으로 종사하는 사무 또는 사업을 말하고,[2] '위계'란 행위자가 행위목적을 달성하기 위하여 상대방에게 오인·착각 또는 부지를 일으키게 하여 이를 이용하는 것을 말한다.[3]

만일 대학원생이 타인이 대신 작성한 논문을 마치 자신들이 직접 작성한 것처럼 소속 대학원에 제출하였다면 위계로써 위 대학원의 학사업무를 방해한 것으로 업무방해죄가 성립할 것이다.[4] 그 경우, 논문을 대작해 준 사람은 원칙적으로 그 대학원생과 공동정범으로서의 형사책임을 질 것이다. 이때 '대작'인지 여부의 판단기준이 문제되는데, 자료를 분석, 정리하여 논문의 내용을 완성하는 일의 대부분을 타인에게 의존하였다면 그 논문은 논문작성자가 주체적으로 작성한 논문이 아니라 타인에 의하여 대작된 것이라고 보아야 할 것이다.[5]

본 사례에서 甲은 논문작성에 필요한 실험을 대행하는 등 석사학위논문을 대신 작성하여 주었으므로 위 논문은 대작된 논문이라 할 것이다. 그러나 업무방해죄는 대작된 논문이 학교에 제출된 시점에 실행의 착수가 있다고 할 것인데, B와 C가 논문제출 자격시험에 낙방하여 아직 위 논문을 제출하지 않았으므로 실행에 착수가 있었다고 할 수 없다. 업무방해죄는 예비·음모를 처벌하는 규정이 없으므로 甲에 대하여 업무방해죄의 공동정범이 성립할 여지는 없다.

---

1) 대법원 1999. 6. 22. 선고 99도1095 판결; 대법원 2003. 2. 26. 선고 2002도6834 판결; 대법원 2006. 5. 12. 선고 2004도491 판결 등 참조

2) 대법원 2013. 6. 14. 선고 2013도3829 판결; 대법원 2004. 10. 28. 선고 2004도1256 판결.

3) 대법원 2010. 3. 25. 선고 2009도8506 판결.

4) 대법원 1996. 7. 30. 선고 94도2708 판결.

5) 대법원 1996. 7. 30. 선고 94도2708 판결. 그러나 일반적으로 석사학위논문 정도의 학술적 저작물을 작성함에 있어서는 논문작성 과정에서 타인으로부터 외국서적의 번역이나 자료의 통계처리 등 단순하고 기술적인 조력을 받는 것은 허용된다고 보아야 할 것이다.

3. 乙의 형사책임

(1) 영업비밀을 경쟁업체에 유출한 행위

(개) 업무상배임죄의 성립 여부

(ᄀ) 범죄 성립 여부

乙은 D 개발업체의 연구원으로서 퇴사 시 2022년 상반기에 출시할 컴퓨터게임 프로그램의 설계도파일을 삭제하거나 반환하지 않고 그대로 자신의 노트북 컴퓨터에 보유하고 있다가 경쟁업체에 유출하였다. 乙은 입사 시 D 개발업체에 대하여 회사의 영업비밀과 관련하여 경쟁업체를 위하여 일하지 않을 것을 서약하였다. 따라서 丙에 대하여 업무상배임죄(형법 제356조, 제355조 제2항)가 성립하는지 문제된다.

업무상배임죄는 타인의 사무를 처리하는 자가 배임행위를 하여 재산상의 이익을 취득하거나 제3자로 하여금 이를 취득하게 하여 본인에게 손해를 가한 경우에 성립한다. 첫째, 乙이 '타인의 사무를 처리하는 자'에 해당하는지 살펴보면, 乙은 소프트웨어를 개발하는 연구원으로서 위와 같이 서약하였으므로 D 개발업체와 신임관계가 형성되었으며, 이는 회사의 재산을 보호하는 재산상 사무이고, 영업비밀을 취급하면서 회사를 위해 이를 보호하여야 할 의무가 사무의 본질적 내용이므로 타인의 사무를 처리하는 자에 해당한다.[1] 둘째, '배임행위'란 임무에 위배하는 행위인데 사무의 성질과 내용 및 행위 시의 상황 등을 구체적으로 검토하여 신의성실의 원칙에 따라 판단하여야 한다. 영업비밀 등을 회사에 반환하거나 폐기할 의무가 있음에도 경쟁업체에 유출하거나 스스로의 이익을 위하여 이용할 목적으로 이를 반환하거나 폐기하지 않았다면, 이러한 행위는 배임행위에 해당한다([관련판례]).[2] 따라서 乙의 행위는 배임행위에 해당한다. 셋째, '재산상의 손해'는 반드시 현실적으로 발생할 필요는 없고 손해발생의 위험이 발생한 경우도 포함되므로,[3] 손해발생의 위험을 초래하면 배임죄가 성립된다. 乙이 위 설계도파일을 반환하거나 폐기하지 않고 보유한 것만으로 바로 D 개발업체(개인사업체이므로 실제 피해자는 대표인 E)에 재산상 손해가 현실적으로 발생한 것은 아니지만 이로써 D 개발업체에 대한 손해발생의 위험이 발생하였음은 분명하다. 乙은 위와 같이 위 설계도파일을 계속 보유함으로써 D 개발업체가

---

1) 판례는 퇴직한 다음 날에 회사의 자료를 일본 회사에 전송한 사안에서, 피고인이 자료를 반출할 당시 회사와의 관계에서 신의성실의 원칙에 비추어 여전히 신임관계가 존재한다고 할 것이므로 업무상배임죄에서의 타인의 사무를 처리하는 자에 해당한다고 판시하였다(대법원 2011. 7. 14. 선고 2010도3043 판결).
2) 대법원 2017. 6. 29. 선고 2017도3808 판결.
3) 대법원 1975. 12. 23. 선고 74도2215 판결; 대법원 2017. 10. 12. 선고 2017도6151 판결.

상당한 비용을 들여 개발한 위 설계도파일의 시장 교환가격에 상당하는 액수 미상의 재산상의 이익[1])을 취득함과 동시에 D 개발업체에 동액 상당의 재산상의 손해를 가하였다.

그리고 乙에 대한 고의도 인정되므로 乙의 행위는 업무상배임죄를 구성하고, 그 기수시기는 영업비밀인 위 설계도파일을 반출한 때이다.[2]) 乙의 이득액을 구체적으로 산정하는 것은 불가능하므로 특정경제범죄가중처벌등에관한법률위반(배임)죄가 성립할 여지는 없다.[3])

(ㄴ) 친족상도례의 적용 여부

乙의 행위가 업무상배임죄를 구성하는데, D 개발업체는 개인사업체이므로 피해자는 그 대표인 E이다. 이는 내부규정에서 모든 프로그램은 E가 소유한다고 명시되어 있는 데에서도 알 수 있다. 그런데 乙과 피해자인 E는 사촌 간으로 친족이고, 일시적으로 E의 집에 숙박하고 있는 것이 아니라 3년 전부터 동거하고 있으므로 그 형이 면제된다(형법 제361조, 제328조 제1항).

관련판례

대법원 2008. 4. 24. 선고 2006도9089 판결【업무상배임】

업무상배임죄는 타인의 사무를 처리하는 자가 그 임무에 위배하는 행위로써 재산상 이익을 취득하거나 제3자로 하여금 이를 취득하게 하여 본인에게 손해를 가함으로써 성립하는데, 여기에서 '그 임무에 위배하는 행위'란 사무의 내용, 성질 등 구체적 상황에 비추어 법률의 규정, 계약의 내용 혹은 신의칙상 당연히 할 것으로 기대되는 행위를 하지 않거나 당연히 하지 않아야 할 것으로 기대되는 행위를 함으로써 본인과 사이의 신임관계를 저버리는 일체의 행위를 말하고(대법원 1999. 3. 12. 선고 98도4704 판결 등 참조), '재산상 손해를 가한 때'란 현실적인 손해를 가한 경우뿐만 아니라 재산상 실해 발생의 위험을 초래한 경우도 포함한다(대법원 2003. 10. 30. 선고 2003도4382 판결 참조).

따라서 회사직원이 영업비밀을 경쟁업체에 유출하거나 스스로의 이익을 위하여 이용

---

1) 영업비밀을 취득함으로써 얻는 이익은 그 영업비밀이 가지는 재산가치 상당이고, 그 재산가치는 그 영업비밀을 가지고 경쟁사 등 다른 업체에서 제품을 만들 경우, 그 영업비밀로 인하여 기술개발에 소요되는 비용이 감소되는 경우의 그 감소분 상당과 나아가 그 영업비밀을 이용하여 제품생산에까지 발전시킬 경우 제품판매이익 중 그 영업비밀이 제공되지 않았을 경우의 차액 상당으로서 그러한 가치를 감안하여 시장경제원리에 의하여 형성될 시장교환가격이다(대법원 1999. 3. 12. 선고 98도4704 판결).
2) 대법원 2003. 10. 30. 선고 2003도4382 판결; 대법원 2017. 6. 29. 선고 2017도3808 판결.
3) 대법원 1999. 3. 12. 선고 98도4704 판결.

할 목적으로 무단으로 반출하였다면 그 반출 시에 업무상배임죄의 기수가 되고(대법원 2003. 10. 30. 선고 2003도4382 판결 참조), 영업비밀이 아니더라도 그 자료가 불특정 다수의 사람에게 공개되지 않았고 사용자가 상당한 시간, 노력 및 비용을 들여 제작한 영업상 주요한 자산인 경우에도 그 자료의 반출행위는 업무상배임죄를 구성하며(대법원 2005. 7. 14. 선고 2004도7962 판결[1] 참조), 회사직원이 영업비밀이나 영업상 주요한 자산인 자료를 적법하게 반출하여 그 반출행위가 업무상배임죄에 해당하지 않는 경우라도 퇴사 시에 그 영업비밀 등을 회사에 반환하거나 폐기할 의무가 있음에도 경쟁업체에 유출하거나 스스로의 이익을 위하여 이용할 목적으로 이를 반환하거나 폐기하지 아니하였다면, 이러한 행위가 업무상배임죄에 해당한다고 보아야 한다. 한편, 업무상배임죄가 성립하려면 주관적 요건으로서 임무위배의 인식과 그로 인하여 자기 또는 제3자가 이익을 취득하고 본인에게 손해를 가한다는 인식, 즉 배임의 고의가 있어야 하는데, 이러한 인식은 미필적 인식으로도 족한바, 피고인이 배임죄의 범의를 부인하는 경우에는 사물의 성질상 배임죄의 주관적 요소로 되는 사실은 고의와 상당한 관련성이 있는 간접사실을 증명하는 방법에 의하여 입증할 수밖에 없고, 이때 무엇이 상당한 관련성이 있는 간접사실에 해당하는가는 정상적인 경험칙에 바탕을 두고 치밀한 관찰력이나 분석력에 의하여 사실의 연결상태를 합리적으로 판단하여야 한다(대법원 2004. 3. 26. 선고 2003도7878 판결 등 참조).

(나) 부정경쟁방지및영업비밀보호에관한법률위반(영업비밀누설등)죄의 성립 여부

乙이 영업비밀인 위 설계도파일을 경쟁업체에 유출한 행위가 업무상배임죄와는 별도로 부정경쟁방지및영업비밀보호법위반(영업비밀누설등)죄에 해당하는지 문제된다. 부정경쟁방지 및 영업비밀보호에 관한 법률(이하, 부정경쟁방지법이라 한다) 제18조 제2항은 '부정한 이익을 얻거나 영업비밀 보유자에 손해를 입힐 목적으로 영업비밀을 취득·사용하거나 제3자에게 누설하는 행위(부정경쟁방지법 제18조 제1항 제1호 가목)'를 한 자는 10년 이하의 징역 또는 5억 원 이하의 벌금에 처하되, 다만 벌금형에 처하는 경우 위반행위로 인한 재산상 이득액의 10배에 해당하는 금액이 5억 원을 초과하면 그 재산상 이득액의 2배 이상 10배 이하의 벌금에 처한다고 규정하고 있다.

영업비밀이 되기 위해서는 첫째 공연히 알려져 있지 아니하고 독립된 경제적 가치를 가지는 것으로서(비공지성 또는 비밀성), 둘째, 합리적인 노력에 의하여 비밀로 유지되고(비밀유지·관리의 노력), 셋째 생산방법·판매방법, 그 밖에 영업활동에 유용한 기

---

1) 같은 취지의 판결로는 대법원 2012. 6. 28. 선고 2011도3657 판결; 대법원 2011. 7. 14. 선고 2010도3043 판결; 대법원 2011. 6. 30. 선고 2009도3915 판결. 2009도3915 판결 평석에 대하여는 김종석, "업무상배임죄에 있어서의 영업상 주요한 자산의 의미", 대법원판례해설 제88호(2011 상반기), 2011, 510-537면.

술상 또는 경영상의 정보(유용성 또는 경제성)이어야 한다(부정경쟁방지법 제2조 제2호). 위 설계도 파일은 영업비밀에 해당된다. 그리고 영업비밀을 취득, 사용하거나 제3자에게 누설하여야 하는데, 각각 개별적으로, 순차적으로 성립할 수 있다. 乙이 경쟁업체에 위 설계도파일을 이전한 것은 누설행위에 해당하므로 乙에 대하여 부정경쟁방지법위반(영업비밀누설등)죄가 성립한다.

일반적으로 영업비밀 유출로 인한 업무상배임죄와 부정경쟁방지법위반(영업비밀누설등)죄는 상상적 경합관계이다.[1] 그 경우 업무상배임죄의 법정형(형법 제356조, 10년 이하의 징역 또는 3천만 원 이하의 벌금)보다 법정형이 무거운 부정경쟁방지법위반(영업비밀누설등)죄로 처벌된다. 그러나 본 사례에서는 일단 영업비밀을 반출한 후 시일이 경과한 다음 별도로 경쟁업체의 제의를 받아 이를 누설하였으므로 실체적 경합관계로 보아야 할 것이다. 그런데 乙의 업무상배임죄는 형이 면제되므로 乙은 부정경쟁방지법위반(영업비밀누설등)죄로만 처벌된다.

(2) F로부터 1억 원을 교부받은 행위

乙은 위와 같이 영업비밀을 유출하고 경쟁업체 간부인 F로부터 1억 원을 교부받았다. 타인의 사무를 처리하는 자가 그 임무에 관하여 부정한 청탁을 받고 재물 또는 재산상 이익을 취득하면 배임수재죄(형법 제357조 제1항)가 성립한다.

여기서 임무에 관한 '부정한 청탁'이란 타인의 사무를 처리하는 자가 위탁받은 본래의 사무뿐만 아니라 그와 밀접한 관계에 있는 범위의 사무에 관하여 사회상규 또는 신의성실의 원칙에 반하는 청탁을 말한다.[2] 이를 판단할 때는 청탁의 내용과 이에 관련하여 공여한 재물의 액수·형식, 보호법익인 거래의 청렴성 등을 종합적으로 고찰하여야 한다.[3] 甲이 경쟁업체 간부인 F로부터 영업비밀을 건네 달라는 청탁을 받은 것은 乙이 취급하는 업무와 밀접한 관계에 있는 범위의 사무에 관하여 사회상규에 반하는 부정한 청탁을 받은 것에 해당한다.

문제는 乙이 '타인의 사무를 처리하는 자'에 해당하는지 여부이다. 乙이 퇴사 전이라면 앞서 살펴본 대로 타인의 사무를 처리하는 자에 해당한다. 그러나 위 1억 원을 교부받을 당시에는 이미 퇴사한 지 1개월이 지난 이후이기 때문이다. 회사직원이 퇴사한 후에는 특별한 사정이 없는 한 그 퇴사한 회사직원은 더 이상 회사와의 관계

---

1) 대법원 2008. 12. 24. 선고 2008도9169 판결.
2) 대법원 2011. 2. 24. 선고 2010도11784 판결; 대법원 1984. 7. 10. 선고 84도179 판결.
3) 대법원 2011. 8. 18. 선고 2010도10290 판결; 대법원 2006. 5. 12. 선고 2004도491 판결.

에서 타인의 사무를 처리하는 자의 지위에 있다고 볼 수 없다. 따라서 반환하거나 폐기하지 아니한 영업비밀 등을 퇴사 후에 경쟁업체에 유출하면서[1] 돈을 받았다고 하더라도, 이는 이미 성립한 업무상배임행위의 실행행위에 지나지 않고 별도로 배임수재죄가 성립할 여지는 없고, 마찬가지로 유출행위에 공모·가담한 제3자도 그 타인의 사무를 처리하는 자의 지위에 있다는 등의 사정이 없는 한 공범이 성립하지 않는다. 따라서 乙에 대하여 배임수재죄는 성립하지 않는다.[2]

4. 설문의 해결

甲에 대하여는 허위공문서작성죄, 부정처사후수뢰죄가 각 성립하고, 각 죄는 상상적 경합관계이다. 乙에 대하여는 업무상배임죄, 부정경쟁방지및영업비밀보호에관한법률위반(영업비밀누설등)죄가 각 성립하고, 각 죄는 실체적 경합관계이다. 그런데 업무상배임죄는 친족 간 범죄로서 그 형이 면제된다.

II. 제2문 ― 재전문증거의 증거능력

1. 문제의 제기

참고인 H는 검찰에 소환되어 "남편 G와는 평소에도 그날그날 있었던 일을 서로 다 말하는데, 어느 날 G가 '회사 근처 커피전문점에 갔다가 乙이 경쟁업체 간부 F와 만나는 것을 보았는데 乙이 F에게 이동식저장장치인 USB를 건네주자 F가 乙에게 현금이 든 것으로 보이는 봉투를 건네주는 것을 보았다'고 하는 말을 들었다"는 취지로 진술하여 검사는 그와 같은 내용의 진술조서를 작성하였다. 위 진술조서에 기재된 G의 진술내용은 H가 G로부터 전문한 전문진술이다. 그런데 위 진술조서는 '공판준비 또는 공판기일에서의 진술에 대신하여 진술을 기재한 서류'로서 전문증거에 해당하기 때문에, 위 진술조서에 기재된 전문진술은 재전문증거[3]에 해당한다.

재전문의 경우에는 진술자를 반대신문하는 경우에도 원진술자의 존재나 진술정

---

[1] 스스로의 이익을 위하여 이용하는 경우에도 마찬가지이다.
[2] 대법원 2017. 6. 29. 선고 2017도3808 판결. 본 판결 평석은 이경렬, "퇴사시 영업비밀 반출과 업무상배임죄의 성부", 형사판례연구 [26], 2018, 253-297면.
[3] 원진술자 A의 진술을 들은 B가 C에게 다시 전달하여 C가 법정에서 원진술자 A의 진술내용을 진술하는 경우(재전문진술)와 원진술자 A의 진술을 들은 B가 원진술자의 진술내용을 서면에 기재하거나 C에게 다시 전달하여 C가 서류에 기재하는 경우(재전문서류)가 있다.

황을 확인할 수 없기 때문에 증거능력을 인정할 것인가가 문제된다.

2. 재전문증거의 증거능력

재전문증거의 증거능력에 관하여는, ① 재전문은 이중의 예외로서 전문증거에 비하여 범죄사실과의 관련성이나 증명력이 약하여 오류개입 가능성이 높고, 그 증거능력을 인정하는 명문규정이 없으므로 증거능력을 부정해야 한다는 부정설, ② 전문증거와 재전문증거는 타인의 진술이 요증사실의 증거자료가 된다는 점에서 차이가 없고, 미국에서도 이를 인정하고 있으므로(연방증거법 제805조) 법정 외의 진술 하나 하나가 전문법칙의 예외의 요구를 충족하는 때에는 증거로 할 수 있다는 긍정설(통설), ③ 최초의 원진술자가 재전문증거의 내용이 자신의 원진술과 같다는 점을 인정하는 경우에만 증거능력을 인정할 수 있다는 제한적 긍정설이 있다.

판례는 재전문증거 중 재전문진술이나 재전문진술을 기재한 조서는 그 증거능력을 인정하는 규정이 없으므로 당사자가 동의하지 않는 한 증거능력이 없지만, 전문진술을 기재한 조서는 형사소송법 제312조 또는 제314조의 규정에 따라 증거능력이 인정될 수 있는 경우에 해당하여야 함은 물론 형사소송법 제316조의 규정에 따른 요건을 갖춘 경우에 예외적으로 증거능력이 있다고 한다([관련판례]).[1]

관련판례

대법원 2010. 3. 10. 선고 2000도159 판결 【미성년자의제강제추행】

가. 먼저 원심이 들고 있는 유죄의 증거들 중 <u>A의 수사기관에서부터 원심법정에 이르기까지의 진술</u>은 모두 1998. 4. 12. 피해자로부터, 피해자가 피고인으로부터 공소사실 기재와 같은 내용의 추행을 당하였다는 이야기를 들었다는 것인바, 이러한 A의 공판기일에서의 진술은 형사소송법 제310조의2 소정의 공판준비 또는 공판기일 외에서의 타인의 진술을 내용으로 하는 이른바 <u>전문진술</u>이라고 할 것이고, <u>A의 수사기관에서의 진술을 기재한 조서</u>는 그와 같은 전문진술이 기재된 조서로서 이른바 재전문

---

1) 판례는 ① "피해자가 피고인들과의 전화통화를 녹음한 내용을 들었다."는 A의 법정진술(재전문진술) (대법원 2003. 12. 26. 선고 2003도5255 판결), ② A가 피고인으로부터 들은 말을 순차로 전해들은 B 등의 제1심 법정진술(재전문진술)과 수사기관에서의 진술을 기재한 조서(재전문진술을 기재한 조서) (대법원 2012. 5. 24. 선고 2010도5948 판결)는 당사자가 동의하지 않는 한 증거능력이 없으나, ③ "A 가 휴대폰을 훔쳐간 것으로 의심하는 말을 피해자로부터 들은 후에 A와 전화통화를 하였는데, 'B와 함께 공장에 들어갔다가 사용할 목적으로 자신이 휴대폰을 훔쳐 가지고 나왔다'라고 A가 말하였다"는 내용의 C에 대한 사법경찰관 작성 진술조서(전문진술을 기재한 조서)(대법원 2000. 9. 8. 선고 99도 4814 판결)는 증거능력이 있다고 한다.

증거라고 할 것이다.

이와 같은 전문진술이나 재전문진술을 기재한 조서는 형사소송법 제310조의2의 규정에 의하여 원칙적으로 증거능력이 없는 것인데, 다만 전문진술은 형사소송법 제316조 제2항의 규정에 따라 원진술자가 사망, 질병, 외국거주 기타 사유로 인하여 진술할 수 없고 그 진술이 특히 신빙할 수 있는 상태하에서 행하여진 때에 한하여 예외적으로 증거능력이 있다고 할 것이고, 전문진술이 기재된 조서는 형사소송법 제312조 또는 제314조의 규정에 의하여 각 그 증거능력이 인정될 수 있는 경우에 해당하여야 함은 물론 나아가 형사소송법 제316조 제2항의 규정에 따른 위와 같은 요건을 갖추어야 예외적으로 증거능력이 있다고 할 것인바, 여기서 그 진술이 특히 신빙할 수 있는 상태하에서 행하여진 때라 함은 그 진술을 하였다는 것에 허위개입의 여지가 거의 없고, 그 진술내용의 신빙성이나 임의성을 담보할 구체적이고 외부적인 정황이 있는 경우를 가리킨다 할 것이다(대법원 1995. 6. 13. 선고 95도523 판결, 대법원 1997. 4. 11. 선고 96도2865 판결, 대법원 1999. 2. 26. 선고 98도2742 판결, 대법원 1999. 11. 26. 선고 99도3786 판결 등 참조).

그런데 기록에 의하면, 피해자는 원심법정에 증인으로 출석하여 이름과 나이 등을 묻는 재판장의 질문에만 대답하였을 뿐, 피고인이나 피고인의 가족을 알고 있느냐는 질문에 대하여는 모른다고 하거나 대답하기 싫다고 하였음을 알 수 있다. 이와 같은 경우 원진술자인 피해자는 원심법정에서의 진술 당시 자신이 과거에 경험한 사실을 그 기억에 따라 진술할 수 있는 증언능력을 결여하였다고 볼 수 있거나 적어도 원진술자가 요증사실에 관하여 실질적으로 증언을 거부한 것과 마찬가지로 볼 수 있으므로, 원진술자가 진술할 수 없는 사유가 있는 경우에 해당한다고 볼 수 있다고 할 것이다.

그러나 기록에 의하면, A는 피해자가 이 사건이 발생한 후 7개월가량이 지난 후에 성행위를 연상케 하는 이상한 행동을 하다가 A로부터 질문을 받고서야 피고인으로부터 추행을 당한 사실을 이야기하였다고 진술하고 있고, A 이외에 피해자로부터 그와 같은 내용의 이야기를 들었다는 사람은 아무도 없으며, 더욱이 A는 피해자로부터 그와 같은 이야기를 들었다는 1998. 4. 12. 남편인 B와 상의하거나 피고인에게 추궁이나 항의도 하지 아니한 채 바로 피고인의 처인 C에게 연락하여 피해자의 피해사실을 알리고 각자 남편에게는 알리지 말고 해결하자고 하면서 액수를 말하지는 아니하였으나 교외에서 살 수 있도록 도와달라고 하여 금전적인 보상을 요구하였으며, 그 다음날에도 다시 C에게 전화하여 금 200만 원 내지 300만 원의 보상을 요구하다가 C가 이에 응하지 아니하자, 같은 달 14일 인천 여성의 전화 부설 성폭력상담소를 찾아가 상담을 하고 형사고소에 관한 안내를 받은 다음, 같은 달 24일에 이르러서야 형사고소를 제기하였음을 알 수 있다. 이와 같은 사정에 비추어 보면 피해자가 A에게 그와 같은 내용의 이야기를 하였다는 데에 허위개입의 여지가 전혀 없다고 할 수 없을 뿐만 아니라, 그 밖에 기록상 그 진술내용의 신빙성이나 임의성을 담보할 구체적이고 외부적인 정황이 있다고 볼 자료도 없어, 그 진술이 특히 신빙할 수 있는 상태하에서 행하여졌다고 단정할 수도 없다고 할 것이다.

그러므로 A의 제1심 및 원심법정에서의 진술과 수사기관에서의 진술을 기재한 조서는 모두 형사소송법 제316조 제2항의 요건을 갖추지 못하여 형사소송법 제310조의2의 규정에 의하여 증거로 할 수 없다고 할 것이다.

나. 다음으로 피해자의 아버지인 B의 원심법정에서의 진술과 인천 성폭력상담소 상담원인 D의 검찰에서의 진술을 기재한 조서는, B나 D가 A가 피해자로부터 들었다는 피해자의 피해사실을, A로부터 다시 전해 들어서 알게 되었다는 것을 그 내용으로 하고 있는바, 이러한 B의 원심법정에서의 진술은 요증사실을 체험한 자의 진술을 들은 자의 공판준비 또는 공판기일 외에서의 진술을 그 내용으로 하는 이른바 재전문진술이라고 할 것이고, D의 검찰에서의 진술조서는 그와 같은 재전문진술을 기재한 조서라고 할 것이다.

그런데 형사소송법은 전문진술에 대하여 제316조에서 실질상 단순한 전문의 형태를 취하는 경우에 한하여 예외적으로 그 증거능력을 인정하는 규정을 두고 있을 뿐, 재전문진술이나 재전문진술을 기재한 조서에 대하여는 달리 그 증거능력을 인정하는 규정을 두고 있지 아니하고 있으므로, 피고인이 증거로 하는 데 동의하지 아니하는 한 형사소송법 제310조의2의 규정에 의하여 이를 증거로 할 수 없다 할 것인바, B의 원심법정에서의 진술과 D의 검찰에서의 진술을 기재한 조서는 재전문진술이거나 재전문진술을 기재한 조서이므로 이를 증거로 할 수 없음이 명백하다고 할 것이다.

3. 설문의 해결

乙은 검사 작성의 H에 대한 진술조서를 증거로 사용하는 데 부동의하였다. 따라서 위 진술조서에 기재된 G의 진술내용을 증거로 사용하기 위해서는 판례에 따라 첫째, 위 진술조서가 형사소송법 제312조 제4항에 의하여 증거능력이 인정되어야 하고, 둘째, G의 진술이 형사소송법 제316조 제2항의 규정에 따른 요건을 갖추어야 한다.

첫째, 위 진술조서는 ① 적법한 절차와 방식에 따라 작성되고, ② 그 조서가 검사 앞에서 진술한 내용과 동일하게 기재되어 있음이 H의 공판기일에서의 진술에 의하여 증명되고, ③ 피고인 또는 그 변호인이 공판기일에 그 기재 내용에 관하여 H에 대하여 반대신문의 기회가 보장되고, ④ 조서에 기재된 진술이 특히 신빙할 수 있는 상태에서 행하여졌음이 증명되면 증거능력이 있다(형소법 제312조 제4항).

본 사례에서 특별한 사정이 없으면 위 진술조서는 ①, ③, ④의 요건은 충족되었을 것이고, H가 증인으로 출석하여 진정성립을 인정하였으므로 위 진술조서 자체는 증거능력이 있다.

둘째, H의 진술은 '피고인 아닌 자의 진술이 피고인 아닌 타인(= G)의 진술'을 그 내용으로 하는 것이므로 원진술자(= G)가 사망, 질병, 외국거주, 소재불명 그 밖에 이에 준하는 사유로 인하여 진술할 수 없고, 그 진술이 특히 신빙할 수 있는 상태하에서 행하여졌음이 증명된 때에 한하여 이를 증거로 할 수 있다(형소법 제316조 제2항). 즉, 필요성과 특신상태의 증명이 요구된다.

여기서 특신상태란 그 진술을 하였다는 것에 허위 개입의 여지가 거의 없고, 그 진술 내용의 신빙성이나 임의성을 담보할 구체적이고 외부적인 정황이 있는 경우를 가리킨다(통설·판례[1]). H와 G는 평소에도 그날그날 있었던 일을 서로 다 말하는 사이이므로 특신상태는 증명된다고 할 것이다.

문제는 필요성이 인정되는지 여부이다. 종래 판례는 진정성립에 관하여 진술하여야 할 증인이 증언을 거부한 경우, 정당한 증언거부권이 있는지 여부를 기준으로 ① 정당한 사유 없이 증언거부권을 행사하여 증언을 거절한 경우에는 필요성이 인정되지만,[2] ② 정당한 증언거부권이 있으면 필요성이 인정되지 않는다[3]고 판시하였다. 그러나 최근 판례를 변경하여 정당한 증언거부권이 없는 경우에도, 피고인이 증인의 증언거부 상황을 초래하였다는 등의 특별한 사정이 없는 한 '그 밖에 이에 준하는 사유로 인하여 진술할 수 없는 때'에 해당하지 않는다고 판시하여[4] 필요성을 부정하였다.

본 설문에서 乙이 G의 증언거부 상황을 초래하였다는 언급이 없으므로, H에 대한 위 진술조서 중 G의 진술 내용이 기재된 부분은 증거능력이 없다.

Ⅲ. 제3문 — 변호사 작성 법률의견서의 증거능력

1. 문제의 제기

검사는 변호사 L이 甲의 의뢰를 받아 법률자문을 한 뒤 작성해 준 '법률의견서'

---

1) 대법원 2012. 5. 24. 선고 2010도5948 판결.
2) 대법원 1992. 8. 14. 선고 92도1211 판결; 대법원 1992. 8. 18. 선고 92도1244 판결.
3) 대법원 2012. 5. 17. 선고 2009도6788 전원합의체 판결.
4) 대법원 2019. 11. 29. 선고 2018도13945 전원합의체 판결. 본 판결 평석은 고권홍, "증인이 정당한 이유 없이 증언을 거부한 경우 그의 진술이 기재된 수사기관 조서의 증거능력이 인정되는지 여부", 대법원판례해설 제122호, 2020, 493-521면.

를 증거로 신청하였으나 甲이 증거부동의하자 L을 증인으로 신청하였고, L은 증인으로 출석하여 증인선서 후 증언거부권을 행사하였다.

　위 법률의견서의 증거능력과 관련해서는 ① '변호인 – 의뢰인 특권의 법리'가 적용되어 일반적으로 증거능력이 부정되는지 여부, ② 전문증거에 해당하여 전문법칙이 적용되는지 여부, ③ 전문증거라고 할 때 L이 증언거부권을 행사한 것이 형사소송법 제314조의 원진술자가 '그 밖에 이에 준하는 사유로 인하여 진술할 수 없는 때'에 해당하는지 여부가 문제된다.

2. 변호인 – 의뢰인 특권을 인정할 수 있는지 여부

　영미법계 국가에서는 변호인과 의뢰인 사이에서 의뢰인이 법률자문을 받을 목적으로 비밀리에 이루어진 의사 교환에 대하여 의뢰인이 공개를 거부할 수 있는 특권(Attorney-Client Privilege)이 판례상 인정되고 있으며, 미국의 연방증거법(Federal Rules of Evidence) 제502조에서도 이를 규정하고 있다. 그런데 우리 법에는 이를 인정하는 명문규정이 없어, 변호인 – 의뢰인 특권을 인정할 것인지가 문제된다.

(1) 긍정하는 견해

　형사소송법 등에서 구체적으로 규정되어 있지 않지만 헌법 제12조 제4항에 의하여 인정되는 변호인의 조력을 받을 권리 중 하나로서, 변호인과 의뢰인 사이에서 의뢰인이 법률자문을 받을 목적으로 비밀리에 이루어진 의사 교환에 대하여는 변호인이 그 공개를 거부할 수 있는 특권을 보유하는 것이라고 보아야 한다는 견해이다.[1] 이 견해는 변호인 – 의뢰인 특권은 ① 전문적인 법률적 조언자로서의 지위에 기초하여 법률자문가가 행하는 모든 종류의 법률 자문에 관하여, ② 법률자문의 목적과 관련된 그 의사 교환이 의뢰인에 의하여 신뢰를 바탕으로 비밀리에 이루어졌다면, ③ 의뢰인의 요구에 따라 영원히, ④ 의뢰인 자신이나 법률자문을 한 자에 의한 공개로부터 보호받는 것이라고 볼 수 있다고 한다. 다만, 의뢰인 스스로 그 보호를 포기하는 경우는 예외에 해당할 것이고, 또한 의뢰인이 이미 저지른 범죄와 관련하여 변호인에게 법률자문을 구하는 경우와 달리 그 의사 교환이 의뢰인이 자신이 장래에 행할 위법한 행위를 위한 것인 경우에는 위 특권의 보호대상에서 제외된다고 한다.

---

1) 【관련판례】의 제1심 및 원심(서울고등법원 2009. 6. 26. 선고 2008노2778 판결)의 입장이다.

(2) 부정하는 견해

변호인의 조력을 받을 권리에 관한 헌법 규정(헌법 제12조 제4항 본문), 변호사와 의뢰인 사이의 비밀보호 범위 등에 관한 형사소송법 규정(형사소송법 제112조 본문, 제149조 본문, 제219조)의 내용과 취지 등에 비추어 볼 때, 아직 수사나 공판 등 형사절차가 개시되지 않아 피의자 또는 피고인에 해당한다고 볼 수 없는 사람이 일상적 생활관계에서 변호사와 상담한 법률자문에 대하여도 변호인의 조력을 받을 권리의 내용으로서 그 비밀의 공개를 거부할 수 있는 의뢰인의 특권을 도출할 수는 없으며([관련판례]), 변호인으로 선임된 경우에도 마찬가지라는 견해이다.

(3) 소결

형사소송절차에서의 증거사용의 범위와 제한의 문제는 입법의 재량 또는 선택의 영역에 속하는 것이다. 따라서 법률에 규정에 의하지 않고, 명문의 규정이 없음에도 증거의 사용을 제한하는 것은 지양되어야 한다. 그리고 형사소송법 제112조, 제219조 등에 의하면, 변호사가 의뢰인과의 법률자문에 관하여 작성한 법률의견서 등을 의뢰인이 소지 또는 보관하는 경우 그에 대한 압수 또는 증거사용이 특별히 제한되지 않음이 분명하다고 할 것이다. 그렇다면 위 법률의견서는 변호인-의뢰인 특권을 이유로 하여 그 증거능력이 부정되는 것은 아니다.

3. 전문증거인지 여부

위 법률의견서는 乙이 변호사 L로부터 법률자문을 받은 내용이 기재되어 있는 서류로서, 문서의 존재 자체로 바로 증거능력을 부여할 수 있는 증거물인 서면이 아니라 서면의 내용이 증거가 되는 증거서류라고 할 것이다.[1] 증거서류 중에서도 기재되어 있는 원진술의 내용인 사실이 요증사실인 경우,[2] 즉 원진술자의 진술내용의 진실성을 입증하기 위한 증거를 말한다. 따라서 원진술의 존재 자체가 요증사실인 경

1) 증거서류인 서면과 증거물인 서면은 증거조사방식에서 서로 다르다. 즉, 증거서류는 낭독(필요한 경우 요지고지 또는 열람), 증거물인 서면은 제시이다. 양자의 구별기준에 관하여는 ① 당해 사건에 대한 소송절차에서 작성된 서면으로 그 보고적 내용이 증거로 사용되는 서류가 증거서류이고, 그 이외의 서류가 증거물인 서류라고 하는 절차기준설, ② 서류의 내용을 증거로 하는 것이 증거서류이고, 서류의 내용과 동시에 그 존재 또는 상태가 증거로 되는 것이 증거물인 서면(예컨대, 위조죄에서의 위조문서, 협박죄에서의 협박문서 외에 상업장부나 편지 등 서면상태가 기재내용의 신용성을 크게 좌우하는 문서)이라고 하는 내용기준설(통설), ③ 당해 소송절차에서 법원 또는 법관의 면전에서 작성된 서면이 증거서류이고, 그 이외의 서류가 증거물인 서류라고 하는 작성자기준설, ④ 구별불요설의 대립이 있다.
2) 대법원 2012. 7. 26. 선고 2012도2937 판결; 대법원 2008. 11. 13. 선고 2008도8007 판결.

우에는 본래증거이지 전문증거가 아니다.[1] 이런 점에서 변호사의 의견이 기재된 위 법률의견서가 본래증거인지 전문증거인지 문제된다.

(1) 전문증거가 아니라는 견해

전문증거는 요증사실을 직접 체험한 사람의 법정 외 진술로서, 요증사실을 체험한 내용과 관계없이 단지 자기의 의견을 표명하는 것에 불과한 서면은 전문증거라고 할 수 없는데, 위 법률의견서는 피고인 측의 자문의뢰에 따라 변호사가 밝힌 법적 의견을 그 내용으로 하는 서면으로서, 작성자인 위 변호사가 요증사실을 직접 체험하여 그 내용을 기재한 서류가 아니므로 전문증거가 아니라는 견해이다([관련판례]의 반대의견). 이 견해에 따르면 위 법률의견서에 대해서는 전문법칙이 적용되지 않는다.

(2) 전문증거라는 견해

위 법률의견서는 그 실질에 있어서 형사소송법 제313조 제1항에 규정된 '피고인 아닌 자가 작성한 진술서나 그 진술을 기재한 서류'에 해당하므로 전문증거이고, 따라서 전문법칙이 적용된다고 하는 견해이다([관련판례]의 다수의견).[2]

(3) 소결

위 법률의견서 안에 순수한 변호사의 의견만이 기재되어 있다면 전문증거라고 할 수 없다. 그러나 법률의견서에는 의뢰인이 경험한 사실을 바탕으로 이를 원용해 가면서 의뢰인을 위한 법률적 의견을 기재하는 것이 일반적이므로 내용에 따라서는 전문증거에 해당하는 내용이 포함될 수 있고, 검사는 위 의견서를 乙이 영업비밀을 유출하고 돈을 받았다는 사실을 입증하기 위한 자료로 제출하고 있는 것으로 보이므로 전문증거라고 할 것이다.[3] 그 경우 위 법률의견서는 형사소송법 제313조 제1항

---

[1] 대법원 2013. 2. 15. 선고 2010도3504 판결. 수사보고(기초교양자료집 및 감정서) 등의 각 첨부자료는 그 내용의 진실성을 요증사실로 하는 것이 아니라, 그 자료 자체가 이적표현물에 해당한다는 점 또는 수사기관이 피고인의 주거지에서 입수한 해당 첨부자료가 전국회의 ○○지부 사무실 등에서 발견된 기존 증거와 동일한 것이라는 점을 증명하기 위한 것으로서, 그와 같은 내용을 담은 자료의 존재 자체가 요증사실인 증거에 해당하므로 전문법칙이 적용되지 않는다. 다만, 수사보고서 자체는 전문증거이므로 형사소송법 제313조 제1항에 따라 증거능력을 판단하여야 한다.
[2] 법률의견서의 경우, 그 작성경위가 공소사실을 인정할 수 있게 하는 간접사실이 되기 때문에 공소사실과의 관계에서 단순히 변호사가 자신의 의견을 표명한 것이라고만 보기도 어렵다는 점 등에 비추어 【관련판례】의 다수의견이 타당하다는 견해도 있다.
[3] 【관련판례】의 사안에서도 검사는 위 의견서를 뇌물공여사실의 입증자료로 제출하고 있어(서울고등법원 2009. 6. 26. 선고 2008노2778 판결), 요증사실과의 관계에서 전문증거성이 문제된다.

에 규정된 '피고인 아닌 자가 작성한 진술서나 그 진술을 기재한 서류'에 해당한다.

전문증거 여부의 판단기준

진술증거라도 진술내용의 진실성을 입증하기 위한 것이 아닌 ① 요증사실의 일부를 이루는 진술,1) ② 언어적 행동,2) ③ 정황증거에 사용된 언어,3) ④ 탄핵증거로 사용된 진술4)은 전문증거에 해당하지 않는다.
그리고 ⑤ 범행계획 등 현재의 '심리상태'를 표현한 진술5)은 전문증거에 해당하지 않는다.

---

1) 예컨대, 甲의 A에 대한 명예훼손행위를 입증하기 위하여 甲으로부터 "(甲이) A가 B를 살해하는 것을 보았다"는 말을 직접 들었다는 乙의 증언을 사용하는 경우에는, 원진술 내용의 진실성 입증(정말로 A가 B를 죽이는 것을 甲이 보았는지 여부)이 문제되는 것이 아니라 원진술 존재 자체가 증명의 대상이 되고, 증인에 대한 반대신문에 의하여 甲이 진짜 그렇게 말하였는지 그 정확성을 음미할 수 있으므로 전문증거가 아니다. 이에 해당하는 판례로는 다음과 같은 것이 있다.
① A는 전화를 통하여 피고인으로부터 2005. 8.경 건축허가 담당 공무원이 외국연수를 가므로 사례비를 주어야 한다는 말과 2006. 2.경 건축허가 담당 공무원이 4,000만 원을 요구하는데 사례비로 2,000만 원을 주어야 한다는 말을 들었다는 취지로 수사기관, 제1심 및 원심 법정에서 진술하였음을 알 수 있는데, 피고인의 위와 같은 원진술의 존재 자체가 이 사건 알선수재죄에 있어서의 요증사실이므로, 이를 직접 경험한 A가 피고인으로부터 위와 같은 말들을 들었다고 하는 진술들은 전문증거가 아니라 본래증거에 해당된다(대법원 2008. 11. 13. 선고 2008도8007 판결).
② 정보통신망을 통하여 공포심이나 불안감을 유발하는 글을 반복적으로 상대방에게 도달하게 하는 행위를 하였다는 공소사실에 대하여 휴대전화기에 저장된 문자정보가 그 증거가 되는 경우도 마찬가지이다(대법원 2008. 11. 13. 선고 2006도2556 판결. 본 판결 평석은 김태업, "휴대전화기에 보관된 문자정보 및 이를 휴대전화기 화면에 띄워 촬영한 사진의 증거능력", 대법원판례해설 제78호(2008 하반기), 2009, 603-634면).
③ A는 제1심 법정에서 '피고인 甲이 88체육관 부지를 공시지가로 매입하게 해 주고 KBS와의 시설이주 협의도 2개월 내로 완료하겠다고 말하였다'고 진술하였는데, 피고인 甲의 위와 같은 원진술의 존재 자체가 이 부분 각 사기죄 또는 변호사법 위반죄에 있어서의 요증사실이므로, 이를 직접 경험한 A가 피고인으로부터 위와 같은 말을 들었다고 하는 진술은 전문증거가 아니라 본래증거에 해당한다고 할 것이다(대법원 2012. 7. 26. 선고 2012도2937 판결).
2) 예컨대, 甲이 A에게 금전을 교부하는 행위만으로는 증여인지 대여인지 채무변제인지 알 수 없으나, 그 당시 甲이 "그동안 고마웠습니다"라고 말하는 것을 들었다는 乙의 증언은 전문증거가 아니고 채무변제행위에 관한 목격증언으로 볼 수 있다.
3) 예컨대, "나는 신이다"라는 진술을 원진술자의 정신이상을 추인하는 정황증거로 사용하는 경우가 이에 해당한다. 판례 중에는 피고인이 협박교사사실을 부인하는 경우에 이를 인정할 수 있는 간접사실을 인정하는 취지의 피고인의 대화내용은 전문증거가 아니라고 한 것이 있다(대법원 2000. 2. 25. 선고 99도1252 판결).
4) 예컨대, 甲이 법정 외에서 "乙이 교차로에서 적색등에 진행하였다"고 진술하였는데, 그 후 법정에서 "乙이 교차로에서 진행할 때 녹색등이었다"고 증언한 경우, 甲 증언의 신빙성을 감쇄하기 위하여 법정 외에서 한 말을 증거로 사용하는 경우가 이에 해당한다.
5) 계약의 청약, 승낙, 거절을 구성하는 법률적 의사표시, 지시, 권유, 청탁, 내심의 계획 등과 같은 사실상 의사표시 등이 이에 해당한다. 이러한 증거는 증거의 '존재 자체'가 문제되는데 그치므로 전문증거가 아니라고 접근할 수도 있다(대법원 2012. 7. 26. 선고 2012도2937 판결; 대법원 2013. 2. 15. 선고

즉, 심리상태에 관한 진술은 진술의 과정 중 지각·기억이라는 과정이 없어 오류가 개입할 위험이 적고, 표현·서술의 진지성,[1] 정확성은 원진술자를 반대신문하지 않더라도 진술 시의 태도나 주변상황에 관한 제3자의 진술에 의해서도 검토할 수 있으므로 이를 진술자가 진술 당시에 그 내용대로의 심리상태에 있었다는 것을 입증하는 데 사용하더라도 전문에 해당하지 않는다고 한다. 그러나 이에 대하여, 진술내용의 진실성을 입증하려는 것이므로 진술과정의 일부인 지각, 기억과정이 빠졌다고 하더라도 남아 있는 표현·서술과정 중에 특히 진지성을 확인하는 것은 곤란하다는 이유로 전문증거라고 하는 견해도 있다. 즉, 원진술을 들은 제3자가 증언하는 경우에는 진술 시의 객관적 상황이나 진술자의 표정 등 진술의 외관적 사정을 확인함으로써 어느 정도 진술의 진의를 추정할 수 있지만, 서면의 경우에는 그와 같은 수단이 없고 서면 그 자체로부터 작성과정에 문제가 없다는 것을 추정하여 진지성을 인정할 수밖에 없는데, 그와 같은 방법은 진술자의 신문을 불요로 할 정도로 충분하다고 보기 어렵기 때문이라고 한다.

일본 판례는 ① 위자료 명목의 금원갈취사건에서 범행 전에 공범자 甲이 사전모의회의에 참석한 공범자 乙로부터 확인하고 "(25) 확인점 — 사죄와 위자료"라고 범행계획을 기재한 노트는 그것이 최종적으로 공범자 전원의 공모의사가 합치된 것이라는 점이 확인된 것을 전제로, 그것이 진지하게 작성되었다는 것이 인정되는 한 전문법칙이 적용되지 않고 증거능력이 인정되고,[2][3] ② 과격파단체 사무실에서 발견된 범행의 수순이나 방법 등을 기재한 메모는 그 표현·서술의 진지성이 인정되는 한 전문증거가 아니며,[4][5] ③ 살인사건에 관여한 피고인이 습격 전에 "S는 이제 죽여도 좋은 놈이다", "공산당이라고 칭하고 당당하게 S를 습격할까"라고 말하는 것을 들었다는 증인 A의 증언은 발언의 존재 자체가 요증사실인 경우에는 전문증거가 아니라고[6] 판시하였다. 그러나 심리상태를 나타내는 진술이더라도 요증사실과의 관계에서 전문의 위험이 남아 있는 경우, 예컨대 ④ 피고인 甲의 피해자 A에 대한 강간치

2010도3504 판결; 대법원 2013. 6. 13. 선고 2012도16001 판결; 대법원 2013. 7. 26. 선고 2013도2511 판결; 대법원 2015. 1. 22. 선고 2014도10978 전원합의체 판결).

[1] 진지성은 전문증거 고유의 문제가 아니라 전문진술자에 대한 반대신문을 포함하여 원진술자에 대한 반대신문 이외의 방법으로 이를 확인할 수 있다. 만일 범행계획 메모를 장난삼아 썼다고 하면 작성자의 의도, 계획의 존재를 증명할 수 없다는 점에서, 진지성은 증거의 관련성(법적 관련성)의 문제로 볼 수 있다. 증거의 관련성이 증거능력의 요건인가에 대해서는 논의가 있다.

[2] 東京高判 1983. 1. 27. 判時 1097·146. 공모자 전원의 공모의사가 합치된 것이라는 점이 확인되지 않으면 위 메모는 乙을 원진술자로 하는 재전문증거에 해당한다(동 판결).

[3] 메모의 존재 자체를 증거로 하거나 메모의 작성자가 피해자에게 위자료를 요구할 의사를 가지고 있었다는 점을 추인하기 위하여 사용하는 것이 아니라, 회의에서 사죄와 위자료를 요구하는 것이 확인되었다는 점을 인정하기 위하여 사용되는 경우라면 전문증거가 된다는 견해도 있다.

[4] 大阪高判 1982. 3. 16. 判時 1046·146.

[5] 발생한 범죄의 상황과 객관적으로 부합하는 내용의 메모가 과격파 사무소에서 발견되었다는 것을 사전공모에 기한 조직적 범행이라는 점을 추인하기 위한 정황증거로 사용하거나 메모의 작성자가 피해자의 습격을 기도·계획하고 있었다는 점을 추인하기 위하여 사용하는 것이 아니라, 메모에 기재된 범행의 수순이나 방법 등을 인정하기 위하여 사용하는 경우라면 전문증거가 될 것이다.

[6] 最判 1963. 10. 17. 刑集 17·10·1795(白鳥事件).

사사건에서 A가 "그 놈은 기분 나쁘다. 싫어하는 짓만 한다"고 말하는 것을 들었다는 증인 B의 증언은 甲이 '전부터 A와 정을 통하려는 야심을 가지고 있었다'는 사실(범행 자체의 간접 사실인 동기의 인정)을 요증사실1)로 하는 경우에는 전문증거에 해당한다2)3)고 판시하였다.

4. 증언거부권의 행사와 형사소송법 제314조의 적용 여부

위 법률의견서는 형사소송법 제313조 제1항에 규정된 '피고인 아닌 자가 작성한 진술서나 그 진술을 기재한 서류'4)에 해당하는데, 피고인 乙이 증거부동의하였다. 따라서 진술기재서류에 해당하는 부분은 형사소송법 제313조 제1항 단서에 의하여 작성자(= L)의 공판준비나 공판기일에서의 진술에 의하여 진정성립이 인정되면, 진술서에 해당하는 부분은 형사소송법 제313조 제2항의 요건을 충족하면 증거능력이 인정될 것이다. 그런데 L이 법정에 증인으로 출석하였으나 증언을 거부하였다. L은 변호사로서 그 업무상 위탁을 받은 관계로 알게 된 사실로서 타인의 비밀에 관한 것은 증언을 거부할 수 있으므로(형사소송법 제149조 본문), L의 증언거부는 정당한 권리의 행사에 해당한다. 이처럼 증언거부권이 있는 L의 정당한 증언 거부가 형사소송법 제314조의 '그 밖에 이에 준하는 사유로 인하여 진술할 수 없는 때'에 해당하여 증거능력을 인정할 수 있는지가 문제된다.

이에 대하여는 ① 2007. 6. 1. 개정된 현행 형사소송법 제314조가 증거능력에 대한 예외사유에 관하여 종래의 '사망, 질병' 외에 '외국거주, 소재불명'을 추가하였는데, 이는 예외사유의 범위를 더욱 엄격하게 제한하여 직접심리주의와 공판중심주의를 강화하려는 것인 점 등에 비추어 증인이 형사소송법 제148조, 제149조 등에서 정한 바에 따라 정당하게 증언거부권을 행사하여 증언거부한 경우에는 이에 해당하지 않는다는 부정설([관련판례]의 다수의견),5) ②형사소송법 제314조는 실체적 진실발견

---

1) 피고인과 법인의 동일성이 쟁점이 된 경우이다.
2) 最判 1955. 12. 9. 刑集 9·13·2699.
3) 그러나 강간이냐 화간이냐가 쟁점이 된 경우에는 A가 甲을 싫어하고 있었다는 것이 요증사실이 될 것이므로 이때는 전문증거가 아니다.
4) 변호사 L이 작성하였으므로 원칙적으로는 '피고인 아닌 자가 작성한 진술서'(형소법 제313조 제1항 본문)에 해당한다. 그런데 만일 내용 중에 乙의 진술한 내용을 그대로 기재한 부분이 있다면, 그 부분은 '피고인 아닌 자가 작성한 피고인의 진술이 기재된 서류'(형소법 제313조 제1항 단서)에 해당할 것이다. 【관련판례】의 사안에서는 특별히 이를 구분하지는 않고 있으며, 증언거부권과 형사소송법 제314조의 관계가 쟁점이 되었을 뿐이다.
5) 【관련판례】에서 "'정당하게' 증언거부권을 행사하여 증언을 거부한 경우는 형사소송법 제314조의 '그 밖에 이에 준하는 사유로 인하여 진술할 수 없는 때'에 해당하지 아니한다"고 판시한 점에 착안하여, 【관련판례】의 태도가 타당하다고 하면서 증언거부권이 있는 경우에도 '정당하게' 거부한 때는 해당하지 않고 사실상 증언을 회피하기 위하여 거부한 때는 해당한다는 견해도 있다.

을 위하여 규정된 것으로 서류의 작성자 또는 원진술자가 공판준비 또는 공판기일에 출석할 수 없는 경우는 물론, 법정에 출석하더라도 그로부터 해당 서류의 진정성립에 관한 진술을 들을 수 없는 경우도 널리 포함하므로 이에 해당한다는 긍정설([관련판례]의 반대견해)의 대립이 있다.

판례에 따르면 증인이 정당하게 증언거부권을 행사하여 증언을 거부한 때에는 형사소송법 제314조의 '그 밖에 이에 준하는 사유로 인하여 진술할 수 없는 때'에 해당하지 않으므로 증거능력에 대한 예외를 인정할 수 없다.[1]

5. 설문의 해결

판례에 따르면 위 법률의견서는 형사소송법 제313조 제1항에 따라 증거능력을 판단하여야 하는데, 증언거부권이 있는 변호사 L이 증언을 거부하여 L의 공판기일에서의 진술에 의하여 진정성립이 증명되지 않았으므로 증거능력이 없다.

 관련판례

대법원 2012. 5. 17. 선고 2009도6788 전원합의체 판결【건설산업기본법위반·뇌물공여·특정범죄가중처벌등에관한법률위반(뇌물)(일부 인정된 죄명 : 뇌물수수)】[2]

【사실관계】
甲 주식회사 및 그 직원인 피고인들이 정비사업전문관리업자의 임원에게 甲 회사가 주택재개발사업 시공사로 선정되게 해 달라는 청탁을 하면서 금원을 제공하였다고 하여 구 건설산업기본법위반죄로 기소되었는데, 변호사가 법률자문 과정에 작성하여 甲 회사 측에 전송한 전자문서를 출력한 '법률의견서'에 대하여 피고인들이 증거로 함에 동의하지 않고, 변호사가 원심 공판기일에 증인으로 출석하였으나 증언할 내용이 甲 회사로부터 업무상 위탁을 받은 관계로 알게 된 타인의 비밀에 관한 것임을 소명한 후 증언을 거부하였다.

【판결요지】
【다수의견】
형사소송법 제314조는 "제312조 또는 제313조의 경우에 공판준비 또는 공판기일에

---

1) 마찬가지로 판례는 진술거부권이 있는 피고인이 증거서류의 진정성립을 묻는 검사의 질문에 거부권을 행사하여 진술을 거부한 경우에도 형사소송법 제314조를 적용할 수 없다고 한다(대법원 2013. 6. 13. 선고 2012도16001 판결).
2) 본 판결 평석은 김우진, "변호인 작성의 법률의견서의 증거능력", 487-522면; 박용철, "변호사가 의뢰인에게 작성해 준 의견서가 압수된 경우 그 의견서의 증거능력", 형사법연구 제24권 제2호, 2012, 335-362면; 이재상, "변호인 작성 법률의견서의 증거능력", 형사소송법 기본판례, 280-295면.

진술을 요하는 자가 사망·질병·외국거주·소재불명, 그 밖에 이에 준하는 사유로 인하여 진술할 수 없는 때에는 그 조서 및 그 밖의 서류를 증거로 할 수 있다. 다만, 그 진술 또는 작성이 특히 신빙할 수 있는 상태하에서 행하여졌음이 증명된 때에 한한다.'라고 정함으로써, 원진술자 등의 진술에 의하여 진정성립이 증명되지 아니하는 전문증거에 대하여 예외적으로 증거능력이 인정될 수 있는 사유로 '사망·질병·외국거주·소재불명, 그 밖에 이에 준하는 사유로 인하여 진술할 수 없는 때'를 들고 있다. 위 증거능력에 대한 예외사유로 1995. 12. 29. 법률 제5054호로 개정되기 전의 구 형사소송법 제314조가 '사망, 질병 기타 사유로 인하여 진술할 수 없는 때', 2007. 6. 1. 법률 제8496호로 개정되기 전의 구 형사소송법 제314조가 '사망, 질병, 외국거주 기타 사유로 인하여 진술할 수 없는 때'라고 각 규정한 것에 비하여 현행 형사소송법은 그 예외사유의 범위를 더욱 엄격하게 제한하고 있는데, 이는 직접심리주의와 공판중심주의의 요소를 강화하려는 취지가 반영된 것이다. 한편 형사소송법은 누구든지 자기 또는 친족 등이 형사소추 또는 공소제기를 당하거나 유죄판결을 받을 사실이 발로될 염려가 있는 증언을 거부할 수 있도록 하고(제148조), 또한 변호사, 변리사, 공증인, 공인회계사, 세무사, 대서업자, 의사, 한의사, 치과의사, 약사, 약종상, 조산사, 간호사, 종교의 직에 있는 자 또는 이러한 직에 있던 사람은 그 업무상 위탁을 받은 관계로 알게 된 사실로서 타인의 비밀에 관한 것은 증언을 거부할 수 있도록 규정하여(제149조 본문), 증인에게 일정한 사유가 있는 경우 증언을 거부할 수 있는 권리를 보장하고 있다. 위와 같은 현행 형사소송법 제314조의 문언과 개정 취지, 증언거부권 관련 규정의 내용 등에 비추어 보면, 법정에 출석한 증인이 형사소송법 제148조, 제149조 등에서 정한 바에 따라 정당하게 증언거부권을 행사하여 증언을 거부한 경우는 형사소송법 제314조의 '그 밖에 이에 준하는 사유로 인하여 진술할 수 없는 때'에 해당하지 아니한다.

【반대의견】

형사소송법 제314조는 작성자 또는 원진술자의 법정진술에 의하여 진정성립이 증명되지 아니한 서류라도 일정한 경우 증거로 할 수 있도록 허용한 규정으로서, 전문증거의 증거능력을 지나치게 엄격하게 제한함으로써 형사소송의 지도이념인 실체적 진실발견을 방해하여서는 아니 된다는 데 그 목적과 취지가 있다. 따라서 위 규정의 '진술을 요하는 자가 사망·질병·외국거주·소재불명, 그 밖에 이에 준하는 사유로 인하여 진술할 수 없는 때'라 함은 서류의 작성자 또는 원진술자가 공판준비 또는 공판기일에 출석할 수 없는 경우는 물론이고 법정에 출석하더라도 그로부터 해당 서류의 진정성립에 관한 진술을 들을 수 없는 경우도 널리 포함한다고 해석하여야 한다. 증인이 사망·질병·외국거주·소재불명 등인 때와 법정에 출석한 증인이 증언거부권을 행사한 때는 모두 증거신청자인 검사의 책임 없이 해당 서류의 진정성립을 증명할 수 없게 된 경우로서 실체적 진실발견을 위하여 전문법칙의 예외를 인정할 필요성의 정도에서 차이가 없다.

사 례 [12] 공전자기록등불실기재죄, 불법원인급여와 사기죄, 피의자신문 영상녹화물의 증거능력, 조사자증언

甲은 중국 국적의 여자인 乙과 혼인할 의사가 없음에도 불구하고 중국 여성과 위장결혼해주면 사례금을 주겠다는 브로커 A의 말을 듣고 乙을 소개받았다. 乙은 대한민국에서 일을 하면 큰돈을 벌 수 있다는 A의 말을 듣고 甲과 혼인할 의사가 없음에도 중국 현지에서 혼인한 것처럼 위장하여 결혼사진을 촬영하였다. 甲은 대한민국에 돌아와 혼인신고서를 작성하고 결혼사진 등을 첨부하여 동사무소 직원에게 제출하여 가족관계등록부 전산정보자료에 乙과 혼인하여 배우자 관계에 있는 것으로 등록되었다. 한편, 대한민국에 입국한 乙은 성매매업소 업주인 B를 찾아가 업소를 방문하는 성구매 고객들을 상대로 앞으로 한 달 간 성매매 영업을 하기로 약속하고 그 대가로 선불금 300만 원을 받았다. 그러나 乙은 하루도 출근하지 않고 그대로 도주하였다.

A로부터 사례금을 받은 甲은 C가 운영하는 주점에서 술을 마시다가 고향 선배인 丙을 만나게 되었는데, 평소에 丙은 甲이 바람을 피워 세 번 이혼당한 것으로 믿고 甲의 험담을 하여 甲은 丙에 대하여 좋지 않은 감정을 품고 있었다. 이 날도 丙은 70만 원어치의 양주와 안주를 시켜서 먹고 있다가 甲을 보게 되자, 주점 손님들이 있는 가운데 甲에게 "저 놈은 바람을 피워 세 번이나 이혼당했다."라고 큰 소리로 말하였다. 그러나 사실 甲은 바람을 피워 이혼당한 것이 아니라 성격 차이로 인하여 세 번이나 합의이혼을 하였던 것이기 때문에 순간적으로 화가 나 그곳에 있던 빈 맥주병으로 丙의 머리를 1회 내리쳤고, 丙은 甲의 공격을 막기 위하여 주점에 있던 의자를 집어 들고 甲을 향하여 던지고 서로 몸싸움을 하였다. 이로 인하여 甲은 의자로 얼굴을 맞아 전치 3주의 안면부찰과상을 입고, 丙은 전치 3주의 두피열상을 입었다. 그리고 甲과 丙이 소란을 피우며 몸싸움을 하는 바람에 주점에 있던 의자와 탁자가 부서졌고, 술을 마시던 손님들도 모두 나가버려 C는 두 시간 동안 영업을 할 수 없었다.

甲과 丙이 소란을 피우는 사이 C는 112로 전화하여 "술값을 내지도 않은 손님들이 싸우느라 영업을 할 수 없다"라고 신고하였고, 신고를 받고 바로 출동한 경찰관 X는 싸우고 있던 甲과 丙을 위 신고사실에 대한 현행범인으로 각 체포하였다. X는 甲과 丙의 신원을 확인하기 위하여 동의를 얻어 소지품을 수색하다가 丙의 지갑을 발견하였는데, 그 지갑 속에는 현금이나 신용카드 등 지불수단이 전혀 없어 술값을 지불할 능력이 없음을 알게 되어 그 지갑을 압수하고 빈 지갑의 모습을 사진촬영한 후 검사의 지휘를 받아 지갑을 丙에게 즉시 환부하고 사후 압수·수색영장을 발부받았다.

경찰관 X는 C의 주점에서 벌어진 사건에 대하여 甲과 丙을 입건하였다. 甲은 외부적인 압력 등이 없이 순순히 주점에서의 사실관계를 모두 자백하였으나, 丙은 술에 취하여 기억나지 않는다며 범행을 모두 부인하였고, X는 진술한 내용대로 甲과 丙에 대한 피의자신문조서를 작성하였다. C는 경찰서에 출석할 시간이 없어 집에서 자필로 당시 목격한 내용에 관한 진술서를 작성하여 X에게 우편으로 송부하였다. 사건을 송치받은 검사 P는 추가 조사 없이 甲과 丙을 기소하였고, 법정에서 甲과 丙은 모두 술에 취하여 주점에서의 일이 기억나지 않는다며 공소사실을 전부 부인하였다.

한편, 수사와 재판과정에서 甲과 丙은 화해하지 않고 서로 엄하게 처벌해 줄 것을 요구하고 있다.

설 문

1. 甲, 乙, 丙의 형사책임을 논하시오.

2. X가 丙의 지갑을 압수한 행위의 적법성을 논하시오.

3. 공판검사 Q는 주점에서 벌어진 사건에 대하여 甲과 丙의 형사책임을 입증하기 위하여 甲에 대한 사법경찰관 작성 피의자신문조서, C의 진술서, 丙의 지갑을 촬영한 사진을 증거로 신청하였고, X를 증인으로 신청하였다. 이에 대하여 甲과 丙은 검사가 제출한 모든 증거에 대하여 부동의하였고, 사법경찰관 작성 피의자신문조서는 내용을 부인하였다. Q는 C를 증인으로 신청하였으나 마침 C는 인도 불교성지순례를 가는 바람에 증언을 하지 못하였고, X는 법정에서 甲이 경찰에서 자백진술한 내용과 자신이 수사장비용 카메라로 지갑을 촬영하였다는 취지의 증언을 하였다. 이때, ① C의 진술서, ② X의 법정진술의 증거능력을 논하시오.

4. 검사 P는 설문 3.의 공판 계속 중에 출입국사무소 공무원의 제보를 받고 甲과 乙의 위장결혼에 대하여 내사를 진행하다가 동거하지 않은 정황 등 객관적인 증거에 비추어 혐의를 확신하게 되었다. P는 범죄인지서를 작성하기 전에 甲을 검찰청에 소환하여 적법한 절차를 거쳐 甲의 임의의 진술에 따라 범행을 자백받고 피의자신문조서

를 작성하였으며 조사의 모든 과정을 영상녹화하였다. 이후 P는 甲의 위장결혼에 관하여 추가 기소를 하여 설문 3.의 공판과 병합심리하게 되었다. 甲은 법정에서 사실은 진정한 혼인의사가 있어서 乙과 결혼하여 동거하였는데, 乙이 일방적으로 도주하여 혼인생활을 계속하지 못한 것이라며 공소사실을 부인하고 있다. 이에, 검사 Q는 甲이 혼인의사가 없이 혼인하였다는 취지의 자백이 기재된 피의자신문조서와 조사과정 영상녹화물을 증거로 신청하였고, 甲은 각 증거부동의하면서 조서의 서명날인이 자신의 것은 맞지만 검찰에서 '혼인의사가 없이 혼인하였다'고 말한 적은 없다고 주장하였으나 영상녹화물에 대해서는 임의로 영상녹화에 응하여 녹화된 것임을 인정하였다. ③ 甲에 대한 피의자신문조서와 ④ 조사과정 영상녹화물의 증거능력을 논하시오.

5. 甲은 제1심법원에서 유죄를 선고받은 후 항소심에서 공소사실을 모두 자백하여 항소심 공판조서에 甲의 자백진술이 기재되었다. 항소심에서 甲에 대한 유죄가 확정된 후 乙이 뒤늦게 검거되었다. 검사 P는 다시 乙의 사건을 담당하게 되었는데, 乙은 혼인의사로 결혼하였지만 甲이 상습적으로 구타하여 도망친 것이라며 위장결혼 혐의를 부인하였다. 乙의 행적을 추적하던 P는 乙이 B의 업소에 고용되었던 사실을 발견하고 성매매 영업을 한 혐의로 구속되어 있던 B를 소환하여 추궁하다가, 乙이 B로부터 선불금 300만 원을 받은 사실을 확인하고 乙과 B를 대질하여 선불금을 수수한 내용이 포함된 乙에 대한 피의자신문조서(제2회)를 작성하였다. P는 乙을 기소하였고, 다시 사건을 담당하게 된 공판검사 Q는 법정에서 乙이 공소사실을 전부 부인하자 甲의 자백진술이 기재된 항소심 공판조서와 위 피의자신문조서를 증거로 신청하였다. 이에 대하여 乙은 각 부동의한다는 표시(×)를, 기재한 증거인부서를 제출한 뒤 공판기일에 특별히 증거에 관한 진술을 하지 않았고, Q는 B를 증인으로 신청하여 B는 위와 같이 대질신문을 받고 조서 내용을 확인한 뒤 서명날인하였다고 증언하였다. ⑤ 항소심 공판조서와 ⑥ 乙에 대한 피의자신문조서(제2회)의 증거능력을 논하시오.

해 설

I. 제1문 — 甲, 乙, 丙의 형사책임

1. 문제의 제기

본 사례에서 ① 甲과 乙이 위장결혼을 하고 가족관계등록부 전산정보자료에 혼인사실을 허위로 등재한 행위에 대하여는 공전자기록등불실기재죄와 불실기재공전자기록등행사죄의 성립 여부가, ② 甲과 丙이 C의 주점에서 서로 싸우며 집기를 파손하고 영업을 방해한 행위는 특수상해죄, 업무방해죄, 재물손괴죄의 성립 여부가 문제된다. 그리고 乙이 선불금을 받은 행위와 丙이 무전취식한 행위는 각 사기죄의, 丙이 甲에게 비아냥거린 것은 명예훼손죄의 성립 여부가 각 문제된다.

2. 甲의 형사책임
(1) 공전자기록등불실기재죄 및 불실기재공전자기록등행사죄의 성립 여부

공무원에 대하여 허위신고를 하여 공정증서원본 또는 이와 동일한 전자기록 등 특수매체기록에 불실의 사실을 기재 또는 기록하게 한 경우 공정증서원본불실기재죄 또는 공전자기록등불실기재죄(형법 제228조 제1항)가 성립하는데, 甲이 乙과 정상적으로 혼인한 것처럼 위장하기 위하여 동사무소 직원에게 혼인신고를 하여 가족관계등록부 전산정보자료에 甲과 乙이 부부관계임을 기록하게 한 행위가 이에 해당하는지 문제된다.

공정증서는 공무원이 직무상 작성하는 문서로서 권리·의무에 관한 사실을 증명하는 효력을 가진 것을 말하고, 전자기록 등 특수매체기록은 공정증서원본에 상당하는 권리·의무에 관한 일정한 사실을 공적으로 증명하는 효력을 가진 전자기록 등을 말한다. 여기서 '권리·의무'는 반드시 재산상의 권리·의무에 한하지 않고 신분상의 그것도 포함된다. 가족관계등록부 전산정보자료는 공무원이 사람의 출생·혼인·입양 등 신분관계를 등재하는 전자기록에 해당한다.[1]

---

[1] 가족관계등록부는 호적부를 대체하여 2008. 1. 1.부터 시행되었으며 모두 전산화되어 있으므로 전산화 이후에 위장결혼 당사자가 허위사실의 혼인신고를 한 경우에는 공전자기록등불실기재죄(전산화 이전에는 공정증서원본불실기재죄)가 성립한다(대법원 2009. 9. 24. 선고 2009도4998 판결).

'허위신고'란 일정한 사실에 대하여 진실에 반하는 신고를 하는 것을 말하고, '불실의 사실을 기재 또는 기록'하게 한다는 것은 권리·의무에 중요한 점[1]에 있어서 진실에 반하는 사실[2]을 기재 또는 기록하게 하는 것이다. 甲은 사례금을 받을 생각으로 乙과 혼인의 외양을 갖추었을 뿐 실제 혼인하여 부부로서 생활할 의사가 없었음에도 혼인신고를 하였다. 당사자 사이에 비록 혼인신고 자체에 관하여 의사의 합치가 있어 법률상의 부부라는 신분관계를 설정할 의사는 있었다고 하더라도 그것이 단지 다른 목적을 달성하기 위한 방편에 불과한 것으로서 참다운 부부관계의 설정을 바라는 효과의사가 없을 때에는 그 혼인은 효력[3]이 없다([관련판례]). 따라서 甲과 乙의 혼인은 효력이 없고, 甲이 효력이 없는[4] 혼인의 신고를 한 것은 허위신고를 하여 불실의 사실을 기록하게 한 경우에 해당한다.

본죄는 허위신고 시 실행의 착수가 있고,[5] 불실의 기재가 된 때 기수에 이르므로 甲에 대하여 공전자기록등불실기재죄(형법 제228조 제1항)가 성립한다. 나아가 가족관계등록부 전산정보자료에 불실의 사실이 기재되고 전산망을 통하여 불실의 사실이 제공되어 열람권자가 열람하거나 그에 기초하여 증명서를 발급받을 수 있는 상태에 두었으므로 불실기재공전자기록등행사죄(형법 제229조, 제228조)도 성립하고, 두 죄는 실체적 경합관계이다.[6]

---

1) 예컨대, 부동산등기부에 '거래가액'을 기재하는 것은 거래의 투명성을 확보하기 위한 것일 뿐, 권리·의무에 중요한 내용은 아니다. 따라서 부동산 거래당사자가 '거래가액'을 시장 등에게 거짓으로 신고하여 받은 신고필증을 기초로 사실과 다른 내용의 거래가액이 부동산등기부에 등재되도록 한 경우, 공전자기록등불실기재죄 및 불실기재공전자기록등행사죄가 성립하지 않는다(대법원 2013. 1. 24. 선고 2012도12363 판결).

2) 따라서 비록 기재절차에 흠이 있는 경우라 할지라도 기재내용이 당사자의 의사나 실체권리관계와 일치하는 때에는 불실기재라 할 수 없다. 예컨대, 부동산의 가장매매로 등기를 하였더라도 당사자 사이에는 소유권이전등기를 경료시킬 의사가 있었으므로 공정증서원본불실기재죄가 성립하지 않는다(대법원 2011. 7. 14. 선고 2010도1025 판결).

3) 민법 제815조 제1호는 '당사자간에 혼인의 합의가 없는 때'에는 그 혼인은 무효로 한다고 규정하고 있고, 이 혼인무효 사유는 당사자 사이에 사회관념상 부부라고 인정되는 정신적·육체적 결합을 생기게 할 의사를 갖고 있지 않은 경우를 가리킨다.

4) 즉, 공정증서원본 등에 기재된 사항이 부존재하거나 외관상 존재한다고 하더라도 무효에 해당하는 하자가 있는 경우에는 공정증서원본불실기재죄가 성립한다(대법원 2007. 5. 31. 선고 2006도8488 판결). 그러나 기재된 사항이나 그 원인된 법률행위가 객관적으로 존재하고 다만 거기에 취소사유인 하자가 있을 뿐인 경우 취소되기 전에 공정증서원본에 기재된 이상 그 기재는 공정증서원본의 불실기재에 해당하지는 않는다(대법원 1993. 9. 10. 선고 93도698 판결; 대법원 1996. 6. 11. 선고 96도233 판결; 대법원 1997. 1. 24. 선고 95도448 판결; 대법원 2004. 9. 24. 선고 2004도4012 판결).

5) 따라서 허위로 결혼사진을 찍고, 혼인신고에 필요한 서류를 준비하여 위장결혼의 당사자에게 건네준 것만으로는 아직 공전자기록등불실기재죄에 있어서 실행에 착수한 것으로 볼 수 없다(대법원 2009. 9. 24. 선고 2009도4998 판결).

6) 대법원 1965. 12. 21. 선고 65도938 판결.

관련판례

대법원 1996. 11. 22. 선고 96도2049 판결【공정증서원본불실기재·불실기재공정증서원본행사】

이 사건에 공소사실 기재와 같이 피고인들이 중국 국적의 조선족 여자인 위 공소외인들과 참다운 부부관계를 설정할 의사 없이 단지 위 공소외인들의 국내 취업을 위한 입국을 가능하게 할 목적으로 형식상 혼인하기로 한 것이라면, 피고인들과 위 공소외인들 사이에는 혼인의 계출에 관하여는 의사의 합치가 있었으나 참다운 부부관계의 설정을 바라는 효과의사는 없었다고 인정되므로 피고인들의 혼인은 우리나라의 법에 의하여 혼인으로서의 실질적 성립요건을 갖추지 못하여 그 효력이 없다고 할 것이다. 따라서 피고인들이 중국에서 중국의 방식에 따라 혼인식을 거행하였다고 하더라도 우리나라의 법에 비추어 그 효력이 없는 혼인의 신고를 한 이상 공소사실 기재와 같은 피고인들의 행위는 공정증서원본불실기재 및 동행사 죄의 형사책임을 면할 수 없다고 할 것이다.

(2) 특수상해죄의 성립 여부

甲은 丙이 비아냥거리는 소리를 듣고 빈 맥주병으로 丙의 머리를 1회 내리쳐 전치 3주의 두피열상을 가하였는데, 빈 맥주병은 위험한 물건에 해당하므로[1] 특수상해죄(형법 제258조의2 제1항, 제257조 제1항)가 성립한다.

(3) 업무방해죄 및 재물손괴죄의 성립 여부

甲은 丙과 싸우면서 C 소유의 의자와 탁자를 부수고 두 시간 동안 C가 영업을 할 수 없도록 하였는데, 甲에 대하여 업무방해죄와 재물손괴죄가 성립하는지 문제된다.

먼저, 업무방해죄(형법 제314조 제1항)의 성립 여부를 살펴본다. 업무방해죄는 허위사실의 유포나 위계 또는 위력으로써 사람의 업무를 방해한 경우에 성립한다. 여기서 '업무'는 직업 또는 계속적으로 종사하는 사무나 사업으로서 일정 기간 사실상 평온하게 이루어져 사회적 활동의 기반이 되는 것을 의미한다.[2] 그리고 '위력'이란 사람의 자유의사를 제압·혼란케 할 만한 일체의 억압적 수단으로서, 유형적이든 무형적이든 묻지 않으므로, 폭력·협박은 물론 사회적·경제적·정치적 지위와 권세에 의

---

1) 대법원 1991. 12. 27. 선고 91도2527 판결.
2) 대법원 2013. 8. 23. 선고 2011도4763 판결. 이때, 업무의 기초가 된 계약 또는 행정행위 등이 반드시 적법하여야 하는 것은 아니지만 타인의 위법한 행위에 의한 침해로부터 보호할 가치가 있는 것이어야 한다(대법원 2007. 8. 23. 선고 2006도3687 판결).

한 압박 등도 이에 포함되고, 피해자 이외의 제3자를 통하여 가해지더라도 상관이 없으며, 그로 인하여 현실적으로 피해자의 자유의사가 제압될 것을 요하는 것은 아니지만 적어도 자유로운 의사결정이나 행동을 하는 것이 현저히 곤란하게 되는 정도에는 이르러야 하고, 그 정도의 위력에 해당하는지는 범행의 일시·장소, 동기와 목적, 인원수 및 행위의 태양, 업무의 종류, 피해자의 지위 등 제반 사정을 고려하여 객관적으로 판단하여야 한다.[1] 본 사례에서 C의 주점 영업은 '업무'에 해당하고, 甲과 丙의 싸움으로 인하여 C의 자유로운 영업의사가 방해받기에 충분하였고, 실제 손님들이 나가버려 두 시간 동안 영업이 사실상 정지되었으므로 '위력'도 인정된다고 할 것이다. 따라서 甲에 대하여는 업무방해죄가 성립한다.

다음으로 재물손괴죄(형법 제366조)의 성립 여부를 살펴본다. 업무방해 과정에서 발생한 손괴행위가 업무방해죄에 대하여 별도로 고려되지 않을 만큼 경미한 것이라면 불가벌적 수반행위로서 재물손괴죄가 성립하지 않는다고 할 것이다.[2] 본 사례에서는 C가 주점에서 사용하는 의자와 탁자가 부서졌으므로 경미하다고 볼 수 없다. 그리고 甲은 丙과 싸움으로 인하여 C의 주점 집기가 부서질 수 있다는 점을 충분히 인식하고 이를 용인하였으므로 미필적 고의도 인정된다. 따라서 甲에 대하여 재물손괴죄가 성립한다. 甲과 丙이 함께 재물을 손괴하였으나, 공모나 그에 따른 실행행위의 분담이 있었다고 할 수 없으므로 '공동하여' 재물손괴한 것으로 볼 수 없다. 따라서 폭력행위등처벌에관한법률위반(공동재물손괴)죄는 성립하지 않는다.

이때, 甲에 대한 업무방해죄와 재물손괴죄 나아가 특수상해죄와의 죄수가 문제되는데, 보호법익과 행위의 태양 등이 서로 다르므로 실체적 경합관계라고 할 것이다.[3]

(4) 소결
甲에 대하여 ① 공전자기록등불실기재죄, ② 불실기재공전자기록등행사죄, ③ 특수상해죄, ④ 업무방해죄, ⑤ 재물손괴죄가 각 성립하고, 각 죄는 실체적 경합관계이다.

---

[1] 대법원 2013. 2. 28. 선고 2011도16718 판결; 대법원 2010. 11. 25. 선고 2010도9186 판결.
[2] 대법원 2009. 10. 29. 선고 2009도10340 판결.
[3] 대법원 2009. 10. 29. 선고 2009도10340 판결(업무방해죄와 협박죄, 재물손괴죄); 대법원 2007. 5. 11. 선고 2006도9478 판결(업무방해죄와 재물손괴죄).

3. 乙의 형사책임

(1) 공전자기록등불실기재죄 및 불실기재공전자기록등행사죄의 성립 여부

甲이 단독으로 혼인신고를 하였는데, 乙이 甲의 공전자기록등불실기재죄와 불실기재공전자기록등행사죄에 대한 공동정범으로서의 형사책임을 지는지가 문제된다. 2인 이상의 사람이 공모하여 그 공모자 가운데 일부가 공모에 따라 범죄의 실행에 나아간 때에, 실행행위를 담당한 사람 이외에 실행행위를 직접 하지 않은 공모자에 대한 공동정범의 형사책임 여부는 공모공동정범의 인정 여하에 따라 달라진다. 판례는 일관되게 공모공동정범을 인정하고 있는데, 범죄에 대한 본질적 기여를 통한 기능적 행위지배가 있어야 한다는 판례[1]가 주류를 이루고 있다.

판례에 따르면 乙은 비록 甲의 허위신고에 직접 가담하지는 않았지만 중국 현지에서 甲과 함께 결혼사진을 촬영하여 甲이 위 사진 등을 첨부하여 혼인신고를 할 수 있도록 하였다. 따라서 乙은 甲의 공전자기록등불실기재죄 및 불실기재공전자기록등행사죄에 대하여 본질적 기여를 통한 기능적 행위지배를 하였으므로 공모공동정범으로서의 형사책임을 진다. 한편, 乙은 중국인이지만 국내범이므로 우리 형법이 적용된다(형법 제2조).

(2) 사기죄의 성립 여부

㈎ 사기죄의 구성요건

乙은 B의 업소에서 한 달 동안 성매매 영업을 할 것을 약속하고 300만 원을 받았음에도 불구하고 하루도 일하지 않고 도주하였다.[2] 이러한 乙의 행위가 사기죄의 구성요건에 해당하는지 문제된다.

사기죄가 성립하기 위해서는 객관적으로 ① 기망행위가 있고, ② 피기망자의 착오와 ③ 그에 따른 재산적 처분행위가 있어야 하며, ④ 이로 인하여 재물의 교부를 받거나 재산상 이익을 취득하거나(형법 제347조 제1항), 제3자로 하여금 재물의 교부를 받게 하거나 재산상 이익을 취득하게 하여야 한다(형법 제347조 제2항).[3] 나아가 주관적

---

1) 대법원 2011. 10. 13. 선고 2011도9584 판결.
2) 乙이 장차 성매매를 할 대가로 돈을 받은 것이 성매매 알선 등 행위의 처벌에 관한 법률에 위반하는지가 문제될 수 있다. 동법은 성매매를 한 자는 처벌하고 있는데(제21조 제1항), 乙은 실제 성매매를 하지 않았으므로 동법에 의한 형사책임을 지지 않는다.
3) 이 밖에 사기죄의 객관적 구성요건으로 재산상 손해의 발생이 필요한지에 대하여는 ① 불요설과 ② 필요설의 대립이 있다. 판례는 "기망으로 인하여 재물의 교부가 있으면 그 자체로써 곧 사기죄는 성립하고, 상당한 대가가 지급되었다거나 피해자의 전체 재산에 손해가 없다고 하여도 사기죄의 성립에는 영향이 없다"고 판시하여(대법원 1999. 7. 9. 선고 99도1040 판결), 불요설의 입장이다.

구성요건으로 ⑤ 편취범의, 즉 사기죄의 고의와 불법영득의 의사[1]가 있어야 한다.

본 사례에서 乙은 처음부터 일할 의사가 없었음에도 불구하고 B에게 한 달 동안 일할 것처럼 약속하고 300만 원을 교부받았으므로 기망한 사실이 인정된다. B는 乙이 한 달 동안 일할 것으로 믿고 300만 원을 주었으므로 기망에 인한 착오가 인정되고, 착오에 기한 처분행위로써 재물의 교부도 인정된다. 나아가 고의와 불법영득의 의사도 인정되므로 乙의 행위는 사기죄(형법 제347조 제1항)의 구성요건에 해당한다.

(나) 사기죄와 불법원인급여

그런데 B는 성매매 영업의 대가로 돈을 주었으므로 이는 불법원인급여(민법 제746조)에 해당하고, 따라서 B는 그 돈의 반환을 청구할 수 없다. 이처럼 사람을 기망하여 반환청구권이 없는 불법한 급여를 하게 한 경우에 사기죄가 성립하는지가 문제된다.

이에 대하여 ① 부정설은 민법상 피해자에게 반환청구권이 없으므로 사기죄가 성립하지 않는다고 한다. 반면에, ② 긍정설은 민법상 반환청구권이 사기죄의 요건이 될 수 없고, 기망행위에 의하여 피해자의 경제적 가치에 손해를 입힌 것은 부정할 수 없으므로 사기죄가 성립한다고 한다. 판례는 차용한 도박자금([관련판례])이나 성행위 대가[2]는 불법원인급여에 해당하여 급여자가 수익자에 대한 반환청구권을 행사할 수 없다고 하더라도, 수익자가 기망을 통하여 급여자로 하여금 불법원인급여에 해당하는 재물을 제공하도록 하였다면 사기죄가 성립한다고 판시하여 긍정설의 입장이다.[3]

생각건대, 불법원인급여라 하더라도 기망행위에 의하여 재물이나 재산상 이익을 취득한 것이면 형법의 독자적 관점에서 반환청구권의 유무와 관계없이 사기죄의 성립을 인정하는 것이 타당하다. 따라서 乙에 대하여 사기죄가 성립한다.

---

1) 사기죄에서의 불법영득의 의사라고 함은 타인의 물건을 일시적으로 그 경제적 용법에 따라 이용 또는 처분하려는 의사까지도 포함한다고 보아야 할 것이고, 반드시 그 물건을 영구적으로 보유할 의사가 있어야 하는 것이 아니다(대법원 1966. 3. 15. 선고 66도132 판결).
2) 대법원 2001. 10. 23. 선고 2001도2991 판결.
3) 일본 판례도 ① 지폐를 위조할 자금이라고 금원을 편취한 경우(大判 1937. 2. 27. 刑集 16·241), ② 암시장에서 쌀을 사준다고 기망하여 대금을 편취한 경우(最判 1950. 12. 5. 刑集 4·12·2475), ③ 매춘을 한다고 말하여 가불금을 받아 편취한 경우(最判 1958. 9. 1. 刑集 12·13·2833)에 사기죄가 성립한다고 판시하였다.

관련판례

대법원 2006. 11. 23. 선고 2006도6795 판결【사기】

차용금의 편취에 의한 사기죄의 성립 여부는 차용 당시를 기준으로 판단하여야 하고, 사기죄의 주관적 구성요건인 편취의 범의의 존부는 피고인이 자백하지 아니하는 한 범행 전후의 피고인의 재력, 환경, 범행의 내용, 거래의 이행과정, 피해자와의 관계 등과 같은 객관적 사정을 종합하여 판단하여야 할 것인바, 원심이 유지한 제1심판결의 채택증거들을 기록에 비추어 살펴보면, 피고인이 편취의 범의로 이 사건 범행을 저지른 사실을 충분히 인정할 수 있으므로, 이를 유죄로 인정한 원심판결에 채증법칙위배로 인한 사실오인의 위법이 있다고 할 수 없다.

한편, 민법 제746조의 불법원인급여에 해당하여 급여자가 수익자에 대한 반환청구권을 행사할 수 없다고 하더라도, 수익자가 기망을 통하여 급여자로 하여금 불법원인급여에 해당하는 재물을 제공하도록 하였다면 사기죄가 성립한다고 할 것인바(대법원 1995. 9. 15. 선고 95도707 판결 참조), 피고인이 피해자 공소외인으로부터 도박자금으로 사용하기 위하여 금원을 차용하였더라도 사기죄의 성립에는 영향이 없다고 한 원심의 판단은 옳은 것으로 수긍이 가고, 거기에 불법원인급여와 사기죄의 성립에 관한 법리오해의 위법이 있다고 할 수 없다. ▪

(3) 소결

乙에 대하여는 ① 공전자기록등불실기재죄, ② 불실기재공전자기록등행사죄, ③ 사기죄가 각 성립하고 각 죄는 실체적 경합관계이다.

4. 丙의 형사책임
(1) 명예훼손죄의 성립 여부

丙은 甲에게 "저 놈은 바람을 피워 세 번이나 이혼당했다"라고 말하였으므로 명예훼손죄(형법 제307조)에 해당하는지가 문제된다. 명예훼손죄의 객관적 구성요건으로는 ① 공연성, ② 사실 또는 허위사실의 적시가 있어야 하고, 주관적 구성요건으로 ③ 고의가 있어야 한다.

① 공연성은 명예훼손죄와 모욕죄의 공통요건으로 불특정 또는 다수인이 인식할 수 있는 상태를 의미한다. 불특정 또는 다수인이 직접적으로 인식할 수 있는 상태에 있어야 공연성이 인정된다는 견해도 있으나, 판례는 "비록 개별적으로 한 사람에게 사실을 유포하였다고 하더라도 그로부터 불특정 또는 다수인에게 전파될 가능

성이 있다면 공연성의 요건을 충족하지만, 반대로 전파될 가능성이 없다면 특정한 한 사람에게 한 사실의 유포는 공연성이 없다"고 한다(전파성의 이론).[1] 본 사례에서 丙은 주점 업주인 C와 손님들이 있는 가운데 큰 소리로 말하였기 때문에 여러 사람이 직접 들을 수 있었고 전파할 가능성도 충분하므로 공연성이 인정된다.

    ② 사실 또는 허위사실이 적시되어야 하는데, 이는 사람의 사회적 가치 내지 평가를 저하시키는 데 충분한 사실이어야 한다. 구체적인 사실을 적시하지 않고 단순히 모욕적인 추상적 판단을 표시한 것은 명예훼손죄가 아니라 모욕죄에 해당하지만,[2] 가치판단에도 사실의 주장이 포함될 수 있으므로 구체적인 경우에 따라 판단하여야 한다. 본 사례에서 '바람을 피워 세 번이나 이혼당했다'는 것은 사생활이 문란하다는 취지의 가치판단으로서 모욕죄에 해당한다고 해석할 여지가 없는 것은 아니나, 동시에 甲이 바람을 피워 이혼당했다는 것은 甲의 사회적 가치 내지 평가를 저하시키는 데 충분한 사실이기도 하다. 따라서 사실의 적시가 있었다고 볼 수 있는데, 甲은 성격 차이로 합의이혼한 것이므로 丙이 적시한 것은 허위사실의 적시에 해당한다.

    ③ 타인의 명예를 훼손하는 데 적합한 사실을 적시한다는 고의가 있어야 한다. 적시한 사실이 진실인가 또는 허위인가에 대한 인식도 고의의 내용이 된다. 통설은 형법 제307조 제1항은 진실한 사실을, 제2항은 허위사실을 적시하는 것으로 이해하여 이에 대한 착오는 착오의 일반이론에 따라 해결하였다. 첫째, 진실한 사실을 허위의 사실로 오인하고 적시한 경우, 큰 고의는 작은 고의를 포함하므로 형법 제307조 제1항의 사실적시 명예훼손죄의 형사책임을 진다고 한다.[3] 둘째, 허위의 사실을 진실한 사실로 오인하고 이를 적시하여 명예를 훼손한 경우에는, 형법 제307조 제2항의 허위사실 적시 명예훼손죄의 결과가 발생하였지만 고의는 형법 제307조 제1항의 사실적시 명예훼손죄의 고의였으므로 형법 제15조 제1항[4]에 따라 형법 제307조 제1항의 사실적시 명예훼손죄의 형사책임을 진다고 한다. 이에 대하여 판례는 형법 제307조 제1항의 '사실'은 제2항의 '허위의 사실'과 반대되는 '진실한 사실'을 말하는 것이 아니라 가치판단이나 평가를 내용으로 하는 '의견'에 대치되는 개념이라고 보아야 하므로, 제307조 제1항의 명예훼손죄는 적시된 사실이 진실한 사실인 경우이

---

1) 대법원 2010. 10. 28. 선고 2010도2877 판결; 대법원 2021. 4. 8. 선고 2020도18437 판결.
2) 대법원 1994. 10. 25. 선고 94도1770 판결; 대법원 2014. 3. 27. 선고 2011도11226 판결.
3) 이에 대하여 형법 제307조 제1항 명예훼손죄의 기수와 형법 제307조 제2항 명예훼손죄의 미수의 상상적 경합에 해당하지만, 후자의 미수범처벌규정이 없으므로 전자의 형사책임만 인정된다는 견해도 있다.
4) 형법 제15조(사실의 착오) ① 특별히 무거운 죄가 되는 사실을 인식하지 못한 행위는 무거운 죄로 벌하지 아니한다.

든 허위의 사실인 경우이든 모두 성립될 수 있고, 특히 적시된 사실이 허위의 사실이라고 하더라도 행위자에게 허위성에 대한 인식이 없는 경우에는 제307조 제2항의 명예훼손죄가 아니라 제307조 제1항의 명예훼손죄가 성립된다고 한다.1)

　　본 사례에서 丙은 甲이 바람을 피워 이혼당한 줄 알고 있었지만 사실은 성격 차이로 합의이혼한 것이다. 즉, 丙은 결과적으로 허위사실을 적시하여 명예를 훼손하였지만 허위성에 대한 인식은 없었다. 따라서 통설과 판례에 의하면, 丙에 대하여 형법 제307조 제1항의 명예훼손죄가 성립한다.

(2) 특수상해죄의 성립 여부

　　丙은 甲과 싸움을 하면서 의자를 집어던져 甲의 얼굴에 맞게 하여 甲에게 전치 3주의 안면부찰과상을 가하였다. 이때, 의자가 형법 제258조의2 제1항에서 정한 '위험한 물건'에 해당하는지 문제된다. 위험한 물건이란 흉기는 아니더라도 널리 사람의 생명 또는 신체에 해를 가하는 데 사용할 수 있는 일체의 물건을 말하고, 이에 해당하는지 여부는 구체적인 사안에서 사회통념에 비추어 그 물건을 사용하면 상대방이나 제3자가 생명 또는 신체에 위험을 느낄 수 있는지 여부에 따라 판단하여야 한다.2) 의자는 사람을 살상하기 위하여 만들어진 것은 아니지만, 본 사례와 같이 사람의 얼굴을 향해 던져 얼굴에 맞았다면 상대방인 甲으로서는 생명 또는 신체에 위험을 느꼈을 것이므로 위험한 물건에 해당한다.3) 따라서 丙의 행위는 특수상해죄(형법 제258조의2 제1항, 제257조 제1항)의 구성요건을 충족한다. 다만, 丙은 甲이 먼저 맥주병으로 공격하여 이를 방어하기 위하여 의자를 던지고 몸싸움을 한 것이므로 정당방위에 해당하여 위법성이 조각되는지 여부가 문제된다.4)

　　판례는 싸움에 대해서는 "투쟁행위는 상대방에 대하여 방어행위인 동시에 공격행위를 구성하며, 그 상대방의 행위를 부당한 침해라고 하고 피고인의 행위만을 방어행위라고는 이해할 수 없다"5)고 하거나(방위의사의 측면 강조) "구타행위는 일련의 상호쟁투 중에 이루어진 행위로서 서로 상대방의 폭력행위를 유발한 것이다"6)라고 하

---

1) 대법원 2017. 4. 26. 선고 2016도18024 판결. 이때 허위의 점에 대한 인식 즉 그 범의에 대한 입증책임은 검사에게 있다(대법원 1994. 10. 28. 선고 94도2186 판결).
2) 대법원 2010. 11. 11. 선고 2010도10256 판결.
3) 대법원 1997. 2. 25. 선고 96도3346 판결(의자와 당구큐대가 위험한 물건에 해당한다고 한 사례).
4) 싸움과 정당방위에 대한 상세는 사례 [4] Ⅰ. 제1문 '甲과 乙의 형사책임' 부분 참조.
5) 대법원 2000. 3. 28. 선고 2000도228 판결.
6) 대법원 1986. 12. 23. 선고 86도1491 판결.

여(자초침해의 측면 강조) 원칙적으로 정당방위를 인정하지 않고 있다. 다만, 싸움의 실질을 중시하여 예외적으로 ① 일방이 싸움을 중지하였거나,[1] ② 싸움에서 당연히 예상할 수 있는 범위를 넘는 공격이 있거나,[2] ③ 외관상 싸움을 하는 것으로 보이지만 한쪽 당사자가 일방적으로 불법한 공격을 가하고 상대방은 이러한 불법한 공격으로부터 자신을 보호하고 이를 벗어나기 위한 저항수단으로 '적극적인 반격'[3]이 아니라 '소극적인 방어'의 한도를 벗어나지 않는 유형력을 행사한 경우에는 정당방위를 인정하고 있다.[4]

본 사례에서 丙은 비록 甲으로부터 먼저 심한 공격을 받기는 하였지만 소극적인 방어를 넘어 적극적인 반격을 하였으므로 정당방위에는 해당되지 않는다. 따라서 乙에 대하여 특수상해죄가 성립한다.

(3) 업무방해죄 및 재물손괴죄의 성립 여부

앞서 살펴본 대로 丙은 甲과 함께 몸싸움을 하다가 C의 주점 집기를 부수고 영업을 방해하였으므로 업무방해죄와 재물손괴죄가 각 성립하고, 두 죄는 실체적 경합관계이다.

(4) 사기죄의 성립 여부

丙은 술값을 낼 돈이 없음에도 C의 주점에서 술과 안주 70만 원 상당을 주문하여 먹었는데, 이러한 무전취식이 사기죄에 해당하는지 문제된다. 사기죄의 기망행위는 수단·방법에 제한이 없어 명시적이든 묵시적이든 가능하다. 허위의 주장을 언어에 의하여 표현하지 않고 행동을 통하여 설명하는 것이 묵시적 기망행위인데, 묵시적 기망행위는 행위자의 전체행위가 설명가치를 가질 때에 인정된다. 주점에서 음식을 주문하면 대금지불의 의사와 능력이 있음을 묵시적으로 표현한 것으로 보아야 한다. 丙이 C에게 자신의 지불능력에 관하여 언어로 표현하지 않았다 하더라도 지불능력 없이 술과 안주를 주문하는 순간 지불능력에 관한 묵시적 기망행위를 하였다고 볼 수 있다. 따라서 丙에 대하여 사기죄(형법 제347조 제1항)가 성립한다.

---

1) 대법원 1957. 3. 8. 선고 4290형상18 판결.
2) 대법원 1968. 5. 7. 선고 68도370 판결.
3) 새로운 적극적인 공격으로 평가되는 경우를 의미한다(대법원 2010. 2. 11. 선고 2009도12958 판결)(남편이 피고인과 바람났다며 따지러 찾아와 싸운 사례).
4) 대법원 2007. 8. 23. 선고 2007도3443 판결.

(5) 소결

丙에 대하여는 ① 명예훼손죄, ② 특수상해죄, ③ 재물손괴죄, ④ 업무방해죄, ⑤ 사기죄가 각 성립하고, 각 죄는 실체적 경합관계이다

5. 설문의 해결

甲에 대하여는 ① 공전자기록등불실기재죄, ② 불실기재공전자기록등행사죄, ③ 특수상해죄, ④ 재물손괴죄, ⑤ 업무방해죄가 각 성립하고, 각 죄는 실체적 경합관계이다.

乙에 대하여는 ① 공전자기록등불실기재죄, ② 불실기재공전자기록등행사죄, ③ 사기죄가 각 성립하고, 각 죄는 실체적 경합관계이다.

丙에 대하여는 ① 명예훼손죄, ② 특수상해죄, ③ 재물손괴죄, ④ 업무방해죄, ⑤ 사기죄가 각 성립하고, 각 죄는 실체적 경합관계이다.

Ⅱ. 제2문 — 압수의 적법성

X는 C로부터 "술값을 내지도 않는 손님들이 싸우느라 영업을 할 수 없다"는 신고를 받고 출동하여 C의 주점에서 싸우고 있는 甲과 丙을 위 신고사실에 대한 현행범인으로 체포하고, 그 자리에서 신원을 확인하기 위하여 丙의 소지품을 수색하다가 지갑을 발견하고 영장 없이 이를 압수하였다. 이러한 X의 압수가 영장주의의 예외인 체포현장에서의 압수·수색(형소법 제216조 제1항 제2호)에 해당하는지 먼저 문제된다.

체포현장과 관련하여 ① 체포행위와 시간적·장소적으로 접착되어 있으면 충분하고, 체포의 전후를 불문한다는 설(체포접착설), ② 피의자가 현실적으로 체포되었음을 요한다는 설(체포설), ③ 체포 전 압수·수색도 허용되지만 최소한 압수할 당시 피의자가 현장에 있음을 요한다는 설(현장설), ④ 피의자가 압수·수색장소에 현재하고 체포의 착수를 요건으로 한다는 설(체포착수설)이 대립되고 있다. 본 사례의 경우, X가 범행현장에서 바로 수색에 착수하여 지갑을 압수한 것이므로 어느 설에 의하더라도 체포현장에 해당한다고 할 것이다.

한편, 체포현장에서 영장 없이 압수·수색하더라도 그 대상은 체포자에게 위해를 줄 우려가 있는 무기 그 밖의 흉기, 도주의 수단이 되는 물건이나 체포의 원인이 되는 범죄사실과 관계가 있다고 인정할 수 있는 물건(형소법 제215조)에 한한다. 만일

별건의 증거를 발견한 때에는 원칙적으로 임의제출을 받거나 별도의 압수·수색영장을 발부받아 압수하여야 한다. 그리고 별건으로 현행범인체포나 긴급체포가 가능한 경우라면 별건으로 체포한 후 영장 없이 압수하여야 한다.

본 사례에서 위 지갑은 현행범인으로 체포된 범죄사실과 관계가 있으므로 X의 위 지갑 압수행위는 적법하다.[1]

Ⅲ. 제3문 — 참고인진술서와 조사자증언의 증거능력

1. C의 진술서의 증거능력

C의 진술서는 피고인이 아닌 사람이 작성한 것이므로 참고인진술서에 해당하는데, 甲과 丙이 증거부동의하였다. C의 진술서는 C가 사법경찰관으로부터 소환을 요구받았으나 출석할 시간이 없어 자필로 집에서 작성한 것이다. C의 진술서를 수사과정[2]에서 작성된 것으로 본다면 형사소송법 제312조 제4항에 의하여 증거능력을 판단하여야 하고(형소법 제312조 제5항, 제4항), 그렇지 않으면 형사소송법 제313조 제1항에 의하여 증거능력을 판단하여야 한다. 종래 '사법경찰관이 피의자를 조사하는 과정에서 피의자신문조서에 기재하여야 마땅한 피의자의 진술내용을 진술서의 형식으로 피의자로 하여금 기재하여 제출케 한 경우', 검사 이외의 수사기관이 작성한 피의자신문조서와 마찬가지로 원진술자가 그 내용을 인정하여야 증거능력을 가진다고 한 판례[3]의 취지에 비추어 '수사과정'이란 적어도 수사관서 등에서 수사관의 영향력 아래

---

1) 본 사례와는 달리 X가 '폭행과 업무방해의 범죄사실'로 丙을 현행범인체포한 경우라면, 위 지갑의 압수행위가 적법한지 문제될 수 있다. 위 지갑을 사기죄의 증거로 사용할 경우 현행범인체포의 대상범죄와 관계가 없으므로 위 압수는 위법하다고 주장하는 견해가 있을 수 있다. 물론 위 지갑은 폭행과 업무방해와는 직접적인 관계가 있는 증거물은 아니다. 그러나 위 지갑은 업무방해의 중요한 양형사정과 관계가 있고, C의 신고내용에는 무전취식도 포함되어 있으며, 압수·수색은 구체적인 범죄사실이 명확하게 드러나기 전인 비교적 초기단계에서 실시될 뿐 아니라 X가 오로지 별건인 사기죄의 증거로 사용할 목적으로 이를 압수(별건압수)하였다고 볼 수도 없는 점을 종합하면, 위 지갑은 체포의 원인이 되는 범죄사실과 관계가 있는 물건이라고 할 것이다. 나아가 영장 없이 위 지갑을 압수하고 사진촬영한 직후 검사의 지휘를 받아 丙에게 환부하였으므로, 영장주의를 잠탈할 의도가 있었다고 보기 어렵다. 따라서 X의 위 지갑 압수행위는 적법하고, 위 지갑은 사기죄의 증거로 사용할 수 있다고 할 것이다(대법원 2008. 7. 10. 선고 2008도2245 판결 참조).
2) 형사소송법 제312조 제1항 내지 제4항의 규정은 피고인 또는 피고인 아닌 자가 수사과정에서 작성한 진술서에 관하여 준용한다(형소법 제312조 제5항). 따라서 C의 진술서가 만일 수사과정에서 작성된 것이라면 형사소송법 제313조 제1항이 아니라 제312조 제4항에 따라 증거능력을 판단하여야 한다.
3) 대법원 1982. 9. 14. 선고 82도1479 전원합의체 판결. 동 판결은 증거능력의 부여에 있어서 검사 이외

에서 작성된[1] 진술서에 한정된다고 보아야 할 것이다. 따라서 C의 진술서는 수사과정에서 작성된 것은 아니므로 작성자(=진술자)인 C의 자필이거나 그 서명 또는 날인이 있고, 공판준비나 공판기일에서의 작성자(=진술자)인 C의 진술에 의하여 그 성립의 진정함이 증명되어야 증거능력이 있고(형소법 제313조 제1항 본문), 진술서의 작성자가 공판준비나 공판기일에서 그 성립의 진정을 부인하는 경우에는 형사소송법 제313조 제2항에 의하여 객관적 방법으로 성립의 진정함이 증명되는 때에는 증거로 할 수 있다. 다만, 진술을 요하는 자가 사망·질병·외국거주·소재불명 그 밖에 이에 준하는 사유로 인하여 진술할 수 없고, 그 진술 또는 작성이 특히 신빙할 수 있는 상태 하에서 행하여졌음이 증명된 때에는 예외적으로 증거능력이 있다(형소법 제314조).

형사소송법 제314조에서의 '외국거주'라 함은 진술을 요할 자가 외국에 있다는 것만으로는 부족하고, 수사과정에서 수사기관이 그 진술을 청취하면서 그 진술자의 외국거주 여부와 장래 출국 가능성을 확인하고, 만일 그 진술자의 거주지가 외국이거나 그가 가까운 장래에 출국하여 장기간 외국에 체류하는 등의 사정으로 향후 공판정에 출석하여 진술을 할 수 없는 경우가 발생할 개연성이 있다면 그 진술자의 외국 연락처를, 일시 귀국할 예정이 있다면 그 귀국 시기와 귀국 시 체류장소와 연락방법 등을 사전에 미리 확인하고, 그 진술자에게 공판정 진술을 하기 전에는 출국을 미루거나, 출국한 후라도 공판 진행 상황에 따라 일시 귀국하여 공판정에 출석하여 진술하게끔 하는 방안을 확보하여 그 진술자로 하여금 공판정에 출석하여 진술할 기회를 충분히 제공하며, 그 밖에 그를 공판정에 출석시켜 진술하게 할 모든 수단을 강구하는 등 가능하고 상당한 수단을 다하더라도 그 진술을 요할 자를 법정에 출석하게 할 수 없는 사정이 있어야 예외적으로 적용된다.[2]

그런데 C는 외국여행을 이유로 공판기일에 증인으로 출석하지 못하여 진정성립에 관하여 진술을 하지 못하였을 뿐, 검사 Q가 C를 출석시켜 진술하게 할 모든 수단을 강구한 사실은 엿보이지 않는다. 따라서 C의 진술서는 그 진정성립이 증명되지 않았으므로 증거능력이 없다.

의 수사기관 작성의 피의자신문조서에 엄격한 요건을 요구한 취지는 그 신문에 있어서 있을지도 모르는 개인의 기본적 인권보장의 결여를 방지하려는 입법정책적 고려하고 판시하였다. 이러한 취지에 비추어 본 사례와 같이 인권 침해의 우려가 없는 상태에서 작성된 진술서는 수사과정에서 작성된 진술서로 볼 수 없다.

1) 수사기관의 관여하에 작성된 것으로 해석하는 견해도 같은 입장으로 볼 수 있다.

2) 대법원 2008. 2. 28. 선고 2007도10004 판결; 대법원 2013. 7. 26. 선고 2013도2511 판결.

2. X의 증언의 증거능력

조사경찰관 X의 증언[1]은 ① 甲의 자백내용 부분, ② 丙의 지갑 사진촬영 부분으로 되어 있는데, ②의 증언으로 사진을 촬영하였다는 사실과 사진의 진정성이 인정되는 점에는 의문이 없다. 다만 ①의 증언을 甲과 丙의 공소사실에 대한 증거로 사용할 수 있는지가 문제된다.

(1) 甲의 공소사실에 대하여

甲의 공소사실과 관련하여 X의 증언은 '피고인 아닌 자(= 조사자)의 진술이 피고인(= 甲)의 진술'을 그 내용으로 하는 것이다. 따라서 그 진술이 특히 신빙할 수 있는 상태에서 행하여졌음이 증명된 때에 한하여 이를 증거로 할 수 있다(형소법 제316조 제1항). 특신상태의 의미에 대하여는 ① 원진술에 담긴 내용의 신빙성이라고 보는 진술내용기준설,[2] ② 신용성의 정황적 보장이라고 보는 정황성보장기준설, ③ 법관 면전에서의 진술에 준하는 것으로 취급될 수 있는 객관성과 적법성을 갖춘 상황이라고 이해하는 적법절차기준설이 대립한다. 판례는 특신상태를 진술내용이나 조서 또는 서류의 작성에 허위개입의 여지가 거의 없고, 그 진술내용의 신용성이나 임의성을 담보할 구체적이고 외부적인 정황이 있는 경우로 보고 있다.[3] 판례에서 제시하는 기준은 매우 추상적이므로 구체적 사안에서 개별적으로 판단하여야 한다.[4] 일반적으로 원진술자가 실질적 진정성립을 인정하는 이상 특별한 사정이 없으면 특신상태는 인정되는 것으로 추정되나, 개정 형사소송법은 '증명'을 하도록 하여 검사의 입증책

---

1) 종래 판례는 피고인을 검거한 경찰관의 검거 당시 또는 조사 당시 피고인이 범행사실을 순순히 자백하였다는 취지의 법정증언이나 위 경찰관의 진술을 기재한 서류는, 피고인이 그 경찰관 앞에서의 진술과는 달리 범행을 부인하는 이상 형사소송법 제312조 제2항의 취지에 비추어 증거능력이 없다고 판시하여(대법원 2005. 11. 25. 선고 2005도5831 판결) 조사자증언의 증거능력을 일부 제한하였다. 그러나 조사자증언을 허용함으로써 경찰에서 자백한 피의자에 대한 검사의 이중 수사로 인한 불편을 해소하고 책임 있는 수사를 가능하게 한다는 고려에서, 2007년 형사소송법 개정을 통하여 조사자증언에 대하여도 증거능력을 인정하였다(형소법 제316조).
2) 대법원 1989. 11. 14. 선고 88도1251 판결.
3) 대법원 2007. 6. 14. 선고 2004도5561 판결; 대법원 2006. 5. 25. 선고 2004도3619 판결. 다만, 적법절차기준설에서는 이 판례들을 형사소송법 제314조의 특신상태에 관한 것이고, 조사자증언 시 특신상태는 검사나 사경 작성 피의자신문조서의 증거능력 요건에서 정하는 특신상태와 같이 보아야 하므로 제312조의 특신상태와 동일하게 보아 수사기관 면전에서의 피의자진술이 법관 면전에서 행해지는 진술에 준할 정도로 적법절차가 보장되는 상황이 인정되어야 특신상태가 증명된다고 한다.
4) 법원행정처, 법원실무제요 형사 [II], 109면은 '변호인과 자유롭게 접견하였는지 여부, 변호인의 참여가 정당한 사유 없이 배제되었는지 여부, 조사의 내용 등에 비추어 합리적인 조사시간을 넘어 조사가 이루어졌는지 여부, 구속상태에서 별다른 조사를 하지도 않은 상태에서 매일 소환하여 같은 질문을 반복하였는지 여부 등을 엄격히 살펴보아야 한다'고 기술하여 일응의 기준을 제시하고 있다.

임을 명백히 하였다. 어느 설에 따르더라도 甲은 경찰에서 외부적인 압력 등이 없이 임의로 자백한데다 법정에서도 단지 술이 취하여 기억이 없다고 부인하는 점에 비추어 특신상태가 인정된다. 따라서 甲의 경찰에서의 자백진술을 내용을 포함하는 X의 증언은 증거능력이 있다.

(2) 丙의 공소사실에 대하여

丙의 공소사실과 관련하여 X의 증언은 '피고인 아닌 자(= 조사자)의 진술이 피고인 아닌 타인(= 甲)의 진술'을 그 내용으로 하는 것이다. 따라서 원진술자가 사망, 질병, 외국거주, 소재불명, 그 밖에 이에 준하는 사유로 인하여 진술할 수 없고, 그 진술이 특히 신빙할 수 있는 상태에서 행하여졌음이 증명된 때에 한하여 이를 증거로 할 수 있고(형소법 제316조 제2항), 앞서 살펴본 대로 특신상태는 인정되지만, 원진술자인 甲이 법정에 출석하고 있어 사망, 질병, 외국거주, 소재불명, 그 밖에 이에 준하는 사유로 인하여 진술할 수 없는 경우에 해당하지 않으므로 증거능력이 없다.

Ⅳ. 제4문 ― 검사 작성 피의자신문조서 및 영상녹화물의 증거능력

1. 문제의 제기

甲에 대한 검사 작성 피의자신문조서는 내사 단계에서 범죄인지 전에 작성된 것인데, 적법한 것인지, 만일 적법하다고 하면 어떤 요건에 따라 증거능력이 인정되는지가 문제된다. 그리고 피의자신문과정을 녹화한 영상녹화물이 독립된 증거능력이 있는지가 문제된다.

2. 甲에 대한 검사 작성 피의자신문조서의 증거능력
(1) 범죄인지 전에 작성한 피의자신문조서의 증거능력

검사 P는 범죄인지 전에 甲을 상대로 피의자신문을 하고 조서를 작성하였다. 피내사자인 甲에 대하여 피의자신문조서를 작성하는 것이 위법한 것은 아닌지 문제된다.

내사는 "범죄혐의 유무를 확인하기 위하여 범죄인지 전에 행해지는 수사기관 내부의 조사활동"을 말한다.[1] 즉, 내사는 ① 범죄인지 전의 행위여야 하고, ② 수사기

---

[1] 헌법재판소 2011. 2. 15. 선고 2011헌마30 결정.

관 내부의 조사활동이어야 한다. 먼저, 범죄인지의 기준 시점에 관하여 검찰사건사무규칙 제2조 내지 제4조에 따라 범죄인지서를 작성하여 사건을 수리하는 형식적인 인지절차, 즉 입건 여부를 기준으로 해야 한다는 입장에서는 형식적인 입건절차 전의 행위는 그 행위의 실질에 관계없이 내사라고 한다(형식설). 그러나 범죄의 인지는 실질적 개념으로 형식적인 입건절차를 거치기 전이라도 범죄의 혐의가 있다고 보아 수사를 개시하는 행위를 한 때에는 범죄를 인지한 것으로 보아야 한다(실질설)([관련판례]).[1] 따라서 내사냐 수사냐 하는 것은 형식적인 입건을 하였느냐의 여부가 아니라 내사와 수사의 실질이 무엇이냐 하는 점에서 구분하여야 한다. 그리고 내사는 "그 자체만으로는 피내사자에게 어떠한 의무를 부과하거나 피내사자의 기본권에 직접적이고 구체적인 침해를 가한다고 볼 수 없는 행위"이므로,[2] 의무부과 또는 기본권에 침해를 가하는 행위는 수사에 해당하여 형사소송법 등 관련법규에 따라 사법적 통제가 이루어져야 한다.

본 사례에서 검사 P는 甲의 혐의를 확신하고 甲에 대한 수사 및 증거수집 목적으로 甲을 소환하였으므로 범죄인지 전이라 하더라도 이미 내사가 아닌 수사가 진행된 것이다. 따라서 甲에 대해서 범죄인지 전 피의자신문조서를 받은 것은 아무런 문제가 없다.[3] 따라서 형사소송법 제312조 제1항의 요건을 갖추면 증거능력을 인정할 수 있다.

 관련판례

대법원 2001. 10. 26. 선고 2000도2968 판결【사기{인정된 죄명 : 특정범죄가중처벌등에관한법률위반(알선수재)}】

검찰사건사무규칙 제2조 내지 제4조에 의하면, 검사가 범죄를 인지하는 경우에는 범죄인지서를 작성하여 사건을 수리하는 절차를 거치도록 되어 있으므로, 특별한 사정이 없는 한 수사기관이 그와 같은 절차를 거친 때에 범죄인지가 된 것으로 볼 것이나, 범죄의 인지는 실질적인 개념이고, 이 규칙의 규정은 검찰행정의 편의를 위한 사무처리절차 규정이므로, 검사가 그와 같은 절차를 거치기 전에 범죄의 혐의가 있다고 보아 수사를 개시하는 행위를 한 때에는 이때에 범죄를 인지한 것으로 보아야 하고, 그 뒤 범죄인지서를 작성하여 사건수리 절차를 밟은 때에 비로소 범죄를 인지하였다고 볼 것이 아니며(대법원 1989. 6. 20. 선고 89도648 판결 참조), 이러한 인지절차를

---

1) 대법원 2011. 11. 10. 선고 2010도8294 판결; 대법원 2010. 6. 24. 선고 2008도12127 판결. 통설의 입장이기도 하다.
2) 헌법재판소 2011. 2. 15. 선고 2011헌마30 결정.
3) 실질적인 수사단계가 아닌 내사단계에서 피의자신문조서를 받았다고 하더라도 그 단계에서 수사행위로 나아간 것으로 볼 것이지, 그 피의자신문이 위법하다고 볼 것은 아니다.

밝기 전에 수사를 하였다고 하더라도, 그 수사가 장차 인지의 가능성이 전혀 없는 상태 하에서 행해졌다는 등의 특별한 사정이 없는 한, 인지절차가 이루어지기 전에 수사를 하였다는 이유만으로 그 수사가 위법하다고 볼 수는 없고, 따라서 그 수사과정에서 작성된 피의자신문조서나 진술조서 등의 증거능력도 이를 부인할 수 없다(대법원 1995. 2. 24. 선고 94도252 판결 참조). ●

(2) 전문법칙과 형사소송법 제312조

피고인에 대한 검사 작성 피의자신문조서는 전문증거로서 형사소송법 제312조 제1항의 요건을 갖추어야 증거능력이 인정된다. 즉, ① 적법한 절차와 방식에 따라 작성된 것으로서, ② 공판준비, 공판기일에 그 피의자였던 피고인 또는 변호인이 그 내용을 인정할 때에 한정하여 증거로 할 수 있다.[1] 그런데 甲이 공소사실을 부인하면서 내용 부인의 취지로 증거부동의하였으므로 증거능력이 없다.

3. 영상녹화물의 증거능력

검사가 제출한 甲에 대한 조사과정을 녹화한 영상녹화물을 실질적 진정성립을 입증하기 위한 증거로 사용하는 것이 아니라 영상녹화물에 담긴 甲의 진술을 증거로 사용하기 위하여 독립된 본증으로 사용할 수 있는지 문제된다.

이에 대해서는 ① 부정설과 ② 긍정설의 대립이 있다. ① 부정설은 ⓐ 피의자의 진술은 조서에 기재해야 한다는 형사소송법 제244조 제1항의 규정은 강행규정이고, ⓑ 독립된 증거능력을 인정하면 영상녹화물의 상영에 의하여 법관의 심증이 좌우되어 공판중심주의가 무의미하게 될 위험이 있고, ⓒ 영상녹화물의 증거조사는 공판절차를 과도하게 지연시킨다는 점을 이유로 들고 있다. ② 긍정설은 ⓐ 형사소송법 제244조 제1항의 규정은 임의규정이고, ⓑ 영상녹화물은 피의자신문조서와 실질적으로 다를 바 없고, ⓒ 영상녹화를 사진과 녹음으로 분리할 때는 각기 증거능력을 인정해야 하는데, 영상녹화물의 증거능력을 인정하지 않는 것은 부당하고, ⓓ 증거조사

---

[1] 형사소송법 제312조 제1항은 2020. 2. 4. 개정되어 2022. 1. 1.부터 시행되었다. 2020. 2. 4. 개정 전의 제1항은 " 검사가 피고인이 된 피의자의 진술을 기재한 조서는 적법한 절차와 방식에 따라 작성된 것으로서 피고인이 진술한 내용과 동일하게 기재되어 있음이 공판준비 또는 공판기일에서의 피고인의 진술에 의하여 인정되고, 그 조서에 기재된 진술이 특히 신빙할 수 있는 상태하에서 행하여졌음이 증명된 때에 한하여 증거로 할 수 있다"고 되어 있었다. 그리고 개정 전의 제2항은 "제1항에도 불구하고 피고인이 그 조서의 성립의 진정을 부인하는 경우에는 그 조서에 기재된 진술이 피고인이 진술한 내용과 동일하게 기재되어 있음이 영상녹화물이나 그 밖의 객관적인 방법에 의하여 증명되고, 그 조서에 기재된 진술이 특히 신빙할 수 있는 상태하에서 행하여졌음이 증명된 때에 한하여 증거로 할 수 있다"고 되어 있었는데, 삭제되었다(2021. 1. 1.부터 시행).

로 공판절차를 과도하게 지연시키는 것도 아니라는 점을 들고 있다. 아직까지 피의
자진술 영상녹화물에 대해 명시적인 판단을 한 대법원 판결은 없으나 참고인의 진술
에 대한 영상녹화물은 피고인의 동의가 없는 이상 독립증거로 사용할 수 없다고 판
시하고 있으며,[1] 법원 실무도 독립증거로서의 증거능력을 부정하고 있다.[2]

생각건대, 영상녹화물은 그 실질이 피의자신문조서와 다를 바 없으므로 독립적
인 증거능력을 인정하는 것이 타당하다. 그러나 판례에 따르면 甲이 증거부동의한
위 영상녹화물은 증거능력이 인정되지 않는다. 한편 판례와 달리 독립적인 증거능력
을 인정한다고 하더라도, 본 설문에서는 甲이 내용 부인 취지로 증거부동의하였으므
로 증거능력이 없다.

V. 제5문 — 공판조서와 대질신문조서의 증거능력

1. 문제의 제기

甲에 대한 공판조서는 다른 사건의 공판조서이므로 형사소송법 제311조를 적용
할 수 있는지 문제되고, 乙에 대한 대질신문조서는 B의 진술이 함께 기재되어 있으
므로 乙의 진술부분과 B의 진술부분을 각기 어떤 요건에 따라 증거능력을 판단하여
야 하는지가 문제된다.

2. 다른 사건 공판조서의 증거능력

乙은 위장결혼과 관련된 공소사실에 관하여는 甲과 공범이지만 甲의 유죄가
확정된 후 별도로 재판을 받고 있는데, 甲이 항소심 법원에서 자백한 내용이 담긴

---

[1] 대법원 2014. 7. 10. 선고 2012도5041 판결. 「2007. 6. 1. 법률 제8496호로 개정되기 전의 형사소송법에
는 없던 수사기관에 의한 참고인 진술의 영상녹화를 새로 정하면서 그 용도를 참고인에 대한 진술조
서의 실질적 진정성립을 증명하거나 참고인의 기억을 환기시키기 위한 것으로 한정하고 있는 현행 형
사소송법의 규정 내용을 영상물에 수록된 성범죄 피해자의 진술에 대하여 독립적인 증거능력을 인정
하고 있는 성폭법 제30조 제6항 또는 아청법 제26조 제6항의 규정과 대비하여 보면, 수사기관이 참고
인을 조사하는 과정에서 형사소송법 제221조 제1항에 따라 작성한 영상녹화물은, 다른 법률에서 달리
규정하고 있는 등의 특별한 사정이 없는 한, 공소사실을 직접 증명할 수 있는 독립적인 증거로 사용
될 수는 없다고 해석함이 타당하다.」
 본 판결 평석은 민철기, "수사기관이 참고인을 조사하는 과정에서 작성한 영상녹화물을 공소사실을
직접 증명할 수 있는 독립적인 증거로 사용될 수 있는지 여부", 대법원판례해설 제102호(2014년 하반
기), 2015, 462-491면.
[2] 법원행정처, 법원실무제요 형사 [II], 106면.

공판조서에 대하여 증거부동의하였다. 형사소송법 제311조는 공판준비 또는 공판기일
에 피고인이나 피고인 아닌 자의 진술을 기재한 조서에 대하여는 원칙적으로 증거능력
을 인정하고 있다.[1] 그런데 위 항소심 공판조서가 이에 해당하는 조서인지 문제된다.

형사소송법 제311조의 '법원 또는 법관'의 조서는 동일한 법원에서 심리한 당해
사건의 공판조서에 제한되므로, 다른 사건의 공판조서가 이에 해당하지 않음은 명백
하다. 다만 다른 사건의 공판조서를 어떻게 처리할 것인가에 대하여, ① 형사소송법
제315조 제3호의 문서로서 증거능력이 인정된다는 견해(통설)와 ② 형사소송법 제
311조 제2문에서 규정한 형사소송법 제184조 및 제22조의2의 규정에 의하여 작성
한 조서, 즉 증거보전 또는 증인신문절차에서의 조서로 보아 증거능력을 인정하는
견해가 대립하고 있다. 판례는 ①설과 같이 형사소송법 제315조 제3호의 '기타 특히
신용할 만한 정황에 의하여 작성된 문서'라고 한다.[2]

통설·판례가 타당하다. 따라서 甲의 자백이 기재된 항소심 공판조서는 형사소
송법 제315조 제3호에 의거하여 당연히 증거능력이 인정된다.

3. 대질신문조서의 증거능력

검사 P는 乙에 대한 피의자신문조서를 작성하면서 B와 대질하여 대질신문 내용
을 피의자조서에 기재하였다. 乙은 선불금사기의 피의자로서 조사를 받았고, B는 피
해자로서 조사를 받았으므로, 검사 작성의 조서는 乙에 대해서는 피의자신문조서이
고 B에 대해서는 참고인진술조서가 된다.[3]

(1) 乙의 진술부분

乙의 진술 부분은 검사 작성 피의자신문조서에 해당하므로 乙이나 그 변호인이
내용을 인정하지 않는 한 증거로 할 수 없다(형소법 제312조 제1항). 그런데 乙은 이를
부동의한다는 표시(X)를 기재한 증거인부서를 제출하였으므로 이미 내용을 부인한
것이고, 공판기일에서 특별히 증거에 관한 진술을 하지 않았다고 하여 달리볼 것은

---

1) 열람등사청구권이 침해된 공판조서(대법원 2003. 10. 10. 선고 2003도3282 판결), 공개재판을 받을 권
   리가 침해된 공판조서(대법원 2005. 10. 28. 선고 2005도5854 판결)는 증거능력이 없다.
2) 대법원 2005. 4. 28. 선고 2004도4428 판결.
3) 대질조사는 실무상 흔히 이용되는데, 한 사람에 대한 조사를 하면서 관계자와 주장이 상반될 경우 그
   사람을 참여시켜 순차적으로 질문하며 주장의 모순점을 부각시키고 진실관계를 발견하는 조사기법이
   다. 이 경우 하나의 조서가 작성되지만 진술인은 두 명 이상이고, 조서의 명칭에 상관없이 진술자가
   누구인지에 따라 각 진술자의 진술 부분의 증거능력을 판단하여야 한다.

아니다. 따라서 乙의 진술 부분은 증거능력이 없다.

(2) B의 진술부분

B의 진술부분은 참고인진술조서에 해당하므로 형사소송법 제312조 제4항에 따라 ① 적법한 절차와 방식, ② 원진술자의 실질적 진정성립 인정, ③ 반대신문의 보장, ④ 특신상태의 요건이 구비되어야 증거능력이 인정된다. 본 사례에서 적법한 절차와 방식에 따라 조서가 작성되었으므로 ①의 요건과 ④의 요건은 충족되고, B가 증인으로 출석하여 조서 내용을 확인하고 서명날인하였다고 증언하였으므로 ②의 요건과 ③의 요건도 충족되었다. 따라서 乙에 대한 검사 작성 피의자신문조서 중 B의 진술부분에 대하여는 증거능력을 인정할 수 있다.

사 례 [13] 모욕죄, 부정수표단속법위반죄, 공범인 공동피고인, 공범의 수표 회수

甲(여, 45세)은 청담동에서 인테리어 업체를 운영하면서 10여 년 전부터 乙(남, 48세)로부터 인테리어 공사에 필요한 각종 자재를 납품받아 왔는데, 점차 그 사이가 가까워져 서로 배우자가 있다는 사실을 알면서도 불륜관계로 발전하였다. 甲의 남편인 A는 甲과 乙의 관계를 의심하여 어느 날 몰래 甲의 휴대폰 문자메시지를 확인하다가 甲과 乙의 불륜을 짐작할 수 있는 내용의 문자메시지를 다수 발견하고, 甲을 상대로 집요하게 불륜 여부를 추궁하였다. A의 추궁에 견디지 못한 甲은 마침내 乙과의 불륜관계를 시인하였다. 이에 화가 난 A는 乙에게 전화하여 "온 사방에 불륜사실을 알려 사회에서 매장시키겠다"고 협박을 하였다.

한편 乙은 甲으로부터 자재납품대금 명목으로 甲 명의의 당좌수표 3매를 교부받아 소지하고 있었는데, 甲과의 불륜관계가 탄로나자 수표대금을 받지 못하게 될지도 모른다고 생각하고 2021. 3. 15. 소지하고 있던 위 수표 3장을 지급제시하였으나 예금부족으로 부도가 났고, 해당 금융기관에서 관할 경찰서에 甲을 고발하였다.

사건을 담당하게 된 사법경찰관 P1은 甲을 소환하여 신문하였는데, 甲은 인테리어 업체의 사업자등록은 자신의 명의로 되어 있지만 사실은 남편인 A가 실제 운영을 하였고 위 수표도 모두 A가 발행하여 준 것으로 자신은 사업관계에 대해서는 전혀 모른다고 부인하였다. 이에 P1은 경찰서 내 개별 조사실에서 사법경찰리 P2를 참여시키고 甲과 A를 대질하여 실제 수표발행자가 누구인지를 신문하였다. A는 甲이 실제로 위 업체를 운영하여 자신은 아무 관련이 없고, 수표도 발행한 사실이 없다고 진술하였다. A의 진술을 듣고 화가 난 甲은 A를 향하여 "이 개 같은 잡놈아, 이제 와서 혼자 살려고 발뺌이냐"고 하는 등 욕설을 하였다. A는 신문 과정에서 甲의 욕설행위를 처벌해 달라고 구두로 고소하였고, P1은 조서에 그 취지를 기재하였다.

P1이 수표부도사건에 관하여 수사한 결과, 甲과 A가 공동으로 위 업체를 운영하면서 서로 협의하여 수표를 발행하였고, (1) 수표번호 사가06538515 액면금 500만 원짜리 수표 1장은 발행일이 기재되어 있지 않고, (2) 수표번호 사가06538516 액면금 500만 원짜리 수표 1장은 발행일이 2021. 3. 5.로 기재되어 있으며, (3) 수표번호 사가06538517 수표 1장은 액면금 백지로 발행되었는데, 자재납품대금 300만 원에 대한 대금조로 발행하면서 추가로 자재를 납품받을 경우 그 대금까지 합하여 액면금을 보충할 수 있도록 하였으나, 乙이 추가로 자재를 납품한 사실이 없었지만 백지보충권 행사기간 내에 액면금을 1,000만 원으로 보충하여 지급제시기간 내에 지급제시한 사실이 밝혀졌다.

한편 甲과 A는 검찰에 송치돼서도 각 경찰에서의 진술과 같은 취지의 진술을 하였
으나 수사 결과 甲과 A가 협의하여 수표를 발행한 것으로 확인되었다. 수사과정에서 乙
은 甲과 A에 대한 처벌을 희망하고 있고, 부도난 수표가 회수된 사실은 없다.

설 문

1. 甲과 乙의 형사책임을 논하시오.

2. 검사 Q가 甲과 A를 수표부도에 대하여 기소하였다고 가정할 경우, 제1심법정에서
   甲은 피고인신문 과정에서 각 경찰과 검찰에서의 진술과 같은 취지의 진술을 하면
   서 경찰·검찰 피의자신문조서의 진정성립을 각 인정하였다. 이때, 다음 각 증거는
   공소사실을 부인하는 A의 공소사실을 인정하는 증거로 사용될 수 있는가?
   (1) A가 부동의한 사법경찰관 작성의 甲에 대한 피의자신문조서
   (2) A가 부동의한 검사 작성의 甲에 대한 피의자신문조서
   (3) 법정에서의 甲의 진술

3. 재판과정에서 다음과 같이 A가 부도난 수표를 모두 회수한 경우, 법원은 어떤 판결
   을 하여야 하는가?
   (1) 제1심판결 선고 전에 회수한 경우
   (2) 甲과 A에 대하여 각 유죄판결이 선고되어 항소심 재판 중에 회수한 경우

해 설

I. 제1문 ― 甲과 乙의 형사책임

1. 문제의 제기

甲에 대하여는 ① 경찰서 조사실에서 A에게 욕설한 행위가 명예훼손인지 모욕인지 여부와 '공연성'이 인정되는지 여부가 문제된다. ② 수표부도와 관련해서는 발행일이 기재되지 않은 수표(수표번호 사가06538515 액면금 500만 원)(제1 수표)의 경우에도 부정수표단속법위반죄가 성립하는지, 발행일 2021. 3. 5.자 수표(수표번호 사가06538516 액면금 500만 원)(제2 수표)의 경우 적법한 지급제시기간 내에 지급제시되었는지, 액면금 백지인 수표(수표번호 사가06538517)(제3 수표)의 경우 소지인이 백지보충권을 부당 초과하여 보충하여도 부정수표단속법위반죄를 구성하는지 여부가 각 문제된다.

乙에 대하여는 제3 수표에 대하여 보충권을 초과하여 액면금을 보충하고 지급제시한 행위가 어떤 범죄를 구성하는지 여부가 문제된다.

2. 甲의 형사책임
(1) 모욕죄의 성립 여부

甲은 A와의 대질 신문과정에서 A가 범행을 부인하자 화가 나 A에게 "이 개 같은 잡놈아, 이제 와서 혼자 살려고 발뺌이냐"고 하는 등 욕설을 하였다. 이러한 甲의 행위가 명예훼손죄(형법 제307조) 또는 모욕죄(형법 제311조)에 해당하는지 여부가 문제된다.

명예훼손은 사람의 사회적 평가를 저하시킬 만한 구체적 사실의 적시를 하여 명예를 침해하는 행위임에 비하여, 모욕은 구체적 사실이 아닌 단순한 추상적 판단이나 경멸적 감정의 표현으로서 사회적 평가를 저하시키는 행위를 말한다.[1] 명예훼손은 구체성이 있어야 하므로 '애꾸눈, 병신',[2] '개 같은 잡년, 창녀 같은 년',[3] '순경 새끼,

---

[1] 대법원 1987. 5. 12. 선고 87도739 판결; 대법원 2021. 3. 25. 선고 2017도17643 판결.
[2] 대법원 1994. 10. 25. 선고 94도1770 판결.
[3] 대법원 1985. 10. 22. 선고 85도1629 판결.

개새끼',1) 기레기(기자),2) 확찐자(코로나19로 외부 활동을 하지 않아 살이 급격히 찐 사람)3)라고 욕설하는 것은 명예훼손이 아니라 모욕에 해당한다.4) 따라서 甲의 행위는 모욕에 해당한다.

모욕죄는 공연히 사람을 모욕하는 경우에 성립한다. 공연성의 의미에 관하여 통설과 판례5)는 불특정 또는 다수인이 인식할 수 있는 상태라고 한다. 다만, 인식할 수 있는 상태와 관련하여 ① 통설은 불특정 또는 다수인이 현실로 인식할 것을 요하지 않지만 적어도 직접적으로 인식할 수 있는 상태에 이르러야 한다는 입장이다(직접인식상태설). 그러나 ② 판례는 전파성이론에 입각하여 개별적으로 한 사람에 대하여 사실을 유포하였더라도 이로부터 불특정 또는 다수인에게 전파될 가능성이 있으면 된다는 입장이다(전파가능성설).6) 판례는 ① 상대방이 사실적시자와 특별한 관계가 있는지, ② 상대방이 피해자와 특별한 관계에 있는지, ③ 직무상 이를 취급하는 관계에 있는지 등을 중심으로 전파가능성 여부를 판단하고 있다.7)

본 사례에서 甲은 경찰서 개별 조사실에서 조사를 받으면서 경찰관 P1, P2가 있는 자리에서 A에게 욕설을 한 것이므로 전파가능성이 없어 공연성을 인정할 수 없다. 따라서 甲에 대하여 모욕죄는 성립하지 않는다. 한편 모욕죄는 친고죄(형법 제312조 제1항)인데, A가 조사를 받으면서 경찰관 P1에게 구두로 고소하였고 P1이 그 취지

---

1) 대법원 2016. 10. 13. 선고 2016도9674 판결.
2) 대법원 2021. 3. 25. 선고 2017도17643 판결.
3) 대법원 2021. 9. 30. 선고 2021도9253 판결.
4) '아이 씨발'이라고 하거나(대법원 2015. 12. 24. 선고 2015도6622 판결), '야, 이따위로 일할래, 나이 처먹은 것이 무슨 자랑이냐'고 한 경우(대법원 2015. 9. 10. 선고 2015도2229 판결), '공황장애 ㅋ'(인터넷 댓글)(대법원 2018. 5. 30. 선고 2016도20890 판결)와 같이, 표현이 다소 무례하고 저속한 경우에는 모욕죄의 구성요건에 해당하지 않는다.
5) 대법원 1984. 4. 10. 선고 83도49 판결.
6) 대법원 2004. 6. 25. 선고 2003도4934 판결.
7) [공연성을 부정한 판례]

사건번호	내용
대법원 1981. 10. 27. 선고 81도1023 판결	피해자의 친척 한 사람에게 피해자 불륜관계 고지
대법원 1982. 4. 27. 선고 82도371 판결	다른 사람에게 감추려고 하면서 집안관계 사람들에게 사실 적시
대법원 1983. 10. 25. 선고 83도2190 판결	피해자 근무 학교의 법인 이사장에게 진정서 제출
대법원 1984. 2. 28. 선고 83도891 판결	피해자와 동업관계인 친한 사람에게만 험담
대법원 1984. 3. 27. 선고 84도86 판결	처의 추궁에 동침사실 시인
대법원 1984. 4. 10. 선고 83도49 판결	가족 앞에서 발설
대법원 1985. 11. 26. 선고 85도2037 판결	피해자와 그의 남편 앞에서 사실 적시
대법원 2000. 2. 11. 선고 99도4579 판결	이혼소송 계속 중인 처가 남편친구에게 서신을 보내면서 남편 명예훼손 문구 기재

를 조서에 기재하였으므로 적법한 고소는 있었다고 할 것이다(형소법 제237조).1)

(2) 부정수표단속법위반죄의 성립 여부

(가) 제1 수표

제1 수표는 발행일의 기재가 없는 수표이다. 부정수표 단속법 제2조 제2항의 부정수표의 발행·작성죄가 성립하기 위해서는 수표를 발행한 후에 예금부족·거래정지처분이나 수표계약의 해제 또는 해지로 인하여 제시기일에 지급되지 아니하게 하여야 한다. 따라서 발행일의 기재가 없는 수표2)는 지급제시기간 내에 제시되었는지의 여부를 확정할 길이 없으므로 부정수표 단속법 제2조 제2항 소정의 구성요건을 충족하지 못한다.3) 따라서 제1 수표에 대하여 부정수표단속법위반죄는 성립하지 않는다.

(나) 제2 수표

제2 수표는 발행일이 2021. 3. 5.인데 2021. 3. 15. 지급제시되었다. 국내수표의 지급제시기간은 10일(수표법 제29조 제1항)4)이고, 지급제시기간의 기산일은 초일은 산입하지 않고 수표상의 발행일자 다음 날부터 기산한다.5) 따라서 위 수표는 지급제시기간 내에 지급제시되었음에도 불구하고 지급되지 않았으므로 甲에 대하여 부정수표단속법위반죄(동법 제2조 제2항, 제1항)가 성립한다.

(다) 제3 수표

제3 수표는 원래 액면금 백지로 발행되었는데, 甲이 자재납품대금 300만 원에 대한 대금조로 발행하면서 추가로 자재를 납품받을 경우 그 대금까지 합하여 액면금을 보충할 수 있도록 하였으나, 乙이 추가로 자재를 납품한 사실이 없었음에도 임의로 백지보충권 행사기간 내에 액면금을 1,000만 원으로 보충하여 지급제시기간 내에 지급제시하였다. 즉, 乙이 300만 원을 보충하여야 함에도 보충권을 남용하여 1,000만 원으로 부당보충을 한 것이다. 이러한 경우에도 발행자인 甲에 대하여 부정

---

1) 대법원 2011. 6. 24. 선고 2011도4451, 2011전도76 판결; 대법원 2009. 7. 9. 선고 2009도3860 판결.
2) 이와는 달리 발행일을 백지로 하여 발행된 수표의 경우, 백지보충권의 소멸시효기간이 백지보충권을 행사할 수 있는 때로부터 6개월이므로(대법원 2002. 1. 11. 선고 2001도206 판결) 그 기간 내에 발행일이 보충되어 지급제시되었다면 적법한 지급제시라고 할 것이다.
3) 대법원 1983. 5. 10. 선고 83도340 전원합의체 판결.
4) 외국수표는 같은 주가 20일, 다른 주는 70일이다(수표법 제29조 제2항, 제3항). 그리고 발행일을 장래로 하여 발행한 선일자수표는 기재된 발행일자 도래 전이라도 언제든지 지급제시할 수 있다(수표법 제28조 제2항).
5) 대법원 1982. 4. 13. 선고 81다1000, 81다카552 판결.

수표단속법위반죄가 성립하는지 문제된다.

이에 대해서는 부당보충의 정도가 심하여 당초의 백지수표와 부당보충된 후의 수표 사이에 동일성이 인정되지 않는 경우에는 백지수표 발행인이 그 보충권의 범위 내에서도 부정수표단속법위반죄의 죄책을 지지 않는다는 견해도 있다([관련판례]의 원심[1]). 그러나 금액란이 백지인 수표의 소지인이 보충권을 남용하여 그 금액을 부당보충하는 행위가 백지보충권의 범위를 초월하여 발행인의 서명날인이 있는 기존의 수표용지를 이용한 새로운 수표를 발행하는 것에 해당하여 유가증권위조죄를 구성하는 경우에도, 백지수표의 발행인은 보충권의 범위 내에서는 부정수표단속법위반죄의 형사책임을 진다고 할 것이다([관련판례]).[2]

따라서 甲은 보충권의 범위인 300만 원 부분에 대하여는 부정수표단속법위반죄의 형사책임을 지지만, 그 범위를 넘은 700만 원 부분에 대하여는 형사책임을 지지 않는다.

관련판례

대법원 1996. 6. 11. 선고 99도1201 판결【부정수표단속법위반】

1. 원심판결의 요지

원심판결 이유에 의하면 원심은, 제1심 판시 별지 범죄일람표(1) 순번 3. 기재 수표는 원래 피고인이 A에게 같은 범죄일람표(1) 순번 2. 기재 액면 금 35,290,000원으로 된 수표를 발행하면서 그 이자 상당액을 담보하기 위하여 금액란을 백지로 하여 교부한 수표인데 그 후 피고인이 부도가 나자 A는 피고인의 재산에 대하여 진행되는 경매절차에서 위 순번 2. 기재 수표금 채권액인 위 금 35,290,000원을 확보할 의도에서 그 금원의 10배 상당인 금 352,900,000원으로 위 순번 3. 기재 수표의 금액란을 보충한 사실을 인정한 다음, 일반적으로 수표의 금액란이 보충권 남용에 의하여 부당보충된 경우 발행인은 그 보충권의 범위 내에 한정하여 부정수표단속법위반죄의 죄책을 지고 그 범위를 초과하는 금액에 대하여는 그 책임을 부담하지 아니하지만(대법원 1995. 9. 29. 선고 94도2464 판결 참조), 이 사건과 같이 수표소지자가 채권에 대한 이자를 담보하기 위하여 교부받은 백지수표에 대하여 그 이자가 아닌 원본액의 10배에 달하는 금액을 기재하여 발행하였다면 이는 오히려 보충권의 위임취지에 반하는 것으로서 결국 그 금액의 전부에 대하여 보충권 없이 작성한 것으로 볼 수밖에 없으므로 발행인으로서는 위 수표의 금액 전부에 대하여 부정수표단속법위반죄의 죄책을

1) 수원지방법원 1999. 2. 26. 선고 98노3467 판결.
2) 대법원 2013. 12. 26. 선고 2011도7185 판결; 대법원 2014. 1. 23. 선고 2013도12064 판결.

지지 아니한다고 판단하였다.

2. 판단

원심은, 일반적으로 수표의 금액란이 보충권 남용에 의하여 부당보충된 경우 발행인은 그 보충권의 범위 내에서 부정수표단속법위반죄의 죄책을 지지만 그 부당보충의 정도가 심하여 당초의 백지수표와 부당보충된 후의 수표 사이에 동일성이 인정되지 않는 경우에는 백지수표 발행인이 그 보충권의 범위 내에서도 부정수표단속법위반죄의 죄책을 지지 아니한다는 전제에 선 것으로 보인다.

그러나 금액란이 백지인 수표의 소지인이 보충권을 남용하여 그 금액을 부당보충하는 행위가 백지 보충권의 범위를 초월하여 발행인의 서명날인이 있는 기존의 수표용지를 이용한 새로운 수표를 발행하는 것에 해당하여 유가증권위조죄를 구성하는 경우에도 백지수표의 발행인은 보충권의 범위 내에서는 부정수표단속법위반죄의 죄책을 진다고 할 것이다(대법원 1972. 6. 13. 선고 72도897 판결, 1995. 9. 29. 선고 94도2464 판결 등 참조). 그렇다면 이 사건의 경우 원금 35,290,000원에 대한 이자 상당액의 보충권이 부여되어 있는 위 순번 3. 기재 수표에 관하여 위 보충권의 범위 내에서는 피고인이 부정수표단속법위반죄의 책임을 부담한다고 할 것이고 원심 판시와 같은 경위나 내용으로 부당보충이 이루어졌다고 하여 결론이 달라질 것은 아니라고 할 것임에도 불구하고, 원심이 그 판시와 같은 이유로 피고인이 부당보충된 금액 전부에 대하여 부정수표단속법위반죄의 책임을 부담하지 않는다고 판단한 조치에는 부정수표단속법위반에 관한 법리를 오해하여 판결 결과에 영향을 미친 위법이 있다고 할 것이므로 이 점을 지적하는 상고이유 주장은 이유 있다. ●

㈑ 소결

甲에 대하여 제2 수표 및 제3 수표 중 300만 원 부분에 대하여 부정수표단속법위반죄가 성립한다. 그런데 甲은 A와 협의하여 수표를 발행하였으므로 A와 공동정범이 된다.[1) 수표는 1장의 발행마다 1개의 부정수표단속법위반죄가 성립하므로, 2개의 부정수표단속법위반죄가 성립하고 두 죄는 실체적 경합관계이다(동법 제2조 제2항, 제1항, 형법 제37조, 제38조).[2) 한편 위 부정수표단속법위반죄는 반의사불벌죄인데(동법 제2조 제4항), 수사과정에서 乙이 甲에 대한 처벌을 희망하고 있고 수표가 회수된 사실이 없으므로 소추요건은 충족되었다.

---

1) 수표발행명의인이나 직접 발행자가 아니더라도 부정수표 단속법 제2조 제2항의 죄의 공동정범이 될 수 있다(대법원 1993. 7. 13. 선고 93도1341 판결).

2) 대법원 1982. 11. 23. 선고 82도2396 판결.

3. 乙의 형사책임

(1) 부정수표단속법위반죄의 성립 여부

乙은 백지보충권의 범위를 넘어 제3 수표의 700만 원 부분을 부당보충하였다. 금액란이 백지인 수표의 소지인이 부당보충하는 행위는 백지보충권의 범위를 넘어 발행인의 서명날인이 있는 기존의 수표용지를 이용한 새로운 수표를 발행하는 것, 즉 위조에 해당한다.1) 따라서 乙에 대하여 부정수표단속법위반죄(동법 제5조2))가 성립한다.3)

(2) 위조유가증권행사죄의 성립 여부

수표의 강한 유통성과 거래수단으로서의 중요성을 감안하여 유가증권 중 수표의 위·변조행위에 관하여는 범죄성립요건을 완화하여 초과주관적 구성요건인 '행사할 목적'을 요구하지 않는 한편, 다른 유가증권위조·변조행위(형법 제214조 제1항)보다 그 형을 가중하여 처벌한다.4) 그런데 본 사례에서 乙은 위 수표를 행사할 목적으로 부당 보충하고 이를 지급제시하였다. 따라서 乙에 대하여는 부정수표단속법위반죄 외에 형법상의 위조유가증권행사죄(형법 제217조, 제214조 제1항)가 성립하고, 두 죄는 실체적 경합관계이다.5)

4. 설문의 해결

甲에 대하여 2개의 부정수표단속법위반죄의 공동정범이 성립하고, 각 죄는 실체적 경합관계이다. 乙에 대하여는 부정수표단속법위반죄, 위조유가증권행사죄가 각 성립하고, 각 죄는 실체적 경합관계이다.

---

1) 대법원 1999. 6. 11. 선고 99도1201 판결; 대법원 1995. 9. 29. 선고 94도2464 판결.
2) 부정수표 단속법 제5조(위조·변조자의 형사책임) 수표를 위조하거나 변조한 자는 1년 이상의 유기징역과 수표금액의 10배 이하의 벌금에 처한다.
3) 백지수표와는 달리 백지어음의 경우, 취득자가 발행자와의 합의에 의하여 정하여진 보충권의 한도를 넘어 보충을 한 경우에는 발행인의 서명날인 있는 기존의 약속 어음용지를 이용하여 새로운 약속어음을 발행하는 것에 해당하므로 위와 같은 보충권의 남용행위는 유가증권위조죄를 구성한다. 그러나 그 보충권의 한도 자체가 처음부터 일정한 금액 등으로 특정되어 있지 아니하고 그 행사방법에 대하여도 특별한 정함이 없어서 다툼이 있는 경우에는 결과적으로 보충권의 행사가 그 범위를 일탈하게 되었다 하더라도 그 점만 가지고 바로 백지보충권의 남용 또는 그에 대한 범의가 있다고 단정할 수는 없다 할 것이고 그 보충권일탈의 정도, 보충권행사의 원인 및 경위 등에 관한 심리를 통하여 신중히 이를 인정하여야 한다(대법원 1989. 12. 12. 선고 89도1264 판결).
4) 대법원 2008. 2. 14. 선고 2007도10100 판결.
5) 대법원 2004. 1. 27. 선고 2001도3178 판결. 상상적 경합관계라는 견해도 있다.

II. 제2문 — 甲에 대한 피의자신문조서, 법정진술의 증거능력

1. 문제의 제기

검사 Q는 甲과 A를 부정수표단속법위반죄로 기소하였다. 甲과 A는 공동정범으로서, 공범인 공동피고인의 지위에 있다.[1] 그런데 甲과 A는 서로 상대방이 수표를 발행하였다며 책임을 전가하고 있다. 이때, 공범인 공동피고인 A에 대한 공소사실에 대한 증거로서 A가 부동의한 사법경찰관과 검사가 작성한 甲에 대한 각 피의자신문조서와 법정에서의 甲의 진술의 각 증거능력이 문제된다.

2. 甲에 대한 사법경찰관 작성 피의자신문조서의 증거능력

甲에 대한 사법경찰관 작성의 피의자신문조서는 검사 이외 수사기관 작성의 피고인이 아닌 피의자, 그 중에서도 공범의 피의자신문조서에 해당한다. 이에 대해서는 ① 형사소송법 제312조 제4항에 따라 증거능력을 인정해야 한다는 견해, ② 형사소송법 제312조 제3항에 따라 증거능력을 인정해야 한다는 견해(통설)의 대립이 있다. ②의 견해가 타당하고, 판례도 같은 취지이다([관련판례]).[2]

따라서 A가 공판준비 또는 공판기일에서 그 내용[3]을 인정하여야 증거로 사용할 수 있는데, A가 甲에 대한 사법경찰관 작성의 피의자신문조서에 증거동의를 하지 않고 그 내용도 부인하고 있으므로 증거로 사용할 수 없다.

 관련판례

대법원 2010. 1. 28. 선고 2009도10139 판결【사문서위조·위조사문서행사·사기】

형사소송법 제312조 제3항은 검사 이외의 수사기관이 작성한 당해 피고인에 대한 피의자신문조서를 유죄의 증거로 하는 경우뿐만 아니라, 검사 이외의 수사기관이 작성한 당해 피고인과 공범관계에 있는 다른 피고인이나 피의자에 대한 피의자신문조서

---

1) 대법원 2012. 3. 29. 선고 2009도11249 판결(증뢰자와 수뢰자).
2) 대법원 2010. 2. 25. 선고 2009도14409 판결; 대법원 2009. 7. 9. 선고 2009도2865 판결.
3) 내용인정의 주체는 공범인 甲이 아니라 피고인 A이다(피고인내용인정설)(통설). 이에 대하여 공범자가 내용을 인정해야 한다는 원진술자내용인정설도 있다. 따라서 그 당연한 결과로 공범인 피의자가 사망 등의 사유로 진술할 수 없는 때에 증거능력을 인정하는 규정인 형사소송법 제314조도 이 경우에 적용될 여지가 없다(대법원 2009. 11. 26. 선고 2009도6602 판결). 한편 A가 내용을 부인하더라도 甲이 내용을 인정하는 한, 甲에 대해서는 증거능력이 있다고 보아도 무방하다.

를 당해 피고인에 대한 유죄의 증거로 채택할 경우에도 적용된다. 따라서 당해 피고인과 공범관계에 있는 공동피고인에 대하여 검사 이외의 수사기관이 작성한 피의자신문조서는 그 공동피고인의 법정진술에 의하여 성립의 진정이 인정되더라도 당해 피고인이 공판기일에서 그 조서의 내용을 부인하면 증거능력이 부정된다(대법원 2009. 10. 15. 선고 2009도1889 판결[1] 참조).

3. 甲에 대한 검사 작성 피의자신문조서의 증거능력

2022. 1. 1.부터 새로운 형사소송법 제312조 제1항의 규정이 시행되기 이전에는, 공범은 '피고인이 아닌 자'에 해당하므로 공범인 공동피고인에 대한 검사 작성 피의자신문조서는 참고인진술조서로 취급하여 제312조 제1항이 아니라 제312조 제4항에 의하여 증거능력을 판단해야 한다는 것이 통설과 실무였다. 이때 공범의 진정성립 부여 방식에 대해서는 반드시 현재 사건의 '증인'으로 출석하여 진정성립을 인정해야 한다는 견해도 있었으나, 실무상으로는 공동피고인으로 재판받으면서 증거결정에 관한 의견진술이나 피고인신문과정에서 진정성립을 인정하는 방식도 함께 활용되었다.

이러한 종래의 통설과 실무에 따르면, 본 설문의 경우 특별한 사정이 없는 한 형사소송법 제312조 제4항의 요건을 충족한 것으로 보이고, 甲이 피고인신문과정에서 위 조서의 진정성립을 인정하였으므로 위 조서는 증거로 사용할 수 있다고 할 것이다.

그런데 2022. 1. 1.부터 새로운 제312조 제1항의 규정이 시행되어, 검사 작성의 피의자신문조서나 사법경찰관 작성의 피의자신문조서나 모두 피고인이나 그 변호인이 내용을 부인하면 증거로 할 수 없게 되었다. 따라서 공범인 공동피고인에 대한 검사 작성 피의자신문조서에 관한 증거능력에 관한 논의에 대해서도 종래의 사법경찰관 작성 피의자신문조서의 증거능력에 관한 논의(II의 2. 부분 참조)가 그대로 적용되어야 하는 것이 아닌가 하는 논란이 생기게 되었다.

이에 대해서는 ① 종래와 같이 형사소송법 제312조 제4항에 의해야 한다는 견해, ② 종래의 사법경찰관 작성 피의자신문조서에 관한 논의와 마찬가지로 제312조 제3항에 의해야 한다는 견해가 있을 수 있다. 검사와 사법경찰관 작성의 피의자신문조서의 증거능력요건이 같아진 마당에 공범에 관하여 달리 취급해야 할 뚜렷한 사정

---

1) 본 판결 평석은 김봉수, "피고인의 공소사실과 관련한 공동피고인에 대한 경찰작성 신문조서의 증거능력 — 왜 312조 '제4항'이 아니라 '제3항'을 적용하는가? —, 형사법연구 제22권 제1호(2010. 봄), 한국형사법학회, 73-96면.

이 없는 점에 비추어, 실무는 ②의 견해대로 정착될 것으로 보인다. ②의 견해에 의할 경우, A가 甲에 대한 검사 작성 피의자신문조서에 증거동의를 하지 않고 그 내용도 부인하고 있으므로 증거로 사용할 수 없다.

4. 甲의 법정진술의 증거능력

甲의 법정진술의 증거능력이 있는지 검토하기 위해서는 첫째, 공동피고인인 甲이 증인적격이 있는지 여부, 둘째, 공동피고인 甲의 법정진술이 어떠한 요건을 갖추어야 증거능력이 있는지 여부를 나누어 살펴보아야 한다.

첫 번째 쟁점인 증인적격(가능성)의 문제는, ① 공동피고인은 다른 피고인과의 관계에서 제3자이므로 병합 심리 중에 있는 공동피고인도 증인으로 신문할 수 있고, 증인도 형사상 자기에게 불리한 진술을 거부할 권리(형소법 제148조)를 가지고 있고, 법원은 법률에 다른 규정이 없으면 누구나 증인으로 신문할 수 있기 때문에(형소법 제146조) 증인적격이 있다는 긍정설, ② 사건에 관계된 공동피고인은 모두 진술을 거부할 수 있기 때문에(헌법 제12조 제2항, 형소법 제289조) 변론을 공범 상호 간에 분리하지 않는 한 공동피고인에게 증인적격을 인정할 수 없다는 부정설, ③ 공범자인 공동피고인은 증인적격이 없으나 자기의 공소사실과 실질적 관련이 없는 사건에 대하여는 공동피고인이더라도 증인이 될 수 있다는 절충설(통설)이 있다. 판례는 단순 공동피고인은 증인적격이 있으나, 공범인 공동피고인은 당해 소송절차에서는 피고인의 지위에 있으므로 증인이 될 수 없으나, 소송절차가 분리되어 피고인의 지위에서 벗어나게 되면 다른 공동피고인에 대한 공소사실에 관하여 증인이 될 수 있다고 한다.[1]

두 번째 쟁점인 공범인 공동피고인이 피고인신문과정에서 진술한 법정진술의 증거능력에 관하여 살펴보면, 공동피고인의 진술은 한편으로 다른 공범에 대한 제3자의 진술이 되지만 다른 한편으로는 자기와 관련된 부분에서는 피고인 자신의 진술이라는 특성을 갖고 있기 때문에 그 증거능력에 대하여 견해의 대립이 있다. ① 공범인 공동피고인의 법정진술은 법관의 면전에서 행하여진 임의의 진술인 점을 고려할 때, 당해 피고인에 의한 반대신문권이 보장되어 있기 때문에 그대로 증거능력을 인정할 수밖에 없다는 적극설, ② 공동피고인은 진술거부권을 가지고 있어 당해 피고인이 반대신문권을 행사하더라도 진술거부권을 행사할 경우 반대신문권이 제한되고, 나아가 그 진술의 진실성이 증인으로 선서를 하더라도 담보되지 않는다는 이유

---

1) 대법원 1979. 3. 27. 선고 78도1031 판결(단순 공동피고인); 대법원 2008. 6. 26. 선고 2008도3300 판결(공범인 공동피고인).

로 변론을 분리하여 증인으로 선서한 후에 증인신문하지 않는 한 증거능력을 부정하는 소극설, ③ 실제로 충분히 반대신문을 하였거나 기회가 보장된 때에 한하여 인정된다는 절충설의 대립이 있다. 판례는 피고인의 반대신문권이 보장되어 있어 증인으로 신문한 것과 다를 바 없으므로 독립한 증거능력이 있다고 판시함으로써 전체적으로 적극설의 입장을 취하고 있다.[1]

판례의 입장인 적극설이 타당하다. 따라서 공범인 공동피고인도 변론이 분리되면 증인적격이 있고, 나아가 별도로 공범들에 대하여 서로 변론을 분리하지 않더라도 그 법정진술은 다른 공범 피고인에 대한 공소사실에 대하여 증거로서 증거능력을 인정할 수 있다. 그렇다면 본 사례에서 甲은 A와 서로 변론을 분리하지 않고 증인으로 선서를 하지 않았다고 하더라도 甲의 법정진술은 증거로 사용할 수 있다.

III. 제3문 — 제1심과 항소심에서의 공범의 수표 회수와 그 효력

1. 제1심에서의 수표 회수

부정수표단속법 제2조 제2항의 죄는 반의사불벌죄로서 수표를 발행하거나 작성한 자가 그 수표를 회수한 경우 또는 회수하지 못하였더라도 수표소지인의 명시적 의사에 반하는 경우 공소를 제기할 수 없다(동법 제2조 제4항). 따라서 A가 제1심판결 선고 전에 수표를 회수하였으므로 법원은 A에 대하여 공소기각의 판결을 선고하여야 한다(형소법 제327조 제6호). 문제는 A의 수표 회수가 공범인 甲에 대하여도 효력이 미치는지 여부이다.

친고죄에서 고소불가분의 원칙을 규정한 형사소송법 제233조의 규정은 반의사불벌죄에는 준용되지 않는다.[2] 그러나 수표가 공범에 의하여 회수된 경우는, 그 소추조건으로서의 효력은 회수 당시 소지인의 의사와 관계없이 다른 공범자에게도 당연히 미치는 것으로 보아야 할 것이다.[3] 따라서 A의 수표 회수는 甲에 대하여도 효력을 미치므로 제1심법원은 甲에 대하여 공소기각의 판결을 하여야 한다.

---

1) 대법원 1992. 7. 28. 선고 92도917 판결. 본 판결 평석은 정웅석, "공범인 공동피고인의 법정진술의 증거능력과 증명력", 형사판례연구 [17], 2009, 543-559면.
2) 대법원 1999. 5. 14. 선고 99도900 판결.
3) 대법원 1999. 5. 14. 선고 99도900 판결; 대법원 2009. 12. 10. 선고 2009도9939 판결. 이러한 법리는 부정수표를 실제로 회수한 공범이 다른 공범자의 처벌을 원한다고 하여 달리 볼 것이 아니다(위 99도900 판결)

2. 항소심에서의 수표 회수

반의사불벌죄에서 처벌을 희망하는 의사표시의 철회도 고소취소와 마찬가지로 제1심[1] 판결선고 전까지만 할 수 있다(형소법 제232조 제3항).[2] 마찬가지로 항소심에서 A가 수표를 회수하였더라도 소송법상의 효력이 없으므로[3] 항소심 법원은 A와 甲에 대하여 공소기각의 판결을 할 수 없고 재판을 계속 진행한 후 실체판결을 하여야 한다.

---

1) 상소심에서 제1심판결을 파기하고 환송함에 따라 다시 제1심 절차가 진행된 경우, 종전 제1심판결은 효력을 상실하였으므로 환송 후의 제1심판결 선고 전에는 고소를 취소할 수 있다(대법원 2011. 8. 25. 선고 2009도9112 판결).

2) 헌법재판소는 친고죄의 고소취소와 관련된 문제는 입법정책의 문제이고, 형사소송법 제232조 제1항은 고소인과 피고소인 사이에 자율적인 화해가 이루어질 수 있도록 하는 동시에 국가형벌권의 행사가 전적으로 고소인의 의사에 의해 좌우되는 것 또한 방지하는 역할을 하며, 제1심 판결선고 전까지의 기간이 부당하게 짧은 기간이라고 하기도 어려운 점 등에 비추어 볼 때 합헌이라고 판시하였다(헌법재판소 2011. 2. 24. 선고 2008헌바40 결정). 한편, 일본은 공소제기 전까지 고소를 취소할 수 있다고 규정하고 있다(일본 형소법 제237조 제1항).

3) 대법원 2002. 10. 11. 선고 2002도1228 판결. 본 판결 평석은 김영천, "부정수표단속법 제2조 위반자로 공소제기된 피고인에 대하여 소송촉진등에관한특례법 제23조의 규정에 의하여 피고인의 진술 없이 유죄판결이 선고·확정된 후 같은 법 제23조의2의 규정에 의하여 피고인이 재심을 신청함으로써 개시된 재심사건의 제1심판결 선고 전에 부도수표가 회수된 경우, 공소기각의 판결을 선고하여야 하는지 여부(적극)", 대법원판례해설 제43호, 2003, 721-731면.

사 례 [14] 사기도박, 함정수사, 비밀녹음·사진촬영의 적법성, 녹음테이프·사진의 증거능력

　　사법경찰관 X는 甲이 불법으로 카지노에서 영업하는 게임기구를 갖춰놓고 이곳저곳을 옮겨 다니면서 점조직 형태로 카지노영업을 하고 있다는 정보를 입수하고, 甲과 친분이 있는 정보원 Y에게 어디에서 카지노영업을 하는지 알아보아 달라고 부탁하였다. 이에, Y는 2018. 2. 1. 11:00경 甲의 휴대전화로 전화를 걸어 안부를 교환한 다음, "돈이 좀 생겼는데 나도 카지노판에 끼워달라"고 부탁을 하자, 甲은 "함께 어울리려면 적어도 2,000만 원은 있어야 된다"고 다짐하면서 "신촌역 부근 K 점술가 간판이 붙은 집으로 오라"고 말하였다. Y는 위 대화내용을 휴대전화기의 녹음장치를 이용하여 녹음하고(ⓐ녹음), 이를 명확하게 하기 위하여 전화종료 후 "나는 2018. 2. 1. 11:00경 집에서 甲에게 전화하여 甲이 운영하는 카지노판에 끼워달라고 하였더니 甲이 신촌역 부근 K 점술가 간판이 붙은 집으로 오라고 하였다"는 설명도 함께 녹음하였다(ⓑ녹음).

　　Y는 X로부터 제공받은 2,000만 원을 가지고 2018. 2. 3. 14:00경 위 K 점술가 간판이 붙은 집으로 가서 甲의 안내로 집 안에 들어갔다. 안으로 들어가 보니 밖에서 볼 때보다는 집 안이 넓고 방이 세 개 있었는데, 그 중 가장 넓은 방 1칸에는 조립식 탁자 1개와 그 위에 깔 바카라게임판 1개, 다수의 칩이 마련되어 있었고, 환전 및 딜러를 담당하는 직원이 있었으며, 이미 4명이 바카라게임을 하고 있었다. Y가 甲에게 언제부터 카지노영업을 하였는지 물어보았더니, 甲은 "2017. 12월 말부터 했는데 워낙 단속이 심하여 장소를 옮겨 다니며 한 곳에서 짧게는 1일, 길게는 4일 정도씩 했는데, 지금까지 명동에 있는 호텔 객실에서 4회, 방배동 빌라에서 1회 했으며, 지금 장소에서는 4일째 하고 있다"고 말하였다. Y는 이 대화 역시 호주머니 속에 숨겨 둔 고성능녹음기로 녹음하였다(ⓒ녹음).

　　한편, 다른 방에서는 속칭 '섯다'라는 화투판이 벌어지고 있었는데, 甲은 미리 동네 후배인 乙, 丙과 공모하여 방안에 몰래카메라를, 부근 H 모텔 707호실에는 모니터를 각 설치한 다음, 乙은 2018. 2. 3. 12:00경 수신기 및 리시버를 착용하고 형광물질로 특수표시를 한 화투로 소지한 채 화투하자고 유인해 온 丁, 戊와 함께 같은 날 14:00경까지는 정상적인 방법으로 '섯다'를 하다가, 그 다음부터 16:00경까지는 특수표시를 한 화투로 바꾸어 丙이 몰래 설치한 카메라를 통하여 수신된 모니터 화면을 보고 알려 주는 丁, 戊의 화투 패를 리시버를 통하여 듣고 '섯다'를 함으로써 丁, 戊로부터 각 500만 원을 도금으로 교부받았다.

　　2018. 2. 3. 16:00경 X는 압수·수색장소를 위 집, 압수물건을 "카지노기구, 칩, 장부, 서류, 메모 등 본건과 관련 있다고 생각되는 물건"으로 기재한 압수·수색영장을 발

부받아 기동대원들과 함께 위 집에 들어가면서 도박현장을 사진 찍고(ⓐ사진), 바카라게임에 사용된 기구를 압수하면서 이 또한 사진을 찍었다(ⓑ사진). 그러는 사이에 甲은 비상구를 통하여 도주하였는데, 황급하게 도망가는 바람에 휴대전화기를 놓고 가버렸다. X는 이 휴대전화기도 압수한 다음, 휴대전화기의 발신 및 착신내역을 확인하였으나 모두 삭제되어 있어 즉시 대검찰청 디지털포렌식센터에 삭제된 데이터의 복원·분석을 의뢰하였다.

설 문

1. 甲 내지 戊의 형사책임을 논하라.

2. X의 다음 각 수사행위의 적법성을 논하라.
   (1) Y를 이용한 행위(Y가 녹음한 행위 포함)
   (2) 사진촬영한 행위
   (3) 휴대전화기의 압수 및 데이터 복원·분석행위

3. 甲에 대한 공판에서 변호인이 모든 증거에 부동의한 경우, 검사가 증거로 제출한 ⓐ녹음파일 내지 ⓒ녹음파일, ⓐ사진 및 ⓑ사진의 각 증거능력에 관하여 논하라.

해 설

I. 제1문 — 甲 내지 戊의 형사책임

1. 甲의 불법 카지노영업행위

甲이 '2018. 2. 3. 12:00경부터 16:00경까지 사이에 Y 등 5명이 바카라게임을 하도록 한 것을 비롯하여 2017. 12월 말부터 위 일시까지 3곳에서 6회(1일 내지 4일씩) 바카라게임을 하도록 한 행위'는 영리의 목적으로 스스로 주재자가 되어 그 지배 아래 도박장소를 개설한 것이므로 도박장소개설죄(형법 제247조)[1])에 해당한다.[2]) 甲의 도박장소개설행위는 장소, 도박자는 다르지만 기간과 간격, 도박의 종류, 도박장소 등을 종합적으로 살펴볼 때, 단일하고도 계속된 범의 아래 동종 범행을 일정기간 반복하여 행하고 그 피해법익도 동일하므로[3]) 포괄일죄에 해당한다.

한편, 甲의 불법 카지노영업행위가 관광진흥법 제81조에 위반한 것인지가 문제된다.[4]) 판례는 사실상 전용영업장(전문영업장)에 준하는 시설과 기구를 갖추고서 허가

---

1) 도박개장죄는 2000. 12. 13. 우리나라가 서명한 「국제연합 초국가적 조직범죄 방지협약」(United Nations Convention against Transnational Organized Crime)의 국내적 이행 입법사항을 고려하여 그 구성요건과 법정형 등이 개정되어 2013. 4. 5.부터 시행되었다. 즉, 종래 "영리의 목적으로 도박을 개장한 자는 3년 이하의 징역 또는 2천만원 이하의 벌금에 처한다"고 규정되어 있던 것을 "영리의 목적으로 도박을 하는 장소나 공간을 개설한 사람은 5년 이하의 징역 또는 3천만원 이하의 벌금에 처한다"고 개정하여 인터넷상에 도박사이트를 개설하여 전자화폐나 온라인으로 결제케 하는 경우도 도박개장죄가 성립할 수 있음을 명백히 하였다. 이에 따라 죄명도 종래 '도박개장죄'에서 '도박장소개설죄'와 '도박공간개설죄'로 분리되었다(공소장 및 불기소장에 기재할 죄명에 관한 예규〈개정 대검예규 제642호, 2013. 4. 30.〉).

2) 도박장소개설죄는 영리의 목적으로 스스로 주재자가 되어 그 지배하에 도박장소를 개설함으로써 성립하는 범죄로서, '영리의 목적'이란 도박장소개설의 대가로 불법한 재산상의 이익을 얻으려는 의사를 의미한다(대법원 2009. 2. 26. 선고 2008도10582 판결; 대법원 2008. 10. 23. 선고 2008도3970 판결).

3) 대법원 2000. 1. 21. 선고 99도4940 판결.

4) 관광진흥법은 '전문 영업장을 갖추고 주사위·트럼프·슬롯머신 등 특정한 기구 등을 이용하여 우연의 결과에 따라 특정인에게 재산상의 이익을 주고 다른 참가자에게 손실을 주는 행위 등을 하는 업'을 카지노업으로 정의하면서(제3조 제1항 제5호) 카지노업의 영업의 종류는 문화체육관광부령으로 정하도록 하고 있는데(제26조 제1항), 관광진흥법시행규칙 제35조 제1항에 의하면 카지노업의 영업의 종류는 룰렛, 블랙잭, 포커, 바카라 등 28가지로 정해져 있다. 또한 관광진흥법에 의하면, 카지노업을 경영하려는 자는 전용영업장 등 문화체육관광부령으로 정하는 시설과 기구를 갖추어 문화체육관광부장관의 허가를 받아야 하는데(제5조 제1항, 제23조 제1항), 관광진흥법시행규칙 제29조에 의하면 이러

를 받지 아니한 채 카지노영업을 한 경우에는 관광진흥법위반죄와 도박장소개설죄의 상상적 경합으로 처벌하고,[1] 이에 미치지 못하는 경우, 즉 전용영업장(전문영업장)에 준하는 시설과 기준을 사실상 갖추지 아니한 채 도박을 하게 한 경우에는 도박장소개설죄로만 처벌하는 것이 상당하다고 하면서, "전용영업장(전문영업장)에 준하는 시설과 기준을 사실상 갖추었는지 여부는 기구 및 시설의 규모, 영업장의 위치 및 면적, 영업을 한 기간의 장단, 종업원들의 역할 분담 여부 등을 종합적으로 고려하여 판단하여야 한다"고 판시하고 있다.[2]

본 사례의 경우, ① 甲이 준비한 게임기구는 조립식 탁자 1개 및 그 위에 깔 바카라게임판 1개, 다수의 칩에 불과하였던 점, ② 甲은 乙, 丙과 함께 장소를 옮겨 다니며 총 6회에 걸쳐 카지노영업을 하였는데, 6곳 중 4곳이 호텔의 객실이고, 1곳은 빌라, 나머지 1곳은 위 집인 점, ③ 전체 영업기간이 2017. 12. 말부터 2018. 2. 3.까지 약 1달이고, 영업장소마다 짧게는 1일, 길게는 4일 정도씩 영업을 하였던 점 등에 비추어 보면, 사실상 전용영업장(전문영업장)에 준하는 시설과 기준을 갖추고서 카지노영업을 하였다고는 보기 어렵다. 따라서 甲에 대하여 관광진흥법위반죄는 성립하지 않는다.

2. 甲, 乙, 丙, 丁, 戊의 섯다 도박행위

(1) 甲, 乙, 丙의 사기죄 성립 여부

⑦ 2018. 2. 3. 14:00-16:00까지의 도박

도박이란 재물 또는 재산상 이익을 걸고 우연에 의하여 재물과 재산상 이익의 득실을 결정하는 것을 말한다.[3] 여기서 우연이란 주관적으로 당사자가 확실히 예견 또는 자유로이 지배할 수 없는 사실에 관하여 승패를 결정하는 것을 말한다.[4] 따라

한 '시설과 기구'는 330㎡ 이상의 전용영업장, 1개 이상의 외국환 환전소, 카지노업의 영업종류 중 네 종류 이상의 영업을 할 수 있는 게임기구 및 시설, 문화체육관광부장관이 정하여 고시하는 기준에 적합한 카지노 전산시설 등을 말한다. 나아가 문화체육관광부장관은 최상 등급의 호텔 등 대통령령으로 정하는 요건에 맞는 시설에만 카지노업을 허가할 수 있고, 공공의 안녕, 질서유지 또는 카지노업의 건전한 발전을 위하여 필요하다고 인정하면 대통령령으로 정하는 바에 따라 허가를 제한할 수도 있으며 (법 제21조 제2항), 이러한 허가를 받지 아니하고 카지노업을 경영한 자는 5년 이하의 징역 또는 5천만원 이하의 벌금에 처하도록 되어 있다(법 제81조 제1호).

1) 도박장소개설죄의 법정형은 5년 이하의 징역 또는 3천만원 이하의 벌금이지만, 관광진흥법 제81조 위반죄는 5년 이하의 징역 또는 5천만원 이하의 벌금이다.
2) 대법원 2009. 12. 10. 선고 2009도11151 판결.
3) 종래 도박죄의 구성요건이 '재물로써 도박한 자'로 되어 있어 그 대상이 재물에 한정되었으나, 2013. 4. 5. 형법 개정으로 '도박을 한 사람'으로 변경되어 재산상 이익도 그 대상에 포함되게 되었다.
4) 대법원 2014. 6. 12. 선고 2013도13231 판결.

서 도박당사자 일방이 사기의 수단으로써 승패의 수를 지배하는 경우에는 우연성이 결여되어 사기죄만 성립하고 도박죄는 성립하지 않는다([관련판례]). 따라서 甲, 乙, 丙이 사기도박을 공모한 다음, 乙이 丁, 戊와 화투를 이용하여 섯다 도박을 하여 丁, 戊로부터 각 500만 원을 편취하였으므로 사기죄의 공동정범이 성립한다. 甲은 비록 직접 도박을 하지 않았지만 동네 후배인 乙, 丙을 끌어들여 사기도박을 주도하는 등 본질적 기여를 통한 행위지배를 하였으므로 공모공동정범의 책임을 진다.

위 사기도박행위는 1개의 기망행위에 의하여 피해자 丁, 戊로부터 각기 재물을 편취한 경우에 해당되므로 피해자별로 각 사기죄가 성립하고, 두 죄는 상상적 경합관계에 있다([관련판례]).

(나) 2018. 2. 3. 12:00-14:00까지의 도박

사기도박에 필요한 준비를 갖추고 그러한 의도로 피해자들에게 도박에 참가하도록 권유한 때 또는 늦어도 그 정을 알지 못하는 피해자들이 도박에 참가한 때에는 이미 사기죄의 실행에 착수한 것이므로, 그 후에 사기도박을 숨기기 위하여 얼마간 정상적인 도박을 하였다고 하더라도 이는 사기죄의 실행행위에 포함되는 것으로서 사기죄 외에 따로 도박죄는 성립하지 않는다([관련판례]).

 관련판례

대법원 2011. 1. 13. 선고 2010도9330 판결【사기·도박】[1]

【사실관계】
피고인 甲은 2010. 2. 17.경 원심공동피고인 乙, 丙, 丁과 사기도박의 방법으로 금원을 편취하기로 공모하고, 이에 따라 위 丙, 丁은 2010. 2. 18. 16:00경 홀인원모텔 906호실에서 천장에 있는 화재감지기에 카메라를 몰래 설치하고, 위 모텔 맞은편에 있는 아리아모텔 707호실에 모니터를 설치한 다음, 위 乙은 피해자 A, B에게 연락하여 도박을 하자고 유인하여 위 홀인원모텔 906호실로 오게 하고, 또 위와 같은 사실을 알지 못하는 B는 피해자 C에게 도박을 하자고 권유하여 위 모텔로 오게 하였다.
피고인과 위 乙은 같은 날 20:00경 수신기 및 리시버를 착용하고 형광물질로 특수표시를 한 화투를 소지한 채 위 홀인원모텔 906호실로 가서 피해자들과 함께 속칭 '섯다'라는 도박을 하였는데, 21:20경부터 22:00경까지는 사기도박을 숨기기 위하여 정상적인 도박을 하다가 22:00경 위 乙이 가지고 온 화투를 바꾼 이후부터 다음날 02:10경까지는 위 乙이 몰래 설치한 카메라를 통하여 수신된 모니터 화면을 보고 알

1) 본 판결 평석은 김인택, "이른바 사기도박의 경우 사기죄 외에 도박죄가 별도로 성립하는지 여부와 사기도박에서 실행의 착수 여부", 대법원판례해설 제88호(2011 상반기), 2011, 604-615면.

려 주는 피해자들의 화투 패를 리시버를 통하여 듣고 도박의 승패를 지배함으로써 피해자들로부터 도금을 교부받았다.

【판결요지】

1. 상고이유 제1점에 관하여

가. 도박이라 함은 2인 이상의 자가 상호 간에 재물을 도(賭)하여 우연한 승패에 의하여 그 재물의 득실을 결정하는 것이므로, 이른바 사기도박에 있어서와 같이 도박당사자의 일방이 사기의 수단으로써 승패의 수를 지배하는 경우에는 도박에 있어서의 우연성이 결여되어 사기죄만 성립하고 도박죄는 성립하지 아니한다(대법원 1960. 11. 16. 선고 4293형상743 판결 참조). 한편, 사기죄는 편취의 의사로 기망행위를 개시한 때에 실행에 착수한 것으로 보아야 하므로, 사기도박에 있어서도 사기적인 방법으로 도금을 편취하려고 하는 자가 상대방에게 도박에 참가할 것을 권유하는 등 기망행위를 개시한 때에 실행의 착수가 있는 것으로 보아야 한다.

나. 원심이 확정한 사실 및 그 채용 증거들에 의하면, (중략 : 위 사실관계와 같음) 사실을 알 수 있다.

위와 같은 사실관계를 앞에서 본 법리에 비추어 살펴보면, 피고인 등은 사기도박에 필요한 준비를 갖추고 그러한 의도로 피해자들에게 도박에 참가하도록 권유한 때 또는 늦어도 그 정을 알지 못하는 피해자들이 도박에 참가한 때에는 이미 사기죄의 실행에 착수하였다고 할 것이므로, 피고인 등이 그 후에 사기도박을 숨기기 위하여 얼마간 정상적인 도박을 하였다고 하더라도 이는 사기죄의 실행행위에 포함되는 것이라고 할 것이어서 피고인에 대하여는 피해자들에 대한 사기죄만이 성립하고 도박죄는 따로 성립하지 아니한다고 할 것이다.

그럼에도 원심은 이와 달리 피해자들에 대한 사기죄 외에 도박죄가 별도로 성립하는 것으로 판단하고 이를 유죄로 인정하였으니, 원심판결에는 사기도박에 있어서의 실행의 착수시기 등에 관한 법리를 오해하여 판결에 영향을 미친 위법이 있다.

2. 상고이유 제2점에 관하여

1개의 기망행위에 의하여 여러 피해자로부터 각각 재물을 편취한 경우에는 피해자별로 수개의 사기죄가 성립하고, 그 사이에는 상상적 경합의 관계에 있는 것으로 보아야 한다.

앞에서 본 사실관계를 위와 같은 법리에 비추어 살펴보면, 피고인 등이 피해자들을 유인하여 사기도박을 하여 도금을 편취한 행위는 사회관념상 1개의 행위로 평가함이 상당하므로, 피해자들에 대한 각 사기죄는 상상적 경합의 관계에 있다고 보아야 할 것이다.

그럼에도 원심은 이와 달리 위 각 죄가 실체적 경합의 관계에 있는 것으로 보고 형법 제37조 전단에 의하여 경합범 가중을 하였으니, 원심판결에는 사기죄의 죄수에 관한 법리를 오해하여 판결에 영향을 미친 위법이 있다.

(2) 甲의 도박장소개설죄 성립 여부

甲이 乙, 丙과 함께 사기도박을 공모한 다음, 乙이 丁, 戊와 화투를 이용하여 섯다 도박을 하도록 한 것이 도박장소개설죄에 해당하는지가 문제된다. 이에 대해서는 ① 甲, 乙, 丙에 대하여 사기죄가 성립하고 별도로 도박죄는 성립하지 않으므로 '도박장소를 개설'한 것으로 볼 수 없어 도박장소개설죄도 성립하지 않는다는 견해가 있다. 반면에 ② 도박장소개설죄는 도박장소를 개설하면 충분하고, 도자(賭者)를 유인하거나 도박죄 자체가 성립되었을 것을 요하지 않으므로 乙, 丁, 戊에게 도박죄가 성립하는지 여부는 범죄 성립에 아무런 영향을 미치지 않는다는 견해가 있다. 이 견해에 의하면, 도박장소를 개설한 자가 도박한 경우에도 도박장소개설죄가 성립하므로 甲에게는 도박장소개설죄가 성립하고,[1] 이는 위 카지노도박에 대한 도박장소개설죄와 포괄일죄가 될 것이다. 생각건대, ①의 견해가 타당하므로 이 부분과 관련하여 甲에 대하여 도박장소개설죄는 성립하지 않는다.

(3) 丁, 戊의 행위

丁, 戊는 사기죄의 피해자일 뿐, 별도로 도박죄가 성립하지 않는다.[2]

3. 설문의 해결

(1) 甲에 대하여는 불법카지노영업에 대한 도박장소개설죄(형법 제247조) 및 피해자 丁, 戊에 대한 각 사기죄(형법 제327조 제1항)의 공동정범(형법 제30조)이 성립하는데, 각 사기죄는 상상적 경합관계이고, 도박장소개설죄와 각 사기죄는 실체적 경합관계이다.

(2) 乙, 丙에 대하여는 피해자 丁, 戊에 대한 각 사기죄의 공동정범이 성립하고, 두 죄는 상상적 경합관계이다.

(3) 丁, 戊는 무죄이다.

---

1) ① 도박장소개설죄만 성립한다는 견해, ② 도박장소개설죄와 도박죄의 실체적 경합범이 된다는 견해 (통설), ③ 상상적 경합이 된다는 견해가 대립된다.
2) 대법원 2011. 1. 13. 선고 2010도9330 판결.

Ⅱ. 제2문 ─ 경찰관 X의 수사의 적법성

1. Y를 이용한 행위

X가 Y로 하여금 甲의 도박장소를 알아보아 달라고 하고 도박자금을 교부하여 도박장소에 가서 도박하게 한 다음, 도박현장을 단속한 일련의 행위가 함정수사에 해당하는지 여부가 문제된다. 또한, 그 과정에서 Y가 甲과의 대화를 녹음한 행위의 적법성이 문제된다.

(1) Y를 이용한 행위의 적법성

㈎ 함정수사의 의의 및 법적 성질

함정수사의 의의에 관하여는 ① 본래 범의를 가지지 않은 자에 대하여 수사기관이 사술이나 계략을 써서 범죄를 유발하게 하여 범죄인을 검거하는 수사방법을 말한다고 하여 범의유발형에 한정하는 견해, ② 수사기관 또는 그 의뢰를 받은 수사협력자가 그 신분이나 의도를 상대방에게 숨기고, 범죄를 실행하도록 공작하여, 상대방이 이에 따라 범죄를 실행하는 순간 현행범인체포 등으로 검거하는 수사방법을 말한다고 하여 범의유발형과 기회제공형을 모두 포함하는 견해1)의 대립이 있다. 이에 대하여 판례는 종래 "함정수사라 함은 본래 범의를 가지지 아니한 자에 대하여 수사기관이 사술이나 계략 등을 써서 범죄를 유발케 하여 범죄인을 검거하는 수사방법을 말하는 것이므로, 범의를 가진 자에 대하여 범행의 기회를 주거나 범행을 용이하게 한 것에 불과한 경우에는 함정수사라고 할 수 없다"고 판시하여(ⓐ판결)2) 명백하게 ①의 견해와 같은 입장이었다. 그러나 최근에는 "범의를 가진 자에 대하여 단순히

---

1) 일본 판례의 입장이다(最決 2004. 7. 12. 刑集 58·5·333). 함정수사는 수사기관 또는 그 의뢰를 받은 수사협력자가 그 신분이나 의도를 상대방에게 숨기고 범죄를 실행하도록 공작하여 상대방이 이에 따라 범죄를 실행하는 순간 현행범체포 등으로 검거하는 것으로, 적어도 직접의 피해자가 없는 약물범죄 등의 수사에 있어 통상의 수사방법만으로는 당해 범죄의 적발이 곤란한 경우에 기회가 있으면 범죄를 행할 의사가 있다고 의심되는 자를 대상으로 함정수사를 행하는 것은 형소법 제197조 제1항에 기한 임의수사로서 허용된다고 해석하여야 한다. 이를 본건에 관하여 보면, 위와 같이 마약단속관이 수사협력자로부터의 정보에 의해서도 피고인의 주거나 대마수지의 은닉장소 등을 파악할 수 없고, 다른 수사방법에 의하여 증거를 수집하고 피고인을 검거하는 것이 어려운 상황인 한편, 피고인은 이미 대마수지의 유상양도를 하기 위하여 매수자를 구하고 있었기 때문에, 마약단속관이 거래장소를 준비하고 피고인에게 대마수지 2킬로그램을 매수할 의사를 표시하여 피고인이 거래장소에 대마수지를 가지고 오도록 하였더라도 함정수사로서 적법하다고 하여야 할 것이다. 따라서 본건의 수사를 통하여 수집한 대마수지를 비롯한 각 증거의 증거능력을 긍정한 원판결은 정당하다고 할 수 있다.
2) 대법원 2004. 5. 14. 선고 2004도1066 판결.

범행의 기회를 제공하는 것에 불과한 경우에는 위법한 함정수사라고 단정할 수 없다"1)거나 "본래 범의를 가지지 아니한 자에 대하여 수사기관이 사술이나 계략 등을 써서 범의를 유발하게 하여 범죄인을 검거하는 함정수사는 위법하다"([관련판례]) 고 판시하여2) 마치 함정수사에는 기회제공형과 범의유발형을 모두 포함하고, 전자는 적법하고 후자는 위법하다는 취지로 이해되기도 한다. 그러나 이러한 최근의 판결은 ⓐ판결의 파기환송판결 후의 대법원 판결3)에서 "범의를 가진 자에 대하여 단순히 범행의 기회를 제공하거나 범행을 용이하게 하는 것에 불과한 수사방법이 경우에 따라 허용될 수 있음은 별론으로 하고, 본래 범의를 가지지 아니한 자에 대하여 수사기관이 사술이나 계략 등을 써서 범의를 유발케 하여 범죄인을 검거하는 함정수사는 위법함을 면할 수 없다"는 판시내용(ⓑ판결)을 따른 것으로서4) 판시내용에 비추어 대법원이 ①의 견해를 변경하였다고 단정하기는 어렵다.

한편 함정수사가 임의수사인가 강제수사인가에 대해서도 논의가 있으나, 형태를 불문하고 적법하다고 인정되는 한 임의수사라고 할 것이다.

관련판례

대법원 2007. 11. 29. 선고 2007도7680 판결【마약류관리에관한법률위반(향정)】

【사실관계】

甲이 2006. 5. 2. 경기지방경찰청 평택경찰서에 체포되자, 동거녀인 乙이 이른바 '공적'을 쌓아 주어 甲을 석방되게 하기 위하여 丙과 丁에게 수사기관과의 절충역할 및 필로폰 밀수입에 관한 정보의 제공을 부탁하면서 이에 대한 대가의 지급을 약속하였다. 이에 丙과 丁은 위 경찰서 경찰관 X와 수원지방검찰청 평택지청 수사관 Y와 약 50g씩 2건의 필로폰 밀수입에 관한 정보를 제공하면 甲을 석방하여 주기로 협의하고, 丙은 戊에게, 戊는 己에게 순차로 필로폰 밀수입에 관한 정보의 제공을 부탁하였고, 이에 己는 피고인 A에게 필로폰 밀수입을 권유하여 A가 이를 승낙하였다.

그 후 戊는 己로부터 연락을 받아 丙에게 전하고, 丙은 직접 또는 丁을 통하여 Y에게 제보를 하여, Y가 필로폰을 받으러 나온 A를 체포하였다.

1) 대법원 2007. 5. 31. 선고 2007도1903 판결(취객상대 부축빼기 사건). 본 판결 평석은 이재상, "함정수사의 위법성판단기준과 위법한 함정수사의 효과", 형사소송법 기본판례, 14-33면.
2) 대법원 2021. 7. 29. 선고 2017도16810 판결.
3) 대법원 2005. 10. 28. 선고 2005도1247 판결.
4) 최근의 대법원 2013. 3. 28. 선고 2013도1473 판결도 "본래 범의를 가지지 아니한 자에 대하여 수사기관이 사술이나 계략 등을 써서 범의를 유발하게 하여 범죄인을 검거하는 함정수사는 위법한바, …"라고 판시하여 위 ⓑ판결의 판시내용을 따르고 있다.

【판결이유】

본래 범의를 가지지 아니한 자에 대하여 수사기관이 사술이나 계략 등을 써서 범의를 유발하게 하여 범죄인을 검거하는 함정수사는 위법한바, 구체적인 사건에 있어서 위법한 함정수사에 해당하는지 여부는 해당 범죄의 종류와 성질, 유인자의 지위와 역할, 유인의 경위와 방법, 유인에 따른 피유인자의 반응, 피유인자의 처벌 전력 및 유인행위 자체의 위법성 등을 종합하여 판단하여야 한다. 수사기관과 직접 관련이 있는 유인자가 피유인자와의 개인적인 친밀관계를 이용하여 피유인자의 동정심이나 감정에 호소하거나, 금전적·심리적 압박이나 위협 등을 가하거나, 거절하기 힘든 유혹을 하거나, 또는 범행방법을 구체적으로 제시하고 범행에 사용될 금전까지 제공하는 등으로 과도하게 개입함으로써 피유인자로 하여금 범의를 일으키게 하는 것은 위법한 함정수사에 해당하여 허용되지 않지만, 유인자가 수사기관과 직접적인 관련을 맺지 아니한 상태에서 피유인자를 상대로 단순히 수차례 반복적으로 범행을 부탁하였을 뿐 수사기관이 사술이나 계략 등을 사용하였다고 볼 수 없는 경우는, 설령 그로 인하여 피유인자의 범의가 유발되었다 하더라도 위법한 함정수사에 해당하지 아니한다(대법원 2007. 7. 12. 선고 2006도2339 판결 참조).

원심은, 판시 사실들에 비추어 피고인의 2006. 5. 26.자 필로폰 밀수입 범행의 범의가 丙 등을 통한 수사기관의 함정수사에 의하여 비로소 유발되었다고 보기 어렵고, 설령 피고인의 주장과 같이 己의 끈질긴 권유나 협박에 의하여 위 범행에 대한 피고인의 범의가 유발되었다고 하더라도, (중략 : 인정사실) 이 사건은 수사기관이 위 丙 등으로 하여금 피고인을 유인하도록 한 것이라기보다는 丙 등이 각자의 사적인 동기에 기하여 수사기관과 직접적인 관련이 없이 독자적으로 피고인을 유인한 것으로서, 수사기관이 사술이나 계략 등을 사용한 경우에 해당한다고 볼 수도 없다는 이유로, 이 부분 공소사실을 유죄로 인정하였는바, 위 법리 및 기록에 의하여 살펴보면, 원심의 위 인정 및 판단은 정당하고, 상고이유의 주장과 같이 채증법칙을 위반하거나, 함정수사에 관한 법리를 오해한 위법 등이 없다.

(나) 함정수사의 위법성 판단 기준

함정수사의 위법성 판단 기준에 관하여는 ① 피유인자에게 범죄에 대한 경향, 즉 기회가 제공되면 '당장에 그리고 기꺼이'(ready and willing) 범죄를 범할 준비 내지 의사가 있었는가를 기준으로 하는 주관설(기회제공형 적법, 범의유발형 위법),[1] ② 수사관이 사용한 유혹(inducement)의 방법 자체를 기준으로 하는 객관설, ③ 주관적·객관적 기준을 함께 판단해야 한다는 종합설(통합설)이 있다.

---

[1] 미국에서는 Sorrels v. U.S., 287 U.S. 435 (1932); Sherman v. U.S., 356 U.S. 369 (1958) 판결에서 주관설에 따라 함정수사의 항변을 인정하였다.

이는 함정수사를 어떻게 이해하느냐와도 관계가 있다. 즉, 함정수사의 개념에 기회제공형과 범의유발형을 모두 포함하는 입장에서는 원칙적으로 범의유발형은 위법하고, 기회제공형은 적법하다고 한다. 이는 이분론(二分論)으로서 명백한 경계기준(bright line test)에 의하여 양자를 구분한다. 이 견해는 기회제공형 함정수사라고 하여도 항상 적법한 것이 아니고, ① 직접적인 피해자가 없는 마약범죄나 뇌물범죄, 조직범죄 등의 수사에 있어, ② 통상의 수사방법만으로는 범죄의 적발이 곤란한 경우에만 임의수사로 인정된다고 한다.

한편, 우리 판례는 원칙적으로 함정수사를 범의유발형에 한정하고 함정수사는 위법하다고 한다. 그리고 기회제공형은 일종의 수사방법으로서 함정수사의 개념에 포함되지 않고 원칙적으로 허용된다고 한다.1) 그러나 기회제공형 수사방법에 대하여서 "경우에 따라 허용될 수 있음은 별론으로 하고"라든지,2) "위법한 함정수사라고 단정할 수 없다"라는3) 표현을 사용함으로써 경우에 따라서는 위법할 수 있다는 가능성을 열어두고 있다.

판례는 함정수사가 되기 위해서는 ① 피유인자가 본래 범의를 가지지 않아야 하고, ② 수사기관이 사술이나 계략 등을 써야 한다고 한다. 구체적으로는 '해당 범죄의 종류와 성질, 유인자4)의 지위와 역할, 유인의 경위와 방법, 유인에 따른 피유인자의 반응, 피유인자의 처벌전력 및 유인행위 자체의 위법성 등을 종합하여 판단'하여야 한다(판례5) 및 종합설의 입장).6)

---

1) 대법원 2007. 5. 31. 선고 2007도1903 판결.
2) 대법원 2008. 10. 23. 선고 2008도7362 판결.
3) 대법원 2007. 5. 31. 선고 2007도1903 판결.
4) 위법한 함정수사를 한 수사관의 형사책임은 '미수의 교사' 문제로 귀착한다. 미수의 교사의 가벌성에 관해서는 ① 가벌설과 ② 불가벌설(통설)이 대립한다. 가벌설은 교사자의 고의는 피교사자인 정범이 범죄의 실행행위에 나온다는 것을 인식하거나 또는 범죄를 실행할 결의를 일으킬 의사로 족하다고 이해하여, 미수의 교사도 교사의 고의가 있고, 정범의 실행행위가 미수에 그쳤으므로 교사의 미수와 같이 가벌적이라고 한다. 이에 반하여 불가벌설은 교사자의 고의는 피교사자의 실행행위로 인한 결과발생에 대한 인식을 요한다고 이해하여, 미수의 교사는 교사의 고의가 없으므로 교사범이 성립하지 않는다고 하며, 한편으로, 교사자는 미수를 교사하였는데, 교사자가 기대한 것과는 달리 기수에 이른 경우에는 결과발생에 대한 교사자의 과실 유무에 따라 과실책임을 진다고 한다.
5) 대법원 2008. 7. 24. 선고 2008도2794 판결; 대법원 2008. 3. 13. 선고 2007도10804 판결; 대법원 2007. 11. 29. 선고 2007도7680 판결; 대법원 2007. 7. 12. 선고 2006도2339 판결.
6) 판례는 ① 경찰관이 노래방의 도우미 알선 영업 단속 실적을 올리기 위하여 제보나 첩보가 없는데도 손님을 가장하고 들어가 도우미를 불러낸 경우(대법원 2008. 10. 23. 선고 2008도7362 판결), ② 검찰 직원 등의 작업에 의하여 중국에서 필로폰을 수입한 경우[대법원 2005. 10. 28. 선고 2005도1247 판결. 본 판결 평석은 박이규, "위법한 함정수사에 기하여 제기된 공소의 처리", 대법원판례해설 제59호(2005 하반기), 2006, 440-461면], ③ 경찰관이 피고인 운영의 게임장에서 한 잠입수사 과정에서 게임

㈐ 위법한 함정수사와 공소제기

위법한 함정수사에 따라 공소가 제기된 사건의 처리에 관하여는 ① 범인에 대한 사회적 반감이 적고 오히려 동정할 수 있는 경우이므로 가벌적 위법성이 결여되어 무죄판결을 선고하여야 한다는 무죄판결설, ② 적법절차에 위배되는 수사에 의한 공소이므로 공소제기의 절차가 법률의 규정에 위반하여 무효인 때에 해당하므로 공소기각판결을 하여야 한다는 공소기각판결설(통설), ③ 국가는 처벌적격을 잃기 때문에 실체적 소송조건을 결하여 면소판결을 선고하여야 한다는 면소판결설, ④ 범의를 유발당한 자가 자유로운 의사로 범죄를 실행한 이상 실체법상 이를 처벌할 수 있다는 가벌설(실체판결설)[1]이 대립된다.

이에 대하여 판례는 함정수사에 의한 공소제기는 '그 절차가 법률의 규정에 위반하여 무효인 때'(형소법 제327조 제2호)에 해당한다고 하여 공소기각의 판결을 해야 한다[2]는 입장이다(공소기각판결설).[3]

㈑ 소결

본 사례에서는 불법 카지노영업행위가 점조직 형태로 이루어져 그 적발이 어려웠던 점, 유인자 Y와 甲이 평소 알고 있던 사이로 Y가 도박을 하겠다고 하였을 뿐인데 甲이 적극적으로 2,000만 원 이상을 가지고 와야 된다고 하면서 도박장소를 알려준 점 등에 비추어 볼 때, 이미 범의를 가지고 불법 카지노영업을 하고 있던 甲에게 기회를 제공하였거나(Y가 2,000만 원 이상을 가지고 온다고 하므로 甲이 그날따라 다른 카지노 도박자를 유인한 경우), 단지 甲의 도박장에 Y가 가서 도박을 한 것에 불과하다고 할 것이다. 따라서 이 부분 X의 수사행위는 함정수사가 아니라 임의수사로서 적법하다.

물을 이용한 사행행위를 조장하고 있는 피고인을 적발하고 피고인에게 게임 결과물 환전을 적극적으로 요구한 경우(대법원 2021. 7. 29. 선고 2017도16810 판결)는 함정수사에 해당한다고 판시하였으나, ⓐ 이미 범행을 저지른 범인을 검거하기 위해 정보원을 이용하여 범인을 검거장소로 유인한 경우(대법원 2007. 7. 26. 선고 2007도4532 판결), ⓑ 범죄사실을 인지하고도 바로 체포하지 않고 추가범행을 지켜보고 있다가 범죄사실이 많이 늘어난 뒤에야 체포하는 경우(대법원 2007. 6. 29. 선고 2007도3164 판결), ⓒ 유인자가 수사기관과 직접적인 관련을 맺지 않은 상태에서 피유인자를 상대로 단순히 수차례 반복적으로 범행을 교사한 경우(대법원 2008. 3. 13. 선고 2007도10804 판결; 대법원 2013. 3. 28. 선고 2013도1473 판결)는 함정수사에 해당하지 않는다고 판시하였다.

1) 이 견해는 함정수사에 대한 소송법적 고려는 증거배제와의 관계에서 고려하면 족하다고 한다.
2) 대법원 2005. 10. 28. 선고 2005도1247 판결; 대법원 2007. 7. 13. 선고 2007도3672 판결; 대법원 2021. 7. 29. 선고 2017도16810 판결.
3) 일본 판례는 "유혹자가 교사범 또는 방조범의 책임을 지는 것은 별론으로 하고, 유혹자가 사인이 아니고 수사기관이라는 사실만으로 범죄실행자의 구성요건해당성, 책임성, 위법성이 조각되거나 공소제기의 절차규정에 위반하거나 또는 공소권을 소멸케 하는 것이라고는 할 수 없다"고 하여 가벌설을 택하고 있다(最決 1953. 3. 5. 刑集 7·3·482).

따라서 甲의 불법 카지노영업행위가 도박장소개설죄로 기소되더라도 공소기각판결이 아니라 유·무죄의 실체판결을 선고하여야 할 것이다.

(2) Y가 녹음한 행위

X가 Y에게 甲이 어디서 영업하는지 알아봐 달라고 부탁하였는데, Y는 대화상대방인 甲 모르게 ⓐ녹음과 ⓒ녹음을 하였다. 이때 Y의 녹음행위가 '타인 간' 대화의 녹음을 금지하는 통신비밀보호법 제3조 제1항에 위반하는지, 만일 위반한다고 할 때 녹음행위를 직접 부탁한 바가 없는 X에게는 어떤 형사책임이 있는지가 문제된다.

㈎ 대화당사자 일방이 몰래한 비밀녹음의 적법성

일반적으로 수사기관이나 제3자가 일방 당사자의 동의를 얻어 그 대화를 녹음하는 것이 허용되는지 여부에 관하여, ① 허용된다는 적극설과 ② 허용되지 않는다는 소극설의 대립이 있다. 판례는 사생활 및 통신의 불가침을 국민의 기본권의 하나로 선언하고 있는 헌법규정과 통신비밀의 보호와 통신의 자유신장을 목적으로 제정된 통신비밀보호법의 취지에 비추어 이는 통신비밀보호법 제3조 제1항 위반이라고 판시하고 있다.[1]

그런데 이와는 달리, 대화의 일방이 타방의 동의 없이 대화내용을 녹음하는 경우에도 위법한지가 문제된다. 이에 대해서는 ① 원칙적으로 허용되지만, 일방 당사자가 수사관이거나 그 하수인인 경우에는 위법하다는 견해, ② 대화의 상대방과의 관계에서도 대화의 자유나 사생활의 기대라는 이익이 존재하므로 수사의 필요와 이익형량을 하여 그 적법 여부를 판단하여야 한다는 견해(이익형량설)[2]도 있다. 그러나 ③ 판례는 통신비밀보호법 제3조 제1항에서 금지하는 '타인 간' 대화의 녹음 등이 아니므로 위 조항 위반은 아니라고 한다.[3] 다만, 예컨대 수사기관이 마약사범으로 수감되어 있는 자에게 동인으로부터 압수한 휴대전화를 제공하여 타인(= 피고인)과 통화하도록 하고 이를 녹음하게 한 경우와 같이 수사기관 스스로 주체가 되어 그 자의 동의만을 얻어 타인과의 통화내용을 녹음한 것으로 불법감청에 해당한다고 판시하였다.[4]

---

1) 대법원 2002. 10. 8. 선고 2002도123판결(이용원 주인이 타인으로 하여금 경쟁업체에 전화걸도록 한 다음 그 내용을 녹음한 사안). 본 판결 평석은 하태훈, "통화자일방의 동의를 받은 제3자의 전화녹음과 통신비밀보호법위반", 형사재판의 제문제 제4권, 박영사, 2003, 311-328면.

2) 最決 2000. 7. 12. 刑集 54·6·513.

3) 대법원 2014. 5. 16. 선고 2013도16404 판결; 대법원 2006. 10. 12. 선고 2006도4981 판결(각 3인이 대화하던 중 1인이 2인의 대화내용을 녹음한 사안); 대법원 2002. 10. 8. 선고 2002도123 판결.

4) 대법원 2010. 10. 14. 선고 2010도9016 판결.

(내) 소결

본 사례에서 Y는 자신의 판단에 따라 전화상대방인 甲과의 대화를 자신의 휴대전화기로 녹음한 것일 뿐, 경찰관 X가 직접 녹음을 지시하거나 Y에게 휴대전화기를 제공한 사실도 없다. 따라서 Y의 녹음은 수사기관이 스스로 주체가 되어 녹음한 것으로는 평가되지 않으므로, 판례의 입장에 따르면 Y의 ⓐ녹음과 ⓒ녹음은 헌법 및 통신비밀보호법에 위반되지 않는 적법한 녹음이라고 할 것이다.[1] 그러므로 Y에게 카지노영업정보를 알아봐 달라고 부탁한 X의 행위도 달리 문제될 것이 없다.

2. 사진촬영한 행위

X가 압수·수색하면서 도박현장(ⓐ사진)과 일부 압수물(ⓑ사진)을 사진촬영한 행위가 적법한지가 문제된다.

(1) 도박현장 사진촬영(ⓐ사진)의 적법성

ⓐ사진은 압수·수색영장을 집행하는 과정에서 그 도박현장을 사진촬영한 것이다. 형사소송법 제120조 제1항은 압수·수색영장의 집행에 있어서는 건정을 열거나 개봉 기타 필요한 처분을 할 수 있다고 규정하고 있다. 이처럼 압수·수색에 부수하여 일정한 처분을 인정하고 있는 것은 압수·수색의 목적을 달성하는 데 필요한 행위이기 때문이다. 따라서 원칙적으로 별도의 영장 없이 압수·수색영장만으로도 그 집행에 필요한 강제처분을 할 수 있는 것이다. 문제는 압수·수색에 필요한 처분으로 허용되는 범위가 어디까지냐 하는 점이다. 생각건대, 압수·수색집행과정에서 필요한 처분 범위 내에서의 사진촬영이란 압수·수색절차의 적법성을 담보하거나 압수대상 목적물 또는 증거물의 증거가치를 보존하기 위하여 촬영하는 것으로 제한되어야 한다.

그런데 ⓐ사진은 도박현장을 사진촬영한 것으로서, 압수·수색절차의 적법성을 담보하기 위한 것도 아니고 목적물의 보존가치를 높이기 위한 것도 아니다. 따라서 그 적법성을 판단하기 위해서는 현장사진으로서의 허용요건을 갖추었는지 살펴보아야 한다.

판례는 현장사진촬영의 허용요건으로 ① 범죄가 현재 행하여지고 있거나 행하여진 직후이고(범죄의 현행성), ② 그 범죄의 성질·태양으로 보아 긴급하게(긴급성), ③

---

[1] 대화의 일방이 타방의 동의 없이 대화내용을 녹음하는 것에 대한 위 ①의 견해에 의하면, Y를 X의 하수인으로 보아 Y의 녹음행위는 위법한 녹음으로서 통신비밀보호법위반죄가 성립한다고 해석할 여지가 있다.

증거보전을 할 필요가 있는 상태에서(증거보전의 필요성), ④ 일반적으로 허용되는 한도를 넘지 않는 상당한 방법에 의할 것(촬영방법의 상당성)을 들고 있다.[1] 본 사례에서 ⓐ사진은 ① 사기도박이 현재 행하여지는 현장에서, ② 그 범죄의 성질·태양으로 보아 긴급하게, ③ 도박기구 등 증거들을 보전을 할 필요가 있었을 뿐 아니라, ④ 일반적으로 허용되는 한도를 넘지 않는 상당한 방법에 의하여 사진촬영된 것이다. 따라서 X의 ⓐ사진촬영은 적법하다.

(2) 일부 압수물 사진촬영(ⓑ사진)의 적법성

앞서 살펴본 대로 압수·수색영장의 집행과정에서 압수·수색의 집행상황을 기록하고, 목적물의 위치관계 등을 기록하는 사진촬영은 압수·수색영장의 집행에 따른 필요한 처분(형소법 제219조, 제120조)으로서 원칙적으로 허용된다.[2] 따라서 본 사례에서 일부 압수물을 촬영한 X의 ⓑ사진촬영은 압수·수색에 필요한 처분으로서 적법하다고 할 것이다.

(3) 소결

X가 압수·수색을 하면서 집행상황과 목적물의 위치관계 등을 기록하기 위하여 사진촬영(ⓑ사진)하는 것은 원칙적으로 허용된다. 이것은 압수·수색영장 집행에 필요한 처분의 범위 내이기 때문이고, 따라서 별도의 영장을 필요로 하지 않는다. 그리고 도박현장에서 긴급하게 증거를 확보하기 위하여 상당한 방법으로 사진을 촬영한 행위(ⓐ사진)도 현장사진촬영으로서 적법하다.

3. 휴대전화기의 압수 및 데이터의 복원·분석 의뢰행위

X가 범행현장에서 황급하게 도망가는 바람에 놓고 가버린 甲의 휴대전화기를 압수한 다음, 휴대전화기의 발신 및 착신내역을 확인하였으나 모두 삭제되어 있어 즉시 대검찰청 디지털포렌식센터에 삭제된 데이터의 복원·분석을 의뢰한 행위의 적법성이 문제된다.

---

1) 대법원 2013. 7. 26. 선고 2013도2511 판결(왕재산사건); 대법원 1999. 12. 7. 선고 98도3329 판결(무인장비에 의한 제한속도 위반차량 촬영사건); 대법원 1999. 9. 3. 선고 99도2317 판결(영남위원회사건).
2) 그러나 목적물 이외의 물건을 사진촬영하는 것은 다른 죄의 증거를 확보하여 남긴다는 점에서 영장주의를 침해하는 것이므로 허용되지 않는다. 다만 사진촬영을 기록행위로 보는 견해에 의하면, 수색이 적법한 경우 그 수색과정에서 본 것을 기록하는 것 또한 적법한 것과 마찬가지로 적법한 압수·수색과정에서 목적물 이외의 물건을 사진촬영하더라도 기록행위로서 적법하다고 한다.

(1) 휴대전화기의 압수행위

압수·수색영장에 압수물건이 '카지노기구, 칩, 장부, 메모, 서류 등 본건과 관련 있다고 생각되는 물건'으로 기재되어 있으므로 甲의 휴대전화기는 본건과 관련 있는 물건에 해당되어[1] 영장에 따른 압수로서 적법하다. 견해를 달리하여 위 영장에 포함되지 않은 압수물건이라고 볼 경우에는, ① 범죄장소에서의 압수(형소법 제216조 제3항) 또는 ② 체포현장[2]에서의 압수(형소법 제216조 제1항 제2호)로 보아 ①의 경우는 지체 없이(형소법 제216조 제3항), ②는 지체 없이 체포한 때로부터 48시간 내에 사후영장을 받아야(형소법 제217조 제2항) 적법한 압수가 될 것이다. 또한, 위 휴대전화기는 유류한 물건이라고 인정되므로 영장 없이 압수할 수 있고(형소법 제218조), 사후영장을 받을 필요도 없을 것이다.

(2) 데이터의 복원·분석 의뢰행위

삭제된 데이터의 복원(복구)·분석행위(이하, 분석행위라고 한다)의 법적 성질을 어떻게 볼 것인지가 문제된다. ① 분석행위는 휴대전화기라는 유체물에 화체된 정보를 취득하는 행위로서 압수에 부수하는 처분이므로 압수·수색영장의 집행에 '필요한 처분'(형소법 제219조, 제120조 제1항)으로서 적법하다는 견해, ② 일단 삭제된 데이터는 휴대전화기와 일체인 압수대상물이라고는 할 수 없으므로 이를 분석하는 행위는 무체정보를 취득하는 새로운 프라이버시 침해행위로서 영장이 필요하고, 이때의 영장은 데이터라는 정보를 추출하여 오감의 작용을 통하여 인식하는 것이므로 검증영장이 필요하다는 견해, ③ 분석행위는 특별한 전문지식과 기술을 필요로 하는 처분이므로 감정에 해당하고, 수사기관과는 다른 감정수탁자에 의한 분석이라는 새로운 프라이버시 침해처분이므로 감정처분허가장이 필요하다는 견해가 있을 수 있다. ①견해에 의하면 분석행위가 적법하므로 그 의뢰행위 또한 적법하고, ②견해와 ③견해에 의하면 영장 없는 분석행위는 위법하므로 이를 의뢰하는 행위 또는 위법할 것이다.

그런데 압수의 목적물이 컴퓨터장치 등 기타 저장매체인 경우에는 기억된 정보의 범위를 정하여 출력하거나 해당 정보를 다른 매체에 복제할 수 있다(형소법 제219조, 제106조 제3항). 따라서 정보 추출행위는 단순한 집행방법의 불과하고, '저장매체

---

1) 일본 판례 중에는 도박사건에서 압수물건이 '본건과 관련 있다고 생각되는 장부, 메모, 서류 등'으로 기재된 압수·수색영장으로 마작용구(마작패, 계산봉)를 압수한 사례에서, '등'은 장부, 메모, 서류에 준하는 물건에 한정한 취지라고 볼 근거가 없고 그 이외의 물건도 포함하는 취지라고 하면서 마작용구 압수행위는 적법하다고 한 것이 있다(最判 1967. 6. 8. 判時 487·38).
2) 체포에 착수한 후 甲이 도주하였으므로 甲의 체포현장으로 볼 수 있다.

자체' 압수가 적법하다면 별도의 영장 없이도 정보의 추출은 가능하다는 점에서, ① 견해가 타당하다. 판례도 "저장매체 자체를 수사기관 사무실 등으로 옮긴 후 영장에 기재된 범죄 혐의 관련 전자정보를 '탐색'하여 해당 전자정보를 문서로 출력하거나 파일을 복사하는 과정 역시 전체적으로 압수·수색영장 집행에 포함된다"고 판시하고 있는데,[1] 분석행위는 위 '탐색'에 해당된다고 볼 수도 있다. 실무에서도 적법하게 압수된 목적물의 집행방법의 일환으로 별도의 영장 없이 복원·분석한다. 예컨대, 검찰의 디지털포렌식센터에서는 원칙적으로 디지털포렌식 수사관이 압수한 디지털자료를 분석한다(디지털증거의 수집·분석 및 관리 규정 제44조).

4. 설문의 해결

X가 Y를 이용한 일련의 행위는 위법한 함정수사가 아니라 임의수사로서 적법하다. 그리고 Y의 ⓐ녹음과 ⓒ녹음도 적법하므로 그 녹음의 계기가 된 X의 행위도 적법하다. X의 ⓐ사진촬영과 ⓑ사진촬영도 적법하고, 압수한 甲의 휴대전화기에 대한 데이터의 복원·분석을 의뢰한 행위 또한 적법하게 압수한 휴대전화기 안에 저장된 정보의 집행방법으로서 적법하다.

Ⅲ. 제3문 — 녹음파일 및 사진의 증거능력

1. 녹음파일의 증거능력

녹음테이프(파일 등을 포함)를 증거로 사용하기 위해서는 먼저 녹음이 적법하여야 한다. 위법한 녹음인 경우에는 위법수집증거배제법칙(형소법 제308조의2)에 따라 증거로 사용할 수 없다. 다음으로, 증거능력을 판단함에 있어서는 테이프에 녹음된 녹음진술이 전문법칙이 적용되는 진술증거인지 아니면 비진술증거인지를 살펴보아야 하고, 나아가 녹음된 원진술의 전문증거성을 살펴보아야 한다.

그런데 앞서 살펴본 대로 ⓐ녹음과 ⓒ녹음은 통신비밀보호법 제3조 제1항에 위반되지 않는 적법한 녹음으로서 증거로 사용할 수 있다는 것이 판례[2]의 입장이다. 이에 대하여, 대화당사자 일방에 의한 비밀녹음은 헌법 제17조에서 보호하는 개인의 사생활을 침해한 것이 명백하므로 능거능력을 부정해야 한다는 견해가 있다. 그러나

---

1) 대법원 2012. 3. 29. 선고 2011도10508 판결.
2) 대법원 1997. 3. 28. 선고 96도2417 판결 등.

대화당사자 사이에는 사생활 보호의 필요성이 없거나 약화되고 통신비밀보호법에서도 허용하고 있으므로 증거로 사용할 수 있다고 할 것이다.

(1) 녹음파일의 전문증거성과 증거능력의 판단

㈎ 녹음파일의 전문증거성

녹음에는 범죄현장의 분위기, 소음, 그 밖의 언어 등 상황을 녹음한 현장녹음과 사람의 진술을 녹음한 진술녹음이 있다. 따라서 녹음테이프에도 현장상황이 녹음기 등을 통하여 녹음된 현장녹음테이프와 진술녹음이 녹음된 진술녹음테이프가 있다. 이러한 녹음테이프의 증거능력을 판단하기 위해서는 현장녹음인지 진술녹음인지를 불문하고 먼저 녹음테이프 자체가 전문증거인지를 살펴보고, 나아가 녹음된 내용이 전문증거인지를 살펴보아야 한다.

녹음테이프(특히, 현장녹음과 관련하여)에 대하여 활발한 논의는 없지만 사진과 마찬가지로 ① 진술증거설(통설), ② 비진술증거설, ③ 비진술증거이지만 검증조서를 유추한다는 검증조서유추설이 있을 수 있다.

①의 진술증거설은 녹음된 내용의 성질에 따라 전문증거인지를 구별하지 않고 현장녹음이든 진술녹음이든 모두 녹음대상의 선택, 녹음한 음성의 편집에 인위적 조작의 위험성이 있어 진술증거적인 성격을 가지므로 전문증거라고 한다. 따라서 녹음테이프도 전문법칙이 적용되어 녹음 자체에 대하여는 형사소송법 제312조 제6항에 준하여 증거능력을 판단하여야 하고, 녹음된 내용에 대해서는 원진술의 성격에 따라 형사소송법 제311조 내지 제313조에 따라 증거능력을 판단하여야 한다고 주장한다. 그러나 ②의 비진술증거설은 녹음은 기계적 장치에 의한 기록이므로 그 기록과정에 사람의 지각과 기억, 표현과정이 없으므로 전문증거의 문제는 생기지 않는다고 한다. 그러므로 녹음테이프 자체는 증거 일반에 요구되는 진정성만 다양한 방법을 통하여 입증되면 증거능력이 인정된다(형소법 제318조 제1항)고 주장한다. 그러나 그 경우에도 녹음테이프에서 증거자료가 되는 것은 녹음테이프에 녹음된 내용 자체이므로 녹음된 현장소음이나 진술내용이 본래증거인지 전문증거인지를 구별하여, 본래증거인 경우에는 형사소송법 제318조의 진정성이 인정되어야 증거능력이 인정되고, 전문증거인 경우에는 원진술의 성격에 따라 형사소송법 제311조 내지 제313조에 의하여 증거능력을 판단하여야 한다고 주장한다. 그리고 ③ 검증조서유추설은 비진술증거이지만 조작가능성이 있으므로 예외적으로 검증조서에 준하여야 한다고 주장한다. 생각

건대, 녹음테이프도 사진과 마찬가지로 기계적인 과정을 거치는 것이므로 그 자체는 비진술증거이고, 다만 녹음된 내용이 전문증거냐 비전문증거냐 하는 것이 문제될 뿐이다. 따라서 ②의 비진술증거설이 타당하다.

판례는 녹음테이프 자체가 진술증거인지 비진술증거인지에 관하여는 특별한 언급이 없이 전화대화가 녹음된 녹음테이프는 '진술을 기재한 서류와 다를 바 없다'고 하고,[1] 그 경우 '증거자료가 되는 것은 여전히 녹음테이프에 녹음된 대화내용'이라고 한다.[2] 이때 진술내용이 본래증거인지 전문증거인지를 구별하여 증거능력을 판단할 것인지 여부에 관하여는, 공갈미수사건에서 녹음된 내용과 같은 협박행위를 하였다는 것 자체가 요증사실임에도 위 ①의 진술증거설의 취지처럼 전문증거라고 설시한 것도 있다([관련판례 1]).[3] 그러나 최근에는 (ⅰ) 진술 당시 진술자의 상태 등을 확인하기 위한 것인 경우에는, 녹음테이프에 대한 검증조서의 기재 중 진술내용을 증거로 사용하는 경우에 관한 위 법리는 적용되지 않는다고 판시하거나([관련판례 2]), (ⅱ) 녹음테이프는 아니지만 불안감을 유발하는 핸드폰 메시지를 반복적으로 도달하게 하여 정보통신망이용촉진및정보보호에관한법률위반(음란물유포등)죄로 기소된 사건에서 그 핸드폰 메시지가 전문증거가 아니라고 판시하거나,[4] (ⅲ) 정보저장매체에 기억된 문자정보의 내용의 진실성이 아닌 그와 같은 내용의 문자정보의 존재 자체가 직접 증거로 되는 경우에는 전문법칙이 적용되지 않는다고 판시하고[5] 있는 점에 비추어, 진술내용이 본래증거인지 전문증거인지를 구별하여 증거능력을 판단하고 있다고 할 것이다.

(나) 증거능력의 판단

녹음테이프는 비전문증거인지 전문증거인지를 불문하고, 먼저 증거 자체의 진정성이 증명되어야 한다. 즉, 판례는 녹음테이프에 대하여 증거능력을 부여하기 위해서는 녹음테이프가 원본[6]이거나 원본으로부터 복사한 사본일 경우(녹음디스크에 복사할

---

1) 대법원 2005. 2. 18. 선고 2004도6323 판결.
2) 대법원 2012. 9. 13. 선고 2012도7461 판결; 대법원 2008. 7. 10. 선고 2007도10755 판결.
3) 그러나 판례상 녹음테이프에 담겨진 진술내용이 명확치 않지만 공갈죄의 구성요건에 해당하는 협박 내용 외에 다른 경험진술들도 포함되어 있었을 것으로 보여진다. 또한, 대법원은 피고인이 특정경제범죄가중처벌등에관한법률위반(공갈)죄로 기소되고, 피해자가 피고인과 대화하면서 몰래 대화내용을 녹음하였는데 그 중 피고인이 피해자에게 협박하는 발언내용뿐 아니라 다른 내용들이 들어 있고 그것이 증거로 제출된 사안에서 같은 취지의 판결을 하였다(대법원 2012. 9. 13. 선고 2012도7461 판결).
4) 대법원 2008. 11. 13. 선고 2006도2556 판결.
5) 대법원 2013. 7. 26. 선고 2013도2511 판결; 대법원 2013. 2. 15. 선고 2010도3504 판결.
6) 녹음테이프의 경우에도 작성자나 진술자의 서명 혹은 날인을 요하는지 여부에 관하여 필요설과 불요설이 대립되나, 판례는 불요설의 입장이다(대법원 2005. 12. 23. 선고 2005도2945 판결).

경우에도 동일하다)에는 복사과정에서 편집되는 등의 인위적 개작 없이 원본의 내용 그대로 복사된 사본이어야 한다고 판시하고 있는데([관련판례 1]), 이 요건은 증거 자체의 진정성에 관한 문제이다. 이러한 진정성은 다양한 방법으로 증명할 수 있다. 판례는 녹음테이프에 수록된 대화내용이 이를 풀어쓴 녹취록의 기재와 일치한다거나 녹음테이프의 대화내용이 중단되었다고 볼 만한 사정이 없다는 점만으로는 진정성에 대한 증명이 있다고 할 수 없고,[1] 녹음자(작성자)로부터 녹음 원본이 수록된 녹음기를 제출받아 이를 검증한 다음 작성자인 피해자의 진술 혹은 녹음상태 감정 등의 증거조사를 거쳐 그 채택 여부를 결정하여야 한다고 판시하고 있다([관련판례 1]).[2]

나아가 진술녹음이 진술 내용의 진실성을 입증하기 위한 직접증거로 사용될 경우에는 전문증거로서 전문법칙이 적용되지만, 그와 같은 진술을 하였다는 것 자체 또는 그 진술의 진실성과 관계없는 간접사실에 대한 정황증거로 사용할 때에는 전문법칙이 적용되지 않는다.[3] 전문법칙이 적용될 경우에는, ① 형사소송법 제313조 제1항이 적용된다는 견해[4]와 ② 녹음자와 원진술의 성격에 따라 형사소송법 제311조 내지 제313조를 적용하여야 한다는 견해의 대립이 있다. 판례는 ②설과 같은 입장이다([관련판례 1]).[5] 따라서 예컨대 수사기관이 아닌 사인이 피고인과의 대화내용을 녹음한 녹음테이프는 형사소송법 제313조의 '피고인의 진술을 기재한 서류'(진술녹취서)와 다를 바 없으므로 피고인이 증거로 할 수 있음에 부동의한 경우, 공판준비 또는 공판기일에서 작성자인 사인의 진술에 의하여 녹음테이프에 녹음된 피고인의 진술내용이 피고인이 진술한 대로 녹음된 것임(=진정성립)이 증명되고 나아가 그 진술이 특히 신빙할 수 있는 상태하에서 행하여진 것임이 인정되어야 증거능력이 있다(형소법 제313조 제1항 단서)([관련판례 1]). 이때, 진정성립은 반드시 작성자의 '진술'에 의하여만 증명되어야 하는 것인지, 위 증거의 진정성과 같이 다양한 방법에 의하여 증명될 수 있는 것인지 문제된다. 증거의 진정성(형소법 제318조 제1항)은 진정성립이 인정된다는 의미라고 하는 견해에 의하면 다양한 방법에 의하여 진정성립을 증명할 수 있게 되고, 진정성립과는 구별된다는 견해에 의하면 진정성립은 형사소송법 제313조 제1항

---

1) 대법원 2014. 8. 26. 선고 2011도6035 판결.
2) 녹음파일인 경우에는, 녹음파일의 생성과 전달 및 보관 등의 절차에 관여한 사람의 증언이나 진술, 원본이나 사본 파일 생성 직후의 해쉬(Hash)값과의 비교, 녹음파일에 대한 검증·감정 결과 등 제반 사정을 종합하여 판단할 수 있다(대법원 2015. 1. 22. 선고 2014도10978 전원합의체 판결).
3) 대법원 2013. 7. 26. 선고 2013도2511 판결.
4) 다만, 사법경찰리에 대한 피의자의 진술(자백)을 녹음한 것은 형사소송법 제312조 제3항을 적용한다고 한다.
5) 다만 수사기관이 피의자·참고인의 진술을 녹음한 경우, 독립증거로 인정되지 못하고 있다.

의 법문상 원진술자나 작성자의 진술에 의해서만 증명할 수 있다(통설1)·판례2))고 해석하는 것이 논리적일 것이다.

 관련판례

1. 대법원 2005. 12. 23. 선고 2005도2945 판결【공갈미수】

원심판결 이유에 의하면, 원심은 피고인이 2003. 5. 30. 및 같은 해 6. 9. 등 두 차례에 걸쳐 판시 재개발조합의 조합장이자 청산인이던 피해자를 상대로 피해자의 비리 혐의를 문제삼지 않는 등의 조건으로 3억 원 가량의 합의금을 요구, 갈취하려고 하였으나 피해자가 이에 불응하는 바람에 미수에 그쳤다고 하는 이 사건 각 공갈미수의 공소사실에 대하여, 피해자의 경찰 및 제1심법정에서의 각 진술 등 제1심 채택 증거에다가 위 각 범행 당시 피고인과 피해자 사이의 대화내용 녹음테이프에 대한 제1심 검증조서 중 피고인의 진술부분도 위 녹음테이프의 작성자인 피해자의 진술 및 그 대화의 내용과 경위 등에 비추어 증거능력이 인정된다 하여 추가로 이를 증거로 채택한 다음, 위 각 공소사실을 유죄로 본 제1심 판단이 옳다고 하면서도 양형부당을 이유로 이를 파기, 자판하였다.

피고인과 피해자 사이의 대화내용에 관한 녹취서가 공소사실의 증거로 제출되어 그 녹취서의 기재내용과 녹음테이프의 녹음내용이 동일한지 여부에 관하여 법원이 검증을 실시한 경우에 증거자료가 되는 것은 녹음테이프에 녹음된 대화내용 그 자체이고, 그 중 피고인의 진술내용은 실질적으로 형사소송법 제311조, 제312조의 규정 이외에 피고인의 진술을 기재한 서류와 다름없어 피고인이 그 녹음테이프를 증거로 할 수 있음에 동의하지 않은 이상 그 녹음테이프 검증조서의 기재 중 피고인의 진술내용을 증거로 사용하기 위해서는 형사소송법 제313조 제1항 단서에 따라 공판준비 또는 공판기일에서 그 작성자인 피해자의 진술에 의하여 녹음테이프에 녹음된 피고인의 진술내

---

1) 이러한 통설에 대하여 원진술자나 작성자가 나도 모르는 녹음테이프라고 하여도 그와 관련된 여러 사항들에 대한 질문에 대한 답변내용을 종합적으로 검토하여 진정성립을 증명할 수 있어야 한다는 소수설도 있다.

2) 대법원 2005. 12. 23. 선고 2005도2945 판결. 그러나 판례 중에는 피고인과의 대화내용을 녹음한 보이스펜 자체의 청취 결과 피고인의 변호인이 피고인의 음성임을 인정하고 이를 증거로 함에 동의하였고, 보이스펜의 녹음내용을 재녹음한 녹음테이프, 녹음테이프의 음질을 개선한 후 재녹음한 시디 및 녹음테이프의 녹음내용을 풀어쓴 녹취록 등에 대하여는 증거로 함에 부동의하였으나, 극히 일부의 청취가 불가능한 부분을 제외하고는 보이스펜, 녹음테이프 등에 녹음된 대화내용과 녹취록의 기재가 일치하는 것으로 확인된 사안에서, 원본인 보이스펜이나 복제본인 녹음테이프 등에 대한 검증조서(녹취록)에 기재된 진술은 그 성립의 진정을 인정하는 작성자의 법정진술은 없었으나, 피고인의 변호인이 보이스펜을 증거로 함에 동의하였고, 보이스펜, 녹음테이프 등에 녹음된 대화내용과 녹취록의 기재가 일치함을 확인하였으므로, 결국 그 진정성립이 인정된다고 할 것이고, 나아가 녹음의 경위 및 대화내용에 비추어 그 진술이 특히 신빙할 수 있는 상태하에서 행하여진 것으로 인정되므로 이를 증거로 사용할 수 있다고 한 것이 있다(대법원 2008. 3. 13. 선고 2007도10804 판결).

용이 피고인이 진술한 대로 녹음된 것임이 증명되고 나아가 그 진술이 특히 신빙할 수 있는 상태하에서 행하여진 것임이 인정되어야 함은 원심이 판시한 바와 같다 할 것이다(대법원 2001. 10. 9. 선고 2001도3106 판결, 대법원 2004. 5. 27. 선고 2004도1449 판결 등 참조).

그리고 녹음테이프는 그 성질상 작성자나 진술자의 서명 혹은 날인이 없을 뿐만 아니라, 녹음자의 의도나 특정한 기술에 의하여 그 내용이 편집, 조작될 위험성이 있음을 고려하여, 그 대화내용을 녹음한 원본이거나 혹은 원본으로부터 복사한 사본일 경우에는 복사과정에서 편집되는 등의 인위적 개작 없이 원본의 내용 그대로 복사된 사본임이 입증되어야만 하고, 그러한 입증이 없는 경우에는 쉽게 그 증거능력을 인정할 수 없다 할 것이다(대법원 2002. 6. 28. 선고 2001도6355 판결, 대법원 2005. 2. 18. 선고 2004도6323 판결 등 참조).

그런데 기록에 의하면, 제1심이 검증을 실시한 판시 녹음테이프는 피해자가 피고인과의 대화내용을 디지털 녹음기(보이스 펜)에 녹음해 두었다가 그 녹음내용을 카세트테이프에 재녹음한 복제본이고, 피고인은 수사기관 이래 원심에 이르기까지 위 복제된 녹음테이프나 이를 풀어 쓴 녹취록이 편집 혹은 조작되었다고 주장하면서 그 증거능력을 일관되게 부정하여 왔음을 알 수 있는바, 그렇다면 원본의 녹음내용을 옮겨 복제한 녹음테이프에 수록된 대화내용이 녹취록의 기재와 일치함을 확인한 것에 불과한 제1심의 검증 결과만으로는 피고인이 그 진정성립을 다투고 있는 녹음의 원본, 즉 디지털 녹음기에 수록된 피고인의 진술내용이 녹취록의 기재와 일치한다고 단정할 수는 없다 할 것이므로, 원심이 위 검증조서를 증거로 채택하기 위해서는 피해자가 소지 중이라고 하는 위 녹음 원본이 수록된 디지털 녹음기를 제출받아 이를 검증한 다음 작성자인 피해자의 진술 혹은 녹음상태 감정 등의 증거조사를 거쳐 그 채택 여부를 결정하였어야 할 것임에도 이러한 증거조사절차를 거치지도 아니한 채 만연히 위 검증조서에 기재된 피고인의 진술부분을 유죄의 증거로 채택한 조치는 잘못이라 할 것이다.

2. 대법원 2008. 7. 10. 선고 2007도10755 판결【사기】

원심은, 피해자 A와 매도인 B와의 대화 내용을 기록한 녹취록(수사기록 25쪽, 피고인들이 증거로 할 수 있음에 동의하였다)과 위 대화 내용을 녹음한 녹음테이프에 대한 원심법원의 검증결과 등을 증거로 채택하여 피고인들의 이 사건 사기 범행을 유죄로 인정하였는바, 피고인들은 상고이유로 위 검증결과는 증거능력이 없다고 주장하므로 이에 관하여 살펴본다.

수사기관이 아닌 사인이 피고인 아닌 자와의 전화대화를 녹음한 녹음테이프에 대하여 법원이 실시한 검증의 내용이 녹음테이프에 녹음된 전화대화의 내용이 검증조서에 첨부된 녹취서에 기재된 내용과 같다는 것에 불과한 경우에는 증거자료가 되는 것은 여전히 녹음테이프에 녹음된 대화 내용이므로, 그 중 피고인 아닌 자와의 대화의 내용은 실질적으로 형사소송법 제311조, 제312조 규정 이외의 피고인 아닌 자의 진술을 기재한 서류와 다를 바 없어서, 피고인이 그 녹음테이프를 증거로 할 수 있음에 동의하지 않은 이상 그 녹음테이프 검증조서의 기재 중 피고인 아닌 자의 진술내용을 증거로 사용하기 위해서는 형사소송법 제313조 제1항에 따라 공판준비나 공판기일에서 원진술자의 진술에 의하여 그 녹음테이프에 녹음된 진술내용이 자신이 진술한 대로 녹음된 것이라는 점이 인정되어야 하는 것이지만(대법원 1996. 10. 15. 선고 96도1669 판결, 대법원 1997. 3. 28. 선고 96도2417 판결 등 참조), 이와는 달리 녹음테이프에 대한 검증의 내용이 그 진술 당시 진술자의 상태 등을 확인하기 위한 것인 경우에는, 녹음테이프에 대한 검증조서의 기재 중 진술내용을 증거로 사용하는 경우에 관한 위 법리는 적용되지 아니하고, 따라서 위 검증조서는 법원의 검증의 결과를 기재한 조서로서 형사소송법 제311조에 의하여 당연히 증거로 할 수 있다.

원심판결 이유 및 기록에 의하면, 원심법원이 검증한 녹음테이프는 A가 2004. 2. 1.경 B와의 전화 통화를 녹음한 것으로서 그 녹음자인 A가 제1심법정에 증인으로 출석하여 제출한 것인데, 피고인들도 위 녹음테이프에 대한 녹취록(수사기록 25쪽)에 관하여는 이를 증거로 할 수 있음에 동의한 사실, 전화 통화의 상대방인 B도 제1심 및 원심법정에 증인으로 출석하여 2004. 2. 1.경 A와 전화 통화한 사실 및 그 통화에서 이 사건 부동산을 2억 원에 매도한 것이 아니고 1억 900만 원에 매도하였다는 취지로 A에게 대답하였던 것은 사실이라고 진술하였으며, 다만 그 당시 술에 취한 상태에서 다른 부동산 매도건과 착각하여 말한 것이라는 취지로 다투고 있는 사실, 이에 원심법원은 (1) 위 녹취록의 내용이 피해자 A가 제1심법원에 제출한 녹음테이프의 내용과 일치하는지 여부 및 (2) 녹음 당시 B가 술에 취한 상태에서 횡설수설 이야기한 것인지 여부 등을 확인하기 위하여 위 녹음테이프에 대한 검증을 실시하고 그 결과(녹음 당시 B의 발음이 전체적으로는 뚜렷하였고 목소리 자체가 횡설수설하는 것 같지는 않았다)를 증거로 채택하여 B가 술에 취한 상태에서 다른 부동산 매도건과 착각하여 말한 것으로는 보이지 않는다고 판단하고, 나아가 B가 위 전화 통화에서 답한 내용이 이 사건 부동산에 관한 매도건과 관련하여 진술한 것으로서 신빙성이 높고, 그 이후에 B가 진술을 번복하여 이 사건 부동산을 2억 원가량에 매도하였다는 진술은 그대로 믿기 어렵다고 판단한 것임을 알 수 있는바, 앞서 본 법리에 비추어 보면 원심의 위와 같은 판단은 정당한 것으로 수긍할 수 있고, 거기에 증거능력에 관한 법리오해 등의 위법이 없다.

(2) ⓐ녹음파일

ⓐ녹음은 Y가 甲에게 "돈이 좀 생겼는데 나도 카지노판에 끼워달라"고 부탁을 하자, 甲이 "함께 어울리려면 적어도 2,000만 원은 있어야 된다", "신촌역 부근 K 점술가 간판이 붙은 집으로 오라"고 말한 내용을 녹음한 것이다.

ⓐ녹음의 원진술의 전문증거성에 관하여, 먼저 전문증거라는 견해가 있다. 즉, 위 대화로부터 추인되는 甲의 도박장소개설의 계획이나 의도를 고려하지 않으면 대화와 공소사실과의 관련성은 불분명하고 그런 의미에서 대화 내용의 진실성이 문제되므로 이는 Y와 甲의 심리상태의 진술이라고 볼 수 있고, 심리상태의 진술에는 일부분(진지성 또는 범행의 고의)에 전문의 위험성이 있는데 이 부분이야말로 진술의 증거가치의 핵심부분이므로 전문증거라고 한다. 그러나 진술의 진지성(眞摯性)은 증거능력의 일반적 요건인 '관련성'의 문제라는 점에서 타당하지 않다.

따라서 ⓐ녹음의 원진술은 전문법칙이 적용되지 않는 비전문증거라고 할 것이다. 즉, ⓐ녹음의 대화는 Y와 甲의 경험사실이 아니라 Y의 도박의사표시에 대한 甲의 승낙의사표시에 해당하므로 전문증거에 해당하지 않는다. 나아가, 甲의 도박장소개설의 준비·모의를 추인케 하는 간접사실로서 ⓐ녹음의 대화 그 자체의 존재가 요증사실이 되고, 그 대화 내용의 진실성은 문제되지 않으므로 전문증거에 해당하지 않는다.

따라서 ⓐ녹음파일에 대하여는 전문법칙이 적용되지 않는다. 그런데 甲의 공소사실과의 관련성이 있음은 인정되므로, ⓐ녹음파일의 진정성 즉, 녹음된 내용이 Y의 진술이나 그 밖의 방법에 의하여 원본임이 증명되면 ⓐ녹음파일의 증거능력이 인정된다.[1]

(3) ⓑ녹음파일

ⓑ녹음파일은 ⓐ녹음에 대한 Y의 설명을 녹음한 것이다. Y의 원진술은 Y가 甲과 도박 및 도박장소에 관하여 일종의 상담을 하였다는 경험진술이고, 이를 甲의 도박장소개설죄의 공소사실 입증에 사용하는 경우에는 Y의 진술내용의 진실성이 문제되므로 전문증거이다.

통설·판례[2]에 따르면 전문증거인 진술녹음의 증거능력을 판단함에 있어서는 녹음자와 원진술의 성격에 따라 형사소송법 제311조 내지 제313조가 적용된다고 한다. Y의 진술내용은 사인인 Y가 녹음한 것이므로 형사소송법 제313조 제1항, 제2항에 의하여 증거능력을 판단하여야 한다. Y의 위 녹음파일은 '피고인 아닌 자가 진술한 내용이 된 음성 정보로서 정보저장매체인 휴대폰에 저장된 것'으로서(형소법 제313조 제1항 본문),[3] Y의 위 녹음은 '피고인 아닌 자의 진술서'에 해당한다. 따라서 증거

---

1) ⓐ녹음의 원진술이 전문증거라는 견해에 의하면 전문법칙이 적용된다. 이 경우, ⓐ녹음은 사인인 Y가 피고인의 진술을 녹음한 것이므로 형사소송법 제313조 제1항에 따라 증거능력을 판단하면 될 것이다.
2) 대법원 1992. 6. 23. 선고 92도682 판결(비디오테이프).
3) 2016년 형사소송법 개정 전에는 녹음테이프에 대해서도 서명·날인이 필요한지에 대하여 필요설과 불요설(통설)의 대립이 있었으나, 판례는 불요설과 같은 입장이었다(대법원 2005. 12. 23. 선고 2005도

능력이 인정되기 위해서는 첫째, 공판준비기일이나 공판기일에서의 진술자인 Y가 증인으로 출석하여 자신이 진술한 대로 녹음되었다는 취지의 진술을 하는 방법으로 성립의 진정함이 증명되어야 한다(형소법 제313조 제1항 본문). 둘째, Y가 법정에서 그 성립의 진정을 부인하는 경우에는 과학적 분석결과에 기초한 디지털포렌식 자료, 감정 등 객관적 방법으로 성립의 진정함이 증명되고, 피고인인 甲 또는 그 변호인이 그 녹음 내용에 관하여 Y를 신문할 수 있었어야 한다(형소법 제313조 제2항). 셋째, 만일 녹음파일이 원본이거나 원본으로부터 복사한 사본일 경우(녹음디스크에 복사할 경우에도 동일하다)에는 복사과정에서 편집되는 등의 인위적 개작 없이 원본의 내용 그대로 복사된 사본이어야 한다.1)

(4) ⓒ녹음파일

甲이 "2017. 12월 말부터 했는데 워낙 단속이 심하여 장소를 옮겨 다니며 한 곳에서 짧게는 1일, 길게는 4일 정도씩 했는데, 지금까지 명동에 있는 호텔 객실에서 4회, 방배동 빌라에서 1회 했으며, 지금 장소에서는 4일째 하고 있다"는 ⓒ녹음의 원진술은 공판정 외에서의 자백에 해당하므로 전문증거에 해당한다. 이는 형사소송법 제313조 제1항의 '피고인 아닌 자가 작성한 피고인진술기재서류'에 해당한다.

피고인이 부동의한 본 사례에서는 형사소송법 제313조 제1항 단서에 의하여 공판준비기일 또는 공판기일에서 그 작성자인 Y의 진술에 의하여 녹음된 피고인의 진술내용이 피고인이 진술한 대로 녹음된 것임이 증명되고, 그 진술이 특히 신빙할 수 있는 상태하에서 행하여진 것임이 인정되어야 증거능력이 있다(완화요건설. 판례2)의 입장). 이에 반하여, 형사소송법 제313조 제1항 본문 및 단서에 의하여 ① 공판준비기일이나 공판기일에서의 甲의 진술에 의한 진정성립 증명, ② 진술이 특히 신빙할 수 있는 상태하에서 행해질 것을 요하고, 나아가 甲이 내용을 부인하므로 ③ 공판준비기일이나 공판기일에서의 Y의 진술에 의한 진정성립이 증명되어야만 증거능력이 있다는 가중요건설에 의하면, 甲이 부동의한 이상 ⓒ녹음의 증거능력은 부정된다. 생각건대, 형사소송법 제313조 조문의 내용상 완화요건설의 결론이 타당하다.

2945 판결).

1) 대법원 2005. 2. 18. 선고 2004도6323 판결.
2) 대법원 2008. 12. 24. 선고 2008도9414 판결.

2. 사진의 증거능력

(1) ⓐ사진

ⓐ사진은 현장사진에 해당한다. 현장사진의 증거능력[1]에 관하여는 ① 비진술증거라는 견해, ② 진술증거로서 촬영자의 지위에 따라 촬영자가 법관인 때는 형사소송법 제311조, 수사기관인 때는 제312조 제6항(검증조서), 그 밖의 자인 때에는 진술서에 준하여 제313조 제1항이 적용된다는 견해, ③ 진술증거로서 형사소송법 제312조 제6항에 의하여야 한다는 견해, ④ 비진술증거이지만 검증조서에 준하여 촬영자가 법관인 때는 형사소송법 제311조, 수사기관인 때는 제312조 제6항이 적용되고, 그 밖의 자인 때에는 제312조 제6항이 유추적용된다는 견해가 대립된다. 판례는 피해자의 상해 부위를 촬영한 사진에 관하여는 전문법칙이 적용되지 않고,[2] 현장사진 중 그 촬영일자 부분이 조작된 것이라고 다투는 사안에서 '촬영일자가 나타난 부분'은 전문증거로서 전문법칙이 적용된다고 판시하여[3] 사진영상부분은 비진술증거로 보고 있다. ① 비진술증거설이 타당하고, 실무의 입장[4]이기도 하다.

따라서 ⓐ사진은 비진술증거이고, 전문법칙이 적용되지 않는다. 그러나 증거에 공통적으로 적용되는 진정성과 관련성은 증명되어야 증거능력이 있다. 증거의 진정성은 사진을 촬영한 X의 공판준비 또는 공판기일에서의 진술 등 다양한 방법에 의하여 증명되면 충분하다.

(2) ⓑ사진

ⓑ사진은 본래 제출되어야 할 자료를 촬영한 사진, 즉 사본으로서의 사진(복사물)에 해당한다. 사본으로서의 사진이 비진술증거인 경우(예 : 범행도구인 흉기 사진 등)에 그 증거능력에 관하여는, ① 최량증거의 법칙[5]에 의하여 (ⅰ) 원본이 존재하거나 존재하였고, (ⅱ) 원본의 제출이 불가능하거나 곤란한 사정이 있고, (ⅲ) 원본증거를 정확하게 사본한 것이고, 사건과의 관련성이 증명된 때에 한하여 증거능력 인정된다는 견해[6]와 ② 위 (ⅰ) 내지 (ⅲ)이 증명되어야 하지만 상대방이 증거사용에 이의를 제기하지 않으면 특히 신용할 만한 정황에 의하여 작성되었다고 인정될 때에 형사소송법

---

1) 이에 대하여는 사례 [2] Ⅳ. 제4문 'CCTV 영상녹화물의 증거능력' 부분 참조.
2) 대법원 2007. 7. 26. 선고 2007도3906 판결.
3) 대법원 1997. 9. 30. 선고 97도1230 판결.
4) 법원행정처, 법원실무제요 형사 [Ⅱ], 131면.
5) 최량증거의 법칙(best evidence rule)은 원본이 가장 신용성이 높다는 법칙이다.
6) 현장사진의 증거능력에 관한 비진술증거설이 택하는 결론이기도 하다.

제315조 제3호(당연히 증거능력이 있는 서류)에 의하여 증거능력이 인정된다는 견해가 있다. ①견해가 타당하고, 판례도 같은 입장이다.[1] 한편, 사본으로서의 사진 속 내용이 진술증거의 성격을 지닌 때에는 '진술'의 증거능력 문제로 다루면 될 것이다.[2]

　　①견해에 의할 경우, 위 (ⅰ)과 (ⅲ)의 요건은 대부분 충족하게 되므로 (ⅱ)의 요건이 중요하다. 이는 원본을 증거로서 사용할 필요성의 정도, 원본 제출이 불가능하거나 곤란한 사정 등을 검토하여 판단하게 되는데, 과학기술의 진보에 따라 사본이 원본과 그 형상 등이 동일한 경우가 많은 점에 비추어 사실상 이를 완화하는 추세이다.[3] ⓑ사진의 피사체인 바카라게임기구는 이를 법정에 현출하는 것이 곤란하므로 증거능력이 인정된다.

3. 설문의 해결

　　ⓐ녹음파일은 전문법칙이 적용되지 않으므로 관련성과 진정성이 증명되면 증거능력이 인정된다. 그리고 ⓑ녹음파일은 전문법칙이 적용되며 그 진술은 '피고인 아닌 자가 작성한 피고인 아닌 자의 진술서'에 해당하므로 형사소송법 제313조 제1항 본문에서 정한 요건을 충족하고, ⓒ녹음파일은 전문법칙이 적용되며 그 진술은 '피고인 아닌 자가 작성한 피고인의 진술기재서류'에 해당하므로 형사소송법 제313조 제1항 단서에서 정한 요건을 충족하면 각 증거능력이 인정된다. 물론 각 녹음파일의 진정성(동일성)도 증명되어야 한다.

　　그리고 ⓐ사진은 비진술증거로서 전문법칙의 적용이 없으므로 사진의 진정성과 사진을 촬영한 X의 법정에서의 진술 등 다양한 방법에 의하여 그 관련성을 증명하면 증거능력이 있고, ⓑ사진은 사본이기 때문에 최량증거의 법칙에 따라 증거능력이 인정된다.

---

1) 대법원 2008. 11. 13. 선고 2006도2556 판결. 판례는 사본인 사진 외에 피의사신문조서의 초본(대법원 2002. 10. 22. 선고 2000도5461 판결), 증거물인 수표의 사본(대법원 2015. 4. 23. 선고 2015도2275 판결)에 대해서도 같은 입장이다.
2) 대법원 2009. 12. 24. 선고 2009도11575 판결(피해상황을 진술하면서 보충적으로 작성한 메모의 촬영).
3) 일본 판례 중에는 위 (ⅱ)의 요건을 요하지 않는다고 하면서 그 대신에 '사본에 의하여 재현할 수 없는 원본의 상태(예 : 재질, 요철 워터마크의 유무, 중량 등)가 입증사항으로 되어 있지 않을 것'을 요건으로 충분하다고 한 판례가 있다[東京高判 1983. 7. 13. 高集 36·2·86(TV 뉴스 영상을 녹화한 비디오테이프의 증거능력을 인정한 사례)].

사 례 [15] 주거침입죄, 여죄수사의 적법성, 별건구속, 미결구금일수의 산입

[I] 甲은 신촌 일대에서 상해·공갈 등 폭력행위를 목적으로 조직된 범죄단체인 '신촌파'에 2018. 1. 1. 가입한 행동대장인데, 2021. 10. 7. 신촌사거리 부근에서 대립 조직인 '홍대파'의 조직원 A와 사소한 시비 끝에 A를 흉기인 칼로 수회 찔러 전치 10주의 상해를 가하고 도주 중이다. 경찰관 X는 甲을 A 상해의 범인으로 의심은 하고 있었지만, 이를 입증할 직접적인 증거를 수집하지 못한 채, 甲의 주변을 계속 탐문하였다.

[II] X는 2022. 1. 17. 甲의 애인인 '불꽃' 주점 마담 S의 집 앞에서 망을 보던 중, 18:00경 甲이 S와 다정하게 걸어 나오는 것을 보고 계속 미행을 하였는데, 약 10분 후 미행을 눈치 챈 甲이 갑자기 도주하자 X도 황급히 추격하였다. 甲은 골목길을 따라 약 5분 정도 달아나다가 막다른 골목에 이르게 되자, 그곳에 위치한 재벌 회장 K의 저택 담장으로 올라가 담을 타고 뛰어가다가 인접한 L의 저택 담장으로 옮겨 계속 달리다가 L의 저택 정원으로 뛰어내린 다음 급히 일어나 대문 쪽으로 달려 나가는 것을 L의 집 정원사 B가 발견하고 붙들려고 하자 손으로 B의 얼굴을 주먹으로 1회 구타하여 B가 넘어지면서 "도둑이다, 저 놈 잡아라"라고 큰 소리를 질렀다. 甲의 구타로 B는 전치 2주의 상해를 입었고, 이 소리를 듣고 L의 저택으로 달려온 X에 의하여 甲은 18:30경 B에 대한 상해죄의 현행범인으로 체포되었다.

[III] X는 甲을 B에 대한 상해죄로 체포한 당일 상해죄에 관하여 조사를 한 다음 바로 이를 영장범죄사실로 기재하여 구속영장을 신청하여 甲은 2022. 1. 18. 구속영장이 발부되었다. X는 구속 후 B에 대한 상해죄 외에 A에 대한 위 [I] 기재 범죄사실에 관해서도 A를 조사하였는데, 甲은 처음에는 이를 부인하다가 드디어 1. 24. 혐의사실에 관하여 자백하였다. X는 1. 26. 甲을 검찰에 송치하였고, 담당검사 P는 甲을 조사한 후 1. 28. 구속기소하였다.

설 문

1. 甲의 형사책임을 논하시오.

2. 甲의 B에 대한 상해죄의 구속 중에 행한 [I] 기재 범죄사실에 대한 수사는 적법한가?

3. 법원이 甲의 [I] 기재 A에 대한 범죄사실 발생일과 [II] 기재 범죄사실 발생일 사이에 도로교통법위반(음주운전)죄의 확정판결이 있어, [I] 기재 범죄사실에 관하여는 징역형의 실형을 선고하고, [II] 기재 범죄사실에 관하여는 집행유예판결을 선고하는 경우, 징역형에 대하여 판결 전 미결구금일수를 산입할 수 있는가?

해 설 ☀

I. 제1문 — 甲의 형사책임

1. 문제의 제기

甲이 A와 B에게 상해를 가한 점에 대해서는 의문이 없다. 그런데 甲이 범죄단체인 신촌파에 가입한 행위가 폭력행위등처벌에관한법률위반(단체등의구성·활동)죄에 해당하는지, X의 추적을 피하여 도주하면서 K와 L의 저택 담장 위로 올라가 담장을 타고 뛰어가다가 L의 저택 정원으로 뛰어내린 행위가 주거침입죄에 해당하는지 여부가 문제된다.

2. 범죄단체인 신촌파에 가입한 행위

甲이 상해·공갈 등 폭력행위의 실행을 목적으로 한 범죄단체인 신촌파에 가입한 행위는 폭력행위등처벌에관한법률위반(단체등의구성·활동)죄에 해당한다(동법 제4조 제1항). 여기서 범죄단체란 동법 소정의 범죄를 한다는 공동목적하에 특정 다수인에 의하여 이루어진 계속적이고 최소한의 통설체계를 갖춘 조직적인 결합체이다.[1] 본 사례에서는 신촌파가 폭력행위의 실행을 목적으로 한 범죄단체이고, 甲이 그 단체의 행동대장이라는 직책을 가지고 있는 점에 비추어 범죄단체임을 인정하는 데 특별한 문제는 없다. 위 죄는 조직원의 직책·역할에 따라 법정형의 차이가 있는데, 甲은 간부인 행동대장이므로 무기 또는 7년 이상의 징역형에 처할 수 있다(동법 제4조 제1항 제2호).

3. A에 대한 상해

甲이 흉기인 칼로 A를 수회 찔러 전치 10주의 상해를 가한 행위는 특수상해죄(형법 제258조의2 제1항, 제257조 제1항)에 해당한다.

---

[1] 대법원 2010. 1. 28. 선고 2009도9484 판결 등.

4. K, L의 저택 담장으로 도주하다가 L의 저택 정원으로 뛰어내린 행위

(1) 담장으로 올라간 행위

甲이 담장 위로 올라가 담장을 타고 뛰어 간 행위가 주거침입죄(형법 제319조 제1항)에 해당하는지 문제된다. 이 점을 판단하기 위해서는 주거침입죄의 보호법익, 객체, 침입의 의의 등에 관하여 살펴볼 필요가 있다.

(가) 보호법익

(ㄱ) 학설

주거침입죄의 보호법익에 관하여는 ① 주거권이라는 구주거권설, ② 주거권이지만 이는 주거의 평온을 확보하고 권한 없는 타인의 침입에 의하여 이를 방해받지 않을 권리라는 신주거권설, ③ 주거에 대한 공동생활자 전원의 사실상의 평온이라는 사실상 평온설(통설), ④ 행위객체에 따라 개별적으로 파악해야 한다는 개별설 등이 대립되고 있다.[1]

(ㄴ) 판례

판례는 보호법익에 관하여 ③ 사실상 평온설과 같은 입장이다([관련판례]).[2]

---

1) [신주거권설과 사실상 평온설의 차이]

	신주거권설	사실상 평온설	판례
보호법익	주거권 (주거의 출입·체류를 결정할 수 있는 자유)	주거에 대한 공동생활자 전원의 사실상 평온	사실상 평온설
복수주거자 중 일방의 승낙	주거침입죄 성립	주거침입죄 불성립	주거침입죄 불성립 (2020도6085 전원합의체 판결; 2020도12630 전원합의체 판결)
권원 없는 점유에 대한 권리자의 침입	주거침입죄 불성립 (통설: 적법한 주거 후 권원상실하여 불법점유된 경우는 예외적으로 성립)	주거침입죄 성립	주거침입죄 성립 (2007도11322 판결)
침입 개념	주거자의 의사 침해	주거의 평온 침해	주거의 평온 침해 (위 각 전원합의체 판결)
범죄 성격	추상적 위험범	침해범	

2) 대법원 2021. 9. 9. 선고 2020도6085 전원합의체 판결. 위 판결은 피고인 甲이 처 A와의 불화로 인해 A와 공동생활을 영위하던 아파트에서 짐 일부를 챙겨 나왔는데, 그 후 자신의 부모인 피고인 乙, 丙과 함께 아파트에 찾아가 출입문을 열 것을 요구하였으나 A는 외출한 상태로 A의 동생인 B가 출입문에 설치된 체인형 걸쇠를 걸어 문을 열어 주지 않자 공동하여 걸쇠를 손괴한 후 아파트에 침입하였다고 하여 폭력행위등처벌에관한법률위반(공동주거침입)죄로 기소된 사안에서, 아파트에 대한 공동거주자의 지위를 계속 유지하고 있던 피고인 甲에게 주거침입죄가 성립한다고 볼 수 없고, 피고인 乙, 丙에 대하여도 같은 법 위반(공동주거침입)죄가 성립하지 않는다고 한 사례이다.

관련판례

대법원 2021. 9. 9. 선고 2020도12630 전원합의체 판결【주거침입】[1]

외부인이 공동거주자의 일부가 부재중에 주거 내에 현재하는 거주자의 현실적인 승낙을 받아 통상적인 출입방법에 따라 공동주거에 들어간 경우라면 그것이 부재중인 다른 거주자의 추정적 의사에 반하는 경우에도 주거침입죄가 성립하지 않는다고 보아야 한다. 구체적인 이유는 다음과 같다.

가. 주거침입죄의 보호법익

주거침입죄의 보호법익은 사적 생활관계에 있어서 사실상 누리고 있는 주거의 평온, 즉 '사실상 주거의 평온'으로서, 주거를 점유할 법적 권한이 없더라도 사실상의 권한이 있는 거주자가 주거에서 누리는 사실적 지배·관리관계가 평온하게 유지되는 상태를 말한다. 외부인이 무단으로 주거에 출입하게 되면 이러한 사실상 주거의 평온이 깨어지는 것이다. 이러한 보호법익은 주거를 점유하는 사실상태를 바탕으로 발생하는 것으로서 사실적 성질을 가진다(중략).

나. 주거침입죄의 구성요건적 행위로서의 침입

주거침입죄의 구성요건적 행위인 침입은 주거침입죄의 보호법익과의 관계에서 해석하여야 한다. 따라서 침입이란 '거주자가 주거에서 누리는 사실상의 평온상태를 해치는 행위태양으로 주거에 들어가는 것'을 의미하고, 침입에 해당하는지 여부는 출입 당시 객관적·외형적으로 드러난 행위태양을 기준으로 판단함이 원칙이다. 사실상의 평온상태를 해치는 행위태양으로 주거에 들어가는 것이라면 대체로 거주자의 의사에 반하는 것이겠지만, 단순히 주거에 들어가는 행위 자체가 거주자의 의사에 반한다는 거주자의 주관적 사정만으로 바로 침입에 해당한다고 볼 수는 없다.

앞서 보호법익에서 살펴본 바와 같이 외부인이 공동거주자 중 주거 내에 현재하는 거주자로부터 현실적인 승낙을 받아 통상적인 출입방법에 따라 주거에 들어간 경우라면, 특별한 사정이 없는 한 사실상의 평온상태를 해치는 행위태양으로 주거에 들어간 것이라고 볼 수 없으므로 주거침입죄에서 규정하고 있는 침입행위에 해당하지 않는다.

(나) 객체

담장이 주거침입죄의 객체인 주거에 해당하는지가 문제된다. 주거는 단순히 가

---

1) 피고인이 A의 부재 중에 A의 처 B와 혼외 성관계를 가질 목적으로 B가 열어 준 현관 출입문을 통하여 A와 B가 공동으로 거주하는 아파트에 들어간 사안에서, 피고인이 B로부터 현실적인 승낙을 받아 통상적인 출입방법에 따라 주거에 들어갔으므로 주거의 사실상 평온상태를 해치는 행위태양으로 주거에 들어간 것이 아니어서 주거에 침입한 것으로 볼 수 없고, 피고인의 주거 출입이 부재 중인 A의 의사에 반하는 것으로 추정되더라도 주거침입죄의 성립 여부에 영향을 미치지 않는다고 한 사례이다.

옥 자체만을 말하는 것이 아니라 그 위요지를 포함하는 개념이다([관련판례]). 위요지란 주거 또는 건조물에 직접 부속한 토지로서 그 경계가 담장 등에 의하여 물리적으로 명확하게 구분되어 있는 장소를 말하는데([관련판례]), 위요지를 구분하는 담장도 여기에 포함된다.

판례는 대학 구내,[1] 다가구용 단독주택·공동주택 내부에 있는 엘리베이터·공용계단·복도,[2] 병원건물들과 화단·화단에 식재된 수목들로 둘러싸여 있는 병원 앞 마당,[3] 사드 기지[4]는 위요지에 해당하지만, 도로에서 연결된 축사 앞 공터,[5] 건물 신축 공사현장에 있는 타워크레인[6]은 위요지에 해당하지 않는다고 판시하였다.

 관련판례

대법원 2010. 4. 29. 선고 2009도14643 판결【폭력행위등처벌에관한법률위반(공동주거침입)】

주거침입죄에서 침입행위의 객체인 '건조물'은 주거침입죄가 사실상 주거의 평온을 보호법익으로 하는 점에 비추어 엄격한 의미에서의 <u>건조물 그 자체뿐만이 아니라 그에 부속하는 위요지를 포함</u>한다고 할 것이나, 여기서 <u>위요지라고 함은 건조물에 인접한 그 주변의 토지로서 외부와의 경계에 담 등이 설치되어 그 토지가 건조물의 이용에 제공되고 또 외부인이 함부로 출입할 수 없다는 점이 객관적으로 명확하게 드러나야 한다</u>(대법원 2004. 6. 10. 선고 2003도6133 판결 등 참조). 따라서 <u>건조물의 이용에 기여하는 인접의 부속 토지라고 하더라도 인적 또는 물적 설비 등에 의한 구획 내지 통제가 없어 통상의 보행으로 그 경계를 쉽사리 넘을 수 있는 정도라고 한다면 일반</u>

1) 대법원 2004. 6. 10. 선고 2003도6133 판결. 본 판결 평석은 최수환, "건조물침입죄에 있어서 건조물과 위요지의 의미", 대법원판례해설 제50호(2004 상반기), 2004, 645-652면.
2) 대법원 2009. 9. 10. 선고 2009도4335 판결; 대법원 2016. 12. 27. 선고 2016도16676 판결(피고인이 피해자와 내연관계에 있다가 결별한 후 피해자가 아파트 출입문 비밀번호를 변경하였음에도, 아파트 복도에서 현관문을 열어주지 않는다며 욕설을 하고 현관문을 발로 차는 등 소란을 피워 주거침입죄 등으로 기소된 사건에서 주거침입죄를 유죄로 인정한 원심 판결(광주지법 2016. 10. 5. 선고 2016노2044)에 위법이 없다고 보았다).
3) 대법원 2010. 3. 11. 선고 2009도12609 판결. 이 사건 시위 장소와 병원 외부 사이에 문이나 담이 설치되어 있지 아니하고 또 관리자가 있어 이 사건 시위 장소에 일반인의 출입을 제한하고 있지는 아니하나, 이 사건 시위 장소를 병원의 건물들과 화단, 그리고 화단에 식재된 수목들이 둘러싸고 있으면서 병원 외부와의 경계 역할을 하고 있는 사실, 이 사건 시위 장소가 각 병원 건물의 앞 또는 옆 마당으로서 병원 각 건물로 오가는 통행로 등으로 이용되고 있는 사실 등을 인정한 다음, 이러한 점에 비추어 보면, 이 사건 시위 장소가 병원 건물의 이용에 제공되었다는 것이 명확히 드러난다고 할 것이므로, 이 사건 시위 장소는 병원 건물의 위요지에 해당한다고 봄이 상당하다고 판단하였다.
4) 대법원 2020. 3. 12. 선고 2019도16484 판결.
5) 대법원 2010. 4. 29. 선고 2009도14643 판결.
6) 대법원 2005. 10. 7. 선고 2005도5351 판결.

적으로 외부인의 출입이 제한된다는 사정이 객관적으로 명확하게 드러났다고 보기 어려우므로, 이는 다른 특별한 사정이 없는 한 주거침입죄의 객체에 속하지 아니한다고 봄이 상당하다. (중략)

이 사건 시설은 과천시 갈현동 마을 입구에서 과천·인덕원 방향으로 난 차량 통행이 빈번한 도로에 바로 접하여서 자리하고 있고, 위 주거건물은 위 도로에 면하여 그로부터 직접 출입할 수 있는 사실, 위 도로에서 이 사건 시설로 들어가는 입구 등에 그 출입을 통제하는 문이나 담 기타 인적·물적 설비가 전혀 없고 시멘트 포장이 된 노폭 5m 정도의 통로를 통하여 누구나 통상의 보행으로 자유롭게 드나들 수 있고, 이는 이 사건 축사 앞 공터에 이르기까지 다를 바 없는 사실, 이 사건 시설은 그 입구를 제외하면 야트막한 언덕의 숲으로 둘러싸인 형상이기는 하나 그 주위로 담이나 철망 등이 설치되어 있지 아니하고 위 도로로부터 그 언덕을 끼고 축사건물 뒤쪽으로 오르는 오솔길이 있고 이를 통하여 축사건물 맞은편의 비닐하우스 앞으로 들어올 수 있는 사실, 피고인들이 차를 타고 들어간 통로 입구 오른쪽의 전주 아래편에 '관계자 외 출입금지'라는 팻말이 있지만, 그 바로 뒤에 '○○ 축산'이라는 커다란 간판이 붙어 있는 비닐하우스가 있어서 이 팻말로써는 위 비닐하우스 외에도 이 사건 시설이나 통로 등 전체에 대하여 외부인의 출입이 제한된다는 점이 일반인의 입장에서 쉽사리 알 수 있다고 보기 어려운 사실을 인정할 수 있다.

앞서 본 법리를 이러한 사실들에 비추어 보면, 피고인들이 차를 몰고 진입한 통로나 축사 앞 공터가 주거침입죄의 객체가 되는 위요지에 해당한다는 것에 대하여 합리적 의심이 배제된다고 쉽사리 단정할 수 없고, 원심이 드는 사정들은 대체로 피해자가 이 사건 설비 및 통로 등에 대하여 가지는 주로 경제적인 이해관계 또는 이 사건 진입행위의 경위 등에 관련된 것으로서 객관적으로 위 통로 등에 대한 외부인의 출입이 제한된다는 사정이 명확하게 드러났는지를 판단함에 있어서 무겁게 고려되어야 할 성질의 것이라고 할 수 없다.

그럼에도 원심이 위 통로와 축사 앞 공터는 이 사건 주거건물이나 축사 등의 위요지에 해당한다고 판단하여 피고인들의 행위가 주거침입에 해당한다고 본 것에는 주거침입죄의 객체에 관한 법리를 오해하였거나 자유심증주의에 반하여 사실을 인정함으로써 판결 결과에 영향을 미친 위법이 있다.

(다) 침입

침입은 거주자가 주거에서 누리는 사실상의 평온상태를 해치는 행위태양으로 주거에 들어가는 것을 의미하고, 침입에 해당하는지 여부는 출입 당시 객관적·외형적으로 드러난 행위태양을 기준으로 판단함이 원칙이다.[1] 사실상의 평온상태를 해

---

1) 대법원 2021. 9. 9. 선고 2020도12630 전원합의체 판결.

치는 행위태양으로 주거에 들어가는 것이라면 대체로 거주자의 의사에 반하는 것이 겠지만, 단순히 주거에 들어가는 행위 자체가 거주자의 의사에 반한다는 거주자의 주관적 사정만으로 바로 침입에 해당한다고 볼 수는 없다.[1]

그리고 침입은 신체의 전부 또는 일부가 주거에 들어가는 것이며,[2] 그 방법은 불문한다. 따라서 주거자의 의사에 반하여 담장에 올라가거나 담장 위로 뛰어 간 행위도 침입에 해당하고, 이로 인하여 사실상 주거의 평온을 해한 것이므로 기수가 된다. 일본 판례 중에는 본 사례와 같이 담장에 올라간 행위도 침입에 해당한다고 판시한 것이 있다([관련판례]).[3]

 관련판례

最決 2009. 7. 13. 刑集 63·6·590【건조물침입·위험운전치상·절도】

【사실관계】

교통위반으로 자주 검거되던 피고인 甲은 검거를 피하기 위하여 Y 경찰서에 주차해 있는 교통위반단속차량의 차종과 차번호를 확인하기로 마음먹고, 2007. 1.10. 19:42경 위 경찰서 동쪽 콘크리트 담장 위에 올라가 위 경찰서 가운데마당을 훔쳐보았다. 위 경찰서 가운데마당은 관계 차량의 출입 등에 이용되고, 차고 등이 설치되어 있었다. 위 경찰서 출입구는 여러 곳이나 남측 청사 정면출입구를 제외하고는 시정되어 외부로부터의 출입이 제한되어 있고, 정면 출입구를 통한 출입자에 대해서도 집무시간 중에는 직원이 주시하고 있으며, 출입제한 게시판이 있다. 담장은 부지의 동측과 북측에 설치되어 높이 2.4미터, 폭 약 22센티미터의 콘크리트 담장으로서 청사건물 및 가운데마당에 대한 외부 교통 및 출입을 금지하기 위하여 설치되었으며, 담장 외부로부터 내부를 들여다볼 수 없는 구조로 되어 있다.

【사건경과】

피고인 甲은 현행범인으로 체포되어 건조물침입미수죄로 기소되었다(후에 건조물침입죄로 소인변경). 1심은 위 담장은 위요지에 포함되지 않으므로 건조물침입죄가 성립되지

---

1) 대법원 2021. 9. 9. 선고 2020도12630 전원합의체 판결. 종래 판례는 주거침입죄의 보호법익을 주거에 대한 사실상 평온으로 파악하면서도, 침입에 대해서는 주거권자의 의사에 반하여 주거에 들어가는 것이라고 설시해 왔다(대법원 2004. 8. 30. 선고 2004도3212 판결).

2) 판례는 사실상 평온설의 입장에서 신체의 일부만 타인의 주거에 들어가더라도 사실상 주거의 평온을 해하였다면 주거침입죄의 기수가 된다고 한다(대법원 1995. 9. 15. 선고 94도2561 판결. 신체의 극히 일부분이 주거에 들어갔으나 사실상 평온을 해할 정도에 이르지 못하면 미수죄 성립). 이에 반하여 통설은 신체의 전부가 들어가야 기수에 이른다고 한다.

3) 하급심판례 중에는 지붕 위에 올라간 것을 침입이라고 한 사례(東京高判 1979. 5. 21. 高刑集 32·2·134), 인접하는 위요지 경계인 블록담장 위를 걸어간 것은 쌍방 위요지에 각 침입한 것으로 2개의 주거침입죄가 성립한다고 한 사례(東京地判 1982. 2. 2. 刑月 14·1＝2·187)가 있다.

않고, 부지 내로 들어갈 의사도 없었으므로 동미수죄도 적용할 여지가 없다며 무죄를 선고하였으나, 2심은 담장은 위요지에 해당하고 담장에 올라간 행위는 침입행위로 평가할 수 있다는 이유로 건조물침입죄의 성립을 인정하였다.

【결정요지】

이 사건 담장은 이 사건 청사건물과 그 부지를 다른 것과 명확하게 구획함과 아울러 외부로부터의 간섭을 배제하는 작용을 하고 있으며, 그야말로 이 사건 청사건물의 이용을 위하여 제공되어 있는 공작물로서 형법 제130조의 '건조물'의 일부를 구성하는 것으로서, 건조물침입죄의 객체에 해당한다고 해석함이 상당하고, 외부에서 볼 수 없는 부지에 주차된 수사차량을 확인할 목적으로 이 사건 담장 위에 올라간 행위에 관하여 건조물침입죄의 성립을 인정한 원심 판단은 정당하다.

㈐ 소결

甲이 K와 L의 담장에 올라가 달린 행위는 각 주거침입에 해당하고, 두 죄는 실체적 경합관계이다.

(2) L의 정원으로 뛰어내린 행위

甲이 L의 정원으로 뛰어내린 행위가 별도로 주거침입죄에 해당하는지 문제된다. 甲이 L의 담장 위로 뛰어간 행위가 이미 주거침입죄의 기수에 해당하므로 주거침입이 계속되는 상태에서 다시 정원으로 뛰어내린 행위는 별도로 주거침입죄를 구성하지 않는다.

5. B에 대한 상해

甲이 B의 안면을 1회 구타하여 전치 2주의 상해를 가한 것은 상해죄(형법 제257조 제1항)에 해당한다.

6. 설문의 해결

甲은 폭력행위등처벌에관한법률위반(단체등의구성·활동)죄, 특수상해죄, 상해죄, 2개의 주거침입죄의 실체적 경합범으로서의 형사책임을 진다.

II. 제2문 — 여죄수사의 적법성

1. 문제의 제기

다른 범죄사실의 체포·구속을 이용하는 수사의 형태로는 ① 체포·구속기간을 이용하여 영장에 기재된 범죄사실 이외의 사실을 수사(특히, 신문)하는 경우(여죄(餘罪) 수사의 문제), ② 수사기관이 본래 수사하고자 하는 사건(본건)에 대하여 체포·구속요건이 갖추어져 있지 않기 때문에, 체포·구속요건이 갖추어진 다른 사건(별건)으로 체포·구속하여 그 신병구속 상태를 이용하여 본건에 관하여 수사를 하는 경우(별건체포·구속의 문제),1) ③ 본건에 관하여 수사할 목적으로 체포·구속요건이 인정되지 않는 별건으로 체포·구속하는 경우(별건은 당연히 영장청구기각사안) 등이 있다. ②의 별건체포·구속을 논함에 있어서는 본건은 중대한 범죄, 별건은 경미한 범죄에 한정하는 것이 일반적이다.

본 사례의 경우, 경찰관 X는 甲의 A에 대한 특수상해죄를 수사하던 중 B에 대한 상해죄로 현행범인체포하여 상해죄로 구속하고, 이후 상해죄에 대한 수사 외에 그 구속기간 중에 [I] 기재 범죄사실에 대해서도 수사하다가 甲이 이를 자백하자 함

---

1) 별건구속과 관련해서는 첫째, 본건 수사를 위하여 구속요건이 갖추어지지 않은 별건으로 구속하는 것이 적법한지가 문제된다. 이에 대해서는 ① 적법설(별건기준설), ② 위법설(본건기준설)(통설), ③ 구체적 사안에서 영장주의의 정신과 수사의 태양 등을 고려하여 종합적으로 수사의 필요성을 살펴 적법 여부를 판단하여야 하는데, 구속기간 전체를 본건 수사에 이용하는 등 별건에 대한 영장발부의 정신을 몰각(잠탈)할 정도인 경우는 위법하다는 영장주의잠탈설의 대립이 있다. 이에 대하여 정면으로 다룬 대법원판례는 없다. 일본에서도 별건체포·구속의 적법성에 관하여 명확히 언급한 최고재판소판결은 없고, 다만 별건체포·구속을 주장하는 상고이유에 대하여 판단하면서 "아직까지 증거가 갖추어지지 않은 본건에 관하여 오로지 피고인을 조사할 목적으로 증거가 갖추어진 별건의 체포·구속의 이름을 빌어 그 신병구속을 이용하여 본건에 관하여 체포·구속하여 조사하는 것과 동일한 효과를 얻을 의도로 한 것은 아니다"(전형적 별건체포·구속)라고 판시하여, 위와 같은 경우에 해당하면 위법하다는 점을 시사한 것이 있을 뿐이다(最決 1977. 8. 9. 刑集 31·5·821(狭山事件)). 둘째, 별건구속이 위법하다고 할 때 별건구속 중 피의자신문의 적법성이 문제된다. 별건구속이 위법한 때에는 본건에 대한 신문도 허용되지 않는다고 한다. 셋째, 별건구속에 이은 본건구속의 적법성이 문제된다. 강제처분에 관한 사건단위설(대법원 2001. 5. 25. 자 2001모85 결정도 사건단위설에 입장이다)에 의하면 다른 범죄사실로 구속 중에 2차 구속은 적법하다고 볼 수 있는데, 별건구속이 위법하다는 입장에서는 본건에 관한 구속도 위법하다고 한다(별건에 관한 석방을 불문)(통설). 그러나 별건구속적법설의 입장에서는 본건구속도 적법하다고 하고, 영장주의잠탈설은 여러 사정을 종합하여 그 적법성을 판단하여야 한다는 입장이다. 넷째, 별건구속이 위법한 경우 별건구속 중의 자백은 증거능력이 배제되는데, 그 근거가 무엇인지 문제된다. 자백배제법칙의 근거에 관한 위법배제설에 의하면 위법한 별건구속 중에 얻은 본건 자백은 자백배제법칙에 따라 증거능력이 배제될 것이나, 허위배제와 인권옹호 모두 자백배제의 근거라고 하는 절충설의 입장에서는 위법수집증거배제법칙에 의하여 증거능력이 배제된다고 한다.

께 기소하였다. 이와 관련해서는 상해죄 구속 중의 [I] 기재 범죄사실에 대한 수사가 적법한가, 즉 여죄수사로서 적법한가 여부가 문제된다.

2. 甲에 대한 [I] 기재 범죄사실 수사(특히, 피의자신문)의 적법성
(1) 여죄수사의 적법성

여죄는 동일 피의자의 범죄사실 중 수사기관에 의하여 수사의 대상이 된 피의사건 이외의 사건으로서 동시 수사의 가능성이 있는 것을 말하는데, 이러한 여죄에 대한 수사는 일정한 요건이 충족되면 예외적으로 허용된다는 것이 통설이다. 일반적으로 여죄수사는 법원의 사법적 억제기능과 피의자의 방어권을 실질적으로 저해하지 않는 범위에서만 허용된다고 한다. 즉, ① 피의자가 자진하여 여죄를 자백한 경우, ② 여죄가 영장기재 사안보다 경미한 경우, ③ 여죄가 영장기재사실과 동종 사안이거나 밀접한 연관성이 있는 경우에는 여죄수사가 허용된다고 한다. 그 밖에도, 여죄를 수사하지 않으면 구속의 요건이나 구속기간연장의 사유, 기소·불기소의 판단이 곤란한 경우에도 여죄수사(정상으로서의 여죄수사 등)가 가능하다고 보아야 할 것이다.

여죄수사의 가부는 동시 수사와 심판에 의한 피의자의 장기구속을 피하려는 이념과 영장주의의 조화의 문제인데, 판례는 널리 여죄수사를 인정하고 있다.[1]

(2) 여죄수사 시 피의자신문의 적법성

여죄수사가 인정되는 경우 당연히 여죄에 대한 피의자신문은 적법하다.

3. 설문의 해결

본 사례에서 [I] 기재 범죄사실은 구속된 B에 대한 상해죄보다는 그 사안이 중대하다. 그러나 구속된 상해죄는 [I] 기재 범죄사실과의 연결선상에서 발생한 것으로서 서로 밀접한 연관성이 있고, 이를 수사하더라도 방어권을 실질적으로 저해한다고 볼 사정도 엿보이지 않으므로 [I] 기재 범죄사실에 대한 X의 수사는 여죄수사로서 당연히 허용되므로 적법하다.

---

1) 대법원 1986. 12. 9. 선고 86도1875 판결.

Ⅲ. 제3문 — 여죄수사와 미결구금일수의 산입

甲의 [Ⅰ] 기재 A에 대한 범죄사실과 [Ⅱ] 기재 범죄사실 사이에 확정판결이 있어 법원은 [Ⅰ] 기재 범죄사실(전자)에 대해서는 징역형의 실형을 선고하고, [Ⅱ] 기재 범죄사실(후자)에 대해서는 집행유예의 판결을 선고하기로 하였다. 그런데 甲은 후자의 일부인 상해죄로 구속되었을 뿐 전자로는 구속된 바가 없다. 이 경우, 미결구금일수를 전자의 형에 산입할 수 있는지가 문제된다.

판례는 미결구금일수의 산입과 관련하여, A사건의 구속기간이 실질적으로 B사건의 수사에 이용되고 B사건만이 기소된 사안에서, 그 기간을 B사건의 본형에 산입할 수 없다고 판시한 바 있다(관련판례 1). 그러나 본 사례와 같이 A 범죄사실로 구속된 기간 중에 A 범죄사실과 B 범죄사실을 수사하고 함께 기소하였는데, A 범죄사실에 대해서는 집행유예를, B 범죄사실에 대해서는 징역형의 실형을 선고하면서 판결 전 구금일수를 B 범죄사실에 대한 징역형에 산입하였다(관련판례 2).[1] 따라서 법원은 [Ⅰ] 기재 범죄사실에 관하여 징역형을 선고하면서 판결 전 구금일수를 산입할 수 있다.

 관련판례

1. 대법원 1990. 12. 11. 선고 90도2337 판결【사기 · 공문서위조 · 동행사】

【사안개요】

피고인 甲은 사기 · 공문서 · 동행사죄로 1990. 3. 27. 구속영장이 발부되어 그 죄로 기소되었는데, 그 이전인 1990. 3. 1.부터 같은 달 27.까지 기소중지처분된 신용카드사업법위반 등 피의사실로 구속되어 있었으며, 수사기관에서는 그 기간 동안 위 사기 등 범행사실에 관하여 실질적으로 수사를 하였다.

【판결이유】

피고인은 이 사건 사기 등 범행으로 기소되기 전에(이 사건으로는 1990. 3. 27. 구속영장이 발부되어 그날 집행되었다) 기소중지처분된 신용카드사업법위반 등 피의사실로 1990. 3. 1.부터 같은 달 27.까지 구속된 사실을 알 수 있는바, 결과적으로 위 구속기간이 이 사건 사기 등 범행사실의 수사에 실질상 이용되었다 하더라도 위 구금일수를 이 사건 사기죄의 본형에 산입할 수는 없다 할 것이므로 같은 취지의 원심판단은

---

1) 대법원 1996. 5. 10. 선고 96도800 판결; 대법원 1988. 7. 26. 선고 88도841 판결도 같은 취지.

정당하고 소론과 같은 위법이 없다.

2. 대법원 1986. 12. 9. 선고 86도1875 판결【교통사고처리특례법위반·사기·향토예비군설치법위반】

【사실관계】

A 범죄사실로 피의자에 대한 구속영장이 발부되어 피의자를 구속한 뒤, 피의자에 대하여 A 범죄사실과 B 범죄사실을 수사하고 기소하였는데, 법원은 A 범죄사실에 대하여는 징역 6월에 집행유예 2년을, B 범죄사실에 대하여는 징역 8월을 선고하고, 제1심판결 선고전의 구금일수 90일을 구속영장이 발부되었던 A 범죄사실이 아닌 구속영장이 발부되지 않은 B 범죄사실에 대한 징역형에 산입하였다.

【판결이유】

수개의 범죄사실로 공소제기된 피고인이 그중 일부의 범죄사실만으로 구속영장이 발부되어 구금되어 있었고, 법원이 그 수개의 범죄사실을 병합심리한 끝에 피고인에게 구속영장이 발부된 일부 범죄사실에 관한 죄의 형과 나머지 범죄사실에 관한 죄의 형으로 나누어 2개의 형을 선고할 경우, 그 판결선고전의 구금일수는 엄격하게 보면 구속영장이 발부된 범죄사실에 관한 것이므로 이를 형법 제57조에 의하여 본형에 산입함에 있어서도 우선적으로 구속영장이 발부된 범죄사실에 관한 죄의 형에 산입하여야 함이 바람직한 조치인 것은 말할 나위가 없다.

그러나 동일한 피의자 또는 피고인에 대한 수개의 범죄사실을 동시에 수사하거나 공판심리함에 있어 피의자 또는 피고인을 그중 일부 범죄사실만으로 구속한 경우에는 절차의 번잡을 피하고 피의자 또는 피고인의 구속이 부당하게 장기화되는 것을 피한다는 뜻에서 나머지 범죄사실에 대하여는 중복하여 구속하지 아니하는 것이 실무상의 관행이라고 볼 수 있는바, 이 경우 판결선고전의 구금일수 산입이 구속이 집행된 범죄사실에 관한 죄의 본형에만 허용된다고 한다면 경우에 따라서는 소송절차의 간편을 꾀하고, 피의자 또는 피고인의 구속기간이 부당하게 장기화되는 것을 방지하기 위해 구속의 중복을 피한 조치가 오히려 피고인의 불이익으로 돌아가는 결과로 되어 불공평하고 불합리하므로, 이와 같은 경우에는 일부 범죄사실에 의한 구금의 효과는 피고인의 신병에 관한 한 나머지 범죄사실에도 미친다고 보아 그 구금일수를 어느 죄에 관한 형에 산입할 것인가의 문제는 법원의 재량에 속하는 사항이라고 봄이 상당하고, 따라서 이를 구속영장이 발부되지 아니한 다른 범죄사실에 관한 죄의 형에 산입할 수도 있다 할 것이다.

사 례 [16] 외상 후 스트레스 장애(PTSD)와 상해, 공용주택에의 침입, 비디오카메라 촬영·녹화의 적법성

서울 서대문구 아현동 소재 T 아파트(1동으로만 되어 있음) 입구와 주변에서 야간에 부녀자를 상대로 한 성추행사건이 자주 일어난다는 신고를 받은 서대문경찰서 강력반장 X는 탐문수사를 통하여 성범죄 전력이 있고 뚜렷한 직업 없이 같은 동 소재 S 연립주택 1층 단칸방에 혼자 살고 있는 甲(남, 45세)을 용의자로 지목하게 되었다. S 연립주택은 폭 5미터 도로에 면하고 있어 甲이 눈치를 채지 못하게 경찰관이 잠복하여 감시하기에는 매우 어렵게 되어 있었다. 그리고 S 연립주택에 인접하여 Y의 2층 집이 있는데, 2층 베란다에서 甲의 집 현관문은 볼 수 없으나 현관문에서 도로로 나온 인물은 볼 수 있는 구조였다. X는 2021. 9. 26. Y의 승낙을 얻어 Y의 집 2층 베란다에 비디오카메라 1대를 설치하였다. 그 비디오카메라는 甲의 집 현관문을 나온 직후 또는 들어가기 직전인 인물의 도로에서의 모습이 화면의 중심에 오도록 설치하였는데, 촬영범위는 甲의 집 현관문을 제외하고 집 앞 도로의 3분의 1 정도로 그곳을 보행하는 통행인의 모습도 촬영되도록 되어 있었다.

또한, X는 T 아파트 입구도 잠복하여 감시하기에는 어렵게 되어 있어 같은 날 T 아파트 관리사무소의 승낙을 얻어 아파트 출입구를 화면의 중심으로 촬영할 수 있도록 아파트 부근의 화단 나무 위에 비디오카메라 1대를 설치하였다. 그 비디오카메라는 T 아파트 출입구와 연결된 통로 안 엘리베이터 입구와 출입구 앞 도로의 3분의 1 정도와 그곳을 보행하는 통행인의 모습이 촬영되도록 되어 있었다.

각 비디오카메라는 일몰 후에도 부근 가로등의 밝기 때문에 촬영범위 안에 있는 인물의 얼굴, 복장, 특징 등을 선명하게 촬영할 수 있었으며, 설치 다음 날 오전 0시부터 오전 5시까지 사이에 비디오카메라를 작동시켜 촬영·녹화하였다. 각 비디오카메라의 촬영·녹화에 대하여 甲의 승낙 및 S 연립주택과 T 아파트의 다른 주민이나 부근 주민들의 승낙을 받은 바는 없고, 이와 관련하여 영장을 발부받은 사실도 없었다. X는 촬영 당일 각 촬영·녹화한 비디오테이프를 회수하여 경찰서 안에서 재생하여 녹화한 영상을 정밀하게 검토하고, 녹화된 영상 가운데 이 사건 수사에 필요한 것이 아닌 경우에는 사후에 그 비디오테이프를 다음 촬영에 사용하여 다시 녹화하기 위하여 불필요한 영상을 소거하였다.

그런데 甲은 각 비디오카메라 설치 후인 2021. 9. 28. 04:00경 T 아파트 앞에서 술에 취한 채 집으로 돌아가는 A(여, 23세)를 발견하고 강간하기로 마음먹고, A를 따라 아파트 출입구를 통하여 안으로 들어가 엘리베이터를 같이 타고 엘리베이터가 4층에 이르렀을 때 갑자기 A를 엘리베이터 구석으로 밀고 주먹으로 얼굴을 수회 때려 반항을 억압한 후 9층에서 A를 끌고 엘리베이터에서 내린 다음 12-13층 계단으로 A를 끌고 가 그 곳에서 피해자를 1회 간음하여 강간하고는 계단을 이용하여 밑으로 내려와 아파트 출입구를 통하여 도주하였다. A는 甲의 강간행위로 인하여 외부적인 상처를 입은 사실은 없으나, 불안, 불면, 악몽, 자책감, 우울감정, 대인관계 회피, 일상생활에 대한 무관심, 흥미상실 등의 증상을 보였고, 그와 같은 증세로 인하여 2일간 치료약을 복용하였고, 의사로부터 6개월간의 치료를 요하는 외상 후 스트레스 장애(PTSD)에 해당한다는 진단서를 발부받았다.

2021. 9. 28. 12:00경 A로부터 피해신고를 받은 X는 비디오카메라로 촬영·녹화한 비디오테이프를 재생하였다. 그 결과, Y의 집 2층 베란다의 비디오카메라로 촬영·녹화한 테이프에는 甲이 같은 날 03:00경 검정색 상의와 남색 바지를 입고 모자를 쓴 채로 甲의 집 방향에서 도로로 나와 T 아파트 쪽으로 걸어가는 모습이 녹화되었는데, 얼굴을 명확히 판별할 수 있었다. 그리고 T 아파트 입구 나무 위의 비디오카메라로 촬영·녹화한 비디오테이프에는 같은 날 04:00경 甲이 A를 뒤따라 아파트 출입구를 통하여 안으로 들어가 엘리베이터 앞에 함께 서있는 모습과 04:30경 아파트 출입구를 통하여 뛰어나와 S 연립주택 방향으로 가는 모습이 녹화되었는데, 얼굴에 흰색 마스크를 착용하였지만 육안으로 甲임을 판별할 수 있었다.

X는 2021. 9. 29. 甲이 위와 같이 A를 강간한 혐의로 甲을 긴급체포하여 신문하였으나, 甲은 범행을 부인하였다. 甲은 이후 구속되었음에도 검사 앞에서는 물론 제1회 공판기일에서도 일관되게 범행을 부인하고, 검사가 증거로 제출한 甲의 모습이 영상녹화된 위 각 비디오테이프에 대해서도 증거부동의하였다.

설 문

1. 甲의 형사책임을 논하고, 검사가 기소 시 공소장에 기재할 죄명과 적용법조를 기재하시오.

2. 각 비디오카메라의 촬영·녹화의 적법성에 대하여 구체적 사실을 적시하면서 논하시오.

해 설

I. 제1문 — 甲의 형사책임

1. 문제의 제기

甲이 A를 강간한 행위가 형법 제297조의 강간죄의 구성요건에 해당함은 의문이 없다. 다만, ① 강간장소가 T 아파트의 공용부분인 점에서 주거침입죄를 범한 자가 강간한 것에 해당되어 성폭력범죄의처벌등에관한특례법위반(주거침입강간등)죄(동법 제3조 제1항)에 해당하는지, ② 나아가 A가 강간행위로 인하여 6개월의 치료를 요하는 외상 후 스트레스 장애(PTSD)를 입었다는 점에서 강간치상죄[①의 주거침입이 인정되지 않으면 형법 제301조의 강간치상, 주거침입이 인정되면 성폭력범죄의처벌등에관한특례법위반(강간등치상)죄(동법 제8조 제1항)]에 해당하는지 여부가 문제된다.

2. 주거침입죄에 해당하는지 여부

甲은 A를 따라 아파트 출입구를 통하여 안으로 들어가 엘리베이터를 같이 타고 엘리베이터가 4층에 이르렀을 때 갑자기 A를 엘리베이터 구석으로 밀고 주먹으로 얼굴을 수회 때려 반항을 억압한 후 9층에서 A를 끌고 엘리베이터에서 내린 다음 12-13층 계단으로 끌고 가 그곳에서 피해자를 강간하였다. 즉, 甲은 아파트 내 각 주거호실에는 들어가지 않았지만 아파트 건물 안 공용부분인 엘리베이터, 계단으로 들어갔는데, 이것이 형법 제319조 제1항의 주거침입죄에 해당하는지 여부가 문제된다.

(1) 주거

아파트의 엘리베이터, 계단, 복도 등 공용부분이 주거인지 여부에 관하여는, ① 사적인 공간이 아니므로 '주거'에 해당하지 않는다는 견해, ② 위요지로서 '주거'에 포함된다는 견해, ③ '관리하는 건조물'에 해당한다는 견해가 있을 수 있다. 법익주체는 ②의 견해에 의하면 통상 전용부분의 거주자이고, ③의 견해에 의하면 아파트 관리회사가 될 것이지만, 어느 경우나 형법 제319조 제1항에 위반한다는 점에서 차이는 없다.

　　주거침입죄에서의 주거에는 위요지도 포함되는데,[1] 위요지란 건조물에 인접한 그 주변의 토지로서 외부와의 경계에 담 등이 설치되어 그 토지가 건조물의 이용에 제공되고 또 외부인이 함부로 출입할 수 없다는 점이 객관적으로 명확하게 드러나야 한다.[2] 판례는 다가구용 단독주택이나 다세대주택·연립주택·아파트 등 공용주택의 공용부분인 엘리베이터, 계단과 복도는 "주거로 사용하는 각 가구 또는 세대의 전용부분에 필수적으로 부속하는 부분으로서 그 거주자들에 의하여 일상생활에서 감시·관리가 예정되어 있고 사실상의 주거의 평온을 보호할 필요성이 있는 부분이므로, 특별한 사정이 없는 한 주거침입죄의 객체인 '사람의 주거'에 해당한다"고 판시하였다([관련판례]).[3] 여기서 '특별한 사정'이란 그 구조, 관리상태 등에 비추어 주거로서 보호할 필요가 없는 경우를 의미한다.[4]

(2) 침입에 해당하는지 여부

　　甲은 아파트 주민이나 관리인의 의사에는 반하지만 평온하게 아파트 안으로 들어갔는데, 침입에 해당하는지가 문제된다. 침입의 개념에 관하여는 ① 의사침입설과 ② 평온침입설의 대립이 있으나, 판례는 평온침입설의 입장이다. 즉, 판례는 주거침입이란 '거주자가 주거에서 누리는 사실상의 평온상태를 해치는 행위태양으로 주거에 들어가는 것'을 의미한다고 한다.[5]

(3) 소결

　　판례에 의하면 甲이 A를 강간할 목적으로 무단으로 위 아파트 공용부분에 들어

---

1) 대법원 2009. 8. 20. 선고 2009도3452 판결.

2) 대법원 2004. 6. 10. 선고 2003도6133 판결(건조물침입죄에 있어 건조물의 위요지).

3) 대법원 2009. 8. 20. 선고 2009도3452 판결도 같은 취지.

4) 일본 판례 중에는 ① 맨션의 공용부분에 관하여, "분양된 주거부분에 부수되어 있고, 주민들이 구분소유자로서 구성하는 관리조합을 통하여 공동으로 이용·관리하는 것이 당연히 예정되어 있어, 주민들 생활의 평온을 배려할 필요가 강하게 인정되는 공간이라고 할 수 있으므로 각 주거와 일체를 이루어 주거에 해당한다"고 한 것이 있는가 하면(最判 2009. 11. 30. 刑集 63·9·1765) ② 자위대관사의 각 동 1층 출입구로부터 각 실 현관까지의 부분에 관하여, "거주용 건물인 관사의 각 동 건물의 일부로 관사 관리자가 관리하는 곳이므로 거주용 건물의 일부에 해당하여 형법 제130조의 '사람이 간수하는 저택'에 해당한다"고 한 것(最判 2008. 4. 11. 刑集 62·5·1217)이 있다.

5) 대법원 2021. 9. 9. 선고 2020도12630 전원합의체 판결. 주거침입죄의 보호법익과 침입 개념에 대한 상세는, 사례 [15] I. 제1문 '甲의 형사책임' 부분 참조.

간 것은 주거침입에 해당하고, 甲은 성폭력범죄의 처벌 등에 관한 특례법 제3조 제1
항 소정의 주거침입범의 신분을 가지게 되었다고 할 것이다.1)

3. 강간치상죄의 상해에 해당하는지 여부

A는 甲의 강간행위로 인하여 외상은 입지 않았지만 불안, 불면, 악몽, 자책감,
우울감정, 대인관계 회피, 일상생활에 대한 무관심, 흥미상실 등의 증상을 보여 전치
6개월의 외상 후 스트레스 장애(PTSD) 진단을 받았다. 이러한 PTSD가 형법 또는 성
폭력범죄의 처벌 등에 관한 특례법상의 강간상해죄 또는 강간치상죄의 '상해'에 해
당하는지 문제된다.

(1) 상해의 개념

판례는 강간치상죄,2) 강제추행치상죄3)와 같은 결과적 가중범이나 강도상해죄4)
와 같은 결합범에 있어서 상해는 "피해자의 신체의 건강상태가 불량하게 변경되고
생활기능에 장애가 초래되는 것을 말하는 것"으로서, "피해자가 입은 상처가 극히 경
미하여 굳이 치료할 필요가 없고 치료를 받지 않더라도 일상생활을 하는 데 아무런
지장이 없으며 시일이 경과함에 따라 자연적으로 치유될 수 있는 정도라면, 그로 인
하여 피해자의 신체의 건강상태가 불량하게 변경되었다거나 생활기능에 장애가 초래
된 것으로 보기 어려운" 경우에는 상해에 해당되지 않는다고 일관되게 판시하고 있
다. 이때, 강간치상죄 등에서의 상해에는 해당하지 않더라도 형법 제257조의 상해에
는 해당하는지 여부가 문제될 수 있다. 판례는 형법상 상해죄에서의 상해에도 해당
되지 않는다고 한다.5)

(2) PTSD가 상해에 해당하는지 여부

생리적 기능에 장애를 초래한 것도 상해에 해당하므로 PTSD도 상해에 해당한
다([관련판례]).6)

---

1) 대법원 2009. 9. 10. 선고 2009도4335 판결(본 사례와 유사한 사례에서 주거침입을 인정).
2) 대법원 1994. 11. 4. 선고 94도1311 판결 등.
3) 대법원 2009. 7. 23. 선고 2009도1934 판결.
4) 대법원 2003. 7. 11. 선고 2003도2313 판결.
5) 대법원 2008. 10. 9. 선고 2008도3078 판결.
6) 강제추행으로 인한 급성 스트레스반응, 우울장애도 강제추행치상죄의 상해에 해당한다는 판례도 있다
   (대법원 2002. 3. 15. 선고 2001도7053 판결).

관련판례

대법원 1999. 1. 26. 선고 98도3732 판결【성폭력범죄의처벌및피해자보호등에관한법률위반(강간등상해·치상)〔예비적으로 변경된 죄명 : 성폭력범죄의처벌및피해자보호등에관한법률위반(특수강간등)〕·폭력행위등처벌에관한법률위반·도로교통법위반】

원심판결 이유에 의하면, 원심은 성폭력범죄의 처벌 및 피해자보호 등에 관한 법률 제9조 제1항의 상해는 피해자의 신체의 완전성을 훼손하거나 생리적 기능에 장애를 초래하는 것으로, 반드시 외부적인 상처가 있어야만 하는 것이 아니고, 여기서의 생리적 기능에는 육체적 기능뿐만 아니라 정신적 기능도 포함된다고 전제한 후, 제1심이 조사·채택한 증거들에 C 신경외과의원 원장 C에 대한 사실조회에 대한 회신의 기재를 종합하여 피고인들의 강간행위로 인하여 피해자가 불안, 불면, 악몽, 자책감, 우울감정, 대인관계 회피, 일상생활에 대한 무관심, 흥미상실 등의 증상을 보였고, 이와 같은 증세는 의학적으로는 통상적인 상황에서는 겪을 수 없는 극심한 위협적 사건에서 심리적인 충격을 경험한 후 일으키는 특수한 정신과적 증상인 외상 후 스트레스 장애에 해당하고, 피해자는 그와 같은 증세로 인하여 2일간 치료약을 복용하였고, 6개월간의 치료를 요하는 사실을 인정하고, 피해자가 겪은 위와 같은 증상은 강간을 당한 모든 피해자가 필연적으로 겪는 증상이라고 할 수도 없으므로 결국 피해자는 피고인들의 강간행위로 말미암아 위 법률 제9조 제1항이 정하는 상해를 입은 것이라고 판단하였는바, 원심의 위와 같은 사실인정 및 판단은 모두 수긍할 수 있고, 여기에 피고인들의 변호인과 피고인 2가 논하는 바와 같은 채증법칙 위반 또는 심리미진의 위법이나 피고인들의 변호인이 논하는 위 법률 제9조 제1항의 상해에 대한 법리오해의 위법 등이 있다고 할 수 없다.

4. 설문의 해결

甲은 형법 제319조 제1항의 주거침입죄를 범하여 A를 강간하여 형법 제297조의 강간죄를 범하고 이로 인하여 A에게 전치 6개월의 상해에 이르게 하였으므로 성폭력범죄의처벌등에관한특례법위반(강간등치상)죄가 성립한다. 따라서 검사는 甲을 기소하면서, 죄명을 '성폭력범죄의처벌등에관한특례법위반(강간등치상)', 적용법조를 '성폭력범죄의 처벌 등에 관한 특례법 제8조 제1항, 제3조 제1항, 형법 제319조 제1항, 제297조'라고 기재하여야 한다.

II. 제2문 — 비디오카메라 촬영·녹화의 적법성

1. 문제의 제기

경찰관 X는 영장 없이 ① 범인일 가능성이 있는 甲의 동태를 살피기 위하여 Y의 집 2층 베란다에 비디오카메라 1대(제1 비디오카메라), ② 범행장소가 될 개연성이 있는 T 아파트 입구의 상황을 살피기 위하여 아파트 부근 화단 나무 위에 비디오카메라 1대(제2 비디오카메라)를 각 설치하여 촬영·녹화하였는데, 그 적법성이 문제된다. 비디오촬영은 일정기간 계속하여 촬영되기 때문에 사진촬영에 비하여 사생활의 이익·자유의 제한이 다소 크기는 하지만, 그 법적 성질이나 허용요건 등은 사진촬영과 마찬가지라고 할 것이다.

(1) 사진촬영의 법적 성질

사진촬영의 법적 성질에 대하여는 ① 검증이라고 하는 검증설(통설), ② 검증과 유사한 성격을 가지고 있다는 검증유사설,[1] ③ 행위자가 경험한 대상을 사진이라는 수단으로 기록하는 행위에 불과하므로 사진촬영이 행해지는 상황에 따라 강제처분성을 논하면 된다는 기록행위설[2]의 대립이 있다. 판례[3]는 사진의 법적 성질을 직접 언급함이 없이 일정한 요건을 충족하는 경우에 영장 없이 허용된다고 판시하고 있다.[4] 이러한 사진촬영의 법적 성질은 사진촬영의 강제성과 함께 검토할 필요가 있다.

---

[1] 검증과 유사하다는 것이 무슨 의미인지 명확하지는 않으나, 이 견해를 취하는 학자들이 대체로 사진의 증거능력과 관련하여 검증조서유추설을 취하고 있어 사진의 증거능력을 염두에 둔 견해로 보인다.

[2] 이 견해는 검증은 일정한 대상물을 직접 오관의 감각작용에 의하여 인식하는 행위를 말하는데, 이와는 달리 사진촬영은 인식행위가 아니라 인식한 내용의 기록행위에 불과한 것이므로 이를 검증으로 본다거나 검증과 유사한 성격을 가진다고 하는 것은 타당하지 않다고 한다. 따라서 사진촬영은 단순한 기록행위에 불과하므로 촬영이 행해지는 절차의 성격에 따라 강제처분성을 검토하면 된다고 한다. 즉, 검증절차에서 검증의 결과를 기록하기 위하여 사진을 촬영하는 경우에는 그 사진촬영은 검증행위의 일부로서의 검증의 한 부분을 이룬다고 하겠으나, 검증과 상관없이 행해지는 일반적인 사진촬영은 경험사실의 기록행위에 불과하다고 한다. 예컨대 불법시위현장에서 경찰관이 시위장면을 사진으로 촬영하는 경우, 이는 경찰관의 일반적인 경험사실을 기록하는 수사행위일 뿐 검증이 아니라고 한다.

[3] 대법원 1999. 9. 3. 선고 99도2317 판결.

[4] 일본 판례 중에는 압수·수색영장을 집행하면서 압수대상물이 아닌 물건을 사진촬영한 사안에서, "위 사진촬영은 그 자체로서는 검증으로서의 성질을 갖는다고 해석되기 때문에 형소법 제430조 제2항(우리 형사소송법 제417조와 같은 취지)의 준항고의 대상이 되는 '압수에 관한 처분'에는 해당하지 않는다"고 판시한 것이 있다(最判 1990. 6. 27. 刑集 44·4·385).

(2) 사진촬영의 강제처분성 및 그 허용요건

㈎ 사진촬영의 강제처분성

사진촬영에 대해서는 ① 피촬영자에게 물리력을 가하거나 특별한 수인의무를 부과하는 것이 아니므로 임의처분이라는 임의처분(수사)설, ② 피촬영자의 사생활의 비밀과 자유를 침해하고 특히 초상권을 침해하는 처분이므로 강제처분(수사)이라는 강제처분설, ③ 사진이 촬영되는 상황을 나누어 상대방의 사적 공간에서 그의 의사에 반하여 행해지는 사진촬영은 강제처분이고, 공개된 장소에서의 사진촬영은 임의처분이라는 구분설이 대립된다.

판례는 사진촬영이 강제처분인지 임의처분인지에 관하여 정면으로 언급하지 않고, 후술하는 바와 같이 범죄의 현행성, 긴급성, 증거보전의 필요성, 촬영의 상당성이라는 요건을 충족하는 한 영장 없이 사진촬영할 수 있다고 판시하고 있다([관련판례]). 이러한 판례에 대하여는 위 적법요건을 충족하는 한 사진촬영을 임의수사로 인정한 것이라고 평가하는 견해도 있고, 강제수사를 전제로 한 것이라고 평가하는 견해도 있다.[1]

사진촬영을 강제처분인 검증이라고 한다면 강제수사법정주의와 영장주의에 의하여 검증영장이 없는 한 행할 수 없는 것이 원칙이다. 그러나 사진촬영은 전통적·고전적 강제처분에 포함되지 않는 새로운 과학적 수사방법이라는 점에서 위 적법요건을 충족하면 영장 없이 허용된다고 해석하여야 할 것이다. 그리고 임의처분이라고 하더라도 사진촬영의 성질상[2] 언제나 허용되는 것이 아니라 위 적법요건을 충족해야만 허용된다. 결국 중요한 것은 사진촬영이 강제처분이냐 임의처분이냐 하는 것보다는 사진촬영이 허용되는 요건이 무엇인가 하는 점이다. 한편 사진촬영의 법적 성질을 검증이 아니라 기록행위라고 보는 입장에서는, 사진촬영의 허용성을 사진촬영 자체로부터 논할 것이 아니라 그 선행행위의 적법성에 따라 해결하면 될 것이라고 한다.[3]

---

1) 일본 판례도 위 적법요건을 충족하는 사진촬영(最大判 1969. 12. 24. 刑集 23·12·1625(京都府学連事件))이나 비디오촬영(最決 2008. 4. 14. 刑集 62·5·1398)은 적법하다고 판시하고 있는데, 이는 '함부로 촬영당하지 않을 자유'만을 침해하는 촬영은 강제수사가 아니라 임의수사라는 것을 전제한 것으로 평가되고 있다.

2) 수사기관에서 행하는 광의의 검증에는 강제처분으로서의 검증(형소법 제215조 내지 제217조, 제139조) 외에 임의처분으로서의 검증(예 : 실황조사 등)이 있는데, 사진촬영의 법적 성질을 검증이라고 한다면 임의처분으로서의 사진촬영은 임의처분으로서의 검증의 성질을 가진다.

3) 즉 비디오카메라 설치행위(일종의 잠복행위)에 따른 외부적 관찰의 기록인 촬영·녹화의 적법성은 설치행위가 임의수사로서의 필요성과 상당성을 갖추어 적법하면, 그 기록행위인 비디오촬영·녹화도 적

(나) 허용요건

판례는 ① 범죄가 현재 행하여지고 있거나 행하여진 직후이고(범죄의 현행성), ② 그 범죄의 성질·태양으로 보아 긴급하게(긴급성), ③ 증거보전을 할 필요가 있는 상태에서(증거보전의 필요성), ④ 일반적으로 허용되는 한도를 넘지 않는 상당한 방법에 의할 것(촬영방법의 상당성)을 그 요건([관련판례])[1]으로 하고 있다.[2] 한편, 이러한 요건을 충족하는 한 형사사법공조절차를 거치지 않고 해외에서 촬영하였다고 하여 위법수집 증거로서 증거능력을 부정할 것은 아니라고 한다.[3]

①의 범죄의 현행성요건은 이를 엄격하게 해석·적용하면 사진촬영이 허용되는 경우가 지나치게 제한된다. '현재 범행이 행하여지고 있거나'(예 : 불법시위현장촬영, 무인 장비에 의한 제한속도 위반차량촬영) '행하여진 직후'란 당해 사안이 촬영이라는 수사수단을 사용해야 할 일반적 필요성이 고도로 인정되는 한 장면을 예시한 것일 뿐, 촬영이 그 경우에만 허용된다는 것을 의미하는 것은 아니라고 해석해야 할 것이다. 판례도 해외에서 반국가단체의 구성원과 회합하기 직전에 촬영한 행위가 적법하다고 판시하여[4] 현행성의 범위를 다소 넓게 해석하고 있다. 나아가 현재 범행이 행하여지고 있지 않더라도 일단 발생한 범죄가 강도살인사건[5]이나 연쇄방화사건[6]과 같이 중대하고, 촬영대상자가 범인으로 생각할 합리적인 이유가 있는 경우에는, 다른 허용요

법하다고 한다. 본 사례에서는 X의 각 비디오카메라 설치행위가 Y와 T 아파트 관리사무소의 승낙을 받아 적법하므로 각 비디오촬영·녹화도 적법하게 된다.

1) 대법원 2013. 7. 26. 선고 2013도2511 판결(왕재산사건); 대법원 1999. 12. 7. 선고 98도3329 판결(무인 장비에 의한 제한속도 위반차량 촬영사건). 98도3329 판결의 평석은 정원태, "컴퓨터디스켓·영장 없이 촬영된 비디오테이프·대상과 범위를 초과하여 연장된 통신제한조치허가에 기한 대화녹음테이프의 증거능력", 형사재판의 제문제 제3권, 박영사, 2000, 334-356면.

2) 일본 판례도 마찬가지로 ① 범죄가 행하여지거나 행해진 직후이고, ② 긴급성 및 ③ 증거보전의 필요성이 있고, ④ 그 촬영이 일반적으로 허용되는 한도를 넘지 않는 상당한 방법으로 행해졌을 것을 적법한 사진촬영의 요건으로 제시하고 있다(最大判 1969. 12. 24. 刑集 23·12·1625(京都府学連事件)).

3) 대법원 2017. 11. 29. 선고 2017도9747 판결.

4) 대법원 2013. 7. 26. 선고 2013도2511 판결(왕재산사건); 대법원 2017. 11. 29. 선고 2017도9747 판결.

5) 일본 판례 중에는 강도살인사건에서 현금자동지급기의 방범카메라에 찍힌 인물과 피고인과의 동일성을 판단하기 위하여 길거리에서 피고인의 용모를 무단으로 비디오촬영한 사안에서, '피고인이 범인이라는 의심을 가질 합리적인 이유'가 있고, 수사목적 달성을 위하여 필요한 범위에서 상당한 방법으로 행하였으므로 그 촬영이 적법하다고 하여, 위 ①요건을 완화하고 ②요건을 언급하지 않은 판례(最決 2008. 4. 14. 刑集 62·5·1398)가 있다.

6) 일본 판례 중에는 비디오카메라 설치 당시 피고인이 방화범이라는 것을 단정할 수 없다고 하더라도 그 행동에 피고인의 주변사람이 피고인이 방화범인이 아닌가 하고 의심을 품을 만한 이상한 점이 있고, 게다가 피고인이 방화하였다고 의심할 만한 수개의 정황증거가 존재하는 것이 인정되므로, 피고인이 방화를 하였다고 생각할 합리적인 이유가 있는 경우에 해당되어 적법하다고 한 판례(東京地判 2005. 6. 2. 判時 1930·174)가 있다.

건의 충족 여부를 함께 고려하여 사진촬영을 적법하다고 해석해야 할 필요가 있을
것이다.

②의 긴급성요건과 ③의 증거보전의 필요성요건은 형사소송법 제199조 제1항의
'수사에 관하여 그 목적을 달성하기 위한 필요성'이나 비례성의 원칙[1]에 의한 제약이
라고 할 수 있는데, 일반적으로 하나의 요건으로 보기도 한다.[2] 판례 중에는 개인의
주거지 밖에서 국가보안법위반인 회합의 증거를 수집하기 위하여 주거지에 출입하는
사람을 장기간에 걸쳐 촬영한 경우에 긴급성과 상당성의 요건을 충족하였다고 판시
한 것이 있다([관련판례]). 이 판례에 대해서는 적법성에 의문을 나타내는 견해도 있다.

그리고 ④의 촬영방법의 상당성요건은 수사목적의 달성을 위한 사진촬영의 필
요성과 대상자의 함부로 촬영당하지 않을 자유에 대한 침해·제약의 내용과 정도와
의 합리적인 균형을 고려하여 판단해야 할 것이다. 이때, 개인의 사적 공간에서의 촬
영이냐, 공개된 장소에서의 촬영[3]이냐 하는 것도 중요한 기준이 될 것이다.

 관련판례

대법원 1999. 9. 3. 선고 99도2317 판결【국가보안법위반(반국가단체의 구성등)(인정된 죄
명: 국가보안법위반(찬양·고무등)·국가보안법위반(회합·통신등)(변경된 죄명, 일부 인정
된 죄명: 국가보안법위반(찬양·고무등)·국가보안법위반(찬양·고무등)】: 영남위원회사건[4]

누구든지 자기의 얼굴 기타 모습을 함부로 촬영당하지 않을 자유를 가지나 이러한
자유도 국가권력의 행사로부터 무제한으로 보호되는 것은 아니고 국가의 안전보장·
질서유지·공공복리를 위하여 필요한 경우에는 상당한 제한이 따르는 것이고, 수사기
관이 범죄를 수사함에 있어 현재 범행이 행하여지고 있거나 행하여진 직후이고, 증
거보전의 필요성 및 긴급성이 있으며, 일반적으로 허용되는 상당한 방법에 의하여
촬영을 한 경우라면 위 촬영이 영장 없이 이루어졌다 하여 이를 위법하다고 단정할
수 없다.

---

1) 피촬영자의 얼굴 등이 증거사용을 위해 필요한 상황이 아닌데도 사진촬영을 하는 것은 수사비례를 벗
   어난 것으로서 위법한 행위라 할 것이다.
2) 대법원 1999. 12. 7. 선고 98도3329 판결.
3) 대법원 2013. 7. 26. 선고 2013도2511 판결도 "(전략) 그 촬영장소도 차량이 통행하는 도로 또는 식당
   앞길, 호텔 프런트 등 공개적인 장소인 점 등을 알 수 있으므로, 이러한 촬영이 일반적으로 허용되는
   상당성을 벗어나는 방법으로 이루어졌다거나, 영장 없는 강제처분에 해당되어 위법하다고 볼 수 없
   다"고 판시하고 있다.
4) 본 판결 평석은 정원태, "컴퓨터디스켓·영장 없이 촬영된 비디오테이프·대상과 범위를 초과하여 연
   장된 통신제한조치허가에 기한 대화녹음테이프의 증거능력", 형사재판의 제문제 제3권, 박영사, 2000,
   334-356면.

기록에 의하면, 이 사건 비디오촬영은 피고인들에 대한 범죄의 혐의가 상당히 포착된 상태에서 그 회합의 증거를 보전하기 위한 필요에서 이루어진 것이고 A의 주거지 외부에서 담장 밖 및 2층 계단을 통하여 A의 집에 출입하는 피고인들의 모습을 촬영한 것으로 그 촬영방법 또한 반드시 상당성이 결여된 것이라고는 할 수 없다 할 것인바, 위와 같은 사정 아래서 원심이 이 사건 비디오 촬영행위가 위법하지 않다고 판단하고 그로 인하여 취득한 비디오테이프의 증거능력을 인정한 것은 정당하고 거기에 영장 없이 촬영한 비디오테이프의 증거능력에 관한 해석을 그르친 잘못이 있다고 할 수 없다(다만, 위 비디오테이프만으로 피고인들에 대한 공소사실을 유죄로 인정할 수 있는가(증명력이 있는가)는 별개의 문제이다).

2. 제1 비디오카메라

(1) 허용요건의 검토

㈎ 범죄의 현행성

甲은 성범죄 전력이 있고 뚜렷한 직업 없이 혼자 살고 있어 용의자로 지목되었을 뿐, 성폭력범죄가 현재 행해지거나 행해진 직후는 아니다. 그런데 '범행의 현행성'이라는 요건을 엄격하게 해석·적용하면, 실제로 비디오촬영이 허용되는 경우가 매우 좁게 된다. 따라서 앞에서 살펴본 대로 합리적인 범위 내에서 이를 완화할 필요가 있다. 판례도 국가보안법위반사건에서 회합에 관한 증거를 보전하기 위하여 주거지 밖에서 출입하는 사람을 장기간에 걸쳐 사진촬영한 사안에서, '범죄의 혐의가 상당히 포착된 상태'에서의 촬영은 허용된다고 판시하고 있다.[1]

그러나 본 사례에서 甲에 대한 위 제1 비디오카메라의 촬영은 단순한 일반 방범용 촬영이 아니라 특정인을 겨냥한 특정 수사목적의 촬영으로서 위 완화된 요건에도 해당하지 않는다고 할 것이다.

㈏ 범죄의 긴급성

비디오카메라 설치 전의 사건이 야간에 발생한 성폭력범죄이고, 범인을 특정하는 것이 매우 어려운데다, 경찰이 동종 범행의 재발을 방지하기 위하여 범인의 특정이 시급한 점 등에 비추어 긴급성은 인정된다고 할 것이다.

㈐ 증거보전의 필요성

이 요건은 사안의 중대성과 다른 수사방법의 곤란성이라는 측면에서 검토해 볼 필요가 있다. 먼저, 성폭력범죄는 매우 중대한 범죄라고 할 수 있다. 그리고 비디오

---

1) 대법원 1999. 9. 3. 선고 99도2317 판결.

카메라 설치 전의 사건은 야간에 발생하여 범행의 목격자를 확보하기 매우 곤란하고, 피해자 이외에는 범인을 특정할 객관적 증거가 없는데 피해자는 야간에 당황하여 범인을 특정하기 어려운 실정이며, 경찰관이 甲의 집 앞을 계속 감시하기 어려운 상황에서 앞으로 동종 사건이 발생한 경우에 甲의 집이나 그 주변상황을 촬영해 두지 않으면 결국 범인을 특정하지 못하여 수사의 목적을 달성하지 못할 우려가 매우 큰 점에 비추어 증거보전의 필요성이 인정된다 할 것이다.

㈐ 촬영방법의 상당성

Y의 승낙을 얻었고, 촬영범위가 甲의 집 현관문을 제외한 공도(公道)에 한정되어 있고, 지형(地形)이 경찰관이 잠복하여 감시하기 어렵게 되어 있으며, 촬영한 영상 가운데 사건 수사에 불필요한 것은 소거한 점 등을 종합하면, 촬영방법은 사회통념에 비추어 상당하다고 할 것이다. 이에 반하여, 甲을 표적촬영한 것이므로 상당성이 없다거나, 일몰 후에도 부근 가로등의 밝기 때문에 촬영범위 안의 보행자의 얼굴, 복장, 특징 등이 선명하게 촬영되므로 상당성이 없다는 견해도 있다.

(2) 소결

제1 비디오카메라의 촬영·녹화는 범죄의 현행성 요건을 충족하지 못하여 위법하다.[1]

3. 제2 비디오카메라

(1) 허용요건의 검토

㈎ 범죄의 현행성

2021. 9. 26. 비디오카메라를 설치할 당시에 범죄가 현재 행하여지거나 행해진 직후는 아니다. 그러나 앞서 살펴본 대로 이 요건은 다소 완화할 필요가 있는데, 비디오카메라 설치 당시에 설치장소 부근에서 이미 이전에 부녀를 상대로 한 성폭력범죄가 자주 일어나고 있었고, 다시 동종의 범죄가 발생할 고도의 개연성이 존재하였으므로 과거 범죄에 관한 수사로서 범죄의 현행성 요건을 충족하였다고 볼 수 있다. 나아가 범행 당일 이전에는 甲의 모습이 녹화된 사실이 없고 비디오카메라 설치 2일 후인 범행 당일에만 범행현장인 아파트 엘리베이터에 甲이 A와 함께 서 있는 장면,

---

[1] 사진·비디오촬영을 기록행위로 파악하는 견해에 의하면, 본 사례의 경우 ① 현관문 밖 공도를 촬영하는 것이고, ② X가 적법하게 Y의 집에 들어가 잠복관찰하는 대신 비디오카메라를 설치하여 기록하는 것이므로 제1 비디오카메라의 촬영·녹화도 적법하다고 해석할 것이다.

범행종료시각 직후 甲이 아파트 입구를 나오는 장면이 촬영·녹화되었으므로 범죄의 현행성 요건은 충족되었다.

(나) 범죄의 긴급성

비디오카메라 설치 전의 사건이 야간에 발생한 성폭력범죄이고, 범인을 특정하는 것이 매우 어려운 점에 비추어 긴급성은 인정된다고 할 것이다.

(다) 증거보전의 필요성

제1 비디오카메라에서 살펴본 바와 같이, 사안이 중대하고 사건이 야간에 발생하여 범행의 목격자를 확보하기 매우 곤란하고, 아파트 입구와 그 주변에는 누구든지 자유롭게 출입할 가능성이 있는 점 등에 비추어 증거보전의 필요성이 인정된다 할 것이다.

(라) 촬영방법의 상당성

아파트 관리사무소의 승낙을 얻었고, 촬영범위가 T 아파트 출입구와 연결된 통로 안 엘리베이터 입구와 출입구 앞 도로의 3분의 1 정도로 한정되어 있고, 녹화시간은 오전 0시부터 오전 5시까지이고, 촬영한 영상 가운데 사건 수사에 불필요한 것은 소거한 점 등을 종합하면, 촬영방법은 사회통념에 비추어 상당하다고 할 것이다.

(2) 소결

제2 비디오카메라의 촬영·녹화는 위 4가지 요건을 모두 충족하였으므로 적법하다.[1]

4. 설문의 해결

제1 비디오카메라의 촬영·녹화는 범죄의 현행성 요건을 충족하지 못하여 위법하지만, 제2 비디오카메라의 촬영·녹화는 적법하다.[2]

---

1) 임의제출받은 제2 비디오의 영상녹화물이 개인정보 보호법상의 개인정보에 해당하더라도, 그 임의제출로 인한 피고인의 사생활이나 개인의 권익에 대한 침해 정도와 피고인이 행한 범죄의 중대성 등을 비롯한 공익을 비교형량하면, 위 영상녹화물은 위법수집증거로서 증거능력이 부정된다고 할 수 없다(대법원 2017. 11. 29. 선고 2017도9747 판결).
2) 제1 비디오테이프는 위법수집증거로서 증거능력이 없고, 제2 비디오테이프는 비진술증거로서 촬영자인 X의 공판기일에서의 진술 등 다양한 방법으로 대상이 그대로 촬영되었음이 인정되면 증거능력이 인정된다.

사 례 [17] 공무집행방해죄, 상해치사죄와 동시범 특례, 현행범인체포의 필요성, 고소취소

친구 사이인 甲, 乙은 함께 술을 마시다가 노래방을 가게 되었다. 노래방에서 노래를 부르던 甲은 종업원 A에게 술을 달라고 주문하였으나 노래방에서 주류판매를 하는 것이 법으로 금지되어 있다는 A의 말을 듣고 격분하게 되었다. 甲은 乙이 말리는데도 불구하고 손님을 무시한다면서 발로 A의 가슴을 힘껏 걷어차서 A의 갈비뼈를 골절시켰지만, A의 생명에는 지장이 없었다. 그 후 甲은 애인 B로부터 걸려온 전화를 받으러 노래방 밖으로 나가버렸다.

乙은 신음하고 있는 A의 상태를 살피고 있었는데, A로부터 "우리 사촌형님이 경찰서 수사과장인데 가만두지 않겠다"라는 말을 듣자 순간적으로 화가 나 "빽 있다고 사람을 무시하냐"고 말하면서 쓰러진 A의 가슴을 발로 수십 차례에 걸쳐 힘껏 짓밟고 나가버렸다. 乙은 A가 심하게 맞아 잘못될 수도 있다는 생각이 들어 잠시 주저하였지만 설마 그러기야 하겠냐는 생각에 그 자리를 떠나버렸다.

약 2시간이 지난 후 노래방에 껌을 팔러 온 丙은 A가 의식을 잃고 쓰러져 있는 것을 발견하고 만취한 손님으로 오인하여 순간적으로 A의 소지품을 훔치기로 하였다. 丙은 A의 호주머니를 뒤지던 중 A가 신음하며 "날 때리고 어딜 도망가냐"라며 丙의 멱살을 붙잡자 발로 A의 가슴과 옆구리를 힘껏 걷어찼다. A는 입에서 피를 토하며 丙의 다리를 붙잡았고, 丙은 이러다가 A가 잘못될 수도 있다는 생각을 했지만 잡히는 게 두려워 A를 뿌리치고 도망쳤다. A는 갈비뼈가 골절된 상태에서 乙과 丙으로부터 구타당하여 추가적인 충격을 심하게 받아 장기가 손상된 원인으로 사망하였다. 그러나 A의 사망이 乙의 구타로 인한 것인지 丙의 구타로 인한 것인지는 판명되지 않았다.

한편, 전화를 받으러 노래방 밖으로 나왔던 甲은 B로부터 급히 만나자는 말을 듣고 B의 집으로 뛰어가던 중 강도신고를 받고 주변을 탐문 중이던 경찰관 P가 신고받은 용의자와 인상착의가 비슷한 甲을 정지시켰다. 甲은 신분확인을 요구하는 P에게 순순히 운전면허증을 교부하여 경찰관 P는 전산단말기로 甲의 신원을 확인하고 있었다. 그런데 단말기가 작동하지 않아 시간이 오래 걸리게 되자 甲은 다른 경찰관과 행인들이 듣는 가운데 큰소리로 "야, 짭새 주제에 선량한 시민을 이렇게 오래 붙잡아둬도 되냐"는 등의 욕설을 하였다. 주변 사람들이 듣는 가운데 욕설을 들어 심한 모욕감을 느낀 P는 甲에게 모욕죄의 현행범인으로 체포하겠다고 고지한 후 甲의 오른쪽 어깨를 붙잡았다. 그러자 甲은 반항하면서 P의 가슴을 밀쳐 넘어뜨려 P에게 전치 2주를 요하는 흉부타박상 등을 가하였다.

때마침 길을 가던 초등학교 6학년 학생(만 12세)인 C는 甲에게 경찰관을 때려서는 안 된다고 항의를 하였고, 화가 난 甲은 손바닥으로 C의 뺨을 때리고, 행인들이 보는 가운데 큰 소리로 "아무것도 모르는 모자란 풋내기야, 너 같은 게 어디 어른들 일에 나서느냐. 엄마 젖이나 더 먹고 오너라"고 욕설을 하였다. 체포된 甲과 함께 참고인으로 진술하기 위하여 경찰서에 동행한 C는 P에게 목격한 내용을 진술하고 甲으로부터 뺨을 맞고 욕설을 들은 사실에 대하여 처벌해달라고 말하였고, 그 진술이 P가 작성한 진술조서에 기재되었다.

그 후 A가 사망하였다는 신고를 받고 경위를 조사하던 경찰관 P는 인근 업소에 대한 탐문수사를 통해 甲, 乙, 丙이 노래방에 드나들었다는 사실을 알아내고 이들의 구타 사실을 밝혀내게 되었다.

설 문

1. 검사는 甲, 乙, 丙을 A에 대한 상해치사죄의 공동정범으로 기소하였다. 甲, 乙, 丙의 변호인이 공판정에서 주장할 수 있는 논점은 무엇인가?

2. 검사는 甲을 P에 대한 공무집행방해죄와 상해죄로 기소하였다. 甲의 변호인이 공판정에서 주장할 수 있는 논점은 무엇인가?

3. 검사는 甲을 C에 대한 폭행죄와 모욕죄로 기소하였다. 甲은 제1심재판 중에 C의 부모를 찾아가 합의금을 주고 "피해자는 피고인과 합의하였으므로 피고인의 처벌을 바라지 않는다"는 내용의 합의서를 C의 부모로부터 교부받아 법원에 제출하였다. 합의서는 C의 부모 명의로 작성되어 그 부모의 무인 및 인감증명서가 첨부되었다. 제1심법원에서는 C에게 전화하여 합의 여부를 확인하였는데, C는 "부모님이 합의한 것은 맞지만 여전히 처벌을 원한다"라고 하였다. 제1심법원은 甲에게 유죄를 선고하였다. 항소를 제기한 甲은 항소심 재판 중 C를 찾아가 합의하여 C는 "피해자와 피고인은 합의하였고 피고인이 선처받기를 탄원한다"라는 내용의 합의서를 법원에 제출하였다. 甲의 변호인이 항소심 공판정에서 주장할 수 있는 논점은 무엇인가?

해 설

Ⅰ. 제1문 ─ 甲, 乙, 丙 변호인의 공판정에서의 주장 논점

1. 甲의 변호인이 주장할 수 있는 논점
(1) 문제의 제기

검사는 甲을 A에 대한 상해치사죄의 공동정범으로 기소하였는데, 먼저 甲이 乙, 丙과 함께 상해죄의 공동정범이 될 수 있는지 아니면 단독정범인지 문제된다. 또한, 단독정범이라고 하더라도 사망의 결과에 대해서까지 甲에게 형사책임을 물을 수 있는지 문제된다. 상해치사죄의 형사책임을 물을 수 없는 경우, 법원이 상해죄만 인정할 수 있는지도 문제된다.

(2) 상해치사죄의 공동정범의 성립 여부

2인 이상이 공동하여 죄를 범한 경우 공동정범이 성립하고 각자를 그 죄의 정범으로 처벌한다(형법 제30조).[1] 공동정범이 성립하기 위해서는 ① 주관적 요건으로 '공동가공의 의사'와 ② 객관적 요건으로 '공동가공의 사실', 즉 '기능적 행위지배를

---

[1] 공동정범에서 '2인 이상이 공동하여 죄를 범한다'는 의미에 관하여 ① 범죄공동설과 ② 행위공동설이 대립하고 있다. ①설은 공동정범이란 수인이 공동하여 일정한 구성요건에 해당하는 범죄를 실행하는 것이라고 함에 대하여, ②설은 수인이 행위를 공동으로 하여 범죄를 행하는 것이라고 한다. 판례는 "공동정범의 주관적 요건인 공동의 의사는 고의를 공동으로 가질 의사임을 필요로 하지 않고 고의행위인지 과실행위인지를 묻지 않고 그 행위를 공동으로 할 의사이면 족하다"고 판시하여(대법원 1962. 3. 29. 선고 4294형상598 판결; 대법원 1962. 6. 14. 선고 62도57 판결) ②설에 입각하고 있다. 범죄공동설과 행위공동설 모두 공동정범이 성립하기 위하여 공동가공의 의사와 공동가공의 사실이 있어야 한다는 데는 결론을 같이 한다.

[두 학설의 비교(원칙론)]

	① 범죄공동설	② 행위공동설
수인 수죄 (甲과 乙이 공모하여 甲은 丙을, 乙은 丁을 살해)	부정	인정
승계적 공동정범	부정	인정
부분적 공동정범 (甲은 살인의 고의로, 乙은 상해의 고의로 공모하여 丙을 상해)	부정	인정
과실의 공동정범	부정	인정
고의범과 과실범의 공동정범	부정	인정

통한 범죄실행'이 있어야 한다.[1]

　　① '공동가공의 의사'는 기능적 행위지배의 본질적 요건이며, 이로 인하여 개별적인 행위가 전체로 결합되어 분업적으로 실행된 행위 전체에 대한 책임을 인정할 수 있게 된다. 판례는 공동가공의 의사는 타인의 범행을 인식하면서도 이를 제지함이 없이 용인하는 것만으로는 부족하고, 공동의 의사로 특정한 범죄행위를 하기 위하여 일체가 되어 다른 사람의 행위를 이용하여 자기의 의사를 실행에 옮기는 것을 내용으로 하여야 한다고 판시하고 있다.[2] '공동의 의사'란 2인 이상이 서로 공동으로 수립한 행위계획에 따라 공동으로 죄를 범할 의사를 의미하므로 공동정범은 가담자의 역할분담과 공동작용에 대한 상호이해가 있어야 한다. 그러나 상호이해는 반드시 명시적인 의사표시나 의사연락을 요하는 것이 아니며 묵시적·암묵적 또는 순차적으로 의사연결이 되면 충분하다.[3] 공동의 의사가 없는 경우에는 2인 이상이 죄를 범하였다 하더라도 공동정범이 될 수 없고 동시범에 불과하다. 동시범은 공범이 아니라 단독정범이 결합된 것이므로 각자는 자기가 실행한 행위에 대해서만 책임을 지는 데 그친다.

　　본 사례에서 甲은 A가 술을 판매하지 않는다는 이유로 화가 나 단독으로 A를 구타하였고 바로 현장을 이탈하였다. 甲이 떠난 이후 乙과 丙이 순차적으로 A를 구타하였지만 이는 甲이 현장에 없을 때 일어난 일이고, 甲은 乙이나 丙과 A를 함께 구타하기로 사전에 모의한 적도 없으며 범행현장에서 명시적 또는 암묵적으로 의사연락이 이루어진 바도 없다. 따라서 甲은 상해의 단독정범의 의사로 A를 구타하였을 뿐 다른 사람과 공동가공의 의사를 형성하지 않았으므로 공동정범의 주관적 요건을 갖추지 못하였다.

　　② '공동가공의 사실'은 실행행위의 분담을 의미한다. 공동정범은 구성요건을 공동으로 실현하는 것이므로 각자가 모든 구성요건을 충족할 것을 요하지 않으며, 구성요건의 일부를 실행하더라도 공동정범이 된다. 그러나 공동정범은 역할분담에 의한 기능적 행위지배에 그 의의가 있으므로 전체 계획에 의하여 결과를 실현하는 데 불가결한 요건이 되는 기능을 분담하였느냐를 기준으로 실행행위의 분담 여부를 파악하여야 한다.

　　본 사례에서 甲, 乙, 丙이 각각 A를 발로 걷어차거나 밟아 상해를 가한 사실은

---

1) 대법원 2018. 4. 19. 선고 2017도14322 전원합의체 판결.
2) 대법원 2001. 11. 9. 선고 2001도4792 판결; 대법원 2018. 4. 19. 선고 2017도14322 전원합의체 판결.
3) 대법원 2017. 1. 25. 선고 2016도10389 판결.

인정된다. 그러나 A의 사망에 대해서는 甲이 공동가공의 의사도 없었을 뿐 아니라 그에 따른 역할분담도 없었다. 따라서 乙과 丙의 추가적인 구타로 A가 죽게 된 것에 甲이 불가결한 요건이 되는 기능을 분담하였다고 보기도 어렵다.

따라서 甲의 변호인은 A의 상해치사의 결과에 대하여 甲에게는 공동가공의 의사와 공동가공의 사실이 없어 乙, 丙과 상해치사죄의 공동정범이 될 수 없으므로 무죄라고 주장하여야 한다.[1]

(3) 상해치사죄의 단독정범의 성립 여부 — 사망에 대한 인과관계와 과실 유무

甲이 乙, 丙과 상해치사죄의 공동정범이 되지는 않더라도 단독정범으로는 인정될 수 있으므로 甲의 변호인으로서는 상해치사죄의 단독정범이 성립하는지를 검토하여야 한다. 상해치사죄는 결과적 가중범이다. 결과적 가중범이 성립하려면 기본범죄를 실현하기 위한 행위와 중한 결과 사이에 인과관계가 있어야 하고, 중한 결과에 대한 과실이 인정되어야 한다.

甲은 A를 구타하여 갈비뼈를 부러뜨린 정도이고 이로 인하여 A의 생명에는 지장이 없었다. 즉, 甲의 구타는 직접적인 사인이 아니고 甲의 구타 후 乙과 丙의 고의 상해행위가 개입되어 이것이 사인이 되었다. 따라서 甲의 상해행위와 A의 사망 사이에는 인과관계가 없다.[2] 또한, 甲은 자신의 구타로 A가 사망할 것이라는 사실을 예견할 수도 없었으므로 중한 결과에 대한 과실도 인정되지 않는다.

따라서 甲의 변호인은 상해치사죄에 대하여 인과관계와 과실이 인정되지 않는다는 이유로 무죄를 주장하여야 한다.

(4) 상해죄의 성립 여부 — 공소장변경의 요부

甲의 변호인은 상해치사죄의 공소사실에 대하여 무죄를 주장할 수 있다. 그러나 甲의 구타로 인하여 A의 갈비뼈가 부러진 것은 인정되므로 검사가 상해죄로 공소장변경을 하지 않더라도 법원이 상해죄의 유죄를 인정할 수 있는지가 문제된다.

법원이 어떤 범위에서 공소장변경 없이 공소장에 기재된 공소사실과 다른 사실

---

1) 이러한 논의는 결과적 가중범의 공동정범이 인정될 수 있다는 것을 전제로 한 논의이다. 결과적 가중범의 공동정범에 관하여는 긍정설과 부정설의 대립이 있다. 판례는 이를 인정하고 있다(대법원 1978. 1. 17. 선고 77도2193 판결).

2) 판례는 상당인과관계설의 입장이다(대법원 2011. 4. 14. 선고 2010도10104 판결). 객관적 귀속론의 입장에서도 고의에 의한 후행행위가 별개의 추가적 위험을 창출하여 결과가 발생하였으므로 객관적 귀속이 부정된다.

을 인정할 수 있는가의 문제, 즉 공소장변경의 요부에 관하여는 ① 구체적 사실관계가 다르더라도 그 벌조 또는 구성요건에 변경이 없는 한 공소장변경이 필요 없다는 동일벌조설, ② 구체적 사실관계가 다르더라도 그 법률구성에 영향이 없을 때에는 공소장변경을 요하지 않고 다른 사실을 인정할 수 있다는 법률구성설, ③ 공소장에 기재된 사실과 '실질적으로 다른 사실', 즉 사실의 변화가 사회적·법률적으로 의미를 달리하고 실질적으로 피고인의 방어권행사에 불이익을 초래하는 사실을 인정할 때는 공소장변경을 필요로 한다는 사실기재설(실질적 불이익설)이 대립된다(통설).

본 사례에서 甲의 변호인은 동일벌조설에 입각하여 상해치사죄와 상해죄의 공소사실은 그 벌조와 구성요건이 서로 다르므로 공소장변경 없이는 상해죄로 유죄를 인정해서는 안 된다고 주장할 수 있을 것이다. 그러나 판례는 '피고인의 방어권행사에 실질적인 불이익을 초래할 염려가 없는 경우'[1]에는 공소사실과 기본적 사실이 동일한 범위 내에서 공소장변경절차를 거치지 않고 다르게 인정하더라도 불고불리의 원칙에 위반되지 않는다고 판시하여[2] 사실기재설의 입장을 취하고 있으며, 강간치상죄를 강간죄로,[3] 특수절도죄를 절도죄로[4] 인정하는 경우처럼 축소사실을 인정하는 경우에는 공소장변경을 요하지 않는다고 한다. 따라서 변호인이 위와 같이 무죄주장을 하더라도 법원은 공소장변경 없이 축소사실인 상해죄에 대하여 유죄를 인정할 수 있을 것이다.[5]

2. 乙, 丙의 변호인이 주장할 수 있는 논점
(1) 문제의 제기
乙과 丙의 행위로 A가 죽은 것은 분명하므로 乙, 丙의 변호인이 주장할 수 있는

---

[1] 피고인의 방어권행사에 있어서 실질적인 불이익을 초래할 염려가 존재하는지 여부는 공소사실의 기본적 동일성이라는 요소 이외에도 법정형의 경중 및 그러한 경중의 차이에 따라 피고인이 자신의 방어에 들일 노력·시간·비용에 관한 판단을 달리할 가능성이 뚜렷한지 여부 등의 여러 요소를 종합하여 판단하여야 한다(대법원 2011. 2. 10. 선고 2010도14391, 2010전도119 판결). 그리고 공소장이 변경되지 않았다는 이유로 이를 처벌하지 않는다면 적정절차에 의한 신속한 실체적 진실의 발견이라는 형사소송의 목적에 비추어 현저히 정의와 형평에 반하는 것으로 인정되는 경우라면 법원으로서는 직권으로 그 범죄사실을 인정하여야 한다[대법원 2009. 5. 14. 선고 2007도616 판결(살인죄로 기소된 경우에 폭행·상해·체포·감금)].
[2] 대법원 2009. 5. 14. 선고 2007도616 판결; 대법원 2011. 6. 30. 선고 2011도1651 판결.
[3] 대법원 1980. 7. 8. 선고 80도1227 판결.
[4] 대법원 1973. 7. 24. 선고 73도1256 판결.
[5] 판결문 주문에서 상해죄에 대하여 형을 선고하고, 판결이유에서 상해치사죄 부분에 대한 무죄의 이유를 설시할 것이다(이유무죄).

논점은 같다. 乙과 丙의 변호인은 甲의 경우와 마찬가지로 乙과 丙도 서로 공동가공의 의사나 공동가공의 사실이 없음을 이유로 상해치사죄의 공동정범이 성립하지 않음을 주장할 수 있을 것이다. 공동정범이 성립하지 않을 경우 상해치사죄의 단독정범이 되는데, A의 사망이 乙의 구타로 인한 것인지 丙의 구타로 인한 것인지 판명되지 않았으므로 형법 제19조의 독립행위의 경합에 해당한다. 독립행위가 경합된 경우에는 각 행위를 미수범으로 처벌하는 것이 원칙이지만(형법 제18조), 독립행위가 경합하여 상해의 결과가 발생한 경우에는 예외적으로 공동정범으로 처벌한다(형법 제263조). 이러한 상해죄에서의 동시범의 특례가 상해치사죄에도 적용되는지 문제된다.

(2) 상해치사죄의 공동정범의 성립 여부

乙과 丙이 공동정범이 되기 위해서는 A에게 상해를 가하여 그 결과로 사망에 이르게 한다는 데 대하여 공동가공의 의사와 공동가공의 사실이 인정되어야 한다. 즉, 범행의 실행계획에 따라 분담한 각자의 행위에 대하여 구성요건적 행위 전체에 대한 기능적 행위지배가 있어야 할 것이다.

본 사례에서 乙은 甲이 떠난 상태에서 A의 상태를 살피다가 A의 협박성 발언을 듣고 화가 나서 단독으로 A를 구타한 것이지, 이후에 丙이 A를 구타하는 것에 대하여 사전에 모의하지 않았고 이를 예견할 수도 없었다. 丙도 A를 취객으로 알고 그의 소지품을 훔치려고 접근하다가 A가 붙잡자 잡히는 게 두려워 A를 구타한 것이지 사전에 누가 A를 구타한 것을 알고서 범행을 분담 또는 완성할 생각으로 A를 구타한 것이 아니다. 따라서 乙과 丙은 모두 공동가공의 의사를 가지고 있지도 않았고, 실행행위를 분담하여 범행에 공동가공하지도 않았다. 따라서 乙과 丙의 변호인은 검사가 乙과 丙을 상해치사죄의 공동정범으로 기소한 것은 무죄라고 주장하여야 한다.

(3) 상해치사죄와 동시범의 특례
㈎ 독립행위의 경합과 동시범의 특례

단독정범이라 하더라도 동시 또는 이시(異時)의 독립행위가 경합하여 결과를 발생시키면 독립행위의 경합에 해당한다. 공동정범은 다수의 행위자들 사이에 반드시 의사연락을 필요로 하지만 독립행위의 경합은 다수관여자들 사이에 서로 의사의 독립을 요구하는 점에서 차이가 있다. 독립행위자 개개인의 행위와 결과발생 사이에 인과관계가 판명되면 그 인과관계가 있는 사람의 행위에 형사책임을 귀속시켜 처리하면 되지만, 그 결과발생의 원인된 행위가 판명되지 않는 경우에는 결과에 대하여 형사책임을 묻지 못하고 미수범으로만 처벌하게 된다(형법 제19조).

그러나 독립행위가 경합하여 상해의 결과를 발생하게 한 경우에 원인된 행위가 판명되지 아니한 때에는 예외적으로 공동정범의 예에 의한다(형법 제263조). 이러한 상해의 동시범의 특례에 대해서는 공동정범의 성립요건인 공동의 의사를 의제하기 때문에 책임원칙에 반하고, 인과관계의 입증에 관하여 '의심스러울 때에는 피고인에게 유리하게(in dubio pro reo)'의 원칙을 폐기한 것이므로 헌법상 무죄추정의 원칙에 반하는 위헌적인 규정일 뿐만 아니라, 상해죄의 동시범에 대하여만 검사의 입증책임을 완화하는 것도 균형에 맞지 않으므로 폐지해야 한다는 주장도 있다.[1] 그러나 상해의 동시범의 특례규정은 집단적인 폭행·상해범죄에의 가담에 대하여 보다 효과적으로 대처하기 위한 형사정책적 필요에 따라 마련된 것으로, 특수한 범죄에 대한 법률의 규정에 의한 거증책임의 전환[2]은 합리적인 이유가 인정되는 한 무죄추정의 원칙에 반한다고 할 수는 없다.

⒝ **상해치사죄에서의 동시범의 특례 적용 여부**

상해죄에서의 동시범의 특례가 상해치사죄에도 적용되는지 여부에 관하여는 견해가 대립된다. ① 긍정설은 상해의 결과를 발생케 한 이상 상해의 범위를 넘어 상해치사에 이른 때에도 동시범의 특례가 적용된다고 한다. 이에 대하여 ② 부정설은 형법 제263조는 동시범에 대한 예외규정이고, 상해의 결과를 발생케 한 경우라고 규정하고 있음에도 불구하고 사망의 결과가 발생한 경우에도 적용하는 것은 유추해석 금지의 원칙에 반하므로 상해치사죄에는 적용될 수 없다고 한다(통설).

이에 대하여 판례는 상해치사죄([관련판례 1])나 폭행치사죄[3]의 경우는 물론, 상해행위나 폭행행위가 경합하여 사망의 결과가 발생한 때에도([관련판례 2]) 모두 동시범의 특례가 적용된다고 판시하고 있다. 그러나 상해 또는 폭행의 요소를 포함하더라도

---

[1] 헌법재판소는 위 규정에 대하여 책임주의원칙에 위배되지 않는다고 보았다(헌법재판소 2018. 3. 29. 선고 2017헌가110 결정).

[2] 형법 제263조의 법적 성질에 관하여는 견해의 대립이 있다. ① 거증책임전환설(통설)은 피고인에게 자기의 행위로 상해의 결과가 발생하지 않았음을 증명할 거증책임을 지운 것이라고 하고, ② 법률상추정설은 입증의 곤란을 구제하기 위하여 공동정범에 관한 법률상 책임의 추정을 규정한 것이라고 하며, ③ 이원설은 소송법상으로는 거증책임 전환의 성질을 가지며 실체법상으로는 공동정범의 범위를 확장시키는 의제를 한 것이라고 한다. 법률상 추정을 인정하는 것은 형사소송법의 기본원칙인 자유심증주의와 실체적 진실주의에 반하므로 거증책임전환설이 타당하다.

[3] 대법원 1970. 6. 30. 선고 70도991 판결. 상해치사죄에의 적용에 대한 부정설은 폭행치사죄에 대해서도 마찬가지 이유로 적용될 수 없다고 한다. 한편, 상해치사죄에의 적용에 대한 긍정설 중에도 폭행치사죄의 경우는 상해의 결과가 발생하지 않았으므로 적용될 수 없다는 견해도 있다.

그 보호법익을 달리하는 강간치상죄에는 동시범의 특례가 적용되지 않는다고 한다.[1]

 관련판례

1. 대법원 1981. 3. 10. 선고 80도3321 판결【상해치사】

원심이 확정한 사실에 의하면 원심 공동피고인은 술에 취해있던 피해자의 어깨를 주먹으로 1회 때리고 쇠스랑 자루로 머리를 2회 강타하고 가슴을 1회 밀어 땅에 넘어뜨렸고, 그 후 3시간 가량 지나서 피고인이 위 피해자의 멱살을 잡아 평상에 앉혀놓고 피해자의 얼굴을 2회 때리고 손으로 2,3회 피해자의 가슴을 밀어 땅에 넘어뜨린 다음, 나일론 슬리퍼로 피해자의 얼굴을 수회 때렸는데 위와 같은 두 사람의 이시적인 상해행위로 인하여 피해자가 그로부터 6일 후에 뇌출혈을 일으켜 사망하기에 이르렀다는 것인 바, 원판결의 문언과 원심이 피고인의 소위에 대하여 형법 제263조를 적용한 취지에서 보면 원심은 위 피해자의 사인이 원심 공동피고인의 행위와 피고인의 행위 중 누구의 행위에 기인한 것인지를 판별할 수 없는 경우에 해당한다고 하여 형법 제263조의 규정에 의한 공동정범의 예에 따라 피고인에게 책임을 지우고 있는 것이라고 할 것이다. 그런데 형법 제19조와 같은 법 제263조의 규정취지를 새겨 보면 본건의 경우와 같은 이시의 상해의 독립행위가 경합하여 사망의 결과가 일어난 경우에도 그 원인된 행위가 판명되지 아니한 때에는 공동정범의 예에 의하여야 한다고 해석하여야 할 것이니 이와 같은 견해에서 피고인의 소위에 대하여 형법 제263조의 동시범으로 의율처단한 원심의 조치는 정당하고 원판결에 형법 제19조와 동 제263조의 법리를 오해한 위법이나 소론 의율착오의 위법이 없으며 사람의 안면은 사람의 가장 중요한 곳이고 이에 대한 강한 타격은 생리적으로 두부에 중대한 영향을 주어 정신적 흥분과 혈압의 항진 등으로 인하여 뇌출혈을 일으켜 사망에 이르게 할 수도 있다는 것은 통상인이라면 누구나 예견할 수 있는 것이라고 할 것이고, 원심의 위의 사실인정이 적법한 이상 원판결에 소론 형법 제15조 제2항의 결과적 가중범에 대한 법리오해의 위법이 없고 피고인이 피해자의 도발에 맞서 원판시와 같은 상해행위를 하였다고 하여도 원심인정 사실에 비추어 볼 때 그것만으로서는 피고인의 소위가 소론과 같이 정당방위 내지는 과잉방위에 해당하는 것이라고 할 수 없으니 원판결에 정당방위 내지는 과잉방위의 법리를 오해한 위법도 없다.

2. 대법원 2000. 7. 28. 선고 2000도2466 판결【폭행치사】

시간적 차이가 있는 독립된 상해행위나 폭행행위가 경합하여 사망의 결과가 일어나고 그 사망의 원인된 행위가 판명되지 않은 경우에는 공동정범의 예에 의하여 처벌할 것이므로(대법원 1985. 5. 14. 선고 84도2118 판결 참조), 2시간 남짓한 시간적 간격

---

[1] 대법원 1984. 4. 24. 선고 84도372 판결.

을 두고 피고인이 두번째의 가해행위인 이 사건 범행을 한 후, 피해자가 사망하였고 그 사망의 원인을 알 수 없다고 보아 피고인을 폭행치사죄의 동시범으로 처벌한 원심판단은 옳고 거기에 동시범의 법리나 상당인과 관계에 관한 법리를 오해한 위법도 없다. ●

(다) 소결

본 사례에서 乙과 丙은 서로 의사연락이 없이 독립한 의사로 2시간의 간격을 두고[1] 범행한 독립행위자들이다. 그런데 乙과 丙의 상해행위(각 장기손상 등)가 A의 사망에 영향을 준 것은 분명하지만 누구의 상해행위로 인하여 A가 사망한 것이지 판명되지 않는 상태이다. 따라서 乙이나 丙 누구 한 사람에게 A의 사망에 대한 인과관계의 성립을 인정할 수 없다. 따라서 乙과 丙은 독립행위의 경합에 해당된다.

판례에 의하면 乙과 丙은 동시범의 특례가 적용되어 상해치사죄의 공동정범으로서 처벌될 것이다(형법 제263조). 그러나 乙과 丙의 변호인으로서는 상해치사죄에는 동시범의 특례가 적용되지 않는다는 부정설의 입장에 따라 동시범의 특례가 적용되지 않는다고 주장할 수 있다. 그 경우 독립행위의 경합에 해당되어 각자를 미수범으로 처벌해야 하는데, 결과적 가중범인 상해치사죄의 미수범 처벌규정은 없으므로[2] 무죄라고 주장하여야 한다. 그러나 甲의 경우와 마찬가지로 법원은 변호인의 무죄 주장에도 불구하고 공소장변경 없이 축소사실인 乙과 丙의 상해죄[3]에 대하여 유죄를 인정할 수 있다.

3. 설문의 해결

甲의 변호인은 ① A의 상해치사의 결과에 대하여 甲에게는 공동가공의 의사와 공동가공의 사실이 없어 乙, 丙과 상해치사죄의 공동정범이 될 수 없으므로 무죄라고 주장하여야 한다. 그리고 ② 단독범인 상해치사죄에 대하여 인과관계와 과실이 인정되지 않는다는 이유로 무죄를 주장하여야 한다. 나아가 ③ 상해죄로의 축소사실 인정과 관련해서는 공소장변경의 요부에 관한 동일벌조설에 입각하여 공소장변경 없

---

1) 대법원 1981. 3. 10. 선고 80도3321 판결(3시간 남짓한 시간적 간격); 대법원 2007. 7. 28. 선고 2000도2466 판결(2시간 남짓한 시간적 간격).
2) 결과적 가중범의 미수범 처벌규정이 있는 경우에도, ① 결과적 가중범의 미수가 가능하다는 긍정설, ② 처벌규정이 있더라도 처벌할 수 없다는 부정설(통설)의 대립이 있다. 판례도 부정설의 입장이다(대법원 2008. 4. 24. 선고 2007도10058 판결. 성폭력범죄의처벌등에관한특례법위반(강간등치상)죄의 미수범 처벌규정(동법 제15조)은 결합범인 특수강간상해죄에만 적용된다는 취지).
3) 각자 상해죄가 성립할 뿐, 상해죄의 동시범규정은 적용되지 않는다.

이는 상해죄로 인정해서는 안 된다고 주장할 수 있을 것이다.

한편, 乙과 丙의 변호인은 ① 상해치사죄에는 동시범의 특례가 적용되지 않는데, 상해치사죄의 미수범 처벌규정이 없으므로 무죄라고 주장할 수 있다. 그리고 甲의 변호인과 마찬가지로 ② 공소장변경 없이는 상해죄로 인정해서는 안 된다고 주장할 수 있을 것이다.

II. 제2문 — 甲의 변호인의 공판정에서의 주장 논점

1. 문제의 제기

甲은 경찰관 P로부터 모욕죄의 현행범인으로 체포당하는 과정에서 체포를 면하려고 반항하면서 P에게 상해를 가하였으므로 공무집행방해죄와 관련해서는 P의 체포행위가 적법한지, 즉 공무원의 적법한 직무집행이 있었는지 여부가 문제된다. 그리고 공무집행방해죄와 상상적 경합관계에 있는 상해죄와 관련해서는 정당방위가 성립하는지 문제된다.

2. 공무집행방해죄의 성립 여부

(1) 문제의 제기

공무집행방해죄가 성립하려면 객관적 구성요건으로 직무를 집행하는 공무원에 대한 폭행 또는 협박이 있어야 하고, 주관적 구성요건으로 고의가 있어야 한다. 그리고 비록 형법에 명문의 규정은 없지만 공무원의 직무집행은 적법하여야 한다(통설 및 판례[1]). 적법한 공무집행이라고 함은 ① 그 행위가 공무원의 추상적 권한에 속할 뿐 아니라 ② 구체적으로도 그 권한 내에 있어야 하며 또한 ③ 직무행위로서의 요건과 방식을 갖추어야 하고,[2] 공무원의 어떠한 공무집행이 적법한지 여부는 행위 당시의 구체적 상황에 기하여 객관적·합리적으로 판단[3]하여야 한다는 것이 판례의 기본입

---

1) 대법원 1992. 2. 11. 선고 91도2797 판결.
2) 일반적으로 적법성의 요건으로 ① 행위가 당해 공무원의 일반적(추상적) 직무권한에 속하여야 하고, ② 행위가 당해 공무원의 구체적 권한에 속하여야 하며, ③ 행위가 법령에 정한 방식과 절차를 따른 것이어야 한다는 것을 들고 있는데, 그 내용은 마찬가지이다.
3) 판례는 직무집행의 적법성의 판단기준에 관한 객관설(통설)과 같은 입장이다(대법원 1991. 5. 10. 선고 91도453 판결; 대법원 2014. 5. 29. 선고 2013도2285 판결). 이 밖에 당해 공무원이 적법한 것으로 믿었는가에 따라야 한다는 주관설, 주관적·객관적인 면을 모두 고려하여야 한다는 절충설, 일반인의 입장에서 공무원의 직무행위로 인정할 수 있는지를 기준으로 해야 한다는 일반인표준설도 주장되고

장이다.1)

본 사례에서 甲은 경찰관인 P의 강도사건 불심검문에 응하다가 시간이 오래 걸리게 되자 화가 나 P에게 욕설을 하여, P가 甲에게 모욕죄의 현행범인으로 체포한다고 고지한 후 체포하려고 하자 폭행을 한 것이므로 공무원에 대한 폭행사실과 고의는 인정된다. 다만, P의 현행범인체포행위가 적법한 직무집행인지가 문제된다.

(2) 경찰관 P의 현행범인체포의 적법성 여부

경찰관 P의 甲에 대한 현행범인체포가 적법한지는 체포 당시의 구체적 상황을 기초로 객관적으로 판단하여야 한다.2)

현행범인체포의 요건으로는 ① 범죄의 명백성이 요구된다. 현행범인은 체포 시에 특정범죄의 범인임이 명백하여야 한다. 구성요건해당성이 인정되지 않는 경우3)는 물론, 위법성조각사유나 책임조각사유가 있는 것이 명백한 경우에는 체포할 수 없다. 본 사례에서는 甲이 다른 경찰관과 행인들이 듣는 가운데 큰소리로 P에게 "야, 짭새 주제에 선량한 시민을 이렇게 오래 붙잡아둬도 되냐"는 등의 욕설을 하였으므로 공연히 P를 모욕한 모욕죄(형법 제311조)를 범한 것이 명백하므로 범죄의 명백성은 인정된다.4)

② 명문의 규정은 없으나 체포의 필요성, 즉 도망이나 증거인멸의 염려가 있어

있다.

1) 대법원 2011. 4. 28. 선고 2008도4721 판결 등.
2) 대법원 2013. 8. 23. 선고 2011도4763 판결.
3) 이는 사후적으로 판단할 것이 아니라 체포 당시를 기준으로 판단하여야 한다. 판례는 피고인과 피해자 사이에 식당운영권 양도·양수에 대하여 다툼이 있던 중, 피고인이 식당 안에서 소리를 지르거나 양은그릇을 부딪치는 등의 소란행위를 피웠으나 양도·양수의 합의가 있었다고 인정되지 않아 업무방해죄의 구성요건인 보호대상이 되는 업무에 해당한다고 볼 수 없다는 이유로 사후적으로 무죄로 판단된 사안에서, "피고인이 상황을 설명해 달라거나 밖에서 얘기하자는 경찰관의 요구를 거부하고 경찰관 앞에서 소리를 지르고 양은그릇을 두드리면서 <u>소란을 피운 당시 상황에서는 객관적으로 보아 피고인이 업무방해죄의 현행범이라고 인정할 만한 충분한 이유가 있으므로, 경찰관들이 피고인을 체포하려고 한 행위는 적법한 공무집행이라고 보아야 하고, 그 과정에서 피고인이 체포에 저항하며 피해자들을 폭행하거나 상해를 가한 것은 공무집행방해죄 등을 구성한다</u>"고 판시하였다(대법원 2013. 8. 23. 선고 2011도4763 판결).
4) 모욕죄는 친고죄인데(형법 제312조 제1항), 피해자가 비록 체포한 경찰관 자신이기는 하나 정식으로 고소하지 않는 상태에서 체포한 것이 적법한지가 문제될 수 있다. 친고죄에서의 고소 전 수사에 관하여는 ① 전면허용설, ② 전면부정설, ③ 고소의 가능성이 있는 경우에는 수사가 허용되지만 고소의 가능성이 없는 경우에는 허용되지 않는다는 제한적 허용설(통설)의 대립이 있다. 판례는 ③설의 입장이고(대법원 1995. 2. 24. 선고 94도252 판결), 임의수사는 물론 구속 등 강제수사(대법원 1995. 3. 10. 선고 94도3373 판결)도 가능하다고 한다.

야 한다(적극설).[1] 판례도 "현행범인으로 체포하기 위하여는 행위의 가벌성, 범죄의 현행성·시간적 접착성, 범인·범죄의 명백성 이외에 체포의 필요성 즉, 도망 또는 증거인멸의 염려가 있어야 하고, 이러한 요건을 갖추지 못한 현행범인체포는 법적 근거에 의하지 아니한 영장 없는 체포로서 위법한 체포에 해당한다"라고 판시하여 체포의 필요성을 요구하고 있다.[2] 본 사례에서 甲은 경찰관 P의 불심검문에 순순히 응하여 신분증을 교부하였으므로 신원확인이 충분히 가능하고, 모욕죄가 비교적 경미한 범죄인 점에 비추어 도망의 염려가 없었으며, 또한 주변 사람들이 甲이 욕설하는 내용을 직접 들었으므로 증거도 확보되어 증거인멸의 염려가 없다고 할 것이다([관련판례]). 따라서 P의 현행범인체포는 체포의 필요성 요건을 결한 위법한 체포에 해당한다.

③ 비례성의 원칙이 유지되어야 한다. 형사소송법은 경미사건, 즉 50만 원 이하의 벌금, 구류 또는 과료에 해당하는 죄의 현행범인에 대하여는 범인의 주거가 분명하지 아니한 때에 한하여 현행범인으로 체포할 수 있다고 규정하고 있는데(형소법 제214조), 위 모욕죄는 이러한 경미사건에 해당하지 않으므로 체포의 비례성은 문제되지 않는다.

 관련판례

대법원 2011. 5. 26. 선고 2011도3682 판결【상해·공무집행방해】[3]

【사실관계】
피고인 甲은 2009. 9. 6. 01:45경 서울 마포구 서교동 X 빌라 주차장에서 술에 취한 상태에서 전화를 걸다가 인근 지역을 순찰하던 경찰관인 A, B로부터 불심검문을 받게 되자 B에게 자신의 운전면허증을 교부하였는데, B가 피고인의 신분조회를 위하여 순찰차로 걸어간 사이에, 피고인은 위 불심검문에 항의하면서 A에게 큰 소리로 욕설을 하였고, 이에 A는 피고인에게 모욕죄의 현행범인으로 체포하겠다고 고지한 후 피고인의 오른쪽 어깨를 붙잡자 피고인은 이에 강하게 반항하면서 A를 밀치는 등 하여 상해를 가하였다.

【판결이유】
현행범인은 누구든지 영장 없이 체포할 수 있다(형사소송법 제212조). 현행범인으로 체

---

1) 이와는 달리, ① 현행범인체포는 통상체포의 예외인데 통상체포에 구속사유의 존재가 필요 없으므로 현행범인체포에도 필요없다는 소극설, ② 도망의 염려가 있거나 신분이 확인될 수 없는 것은 현행범인체포의 요건이 되지만 증거인멸의 위험은 요건이 될 수 없다고 보는 절충설도 있다.
2) 대법원 2018. 3. 29. 선고 2017도21537 판결.
3) 본 판결 평석은 한제희, "경찰관 상대 모욕 현행범인 체포의 요건", 형사판례연구 [23], 2015, 575-616면.

포하기 위하여는 행위의 가벌성, 범죄의 현행성·시간적 접착성, 범인·범죄의 명백성 이외에 체포의 필요성 즉, 도망 또는 증거인멸의 염려가 있어야 하고, 이러한 요건을 갖추지 못한 현행범인체포는 법적 근거에 의하지 아니한 영장 없는 체포로서 위법한 체포에 해당한다(대법원 1999. 1. 26. 선고 98도3029 판결 등 참조). 여기서 현행범인체포의 요건을 갖추었는지 여부는 체포 당시의 상황을 기초로 판단하여야 하고, 이에 관한 검사나 사법경찰관 등 수사주체의 판단에는 상당한 재량의 여지가 있다고 할 것이나, 체포 당시의 상황으로 보아서도 그 요건의 충족 여부에 관한 검사나 사법경찰관 등의 판단이 경험칙에 비추어 현저히 합리성을 잃은 경우에는 그 체포는 위법하다고 보아야 한다(대법원 2002. 6. 11. 선고 2000도5701 판결, 대법원 2002. 12. 10. 선고 2002도4227 판결 등 참조).

한편 형법 제136조가 규정하는 공무집행방해죄는 공무원의 직무집행이 적법한 경우에 한하여 성립하고, 여기서 적법한 공무집행은 그 행위가 공무원의 추상적 권한에 속할 뿐 아니라 구체적 직무집행에 관한 법률상 요건과 방식을 갖춘 경우를 가리킨다. 경찰관이 현행범인체포의 요건을 갖추지 못하였음에도 실력으로 현행범인을 체포하려고 하였다면 적법한 공무집행이라고 할 수 없고, 현행범인체포행위가 적법한 공무집행을 벗어나 불법하게 체포한 것으로 볼 수밖에 없다면, 현행범이 그 체포를 면하려고 반항하는 과정에서 경찰관에게 상해를 가한 것은 불법체포로 인한 신체에 대한 현재의 부당한 침해에서 벗어나기 위한 행위로서 정당방위에 해당하여 위법성이 조각된다(대법원 2006. 9. 8. 선고 2006도148 판결, 대법원 2006. 11. 23. 선고 2006도2732 판결 등 참조).

원심판결 이유 및 기록에 의하면, (중략 : 위 사실관계) 등을 알 수 있다.

위 사실관계에 의하면, A가 피고인을 현행범인으로 체포할 당시 피고인이 이 사건 모욕 범행을 실행 중이거나 실행행위를 종료한 직후에 있었다고 하더라도, 피고인은 A, B의 불심검문에 응하여 이미 운전면허증을 교부한 상태이고, A뿐 아니라 인근 주민도 피고인의 욕설을 직접 들었으므로, 피고인이 도망하거나 증거를 인멸할 염려가 있다고 보기는 어려울 것이다. 또한 피고인의 이 사건 모욕 범행은 불심검문에 항의하는 과정에서 저지른 일시적, 우발적인 행위로서 사안 자체가 경미할 뿐 아니라, 고소를 통하여 검사 등 수사 주체의 객관적 판단을 받지도 아니한 채 피해자인 경찰관이 범행현장에서 즉시 범인을 체포할 급박한 사정이 있다고 보기도 어렵다.

따라서 A가 피고인을 체포한 행위는 현행범인체포의 요건을 갖추지 못하여 적법한 공무집행이라고 볼 수 없으므로 공무집행방해죄의 구성요건을 충족하지 아니하고, 피고인이 그 체포를 면하려고 반항하는 과정에서 A에게 상해를 가한 것은 불법체포로 인한 신체에 대한 현재의 부당한 침해에서 벗어나기 위한 행위로서 정당방위에 해당하여 위법성이 조각된다.

(3) 소결

甲의 변호인은 P의 현행범인체포행위는 체포의 필요성 요건을 갖추지 못한 불법한 체포로서 적법한 공무집행이라는 공무집행방해죄의 구성요건을 충족하지 못하였으므로 무죄(형소법 제325조 후단)라고 주장하여야 한다.

3. 상해죄의 성립 여부

甲에 대한 P의 체포는 체포의 필요성이 없어 현행범인체포의 요건을 갖추지 못하였고, 따라서 불법한 체포가 된다. 甲의 행위가 상해죄의 구성요건에 해당하는 것은 명백하지만, 불법한 체포에 항거하는 과정에서 상해를 가한 것이므로 정당방위에 해당하는지가 문제된다.

정당방위가 성립하기 위해서는 ① 현재의 부당한 침해가 있을 것, ② 자기 또는 타인의 법익을 방위하기 위한 행위일 것, ③ 상당한 이유가 있을 것의 요건이 구비되어야 한다(형법 제21조 제1항). 여기서 '방위행위의 상당성'이란 사회상규에 위배되지 아니하는 행위, 즉 법질서 전체의 정신이나 그 배후에 놓여 있는 사회윤리 내지 사회통념에 비추어 용인될 수 있는 행위로서, 상당성 여부는 침해행위에 의해 침해되는 법익의 종류, 정도, 침해의 방법, 침해행위의 완급과 방위행위에 의해 침해될 법익의 종류, 정도 등 일체의 구체적 사정들을 참작하여 판단하여야 한다.[1] 방위행위가 그 정도를 초과하는 경우에는 과잉방위(형법 제21조 제2항, 제3항)에 해당한다.

본 사례에서 P의 현행범인체포는 불법체포이므로 甲에 대한 현재의 부당한 침해가 인정되고, 甲은 불법체포에서 벗어나기 위하여 P의 가슴을 밀쳐 넘어뜨렸으므로 방위행위로서 상당성도 인정된다. 따라서 甲의 행위는 정당방위에 해당된다. 판례도 현행범인이 불법체포를 면하려고 반항하는 과정에서 경찰관에게 상해를 가한 것은 불법체포로 인한 신체에 대한 현재의 부당한 침해에서 벗어나기 위한 행위로서 정당방위에 해당하여 위법성이 조각된다고 판시하였다(위 【관련판례】). 따라서 甲의 변호인은 甲에 대한 상해죄의 공소사실은 정당방위에 해당되어 위법성이 조각되므로 무죄(형소법 제325조 전단)라고 주장하여야 한다.

---

1) 대법원 2017. 3. 15. 선고 2013도2168 판결; 대법원 2006. 4. 27. 선고 2003도4735 판결; 대법원 2003. 11. 13. 선고 2003도3606 판결.

4. 설문의 해결

甲의 변호인은 ① 공무집행방해죄는 적법한 공무집행이라고 볼 수 없어 구성요건을 충족하지 못하므로 무죄이고, ② 상해죄는 정당방위로 인하여 위법성이 조각되므로 무죄라고 각 주장하여야 한다.

III. 제3문 ─ 甲의 변호인의 항소심 공판정에서의 주장 논점

1. 문제의 제기

甲은 만 12세인 C를 모욕하고 폭행하여 모욕죄와 폭행죄로 기소되었다. 모욕죄는 고소인의 고소가 있어야 논할 수 있는 친고죄이고(형법 제312조 제1항, 제311조), 폭행죄는 피해자의 명시한 의사에 반하여 공소를 제기할 수 없는 반의사불벌죄이다(형법 제260조 제3항, 제1항). 모욕죄와 관련해서는 C의 적법한 고소가 있는지, C의 고소능력이 있는지, 고소취소가 되었는지가 문제되고, 폭행죄와 관련해서는 C의 처벌희망의 의사표시가 철회된 것인지 문제된다.

2. 모욕죄에 관한 논점
(1) 고소의 적법 여부

모욕죄는 친고죄이므로 적법한 고소가 없으면 공소제기의 절차가 법률의 규정에 위반하여 무효인 때에 해당하여 공소기각의 판결을 선고하여야 한다(형소법 제327조 제2호). 본 사례에서 C는 고소장을 작성하여 수사기관에 제출한 것이 아니라 단순히 범행현장을 목격한 참고인으로서 수사기관에 출석하여 진술하면서 자신의 피해사실에 대하여 처벌해 달라고 진술하였는데, 이것을 가지고 적법한 고소가 있었다고 볼 수 있는지가 문제된다.

고소는 서면 또는 구술로 검사 또는 사법경찰관에게 하여야 하고, 검사 또는 사법경찰관이 구술에 의한 고소를 받은 때에는 조서를 작성하여야 한다(형소법 제237조). 고소조서(고소보충조서)는 반드시 독립된 조서일 필요가 없다.[1] 따라서 수사기관이 고소권자를 참고인으로 신문한 경우에 그 진술에서 범인의 처벌을 요구하는 의사표시를 하고 그 의사표시가 조서에 기재되었을 때에는 그 고소는 적법하다. 판례도 이와

---

1) 대법원 1985. 3. 12. 선고 85도190 판결.

동일한 입장이다([관련판례]).

본 사례에서 C는 甲이 경찰관 P에게 상해를 가한 사실에 대한 목격자로서 진술하면서 甲에 대한 처벌의 의사표시를 밝힌 것으로 피해 내용에 대하여 고소하는 취지로 독립한 조서를 받지는 않았지만 甲에 대한 모욕 부분에 대한 처벌을 요구하는 의사표시를 하였고, 그 의사표시가 조서에 기재되었으므로 적법한 고소가 이루어졌다. 따라서 甲의 변호인이 고소의 적법성을 다툴 여지는 없다.

(2) 고소능력의 유무

C는 만 12세의 초등학생으로 민법상 행위능력이 없는 미성년자이고, 형법상으로도 책임무능력자이다. 이러한 C가 고소를 할 수 있는지, 즉 고소능력이 있는지 여부가 문제된다.

판례는 "고소를 할 때는 소송행위능력, 즉 고소능력이 있어야 하지만, 고소능력은 피해를 입은 사실을 이해하고 고소에 따른 사회생활상의 이해관계를 알아차릴 수 있는 사실상의 의사능력으로 충분하므로 민법상 행위능력이 없는 사람이라도 위와 같은 능력을 갖추었다면 고소능력이 인정된다"고 판시하면서 11세 남짓한 초등학교 6학년생의 경우 피해를 입은 사실을 이해하고 고소에 따른 사회생활상의 이해관계를 알아차릴 수 있는 사실상의 의사능력이 있다고 하였다([관련판례]).[1] 이에 비추어 甲에게 경찰관을 때려서는 안 된다고 항의를 할 정도의 의사능력이 있는 C에 대해서는 고소능력을 인정할 수 있으므로 甲의 변호인은 이 부분을 다툴 여지도 없다.

(3) 고소취소의 여부

甲에 대한 C의 적법한 고소가 있었다 하더라도 모욕죄와 같은 친고죄 사건에서는 고소의 취소가 있으면 공소기각의 판결을 선고하여야 한다(형소법 제327조 제5호). 甲은 제1심재판 중 C의 부모로부터 합의서를 받아 제출하였고, C는 항소심재판에서 합의서를 제출하였는데, 적법한 고소취소가 있었는지가 문제된다.

---

1) 대법원 2007. 10. 11. 선고 2007도4962 판결(피해 당시 14세의 정신지체아로 범행일로부터 약 1년 5개월 후 담임교사 등 주위 사람들에게 피해사실을 말하고 비로소 그들로부터 고소의 의미와 취지를 설명들은 때 고소능력이 생겼다고 본 사례); 대법원 1995. 5. 9. 선고 95도696 판결(피해자는 범행 당시 11세의 나이 어린 소년에 불과하여 고소능력이 없었다가 이 사건 고소당시에 비로소 고소능력이 생겼다고 본 사례); 대법원 1992. 2. 9. 선고 98도2074 판결(고소 위임 당시 만 19세).

㈎ 고소취소를 할 수 있는 자

고소를 취소할 수 있는 자는 고유의 고소권자나 고소의 대리행사권자를 불문한다. 다만 고유의 고소권자는 대리행사권자가 제기한 고소를 취소할 수 있지만, 고소권자 본인이 한 고소를 대리행사권자가 취소할 수는 없다. 피해자의 법정대리인은 독립하여 고소할 수 있는 고소권자이다(형소법 제225조 제1항). 여기서 독립하여 고소할 수 있다는 의미에 대하여는 견해가 대립된다.[1] ① 고유권설은 제한능력자 보호의 취지를 철저히 하기 위하여 특히 법정대리인에게 인정한 고유권이라고 해석한다. ② 독립대리권설은 피해자의 고소권은 일신전속적인 것이고, 법률관계의 불안정을 피하기 위해서 피해자의 고소권이 소멸하면 법정대리인의 고소권도 소멸된다고 해석한다. 판례는 고유권설을 취하고 있다.[2] 그러나 법정대리인이 고유한 고소권을 가지고 있다 하더라도 판례는 고소능력 있는 피해자 본인이 고소를 하였을 경우 법정대리인의 고소는 취소되었다고 하더라도 본인의 고소가 취소되지 않은 이상 친고죄의 공소제기 요건은 여전히 충족된다고 판시하고 있다([관련판례]).

본 사례에서 C의 부모가 그들의 명의로 합의서를 작성하였을 뿐이고 고소인 본인인 C는 고소취소의 의사표시를 하지 않았으며, 제1심법원에서 확인한 결과 여전히 甲에 대한 처벌을 원한다고 답하였다. 따라서 판례에 따르면 C의 부모 명의의 합의서가 작성되어 제1심법원에 제출된 것만으로는[3] C 본인의 고소취소를 인정할 수 없다. 따라서 甲의 변호인은 고소가 취소되었다고 주장하기는 어렵다고 할 것이다.

㈏ 고소취소의 시기

C는 항소심 재판 중에 합의서를 작성하여 법원에 직접 제출하였다. 따라서 항소심에서는 C의 고소가 취소되었다고 할 것이다. 그런데 고소는 제1심 판결선고 전

---

1) [독립대리권설과 고유권설 비교]

	독립대리권설	고유권설
피해자 고소권 소멸 시	법정대리인 고소권 소멸	관계없이 법정대리인 고소권 행사
피해자 본인의 법정대리인 고소취소 여부	가능	불가능
피해자 본인의사에 반하는 고소	불가능	가능
고소기간 기산일	피해자 본인이 범인을 안 날	법정대리인이 범인을 안 날 (대법원 1987. 6. 9. 선고 87도857 판결)

2) 대법원 1984. 9. 11. 선고 84도1579 판결.
3) 고소인이 법원에 대하여 합의서를 제출하지 않고 피고소인에게 합의서를 작성하여 교부한 것만으로는 고소취소라고 할 수 없지만(대법원 1983. 9. 27. 선고 83도516 판결), 작성자의 인감증명서가 첨부된 합의서(고소취소장)를 피고인 측에서 교부받아 이를 법원에 제출하고 법원에서 진정하게 작성된 것을 확인하였다면 고소취소의 방법으로서는 적법하다고 할 것이다.

까지 취소할 수 있으므로(형소법 제232조 제1항) 고소취소의 효력이 없다.1) 따라서 甲의 변호인은 항소심에서 고소취소가 되었다 하더라도 그 효력이 없으므로 공소기각의 판결을 선고하여야 한다고 주장할 수는 없고, 양형사유로 참작해 줄 것을 주장할수 있을 뿐이다.

 관련판례

대법원 2011. 6. 24. 선고 2011도4451, 2011전도76 판결【특정범죄가중처벌등에관한법률위반(영리약취·유인등)·성폭력범죄의처벌등에관한특례법위반(13세미만미성년자강간등)·부착명령】

친고죄에 있어서의 고소는 고소권 있는 자가 수사기관에 대하여 범죄사실을 신고하고 범인의 처벌을 구하는 의사표시로서 서면뿐만 아니라 구술로도 할 수 있는 것이고, 다만 구술에 의한 고소를 받은 검사 또는 사법경찰관은 조서를 작성하여야 하지만 그 조서가 독립된 조서일 필요는 없으며 수사기관이 고소권자를 증인 또는 피해자로서 신문한 경우에 그 진술에 범인의 처벌을 요구하는 의사표시가 포함되어 있고 그 의사표시가 조서에 기재되면 고소는 적법하게 이루어진 것이다(대법원 1966. 1. 31. 선고 65도1089 판결, 대법원 1985. 3. 12. 선고 85도190 판결 등 참조). 또한 고소를 함에는 소송행위능력, 즉 고소능력이 있어야 하나, 고소능력은 피해를 받은 사실을 이해하고 고소에 따른 사회생활상의 이해관계를 알아차릴 수 있는 사실상의 의사능력으로 충분하므로, 민법상의 행위능력이 없는 사람이라도 위와 같은 능력을 갖춘 사람이면 고소능력이 인정된다(대법원 2004. 4. 9. 선고 2004도664 판결, 대법원 2007. 10. 11. 선고 2007도4962 판결 등 참조). 그리고 친고죄에서 위와 같은 적법한 고소가 있었는지 여부는 자유로운 증명의 대상이 되고(대법원 1999. 2. 9. 선고 98도2074 판결 등 참조), 일죄의 관계에 있는 범죄사실의 일부에 대한 고소의 효력은 그 일죄의 전부에 대하여 미친다(대법원 2005. 1.14. 선고 2002도5411 판결 등 참조).

3. 폭행죄에 관한 논점

(1) 제1심에서의 처벌희망의사표시의 철회 여부

폭행죄와 같은 반의사불벌죄에서 처벌희망의사표시가 철회된 때에는 공소기각의 판결을 하여야 한다(형소법 제327조 제6호). 甲은 제1심재판 중에 C의 부모로부터 처벌을 원하지 않는다는 내용의 합의서를 교부받아 이를 법원에 제출하였는데, 법원이 C에게 확인한 결과 C는 여전히 처벌을 원한다는 의사를 표시하였다. 이러한 경우에

---

1) 대법원 1985. 2. 8. 선고 84도2682 판결.

적법하게 처벌희망의사표시가 철회되었는지 여부가 문제된다.

　반의사불벌죄에 있어서 피해자가 처벌을 희망하지 아니하는 의사표시 또는 그 처벌을 희망하는 의사표시의 철회는 피해자의 진실한 의사가 명백하고 믿을 수 있는 방법으로 표명되어야 한다([관련판례]). 본 사례에서 제1심법원에 제출된 합의서는 甲이 피해자인 C의 부모로부터 교부받은 C의 부모 명의의 합의서에 불과하고, 법원이 확인한 결과 C는 여전히 처벌을 원한다고 답하였으므로 부모의 합의서만으로는 처벌에 관한 피해자의 의사표시가 유효하게 철회되었다고 볼 수 없다. 따라서 甲의 변호인은 처벌희망의 의사표시가 철회되었다고 주장하기는 어렵다고 할 것이다.

(2) 처벌희망의 의사표시 철회의 시기

　처벌희망의 의사표시는 고소취소와 마찬가지로 제1심 판결선고 전까지 철회할 수 있다(형소법 제232조 제3항). C는 甲의 선처를 탄원하는 합의서를 제출하였지만 이는 항소심재판 중이었다. 따라서 C의 처벌희망의 의사표시 철회는 공소기각의 판결사유가 되지 못한다. 따라서 甲의 변호인은 공소기각의 판결을 선고해 주도록 주장할 수는 없고, 위 합의서 제출을 양형에 참작해 주도록 주장할 수 있다.

 관련판례

대법원 2010. 11. 11. 선고 2010도11550, 2010전도83 판결【청소년의성보호에관한법률위반(청소년강간등)·미성년자의제강제추행·부착명령】

반의사불벌죄에 있어서 피해자가 처벌을 희망하지 아니하는 의사표시 또는 그 처벌을 희망하는 의사표시의 철회는 피해자의 진실한 의사가 명백하고 믿을 수 있는 방법으로 표명되어야 한다(대법원 2001. 6. 15. 선고 2001도1809 판결 참조).
원심판결 이유에 의하면, 피해자는 반의사불벌죄에 해당하는 위 공소사실에 대하여 2009. 12. 7. 고소를 한 사실, 제1심판결 선고 전인 2010. 3. 30. 제1심법원에 "이 사건에 관하여 피해자는 피고인과 합의하였으므로 피고인의 처벌을 바라지 아니한다."는 내용의 피해자 부모들 및 피해자 명의의 합의서가 제출된 사실, 제1심법원이 위 피해자와 피해자의 부에게 전화를 한 결과 "피고인과 합의를 한 것은 맞지만 피고인에 대한 선처를 바라는 취지일 뿐 여전히 피고인의 처벌을 원한다."는 말을 듣는 한편 위 합의서의 피해자 명의는 피해자의 부모가 피해자를 대신하여 서명·날인하였다는 사실을 확인한 사실, 피고인의 처는 2010. 4. 2. 피해자를 직접 만나 피해자로부터 "이 사건에 관하여 피해자와 피고인은 합의하였고 피고인이 선처받기를 탄원한다."는 내용의 합의서를 다시 작성받아 제1심법원에 제출한 사실을 알 수 있다.

위와 같은 사실에 덧붙여 기록에 나타나는 다음과 같은 사정, 즉 피고인의 처는 피해자와의 합의를 위하여 가족들이 거주하는 집을 8,600만 원에 매각하여 그 매매대금에서 융자금 반환과 최소한의 주거를 위한 비용을 제외한 나머지 5,500만 원을 합의금으로 지급한 점, 피고인의 처가 2010. 4. 2. 다시 피해자로부터 합의서를 작성받은 이유는 제1심법원으로부터 2010. 3. 30.자 합의서만으로는 피해자의 처벌 불원 의사표시가 명확하지 아니하다는 사실을 통보받고 피해자의 처벌 불원 의사표시를 명확히 확인받기 위한 것으로 보이는 점, 피해자는 1993. 4. 16.생으로 2010. 4. 2. 합의 당시 고등학교 2학년에 재학 중이고 만 17세에 거의 도달한 청소년으로 기록에 나타난 그의 지능, 지적 수준, 발달성숙도 및 사회적응력에 비추어 볼 때 위 합의의 목적 및 취지를 충분히 이해할 수 있었다고 보이는 점 등을 종합하면, 피해자는 위 2010. 4. 2.자 합의서를 통하여 피고인에 대한 처벌 희망의 의사표시 철회를 명백하고 믿을 수 있는 방법으로 표현하였다고 할 것이다.

그렇다면 그 후 피해자가 다시 피고인의 처벌을 원하는 취지의 진술을 하였다고 하더라도 반의사불벌죄에 있어서 처벌 불원의 의사를 표시한 이후에는 다시 처벌을 희망하는 의사를 표시할 수 없는 것이므로, 위 공소사실에 대한 공소는 결국 공소제기의 절차가 법률의 규정에 위반하여 무효인 때에 해당한다고 할 것이다.

결국 형사소송법상의 소송능력이 있는 미성년의 피해자를 대리하여 법정대리인인 부모가 처벌 불원의 의사결정 자체를 할 수 있다는 원심의 판시는 적절하지 아니하나, 위 공소사실에 대한 공소제기 후 제1심판결 선고 전에 피해자의 피고인에 대한 처벌 희망의 의사표시가 유효하게 철회되었다고 보아 위 공소사실에 대한 공소를 기각한 결론은 정당하다. 거기에 상고이유 주장과 같은 처벌 불원 의사표시의 효력에 관한 법리 오해 등의 위법이 있다고 할 수 없다.

4. 설문의 해결

甲의 변호인은 항소심에서 ① C의 합의서가 제출되었으므로 양형에 참작하여 달라고 주장할 수 있을 것이다. 한편, 甲의 변호인은 ② 제1심에서 C 부모의 합의서 제출로 모욕죄에 대한 고소가 취소되고, 폭행죄에 대한 처벌의사표시가 철회되었음에도 제1심법원이 각 유죄를 선고한 것은 위법한 판결이므로 파기자판하여 공소기각의 판결을 선고하여야 한다고 주장하기는 법리상 어려울 것이다. 그럼에도 불구하고 이러한 주장을 할 수는 있지만, 항소심 법원에서 받아들여지지 않을 것이다.

사 례 [18] 국외이송약취죄, 대표권 남용과 문서위조, 녹음파일의 증거능력, 상소권회복

[I] 甲은 베트남 국적의 여자로서 2016. 2. 16. 한국인 A와 혼인신고를 하고 대한민국 내에서 거주하던 중 2017. 8. 12. A와 사이에 아들 B를 출산하였다. 甲은 평소 A와 시집 식구들이 자신이 외국인이라는 이유로 차별하고 무시한다는 생각을 갖고 있었다. 그러던 중 甲은 2018. 7. 1.경 친구 집에 놀러 갔다가 하룻밤 자고 귀가하였는데, A로부터 집을 나가라는 말을 듣고 화가 나 가출하기로 마음먹었으나 국내에는 마땅히 갈 곳이 없자, 태어난 지 만 12개월이 채 되지 않은 아들 B를 데리고 친정인 베트남으로 돌아가기로 결심하였다. 甲은 2018. 7. 10.경 남편인 A가 출근한 사이 B를 데리고 베트남으로 떠났으며, B는 현재까지 甲의 베트남 친정집에서 양육하고 있다.

[II] 그 후 甲은 아들 B의 양육비를 벌기 위하여 2018. 9. 17. 혼자 입국을 하였고, 甲과 A는 2018. 10. 12. 협의이혼의사 확인을 받으면서 아들 B에 대한 친권자 및 양육자를 甲으로 정하였다. 甲은 2018. 11. 1.경부터 친구 소개로 乙을 만나 연인관계로 발전하게 되었는데, 乙은 부산 소재 C 주식회사(대표이사 E)의 지배인으로 등기되어 있으면서 재무이사로 근무하였다. 그런데 乙은 회사와 개인의 사채에 시달리자 회사 사채 1억 5,000만 원과 개인 사채 5,000만 원을 갚기 위하여 2019. 4. 5.경 주거래은행이던 D 은행을 방문하여 'C 주식회사 대표이사 乙' 명의로 2억 원짜리 차용증을 작성하고, 2억 원을 대출받아 1억 5,000만 원은 회사의 사채 변제에, 5,000만 원은 개인 사채 변제에 각 사용하였다. 그런데 C 회사의 내부 업무규정에는 1억 원 이상을 금융기관으로부터 대출받을 경우 대표이사 등 등기부상 임원으로 등재된 이사 전원의 동의를 받도록 정하고 있었지만, 乙은 위 규정을 알면서도 C 회사의 등기부상 이사들의 동의절차를 거치지 않고 위와 같이 2억 원을 대출받았다.

[III] 한편, 甲과 乙은 2019. 7. 1.경 밤에 만나 함께 술을 마시고 같은 날 23:00경 헤어졌는데, 甲과 乙은 각자의 집으로 돌아와서 인터넷 채팅을 하던 중 乙은 카메라 기능이 내장되어 있는 자신의 휴대전화기를 이용하여 甲의 성기 등 신체 부위를 甲의 허락을 받지 않고 몰래 촬영한 후 자신의 휴대전화기에 甲의 신체 일부가 촬영된 동영상을 저장하였다.

[IV] 그 후 乙은 술을 더 구입하기 위하여 2019. 7. 2. 00:30경 자신이 살고 있는 서울 서초구 소재 아파트단지 내 지상 주차장에 주차된 자신의 ATV 차량(주로 레저용으로 사용되는 전지형 만능차로 배기량 158씨씨의 3륜 차량)을 운전하고 아파트단지 내 통행로를 운전하여 아파트 출입구를 찾던 중 술에 만취하여 더 이상 출입구를 찾지 못하게 되자 다시 아파트단지 내 지상주차장에 차량을 주차시켜 두었다. 그런데 위 아파트단지 앞 큰길

에서 음주운전 단속 중이던 경찰관 X는 乙이 운전하는 차량이 계속해서 아파트단지 내를 운행하고 있는 것을 발견하고 운전자가 음주운전을 하고 있다는 의심을 하고 위 차량에서 내리던 乙에게 달려가 음주측정기계로 음주측정을 하였는데, 乙의 음주운전 수치는 혈중알코올농도 0.15퍼센트였다. 한편, 乙이 거주하는 아파트단지의 출입구는 1곳만 설치되어 있고, 단지 경계부분에 옹벽과 울타리가 설치되어 있어 외부와 차단되어 있으며, 위 출입구에는 경비초소나 출입을 통제하기 위한 차단시설은 설치되어 있지는 않았다.

[V] 乙을 음주운전으로 적발한 X는 乙의 전과관계를 확인한 결과, 乙이 이전에도 음주운전 전력으로 3차례 처벌받은 것을 확인하고 乙을 음주운전의 현행범인으로 체포한 후 서울중앙지방검찰청 검사에게 구속영장을 신청하였으며 검사의 영장청구에 의하여 법원은 구속영장을 발부하였다. 이에 따라 乙은 2019. 7. 3. 23:00경 서울구치소에 수감되었으며, 위 [Ⅲ]과 [Ⅳ]의 사실관계와 관련하여 서울중앙지방법원에 기소되어 재판을 받았다.

설 문

1. 甲과 乙의 형사책임을 논하시오.

2. C 회사 대표이사 E는 뒤늦게 乙이 위 [Ⅱ]와 같이 대출받은 것을 알고 乙에게 그 경위를 물었더니, 乙은 "사채업자에게 시달려 부득이 몰래 대출을 받았다. 죄송하다"라고 말하였다. E는 이와 같은 대화내용을 디지털녹음기로 녹음하였는데, 乙은 녹음사실을 알지 못하였다. 이후 E는 '위 차용증에 대한 사문서위조 및 위조사문서행사죄'로 乙을 부산지방검찰청에 고소하였다. 부산지방검찰청 검사 P는 乙에 대하여 D 은행으로부터 차용증사본을 임의로 제출받는 등 수사를 한 후 고소내용과 같이 乙에 대하여 2019. 5. 28. 사문서위조죄, 위조사문서행사죄로 부산지방법원에 기소하였다.

위 사건을 담당하게 된 부산지방법원 판사 J는 피고인 乙이 제1회 기일인 2019. 7. 4.에 법정에 출석하지 않자 법원 직원에게 공부상에 나타난 피고인 乙의 주소지로 공소장 등 소송서류를 송달하게 하고 다음 기일을 2019. 7. 11.로 지정하였다. 그런데, 7. 11.에도 乙이 도로교통법위반(음주운전)죄의 범죄사실로 구치소에 수감되어 있어 공소장부본, 공판기일소환장 등 소송서류를 직접 수령하지 못하였기 때문에 법정에 출석하지 않았고, 乙에 대한 송달불능보고서가 7. 22. 접수되었다. 결국 J는 乙의 소재가 파악되지 않자 2020. 1. 29. 공시송달방법으로 소송서류를 송달하고, 피고인이 출석하지 않은 상태에서 검찰이 신청한 증거자료 등을 제출받아 증거조사를 하고, E 등을 증인으로 소환하여 증인신문을 마친 후, 2020. 2. 20. 乙에 대하여 유죄를 선고하였다.

한편, 乙은 2019. 7. 3. 부터 2020. 1. 2.까지 서울구치소에, 2020. 1. 3.부터 2020. 5. 1. 까지는 공주교도소에 수감되어 있었다.

(1) 乙과의 대화를 녹음한 후 E는 디지털녹음기에 저장된 녹음파일을 컴퓨터에 복사하고 디지털녹음기에 저장된 파일원본을 삭제하였다. 2019. 6. 7. E는 컴퓨터에 복사된 녹음파일사본을 이동식저장장치에 재차 복사하여 녹음파일사본에 대한 사설녹취사의 녹취서와 함께 검사에게 제출하였다. 검사는 乙에 대한 위 제1심 재판에서 녹음파일사본이 저장된 이동식저장장치와 위 녹취서를 재판부에 증거로 신청하였다. 녹음파일사본이 저장된 이동식저장장치와 위 녹취서의 증거능력에 대하여 논하시오.

(2) 乙은 위 제1심판결의 항소기간이 도과한 후에 위 유죄판결이 선고된 것을 알고 이에 대하여 불복하려고 한다. 乙의 변호인이 취할 수 있는 조치에는 어떤 것이 있는지 논하시오.

해 설

I. 제1문 ― 甲과 乙의 형사책임

1. 甲의 형사책임
(1) 문제의 제기

국외에 이송할 목적으로 사람을 약취 또는 유인한 경우에는 국외이송약취·유인 죄(형법 제288조 제3항)에, 약취 또는 유인된 사람을 국외에 이송한 경우에는 피약취자·피유인자국외이송죄(형법 제288조 제3항)가 성립하는데, 베트남 국적 여성인 甲이 남편 A의 동의나 가정법원의 결정 없이 생후 만 12개월이 채 되지 않은 아들 B를 주거지에서 데리고 나와 베트남에 데리고 가버린 행위가 이에 해당하는지가 문제된다.

甲이 B를 국외, 즉 대한민국 영역 외[1]인 베트남으로 데리고 갈 목적으로 비행기를 타고 베트남으로 데리고 갔으므로 '국외에 이송할 목적'과 '국외 이송'은 인정된다. 다만, ① 미성년자인 B의 보호자인 친모 甲이 위 죄의 주체가 될 수 있는지 여부와 ② 甲이 남편 A의 허락을 받지 않고 B를 데리고 간 것이 '약취 또는 유인'에 해당하는지 여부는 검토해 보아야 한다.

(2) 약취·유인죄의 주체

약취·유인죄의 주체는 규정상 '사람'이라고 되어 있어, 특별한 제한이 없다. 그러나 행위의 객체가 미성년자인 경우, 친권자나 후견인 등 보호감독자도 주체가 될 수 있는지 문제된다. 이는 미성년자에 대한 약취·유인죄의 보호법익을 어떻게 파악할 것인지와도 관련이 있다. 미성년자약취·유인죄의 보호법익에 대해서는, ① 피인취자 본인의 자유만이 보호법익이라는 견해, ② 보호감독자의 감호권이라는 견해, ③ 피인취자의 자유가 주된 보호법익이지만 감호권자의 감호권 또한 부차적인 보호법익이라는 견해(통설)의 대립이 있다.

판례는 미성년자약취·유인죄는 미성년자의 자유 외에 보호감독자의 감호권도

---

1) '국외'는 피해자의 거주국 영역 외가 아니라 '대한민국 영역 외'라고 하는 것이 통설이다.

보호법익이라고 하면서,[1] 미성년자를 보호감독하는 자이더라도 다른 보호감독자의 감호권을 침해하거나 자신의 감호권을 남용하여 미성년자 본인의 이익을 침해하는 경우에는 미성년자약취·유인죄의 주체가 될 수 있다고 한다([관련판례]).[2] 이 경우, 미성년자의 동의가 있더라도 약취·유인죄의 성립에는 영향이 없다.[3]

(3) 약취·유인행위

약취는 폭행, 협박 또는 불법적인 사실상의 힘을 수단으로 사람의 의사에 반하여([관련판례]), 유인은 기망 또는 유혹을 수단으로 사람을 꾀어 그 하자 있는 의사에 따라[4] 그 사람을 자유로운 생활관계 또는 보호관계로부터 이탈시켜 자기 또는 제3자의 사실상 지배하에 옮기는 행위를 의미한다. 본 사례에서 B는 유아이므로 유인에 해당될 여지는 없고, 약취에 해당하는지만 문제된다.

약취행위에 해당하기 위해서는 ① 폭행, 협박 또는 불법적인 사실상의 힘을 수단으로 사용하여야 하고, ② 의사에 반하여 사람을 자유로운 생활관계 또는 보호관계로부터 이탈시켜야 하고, ③ 자기 또는 제3자의 사실상 지배하에 옮겨야 한다. ①과 관련하여 폭행·협박을 수단으로 하는 경우에 폭행·협박은 사람을 실력적 지배하에 둘 수 있는 정도의 것이면 충분하고, 상대방의 반항을 억압할 정도임을 요하지 않는다.[5] ③과 관련하여 장소적 이전을 요구한다는 견해도 있으나, 피인취자에 대한 장소적 이전 없이 보호자의 실력적 지배를 제거하는 것으로 충분하다는 견해(통설)가 타당하다. 판례도 미성년자가 혼자 머무는 주거에 침입하여 그를 감금한 뒤 폭행 또는 협박에 의하여 부모의 출입을 봉쇄하거나, 미성년자와 부모가 거주하는 주거에 침입하여 부모만을 강제로 퇴거시키고 독자적인 생활관계를 형성하기에 이르렀다면

---

1) 대법원 2003. 2. 11. 선고 2002도7115 판결.
2) 대법원 2008. 1. 31. 선고 2007도8011 판결[외조부가 맡아서 양육해 오던 미성년인 자(子)를 자의 의사에 반하여 사실상 자신의 지배하에 옮긴 친권자에 대하여 미성년자약취·유인죄를 인정한 사례]; 대법원 2021. 9. 9. 선고 2019도16421 판결[피고인과 A는 각각 한국과 프랑스에서 따로 살며 이혼소송 중인 부부로서 자녀인 피해아동 B(만 5세)는 프랑스에서 A와 함께 생활하였는데, 피고인이 B를 면접교섭하기 위하여 그를 보호·양육하던 A로부터 인계받아 국내로 데려온 후 면접교섭 기간이 종료하였음에도 B를 데려다주지 아니한 채 A와 연락을 두절한 후 법원의 유아인도명령 등에도 불응한 사안에서, 미성년자약취죄를 인정한 사례].
3) 대법원 2003. 2. 11. 선고 2002도7115 판결.
4) 대법원 2007. 5. 11. 선고 2007도2318 판결.
5) 대법원 2009. 7. 9. 선고 2009도3816 판결[술에 만취한 피고인이 초등학교 5학년 여학생의 소매를 잡아끌면서 "우리 집에 같이 자러 가자"고 한 행위가 폭행에 해당한다고 한 사례]; 대법원 1991. 8. 13. 선고 91도1184 판결[플라스틱 완구류 등으로 피해자를 폭행하고, 피해자에게 지금 당장 680만 원을 내놓지 않으면 동두천에 있는 미군상대 주점에 넘겨서 빠져 나오지도 못하게 하겠다고 위협한 사례].

비록 장소적 이전이 없었다 할지라도 미성년자약취죄에 해당한다고 판시하고 있다.1)

그리고 구체적 사건에서 약취행위에 해당하는지 여부는 행위의 목적과 의도, 행위 당시의 정황, 행위의 태양과 종류, 수단과 방법, 피해자의 상태 등 관련 사정을 종합하여 판단하여야 한다([관련판례]).2)

(4) 설문의 해결

본 사례에서 甲에 대하여 국외이송약취죄와 피약취자국외이송죄가 성립하는지 여부를 검토하기 위해서는 ① 甲이 위 죄의 주체가 될 수 있는지, ② 甲이 폭행, 협박 또는 불법적인 사실상의 힘을 사용하였는지, ③ B의 의사에 반하여 자유로운 생활관계 또는 보호관계로부터 이탈시켰는지, ④ 자기 또는 제3자의 사실상 지배하에 옮겼는지를 살펴보아야 한다.

①의 요건과 관련하여, 甲은 친부인 A의 감호권을 침해하여 B를 베트남에 데리고 간 것이므로 약취·유인죄의 주체에 해당한다. 그리고 ④의 요건과 관련하여, 甲은 B를 베트남으로 데리고 가 친정집에서 양육하고 있으므로 자기 또는 제3자의 사실상 지배하에 옮겼다. 문제는 ②와 ③의 요건을 충족하였는가 여부이다.

②의 요건과 관련하여, 甲이 B에게 폭행·협박을 행사한 사실은 없으므로 '불법적인 사실상의 힘'을 사용하였는지만 문제된다. 이에 대해서는 부모 중 일방이 상대방과 동거하며 공동으로 보호·양육하던 유아를 국외로 데리고 나갔다면, '사실상의 힘'을 수단으로 사용하여 유아를 자신 또는 제3자의 사실상 지배하에 옮겼다고 보아야 함에 이론이 있을 수 없다는 견해([관련판례]의 반대의견)도 있으나, 아무 것도 모르는 B를 데리고 종전의 거소를 벗어나 베트남으로 간 것만으로 불법적인 사실상의 힘을 사용하였다고 보기는 어렵다([관련판례]의 다수의견).3)

---

1) 대법원 2008. 1. 17. 선고 2007도8485 판결. 그러나 강도 범행을 하는 과정에서 혼자 주거에 머무르고 있는 미성년자를 체포·감금하거나 혹은 미성년자와 그의 부모를 함께 체포·감금, 또는 폭행·협박을 가하는 경우, 나아가 주거지에 침입하여 미성년자의 신체에 위해를 가할 것처럼 협박하여 부모로부터 금품을 강취하는 경우와 같이, 일시적으로 부모와의 보호관계가 사실상 침해·배제되었다 할지라도, 그 의도가 미성년자를 기존의 생활관계 및 보호관계로부터 이탈시키는 데 있었던 것이 아니라 단지 금품 강취를 위하여 반항을 제압하는 데 있었다거나 금품 강취를 위하여 고지한 해악의 대상이 그곳에 거주하는 미성년자였던 것에 불과하다면, 특별한 사정이 없는 한 미성년자를 약취한다는 범의를 인정하기 곤란할 뿐 아니라, 보통의 경우 시간적 간격이 짧아 그 주거지를 중심으로 영위되었던 기존의 생활관계로부터 완전히 이탈되었다고 평가하기도 곤란하다(위 판결).

2) 대법원 2009. 7. 9. 선고 2009도3816 판결.

3) 【관련판례】의 다수의견의 보충의견은 "형법상의 '약취'는 그 자체로서 중대한 사회유해적 행위 또는 법익침해 행위로 평가될 수 있을 정도에 이르러야 하므로, '약취'의 수단으로서의 '사실상의 힘'은 폭

③의 요건과 관련하여, B는 유아이므로 미성년자를 보호관계로부터 이탈시켰는지, 즉 다른 보호감독자인 A의 감호권을 침해하거나 甲 자신의 감호권을 남용하여 미성년자 본인인 B의 이익을 침해하였는지 여부가 문제된다. 이에 대해서는 특별한 사정이 없는 한 다른 공동친권자의 유아에 대한 보호·양육권을 침해한 것일 뿐 아니라, 유아로서도 다른 공동친권자로부터 보호·양육을 받거나 받을 수 있는 상태에서 배제되는 결과를 강요당하게 되어 유아의 이익이 현저히 침해당하였다는 견해가 있다. 이 견해에 의하면 甲에 대하여 국외이송약취죄와 피약취자국외이송죄가 성립할 것이다.[1]

그러나 본 사례에서 ① 甲은 B를 출산 후 A와 공동으로 B를 보호·양육하여 왔으며, ② 국내에는 마땅히 찾아갈 곳이 없자 B를 데리고 친정인 베트남으로 돌아가기로 하였고, ③ B의 양육비를 벌기 위하여 B를 베트남 친정에 맡겨 둔 채 다시 우리나라에 입국하였고, 그 사이 친정에서 B를 계속 보호·양육하였으며, ④ A와 협의하여 甲을 B의 친권자 및 양육자로 정하여 이혼하기로 하고 법원으로부터 그 의사를 확인받은 사실을 인정할 수 있다. 이러한 사실을 종합해 볼 때, 甲이 B를 데리고 베트남으로 떠난 행위는 어떠한 실력을 행사하여 B를 평온하던 종전의 보호·양육 상태로부터 이탈시킨 것이라기보다 친권자인 모(母)로서 출생 이후 줄곧 맡아왔던 B에 대한 보호·양육을 계속 유지한 행위라고 할 것이고, 이를 폭행, 협박 또는 불법적인 사실상의 힘을 사용하여 B를 자기 또는 제3자의 지배하에 옮긴 약취행위로 볼 수는 없어, 甲에 대하여 국외이송약취죄와 피약취자국외이송죄가 성립하지 않는다.

따라서 甲은 이와 관련하여 아무런 형사책임을 지지 않는다.

행 또는 협박에 준하여 형법의 규율 대상이 될 만한 불법성을 갖춘 것을 의미한다고 할 것이다. 이와 달리 약취죄에서의 '사실상의 힘'을 단순히 자연적·물리적인 개념으로 이해하여 '부모 중 일방이 유아를 국외로 데리고 간 모든 행위'에 약취죄에서 말하는 '사실상의 힘'이 수단으로 사용되었다고 보는 것은 형법의 본질, 입법자의 의도 또는 형사법의 전체 체계를 충분히 고려하지 않은 해석론이라 할 것이므로, 동의할 수 없다"고 하는데, 타당한 판시라고 할 것이다.
1) 두 죄가 성립한다고 할 때, 두 죄의 관계가 문제될 수 있다. 이에 대하여는 ① 포괄하여 피약취자국외이송죄만 성립한다는 견해, ② 처음부터 이송 목적이 있으면 국외이송약취죄만 성립하고, 약취 후 이송을 결의한 때에는 실체적 경합관계라는 견해, ③ 상상적 경합관계라는 견해도 있으나 실체적 경합관계라고 할 것이다. 【관련판례】의 사안에서도 검사는 실체적 경합관계로 기소하였다(대전지방법원 공주지원 2010. 7. 28. 선고 2010고합24 판결의 '범죄사실' 참조).

관련판례

대법원 2013. 6. 20. 선고 2010도14328 전원합의체 판결【국외이송약취 · 피약취자국외이송】

【사실관계】

피고인은 베트남 국적의 사람으로서 2006. 2. 16. A와 혼인신고를 하고, 2006. 4. 30. 입국하였으며, 2007. 8. 12. 피해자 B를 출산한 사실, 피고인은 2008. 8. 30.경 수원에 거주하는 친구 집에 갔다가 시간을 지체하였고, 교통편이 없어 다음날 귀가하자 A로부터 며칠 동안 집을 나가라는 말을 듣게 되자 A가 자신을 돈을 주고 사왔는데, 이제 필요 없다고 생각하는 것 같아 자존심이 상한데다 국내에는 갈 곳이 없자 베트남으로 돌아갈 것을 결심하고, 항공권을 예약하고 A의 예금통장에서 돈을 인출한 다음 2008. 9. 3. B를 데리고 베트남으로 가버렸다.

【판결요지】

【다수의견】: 무죄를 인정한 원심 판단이 정당1)

형법 제287조의 미성년자약취죄, 제288조 제3항 전단[구 형법(2013. 4. 5. 법률 제11731호로 개정되기 전의 것을 말한다. 이하 같다) 제289조 제1항에 해당한다]의 국외이송약취죄 등의 구성요건요소로서 <u>약취란 폭행, 협박 또는 불법적인 사실상의 힘을 수단으로 사용하여 피해자를 그 의사에 반하여 자유로운 생활관계 또는 보호관계로부터 이탈시켜 자기 또는 제3자의 사실상 지배하에 옮기는 행위를 의미하고, 구체적 사건에서 어떤 행위가 약취에 해당하는지 여부는 행위의 목적과 의도, 행위 당시의 정황, 행위의 태양과 종류, 수단과 방법, 피해자의 상태 등 관련 사정을 종합하여 판단하여야</u> 한다. 한편 <u>미성년자를 보호 · 감독하는 사람이라고 하더라도 다른 보호감독자의 보호 · 양육권을 침해하거나 자신의 보호 · 양육권을 남용하여 미성년자 본인의 이익을 침해하는 때에는 미성년자에 대한 약취죄의 주체가 될 수 있는데,</u> 그 경우에도 해당 보호감독자에 대하여 약취죄의 성립을 인정할 수 있으려면 그 행위가 위와 같은 의미의 약취에 해당하여야 한다. 그렇지 아니하고 폭행, 협박 또는 불법적인 사실상의 힘을 사용하여 그 미성년자를 평온하던 종전의 보호 · 양육 상태로부터 이탈시켰다고 볼 수 없는 행위에 대하여까지 다른 보호감독자의 보호 · 양육권을 침해하였다는 이유로 미성년자에 대한 약취죄의 성립을 긍정하는 것은 형벌법규의 문언 범위를 벗어나는 해석으로서 죄형법정주의의 원칙에 비추어 허용될 수 없다. 따라서 <u>부모가 이혼하</u>

---

1) 피고인이 B를 데리고 베트남으로 떠난 행위는 어떠한 실력을 행사하여 B를 평온하던 종전의 보호 · 양육 상태로부터 이탈시킨 것이라기보다 친권자인 모로서 출생 이후 줄곧 맡아왔던 B에 대한 보호 · 양육을 계속 유지한 행위에 해당하여, 이를 폭행, 협박 또는 불법적인 사실상의 힘을 사용하여 B를 자기 또는 제3자의 지배하에 옮긴 약취행위로 볼 수는 없다는 이유로, 피고인에게 무죄를 인정한 원심(대전고등법원 2010. 10. 8. 선고 2010노363 판결) 판단을 정당하다고 하였다.

였거나 별거하는 상황에서 미성년의 자녀를 부모의 일방이 평온하게 보호·양육하고 있는데, 상대방 부모가 폭행, 협박 또는 불법적인 사실상의 힘을 행사하여 그 보호·양육 상태를 깨뜨리고 자녀를 탈취하여 자기 또는 제3자의 사실상 지배하에 옮긴 경우, 그와 같은 행위는 특별한 사정이 없는 한 미성년자에 대한 약취죄를 구성한다고 볼 수 있다. 그러나 이와 달리 미성년의 자녀를 부모가 함께 동거하면서 보호·양육 하여 오던 중 부모의 일방이 상대방 부모나 그 자녀에게 어떠한 폭행, 협박이나 불법적인 사실상의 힘을 행사함이 없이 그 자녀를 데리고 종전의 거소를 벗어나 다른 곳으로 옮겨 자녀에 대한 보호·양육을 계속하였다면, 그 행위가 보호·양육권의 남용에 해당한다는 등 특별한 사정이 없는 한 설령 이에 관하여 법원의 결정이나 상대방 부모의 동의를 얻지 아니하였다고 하더라도 그러한 행위에 대하여 곧바로 형법상 미성년자에 대한 약취죄의 성립을 인정할 수는 없다.

【반대의견】

공동친권자인 부모 중 일방이 상대방과 동거하며 공동으로 보호·양육하던 유아를 국외로 데리고 나간 행위가 약취죄의 '약취행위'에 해당하는지를 판단하려면, 우선 폭행, 협박 또는 사실상의 힘을 수단으로 사용하여 유아를 범인 또는 제3자의 사실상 지배하에 옮겼는지, 그로 말미암아 다른 공동친권자의 보호·양육권을 침해하고, 피해자인 유아를 자유로운 생활관계 또는 보호관계로부터 이탈시켜 그의 이익을 침해하였는지를 따져 볼 필요가 있다. 부모 중 일방이 상대방과 동거하며 공동으로 보호·양육하던 유아를 국외로 데리고 나갔다면, '사실상의 힘'을 수단으로 사용하여 유아를 자신 또는 제3자의 사실상 지배하에 옮겼다고 보아야 함에 이론이 있을 수 없다. 친권은 미성년 자녀의 양육과 감호 및 재산관리를 적절히 함으로써 그의 복리를 확보하도록 하기 위한 부모의 권리이자 의무의 성격을 갖는 것으로서, 민법 제909조에 의하면, 친권은 혼인관계가 유지되는 동안에는 부모의 의견이 일치하지 아니하거나 부모 일방이 친권을 행사할 수 없는 등 예외적인 경우를 제외하고는 부모가 공동으로 행사하는 것이 원칙이고(제2항, 제3항), 이혼하려는 경우에도 상대방과의 협의나 가정법원의 결정을 거치지 아니한 채 일방적으로 상대방의 친권행사를 배제하는 것은 허용되지 않는다(제4항). 따라서 공동친권자인 부모의 일방이 상대방의 동의나 가정법원의 결정이 없는 상태에서 유아를 데리고 공동양육의 장소를 이탈함으로써 상대방의 친권행사가 미칠 수 없도록 하였다면, 이는 특별한 사정이 없는 한 다른 공동친권자의 유아에 대한 보호·양육권을 침해한 것으로서 민법을 위반한 행위라고 할 것이다. 그뿐 아니라 유아로서도 다른 공동친권자로부터 보호·양육을 받거나 받을 수 있는 상태에서 배제되는 결과를 강요당하게 되어 유아의 이익을 현저히 해치게 될 것이므로 그 점에서도 위법성을 면할 수 없다. 따라서 어느 모로 보나 부모의 일방이 유아를 임의로 데리고 가면서 행사한 사실상의 힘은 특별한 사정이 없는 한 불법적이라고 할 것이며, 특히 장기간 또는 영구히 유아를 데리고 간 경우에는 그 불법성이 훨씬 더 크다는 점을 부인할 수 없을 것이다.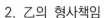

2. 乙의 형사책임
(1) 문제의 제기

乙은 ① 회사의 내부 업무규정에 위배하여 'C 주식회사 재무이사 乙' 명의로 2억 원짜리 차용증을 작성하고 D 은행으로부터 2억 원을 차용한 행위, ② 자신의 휴대전화기를 이용하여 甲의 허락 없이 甲의 성기 등 신체부위를 촬영한 행위, ③ 아파트단지 내에서 음주 상태로 ATV 차량을 운전한 행위에 대하여 어떠한 형사책임을 지는지가 문제된다.

(2) 차용증을 작성하고 2억 원을 차용한 행위
㈎ 사문서위조죄 및 위조사문서행사죄의 성립 여부

행사할 목적으로 권리·의무 또는 사실증명에 관한 타인의 문서를 위조한 경우에는 사문서위조죄(형법 제231조)가 성립한다. 乙이 행사할 목적을 가지고 권리·의무에 관한 문서인 차용증을 작성하여 D 은행에 교부하여 행사한 점에는 이론이 없다. 다만, 지배인이면서 재무이사인 乙이 ① 자신의 직위와 다르게 'C 주식회사 대표이사 乙'로 표시하여 작성하고, ② 2억 원 중 5,000만 원은 회사를 위해서가 아니라 자신을 위하여 대출받으려고 작성하였고, ③ 1억 원 이상을 금융기관으로부터 대출받을 경우에는 등기이사 전원의 동의를 받도록 한 내부 업무규정을 위반하여 2억 원을 대출하면서 작성한 행위가 위조행위에 해당하는지가 문제된다.

사문서위조죄에서의 위조란 작성권한 없는 사람이 타인의 명의를 도용하여 문서를 작성하는 것을 말한다. 본 사례에서 乙은 주식회사의 등기상 지배인인데, 회사의 지배인은 회사의 영업에 관하여 재판상 또는 재판 외의 모든 행위를 할 권한이 있다(상법 제11조 제1항). 따라서 지배인이 직접 주식회사 명의 문서를 작성하는 행위는 위조나 자격모용사문서작성에 해당하지 않는 것이 원칙이다. 그런데 乙은 C 회사의 재무이사임에도 대표이사로 표시하여 차용증에 일부 허위 내용이 포함되었고, 또한 5,000만 원 차용 부분은 회사의 이익에 반하는 것인데, 이 경우에도 위조에 해당하지 않는 것인지 문제된다. 차용행위는 회사의 영업 범위에 포함되고, C는 적법한 지배인으로서 회사 명의 문서를 작성할 권한이 있으므로, 비록 문서의 일부 내용이 진실에 반하는 허위이고, 대표권을 남용하여 자기의 이익을 도모할 목적으로 문서를 작성하였다고 할지라도 위조라고 할 수 없다([관련판례 1]). 또한, 자격모용사문서작성죄에도 해당되지 않는다([관련판례 1, 2]). 그러나 주식회사의 지배인이라도 회사의 내부규정 등에 의하여 지배인이 회사를 대리할 수 있는 행위의 종류, 내용, 상대방 등을 한정하여 그 권한을 제한한 경우에 그 제한된 권한 범위를 벗어나서 회사 명의의 문서를 작성한 경우에는 문서위조죄에 해당한다([관련판례 2]).1)

본 사례에서 乙은 내부 업무규정상 '1억 원 이상의 금액을 금융기관으로부터 대출을 받을 경우 회사 등기이사 전부의 동의를 얻도록' 되어 있음에도 그와 같은 절차를 거치지 않고 2억 원을 대출받으면서 위 차용증을 작성하였다. 이러한 乙의 행위는 단순히 권한 행사의 절차와 방식을 위반한 것이 아니라, 금융기관 대출에 관하여 금액 규모 등에 따라 의사결정권한을 상위 결재권자에게 부여하고 있는 회사 내부 업무규정을 위반한 것이다. 따라서 乙의 위 차용증 작성행위는 제한된 지배인의 대리권한을 초과한 경우에 해당하므로 乙에 대하여 사문서위조죄(형법 제231조)가 성립한다([관련판례 2]). 나아가 乙은 위조된 차용증을 D 은행 직원에게 제출하여 행사하였으므로 위조사문서행사죄(형법 제234조)도 성립하고, 두 죄는 실체적 경합관계이다.2)

관련판례

1. 대법원 2010. 5. 13. 선고 2010도1040 판결【사문서위조 · 위조사문서행사】

원래 주식회사의 지배인은 회사의 영업에 관하여 재판상 또는 재판 외의 모든 행위를 할 권한이 있으므로, 지배인이 직접 주식회사 명의 문서를 작성하는 행위는 위조나 자격모용사문서작성에 해당하지 않는 것이 원칙이고, 이는 그 문서의 내용이 진실에 반하는 허위이거나 대표권을 남용하여 자기 또는 제3자의 이익을 도모할 목적으로 작성된 경우에도 마찬가지이다(대법원 1983. 4. 12. 선고 83도332 판결, 대법원 2007. 10. 11. 선고 2007도5838 판결 등 참조).

원심판결 이유에 의하면, 피고인 甲은 2006. 11. 20.자 차용증이 작성된 2008. 1.경 A 주식회사의 아산지점 지배인이었지만, 자신을 A 주식회사의 대표이사로 표시하여 A 주식회사가 B 주식회사의 1억 원 차용금 채무에 대하여 연대보증한다는 취지의 위

---

1) [권한남용과 문서죄 성립에 관한 대법원 판결]

행위자	대리(표)권	권한	명의	죄명	비고
A	x	·	甲 대리인 A	자격모용사문서작성(○)	
A	○	남용	甲 대리인 A	자격모용사문서작성(x)	2007도5838
A	○	외	甲 대리인 A	자격모용사문서작성(○)	2004도3774
A	○	남용	甲	사문서위조(x)	2010도1040
A	○	외	甲	사문서위조(○)	83도2408
A	x	·	甲 대리인 乙	사문서위조(○)	2002도787(유가증권위조)

2) 대법원 1991. 9. 10. 선고 91도1722 판결. 상상적 경합관계라는 견해도 있다.

차용증을 작성·교부하였고, 위와 같은 연대보증행위에 관하여 A 주식회사의 구체적 위임이 없었다는 것인바, 위 사실을 앞서 본 법리에 비추어 살펴보면, 위 연대보증행위가 A 주식회사 아산지점의 영업 범위에 포함되지 않는다고 볼 자료가 없는 이 사건에서 A 주식회사의 적법한 지배인인 피고인 甲이 A 주식회사 명의 문서를 작성하는 행위가 사문서위조에 해당할 수는 없는 것이고, 이는 문서의 내용이 진실에 반하는 허위인지, 대표권을 남용하여 자기 또는 제3자의 이익을 도모할 목적으로 문서를 작성한 것인지에 따라 달라지는 것도 아니기 때문에, 가사 피고인 甲이 자신을 A 주식회사의 대표이사로 표시하는 등 일부 허위 내용이 포함되거나 위 연대보증행위가 A 주식회사의 이익에 반하는 것이라 하더라도 같은 결론에 이르는 것이라 할 것이다.

그렇다면 피고인 甲, 乙이 공모하여 위 차용증을 작성·교부한 행위가 사문서위조죄 및 위조사문서행사죄에 해당한다고 본 원심판결에는 사문서위조에 관한 법리를 오해하여 판결에 영향을 미친 위법이 있다 할 것이므로, 그대로 유지될 수 없다.

2. 대법원 2012. 9. 27. 선고 2012도7467 판결【특정경제범죄가중처벌등에관한법률위반(배임)·사문서위조·위조사문서행사·특정경제범죄가중처벌등에관한법률위반(횡령)·특정범죄가중처벌등에관한법률위반(뇌물)·뇌물공여·특정경제범죄가중처벌등에관한법률위반(사기)·특정경제범죄가중처벌등에관한법률위반(수재등)·특정경제범죄가중처벌등에관한법률위반(증재등)】

원래 주식회사의 지배인은 회사의 영업에 관하여 재판상 또는 재판 외의 모든 행위를 할 권한이 있으므로, 지배인이 직접 주식회사 명의 문서를 작성하는 행위는 위조나 자격모용사문서작성에 해당하지 않는 것이 원칙이고, 이는 그 문서의 내용이 진실에 반하는 허위이거나 권한을 남용하여 자기 또는 제3자의 이익을 도모할 목적으로 작성된 경우에도 마찬가지이나(대법원 2010. 5. 13. 선고 2010도1040 판결 등 참조), 회사의 내부규정 등에 의하여 각 지배인이 회사를 대리할 수 있는 행위의 종류, 내용, 상대방 등을 한정하여 그 권한을 제한한 경우에 그 제한된 권한 범위를 벗어나서 회사 명의의 문서를 작성하였다면, 이는 자기 권한 범위 내에서 권한 행사의 절차와 방식 등을 어긴 경우와 달리 문서위조죄에 해당한다고 할 것이다.

원심은 그 채택 증거들에 의하여, 피고인 甲이 A 은행 명의의 원심판결 별지 [범죄일람표 2]의 순번 2, 6, 10 기재 대출채권양수도약정서 등(이하 총칭하여 '이 사건 양수도약정서'라 한다) 및 같은 [범죄일람표 1](순번 6 제외), 같은 [범죄일람표 2](순번 3 내지 5 제외) 기재 각 사용인감계(이하 총칭하여 '이 사건 사용인감계'라 한다)를 작성할 당시 A 은행의 지배인으로 등기되어 있기는 하였으나, 피고인 甲이 지급보증의 실질을 가지는 이 사건 양수도약정서를 작성하기 위해서는 A 은행의 내부규정인 여신업무전결기준표에 정해진 신용취급전결한도 내에서 여신심사를 거쳐 전결권자의 승인을 받아야 하고, 또한 이 사건 사용인감계를 작성하기 위해서는 내부규정에 따라 사용인감 관리자에게 관련 서류를 첨부하여 사용 용도를 설명하고 그로부터 결재를 받아 수령한 정식의 사용인감을 사용하여야 함에도 불구하고, 위와 같은 내부규정을 전혀 지키지 않은 채 임의로 이 사건 양수도약정서 및 이 사건 사용인감계를 작성한 사실을 인정한 다음, 피고인 甲의 위와 같은 문서작성 행위는 모두 제한된 지배인의 대리권한을 초월한 경우에 해당하여 사문서위조죄가 성립한다고 판단하였다.

원심판결 이유를 기록에 비추어 살펴보면, 원심은 위 A 은행의 내부규정은 지급보증 등 여신에 대해서는 그 금액 규모 등에 따라 전결권자를 구분하고 나아가 그 여신 결재가 이루어진 것을 전제로 하여 인감관리자의 결재를 받아 사용인감계를 작성하도록 하는 등으로 지급보증 등의 의사결정 권한을 상위 결재권자에게 부여한 것이고, 따라서 이 사건 양수도약정서 및 사용인감계의 작성에 관해서는 피고인 甲의 지배인으로서의 권한은 배제되어 있었다고 판단한 것인바, 원심이 적법하게 채택한 증거들에 의하면 원심의 위와 같은 사실인정과 판단은 정당한 것으로 수긍이 되고, 거기에 지배인의 대리권 제한이나 사문서위조죄에 관한 법리를 오해한 위법이 없다.

㈏ 업무상배임죄의 성립 여부

타인의 사무를 처리하는 자가 업무상의 임무에 위배하여 재산상의 이익을 취득하거나 또는 제3자로 하여금 이익을 취득하게 하고 이로 인하여 본인에게 손해를 가한 경우에는 업무상배임죄(형법 제356조, 제355조 제2항)가 성립한다. 본 사례에서 ① 乙은 C 주식회사의 업무를 처리하는 지배인으로서 내부 업무규정을 어기고 대표권을 남용하여 대출을 받았는데, 이는 배임행위에 해당한다. ② 그리고 대출받은 2억 원 중 5,000만 원은 자신의 사채를 갚기 위한 것이므로 5,000만 원 상당의 재산상 이익을 취득하였다.

문제는 ③ C 회사에 재산상 손해를 가하였는지 여부이다. 배임죄에서의 재산상 손해는 본인의 전체재산가치의 감소, 즉 총체적으로 본인의 재산상태에 손실을 가하는 경우를 말하고,[1] 이는 반드시 현실적으로 손해를 가한 경우뿐 아니라 가치의 감소라고 볼 수 있는 재산상의 위험한 경우도 포함한다.[2] 그러나 그러한 손해발생의 위험조차 초래되지 않은 경우에는 배임죄가 성립하지 않는다. 따라서 주식회사의 대표이사 등이 회사의 이익을 위해서가 아니라 자기 또는 제3자의 이익을 도모할 목적으로 그 대표권을 행사한 경우에 상대방이 대표이사 등의 진의를 알았거나 알 수 있었을 때에는 그 행위는 회사에 대하여 무효[3]가 되므로 배임죄가 성립하지 않

---

1) 대법원 2007. 3. 15. 선고 2004도5742 판결.
2) 대법원 1980. 9. 9. 선고 79도2637 판결.
3) 법인의 대표자가 그 법인 명의로 한 채무부담행위가 법률상 효력이 없는 경우에는 특별한 사정이 없

는다.1) 본 사례에서는 C의 상대방인 D 은행에서 C가 자신의 이익을 도모할 목적으
로 대표권을 행사한다는 사실을 알았거나 알 수 있었을 사정이 없으므로 재산상 손해
는 인정된다. 그런데 재산상의 손해가 동시에 본인에게 재산상의 이익을 준 경우에는
손해라고 할 수 없으므로, 乙은 C 회사에 5,000만 원 상당의 재산상 손해를 가한 것
이다.

따라서 乙에 대하여는 업무상배임죄가 성립하고, 이때 이득액은 5,000만 원이므
로 특정경제범죄 가중처벌 등에 관한 법률이 적용될 여지는 없다.

⒟ 소결

乙이 위 차용증을 작성하고 2억 원을 대출받은 행위와 관련하여 ① 사문서위조
죄(5년 이하의 징역), ② 위조사문서행사죄(5년 이하의 징역), ③ 업무상배임죄(10년 이하의
징역)가 성립한다. 이때 ①죄와 ②죄는 실체적 경합이고, ①죄와 ③죄, ②죄와 ③죄는
각 상상적 경합2)인데, 세 범죄의 죄수관계가 문제된다. 이 문제는 통상 '연결효과에
의한 상상적 경합'을 인정할 것인가 하는 문제3)로 논의된다.

연결효과에 의한 상상적 경합이란 위와 같이 실체적 경합관계에 있는 ①죄와 ②
죄가 이들 범죄와 각각 상상적 경합관계에 있는 제3의 범죄인 ③죄에 의하여 연결되
어 3개의 범죄 모두가 상상적 경합이 된다는 것이다. 이를 인정할 것인지 여부에 관
하여는, ⓐ 이중 평가를 막기 위하여 이를 인정하여야 한다는 긍정설, ⓑ 서로 다른
2개의 행위가 제3의 행위에 의하여 1개가 될 수는 없으므로 이를 인정할 수 없다는
부정설, ⓒ 연결하는 제3의 범죄의 형이 연결되는 다른 독립된 범죄의 형보다 중하
거나 같은 경우에는 이를 인정하고, 경한 경우에는 중한 각 죄와 실체적 경합관계에
있다는 제한긍정설(통설)이 대립된다. 판례는 사문서위조죄와 위조사문서행사죄와 그
로 인하여 회사에 재산상 손해를 가한 업무상배임죄는 그 객관적 사실관계가 하나의
행위이므로 상상적 경합관계에 있다고 판시하여4) 사실상 연결효과에 의한 상상적
경합을 인정하고 있다.5)

본 사례의 경우, 부정설에 의하면 예컨대 사문서위조죄와 위조사문서행사죄를

는 한 그로 인하여 법인에 어떠한 손해가 발생하거나 발생할 위험이 있다고 할 수 없으므로 그 대표
자의 행위는 배임죄를 구성하지 않는다(대법원 2010. 9. 30. 선고 2010도6490 판결).
1) 대법원 2012. 5. 24. 선고 2012도2142 판결; 대법원 2017. 9. 21. 선고 2014도9960 판결.
2) 대법원 2001. 2. 9. 선고 2000도1216 판결.
3) 이에 대한 상세는 사례 [9] Ⅰ. 제1문 '甲의 형사책임' 부분 참조.
4) 대법원 2009. 4. 9. 선고 2008도5634 판결.
5) 이에 대한 상세는 사례 [9] Ⅰ. 4. (3) '사전자기록등위·변작죄 및 위·변작사전자기록등행사죄의 성립
여부' 부분 참조.

경합범 가중하고(형법 제38조 제1항 제2호에 의하여 7년 6월 이하의 징역) 그것과 업무상배임 죄 중에서 중한 업무상배임죄에 정한 형으로 처벌해야 하지만, 긍정설·제한적 긍정 설 및 판례에 의하면 3개의 범죄가 상상적 경합관계가 되어 그 중 가장 중한 업무상 배임죄의 정한 형으로 처벌하게 된다. 어느 견해에 의하든 처단형은 동일하다.

(3) 휴대전화기로 甲의 신체부위를 임의로 촬영한 행위

성폭력범죄의 처벌 등에 관한 특례법은 카메라나 그 밖에 이와 유사한 기능을 갖춘 기계장치를 이용하여 성적 욕망 또는 수치심을 유발할 수 있는 사람의 신체를 촬영대상자의 의사에 반하여 촬영한 자를 처벌하고 있다(동법 제14조 제1항). 그런데 乙 이 甲의 허락을 받지 않고 자신의 휴대전화기를 이용하여 컴퓨터 화면에 나타난 甲 의 성기 등의 신체 일부를 촬영한 후 이를 자신의 휴대전화기에 저장한 행위를 위 규정에 따라 처벌할 수 있는지가 문제된다.

이에 대하여 판례는 '촬영'의 사전적·통상적 의미는 '사람, 사물, 풍경 따위를 사진이나 영화로 찍음'이라고 할 것이고, 위 규정에서의 촬영의 대상은 '성적 욕망 또는 수치심을 유발할 수 있는 다른 사람의 신체'라고 보아야 함이 문언상 명백하므 로 그 처벌대상은 '다른 사람의 신체 그 자체'를 카메라 등 기계장치를 이용해서 '직 접' 촬영하는 경우에 한정된다고 해석함이 타당하다고 판시하면서, 본 사례와 동일 한 사안에서 "피해자는 스스로 자신의 신체 부위를 화상카메라에 비추었고 카메라 렌즈를 통과한 상의 정보가 디지털화되어 피고인의 컴퓨터에 전송되었으며, 피고인 은 수신된 정보가 영상으로 변환된 것을 휴대전화 내장 카메라를 통해 동영상 파일 로 저장하였으므로 피고인이 촬영한 대상은 피해자의 신체 이미지가 담긴 영상일 뿐 피해자의 신체 그 자체는 아니다"라고 판시하였다.[1]

판례에 의하면 乙에 대하여 성폭력범죄의처벌등에관한특례법위반(카메라등이용 촬영)죄(동법 제14조 제1항)는 성립하지 않는다.

(4) 음주상태에서 운전한 행위

乙은 2019. 7. 2. 00:30경 자신이 살고 있는 아파트단지 내 주차시설에 주차된 차로 아파트단지 안에서 운전하던 중, 때마침 단지 밖에서 음주운전 단속 중이던 경

---

1) 대법원 2013. 6. 27. 선고 2013도4279 판결; 대법원 2018. 3. 15. 선고 2017도21656 판결; 대법원 2018. 8. 30. 선고 2017도3443 판결.

찰관 X에게 음주운전의 범죄사실로 적발되었는데, 이전에도 음주운전 처벌 전력이 3차례 있는 乙에 대하여 도로교통법위반(음주운전)죄가 성립하는지 검토한다.

먼저, 乙이 운전한 차량은 ATV(all-terrain vehicle) 차량으로서 배기량 158cc의 3륜 차량이다. 이는 그 구조, 장치, 사양 및 용도 등에 비추어 도로교통법상의 '이륜자동차'(도로교통법 제2조 제18호 가목 5), 즉 총배기량 또는 정격출력의 크기와 관계없이 1인 또는 2인의 사람을 운송하기에 적합하게 제작된 이륜의 자동차 및 그와 유사한 구조로 되어 있는 자동차(자동차관리법 제3조 제1항 제5호)에 해당한다. 그리고 음주운전으로 처벌되는 주취기준은 혈중알코올농도 0.03퍼센트인데(도로교통법 제44조 제4항), 음주측정 당시 乙의 혈중알코올농도는 0.15퍼센트였으므로 乙이 위 기준을 초과한 것은 명백하다.

그런데 乙이 운전한 장소는 아파트단지 안으로 과연 乙이 도로교통법상의 자동차를 '운전'한 것으로 볼 수 있는지가 문제된다. '운전'이란 원칙적으로 도로에서 차마를 그 본래의 사용방법에 따라 사용하는 것(조종을 포함한다)을 말하고(도로교통법 제2조 제26호), 여기서 '도로'란 도로법에 의한 도로, 유료도로법에 의한 도로, 그 밖에 현실적으로 불특정 다수의 사람 또는 차마가 통행할 수 있도록 공개된 장소로서 안전하고 원활한 교통을 확보할 필요가 있는 장소를 말한다(도로교통법 제2조 제1호). 그러나 도로교통법위반(음주운전)죄에서의 '운전'에는 도로 외의 곳에서의 운전도 포함하므로, 乙이 거주하는 아파트단지 내 통행로1)가 도로교통법상의 도로인지 여부는 문제되지 않는다(도로교통법 제2조 제26호).2)

따라서 乙의 위 음주운전행위는 도로교통법 제148조의23) 제3항 제2호에 해당

---

1) 도로교통법상의 도로인지 여부는 주로 공개성 여부를 기준으로 판단하고 있는데, 관리자의 관리의사 외에 구체적인 경우 어느 정도의 제한이 가해지고 있는가 하는 공간적 폐쇄성, 차단기 여부, 직접적인 출입통제 여부 등 당해 장소의 현실적·객관적 이용상태가 중요한 요소가 된다(대법원 2005. 1. 14. 선고 2004도6779 판결; 대법원 1992. 10. 9. 선고 92도1662 판결 등). 위 아파트단지는 출입구가 1곳이고, 단지 경계부분에 옹벽과 울타리가 설치되어 있어 외부와 차단되어 있으며, 위 출입구에는 경비초소나 출입을 통제하기 위한 차단시설이 설치되어 있지 않은데, 이것만으로 위 아파트단지 내 통행로가 '도로'에 해당하는지는 불명확하다.
2) 도로교통법 제44조의 음주운전 외에 제45조(과로한 때 등의 운전금지), 제54조 제1항(사고발생 시의 조치), 제148조(사고 후 미조치 처벌규정), 제148조의2(음주운전, 음주측정거부, 약물운전 처벌규정)의 경우에도 도로 외의 곳에서의 운전도 도로교통법상의 '운전'에 포함된다.
3) 乙의 음주운전 당시의 구 제148조의2(벌칙) ① 제44조제1항 또는 제2항을 2회 이상 위반한 사람(자동차등 또는 노면전차를 운전한 사람으로 한정한다)은 2년 이상 5년 이하의 징역이나 1천만원 이상 2천만원 이하의 벌금에 처한다.
③ 제44조제1항을 위반하여 술에 취한 상태에서 자동차등 또는 노면전차를 운전한 사람은 다음 각 호의 구분에 따라 처벌한다.
1. 혈중알코올농도가 0.2퍼센트 이상인 사람은 2년 이상 5년 이하의 징역이나 1천만원 이상 2천만원 이하의 벌금

하지만, 음주운전 처벌 전력이 3회 더 있으므로 같은 법 제148조의2 제1항에 해당하는 도로교통법위반(음주운전)죄가 성립한다.[1]

3. 설문의 해결

甲은 아무런 형사책임을 지지 않는다. 乙에 대하여는 ① 사문서위조죄, ② 위조사문서행사죄, ③ 업무상배임죄, ④ 도로교통법위반(음주운전)죄가 각 성립하고, ①죄 내지 ③죄는 상상적 경합관계이고, 이들과 ④죄와는 실체적 경합관계이다.

Ⅱ. 제2문 ― 녹음파일의 증거능력과 乙의 변호인의 조치

1. 제2문의 (1) ― 녹음파일의 증거능력

(1) 문제의 제기

E는 C 주식회사의 대표이사로서 乙 모르게 디지털녹음기로 乙과의 대화를 녹음하였다. 그리고 디지털녹음기에 저장된 녹음파일 원본을 컴퓨터에 복사하고 녹음파일 원본은 삭제하였으며, 컴퓨터에 저장된 녹음파일을 복사하여 이동식저장장치에 저장하여 두고, 그 내용을 토대로 사설녹취사에게 녹취서를 작성하도록 하였다. 乙이 불출석한 상태에서 진행된 제1심재판에 녹음파일사본이 저장된 이동식저장장치와 녹취서가 증거로 제출되었는데, 乙이 증거로 사용하는 데 동의하는지 여부에 대한 의견을 표시할 수 없었으므로 그 증거능력이 문제된다. 먼저, 위 녹음이 타인 간의 대화를 녹음하는 것을 금지한 통신비밀보호법과 관련하여 그 위반 여부, 즉 위법수집증거 여부가 문제되고, 나아가 이동식저장장치와 녹취서가 전문증거인지 여부가 문제된다.

---

2. 혈중알코올농도가 0.08퍼센트 이상 0.2퍼센트 미만인 사람은 1년 이상 2년 이하의 징역이나 500만 원 이상 1천만원 이하의 벌금

3. 혈중알코올농도가 0.03퍼센트 이상 0.08퍼센트 미만인 사람은 1년 이하의 징역이나 500만원 이하의 벌금

1) 그런데 2회 이상 음주운전 금지규정을 위반한 사람을 2년 이상 5년 이하의 징역이나 1천만 원 이상 2천만 원 이하의 벌금에 처하도록 규정한 구 도로교통법 제148조의2 제1항 중 '제44조 제1항을 2회 이상 위반한 사람'에 관한 부분에 대해서는, 2021. 11. 15. 위헌결정이 선고되었다(헌법재판소 2021. 11. 25. 선고 2019헌바446, 2020헌가17, 2021헌바77 결정).

(2) 비밀녹음의 증거능력

통신비밀보호법은 전기통신을 감청하거나 공개되지 아니한 타인 간의 대화를 녹음 또는 청취하는 것을 금지하고(동법 제3조 제1항, 제14조 제1항), 이를 위반한 경우 처벌하고 있다(동법 제16조 제1항 제1호). 따라서 통신비밀보호법에 의한 절차를 밟지 않은 수사기관의 도청이나 비밀녹음은 물론, 사인이 타인 간의 대화를 도청 또는 비밀녹음을 하는 것은 허용되지 않으며, 그 증거능력은 부정된다.[1] 그러나 통신비밀보호법에 의하여 금지되는 것은 '타인 간'의 대화이고, 대화의 일방 당사자가 상대방 몰래 녹음하는 것은 금지대상에 포함되지 않는다.[2]

따라서 E가 乙 사이의 대화를 녹음한 디지털녹음기의 파일 원본은 위법수집증거가 아니다. 위법수집증거가 아니어서 원칙적으로 증거로 사용할 수 있으므로 사인이 수집한 것인지,[3] 수사기관이 수집한 것인지는 문제되지 않는다.

(3) 이동식저장장치와 녹취서의 증거능력

녹음파일이나 녹음테이프(특히, 현장녹음과 관련하여)의 전문증거성[4]과 관련하여, ① 진술증거설(통설), ② 비진술증거설, ③ 비진술증거이지만 검증조서를 유추한다는 검증조서유추설이 대립된다. 생각건대, 녹음테이프도 사진과 마찬가지로 기계적인 과정을 거치는 것이므로 그 자체는 비진술증거이고, 다만 녹음된 내용이 전문증거냐 비전문증거냐 하는 것이 문제될 뿐이다. 따라서 ②의 비진술증거설이 타당하다.

이에 대하여 판례는 녹음테이프는 '진술을 기재한 서류'와 다를 바 없으므로 피고인이 증거동의를 하지 않으면 ⓐ 녹음테이프가 원본이거나 원본으로부터 복사한 사본일 경우에는 복사과정에서 편집되는 등의 인위적 개작 없이 원본의 내용 그대로 복사된 사본일 것, ⓑ 원진술의 성격에 따라 형사소송법 제311조 내지 제313조의 전문법칙의 예외규정에 따라 증거능력이 인정될 것을 요하고 있다.[5] 판례는 위 ⓐ의 녹음테이프가 '원본'인지를 어떻게 증명해야 하는지, 즉 ①의 진술증거설과 같이 형사소송법 제312조 제6조를 준용해서 증명할 것인지, ②의 비진술증거설과 같이 다양

---

1) 대법원 2001. 10. 9. 선고 2001도3106 판결.
2) 대법원 1997. 3. 28. 선고 97도240 판결.
3) 대법원 2008. 6. 26. 선고 2008도1584 판결.
4) 이에 대한 상세는 사례 [14] Ⅲ. 제3문 '녹음테이프 및 사진의 증거능력' 부분 참조.
5) 대법원 2005. 2. 18. 선고 2004도6323 판결(사인이 피고인 아닌 자와의 대화를 녹음한 테이프는 형사소송법 제313조 제1항에 따라 공판준비나 공판기일에서 원진술자의 진술에 의하여 그 녹음테이프에 녹음된 각자의 진술내용이 자신이 진술한 대로 녹음된 것이라는 점이 인정되어야 한다).

한 방법으로 증명할 것인지에 대해서는 언급하지 않고 있다. 그리고 진술내용이 본래증거인지 전문증거인지를 구별하여 증거능력을 판단하고 있다.[1]

따라서 본 사례에서는 녹음파일사본이 저장된 이동식저장장치와 녹취서의 진정성이 인정되는지, 대화내용이 본래증거인지 전문증거인지 여부에 따라 그 증거능력이 인정되는지 여부를 살펴보아야 한다.

(가) 대화내용을 녹음한 녹음파일 원본과 사본 및 녹취서의 동일성 증명

대화내용을 녹음한 파일 등의 전자매체는 그 성질상 작성자나 진술자의 서명 혹은 날인이 없을 뿐만 아니라, 녹음자의 의도나 특정한 기술에 의하여 그 내용이 편집, 조작될 위험성이 있으므로, 그 대화내용을 녹음한 원본이거나 혹은 원본으로부터 복사한 사본일 경우에는 복사과정에서 편집되는 등의 인위적 개작 없이 원본의 내용 그대로 복사된 사본임이 증명되어야 하고, 그러한 증명이 없는 경우에는 쉽게 그 증거능력을 인정할 수 없다.[2] 따라서 디지털녹음기로 녹음한 내용이 콤팩트디스크에 다시 복사되어 그 콤팩트디스크에 녹음된 내용을 담은 녹취록이 증거로 제출된 경우, 위 콤펙트디스크가 현장에서 녹음하는데 사용된 디지털녹음기의 녹음내용 원본을 그대로 복사한 것이라는 입증이 없는 이상, 그 콤팩트디스크의 내용이나 이를 녹취한 녹취록의 기재는 증거능력이 없다.[3]

이러한 증거의 진정성(동일성)은 다양한 방법에 의하여 증명할 수 있다. 본 사례에서 E는 디지털녹음기에 저장된 녹음파일의 원본을 삭제하였으므로 녹음파일의 원본과 컴퓨터로 복사된 사본의 동일성의 입증이 쉽지는 않을 것이다. 그러나 작성자인 E의 진술과 대검찰청 과학수사담당관실과 같은 전문기관의 전문가의 감정 등의 증거조사를 통하여 그 동일성을 증명할 수 있을 것이다([관련판례]).[4]

(나) 전문법칙의 적용 여부

피고인과 상대방 사이의 대화 내용에 관한 녹취서가 공소사실의 증거로 제출되어 녹취서의 기재내용과 녹음테이프의 녹음 내용이 동일한지에 대하여 법원이 검증을 실시한 경우에, 증거자료가 되는 것은 녹음테이프에 녹음된 대화 내용 자체이다

---

1) 대법원 2008. 11. 13. 선고 2006도2556 판결.
2) 대법원 2005. 2. 18. 선고 2004도6323 판결; 대법원 2002. 6. 28. 선고 2001도6355 판결.
3) 대법원 2007. 3. 15. 선고 2006도8869 판결.
4) 증거로 제출된 녹음파일이 대화 내용을 녹음한 원본이거나 혹은 복사 과정에서 편집되는 등 인위적 개작 없이 원본 내용을 그대로 복사한 사본이라는 점은 녹음파일의 생성과 전달 및 보관 등의 절차에 관여한 사람의 증언이나 진술, 원본이나 사본 파일 생성 직후의 해쉬(Hash)값과의 비교, 녹음파일에 대한 검증·감정 결과 등 제반 사정을 종합하여 판단할 수 있다(대법원 2015. 1. 22. 선고 2014도10978 전원합의체 판결).

([관련판례]). 본 사례에서는 乙이 "사채업자에게 시달려 부득이 몰래 대출을 받았다"는 내용인데, 이는 경험사실에 관한 진술로서 진술 내용의 진실성이 문제되므로 전문증거로서 전문법칙이 적용된다.

구체적으로 위 이동식저장장치와 녹취서는 형사소송법 제313조 제1항의 '피고인의 진술을 기재한 서류'와 다를 바 없다. 따라서 공판준비나 공판기일에서의 그 진술자(= 乙)의 진술에 의하여 그 성립의 진정함이 증명되어야 한다(형소법 제313조 제1항 본문).[1] 그런데 乙이 재판에 불출석하였으므로[2] 乙의 진술에 의하여 성립의 진정함은 증명할 수 없다. 따라서 공판준비 또는 공판기일에서의 작성자(= E)의 진술에 의하여 그 성립의 진정함이 증명되고, 그 진술이 특히 신빙할 수 있는 상태하에서 행하여진 때에는 증거로 할 수 있다(형소법 제313조 제1항 단서).

 관련판례

대법원 2012. 9. 13. 선고 2012도7461 판결【특정경제범죄가중처벌등에관한법률위반(공갈)】

피고인과 상대방 사이의 대화 내용에 관한 녹취서가 공소사실의 증거로 제출되어 그 녹취서의 기재 내용과 녹음테이프의 녹음 내용이 동일한지 여부에 대하여 법원이 검증을 실시한 경우에, 증거자료가 되는 것은 녹음테이프에 녹음된 대화 내용 그 자체이고, 그 중 피고인의 진술 내용은 실질적으로 형사소송법 제311조, 제312조의 규정 이외에 피고인의 진술을 기재한 서류와 다름없어, 피고인이 그 녹음테이프를 증거로 할 수 있음에 동의하지 않은 이상 그 녹음테이프에 녹음된 피고인의 진술 내용을 증거로 사용하기 위해서는 형사소송법 제313조 제1항 단서에 따라 공판준비 또는 공판기일에서 그 작성자인 상대방의 진술에 의하여 녹음테이프에 녹음된 피고인의 진술 내용이 피고인이 진술한 대로 녹음된 것임이 증명되고 나아가 그 진술이 특히 신빙할 수 있는 상태하에서 행하여진 것임이 인정되어야 한다(대법원 2001. 10. 9. 선고 2001도3106 판결, 대법원 2004. 5. 27. 선고 2004도1449 판결, 대법원 2008. 12. 24. 선고 2008도9414 판결 등 참조). 또한 대화 내용을 녹음한 파일 등의 전자매체는 그 성질상 작성자나 진술자의 서명 또는 날인이 없을 뿐만 아니라, 녹음자의 의도나 특정한 기술에

---

1) 형사소송법 제313조 제1항은 작성자 또는 진술자의 자필이거나 그 서명 또는 날인이 있을 것을 요구하고 있는데, 녹음테이프를 증거로 하기 위하여도 서명 또는 날인이 필요한가에 대하여는 필요설, 불요설의 대립이 있다. 판례는 불요설의 입장이다(대법원 2005. 12. 23. 선고 2005도2945 판결).

2) 乙이 형사소송법 제314조의 '소재불명'으로 인하여 진술할 수 없는 때에 해당되어 증거능력이 인정되는 것은 아닌지 문제될 수 있다. 그러나 위 사유에 해당하기 위해서는 증인의 법정출석을 위하여 가능하고도 충분한 노력을 다하였음에도 부득이 법정출석이 불가능하게 되어야 하는데(대법원 2013. 4. 11. 선고 2013도1435 판결), 본 사례에서는 제2문의 (2)에서 살펴보는 바와 같이 위 사유에 해당하지 않는다.

의하여 그 내용이 편집, 조작될 위험성이 있음을 고려하여, 그 대화 내용을 녹음한 원본이거나 원본으로부터 복사한 사본일 경우에는 복사과정에서 편집되는 등의 인위적 개작 없이 원본의 내용 그대로 복사된 사본임이 입증되어야 한다(대법원 2005. 12. 23. 선고 2005도2945 판결, 대법원 2007. 3. 15. 선고 2006도8869 판결 등 참조).

적법하게 채택·조사한 증거들에 의하면, ① 피해자의 대표자 공소외인이 디지털 녹음기로 피고인과의 대화를 녹음한 후 자신의 사무실로 돌아와 디지털 녹음기에 저장된 녹음파일 원본을 컴퓨터에 복사하고 디지털 녹음기의 파일 원본을 삭제한 뒤 피고인과의 다음 대화를 다시 녹음하는 과정을 반복한 사실, ② 공소외인은 검찰과 제1심 법정에서 이 사건 녹음파일 사본은 피고인과 대화를 자신이 직접 녹음한 파일 원본을 컴퓨터에 그대로 복사한 것으로서 위 녹음파일 사본과 해당 녹취록 사이에 동일성이 있다고 진술한 사실, ③ 피고인도 검찰과 제1심 법정에서 이 사건 녹음파일 사본을 모두 들어본 뒤 일부 파일에 인사말 등이 녹음되지 않은 것 같다는 등의 지적을 한 외에는 녹음된 음성이 자신의 것이 맞을 뿐만 아니라 그 내용도 자신이 진술한 대로 녹음되어 있으며 이 사건 녹음파일 사본의 내용대로 해당 녹취록에 기재되어 있다는 취지로 진술한 사실, ④ 대검찰청 과학수사담당관실에서 이 사건 녹음파일 사본과 그 녹음에 사용된 디지털 녹음기에 대하여 국제적으로 널리 사용되는 다양한 분석방법을 통해 정밀감정한 결과 이 사건 녹음파일 사본에 편집의 흔적을 발견할 수 없고, 이 사건 녹음파일 사본의 파일정보와 녹음 주파수 대역이 위 디지털 녹음기로 생성한 파일의 그것들과 같다고 판정한 사실 등을 알 수 있다.

이러한 사실관계를 앞서 본 법리에 비추어 살펴보면, 피해자의 대표자인 공소외인이 피고인과 대화하면서 녹음한 이 사건 녹음파일 사본은 타인 간의 대화를 녹음한 것이 아니므로 타인의 대화비밀 침해금지를 규정한 통신비밀보호법 제14조의 적용 대상이 아니고(대법원 2001. 10. 9. 선고 2001도3106 판결 참조), 위 녹음파일 사본은 그 복사 과정에서 편집되는 등의 인위적 개작 없이 원본의 내용 그대로 복사된 것으로 대화자들이 진술한 대로 녹음된 것으로 인정된다. 나아가 녹음 경위, 대화 장소, 내용 및 대화자 사이의 관계 등에 비추어 그 진술이 특히 신빙할 수 있는 상태하에서 행하여진 것으로 인정되므로 위 녹음파일 사본과 해당 녹취록을 증거로 사용할 수 있다.

(4) 설문의 해결

본 사례에서 E의 증언만으로 녹음파일의 동일성이 증명되었다고 보기는 부족하다. 그러나 전문가의 감정 등에 의하여 이를 증명하는 것은 그다지 어렵지 않을 것이다. 그리고 E가 법정에서 증언하였으므로 당연히 그 진정성립을 인정하였을 것이고, 녹음 경위, 내용 및 대화자 사이의 관계 등에 비추어 그 진술이 특히 신빙할 수 있는 상태하에서 행하여진 것으로 인정된다. 따라서 위 이동식저장장치 및 녹취서의 동일성이 인정된다는 것을 전제로 할 때, 이는 증거로 사용할 수 있을 것이다.

2. 제2문의 (2) ― 乙의 변호인의 조치

(1) 문제의 제기

乙이 제1심의 유죄판결에 불복하려면 항소를 하여야 한다(형소법 제357조). 즉, 乙에 대한 유죄판결이 2020. 2. 20. 선고되었으므로 乙은 2020. 2. 26.까지 항소를 제기할 수 있는데(형소법 제358조. 항소제기기간은 7일), 항소기간이 도과한 후에야 위 유죄판결이 선고된 것을 알게 되었다. 상소권은 상소제기기간의 경과로 소멸되며, 항소권 소멸 후에 항소제기된 때에는 원심법원이 항소기각의 결정(형소법 제360조 제1항)을 하지 않으면 항소법원이 결정으로 항소를 기각하여야 한다(형소법 제362조 제1항).

그런데 상소권자가 자기 또는 대리인이 책임질 수 없는 사유로 인하여 상소의 제기기간 내에 상소를 하지 못한 경우에는 상소권회복청구를 할 수 있고(형소법 제345조), 법원이 상소권회복을 허용하는 결정을 하면 다시 상소할 수 있다. 본 사례에서 乙은 별건인 도로교통법위반(음주운전)죄로 구치소에 수감 중에 있었기 때문에 부산지방법원으로부터 소송서류 등을 송달받지 못하고, 재판이 이루어진 사실도 몰랐기 때문에 항소기간을 도과하였는데, 이러한 사유가 상소권회복의 사유인 乙이 '책임질 수 없는 사유'에 해당하는지 여부가 문제된다.

(2) 상소권회복사유의 해당 여부

乙은 공시송달의 방법으로 소송서류 등을 송달받았고, 불출석한 상태에서 재판이 진행되어 유죄판결이 선고된 것을 모른 채 항소기간을 도과하였는데, 이것이 상소권회복사유인 '책임질 수 없는 사유' 즉 상소권자 본인 또는 대리인의 고의·과실에 기하지 아니한 것에 해당하는지 문제된다.

먼저, 공시송달의 적법성을 살펴본다. 피고인의 주거, 사무소와 현재지를 알 수 없는 때에는 공시송달의 방법으로 소송서류 등을 피고인에게 송달할 수 있다(형소법 제63조 제1항). 乙은 서울구치소에 수감되어 있어 주소지로 송달된 소송서류를 수령하지 못하였으며, 결국 송달불능보고서가 접수되자 판사 J는 공시송달방법으로 소송서류를 송달하였다. 그런데 피고인이 구치소나 교도소 등에 수감 중에 있는 경우는 형사소송법 제63조 제1항에 규정된 '피고인의 주거, 사무소, 현재지를 알 수 없는 때'에 해당한다고 할 수 없다. 법원은 주거, 사무소, 현재지 등 소재가 확인되지 않는 피고인에 대하여 공시송달을 할 때에는 검사에게 주소보정을 요구하거나 기타 필요한 조치를 취하여 피고인의 수감 여부를 확인할 필요가 있으며, 법원이 수감 중인

피고인에 대하여 공소장부본과 피고인소환장 등을 종전 주소지 등으로 송달한 경우
는 물론, 공시송달의 방법으로 송달하였더라도 이는 위법하다([관련판례]). 따라서 J의
공시송달 방법에 의한 소송서류의 송달은 위법하고, 이는 상소권회복사유인 '책임질
수 없는 사유'에 해당한다.[1]

　　다음으로 불출석한 상태에서의 재판이 적법한지 살펴본다. 제1심 공판절차에서
피고인에 대한 송달불능보고서가 접수된 때로부터 6개월이 지나도록 피고인의 소재
를 확인할 수 없는 경우에는, 법정형이 사형, 무기 또는 장기 10년이 넘는 징역이나
금고에 해당하는 사건이 아닌 한 피고인 진술 없이 재판할 수 있다(소송촉진 등에 관한
특례법 제23조). 사문서위조죄와 위조사문서행사죄는 법정형이 징역 5년 이하이므로
피고인의 진술 없이 재판할 수 있는 사건이다. 그러나 피고인이 구치소나 교도소 등
에 수감 중에 있는 경우는 소송촉진 등에 관한 특례법 제23조에 규정된 '피고인의
소재를 확인할 수 없는 경우'에 해당하지 않는다([관련판례]). 따라서 J가 소송촉진 등
에 관한 특례법에 따라 乙이 불출석한 상태에서 재판을 진행하여 유죄판결을 선고한
것은 위법하고, 이는 상소권회복사유인 '책임질 수 없는 사유'에 해당한다.[2]

 관련판례

대법원 2013. 6. 27. 선고 2013도2714 판결【도로교통법위반(음주운전)·도로교통법
위반(무면허운전)】[3]

1. 피고인이 구치소나 교도소 등에 수감 중에 있는 경우는 형사소송법 제63조 제1항
에 규정된 '피고인의 주거, 사무소, 현재지를 알 수 없는 때'나 소송촉진 등에 관한
특례법 제23조에 규정된 '피고인의 소재를 확인할 수 없는 경우'에 해당한다고 할 수
없으므로, 법원이 수감 중인 피고인에 대하여 공소장 부본과 피고인소환장 등을 종
전 주소지 등으로 송달한 경우는 물론 공시송달의 방법으로 송달하였더라도 이는 위
법하다고 보아야 한다. 따라서 법원은 주거, 사무소, 현재지 등 소재가 확인되지 않
는 피고인에 대하여 공시송달을 할 때에는 검사에게 주소보정을 요구하거나 기타 필
요한 조치를 취하여 피고인의 수감 여부를 확인할 필요가 있다.
2. 기록에 의하면, 제1심법원은 피고인의 소재를 파악하지 못하여 2012. 5. 11. 피고인
에 대한 송달을 공시송달로 할 것을 결정하고 이후 공소장 부본, 공판기일소환장 등
피고인에게 송달하여야 할 소송서류를 공시송달의 방법으로 송달하여 피고인의 출석

---

1) 대법원 1986. 2. 27. 자 85모6 결정; 대법원 1984. 9. 28. 자 83모55 결정.
2) 대법원 1986. 2. 12. 자 86모3 결정.
3) 본 판결 평석은 이남균, "피고인이 구치소나 교도소 등에 수감 중인 경우 공시송달의 요건", 대법원판
　례해설 제96호(2013 상반기), 2013, 650-665면.

없이 재판을 진행한 후 피고인에게 벌금 500만 원을 선고하였는데, 피고인은 별건으로 2011. 8. 29.부터 서울구치소에 수감되어 있었고 2012. 3. 21. 이후로는 소망교도소에서 수형 중이었음을 알 수 있다. 이와 같이 수감 중인 피고인에게 공시송달의 방법으로 송달한 이상 이는 위에서 본 법리에 비추어 위법하고, 이에 기초하여 진행된 위 제1심 소송절차는 모두 위법하다 할 것이다.

또한 원심판결 이유와 기록에 의하면, 피고인이 상소권회복결정을 받아 원심 공판기일에 출석하였는데도 원심은 위와 같은 소송절차의 하자를 간과하고 새로 소송행위를 하지 않은 채 제1심이 채택하여 조사한 증거만으로 피고인을 유죄로 인정하고 판결을 선고하였다. 즉, 원심은 제1심의 공시송달이 적법함을 전제로 절차를 진행한 것으로 보이나, 그와 같이 보게 되면 제1심에서 한 소송절차는 모두 적법한 것이 되어 피고인으로서는 그 절차에 참여하지 못하였음에도 증거조사 등의 효력을 부인할 수 없게 되는 등 절차적 권리의 제약을 피할 수 없다. 나아가 만약 제1심에서 공시송달에 의한 불출석재판이 진행된 후 검사가 양형부당을 이유로 항소하여 항소심에서도 공시송달로 진행이 된 다음 항소심판결이 선고되어 형식적으로 확정이 되면, 그 후 피고인이 상소권회복결정을 받아 상고를 하더라도 피고인은 제1심판결에 대하여 항소하지 않은 지위에 있어 상고심에서 새삼 사실오인이나 법령위반 등을 상고이유로 주장하지 못하게 될 수 있다(대법원 1991. 12. 24. 선고 91도1796 판결 등 참조). 결국 피고인은 공시송달에 의한 불출석재판에 의하여 회복할 수 없는 실질적 불이익을 입게 될 우려가 있다. 그러므로 원심이 이 사건 제1심의 공시송달이 적법함을 전제로 공소장 부본의 송달부터 증거조사 등 절차진행을 새로 하지 않은 것은 위법하다고 보아야 하고 이는 판결 결과에도 영향을 미쳤다 할 것이다. 상고이유의 주장에는 이를 지적하는 취지가 포함되어 있다고 볼 수 있으므로 이는 이유 있다. ●

(3) 설문의 해결

乙이 책임질 수 없는 사유에 의하여 항소제기기간 내에 항소하지 못하였으므로 乙의 변호인은 사유가 해소된 날1)부터 항소의 제기기간(7일)에 해당하는 기간 내에 원심법원인 부산지방법원에 상소권회복청구서를 제출하여야 한다(형소법 제346조 제1항). 이때, 위와 같은 책임질 수 없는 사유를 소명하여야 하며(형소법 제346조 제2항), 상소권회복의 청구와 동시에 상소를 제기하여야 한다(형소법 제346조 제3항). 만일, 법원에서 청구를 불허하는 결정을 한 때에는 즉시항고를 할 수 있다(형소법 제347조 제2항).

---

1) 본 사례에서는 유죄판결이 선고되었음을 알게 된 날을 말한다.

사 례 [19] 명의신탁 부동산의 처분행위, 양도담보 대상물인 동산의 처분행위, 압수·수색 시 사진촬영의 적법성, 감정회보서의 증거능력

[I] 甲은 1999. 10.경 乙의 재산관리를 위임받고 수원시에 있는 乙 소유의 상가건물 1동 시가 4억 원 상당에 관하여 소유권이전등기를 받았다. 상가 건물에는 3개의 점포가 있었는데, A, B, C에게 각 임대되어 있었고 월 임대료로 각 200만 원씩 받고 있었다. 이 임대료 합계 600만 원 중 100만 원은 甲이 수고비로 수령하고, 나머지 500만 원은 매월 乙에게 송금하기로 하였다.

또한, 乙은 2003. 10.경 이천에 있는 토지 1,000평 시가 2억 원 상당을 매수하여 甲에게 명의신탁하여 관리를 맡기기로 하고, 甲에게 토지대금을 주어 甲이 직접 토지소유자 D와 매매계약을 체결하고 소유권이전등기를 받도록 하였다. 당시 토지소유자는 甲과 乙 간의 명의신탁약정은 알지 못하였고 甲이 토지를 매수하는 것으로 알고 있었다.

한편, 甲은 가방공장을 운영하고 있었는데 2021. 2. 5.경 乙로부터 사업자금으로 2억 원을 2년간 차용하기로 하면서 공장에 있는 1억 5,000만 원 상당의 기계와 1억 원 상당의 컴퓨터를 乙에게 담보조로 양도하고 공장에 온 乙에게 이를 인도하였으나 공장 운영을 위하여 기계와 컴퓨터를 계속 甲의 공장에 두고 사용하기로 하였다. 또한, 甲은 2021. 3. 2.경 丙의 집에서 丙으로부터 5,000만 원을 차용하면서 2023. 3. 1.까지 돈을 갚지 못할 때에는 甲의 집에 있던 고화(古畵) 5점을 대신 양도하기로 약정하였다. 고화 수집가이던 丙은 평소에 그 고화를 甲에게 팔라고 요청한 바 있었다. 따라서 丙은 2023. 3. 1.까지 돈을 변제하지 못할 때에는 즉시 그 고화를 양도하라고 하였고, 甲이 그렇게 하겠다고 하였다.

[II] 그런데 2021. 10. 초경 甲은 주식투자로 큰 손실을 보아 경제적으로 어려워지자 2021. 10.말경부터 2022. 3.말경까지 乙에게는 A, B가 월세를 내지 않는다고 말하고 A, B로부터 받은 월세 400만 원을 매월 사채변제로 사용하였다. 그러면서 乙에게는 C로부터 받은 월세 200만 원 중에서 자신이 수고비로 받을 100만 원을 제외한 100만 원만 송금하였다. 그리고 2022. 1.경에는 L 은행으로부터 위 이천시 토지에 채권최고액 5,000만 원의 근저당권을 설정하고 3,000만 원을, 위 수원시 상가건물에는 채권최고액 1억 원의 근저당권을 설정하고 1억 원을 각 대출받았다.

나아가 2022. 2. 20.경 가방공장 운영도 어려워지자 乙에게 담보로 제공하였던 기계를 丁에게 1억 5,000만 원에 매도하고, 丁으로부터 5,000만 원을 차용하면서 그 담보로 컴퓨터를 양도하기로 하였다. 기계는 丁에게 인도하여 丁이 이를 가져갔으나 컴퓨터는 丁이 甲의 공장에 와서 인도받으면서 甲에게 계속 사용할 수 있게 甲의 공장에 그대로 두고 갔다. 나아가 丙에게 차용금 대신 변제하기로 하였던 고화도 丁에게 5,000만

원에 매도하고 丁이 甲의 집에 와서 인도받아 갔다. 당시 丁은 그 물건들이 양도담보되어 있는 사실을 알지 못하였다.

　[III] 2022. 4. 초순경 이러한 사실을 알게 된 乙이 甲을 경찰에 고소하였다. 고소사건을 담당한 사법경찰관 M은 임대료 영수증과 토지 및 기계 관련 장부와 서류들을 확보하기 위하여 검사의 지휘를 받아 압수·수색영장을 발부받아 甲의 주거를 수색하였다. 수색 당일 甲이 부재 중이어서 甲의 처 J를 참여하게 하였다.

　M은 수색을 하던 중에 甲의 주거지 안방 책상 위에서 주사기 1개와 흰색가루가 들어 있는 비닐봉지를 발견하였다. 또한, 책상 옆 휴지통에 주사기 1개가 있었는데 휴지통 옆에 가루가 떨어져 있어 손가락에 묻혀 맛을 보았더니 필로폰으로 의심되었다. M은 소지하고 있던 디지털사진기로 책상 위의 주사기 1개와 비닐봉지, 그리고 휴지통의 주사기 1개를 촬영한 후, J에게 "중요한 증거이니 그대로 두라, 영장을 받아오겠다"고 말하고 영장에 기재된 서류 등만 가지고 경찰서로 돌아왔다. M이 이와 같은 수색을 하는 과정에 사법경찰리 N이 함께 있었다.

　M이 경찰서로 돌아간 후 처의 연락을 받고 집으로 온 甲은 책상 위에 있던 주사기와 비닐봉지를 한강변으로 가지고 나와 한강에 던져 버렸다. M은 급히 검사를 통하여 주사기와 비닐봉지에 대한 압수·수색영장을 발부받아 甲의 주거지에 갔으나 주사기 등을 압수할 수 없었다. 그런데 M은 만약을 대비하여 손가락에 묻어 있던 가루를 채집하여 국립과학수사연구원에 감정을 의뢰하였는데 감정결과 필로폰으로 회보되었다.

설 문 ※

1. 甲의 형사책임을 논하시오(다만, 필로폰 보관 또는 투약의 마약류관리법위반(향정)죄와 부동
   산실권리자명의등기에관한법률위반죄는 제외).

2. 공판정에서 검사가 주사기와 비닐봉지를 M이 촬영한 사진과 국립과학수사연구원의
   감정회보서를 필로폰 보관의 마약류관리법위반(향정)죄의 증거로 제출하였다. 이에
   대한 甲의 변호인의 다음 주장을 논하시오.
   (1) 주사기와 비닐봉지는 압수·수색영장 기재 대상물이 아닌데 영장 없이 사진촬영
       하였으므로 사진은 위법수집증거로서 증거능력이 없다.
   (2) M이 가루를 손가락에 묻힌 것은 위법한 압수에 해당하므로 감정회보서는 위법
       수집증거로서 증거능력이 없다.

해 설

I. 제1문 — 甲의 형사책임

1. 문제의 제기

甲의 행위에 대하여는 ① 乙로부터 명의신탁[1]받은 수원시 소재 상가건물(이하, 상가건물이라고 한다)과 이천시 소재 토지(이하, 토지라고 한다)에 임의로 근저당권을 설정하고 K 은행으로부터 대출을 받은 행위, ② A, B로부터 월세를 받았음에도 乙에게 월세를 받지 못하였다고 속이고 받은 월세를 사용한 행위, ③ 乙로부터 돈을 차용하면서 양도담보로 제공한 기계를 타인에게 매도하고, 컴퓨터를 이중으로 양도담보에 제공한 행위, ④ 대물변제하기로 약정한 고화를 타인에게 매도한 행위가 어떤 범죄를 구성하는지 여부가 문제된다. 한편, 甲이 주사기와 비닐봉지를 한강에 버린 행위는 자기의 형사사건에 관한 증거를 인멸한 것이므로 증거인멸죄(형법 제155조)가 성립할 여지는 없다.

2. 명의신탁 부동산에 대한 처분행위
(1) 부동산 명의신탁의 유형

부동산 명의신탁에는 ① 부동산 소유자가 그 등기명의를 타인에게 신탁하기로 명의신탁약정을 하고 수탁자에게 등기를 이전하는 형식의 2자간 명의신탁, ② 신탁자가 부동산의 매도인으로부터 부동산을 매수한 후에 자신 명의로 등기를 경료하지 않은 상태에서 명의신탁약정에 따라 매도인으로부터 수탁자에게 등기를 이전하는 이른바 중간생략등기형의 3자간 명의신탁, ③ 신탁자가 수탁자와의 사이에 명의신탁약정을 맺고 부동산의 매수위임을 하여 수탁자가 직접 매매계약의 당사자가 되어 매도인과 매매계약을 체결하고 수탁자 앞으로 이전등기를 하는 방식인 계약명의신탁이 있다.

---

[1] 부동산의 명의신탁은 부동산에 관한 소유권이나 그 밖의 물권을 보유한 자 또는 사실상 취득하거나 취득하려고 하는 자(이하, 실권리자라 함)가 타인과의 사이에서 대내적으로는 실권리자가 부동산에 관한 물권을 보유하거나 보유하기로 하고, 그에 관한 등기는 그 타인 명의로 하기로 약정하고 그 타인 명의로 등기하는 것을 말한다(대법원 1998. 5. 21. 선고 98도321 판결).

본 사례에서 먼저 위 상가건물에 관하여는, 신탁자인 乙이 수탁자인 甲에게 소유권이전등기를 해 주었으므로 2자간 명의신탁에 해당한다. 그리고 위 토지의 경우1)에는 신탁자인 乙이 수탁자인 甲에게 토지대금을 주어 甲이 직접 토지소유자인 D와 매매계약을 맺고 소유권이전등기를 마쳤으므로 계약명의신탁에 해당하는데, 그 중에서도 매도인 D가 명의신탁인 사실을 모르는 경우(선의)이다.

(2) 횡령죄의 성립 여부
㈎ 명의신탁 부동산의 수탁자가 횡령죄의 보관자인지 여부

횡령죄는 타인의 재물을 보관하는 자가 재물을 횡령한 때에 성립한다. 여기서 '보관'이라 함은 위탁관계에 의하여 재물을 점유하는 것을 의미한다. 따라서 횡령죄가 성립하기 위하여는 재물의 보관자와 재물의 소유자 (또는 기타의 본권자) 사이에 법률상 또는 사실상의 위탁관계가 존재하여야 한다. 이러한 위탁관계는 사용대차ㆍ임대차ㆍ위임 등의 계약2)에 의하여서 뿐만 아니라 사무관리ㆍ관습ㆍ조리ㆍ신의칙 등에 의해서도 성립될 수 있으나, 횡령죄의 본질이 신임관계에 기초하여 위탁된 타인의 물건을 위법하게 영득하는 데 있음에 비추어 볼 때, 위탁관계는 횡령죄로 보호할 만한 가치 있는 신임에 의한 것으로 한정된다.3) 한편 횡령죄의 대상인 재물에는 부동산도 포함되는데,4) 부동산에 관한 횡령죄에서 타인의 재물을 보관하는 자의 지위는 동산의 경우와는 달리 부동산에 대한 점유 여부가 아니라 법률상 부동산을 제3자에게 처분할 수 있는 지위에 있는지 여부를 기준으로 판단하여야 한다.5)

부동산 실권리자명의 등기에 관한 법률(이하, 부동산실명법이라 한다)은 명의신탁약정6)은 무효이고(동법 제4조 제1항), 명의신탁약정에 따른 등기로 이루어진 부동산에 관

---

1) 부동산 명의신탁등기를 한 수탁자는 3년 이하의 징역 또는 1억 원 이하의 벌금에 처한다고 규정되어 있다(부동산 실권리자명의 등기에 관한 법률 제7조 제2항, 제3조 제1항). 甲은 위 토지에 대하여 동법 시행 이후인 2003. 10.경 소유권이전등기를 받았으므로 동법 위반죄에 해당하고, 당시 그 공소시효는 3년이므로 이미 공소시효가 완성되었다.
2) 위탁신임관계를 발생시키는 것은 반드시 명시적 계약에 의하여서만 성립되는 것이 아니라 묵시적 합의에 의하여서도 성립될 수 있다(명의신탁관계에 대한 대법원 2001. 1. 5. 선고 2000다49091 판결).
3) 대법원 2016. 5. 19. 선고 2014도6992 전원합의체 판결.
4) 절도죄의 경우, 부동산도 재물에 포함되는지에 관하여 적극설과 소극설(통설)이 대립한다.
5) 대법원 2010. 6. 24. 선고 2009도9242 판결(원인무효인 소유권이전등기의 명의자는 횡령죄의 주체인 타인의 재물을 보관하는 자에 해당하지 않는다고 판시).
6) 부동산 실권리자명의 등기에 관한 법률 제2조 【정의】 이 법에서 사용하는 용어의 뜻은 다음과 같다.
　1. "명의신탁약정"(名義信託約定)이란 부동산에 관한 소유권이나 그 밖의 물권(이하 "부동산에 관한 물권"이라 한다)을 보유한 자 또는 사실상 취득하거나 취득하려고 하는 자[이하 "실권리자"(實權利者)라 한다]가 타인과의 사이에서 대내적으로는 실권리자가 부동산에 관한 물권을 보유하거나 보유하기로

한 물권변동도 무효(동조 제2항)라고 규정하고 있다.1) 이에 따라 판례는 부동산의 명의신탁에서 명의수탁자는 신탁부동산의 보관자에 해당하지 않는다고 판시하고 있다.

즉 판례는, ① 2자간 명의신탁에서는 "계약인 명의신탁약정과 그에 부수한 위임약정, 명의신탁약정을 전제로 한 명의신탁 부동산 및 그 처분대금 반환약정은 모두 무효이고,2) 나아가 명의신탁자와 명의수탁자 사이에 무효인 명의신탁약정 등에 기초하여 존재한다고 주장될 수 있는 사실상의 위탁관계라는 것은 부동산실명법에 반하여 범죄를 구성하는 불법적인 관계에 지나지 아니할 뿐 이를 형법상 보호할 만한 가치 있는 신임에 의한 것이라고 할 수 없으며,3) 말소등기의무의 존재나 명의수탁자에 의한 유효한 처분가능성을 들어 명의수탁자가 명의신탁자에 대한 관계에서 '타인의 재물을 보관하는 자'의 지위에 있다고 볼 수도 없다"4)고 판시하여([관련판례]), 이를 부정하였다.5) 또한 ② 3자간 명의신탁에서도, "명의수탁자 명의의 소유권이전등기는 무효이고, 신탁부동산의 소유권은 매도인이 그대로 보유하게 되어, 명의신탁자

하고 그에 관한 등기(가등기를 포함한다. 이하 같다)는 그 타인의 명의로 하기로 하는 약정[위임·위탁매매의 형식에 의하거나 추인(追認)에 의한 경우를 포함한다]을 말한다. 다만, 다음 각 목의 경우는 제외한다.

가. 채무의 변제를 담보하기 위하여 채권자가 부동산에 관한 물권을 이전(移轉)받거나 가등기하는 경우
나. 부동산의 위치와 면적을 특정하여 2인 이상이 구분소유하기로 하는 약정을 하고 그 구분소유자의 공유로 등기하는 경우
다. 「신탁법」 또는 「자본시장과 금융투자업에 관한 법률」에 따른 신탁재산인 사실을 등기한 경우

1) 부동산 실권리자명의 등기에 관한 법률 제4조 【명의신탁약정의 효력】 ① 명의신탁약정은 무효로 한다. ② 명의신탁약정에 따른 등기로 이루어진 부동산에 관한 물권변동은 무효로 한다. 다만, 부동산에 관한 물권을 취득하기 위한 계약에서 명의수탁자가 어느 한쪽 당사자가 되고 상대방 당사자는 명의신탁약정이 있다는 사실을 알지 못한 경우에는 그러하지 아니하다. ③ 제1항 및 제2항의 무효는 제3자에게 대항하지 못한다.
부동산 실권리자명의 등기에 관한 법률 제8조 【종중, 배우자 및 종교단체에 대한 특례】 다음 각호의 어느 하나에 해당하는 경우로서 조세 포탈, 강제집행의 면탈(免脫) 또는 법령상 제한의 회피를 목적으로 하지 아니하는 경우에는 제4조부터 제7조까지 및 제12조제1항부터 제3항까지를 적용하지 아니한다.
  1. 종중(宗中)이 보유한 부동산에 관한 물권을 종중(종중과 그 대표자를 같이 표시하여 등기한 경우를 포함한다) 외의 자의 명의로 등기한 경우
  2. 배우자 명의로 부동산에 관한 물권을 등기한 경우
  3. 종교단체의 명의로 그 산하 조직이 보유한 부동산에 관한 물권을 등기한 경우
2) 대법원 2006. 11. 9. 선고 2006다35117 판결; 대법원 2015. 9. 10. 선고 2013다55300 판결 등.
3) 대법원 2016. 5. 19. 선고 2014도6992 전원합의체 판결.
4) 대법원 2021. 2. 18. 선고 2016도18761 전원합의체 판결. 「이러한 법리는, 부동산 명의신탁이 부동산실명법 시행 전에 이루어졌고 같은 법이 정한 유예기간 이내에 실명등기를 하지 아니함으로써 그 명의신탁약정 및 이에 따라 행하여진 등기에 의한 물권변동이 무효로 된 후에 처분행위가 이루어진 경우에도 마찬가지로 적용된다.」
5) 위 【관련판례】 이전에는 2자간 명의신탁의 경우, 보관자의 지위를 인정하였다(대법원 2009. 11. 26. 선고 2009도5547 판결 등).

로서는 매도인에 대한 소유권이전등기청구권을 가질 뿐 신탁부동산의 소유권을 가지지 아니하고, 명의수탁자 역시 명의신탁자에 대하여 직접 신탁부동산의 소유권을 이전할 의무를 부담하지는 아니하므로, 신탁부동산의 소유자도 아닌 명의신탁자에 대한 관계에서 명의수탁자가 횡령죄에서 말하는 '타인의 재물을 보관하는 자'의 지위에 있다고 볼 수는 없다"고 판시하여,[1] 이를 부정하였다. 나아가 ③ 계약명의신탁 중, ⓐ 매도인이 명의신탁 사실을 모르는(선의) 경우, "명의신탁약정에 따른 물권변동이 무효가 아니어서 수탁자는 유효한 물권을 취득하게 되고 등기가 이전된 부동산은 수탁자의 소유가 되므로, 타인의 재물을 보관하는 자의 지위에 있지 않다"고 판시하고,[2] ⓑ 매도인이 명의신탁 사실을 알고 있는(악의) 경우는, "수탁자 명의의 소유권이전등기는 무효이고 당해 부동산의 소유권은 매도인이 그대로 보유하게 되므로, 명의수탁자는 부동산 취득을 위한 계약의 당사자도 아닌 명의신탁자에 대한 관계에서 횡령죄에서의 '타인의 재물을 보관하는 자'의 지위에 있다고 볼 수 없다"고 판시하여,[3] 각 보관자의 지위를 부정하였다.

㈏ 상가건물의 처분행위와 횡령죄의 성립 여부

위 상가건물에 대한 명의신탁은 2자간 명의신탁에 해당한다. 2자간 명의신탁에서 수탁자가 임의로 부동산을 제3자에게 매도한 경우, 횡령죄가 성립하는지 문제된다.

이에 대해서는 ① 부동산실명법에 따라 명의신탁약정과 이전등기는 무효이므로 부동산의 소유권은 여전히 신탁자에게 있고, 수탁자는 등기명의에 의하여 부동산을 보관하는 자에 해당하므로 횡령죄가 성립한다는 긍정설, ② 명의수탁자는 명의신탁자에 대한 관계에서 타인의 재물을 보관하는 자의 지위에 있다고 볼 수 없으므로 횡령죄가 성립하지 않는다는 부정설이 대립한다. 판례는 종래 ①의 긍정설의 입장이었으나, 최근 ②의 부정설의 입장으로 견해를 변경하였다(【관련판례】).[4]

따라서 甲이 위 상가건물에 대하여 채권채고액 2억 원의 근저당권을 설정하고 K 은행으로부터 1억 4,000만 원을 대출받은 행위는 횡령죄를 구성하지 않는다.[5]

---

1) 대법원 2009. 9. 10. 선고 2009도4501 판결; 대법원 2010. 11. 11. 선고 2008도7451 판결; 대법원 2016. 5. 19. 선고 2014도6992 전원합의체 판결. 위 2009도4501 판결 평석은 이창섭, "부동산 명의수탁자의 횡령죄 주체성", 형사판례연구 [19], 2011, 236-265면.

2) 대법원 2000. 3. 24. 선고 98도4347 판결.

3) 대법원 2012. 11. 29. 선고 2011도7361 판결; 대법원 2012. 12. 13. 선고 2010도10515 판결. 위 2011도7361 판결의 평석은 우인성, "악의의 계약명의신탁에 있어 명의수탁자의 보관물 임의처분 시 범죄성립 여부", 대법원판례해설 제94호(2012 하반기), 2013, 685-721면.

4) 대법원 2021. 2. 18. 선고 2016도18761 전원합의체 판결.

5) ①의 긍정설에 따라 위 상가건물에 대한 근저당설정행위(선행 처분행위)가 횡령죄에 해당한다고 할

관련판례

대법원 2021. 2. 18. 선고 2016도18761 전원합의체 판결【사기 · 횡령】

부동산 실권리자명의 등기에 관한 법률(이하 '부동산실명법'이라 한다)은 부동산에 관한 소유권과 그 밖의 물권을 실체적 권리관계와 일치하도록 실권리자 명의로 등기하게 함으로써 부동산등기제도를 악용한 투기 · 탈세 · 탈법행위 등 반사회적 행위를 방지하고 부동산 거래의 정상화와 부동산 가격의 안정을 도모하여 국민경제의 건전한 발전에 이바지함을 목적으로 하고 있다(제1조). 부동산실명법에 의하면, 누구든지 부동산에 관한 물권을 명의신탁약정에 따라 명의수탁자의 명의로 등기하여서는 아니 되고(제3조 제1항), 명의신탁약정과 그에 따른 등기로 이루어진 부동산에 관한 물권변동은 무효가 되며(제4조 제1항, 제2항 본문), 명의신탁약정에 따른 명의수탁자 명의의 등기를 금지하도록 규정한 부동산실명법 제3조 제1항을 위반한 경우 명의신탁자와 명의수탁자 쌍방은 형사처벌된다(제7조).

이러한 부동산실명법의 명의신탁관계에 대한 규율 내용 및 태도 등에 비추어 보면, 부동산실명법을 위반하여 명의신탁자가 그 소유인 부동산의 등기명의를 명의수탁자에게 이전하는 이른바 양자간 명의신탁의 경우, 계약인 명의신탁약정과 그에 부수한 위임약정, 명의신탁약정을 전제로 한 명의신탁 부동산 및 그 처분대금 반환약정은 모두 무효이다.

나아가 명의신탁자와 명의수탁자 사이에 무효인 명의신탁약정 등에 기초하여 존재한다고 주장될 수 있는 사실상의 위탁관계라는 것은 부동산실명법에 반하여 범죄를 구성하는 불법적인 관계에 지나지 아니할 뿐 이를 형법상 보호할 만한 가치 있는 신임에 의한 것이라고 할 수 없다.

명의수탁자가 명의신탁자에 대하여 소유권이전등기말소의무를 부담하게 되나, 위 소유권이전등기는 처음부터 원인무효여서 명의수탁자는 명의신탁자가 소유권에 기한 방해배제청구로 말소를 구하는 것에 대하여 상대방으로서 응할 처지에 있음에 불과하다. 명의수탁자가 제3자와 한 처분행위가 부동산실명법 제4조 제3항에 따라 유효

때, 다시 위 상가건물을 처분하는 행위(후행 처분행위)가 별도로 횡령죄를 구성하는지 문제될 수 있다. '횡령 후의 횡령행위'에 관하여 판례는, "후행 처분행위가 선행 처분행위에 의하여 발생한 위험을 현실적인 법익침해로 완성하는 수단에 불과하거나 그 과정에서 당연히 예상될 수 있는 것으로서 새로운 위험을 추가하는 것이 아니라면 후행 처분행위에 의하여 발생한 위험은 선행 처분행위에 의하여 이미 성립된 횡령죄에 의하여 평가된 위험에 포함되는 것이므로 후행 처분행위는 이른바 불가벌적 사후행위에 해당하지만, 후행 처분행위가 이를 넘어서서, 선행 처분행위로 예상할 수 없는 새로운 위험을 추가함으로써 법익침해에 대한 위험을 증가시키거나 선행 처분행위와는 무관한 방법으로 법익침해의 결과를 발생시키는 경우라면, 이는 선행처분행위에 의하여 이미 성립된 횡령죄에 의하여 평가된 위험의 범위를 벗어나는 것이므로 특별한 사정이 없는 한 별도로 횡령죄를 구성한다"고 판시하였다 (대법원 2013. 2. 21. 선고 2010도10500 전원합의체 판결).

하게 될 가능성이 있다고 하더라도 이는 거래 상대방인 제3자를 보호하기 위하여 명의신탁약정의 무효에 대한 예외를 설정한 취지일 뿐 명의신탁자와 명의수탁자 사이에 위 처분행위를 유효하게 만드는 어떠한 위탁관계가 존재함을 전제한 것이라고는 볼 수 없다. 따라서 말소등기의무의 존재나 명의수탁자에 의한 유효한 처분가능성을 들어 명의수탁자가 명의신탁자에 대한 관계에서 '타인의 재물을 보관하는 자'의 지위에 있다고 볼 수도 없다.

그러므로 부동산실명법을 위반한 양자간 명의신탁의 경우 명의수탁자가 신탁받은 부동산을 임의로 처분하여도 명의신탁자에 대한 관계에서 횡령죄가 성립하지 아니한다.

㈐ 토지의 처분행위와 횡령죄의 성립 여부

위 토지에 대한 명의신탁은 계약명의신탁 중 매도인이 명의신탁 사실을 모르는 (선의)의 경우에 해당하는데, 이 경우 수탁자가 임의로 부동산을 제3자에게 매도한 경우, 횡령죄가 성립하는지 문제된다.

매도인이 명의신탁사실을 모르고 수탁자를 진실한 매수인으로 알고 있는 경우에는 부동산실명법 제4조 제2항 단서에 따라 명의신탁약정에 따른 물권변동이 무효가 아니다. 따라서 수탁자는 유효한 물권을 취득하게 되므로 등기가 이전된 부동산은 수탁자의 소유가 된다. 이때는 타인의 재물을 보관하는 자의 지위에 있지 않으므로 이를 처분하여도 횡령죄를 구성하지 않는다([관련판례]).

따라서 甲이 위 토지에 대하여 채권최고액 1억 원의 근저당권을 설정하고 K 은행으로부터 6,000만 원을 대출받은 행위는 횡령죄를 구성하지 않는다.

관련판례

대법원 2000. 3. 24. 선고 98도4347 판결 【횡령·부동산실권리자명의등기에관한법률위반】[1]

【사실관계】

피고인 甲은 1996. 9.초경 A 외 9인과 함께 태백시 황지동 산 10 임야 43,737㎡ 중 7,237/43,737지분을 매수하되, 다만 편의상 피고인이 단독으로 매매계약을 체결하고, 그 등기명의도 피고인의 단독 명의로 하여 두기로 약정한 다음, 피고인이 그 소유자인 B(피고인이 단독으로 매수하는 것으로 알고 있었음)와 매매대금을 3억 4,000만 원으로

[1] 대법원 2009. 9. 10. 선고 2009도4501 판결; 대법원 2010. 11. 11. 선고 2008도7451 판결도 같은 취지이다. 2009도4501 판결 평석은 이창섭, "부동산 명의수탁자의 횡령죄 주체성", 형사판례연구 [19], 2011, 236-265면.

정하여 이 사건 토지 지분을 매수하여 매매대금을 지급하고 1996. 10. 25. 피고인 단독 명의로 소유권이전등기를 경료하였는데, 그 후 1997. 6. 19. 이 사건 토지 지분에 관하여 임의로 피고인을 채무자로 하여 근저당권자 주식회사 제일은행, 채권최고액 4억 6,000만 원인 근저당권을 설정하였다.

【판결이유】

횡령죄는 타인의 재물을 보관하는 자가 그 재물을 횡령하는 경우에 성립하는 범죄인 바, 부동산실권리자명의등기에관한법률 제2조 제1호 및 제4조의 규정에 의하면, 신탁자와 수탁자가 명의신탁 약정을 맺고, 이에 따라 수탁자가 당사자가 되어 명의신탁 약정이 있다는 사실을 알지 못하는 소유자와 사이에서 부동산에 관한 매매계약을 체결한 후 그 매매계약에 기하여 당해 부동산의 소유권이전등기를 수탁자 명의로 경료한 경우에는, 그 소유권이전등기에 의한 당해 부동산에 관한 물권변동은 유효하고, 한편 신탁자와 수탁자 사이의 명의신탁 약정은 무효이므로, 결국 수탁자는 전소유자인 매도인뿐만 아니라 신탁자에 대한 관계에서도 유효하게 당해 부동산의 소유권을 취득한 것으로 보아야 할 것이고, 따라서 그 수탁자는 타인의 재물을 보관하는 자라고 볼 수 없다.

(3) 배임죄의 성립 여부

㈎ 상가건물

2자간 명의신탁에서 수탁자가 임의로 부동산을 제3자에게 매도하는 행위가 횡령죄에 해당하지 않는다고 할 경우, 배임죄가 성립하는지가 또한 문제된다. 수탁자와 신탁자와의 관계가 보호할 만한 가치 있는 신임관계라고 할 수 없으므로, 수탁자는 배임죄에서의 '타인의 사무를 처리하는 자'에 해당하지 아니하여 배임죄도 성립하지 않는다(3자간 명의신탁에 관한 【관련판례】). 따라서 甲에 대하여 배임죄가 성립하지 않는다.

㈏ 토지

계약명의신탁 중 매도자가 선의인 경우에, 횡령죄는 성립하지 않더라도 배임죄는 성립하는 것이 아닌지 문제된다. 이에 대해서는, ① 명의신탁약정이 무효라고 하더라도 신탁자와 수탁자 사이의 사실상의 신임관계까지 부정할 수 없으므로 배임죄가 성립된다는 견해와 ② 배임죄를 인정하면 법상 인정하지 않는 명의신탁약정을 사실상 인정하는 결과가 되므로 배임죄가 성립하지 않는다는 견해가 대립한다. 판례는 명의신탁약정이 무효인 이상 수탁자는 '타인의 사무를 처리하는 자'에 해당하지 않는다고 판시하여 【관련판례】, ②의 부정설의 입장이다. 따라서 판례에 따르면 甲에 대하여 배임죄는 성립하지 않는다.[1]

---

1) 계약명의신탁 중 매도인이 악의인 경우에도, 수탁자에 대하여 횡령죄나 배임죄가 성립하지 않는다는

(4) 소결

위 상가건물과 토지의 임의 처분행위와 관련하여. 甲은 아무런 형사책임을 지지 않는다.

 관련판례

대법원 2004. 4. 27. 선고 2003도6994 판결【업무상배임】[1]

신탁자와 수탁자가 명의신탁약정을 맺고, 그에 따라 수탁자가 당사자가 되어 명의신탁약정이 있다는 사실을 알지 못하는 소유자와 사이에서 부동산에 관한 매매계약을 체결한 계약명의신탁에 있어서 수탁자는 신탁자에 대한 관계에서도 신탁 부동산의 소유권을 완전히 취득하고 단지 신탁자에 대하여 명의신탁약정의 무효로 인한 부당이득반환의무만을 부담할 뿐인바, 그와 같은 부당이득반환의무는 명의신탁약정의 무효로 인하여 수탁자가 신탁자에 대하여 부담하는 통상의 채무에 불과할 뿐 아니라, 신탁자와 수탁자 간의 명의신탁약정이 무효인 이상, 특별한 사정이 없는 한 신탁자와 수탁자 간에 명의신탁약정과 함께 이루어진 부동산 매입의 위임 약정 역시 무효라고 볼 것이어서 수탁자를 신탁자와의 신임관계에 기하여 신탁자를 위하여 신탁 부동산을 관리하면서 신탁자의 허락 없이는 이를 처분하여서는 아니 되는 의무를 부담하는 등으로 신탁자의 재산을 보전·관리하는 지위에 있는 자에 해당한다고 볼 수 없어 수탁자는 타인의 사무를 처리하는 자의 지위에 있지 아니하다 할 것이고(대법원 2001. 9. 25. 선고 2001도2722 판결, 대법원 2002. 4. 12. 선고 2001도2785 판결 참조), 이러한 계약명의신탁의 법리는 부동산실권리자명의등기에관한법률 제4조 제1항에 따라 무효인 명의신탁약정에 대하여 신탁자가 그 소유권이전등기의 경료 이전에 해지의 의사를 표시한 경우에도 마찬가지로 적용되는 것으로 보아야 할 것이다.

3. 월세의 사용행위

(1) 문제의 제기

甲은 2021. 10.말경부터 2022. 3.말경까지 乙에게는 A, B가 월세를 내지 않는다고 말하고 A, B로부터 받은 월세 400만 원, 합계 2,000만 원을 자신의 사채변제로 사용하였다. 먼저, 甲은 乙의 위임을 받아 상가건물을 관리하면서 A, B, C로부터 월세를 받아서 乙에게 전달하여야 하므로 A, B, C로부터 받는 월세와 관련하여 타인인 乙의 재산을 보관하는 자의 지위에 있다. 그런데 甲은 A, B로부터 월세를 받았음

것이 판례의 입장이다(대법원 2012. 11. 29. 선고 2011도7361 판결; 대법원 2012. 12. 13. 선고 2010도10515 판결).

1) 대법원 2008. 3. 27. 선고 2008도455 판결도 같은 취지.

에도 乙에게는 A, B가 월세를 내지 않는다고 거짓말을 하였다. 이와 같이 횡령행위의 수단으로 기망행위를 사용하는 경우, 사기죄가 성립하는지, 아니면 횡령죄가 성립하는지가 문제될 수 있다.

(2) 보관자의 지위와 처분행위

횡령죄는 타인의 재물을 보관하는 자가 그 재물을 스스로 처분하는 경우에 성립한다. 반면에 사기죄는 타인을 기망하여 재산상의 처분행위를 하게 함으로써 재물을 교부받거나 재산상 이익을 취득하는 경우에 성립하므로, 기망당하는 피해자의 처분행위가 필요하다.[1]

본 사례에서 乙은 甲에게 기망을 당하였으나 그 월세금을 사용하도록 허락하는 등의 처분행위를 한 일이 없다. 따라서 甲의 월세의 사용행위는 사기죄가 아니라 횡령죄에 해당한다.

(3) 소결

甲이 2021. 10.말경부터 2022. 3.말경까지 5개월간 A, B로부터 받은 월세 2,000만 원을 임의로 사용한 것은 횡령행위에 해당한다. 그런데 甲이 乙의 재산을 관리해 주면서 100만 원의 대가를 받고 있었고 또한 지속적인 행위이므로 업무에 해당한다. 따라서 甲에 대하여는 포괄하여 하나의 업무상횡령죄(형법 제356조, 제355조 제1항)가 성립한다.

4. 동산의 양도담보와 담보물의 처분행위
(1) 문제의 제기

甲은 2021. 2. 5.경 乙로부터 사업자금으로 2억 원을 2년간 차용하면서 담보조로 공장에 있는 1억 5,000만 원 상당의 기계와 1억 원 상당의 컴퓨터를 양도하였다. 이처럼 채권담보의 목적으로 물건의 소유권(또는 기타의 재산권)을 채권자에게 이전하되, 채무자가 채무를 이행하는 경우에는 목적물을 다시 원소유자에게 반환하고 채무를 이행하지 않는 경우에는 채권자가 그 목적물로부터 우선변제를 받는 약정을 양도담보라고 한다. 한편, 甲은 乙에게 양도담보의 목적물인 컴퓨터와 기계를 인도하였으나 乙과의 약정에 따라 이를 계속 점유·사용하기로 하였다(점유개정에 의한 인도[2]). 그

---

1) 대법원 1987. 12. 22. 선고 87도2168 판결.
2) 동산물권변동의 구성요소인 인도에는 현실인도(민법 제188조 제1항) 외에 간이인도(민법 제188조 제2

런데 甲은 점유개정의 방법으로 양도담보물을 이전하여 이를 계속 점유하고 있음을 이용하여, ① 변제기 전인 2022. 2. 20.경 위 기계는 丁에게 1억 5,000만 원에 매도하고 이를 양도하였으며, ② 위 컴퓨터는 丁에게 5,000만 원을 차용하면서 담보조로 양도하기로 하고 점유개정의 방법으로 양도담보물을 이전하고 계속 사용하였다. 이때, 甲이 양도담보로 제공한 위 기계와 컴퓨터를 위와 같이 처분한 행위가 어떤 범죄를 구성하는지 여부가 문제된다.

(2) 위 기계에 대한 처분행위

㈎ 양도담보의 성질

甲이 위 기계를 丁에게 처분한 행위가 어떤 범죄를 구성하는지 검토하기 위해서는 먼저 양도담보의 법적 성질을 살펴보아야 한다. 양도담보의 법적 성질에 관하여는 ① 신탁적 소유권이전설과 ② 담보물권설이 대립되고 있었다. 신탁적 소유권이전설은 양도담보권자는 목적물에 대하여 소유권을 취득하나, 양도담보설정자와의 내부관계에 있어서 담보목적을 넘어서 권리를 행사하여서는 안 된다는 채무를 부담한다고 한다. 따라서 담보물은 신탁재산에 해당되는 것으로 관념되어 외부적으로는 그 소유권이 양도담보권자에게 있으나, 내부적으로는 여전히 양도담보권설정자에게 있는 것으로 보게 된다. 반면에 담보권설은 양도담보권자의 권리는 소유권이 아니라 일종의 담보권으로 보고, 따라서 양도담보가 설정되어 있더라도 목적물에 대한 소유권은 여전히 채무자에게 있고, 양도담보권자는 다만 양도담보권이라는 특수한 제한물권을 취득하는 데 불과하다는 것이다.

종래 신탁적 소유권이전설이 다수설 및 판례였다. 그러나 1984년 「가등기담보 등에 관한 법률」(이하, 가등기담보법이라 한다)이 시행된 이후에는 가등기담보법의 적용을 받는 부동산에 관하여 ②의 담보물권설이 다수설이다.[1] 판례의 경우 부동산에 관하여 어느 입장을 취하고 있는 것인지에 대해서는 여전히 견해의 대립이 있으나, 동산의 경우에는 계속하여 신탁적 소유권이전설의 입장을 취하고 있다.[2]

항), 점유개정(민법 제189조), 목적물반환청구권의 양도(민법 제190조)가 있다. 점유개정이란 양도인이 물건을 양도하면서 양수인과의 사이에 점유매개관계를 설정함으로써, 양수인에게 간접점유를 취득시키고 스스로는 양수인의 점유매개자가 되어 점유를 계속하는 것을 말한다.

1) 그러나 가등기담보법의 적용을 받지 않는 동산 양도담보와 일부 부동산 양도담보(소비대차에 기한 채권을 담보하기 위한 것이 아니거나 가액이 차용액 및 이자 합산액에 미달하는 경우)의 경우는 ①의 신탁적 소유권이전설의 입장이다.

2) 판례는 "특별한 사정이 없는 한 동산의 소유권은 신탁적으로 이전되고, 채권자와 채무자 사이의 대내적 관계에서 채무자는 의연히 소유권을 보유하나 대외적인 관계에 있어서 채무자는 동산의 소유권을

⑷ 양도담보설정자의 처분행위에 대한 형사책임

먼저 횡령죄가 성립하는지 여부와 관련하여 살펴보면, 양보담보의 성질을 신탁적 소유권이전으로 이해하는 판례의 태도에 의하면 대내적 관계에서 여전히 양도담보설정자인 채무자(= 甲)이 소유권을 보유하고 있으므로 채권자인 양도담보권자(= 乙)의 재물을 보관한다고 할 수 없는 이상 횡령죄가 성립할 여지는 없다.[1]

다음으로 배임죄가 성립하는지 여부와 관련하여 살펴보면, 종래 판례는 양보담보설정자는 양도담보권자를 위하여 그의 재산을 보전·관리하는 사무를 처리하는 자의 지위에 있으므로 그 담보물을 부당히 처분하거나 담보가치를 감소케 할 경우 배임죄가 성립한다는 입장이었다.[2] 그러나 최근 견해를 변경하여, 양보담보설정자가 배임죄의 주체인 '타인의 사무를 처리하는 자'에 해당하지 않는다고 판단하였다. 즉, 채무자가 금전채무를 담보하기 위하여 그 소유의 동산을 채권자에게 양도담보로 제공함으로써 채권자인 양도담보권자에 대하여 담보물의 담보가치를 유지·보전할 의무 내지 담보물을 타에 처분하거나 멸실, 훼손하는 등으로 담보권 실행에 지장을 초래하는 행위를 하지 않을 의무를 부담하게 되었더라도, 이를 들어 채무자가 통상의 계약에서의 이익대립관계를 넘어서 채권자와의 신임관계에 기초하여 채권자의 사무를 맡아 처리하는 것으로 볼 수 없으므로, 채무자를 배임죄의 주체인 '타인의 사무를 처리하는 자'에 해당한다고 할 수 없고, 그 담보물을 제3자에게 처분하는 등으로 담보가치를 감소 또는 상실시켜 채권자의 담보권 실행이나 이를 통한 채권실현에 위험을 초래하더라도 배임죄가 성립한다고 할 수 없다고 판단하였다(【관련판례】).

따라서 본 사례에서 甲이 양도담보 목적물인 위 기계를 丁에게 매도하고 이를 인도한 행위는 횡령죄 및 배임죄를 구성하지 않는다.

관련판례

대법원 2020. 2. 20. 선고 2019도9756 전원합의체 판결【사기·배임】

【사실관계】

A 주식회사를 운영하는 피고인이 피해자 B 은행으로부터 1억 5,000만 원을 대출받으면서 위 대출금을 완납할 때까지 골재생산기기인 '크라샤4230'을 양도담보로 제공하

이미 채권자에게 양도한 무권리자가 된다"라고 판시하였다(대법원 2008. 11. 27. 선고 2006도4263 판결; 대법원 2007. 2. 22. 선고 2006도8649 판결; 대법원 2004. 12. 24. 선고 2004다45943 판결; 대법원 2004. 10. 28. 선고 2003다30463 판결; 대법원 2004. 6. 25. 선고 2004도1751 판결).

[1] 대법원 2009. 2. 12. 선고 2008도10971 판결.

[2] 대법원 1983. 3. 8. 선고 82도1829 판결; 대법원 2010. 11. 25. 선고 2010도11293 판결.

기로 하는 계약을 체결하였음에도, 위 크러셔를 C에게 매각하여 피해자 B 은행에 대 출금 상당의 손해를 가하였다.

【판결이유】

배임죄는 타인의 사무를 처리하는 자가 그 임무에 위배하는 행위로써 재산상의 이익을 취득하거나 제3자로 하여금 이를 취득하게 하여 사무의 주체인 타인에게 손해를 가할 때 성립하는 것이므로 범죄의 주체는 타인의 사무를 처리하는 지위에 있어야 한다. 여기에서 '타인의 사무를 처리하는 자'라고 하려면, 타인의 재산관리에 관한 사무의 전부 또는 일부를 타인을 위하여 대행하는 경우와 같이 당사자 관계의 전형적·본질적 내용이 통상의 계약에서의 이익대립관계를 넘어서 그들 사이의 신임관계에 기초하여 타인의 재산을 보호 또는 관리하는 데에 있어야 한다. 이익대립관계에 있는 통상의 계약관계에서 채무자의 성실한 급부이행에 의해 상대방이 계약상 권리의 만족 내지 채권의 실현이라는 이익을 얻게 되는 관계에 있다거나, 계약을 이행함에 있어 상대방을 보호하거나 배려할 부수적인 의무가 있다는 것만으로는 채무자를 타인의 사무를 처리하는 자라고 할 수 없고, 위임 등과 같이 계약의 전형적·본질적인 급부의 내용이 상대방의 재산상 사무를 일정한 권한을 가지고 맡아 처리하는 경우에 해당하여야 한다.

채무자가 금전채무를 담보하기 위하여 그 소유의 동산을 채권자에게 양도담보로 제공함으로써 채권인 양도담보권자에 대하여 담보물의 담보가치를 유지·보전할 의무 내지 담보물을 타에 처분하거나 멸실, 훼손하는 등으로 담보권 실행에 지장을 초래하는 행위에 기초하여 채권자의 사무를 맡아 처리하는 것으로 볼 수 없다. 따라서 채무자를 배임죄의 주체인 '타인의 사무를 처리하는 자'에 해당한다고 할 수 없고, 그가 담보물을 제3자에게 처분하는 등으로 담보가치를 감소 또는 상실시켜 채권자의 담보권 실행이나 이를 통한 채권실현에 위험을 초래하더라도 배임죄가 성립한다고 할 수 없다.

(3) 위 컴퓨터에 대한 처분행위

양도담보목적물인 위 컴퓨터에 대해서는 甲이 丁에게 다시 담보조로 양도한 뒤 점유개정의 방법으로 이를 인도하여 계속 사용하였다. 이와 관련해서는 ① 최초의 양도담보권자인 乙과의 관계에서 배임죄가 성립하는지 여부와 ② 제2채권자인 丁과의 관계에서 사기죄가 성립하는지 여부를 검토하여야 한다.

먼저 ①에 대하여 살펴본다. 양도담보목적물은 대외적으로는 그 소유권이 양도담보권자에게 이전되므로 양도담보설정자는 무권리자가 된다. 따라서 이를 다시 다른 채권자와 사이에 양도담보설정계약을 체결하고 점유개정의 방법으로 인도를 하더라도 선의취득이 인정되지 않는 한 나중에 설정계약을 체결한 채권자는 무권리자와의 계약이므로 양도담보권을 취득할 수 없다. 그런데 현실의 인도가 아닌 점유개정으로는 선의취득이 인정되지 않으므로[1] 결국 뒤의 채권자는 양도담보권을 취득할 수 없다.[2] 따라서 최초의 양도담보권자에게 어떠한 재산상 손해의 위험이 발생한다고 할 수 없으므로 양도담보권자에 대한 관계에서 배임죄가 성립하지 않는다([관련판례]).[3]

　　다음으로 ②에 대하여 살펴본다. 양도담보설정자가 제2채권자(= 제2계약자)에게 양도담보 설정 사실을 고지하지 않고 다시 양도담보로 제공하면서 금원을 차용한 행위가 제2채권자와의 관계에서 사기죄가 성립하는지가 문제된다. 양도담보설정자는 여전히 대내적으로는 소유권을 보유하고 있으므로 제2채권자에게 실제로 이를 인도한 때에는 선의취득의 법리에 따라 선의의 제2채권자는 그 소유권을 취득하게 된다. 따라서 양도담보 설정 사실을 고지하지 않았다고 하더라도 제2채권자와의 관계에서 사기죄를 구성하지 않는다.[4] 그러나 현실인도가 아니라 점유개정의 방법으로 양도담보목적물을 인도한 경우에는 제2채권자는 선의취득을 할 수 없으므로 그와 같은 사정을 고지받았더라면 계약을 체결하지 아니할 것임이 경험칙상 명백하므로 제2채권자에게 양도담보 설정 사실을 고지하지 않고 제2채권자에게 다시 점유개정의 방법으로 양도담보로 제공하면서 돈을 차용한 경우에는 사기죄가 성립한다고 할 것이다.

　　본 사례에서 위 컴퓨터의 처분행위와 관련하여 甲에 대하여 乙과의 관계에서 배임죄는 성립하지 않는다. 그러나 丁과의 관계에서는 위 컴퓨터에 대하여 양도담보가 설정되어 있는 사실을 고지하지 않고 마치 유효한 양도담보를 설정할 수 있는 것처럼 속이고 5,000만 원을 차용하였으므로 5,000만 원에 대한 사기죄가 성립한다.

관련판례

대법원 2007. 2. 22. 선고 2006도6686 판결【배임】

【사실관계】

피고인 甲은 2002. 11. 21. 어선(20t 이하의 동력 어선이어서 선박등기법의 적용을 받지 않아 동산에 준하여 취급된다)을 피해자 A에게 점유개정에 의한 방식으로 양도담보로 제공한 후, 2003. 8. 13. 위 어선을 동생인 B에게 매도하는 매도증서를 작성하고 B를 어

---

1) 대법원 2005. 2. 18. 선고 2004다37430 판결.
2) 따라서 채무자가 그 소유의 동산에 대하여 점유개정의 방식으로 채권자들에게 이중의 양도담보 설정 계약을 체결한 후 양도담보설정자가 목적물을 다시 임의로 제3자에게 처분한 경우, 양도담보권자라 할 수 없는 뒤의 채권자에 대한 관계에서는, 설정자인 채무자가 타인의 사무를 처리하는 자에 해당한다고 할 수 없어 배임죄가 성립하지 않는다(대법원 2004. 6. 25. 선고 2004도1751 판결).
3) 대법원 1990. 2. 13. 선고 89도1931 판결.
4) 대법원 2012. 1. 26. 선고 2011도15179 판결.

선원부상 소유자로 변경 등록하면서도 피고인이 계속 이 사건 어선을 점유하여 사용하였다.

【판결이유】

동산을 양도담보로 제공하고 점유개정의 방법으로 점유하고 있다가 이를 다시 제3자에게 역시 점유개정의 방법으로 양도하는 경우에는, 제3자가 그 동산을 선의취득할 수가 없으므로, 최초의 양도담보권자에게 어떠한 재산상 손해의 위험이 발생한다고 할 수 없고, 따라서 배임죄가 성립하지 않는다(대법원 1990. 2. 13. 선고 89도1931 판결 참조). 원심판결 이유에 의하면 원심은, (중략 : 위 사실관계와 같음) 피고인과 B는 담보대출기간의 연장 등을 이유로 위와 같이 공부상 명의만 변경하였을 뿐 아무런 실질적 권리이전은 없는 사실을 인정한 다음, 어선원부 등은 행정상 편의를 위하여 소유자를 등록, 변경하는 공부에 불과할 뿐 사법상 권리변동과는 무관하므로, 어선원부상의 소유자명의 변경만으로는 양도담보권자인 피해자에게 사실상 담보물의 발견을 어렵게 하여 어떠한 재산상 손해를 발생시킬 위험이 없다고 하여, 이 사건 배임의 공소사실에 대하여 무죄를 선고한 제1심판결을 유지하였다.

동산으로 취급되는 이 사건 어선에 있어서 어선원부 등은 행정상 편의를 위하여 소유자를 등록하는 공부에 불과하고 그로써 사법상 권리변동이 이루어지는 것이 아닌 바, 앞서의 법리와 기록에 비추어 살펴보면, 원심의 위와 같은 판단은 정당한 것으로 수긍할 수 있고, 거기에 주장과 같이 심리미진 및 법리오해의 위법이 있다고 할 수 없다.

(4) 소결

甲에 대하여 위 컴퓨터를 담보로 제공하고 丁으로부터 돈을 차용한 행위와 관련된 丁에 대한 사기죄(형법 제347조 제1항)가 성립한다.

5. 동산의 대물변제예약과 대상물의 처분행위

甲은 丙으로부터 돈을 차용하면서 그 차용금을 변제하지 못하는 경우에는 차용금 대신 고화 5점으로 변제하기로 약정하였다. 이는 대물변제의 예약(민법 제607조)에 해당한다. 대물변제의 예약은 ① 일정한 조건이 성취한 후에 예약권자의 예약권 행사로 비로소 대물변제의 약정이 이루어지는 협의의 대물변제예약과 ② 일정한 조건의 성취가 있으면 예약권자의 예약권 행사를 기다리지 않고 대물변제의 약정이 이루어지는 정지조건부 대물변제예약이 있는데, 특별한 약정이 없으면 협의의 대물변제예약이 있는 것으로 본다. 본 사례에서 丙은 변제기가 지나면 의사표시를 기다리지 않고 대물변제하는 것으로 약정하였으므로 ②의 정지조건부 대물변제예약에 해당한다.

대물변제예약에 있어 채무자는 예약완결권행사에 따른 대물변제 약정이 이루어지거나(①의 경우) 예약완결권이 행사되는 일정한 조건이 성취되기(②의 경우) 전까지는 언제든지 채무를 변제하면 예약완결권 행사를 막을 수 있고, 예약권자에 대하여 예약에 따른 채권적 의무만을 부담한다. 따라서 예약대상물을 처분한다고 하여도 범죄를 구성하지 않는다. 문제가 되는 것은 예약권자가 예약완결권을 행사하거나 정지조건의 성취로 대물변제약정이 이루어진 때이다. 판례는 대물변제예약 부동산의 경우, 약정의 내용에 좇은 이행을 하여야 할 채무는 특별한 사정이 없는 한 '자기의 사무'에 해당하는 것이 원칙이므로 배임죄가 성립하지 않는다고 한다.[1] 마찬가지로 예약대상물이 동산인 경우에도 이를 처분하더라도 배임죄를 구성하지 않을 것이다.

본 사례에서 甲은 丙에게 돈을 차용하면서 대물변제예약을 한 고화 5점을 조건인 변제기 도래 이전에 丁에게 매도하고 이를 인도하였으므로 甲에 대하여 아무런 범죄도 성립하지 않는다.

6. 설문의 해결

甲에 대하여는 ① 월세에 대한 업무상횡령죄, ② 양도담보물인 컴퓨터와 관련한 丁에 대한 사기죄가 각 성립하고, 두 죄는 실체적 경합관계이다.

II. 제2문 — 사진과 감정회보서의 증거능력

1. 제2문의 (1) — 사진의 증거능력
(1) 변호인 주장의 요지
변호인은 주사기와 비닐봉지는 압수·수색영장 기재 대상물이 아닌데 M이 영장 없이 사진촬영하였으므로 그 사진은 증거능력이 없다고 주장하고 있다. 이는 사진촬영이 강제처분이라는 것을 전제로 한 주장이다. 강제처분은 영장주의원칙의 적용을 받는데, 압수·수색영장에는 피고인의 성명, 죄명, 압수할 물건, 수색할 장소·신체·물건 등을 특정하여야 한다(형소법 제219조, 제114조 제1항). 따라서 영장에 기재되어 있지 않은 대상물을 사진촬영하는 것이 위법이라는 것이다.

---

1) 대법원 2014. 8. 21. 선고 2014도3363 전원합의체 판결.

(2) 사진촬영의 강제처분성 및 허용요건[1])

사진촬영의 법적 성질에 대하여는 ① 검증설(통설), ② 검증유사설, ③ 기록행위설의 대립이 있는데, 이는 사진촬영의 강제성과 함께 검토할 필요가 있다. 사진촬영에 대해서는 ① 임의처분(수사)설, ② 강제처분설, ③ 사진이 촬영되는 상황을 나누어 상대방의 사적 공간에서 그의 의사에 반하여 행해지는 사진촬영은 강제처분이고, 공개된 장소에서의 사진촬영은 임의처분이라는 구분설이 대립된다.

사진촬영을 강제처분인 검증이라고 한다면 강제수사법정주의와 영장주의에 의하여 검증영장이 없는 한 행할 수 없는 것이 원칙이다. 그러나 사진촬영은 전통적·고전적 강제처분에 포함되지 않는 새로운 과학적 수사방법이라는 점에서 위 적법요건을 충족하면 영장 없이 허용된다고 해석하여야 할 것이다. 그리고 임의처분이라고 하더라도 사진촬영의 성질상 언제나 허용되는 것이 아니라 위 적법요건을 충족해야만 허용된다. 결국 중요한 것은 사진촬영이 강제처분이냐 임의처분이냐 하는 것보다는 사진촬영이 허용되는 요건이 무엇인가 하는 점이다.

판례는 ① 범죄가 현재 행하여지고 있거나 행하여 진 직후이고(범죄의 현행성), ② 그 범죄의 성질·태양으로 보아 긴급하게(긴급성), ③ 증거보전을 할 필요가 있는 상태에서(증거보전의 필요성), ④ 일반적으로 허용되는 한도를 넘지 않는 상당한 방법에 의할 것(촬영방법의 상당성)을 그 요건으로 하고 있다.[2])

(3) 설문의 해결

본 사례에서 사법경찰관 M은 임대료 영수증과 토지 및 기계 관련 장부와 서류들을 확보하기 위하여 검사의 지휘를 받아 압수·수색영장을 발부받고 甲의 주거를 수색하였다. 따라서 M이 甲의 주거지를 수색한 것은 적법한 행위이다. 이와 같이 적법한 수색 중에 甲이 안방에서 책상 위에 놓여 있는 주사기 1개와 흰색가루가 들어있는 비닐봉지를, 그 옆 휴지통에서 다른 주사기 1개를 발견하였고 휴지통 옆에 흰색가루가 떨어져 있는 것을 보았다. 이들은 압수·수색영장에 기재된 대상물은 아니었으므로 압수를 할 수는 없으나, 이것들은 적법한 수색의 과정에서 발견한 것이므로 그 발견까지의 과정은 적법하다. 이후 M은 흰색가루를 손가락에 묻혀 맛을 보고 필로폰으로 의심되자 주사기와 흰색가루에 대한 사진을 촬영하였다. 주사기와 흰색

---

1) 이에 대한 상세는 사례 [14] II. 제2문 '경찰관 X의 수사의 적법성' 부분 참조.
2) 대법원 2013. 7. 26. 선고 2013도2511 판결(왕재산사건); 대법원 1999. 12. 7. 선고 98도3329 판결(무인장비에 의한 제한속도 위반차량 촬영사건).

가루는 압수·수색영장 기재 대상물이 아니므로 영장 집행 시의 사진촬영으로서는 위법하다. 다만, 범행현장에 대한 사진촬영으로서 적법한지를 살펴본다.

첫째, 사진촬영이 강제처분이라는 견해에 의하면, 위 사진촬영은 영장(= 검증영장) 없는 사진촬영으로서 위법하게 될 것이다. 둘째, 위 기록행위설에 의하면, M은 주거를 수색하기 위한 영장을 받았으므로 수색과정에서 주사기와 흰색가루를 보는 데 별도의 영장이 필요 없고, 적법하게 본 상황을 기록하기 위하여 글로 메모하든 그림을 그려 기록하든 사진을 촬영하든 이는 M이 선택할 수 있는 것이므로 M의 사진촬영행위는 적법하다고 할 것이다. 셋째, 위 허용요건을 충족하면 영장 없는 사진촬영이 가능하다는 판례에 의할 경우에는, 흰색가루가 필로폰이라고 단정할 수 없고 단지 의심이 될 뿐이고 나아가 甲이 이를 소지·투약하였다는 것이 불명확한 상황이므로 허용요건을 충족하였다고 보기 어렵고, 따라서 M의 위 사진촬영은 위법하게 될 것이다.

판례에 따르면 M의 사진촬영은 위법하고, 위법한 사진촬영으로 생긴 사진은 위법수집증거로서 증거로 사용할 수 있는 예외사정이 없으므로 증거능력이 없다(형소법 제308조의2). 따라서 변호인의 주장은 타당하다.

2. 제2문의 (2) ― 감정회보서의 증거능력

(1) 변호인 주장의 취지

변호인은 M이 손가락에 필로폰 가루를 묻게 한 것이 압수라는 것이다. 따라서 이는 영장에서의 압수대상물 이외의 물건을 압수한 것이므로 위법수집증거이며, 그 위법수집증거에 대한 감정서는 위법수집증거에 의해 파생된 2차적 증거로서 독수독과의 법리에 따라 마찬가지로 증거로 할 수 없다는 것이다.

(2) 손가락에 필로폰 가루를 묻게 한 행위의 법적 성질

M은 적법한 수색행위의 과정에서 휴지통 옆에 떨어져 있는 흰색가루를 보았고, 그것이 무엇인지 알아보기 위해 손가락에 묻혀 맛을 보았다. 주사기와 흰색가루는 필로폰을 의심하기에 충분하며 M도 이러한 의심으로 그 흰색가루의 맛을 본 것이다. 이처럼 맛을 본 행위와 그 결과로 필로폰 가루를 손에 묻게 한 행위의 적법성에 관하여 다툼이 있을 수 있다.

① 제1견해는 맛을 보는 행위는 눈으로 관찰한 행위와 같이 경찰관이 스스로의 오관의 작용에 의한 인식행위로서 임의수사의 하나이므로 영장 없이 하더라도 적법

하다는 견해이다. 이 경우, 맛을 보는 적법한 행위의 과정에서 소량의 흰색가루가 손가락에 묻게 되었더라도 이러한 행위가 압수제도를 잠탈하거나 회피하기 위한 의도적이고 기술적인 증거확보의 방법으로 이용되었다는 특별한 사정이 없는 한, 이는 단지 맛을 보는 행위에 부수한 결과이지 별도의 압수행위라고 할 수 없다. ② 제2견해는 맛을 보는 행위는 위 압수·수색대상사건과의 관련성이 없어 위 압수·수색절차에 부수한 처분이라고 할 수 없으며, 맛을 보는 것은 물건의 성질·형상을 오관의 작용에 의하여 인식하는 강제처분으로서 검증에 해당하는데 영장 없이 맛을 보았으므로 이는 위법하고, 손에 묻은 필로폰 가루는 위법하게 수집된 증거라는 견해이다.

생각건대, 위와 같이 맛을 보는 행위는 범죄 혐의를 인식하기 전 단계에 행한 것으로 임의수사의 하나라고 할 것이고, 그 과정에서 흰색가루가 손가락에 묻은 것은 맛을 보는 행위에 부수한 우연한 결과이므로 이를 강제적인 점유취득인 압수라고 보기 어려운 점에 비추어 제1견해가 타당하다.

(3) 설문의 해결

M이 손가락에 가루를 묻게 한 것은 임의수사로서 적법하고, 그 결과 얻게 된 필로폰을 감정한 감정서도 적법한 증거로서 증거로 사용할 수 있다.[1] 따라서 변호인의 주장은 부당하다.

---

1) 위 제2견해에 의하면 위법수집증거로서 증거능력이 없게 될 것이다. 한편, 맛을 보는 행위나 손에 묻은 가루를 취득한 행위는 제2견해와 같이 위법하여 위 가루는 위법수집증거에 해당하지만, 이는 휴지통 옆에 떨어져 있었고, 수사관이 '의도적으로 영장주의의 정신을 회피하는 방법으로 증거를 확보한 것으로 볼 만한 사정이 없고'(대법원 2013. 3. 28. 선고 2012도13607 판결), M이 영장을 받으러 간 사이 피고인이 주사기와 비닐봉지를 한강에 버린 점(버리지 않았으면 발견되었을 것임) 등에 비추어, 적법절차의 실질적인 내용을 침해하는 경우에 해당하지 않고, 그 증거능력을 배제하는 것이 형사사법 정의를 실현하려고 한 취지에 반하는 결과를 초래하는 것으로 평가되므로 예외적으로 증거로 사용할 수 있다(대법원 2007. 11. 15. 선고 2007도3061 전원합의체 판결)는 견해도 있을 수 있다.

사 례 [20] 채권의 이중양도, 배임죄와 횡령죄, 공소장변경의 요부

甲은 제조업을 하면서 지인인 A(1인 주식회사인 B 주식회사 대표이사)에게 20억 원을 차용하여 동액 상당의 금전채무를 부담하고 있었는데, 2018. 4. 1. 그 일부 변제를 위하여 X에게 생산제품을 매도하고도 회수하지 못하고 있던 X에 대한 15억 원의 대금채권을 A에게 양도하였다. 그러나 X의 승낙을 받지 않았을 뿐 아니라 X에게 채권양도 통지도 하지 않았다. 그 후 甲은 2018. 4. 20. X로부터 대금채권 중 일부인 1억 원을 변제조로 수령하였으나 A에게는 그 사실을 알리지 않은 채, 급히 자금이 필요했던 동생 乙에게 전액 빌려주었다.

한편, 甲은 처 丙을 통하여 丙의 친구인 사채업자 丁으로부터도 5억 원을 차용하고 변제기일이 지나도록 변제하지 못하고 있었다. 그런데 丙이 그 돈을 조속히 해결해 주지 않으면 이혼을 하겠다며 강경한 태도를 보이자, 2018. 5. 1. X에 대한 대금채권 중 5억 원의 대금채권을 丁에게 양도하고 X에게 채권양도 통지를 하여 丁으로 하여금 5억 원을 추심할 수 있도록 해 주었다.

설 문

1. 甲의 형사책임을 논하시오.

2. 만일 위 사건을 담당한 검사 P가 甲의 丁에 대한 채권양도행위를 배임죄(형법 제355조 제2항)로 기소한 경우, 공소사실이 인정된다고 가정할 때 법원은 공소장변경 없이 특정경제범죄가중처벌등에관한법률위반(배임)죄(동법 제3조 제1항 제2호, 형법 제355조 제2항)로 유죄선고를 할 수 있는가?

3. 만일 위 사건을 담당한 검사 P가 甲의 丁에 대한 채권양도행위를 특정경제범죄가중처벌등에관한법률위반(배임)죄(동법 제3조 제1항 제2호, 형법 제355조 제2항)로 기소하면서 공소장에 피해자를 B라고 기재한 경우, 피해자를 제외한 나머지 공소사실이 인정된다고 가정할 때 법원은 공소장변경 없이 피해자를 A로 인정하여 유죄선고를 할 수 있는가?

Ⅰ. 제1문 ― 甲의 형사책임

1. 문제의 제기

甲은 A에 대하여 부담하고 있던 20억 원의 금전채무의 일부를 변제하기 위하여 X에 대한 15억 원의 대금채권을 A에게 양도하였다. 이러한 지명채권의 양도는 양도 인이 채무자에게 통지하거나 채무자가 승낙하지 않으면 채무자 기타 제3자에게 대항 하지 못한다(민법 제450조 제1항). 그런데 양도인 甲은 채무자 X의 승낙을 받지 않았으 며 X에게 통지도 하지 않은 상태에서, ① X로부터 변제조로 수령한 1억 원을 A에게 지급하지 않고 동생인 乙에게 빌려주었고(제1행위), ② X에 대한 대금채권 중 5억 원 에 대하여는 丁에게 이중으로 양도하고 X에게 채권양도 통지를 하였다(제2행위).

이때, 甲의 제1행위와 제2행위가 횡령죄(형법 제355조 제1항) 또는 배임죄(형법 제 355조 제2항)에 해당하는지가 문제된다. 횡령죄와 배임죄는 모두 신임관계를 위반하는 범죄라는 점에서 성질이 같다. 그러나 횡령죄는 그 객체가 재물인 데 반하여, 배임죄 는 재산상 이익이라는 점에서 다르고, 양자는 일반법(배임죄)과 특별법(횡령죄)의 관계 에 있다(통설[1]·판례[2]).

2. X로부터 수령한 1억 원을 乙에게 빌려준 행위

甲이 X로부터 변제조로 수령한 1억 원을 A에게 지급하지 않고 동생인 乙에게 빌려준 행위(제1행위)가 배임죄나 횡령죄를 구성하는지를 검토하기 위해서는, 먼저 甲

---

[1] 이재상·장영민·강동범, 형법각론, §21/6.
[2] 대법원 1994. 3. 8. 선고 93도2272 판결(광업권은 재산상 이익으로서 횡령죄의 객체인 재물에 해당하 지 않는다). 이런 입장에서 판례는 배임죄로 기소된 범죄사실에 대하여 공소장변경 없이 횡령죄를(대 법원 1999. 11. 26. 선고 99도2651 판결), 횡령죄로 기소된 범죄사실에 대하여 공소장변경 없이 배임죄 를(대법원 2015. 10. 29. 선고 2013도9481 판결) 적용하여 각 처벌할 수 있고, 배임죄에 해당하는데도 횡령죄로 처벌하는 법령상의 잘못이 있더라도 판결에 영향을 미친 것이 아니며(대법원 1990. 11. 27. 선고 90도1335 판결; 대법원 2006. 6. 27. 선고 2006도1187 판결), 횡령죄가 성립하는 경우 같은 사실 에 대하여 배임죄는 성립할 수 없다(대법원 1999. 7. 27. 선고 99도1905 판결)고 한다.

이 신임관계를 전제로 타인의 사무를 처리하는 자에 해당하는지 여부, 즉 배임죄의 성립 여부를 살펴보고, 나아가 甲이 X로부터 수령한 금전의 소유권이 A에게 귀속하는지 여부와 甲과 A 사이에 금전에 대한 위탁관계가 성립하는지 여부, 즉 횡령죄의 성립 여부를 살펴보아야 한다. 제1행위에 대하여는 ① 횡령죄가 성립한다는 견해, ② 배임죄가 성립한다는 견해, ③ 죄가 되지 않는다는 견해의 대립이 있다.

(1) 횡령죄가 성립한다는 견해

채권양도인은 양수인을 위하여 양수채권보전에 관한 사무를 처리하는 자로서 신임관계에 있고, 양도인이 채무자로부터 수령한 금전의 소유권은 양수인에게 귀속되며, 양도인은 양수인을 위하여 이를 보관하는 자의 지위에 있으므로 횡령죄가 성립한다는 견해이다([관련판례]의 다수의견).[1]

이 견해는 먼저 타인의 사무를 처리하는 자에 해당하는지 여부에 관하여, 양도인은 채무자에게 채권양도 통지를 하거나 채무자로부터 채권양도 승낙을 받음으로써 양수인으로 하여금 채무자에 대한 대항요건을 갖출 수 있도록 해 줄 적극적 의무와 채권을 이중으로 양도하여 채무자에게 그 양도통지를 하는 등 대항요건을 갖추어 줌으로써 양수인이 채무자에게 대항할 수 없도록 하는 행위를 하지 아니할 소극적 의무를 부담한다고 한다. 그리고 이러한 의무는 이미 양수인에게 귀속된 채권을 보전하기 위한 것이고, 그 채권의 보전 여부는 오로지 양도인의 의사에 매여 있는 것이므로, 채권양도의 당사자 사이에서는 양도인은 양수인을 위하여 양수채권 보전에 관한 사무를 처리하는 자라고 할 수 있고, 따라서 채권양도의 당사자 사이에는 양도인의 사무처리를 통하여 양수인은 유효하게 채무자에게 채권을 추심할 수 있다는 신임관계가 전제되어 있다고 한다.

나아가, 양도인이 채권양도 통지를 하기 전에 채무자로부터 채권을 추심하여 금전을 수령하는 경우, 양도인으로서는 그 채권에 관한 한 아무런 권한도 가지지 않으므로 오로지 양수인에게 전달해 주기 위하여서만 수령할 수 있을 뿐이어서, 양도인이 수령한 금전은 양도인과 양수인 사이에서 양수인의 소유에 속한다고 한다. 이는 금전의 경우, 봉함된 경우와 같이 특정성을 가진 경우를 제외하고는 점유가 있는 곳에 소유권이 있다는 민법 이론과는 달리, 형법상 내부적으로 신임관계에 있는 당사

---

[1] 일본 판례도 같은 사안에서 횡령죄를 인정하였다(最決 1958. 5. 1. 刑集 12·7·1286의 다수의견. 소수의견은 배임죄를 구성하는 것은 별론으로 하고 횡령죄의 성립은 부정하였는데, 평석에 따르면 배임죄는 성립하는 것으로 이해되고 있다).

자 사이에서 소유권의 귀속은 달리 논하여야 한다는 입장에 따른 것이다([관련판례]의
보충의견). 이는 금전이라고 하더라도 목적과 용도가 특정·제한된 경우에는 목적물의
소유권은 위탁자에게 남아 있고, 이를 임의 소비하면 횡령죄를 구성한다는 판례의
입장[1]과 궤를 같이 하는 것이다.

그리고 양도인이 양수인을 위하여 채권보전에 관한 사무를 처리하는 지위에 있
다는 것을 고려하면, 양도인은 이를 양수인을 위하여 보관하는 관계에 있다고 한다.
즉, 양도인으로서는 신의칙 내지 조리상 그가 수령하여 점유하게 된 금전에 대하여
양수인을 위하여 보관하는 지위에 있다고 한다([관련판례]의 보충의견).[2]

 관련판례

대법원 1999. 4. 15. 선고 97도666 전원합의체 판결【횡령(예비적 죄명 : 배임)】[3]

【사실관계】

피고인 甲은 1995. 4. 1.서울 영등포구 문래동 4가 7의 1 소재 남부종합법무법인 사무
실에서 당시 피고인이 피해자 A에 대하여 부담하고 있던 1,150만 원의 채무를 변제
하기 위하여 B 소유인 서울 구로구 구로동 412의 31 소재 주택에 대한 피고인의 임
차보증금 2,500만 원 중 1,150만 원의 반환채권을 피해자에게 양도하고도 B에게 그
채권양도 통지를 하지 않은 채 1995. 4. 20. 서울 구로구 구로동 소재 공신사 복덕방
에서 B가 반환하는 임차보증금 2,500만 원을 교부받아 그 중 이미 피해자에게 그 반
환채권을 양도함으로써 피해자의 소유가 된 1,150만 원을 보관하던 중 이를 피해자
에게 돌려주지 않은 채 그 무렵 그 곳에서 피고인의 동생인 C에게 빌려주었다.

【다수의견】

원심은 (생략 : 위 사실관계) 이를 횡령하였다고 하는 주위적 공소사실에 대하여, 채권양
도인인 피고인이 채권양수인인 피해자와의 위탁신임관계에 의하여 피해자를 위하여
B로부터 반환받은 임차보증금 중 1,150만 원을 보관하는 지위에 있다고 할 수 없어
횡령죄가 성립하지 않는다는 이유로 무죄를 선고한 제1심판결을 그대로 유지하였다.

---

1) 대법원 1995. 11. 24. 선고 95도1923 판결(매도인이 제1매수인으로부터 대지를 타인에게 매도하고 원
금을 돌려달라는 부탁을 받은 다음, 제2매수인으로부터 받은 금전을 임의 소비한 사안).
2) 판례는 횡령죄에서 '재물의 보관'이라 함은 재물에 대한 사실상 또는 법률상 지배력이 있는 상태를 의
미하고, 그 보관이 위탁관계에 기인하여야 할 것임은 물론이나, 그것이 반드시 사용대차, 임대차, 위
임 등의 계약에 의하여 설정되는 것임을 요하지 않고 사무관리, 관습, 조리, 신의칙에 의해서도 성립
될 수 있다고 한다(대법원 1987. 10. 13. 선고 87도1778 판결).
3) 본 판결 평석은 손태호, "채권양도인이 채권양도 통지 전에 채권을 변제받아 소비한 행위가 횡령죄를
구성하는지 여부", 대법원판례해설 제32호(1999 상반기), 1999, 681-692면; 이민걸, "지명채권양도인
이 양도통지 전에 채권의 변제로서 수령한 금전을 자기를 위하여 소비한 경우 횡령죄 또는 배임죄의
성립", 형사판례연구 [8], 2000, 249-265면.

채권양도는 채권을 하나의 재화로 다루어 이를 처분하는 계약으로서, 채권 자체가 그 동일성을 잃지 아니한 채 양도인으로부터 양수인에게로 바로 이전한다. 이 경우 양수인으로서는 채권자의 지위를 확보하여 채무자로부터 유효하게 채권의 변제를 받는 것이 그 목적인바, 우리 민법은 채무자와 제3자에 대한 대항요건으로서 채무자에 대한 양도의 통지 또는 채무자의 양도에 대한 승낙을 요구하고, 채무자에 대한 통지의 권능을 양도인에게만 부여하고 있으므로, 양도인은 채무자에게 채권양도 통지를 하거나 채무자로부터 채권양도 승낙을 받음으로써 양수인으로 하여금 채무자에 대한 대항요건을 갖출 수 있도록 해 줄 의무를 부담한다. 그리고 양도인이 채권양도 통지를 하기 전에 타에 채권을 이중으로 양도하여 채무자에게 그 양도통지를 하는 등 대항요건을 갖추어 줌으로써 양수인이 채무자에게 대항할 수 없게 되면 양수인은 그 목적을 달성할 수 없게 되므로, 양도인이 이와 같은 행위를 하지 않음으로써 양수인으로 하여금 원만하게 채권을 추심할 수 있도록 하여야 할 의무도 당연히 포함된다. 양도인의 이와 같은 적극적·소극적 의무는 이미 양수인에게 귀속된 채권을 보전하기 위한 것이고, 그 채권의 보전 여부는 오로지 양도인의 의사에 매여 있는 것이므로, 채권양도의 당사자 사이에서는 양도인은 양수인을 위하여 양수채권 보전에 관한 사무를 처리하는 자라고 할 수 있고, 따라서 채권양도의 당사자 사이에는 양도인의 사무처리를 통하여 양수인은 유효하게 채무자에게 채권을 추심할 수 있다는 신임관계가 전제되어 있다고 보아야 할 것이다.

나아가 이 사건에서와 같이 양도인이 채권양도 통지를 하기 전에 채무자로부터 채권을 추심하여 금전을 수령한 경우, 아직 대항요건을 갖추지 아니한 이상 채무자가 양도인에 대하여 한 변제는 유효하고, 그 결과 양수인에게 귀속되었던 채권은 소멸하지만, 이는 이미 채권을 양도하여 그 채권에 관한 한 아무런 권한도 가지지 아니하는 양도인이 양수인에게 귀속된 채권에 대한 변제로서 수령한 것이므로, 채권양도의 당연한 귀결로서 그 금전을 자신에게 귀속시키기 위하여 수령할 수는 없는 것이고, 오로지 양수인에게 전달해 주기 위하여서만 수령할 수 있을 뿐이어서, 양도인이 수령한 금전은 양도인과 양수인 사이에서 양수인의 소유에 속하고, 여기에다가 위와 같이 양도인이 양수인을 위하여 채권보전에 관한 사무를 처리하는 지위에 있다는 것을 고려하면, 양도인은 이를 양수인을 위하여 보관하는 관계에 있다고 보아야 할 것이다.

따라서 피고인이 채권양도 통지를 하기 전에 B로부터 지급받은 임차보증금 2,500만 원 중 1,150만 원은 그 양수인인 피해자의 소유에 속하고, 피고인은 피해자를 위하여 이를 보관하는 자로서 피해자에게 돌려주지 아니하고 처분한 행위는 횡령죄를 구성한다.

그럼에도 불구하고, 원심이 주위적 공소사실에 대하여 그 판시와 같은 이유로 횡령죄가 성립하지 않는다고 판단한 것은 횡령죄에 관한 법리를 오해한 위법을 저지른 것으로서, 상고이유 중 이 점을 지적하는 부분은 이유 있다.

【보충의견】

소수의견은 채권의 양도인과 양수인과 사이에 채무자로부터 교부받은 금전을 양도인이 양수인을 위하여 보관하기로 하는 등의 특별한 약정이 없는 한, 양도인이 채무자로부터 채무변제로서 교부받은 금전의 소유권은 양도인에게 귀속하고, 따라서 양도인은 그 금전을 양수인을 위하여 보관하는 지위에 있지 아니하다는 취지이다.

횡령죄는 자기가 보관하는 '타인의 재물'을 불법으로 영득하는 경우에 성립하는 범죄이므로, 횡령죄의 대상이 되는 재물은 그 소유권이 타인에게 속하는 것을 전제로 한다. 민법 이론에 의하면, 특히 금전은 봉함된 경우와 같이 특정성을 가진 경우를 제외하고는 그 점유가 있는 곳에 소유권도 있는 것이어서, 이를 횡령죄에 그대로 적용한다면 금전은 특정물로 위탁된 경우 외에는 횡령죄가 성립할 여지가 없게 된다. 그러나 이러한 민법 이론은 고도의 대체성이 있는 금전에 대하여 물권적 반환청구권을 인정하는 것이 불필요할 뿐만 아니라, 금전이 교환수단으로서의 기능을 가지고 전전 유통됨을 전제로 하여 동적 안전을 보호하는 데 그 목적이 있는 것이어서, 내부적으로 신임관계에 있는 당사자 사이에서 재물의 소유자, 즉 정적 안전을 보호함을 목적으로 하는 횡령죄에서 금전 소유권의 귀속을 논하는 경우에도 그대로 타당하다고 할 수 없다.

당사자 사이의 신임관계 내지 위탁관계의 취지에 비추어 일정한 금전을 점유하게 된 일방 당사자가 당해 금전을 상대방의 이익을 위하여 보관하거나 사용할 수 있을 뿐 그 점유자에 의한 자유로운 처분이 금지된 것으로 볼 수 있는 경우에는 민법의 채권 채무관계에 의하여 상대방을 보호하는 데 머무르지 않고, 그 점유자는 상대방의 이익을 위하여 당해 금전 또는 그와 대체할 수 있는 동일한 가치의 금전을 현실적으로 확보하여야 하고, 그러한 상태를 형법상으로 보호한다는 의미에서 민법상 소유권과는 다른 형법상 소유권 개념을 인정할 필요가 있고, 대법원 판례가 일관하여, 용도를 특정하여 위탁된 금전을 그 용도에 따르지 않고 임의사용한 경우(대법원 1987. 5. 26. 선고 86도1946 판결, 1994. 9. 9. 선고 94도462 판결, 1995. 10. 12. 선고 94도2076 판결 등 참조), 금전의 수수를 수반하는 사무처리를 위임받은 자가 그 행위에 기하여 위임자를 위하여 제3자로부터 수령한 금전을 소비한 경우(대법원 1995. 11. 24. 선고 95도1923 판결, 1996. 6. 14. 선고 96도106 판결, 1998. 4. 10. 선고 97도3057 판결 등 참조)에 횡령죄의 성립을 인정하여 온 것은 이와 같은 취지에 따른 것이다.

소수의견은 양도인이 임의로 처분할 의사로 수령한 이상 그 금전의 소유권은 양도인에게 귀속한다는 것으로서, 양도인의 의사 여하에 따라 금전의 특성상 그 소유권의 귀속을 달리할 수 있다는 취지로도 보이나, 양도인이 임의로 처분할 의사로 수령하였다 함은 그 수령에 불법적인 동기가 있는 것에 불과하고, 그로 인하여 수령한 금전의 처분권한에 어떠한 영향을 미친다고 볼 것은 아니다.

그리고 횡령죄에서 '재물의 보관'이라 함은 재물에 대한 사실상 또는 법률상 지배력이 있는 상태를 의미하고, 그 보관이 위탁관계에 기인하여야 할 것임은 물론이나, 그것이 반드시 사용대차, 임대차, 위임 등의 계약에 의하여 설정되는 것임을 요하지 아니하고 사무관리, 관습, 조리, 신의칙에 의해서도 성립될 수 있는 것인바(대법원 1987. 10. 13. 선고 87도1778 판결, 1996. 5. 14. 선고 96도410 판결 등 참조), 양도인이 채무자에게 채권양도 통지를 하기 이전에 스스로 채무자로부터 추심한 금전에 대하여 그 사전 사후 당사자 사이에 위탁보관관계를 성립시키는 특별한 약정이 없다고 하더라도, 양도인은 위에서 본 바와 같이 양수인을 위하여 채권보전에 관한 사무를 처리하는 지위에 있고, 그 금전도 양수인에게 귀속된 채권의 변제로 수령한 것인 만큼, 그 목적물을 점유하게 된 이상 이를 양수인에게 교부하는 방법으로도 채권양도의 목적을 충분히 달성할 수 있음에 비추어, 양도인으로서는 신의칙 내지 조리상 그가 수령하여 점유하게 된 금전에 대하여 양수인을 위하여 보관하는 지위에 있다고 보아야 할 것이다.

소수의견에 의하면, 다수의견은 구성요건에 해당하지 아니함에도 가벌성이 큰 배신행위라는 이유로 처벌하는 것이어서 죄형법정주의에 위배된다는 것이나, 형법상 횡령죄의 구성요건인 '타인의 재물을 보관하는 자'에서 '보관'이라 함은 규범적 의미를 담고 있는 개념으로서 법관의 보충적인 해석을 통하여 비로소 구체적 사건에 적용될 수밖에 없는 것이므로, 다수의견이 횡령죄에서의 '보관'의 개념을 위와 같이 해석하는 것이 구성요건상의 어의의 객관적인 한계를 초과한다고 볼 수 없는 이상, 죄형법정주의에 위배된다고 할 수는 없다.

(2) 배임죄가 성립한다는 견해

채권양도인이 양도통지 전에 채무자로부터 변제받은 목적물의 소유권은 양수인에게 이전되지 않으므로 횡령죄는 성립할 수 없고, 다만 양도인이 타인의 사무를 처리하는 자에 해당하므로 배임죄가 성립한다는 견해이다.

횡령죄가 성립하지 않는 이유에 관하여, ① 단순한 청구권인 채권이 양도된 것에 불과하므로 양수인은 채무자에게 청구권을 행사할 수 있는 지위에 있을 뿐 수령한 금전의 소유권은 이전되지 않는다고 하거나, ② 양도인이 변제로 수령한 물건의 소유권이 양수인에게 귀속되고, 양도인이 이를 임의소비하면 횡령죄가 성립한다는 것은 지나친 의제(수령한 목적물이 금전인 경우에는 더욱 무리)라고 한다.

배임죄가 성립한다고 하는 견해 중에도 채권양도인 임무의 성격 및 내용과 관련하여, ① 양도인이 양도통지나 채무자로부터 수령한 변제목적물을 양수인에게 지급하여야 하는 사무는 양도인 자신의 사무임과 동시에 타인 재산의 보전행위에 협력하는 타인의 사무에 해당하고, 양도인이 양수인의 채권을 실현할 수 있도록 협조하여야 할 임무를 위배하였으므로 배임죄가 성립한다는 견해, ② 양도인이 양도통지 전에 채무자로부터 변제받은 목적물을 양수인에게 전달하여야 할 임무가 있는데, 이러한 임무에 위배하였으므로 배임죄가 성립한다는 견해가 있다.

(3) 죄가 되지 않는다는 견해

채무자는 그의 채권자(채권양도인)에게 변제할 의사로 금전을 교부하였다고 할 것이고, 채권자는 이를 자신이 취득할 의사로 수령하였다고 할 것이어서 채무자가 채권자에게 채무의 변제로서 교부한 금전의 소유권은 채권자에게 귀속하므로 횡령죄가 성립할 여지가 없고, 또한 이를 채권양수인에게 귀속하는 것으로 하기로 특약을 하는 것과 같은 특별한 사정이 없는 한, 채권양도인이 채무자로부터 수령한 금전을 그대로 채권양수인에게 넘겨야 하거나 채권양수인의 지시에 따라 처리하여야 할 의무가 있다고 볼 근거도 없어 채권양도인이 위 금전을 채권양수인을 위하여 보관하는 지위에 있지 않으므로 배임죄도 성립하지 않는다는 견해이다([관련판례]의 반대의견).[1]

 관련판례

대법원 1999. 4. 15. 선고 97도666 전원합의체 판결【횡령(예비적 죄명 : 배임)】

【반대의견】

가. 횡령죄는 타인 소유의 재물을 보관하는 자가 그 재물을 횡령하거나 그 반환을 거부하는 때에 성립한다. 따라서 횡령죄가 성립하기 위하여는 먼저 행위자가 타인 소유의 재물을 보관하는 지위에 있다는 요건이 충족되어야 한다.

나. 그런데 이 사건의 경우 피고인은 '타인의 재물'을 보관하고 있는 지위에 있지 아니하다. 이 사건에서 채무자는 그의 채권자(채권양도인)에게 변제할 의사로 금전을 교부하였다고 할 것이고, 채권자는 이를 자신이 취득할 의사로 교부받았다고 할 것이므로(채권자가 채권양도의 통지를 하지 아니한 채 이를 수령한 것이 신의에 반한다고 하더라도), 채무자가 채권자에게 채무의 변제로서 교부한 금전의 소유권은 채권자에게 귀속하는 것이다. 위와 같은 경우, 채무자가 채권자에게 교부한 금전이 채권양도인과 채권양수인 사이에서는 채권양수인의 소유에 속한다고 볼 수 있는 법률상의 근거가 없다. 재물을 보관하는 관계가 신의칙이나 조리에 따라 성립될 수 있다고 하더라도 재물의 소유권의 귀속은 민사법에 따라야 할 것이고 형사법에서 그 이론을 달리할 수

---

[1] 원심판결(서울지방법원 1997. 2. 5. 선고 96노2892 판결)도 채권양도인의 양도통지의무는 자기채무에 불과하고, 피고인이 채무자로부터 교부받은 금전을 양수인에게 지급할 의무는 타인의 사무에 해당할 수 없다는 이유로 배임죄의 성립을 부정하였다.

있는 것이 아니다.

그리고 채권양도인과 채권양수인과의 사이에 채무자가 채권양도인에게 채무의 변제로서 금전을 교부하는 경우, 이를 채권양수인에게 귀속하는 것으로 하기로 특약을 하는 것과 같은 특별한 사정이 없는 한, 채권양도인이 채무자로부터 교부받은 금전을 그대로 채권양수인에게 넘겨야 하거나 채권양수인의 지시에 따라 처리하여야 할 의무가 있다고 볼 근거도 없으므로, 채권양도인이 위 금전을 채권양수인을 위하여 보관하는 지위에 있다고 볼 수도 없다.

다. 그러므로 오로지 채권양도의 통지를 하는 등 대항요건을 갖추어 주어야 할 민사상의 의무를 진다는 이유만으로, 명확한 법리상의 근거 없이 채권양도인이 채무자로부터 교부받은 금전이 채권양수인의 소유에 속하는 것이라 하고 또, 채권양도인이 이를 보관하는 관계에 있다고 의제하여, 횡령죄의 구성요건해당성을 인정하려는 것은 죄형법정주의에도 위배된다고 할 것이다.

또한, 채권양도인이 채무자로부터 인도받은 금전을 임의로 처분하는 행위를 가벌성이 큰 배신행위라는 이유로 처벌하려 한다면, 이는 형법의 자유보장적 기능을 바로 훼손하는 것이라고 하지 않을 수 없다. 사회생활에서 발생하는 모든 배신행위가 형사처벌의 대상이 되는 것은 아니고, 배신행위 중에서 범죄의 구성요건에 해당하지 아니하는 것은, 그 행위의 가벌성이 크다고 하더라도, 함부로 처벌할 수 없는 것이다.

라. 그럼에도 불구하고, 지금까지 처벌된 전례가 없는, 채권양도인의 위와 같은 행위를 새삼스럽게 처벌하고자 하는 것은 옳지 아니하다고 생각한다. 그리고 법리가 명확하지 아니한 경우에는 '의심스러울 때는 피고인에게 유리하게'라는 원칙에 따르는 것이 온당하다고 생각한다.

(4) 소결

대법원 판례의 입장이 타당하고, 이에 따르면 甲에 대하여 횡령죄가 성립한다.[1]

3. 丁에게 이중으로 5억 원의 채권을 양도한 행위

甲이 X에 대한 대금채권 중 5억 원에 대하여 丁에게 이중으로 양도하고 X에게 채권양도 통지를 함으로써 대항요건을 갖추게 하여 이를 추심할 수 있도록 한 행위(제2행위)의 형사책임과 관련해서는, 甲이 이로 인하여 재물을 취득한 바는 없으므로 횡령죄가 성립할 여지는 없고 배임죄의 성립 여부만이 문제된다.

배임죄가 성립하기 위해서는 먼저, 甲이 타인의 사무를 처리하는 자에 해당하여

---

1) 대법원 2007. 5. 11. 선고 2006도4935 판결(장래채권 양도)도 같은 취지. 채권양도인이 채권양도 후 통지 전에 채무자로부터 채권을 추심하여 이를 임의 사용한 경우, 횡령죄에 해당한다고 판시하고 있다.

야 한다. 甲(채권양도인)이 만일 X(채무자)의 승낙을 받아 A(채권양수인)에게 채권을 양도
하거나 A에게 채권양도 통지를 하여 대항요건을 갖추어 주었다면 甲은 A의 사무를
처리하는 자에 있다고 할 수 없으나,[1] 본 사례와 같이 대항요건을 갖추어 주지 않은
경우에는 다툼이 있다.

이에 관하여는 ① 양도인은 양수인을 위하여 양수채권 보전에 관한 사무를 처리
하는 자라고 하는 긍정설(위 【관련판례】의 다수의견)[2]과 ② 부정설(위 【관련판례】의 반대의견
및 원심판결)이 있는데, 부정설에 의할 경우 배임죄가 성립될 여지는 없다.

판례의 견해에 따라 甲이 타인의 사무를 처리하는 자에 해당한다고 하더라도 배
임죄가 성립하기 위해서는 그 외에 그 임무를 위배하는 행위를 하고, 그로 인하여
재산상의 이익을 취득하거나 제3자로 하여금 이를 취득하게 하여 A에게 손해를 가
하여야 한다.

채권양도인이 이중으로 채권을 양도하는 경우, 미리 채무자의 승낙을 받아 양도
하는 경우에는 그 양도 시에 실행에 착수가 있다고 할 것이다. 미리 승낙을 받지 않
은 경우에는 ① 양도 시에는 아직 실행에 착수했다고 보기 어렵고 채권양도 승낙을
받거나 통지를 한 시점에 실행의 착수가 있다는 견해도 있으나, ② 채권양도 시에 실
행의 착수가 있다 할 것이다.[3] 그리고 재산상 손해는 현실적으로 가하는 경우뿐 아
니라 재산상 위험이 발생한 경우도 포함하므로 위와 같이 대항요건을 갖추어 주면 제
1양수인으로서는 채권을 유효하게 추심할 수 없게 되므로 기수에 이른다고 할 것이다.

본 사례에서는 J에게 채권을 양도하고 X에게 채권양도 통지를 하여 배임죄의
기수에 이르렀는데, 이득액이 5억 원이므로 甲에 대하여 특정경제범죄가중처벌등에
관한법률위반(배임)죄가 성립한다(동법 제3조 제1항 제2호, 형법 제355조 제2항).

---

1) 대법원 1984. 11. 13. 선고 84도698 판결은 "피고인이 피해자에 대한 채무변제로서 甲에 대한 임대보
   증금 수령채권 200만 원을 양도하고 그 대항요건까지 구비하여 주었다면 그 후 피고인과 甲이 위 임
   대보증금을 감액하기로 약정하고 그 잔액 보증금마저 수령하였다 하더라도 위 채권양도는 여전히 유
   효한 것이라 할 것이고 피해자의 위 채권이 그에 따라 소멸하는 것은 아니라 할 것이므로 피고인은
   피해자의 사무를 처리하는 자의 지위에 있다 할 수 없어 배임죄가 성립되지 않는다"라고 판시하여 대
   항요건을 갖추어 주지 않은 경우에는 타인의 사무처리자로 해석할 여지가 있다는 취지로 판시하였다.
2) 일본 하급심판례도 양도인은 양수인을 위하여 채무자에 대하여 채권양도 통지를 하거나 양도인 스스
   로 채권을 추심하지 않는 등 양수인이 원만하게 그 채권을 추심할 수 있도록 할 법률상 의무를 부담
   하므로 지명채권의 이중양도는 배임죄를 구성한다고 한다(名古屋高判 1953. 2. 26. 特報 33·9).
3) 인천지방법원 2008. 9. 12. 선고 2007고합550 판결.

4. 설문의 해결

甲에 대하여는 횡령죄와 특정경제범죄가중처벌등에관한법률위반(배임)죄가 각 성립하고, 두 죄는 실체적 경합관계이다.

II. 제2문 — 공소장변경의 요부(중한 별조로의 변경)

1. 문제의 제기

제1문에서 살펴본 대로 甲의 丁에 대한 채권양도행위는 특정경제범죄가중처벌등에관한법률위반(배임)죄[이하, 특경법위반(배임)죄로 약칭한다]에 해당된다. 그런데 검사 P가 이를 배임죄로 기소한 경우에 법원이 공소장변경 없이 특경법위반(배임)죄로 인정할 수 있는지가 문제된다. 이는 공소장변경 없이도 심판할 수 있는 범위의 문제, 즉 공소장변경의 요부의 문제로서 공소장변경 없이 적용법조만을 형이 중한 별조로 변경할 수 있는지 여부의 문제이다.

2. 공소장변경의 요부

공소장변경의 요부에 관하여는 ① 구체적 사실관계가 다르더라도 그 별조 또는 구성요건에 변경이 없는 한 공소장변경이 필요 없다는 동일별조설, ② 구체적 사실관계가 다르더라도 그 법률구성에 영향이 없을 때에는 공소장변경을 요하지 않고 다른 사실을 인정할 수 있다는 법률구성설도 있으나, ③ 공소장에 기재된 사실과 '실질적으로 다른 사실', 즉 사실의 변화가 사회적·법률적으로 의미를 달리하고 실질적으로 피고인의 방어권행사에 불이익을 초래하는 사실을 인정할 때는 공소장변경을 필요로 한다는 사실기재설(실질적 불이익설)이 통설, 판례이다.

즉, 판례는 '피고인의 방어권행사에 실질적인 불이익을 초래할 염려가 없는 경우'에는 공소사실과 기본적 사실이 동일한 범위 내에서 공소장변경절차를 거치지 않고 다르게 인정하더라도 불고불리의 원칙에 위반되지 않는다고 판시하고 있다.[1] 이때, 피고인의 방어권행사에 있어서 실질적인 불이익을 초래할 염려가 존재하는지 여부는 공소사실의 기본적 동일성이라는 요소 이외에도 법정형의 경중 및 그러한 경중의 차이에 따라 피고인이 자신의 방어에 들일 노력·시간·비용에 관한 판단을 달리

---

1) 대법원 2009. 5. 14. 선고 2007도616 판결; 대법원 2011. 6. 30. 선고 2011도1651 판결.

할 가능성이 뚜렷한지 여부 등의 여러 요소를 종합하여 판단하여야 한다.[1] 그리고 공소장이 변경되지 않았다는 이유로 이를 처벌하지 않는다면 적정절차에 의한 신속한 실체적 진실의 발견이라는 형사소송의 목적에 비추어 현저히 정의와 형평에 반하는 것으로 인정되는 경우라면 법원으로서는 직권으로 그 범죄사실을 인정하여야 한다.[2]

3. 중한 벌조로의 변경

적용법조의 변경은 원칙적으로 공소장변경을 요하지 않지만, 형이 중한 법조로 변경하는 경우에는 피고인의 방어권에 실질적인 불이익을 주므로 공소장변경을 요한다([관련판례]). 다만, 법원이 검사에게 그 부분의 석명을 구함과 아울러 그 취지를 밝히는 방법 등을 통하여 피고인에게 적절한 방어권행사의 기회를 제공한 경우에는 공소장변경 없이 직권으로 적용법조를 변경하여 적용할 수 있다.[3] 그러나 그 경우에는 단독판사의 관할사건이 합의부 관할사건으로 변경되므로 결정으로 합의부에 이송하여야 한다(형소법 제8조 제2항).[4]

본 사례에서는 피고인에게 적절한 방어권행사의 기회를 제공한 바 없으므로 법원은 공소장변경 없이 甲에게 불리한 특경법위반(배임)죄를 적용하여 유죄를 선고할 수 없다.

 관련판례

대법원 2008. 3. 14. 선고 2007도10601 판결【특정범죄가중처벌등에관한법률위반(뇌물)·제3자뇌물취득{인정된 죄명 : 특정범죄가중처벌등에관한법률위반(뇌물)교사}·뇌물공여·뇌물수수{변경된 죄명 : 특정범죄가중처벌등에관한법률위반(뇌물)}】

원심은, 피고인 乙이 피고인 甲으로 하여금 그의 직무와 관련하여 부정한 청탁을 받고 3억 2,000만 원을 제3자인 피고인 乙에게 뇌물로 공여하게 하는 행위를 하도록 교사하였다는 부분에 관하여, 검사가 형법 제130조, 제31조 제1항을 적용하여 형법상의 제3자 뇌물공여교사죄로 기소한 데 대하여, 특정범죄 가중처벌 등에 관한 법률 제2조는 뇌물의 가액에 따라 가중처벌하는 규정이므로 뇌물의 가액이 공소장에 특정된 이상 검사가 공소장에 가중처벌에 관한 적용법조의 기재 또는 추가·변경 등의 절차를 취하지 아니하여도 법원이 직권으로 뇌물의 가액에 해당하는 법조를 적용하여야

---

1) 대법원 2007. 12. 27. 선고 2007도4749 판결; 대법원 2011. 2. 10. 선고 2010도14391, 2010전도119 판결.
2) 대법원 2009. 5. 14. 선고 2007도616 판결(살인죄로 기소된 경우에 폭행·상해, 체포·감금).
3) 대법원 2011. 2. 10. 선고 2010도14391, 2010전도119 판결.
4) 항소심에서도 합의부 이송규정이 적용된다(대법원 2009. 11. 12. 선고 2009도6946 판결).

한다는 이유로 이 부분 공소사실에 대하여 특정범죄 가중처벌 등에 관한 법률 제2조 제1항, 형법 제130조, 제31조 제1항을 적용하여 피고인에게 그 가중된 법정형에 따라 형을 선고하고 있다.

그러나 이 사건과 같이 일반법과 특별법이 동일한 구성요건을 가지고 있고 어느 범죄사실이 그 구성요건에 해당하는데 검사가 그 중 형이 보다 가벼운 일반법의 법조를 적용하여 그 죄명으로 기소하였으며, 그 일반법을 적용한 때의 형의 범위가 '징역 5년 이하'이고, 특별법을 적용한 때의 형의 범위가 '무기 또는 10년 이상의 징역'으로서 차이가 나는 경우에는, 비록 그 공소사실에 변경이 없고 또한, 그 적용 법조의 구성요건이 완전히 동일하다 하더라도, 그러한 적용 법조의 변경이 피고인의 방어권 행사에 실질적인 불이익을 초래한다고 보아야 하며, 따라서 법원은 공소장 변경 없이는 형이 더 무거운 특별법의 법조를 적용하여 특별법 위반의 죄로 처단할 수는 없다(대법원 2007. 12. 27. 선고 2007도4749 판결 참조).

원심이 이와 달리 공소장 변경 없이 이 부분 공소사실에 대하여 특정범죄 가중처벌 등에 관한 법률 제2조 제1항, 형법 제130조, 제31조 제1항을 적용한 것에는 공소장변경에 관한 법리를 오해한 위법이 있다고 할 것이고, 이는 판결의 결과에 영향을 미쳤다 할 것이다.

III. 제3문 — 공소장변경의 요부(피해자의 변경)

1. 문제의 제기

검사 P가 甲의 丁에 대한 채권양도행위를 특경법위반(배임)죄로 기소하면서 피해자를 B라고 기재한 경우, 법원이 공소장변경 없이 피해자를 A로 인정하여 유죄선고를 할 수 있는지의 문제 또한 제2문과 마찬가지로 공소장변경 없이 피해자를 변경할 수 있는지 여부의 문제이다.

2. 배임죄에서의 피해자의 변경

공소장변경 없이 직권으로 공소장에 기재된 공소사실과 다른 범죄사실을 인정하기 위하여는 공소사실의 동일성이 인정되는 범위 내이어야 할 뿐 아니라 피고인의 방어권행사에 실질적 불이익을 초래할 염려가 없어야 한다.[1] 따라서 피해자를 변경하더라도 공소사실의 동일성이 인정되고,[2] 피고인의 방어권행사에 실질적 불이익을

---

1) 대법원 2003. 7. 25. 선고 2003도2252 판결.
2) 판례는 공인중개사의업무및부동산거래신고에관한법률위반죄에 있어서 공소사실 중 임차권 양도계약

초래할 염려가 없다면 공소장변경 없이 피해자를 변경할 수 있다.1)

　　판례는 ① 은행원이 예금주로부터 예금하려는 돈을 받아 예금주 몰래 변태처리케 하여 사기죄가 성립하는 사안에서, 피해자를 예금주에서 은행으로 인정하는 경우,2) ② 부동산 양도담보 설정의 취지로 분양계약을 체결한 자가 임의로 그 부동산에 대하여 처분행위를 하여 배임죄가 성립하는 사안에서, 피해자를 피해법인의 '대표자'에서 '법인'으로 변경하여 인정하거나 분양계약서에 매수인으로 제3자가 기재된 경우 위 '제3자'를 피해자로 인정하는 경우3)에는 공소장변경 없이도 이를 인정할 수 있다고 한다. 반면에, ③ 망 X의 처인 피고인이 망 X는 망 Y에게, 망 Y는 Z에게 각 토지에 관한 소유권이전등기절차를 순차 이행하여야 할 의무를 상속하였음에도 제3자에게 처분하여 배임죄로 기소된 사안에서, 피해자를 Z에서 망 Y의 상속인으로 인정하는 것은 그에 대응할 피고인의 방어방법이 달라질 수밖에 없어 그의 방어권행사에 실질적인 불이익을 초래할 염려가 있다고 하고, 나아가 직권으로 Y의 상속인들을 피해자로 인정하지 않은 것이 현저하게 정의와 형평에 반한다고 볼 수 없다고 한다.4)

　　본 사례의 경우, A가 대표이사인 1인 주식회사 B에서 A로 피해자가 변경되더라도 공소사실의 동일성은 인정되고, 피해자가 B인지 A인지라는 점에서만 차이가 있을 뿐 그 밖의 피해목적물이나 배임행위의 일시, 방법 및 피해금액이 모두 동일하여 그 기본적 사실에 있어서는 아무런 차이가 없다. 따라서 피고인이 자신의 방어에 들일 노력·시간·비용에 관한 판단을 달리할 가능성은 없다고 할 것이므로 공소장변경 없이 피해자를 A로 인정할 수 있다고 할 것이다([관련판례]). 특히, 본 사례의 경우 공소사실의 오기로 볼 여지도 있는데, 그 경우에도 방어권행사에 실질적인 불이익을 초래할 염려가 없으므로 공소장변경 없이 이를 정정할 수 있다.5)

　　중개수수료 교부자를 甲에서 乙로 변경하는 경우에는 공소사실의 동일성이 인정된다고 한다(대법원 2010. 6. 24. 선고 2009도9593 판결).
1) 대법원 1987. 12. 22. 선고 87도2168 판결; 대법원 2017. 6. 19. 선고 2013도564 판결.
2) 대법원 1987. 12. 22. 선고 87도2168 판결.
3) 대법원 2010. 9. 9. 선고 2010도5975 판결.
4) 대법원 2011. 1. 27. 선고 2009도10701 판결.
5) 대법원 2002. 3. 15. 선고 2001도970 판결(범행일시 정정).

관련판례

대법원 1992. 10. 23. 선고 92도1983 판결【특정범죄가중처벌등에관한법률위반(사기)·사기·업무상횡령·업무상배임】

기록에 의하면, 위 각 범행에 관하여 공소장의 공소사실에는 피고인이 피해자 K를 기망하여 차용금이나 어음할인금 명목으로 9차례에 걸쳐 합계 금 98,500,000원을 교부받아 편취하였다고 되어 있으나, 원심이 유지한 제1심판결은 피고인이 별지3 기재 순번 1, 5, 6, 9의 4회는 위 K를, 같은 순번 2, 3, 4, 7, 8의 5회는 피해자 Y를 기망하여 편취하였다고 범죄사실을 인정하고 있어서 공소사실과 범죄사실과의 사이에 사기죄의 피해자가 일부 달리되어 있음은 명백하다.

그러나 이를 대비하여 보면, 사기범행의 피해자가 K이냐 Y이냐의 점에 관하여만 차이가 있을 뿐 그 밖의 피해목적물 자체나 기망의 일시, 방법 및 금액이 모두 동일하여 그 기본적 사실에 있어서는 아무런 차이가 없다.

따라서 공소사실의 동일성을 해하지 않고 또한 피고인의 방어권행사에 어떠한 실질적인 불이익을 주지 않는 한, 원심이 공소장 변경의 절차 없이 공소장에서 적시된 피해자와 다른 피해자를 인정하여 피고인에 대한 판시 범죄사실을 유죄로 인정하였다고 하여도 불고불리의 원칙에 위배한 위법이 있다고 할 수 없다.

사 례 [21] 직무유기죄, 뇌물수수죄, 탄핵증거, 상소의 이익

　　경찰관 甲은 2015. 1. 5. 05:30경 관내 L 아파트 101동 702호 주민으로부터 802호에 살고 있는 사람들이 새벽에 큰 소란을 피우며 도박을 하고 있는 것으로 의심된다는 신고를 접수받았다. 甲은 동료 경찰관들과 함께 L 아파트 101동 802호에 출동하여 802호 집주인에게 문을 열어달라고 하여 그곳으로 들어가 안방에서 17명이 수천만 원을 걸고 일명 '세븐오디'라는 도박을 하고 있는 현장을 확인하였다. 甲은 현장에 있던 도박 혐의자 17명을 현행범인으로 체포한 후, 경찰서로 데리고 가 인적사항을 확인하고 도박을 하였는지 등을 조사하였다. 17명 중 5명에 대해서는 피의자신문을 마치고 집으로 돌려보냈고, 동종전력이 있는 나머지 12명에 대해서는 아무런 조사도 하지 않고 같은 날 23:30경 모두 집으로 돌려보냈다. 그 과정에서 현행범인으로 체포한 것을 은폐하기 위하여 현행범인체포서 대신에 임의동행동의서(하단에는 임의동행에 동의한 사람이 서명 또는 날인하도록 되어 있고, 상단에는 임의동행을 요구한 경찰관이 동행일시, 동행장소, 동행목적, 동행대상, 담당경찰관의 소속, 계급, 성명을 기재하도록 되어 있음)를 작성하였으며, 도박 혐의자 17명을 집으로 돌려보낼 때 석방일시·사유를 문서로 작성하여 기록에 편철하지 않았다.

　　한편, 甲은 도박 혐의자 중 한 명인 A로부터 "도박자금을 돌려주면 섭섭하지 않게 사례하겠다"는 제의를 받고 100만 원을 달라는 의미로 A에게 손가락 하나를 들어 보이고, 현장에서 압수하였던 도박자금을 돌려주면서 도박자금에 대한 압수조서와 압수목록을 작성하지 않았다. A는 甲이 손가락으로 표시한 액수가 1,000만 원이라고 생각하고 다음 날 14:00경 경찰서 인근 식당에서 甲을 만나 식사하며 1,000만 원짜리 수표 1장이 든 봉투를 甲에게 건네주었다. 甲은 A로부터 받은 봉투를 사무실로 가지고 와 자신의 책상 서랍에 일주일 동안 보관하다가 2015. 1. 13. 저녁에 동료 경찰관들과 회식을 하기 위해서 봉투를 열어보았더니 1,000만 원짜리 수표 1장이 들어있는 것을 확인하였다. 甲은 자신이 요구했던 액수보다 훨씬 크다는 사실을 알고 A를 만나 수표를 돌려주었다.

설 문

1. 경찰관 甲은 경찰 조사를 받지 않은 도박 혐의자 12명에 대하여 소재불명으로 결국 조사하지 못한 채, 관할 검찰청으로 사건을 송치하여 종결되었는데, 검사 P는 나중에 첩보를 통하여 甲의 범죄사실을 인지·수사한 다음, 2022. 2. 15. 甲을 직무유기죄(형법 제122조)와 뇌물수수죄(형법 제129조 제1항)로 기소하였다.

   (1) 甲은 공판기일에 공소사실 전부를 시인하면서 검사가 신청한 증거에 대하여 모두 동의하였고, 검사가 제출한 증거에 의하여 공소사실이 인정된다고 할 때, 담당판사 J는 어떤 판결을 하여야 하는가?

   (2) 甲은 공판기일에 공소사실 전부를 부인하면서, 검사가 증거로 제출한 甲에 대한 검사 작성 피의자신문조서에는 甲이 모든 범죄사실을 인정하는 내용으로 기재되어 있으나 이는 자신이 실제로 검사에게 진술한 내용과 다르다고 진술하였다. 이에, 검사는 甲이 법정에서 부인하는 진술의 신빙성을 다투기 위하여 검사 작성 피의자신문조서와 甲이 검사의 정식 신문 전에 검사 앞에서 범죄사실을 인정하는 내용이 녹화된 영상녹화물을 증거로 신청하였다. 담당판사 J는 각 신청된 증거에 대하여 어떤 조치를 취해야 하는가?

2. 甲은 담당판사 J의 위 (1)의 판결에 대하여 무죄를 주장하며 전부 항소를 하였으나, 공판검사 Q는 항소를 제기하지 않았다. 甲의 항소에 대하여 항소심 재판부는 어떤 조치를 취해야 하는가?

해 설

Ⅰ. 제1문의 (1) — 甲에 대한 담당판사 J의 판결

1. 문제의 제기

경찰관 甲은 ① 2015. 1. 5. 도박 혐의자 17명을 현행범인으로 체포하고도 현행범인체포서 대신에 임의동행동의서를 작성하였고, 그중 동종전력이 있는 12명을 조사하지 않고 석방·귀가시키면서 석방일시·사유를 문서로 작성하여 기록에 편철하지 않았는데, 결국 모두 조사하지 못한 채 사건을 송치하였다. 또한, 甲은 ② 압수한 도박자금에 대한 압수조서와 압수목록을 작성하지 않았으며, ③ 2015. 1. 5. 도박 혐의자인 A로부터 도박자금을 돌려주면 사례하겠다는 제의를 받고 100만 원을 달라는 의미로 손가락 하나를 들어 보이고, 같은 달 6. A로부터 사례금조로 받은 봉투를 1주일 동안 보관한 후 1,000만 원짜리 수표 1장이 들어 있는 것을 확인하고 이를 A에게 반환하였다.

도박사건 종결 후 첩보를 통하여 위 사실을 알게 된 검사 P는 甲의 범죄사실을 인지·수사하여 직무유기죄(위 ①, ②사실)와 뇌물수수죄(③사실)로 기소하였는데, 검사가 제출한 증거에 의하여 공소사실이 모두 인정된다고 할 때, 담당판사 J는 어떤 판결을 하여야 하는지 문제된다.

2. 직무유기죄와 뇌물수수죄의 성립 여부
(1) 직무유기죄에 대하여
㈎ 직무유기죄의 구성요건

공무원이 정당한 이유 없이 그 직무수행을 거부하거나 그 직무를 유기한 때에는 직무유기죄(형법 제122조)가 성립한다. 여기서 공무원이 '정당한 이유 없이 직무를 유기한 때'란 직무에 관한 의식적인 방임 내지 포기 등 정당한 사유 없이 직무를 수행하지 않는 경우[1]를 의미하고,[2] 공무원이 태만, 분망(奔忙), 착각 등으로 인하여 직무

---

1) 대법원 1977. 11. 22. 선고 77도2952 판결.
2) 판례상 직무유기가 인정된 사례로는 ① 경찰관이 불법체류자의 신병을 출입국관리사무소에 인계하지

를 성실히 수행하지 않거나 성실하게 직무수행을 못한 것에 불과한 경우1)에는 직무유기죄는 성립하지 않는다.2) 한편, 직무유기죄는 부진정부작위범3)으로서 구체적으로 특정 직무를 수행하여야 할 작위의무가 있는 사람이 그 직무를 버린다는 인식하에 의무를 수행하지 않음으로써 성립한다.4)

(나) 직무유기죄의 성립 여부

「검사의 사법경찰관리에 대한 수사지휘 및 사법경찰관리의 수사준칙에 관한 규정」(2011. 12. 30. 대통령령 제23436호)5)에 의하면, 사법경찰관리가 현행범인을 체포하였을 때에는 체포의 경위를 상세히 적은 현행범인 체포서를 작성하여야 하고(제37조 제1항), 현행범인을 체포하거나 인수하였을 때에는 약물 복용 또는 음주 등으로 인하여 조사가 현저히 곤란한 경우가 아니면 지체 없이 조사하고 계속 구금할 필요가 없다고 인정할 때에는 즉시 석방하여야 한다(제38조 제1항). 그리고 현행범인을 석방하였을 때는 피의자 석방 보고서에 석방일시와 석방사유를 적어 지체 없이 그 사실을 검사에게 보고하여야 하며, 그 문서의 사본을 수사기록에 편철하여야 한다(제38조 제2항). 또한 사법경찰관은 증거물 또는 몰수할 물건을 압수하였을 때에는 압수조서와 압수목록을 작성하여야 하고(제44조 제1항), 사건을 송치할 때에는 수사 서류에 사건송치서, 압수물 총목록, 기록목록, 의견서와 범죄경력 조회 회보서, 수사경력 조회 회보서 등 필요한 서류를 첨부하여야 한다(제82조 제1항 본문).

않고 훈방하면서 이들의 인적사항조차 기재해 두지 않은 경우(대법원 2008. 2. 14. 선고 2005도4202 판결), ② 경찰관이 장기간에 걸쳐 여러 번 오토바이 상회 운영자에게 오토바이를 보관시키고도 소유자를 찾아 반환하도록 처리하거나 상회 운영자에게 반환 여부를 확인하지 않고 오히려 상회 운영자로부터 오토바이를 보내준 대가 또는 그 처분대가로 돈까지 지급받은 경우(대법원 2002. 5. 17. 선고 2001도6170 판결), ③ 외항선에 머무르면서 밀수 감시, 화물 임검 등의 근무명령을 받은 자가 그 임무를 도중에 포기하고 귀가한 경우(대법원 1970. 9. 29. 선고 70도1790 판결), ④ 차량번호판 교부 담당 직원이 운행정지처분을 받은 자동차에 대하여 이를 묵인하고 번호판을 다시 교부한 경우(대법원 1972. 6. 27. 선고 72도969 판결) 등이 있다.

1) 대법원 1982. 9. 28. 선고 82도1633 판결.
2) 판례상 직무유기가 인정되지 않은 사례로는 ① 교도소 보안과 출정계장과 감독교사가 호송교도관의 감독을 소홀히 하여 재소자 집단도주사고가 발생한 경우(대법원 1991. 6. 11. 선고 91도96 판결), ② 통고처분이나 고발할 권한이 없는 세무공무원이 그 권한자에게 범칙사건 조사결과에 따른 통고처분이나 고발조치를 건의하는 등의 조치를 취하지 않은 경우(대법원 1997. 4. 11. 선고 96도2753 판결), ③ 일직사관이 근무장소 부근에서 잠을 잔 경우(대법원 1984. 3. 27. 선고 83도3260 판결), ④ 약사감시원이 무허가 약국개설자를 적발하고 상사에 보고하여 그 지시에 따라 약국을 폐쇄토록 하였으나 수사관서에 고발하지 않은 경우(대법원 1969. 2. 4. 판결 67도184 판결) 등이 있다.
3) 대법원 1983. 3. 22. 선고 82도3065 판결.
4) 대법원 1999. 11. 26. 선고 99도1904 판결; 대법원 2008. 2. 14. 선고 2005도4202 판결.
5) 검·경 수사권조정으로 위 규정은 2021. 1. 1. 폐지되고, 대신에 「검사와 사법경찰관의 상호협력과 일반적 수사준칙에 관한 규정」(제정 2020. 10. 7. 대통령령 제31089호, 시행 2021. 1. 1.)이 제정·시행되었다.

본 사례에서 경찰관 甲은 위 규정을 위반하여 도박 혐의자 17명을 현행범인으로 체포하고도 '임의동행동의서'를 작성하게 하고, 체포한 현행범인을 석방하였을 때 석방일시 및 석방사유를 적은 문서를 작성하지 않았다. 또한 범행에 중요한 증거자료인 압수한 도박자금에 대한 압수조서와 압수목록도 작성하지 않았으며, 범죄자 중 도박전과자가 있다는 사실을 확인하고서도 아무런 추가조사 없이 바로 석방하였다. 甲의 이러한 행위는 단순히 업무를 소홀히 수행한 것이 아니라 정당한 사유 없이 수사업무를 방임 내지 포기한 것으로 보아야 할 것이다. 따라서 甲에 대하여 직무유기죄가 성립한다.[1]

(다) 허위공문서작성죄 및 허위작성공문서행사죄와의 관계

위 임의동행동의서는 사문서 부분과 공문서 부분이 병존하는 문서인데, 甲이 공문서 부분을 허위 기재하여 이를 기록에 편철하였으므로 甲에 대하여 허위공문서작성죄(형법 제277조)와 허위작성공문서행사죄(형법 제229조)가 각 성립한다. 공무원이 어떠한 위법사실을 발견하고도 직무상 의무에 따른 적절한 조치를 취하지 않고 위법사실을 적극적으로 은폐할 목적으로 허위공문서를 작성·행사한 경우에는 직무위배의 위법상태는 허위공문서 작성 당시부터 그 속에 포함되는 것으로 작위범인 허위공문서작성죄 및 허위작성공문서행사죄만이 성립하고, 부작위범인 직무유기죄는 따로 성립하지 않는다(흡수관계).[2][3] 그러나 검사에게는 기소 재량이 있으므로 하나의 행위가 부작위범인 직무유기죄와 작위범인 허위공문서작성죄 및 허위작성공문서행사죄의 구성요건을 동시에 충족하는 경우, 작위범으로 공소를 제기하지 않고 부작위범인 직무유기죄로만 공소를 제기할 수도 있는 것이므로([관련판례]), 검사 P의 기소는 적법하다.

관련판례

대법원 2008. 2. 14. 선고 2005도4202 판결【뇌물공여·직무유기·부정처사후수뢰·뇌물수수】

직무유기죄는 구체적으로 그 직무를 수행하여야 할 작위의무가 있는데도 불구하고

---

1) 대법원 2010. 6. 24. 선고 2008도11226 판결.
2) 대법원 2004. 3. 26. 선고 2002도5004 판결; 대법원 2010. 6. 24. 선고 2008도11226 판결.
3) 그러나 직무유기를 한 공무원이 이와 별도로 허위공문서를 작성한 경우에는 직무유기죄와 허위공문서작성죄가 성립하고 두 죄는 실체적 경합관계이다(대법원 1993. 12. 24. 선고 92도3334 판결. 피고인이 복명서 및 심사의견서를 허위 작성한 것은 A가 농지일시전용허가를 신청하자 이를 허가하여 주기 위하여 한 것이지, 직접적으로 A의 농지불법전용사실을 은폐하기 위하여 한 것은 아니라는 이유로 허위공문서작성 및 허위작성공문서행사죄와 직무유기죄가 실체적 경합범이라고 한 사례).

이러한 직무를 버린다는 인식하에 그 작위의무를 수행하지 아니하면 성립하는 것이다(대법원 1997. 4. 22. 선고 95도748 판결, 대법원 1999. 11. 26. 선고 99도1904 판결 등 참조).

이 부분 원심판결 이유를 위 법리와 관련 증거에 비추어 살펴보면, 원심이 그 설시의 증거를 종합하여 판시와 같은 출입국관리법령의 규정, 불법체류자 단속업무에 관한 경찰 내부의 업무지시, 경찰공무원의 일반적인 직무상 의무, 위 피고인 자신이 경찰에서 진술하였던 내용 등을 인정한 다음, 수원중부경찰서 X 파출소 부소장으로 근무하던 위 피고인이 112 순찰을 하고 있던 공소외 1 경장과 공소외 2 순경에게 "지동시장 내 동북호프에 불법체류자가 있으니 출동하라"는 무전지령을 하여 동인들로 하여금 그곳에 있던 불법체류자들인 공소외 3 등 5명을 X 파출소로 연행해 오도록 한 다음, 위 공소외 3 등이 불법체류자임을 알면서도 이들의 신병을 출입국관리사무소에 인계하지 않고 본서인 수원중부경찰서 외사계에 조차도 보고하지 않았을 뿐만 아니라(달리 자진신고하도록 유도한 것도 아니다), 더 나아가 근무일지에 단지 '지동 복개천 꼬치구이집 밀항한 여자 2명과 남자 2명이 있다는 신고 접한 후, 손님 3명, 여자 2명을 조사한바 꼬치구이 종업원으로 혐의점 없어 귀가시킴'이라고 허위의 사실을 기재하고, 이들이 불법체류자라는 사실은 기재하지도 않은 채 자신이 혼자 소내 근무 중임을 이용하여 이들을 훈방하였으며, 훈방을 함에 있어서도 통상의 절차와 달리 이들의 인적사항조차 기재해 두지 아니한 행위는 직무유기죄에 해당한다고 판단한 것은 정당하고, 거기에 상고이유의 주장과 같이 판결 결과에 영향을 미친 법리오해, 채증법칙 위반, 심리미진, 이유모순 등의 위법이 없다.

그리고 하나의 행위가 부작위범인 직무유기죄와 작위범인 허위공문서작성·행사죄의 구성요건을 동시에 충족하는 경우 공소제기권자는 재량에 의하여 작위범인 허위공문서작성·행사죄로 공소를 제기하지 않고 부작위범인 직무유기죄로만 공소를 제기할 수도 있는 것이므로(위 대법원 1999. 11. 26. 선고 99도1904 판결 참조), 검사가 위 피고인의 행위를 허위공문서작성·행사죄로 기소하지 않고 직무유기죄로만 공소를 제기한 이 사건에서 원심이 그 공소범위 내에서 위 피고인을 직무유기죄로 인정하여 처벌한 조치 역시 정당하다.

(2) 뇌물수수죄에 대하여

㈎ 뇌물수수죄의 구성요건

공무원이 그 직무에 관하여 뇌물을 수수한 때에는 뇌물수수죄(형법 제129조 제1항)가 성립한다. 여기서 '수수'는 뇌물을 자기의 것으로 하기 위한 의사, 즉 영득할 의사를 가지고 현실적으로 취득하는 것을 말한다(통설·판례[1]). 영득할 의사로 뇌물을 수

---

[1] 대법원 1985. 1. 22. 선고 84도2082 판결.

령한 것인지 여부는 뇌물을 교부받은 경위, 언제든지 그 뇌물을 반환할 기회가 있었는데도 반환하지 않았는지 여부, 그 뇌물을 반환하게 된 경위 등을 고려하여 판단하여야 한다.[1]

따라서 ① 뇌물인지 모르고 이를 수수하였다가 뇌물임을 알고 즉시 반환하거나, ② 돈을 준 증뢰자가 일방적으로 뇌물을 두고 가므로 후일 기회를 보아 반환할 의사로 어쩔 수 없이 일시 보관하다가 반환한 경우처럼 처음부터 영득할 의사가 없는 경우에는 뇌물수수죄가 성립하지 않는다.[2] 그러나 ③ 수뢰자가 먼저 뇌물을 요구하여 받았으나 예상한 것보다 너무 많은 액수여서 후에 반환한 경우([관련판례])[3]처럼 처음부터 영득할 의사가 있는 경우에는 뇌물수수죄가 성립한다.[4]

(나) 뇌물수수죄의 성립 여부

甲은 도박 혐의자인 A로부터 봉투에 들어있는 돈 액수가 100만 원인 줄로 생각하고 받았다가 나중에 1,000만 원이라는 사실을 알고 돌려주었다. 甲은 경찰공무원이고, 자신의 직무인 압수물 보관·관리 직무와 관련하여 금품을 받은 사실은 인정된다. 다만 수령한 금액이 예상보다 크다고 생각하여 돌려주었지만, A의 제의에 대하여 손가락 하나를 들어보이며 구체적으로 뇌물을 요구한 점에 비추어 처음부터 영득할 의사가 있었다고 할 것이다. 따라서 甲에 대하여 뇌물수수죄가 성립한다. 이때, 몰수·추징(형법 제134조)의 대상이 되는 뇌물액수는 100만 원이 아니라 수령한 액수인 1,000만 원이다([관련판례]).

 관련판례

대법원 2007. 3. 29. 선고 2006도9182 판결【특정범죄가중처벌등에관한법률위반(뇌물)(인정된 죄명: 뇌물수수)】

뇌물을 수수한다는 것은 영득의 의사로 금품을 수수하는 것을 말하므로, 뇌물인지 모르고 이를 수수하였다가 뇌물임을 알고 즉시 반환하거나, 증뢰자가 일방적으로 뇌물을 두고 가므로 후일 기회를 보아 반환할 의사로 어쩔 수 없이 일시 보관하다가 반환하는 등 그 영득의 의사가 없었다고 인정되는 경우라면 뇌물을 수수하였다고 할 수 없겠지만, 피고인이 먼저 뇌물을 요구하여 증뢰자가 제공하는 돈을 받았다면 피고인

---

1) 대법원 2013. 11. 28. 선고 2013도9003 판결.
2) 대법원 1987. 9. 22. 선고 87도1472 판결; 대법원 2007. 3. 29. 선고 2006도9182 판결; 대법원 2012. 8. 23. 선고 2010도6504 판결.
3) 대법원 1985. 5. 14. 선고 83도2050 판결; 대법원 2017. 3. 22. 선고 2016도21536 판결.
4) 대법원 2013. 11. 28. 선고 2013도9003 판결.

에게는 받은 돈 전부에 대한 영득의 의사가 인정된다고 하지 않을 수 없고, 이처럼 영득의 의사로 뇌물을 수령한 이상 그 액수가 피고인이 예상한 것보다 너무 많은 액수여서 후에 이를 반환하였다고 하더라도 뇌물죄의 성립에는 영향이 없다고 할 것이다(대법원 1985. 5. 14. 선고 83도2050 판결 참조).

이 사건에서, 원심이 인정한 사실관계에 의하더라도 공소외 1이 추가세무조사 대상자로 지정하지 않으면 섭섭하지 않도록 해 주겠으니 얼마면 되겠느냐고 부탁하자 피고인이 손가락 한 개를 들어 보임으로써 뇌물을 요구하였고, 공소외 1이 이에 응하여 현금 1억 원이 든 가방을 제공하자 이를 수령하였다는 것이므로, 이처럼 피고인이 스스로 대가를 요구하여 돈을 받은 이상 피고인은 그 받은 돈 전부를 영득의 의사로 수령한 것이라고 보아야 할 것이고, 설령 피고인이 내심으로는 1,000만 원 정도로 생각하고 이를 수령하였다고 하여 1,000만 원에 대하여만 영득의 의사가 인정되고 이를 초과하는 액수에 대하여는 영득의 의사가 부정될 수는 없다고 하겠다. ●

3. 담당판사 J의 판결

(1) 공소시효의 도과 여부

위에서 살펴본 바와 같이 甲에 대하여 직무유기죄와 뇌물수수죄가 모두 성립하는데, 검사가 제출한 증거에 의하여 공소사실이 모두 인정된다고 할 때, 담당판사 J는 특별한 사정이 없는 한 유죄판결을 하여야 한다. 다만 직무유기죄의 범행일자는 2015. 1. 5.이고, 뇌물수수죄의 범행일자는 2015. 1. 6.인데, 검사 P의 공소제기일은 2022. 2. 15.이어서 공소시효가 도과된 것은 아닌지 문제된다.

먼저 직무유기죄의 법정형은 '1년 이하의 징역이나 금고 또는 3년 이하의 자격정지'로 공소시효의 기간이 5년(형소법 제249조 제1항 제5호)인 반면, 뇌물수수죄는 법정형이 '5년 이하의 징역 또는 10년 이하의 자격정지'로 7년(형소법 제249조 제1항 제4호)이다. 공소시효는 범죄행위를 종료한 때로부터 진행하는데(형소법 제252조 제1항), 결과발생을 요건으로 하는 결과범에서는 결과가 발생한 때로부터 진행하고,[1] 계속범에서는 법익침해가 종료된 때로부터 진행한다.

직무유기죄는 작위의무를 수행하지 않는 위법한 부작위 상태가 계속되는 한, 가벌적인 위법상태는 계속 존재하는 계속범[2]으로서의 성질을 가진다. 따라서 甲의 직무유기 상태가 계속되는 한 그 공소시효는 진행되지 않으므로[3] 직무유기죄는 공소

---

1) 대법원 2003. 9. 26. 선고 2002도3924 판결.
2) 대법원 1997. 8. 29. 선고 97도675 판결.
3) 대법원 1981. 10. 13. 선고 81도1244 판결. 허가를 받지 아니하고 시장을 개설하는 행위는 계속범의 성질을 가지는 것이어서 허가를 받지 않은 상태가 계속되는 한 무허가 시장개설행위에 대한 공소시효는

시효 기간 내에 공소가 제기된 것이다. 한편 뇌물수수죄는 즉시범으로 甲이 뇌물을 수수한 2015. 1. 6. 14:00경 범죄행위가 종료되어 그때부터 공소시효 기간이 진행하므로, 공소시효 기간인 7년이 경과한 2022. 1. 5. 24:00 공소시효가 완성되었다. 따라서 뇌물수수죄는 공소시효 기간이 도과한 이후에 공소가 제기된 것이다.

(2) 설문의 해결

담당판사 J는 甲에 대한 직무유기죄에 대해서는 유죄판결(형소법 제323조)을, 뇌물수수죄에 대해서는 면소판결(형소법 제326조 제3호)을 선고하여야 한다.

II. 제1문의 (2) — 탄핵증거 신청에 대한 담당판사 J의 조치

1. 문제의 제기

피고인 甲은 공소사실을 모두 부인하면서 자신에 대한 검사 작성의 피의자신문조서의 실질적 진정성립을 부정하였다. 이에 공판검사 Q는 甲의 공판정에서의 부인진술에 대한 증명력을 다투기 위하여 ① 실질적 진정 성립이 부정되어 증거능력이 없는 검사 작성의 피의자신문조서(①증거)와 ② 甲이 검사의 정식 신문 전에 검사 앞에서 범죄사실을 인정하는 내용이 녹화된 영상녹화물(②증거)을 탄핵증거로 신청하였는데, 탄핵증거로서 허용되는지 여부와 이에 대한 담당판사 J의 조치가 문제된다.

2. 탄핵증거에 대하여

형사소송법 제318조의2 제1항은 "제312조 내지 제316조의 규정에 의하여 증거로 할 수 없는 서류나 진술이라도 공판준비 또는 공판기일에서의 피고인 또는 피고인 아닌 자(공소제기 전에 피고인을 피의자로 조사하였거나 그 조사에 참여하였던 자를 포함한다. 이하 이 조에서 같다)의 진술의 증명력을 다투기 위하여 증거로 할 수 있다"고 규정하고 있는데, 여기서 '진술의 증명력을 다투기 위한 증거'를 탄핵증거라고 한다.

(1) 탄핵의 범위와 대상

탄핵증거는 증거의 증명력을 다투기 위한 증거로서 증명력을 감쇄하는 경우뿐

진행하지 아니한다. (중략) 이와 다른 견해에서 이 사건 공소사실에 대한 공소시효가 시장개설 행위가 최초로 행해진 때로부터 진행하여 이미 완성되었다는 취지의 논지도 받아들일 수 없다.

아니라 감쇄된 증명력을 회복하는 경우도 포함한다(통설). 탄핵의 대상은 우선 '공판준비 또는 공판기일에서의 피고인 또는 피고인 아닌 자의 진술'(형소법 제318조의2)이다. 진술에는 구두진술뿐만 아니라 진술이 기재된 서면도 포함된다. 공판정 외의 진술도 서면의 형식으로 증거가 된 경우에는 탄핵의 대상이 된다(통설).

형사소송법 제318조의2의 규정에도 불구하고 피고인의 진술을 탄핵하는 것을 허용하게 되면 자백편중의 수사관행을 부추길 우려가 있다는 이유로 소극적인 견해도 있으나, 명문으로 규정하고 있는 이상 탄핵의 대상이 된다는 적극설(통설)이 타당하다. 판례도 적극설의 입장이다.[1]

본 설문에서는 '피고인 甲의 법정에서의 진술의 증명력(신빙성)을 다투기 위하여' 증거를 신청하였으므로 탄핵의 범위와 대상에 해당한다고 할 것이다.

(2) 탄핵증거의 범위

탄핵증거로 제출할 수 있는 증거의 범위에 대해서는 ① 동일인의 자기모순의 진술, 즉 공판정에서 한 진술과 상이한 공판정 외에서의 진술에 한정된다는 한정설(통설), ② 자기모순의 진술에 한정하지 않고 증명력을 다투기 위한 증거라면 제한 없이 전문증거를 사용할 수 있다는 비한정설, ③ 자기모순의 진술 외에 증인의 신빙성에 대한 보조사실(예컨대, 증인의 성격, 교양, 평판, 이해관계 등)을 입증하기 위한 증거는 포함된다는 절충설, ④ 검사는 자기모순의 진술만을, 피고인은 모든 전문증거를 제출할 수 있다는 이원설이 대립된다. 이에 대하여 명시적인 입장을 밝힌 판례는 없으나, 자기모순의 진술에 한정하는 한정설이 타당하다.

본 설문에서 공판검사 Q는 甲의 법정에서의 범죄사실을 부인하는 진술을 탄핵하기 위하여 甲이 범죄사실을 인정하는 내용이 기재된 검사 작성의 피의자신문조서와 영상녹화물을 증거로 제출하였다. 따라서 이는 자기모순의 진술로서 탄핵증거로 제출할 수 있는 증거의 범위에 해당한다.

3. 탄핵증거로 할 수 있는지 여부와 담당판사 J의 조치

검사가 제출한 검사 작성의 피의자신문조서(①증거)는 실질적 진정성립이 인정되지 않은 증거이고 영상녹화물(②증거)은 검사가 甲을 신문하기 전의 상황을 녹화한 것으로, 위와 같이 탄핵증거로 제출할 수 있는 증거의 범위에는 해당하지만 나아가 이

---

1) 대법원 1998. 2. 27. 선고 97도1770 판결; 대법원 2005. 8. 19. 선고 2005도2617 판결.

를 탄핵증거로 할 수 있는지가 문제된다.

(1) 검사 작성의 피의자신문조서

①증거는 성립의 진정이 인정되지 않았는데, 탄핵증거로 인정될 수 있는지가 문제된다. 진술자가 진술내용이 정확히 기재되어 있는가를 확인하지 않은 진술기재서류는 진술내용의 진실성과 정확성을 확인할 수 없으므로 그 서명·날인이 있는 경우에 한하여 탄핵증거가 될 수 있다는 것이 통설이지만, 판례는 일관하여 탄핵증거에 관해서는 성립의 진정이 인정될 것을 요하지 않는다고 판시하고 있다.[1]

판례에 따르면 ①증거는 성립의 진정이 인정되지 않았지만 탄핵증거로 제출할 수 있다. 따라서 담당판사 J는 이를 탄핵증거로 채택하여 법정에서 증거조사를 하여야 한다.[2] 이때의 증거조사는 엄격한 증거조사일 필요는 없고, 상당하다고 인정되는 방법으로 실시할 수 있다.

(2) 영상녹화물

형사소송법 제318조의2 제2항은 "공판준비 또는 공판기일에 피고인 또는 피고인이 아닌 자가 진술함에 있어서 기억이 명백하지 아니한 사항에 관하여 기억을 환기시켜야 할 필요가 있다고 인정되는 때에 한하여 피고인 또는 피고인이 아닌 자에게 재생하여 이를 시청하게 할 수 있다"고 규정하고 있다. 이 규정과 관련하여 영상녹화물을 탄핵증거로 사용할 수 있는지가 문제된다.

이에 대하여 ① 영상녹화물은 형사소송법 제318조의2 제2항의 요건에 따라 기억이 명백하지 않은 사항에 관하여 기억을 환기시켜야 할 필요가 있는 때에만 탄핵증거의 대상이 되고, 그 밖에는 탄핵증거로 사용할 수 없다는 부정설, ② 영상녹화물은 서류에 준하여 증거능력이 판단되므로 형사소송법 제318조의2 제1항의 서류에 준하여 탄핵증거로 허용되지만, 신문방법으로서는 기억환기용으로만 재생·시청할 뿐이고 증인을 추궁하는 용도 등으로 사용할 수 없다는 제한조항에 불과하다는 긍정설, ③ 법문 해석상 탄핵증거로 제출할 수 없도록 한 것이지만 입법론상 부당하다는 견해가 있다.

본 설문에서는 甲의 기억이 명확하지 못하여 기억을 환기시킬 필요가 있는지 여부에 대한 언급이 없으므로 탄핵증거로 할 수 없다. 따라서 J는 증거신청을 기각하여

---

[1] 대법원 1994. 11. 11. 선고 94도1159 판결.
[2] 대법원 1998. 2. 27. 선고 97도1770 판결.

탄핵증거로 채택해서는 안 된다.

Ⅲ. 제2문 — 甲의 항소에 대한 재판부의 조치

1. 문제의 제기
앞에서 살펴 본 바와 같이 제1심 담당판사 J는 피고인 甲의 직무유기죄에 대해서는 유죄판결을, 뇌물수수죄에 대해서는 면소판결을 선고하여야 한다. 이러한 제1심판결에 대하여 甲은 무죄를 주장하며 전부 항소를 하였으나 검사는 항소를 제기하지 않았다. 이때 항소심 재판부가 취해야 할 조치가 문제되는데, 이는 피고인에게 상소의 이익이 인정되는가 하는 문제와 관련된다.

2. 상소의 이익
상소는 원판결의 잘못을 시정하여 이에 의하여 불이익을 받는 당사자를 구제하고 법령해석의 통일을 기하기 위하여 인정된 제도이다. 상소권자는 상소이유(형소법 제361조의5, 제383조)에 해당하는 사유가 있는 때에 상소를 할 수 있다. 검사와 피고인은 상소할 수 있는데, 피고인은 자기에게 불이익한 상소를 할 수 없으며 이익인 재판을 구하는 경우에 한해서 상소할 수 있다. 무엇이 이익인 상소인가에 대해서는 ① 피고인의 주관을 기준으로 판단해야 한다는 주관설, ② 사회적인 통념을 기준으로 판단해야 한다는 사회통념설도 있으나, ③ 원판결을 기준으로 피고인의 법익 박탈의 객관적인 대소, 즉 객관적 표준에 의하여 판단해야 한다는 객관설(통설)이 타당하다.

(1) 유죄판결에 대한 상소의 이익
유죄판결은 피고인에게 불이익한 재판이므로, 유죄판결에 대하여 무죄를 주장하거나 경한 형을 선고할 것을 주장하여 상소하는 경우에는 당연히 상소의 이익이 있다. 반대로 중한 형을 선고할 것을 주장하는 상소제기는 당연히 상소의 이익이 없다.

(2) 면소판결에 대한 상소의 이익
면소판결의 본질에 대해서는 실체적 소송조건이 구비되지 않은 경우에 선고되는 실체관계적 형식재판이라는 실체관계적 형식재판설과 실체심리를 하지 않고 형식적으로 소송을 종결시키는 형식재판(통설)이라는 형식설의 대립이 있으나, 판례는 형식재판이라고 한다.[1] 면소판결에 대하여 피고인이 무죄를 주장하며 상소할 수 있는가에 대하여, ① 무죄판결이 객관적으로 피고인에게 가장 유리하고, 무죄판결이 확정되면 기판력이 발생하며 형사보상도 받을 수 있으므로 상소할 수 있다는 견해(적극설)도 있다. 이는 면소판결이 실체관계적 형식재판이라는 입장에서 주로 주장된다. 이에 반하여 면소판결이 형식재판이라는 입장에서는 상소할 수 없다고 하는데(소극설), 그 근거에 대하여 ② 실체판결청구권이 없기 때문이라고 하는 견해와 ③ 상소의 이익이 없기 때문이라는 견해(통설)가 있다. 형식재판은 유죄판결이 아니며, 형식재판으로 피고인은 형사절차에서 빨리 벗어나는 이익이 더 크므로 형식재판과 무죄판결은 모두 피고인에게 유리한 재판이다. 따라서 ③의 견해가 타당하다. 판례는 면소판결에 대하여는 피고인에게 무죄판결청구권이 없다는 이유로 상소가 허용되지 않는다고 판시[2]하여 ②의 견해와 같은 입장이다.

3. 설문의 해결

본 설문에서 ① 甲이 유죄판결이 선고된 직무유기죄 부분에 대하여 무죄를 주장하며 항소한 것은 상소의 이익이 인정된다. 따라서 항소심 재판부는 변론기일을 새롭게 지정하여 유·무죄 여부에 관한 심리를 진행하여야 한다. 그리고 ② 甲이 면소판결이 선고된 뇌물수수죄 부분에 대하여 무죄를 주장하며 항소한 것은 판례와 통설에 따르면 허용되지 않는다. 따라서 항소심 재판부는 변론 없이 결정으로 항소를 기각하여야 한다(형소법 제362조 제1항[3]).

---

1) 대법원 1964. 3. 31. 선고 64도64 판결.
2) 대법원 1964. 4. 7. 선고 64도57 판결; 대법원 2005. 9. 29. 선고 2005도4738 판결.
3) 항소의 제기가 법률상의 방식에 위반하거나 항소권소멸 후인 것이 명백한 때에는 원심법원은 결정으로 항소를 기각하여야 하고(형소법 제360조 제1항), 원심법원이 항소기각의 결정을 하지 아니한 때에는 항소법원이 결정으로 항소를 기각하여야 한다(형소법 제362조 제1항).

사 례 [22] 뇌물수수죄와 공갈죄, 공소제기 후의 수사, 항소심의 심판범위, 불이익변경금지의 원칙

강원도청에 근무하는 공무원 甲은 관내 영농사업자들에게 국가보조금을 지급·관리하는 업무를 담당하고 있다. 영농사업자 乙은 2017. 5. 1. 강원도에서 시행하는 국가보조금 지원대상인 비닐하우스 설치 등 영농사업을 한 것처럼 허위로 비닐하우스 신축공사 견적서, 자재구입 계산서 등 증빙자료를 만들어 甲에게 제출하며 국가보조금 2,000만 원을 신청하였다. 보조금 신청이 접수되자 甲은 비닐하우스가 실제로 설치되었는지 여부를 같은 업무를 담당하는 동료 공무원 A에게 현장 확인해 주도록 부탁하였으나, A는 다른 업무로 바빠 현장 확인을 하지 못했다. 2017. 5. 6. 乙로부터 "실제로 비닐하우스를 설치하지 않았는데, 아들 등록금 마련 때문에 급하게 돈이 필요하니 현장확인을 한 것처럼 서류를 만들어서라도 빨리 보조금을 받을 수 있도록 도와 달라"는 부탁전화를 받은 甲은 고민 끝에 乙에게 전화를 걸어 "보조금을 받게 되면 나누어 사용하자, 그러면 도와주겠다"고 제안하였고, 乙도 이에 승낙하였다. 2017. 5. 8. 甲은 '자신이 직접 현장을 확인하여 보니 비닐하우스가 설치되었다'는 내용의 출장복명서를 작성하여 서명·날인한 다음 출장복명서에 乙로부터 제출받은 서류를 첨부하여 강원도청 재무과 직원 B에게 제출하였고, 2017. 5. 11. B는 출장복명서를 근거로 보조금 2,000만 원을 乙의 계좌로 송금하여 지급하였다. 乙은 2,000만 원이 입금된 것을 확인하고, 바로 500만 원을 인출하여 甲에게 건네주었다.

강원랜드의 카지노 도박에 빠져 급하게 돈이 필요하게 된 甲은 2017. 7. 8. 乙에게 전화를 걸어 "도청 감찰실에서 당신에게 교부한 보조금이 문제가 있다는 첩보를 입수하고 감찰이 착수될 것 같다. 500만 원만 주면 내가 잘 해결해 보겠다. 그러나 돈을 주지 않으면 나로서도 당신을 형사고발할 수밖에 없다"고 말하였다. 이에 겁을 먹은 乙은 2017. 7. 9. 甲을 만나 고발이 되지 않도록 잘 봐 달라고 하면서 200만 원을 건네주었다.

그로부터 3년이 지난 2020. 7. 9. 감사원 소속 감사관 C는 강원도청 국가보조금 운용실태에 대한 감사를 진행하던 중 2017. 5. 11. 乙에게 지급한 국가보조금의 집행에 문제가 있다는 사실을 적발하고 당시 담당직원이었던 甲을 만나 진술거부권을 고지하지 않은 채 문답하고 甲의 진술내용을 적은 문답서를 작성하였는데, 그 요지는 '甲이 현장확인을 하지 않았음에도 마치 비닐하우스가 설치된 사실을 현장 확인한 것처럼 출장복명서를 작성하였다'는 내용이었다. 이에, 감사원은 2020. 7. 16. 甲을 춘천경찰서에 고발하였다. 담당경찰관은 甲에 대한 고발사건을 수사하는 한편, 乙에 대해서도 사건을 인지하여 함께 수사하였다.

설 문

1. 乙에 대한 형사책임을 논하시오(다만, 특별법위반의 점은 제외).

2. 검사 P는 사건을 송치받아 수사한 뒤, 2020. 9. 14. 甲에 대하여 ㉮ 허위공문서작성죄, ㉯ 허위작성공문서행사죄, ㉰ 사기죄, ㉑ 공갈죄로 기소하였는데, 춘천지방법원 단독판사 J는 2020. 12. 7. ㉮, ㉯, ㉑에 대해서는 징역 2년의 유죄판결을, ㉰에 대해서는 범죄사실의 증명이 없다는 이유로 무죄판결을 선고하였다.
   (1) 공판검사 Q는 무죄판결에 불복하여 항소제기기간 내에 무죄 부분에 한정하여 항소장과 항소이유서를 춘천지방법원에 제출하였으나, 甲은 항소를 제기하지 않았다. 춘천지방법원 항소 제1부에서 심리한 결과 검사의 항소가 이유있다고 판단한 경우, 항소심의 심판범위와 조치에 대하여 논하시오.
   (2) 공판검사 Q는 무죄판결에 대하여, 甲은 유죄판결에 대하여 각 불복하여 항소제기기간 내에 항소장과 항소이유서를 춘천지방법원에 제출하였다. 2021. 1. 20. 열린 항소심 제2회 공판기일에 증인으로 출석한 乙은 항소심 공판검사 R의 증인신문에 대하여, "甲과 통화한 사실은 있으나, 도청으로부터 교부받은 영농보조금 2,000만 원은 본인이 사용하였고, 이와 관련하여 甲에게 돈을 건네준 사실은 없다"고 증언하였다. 제2회 공판기일 이후인 2021. 2. 5. R은 검사실로 甲과 乙을 소환하여 공판정에서의 진술에 대하여 그 진위를 추궁하면서 조사를 한 뒤 각 진술조서를 작성하였는데, 乙은 "甲의 요청으로 도청으로부터 교부받은 영농보조금 2,000만 원 중 500만 원은 甲에게 건네주었다"고 진술하였다. R은 甲과 乙의 각 진술조서를 2021. 2. 15. 열린 항소심 제3회 공판기일에 증거로 제출하였다. 甲이 진정 성립을 인정하면서도 각 증거 부동의한 경우, 법정에 제출된 각 진술조서에 대하여 항소심 재판부는 어떤 결정을 하여야 하는가?
   (3) 공판검사 Q는 무죄판결에 대하여, 甲은 유죄판결에 대하여 각 불복하여 항소제기기간 내에 항소장과 항소이유서를 춘천지방법원에 제출하였다. 항소심에서 심리한 결과, 검사 및 피고인의 각 항소는 이유가 없어 모두 기각하고, 甲에 대하여 징역 2년6월에 집행유예 2년을 선고하였다. 항소심의 판결은 적법한가?

3. 위 설문 2의 (2)와 관련하여, R은 감사원 소속 감사관 C가 작성한 문답서를 항소심 재판부에 증거로 신청하였다. 甲이 증거 부동의한 경우, 문답서의 증거능력을 논하시오.

해 설

I. 제1문 — 乙의 형사책임

1. 문제의 제기

乙에 대하여는 먼저, ① 허위로 영농사업 국가보조금을 수령한 행위가 사기죄에 해당하는지 문제된다. 이 과정에 ② 甲이 가담하여 허위 내용의 출장복명서를 작성하여 재무과 직원 B에게 제출하였는데, 甲의 행위가 허위공문서작성죄와 허위작성공문서행사죄에 해당하는 경우에 공동정범 또는 교사범으로서의 형사책임을 지는지 문제된다. 나아가 ③ 甲에게 국가보조금 중 500만 원을 건네주고, 다시 甲이 "형사고발할 수밖에 없다"고 하자 겁이나 200만 원을 건네준 행위가 각 뇌물공여죄에 해당하는지가 문제된다.

2. 사기죄의 성립 여부

사기죄는 사람을 기망하여 재물의 교부를 받거나 재산상의 이익을 취득하거나 (형법 제347조 제1항), 제3자로 하여금 교부를 받거나 취득하게 하는 경우(형법 제347조 제2항)에 성립한다. 乙이 실제로 비닐하우스를 설치하지 않았음에도 허위로 비닐하우스 신축공사 견적서, 자재구입 계산서 등 증빙서류를 만들어 영농사업 국가보조금 2,000만 원을 신청한 것은 기망행위에 해당한다. 그 후 甲에게 허위로 신청한 사실을 말하여 甲이 허위의 출장복명서를 만들어 B에게 제출하였는데, 이 또한 甲과의 공동 기망행위에 해당한다. 이에 속은 B로부터 乙이 국가보조금 2,000만 원을 지급받았으므로, 피기망자의 착오에 따른 처분행위와 재물교부가 모두 인정된다. 따라서 乙에 대하여 사기죄(형법 제347조 제1항)가 성립한다.[1]

그런데 乙이 피해자인 국가로부터 보조금을 편취함에 있어 甲도 허위의 출장복

---

1) 이와는 별도로 보조금관리에관한법률위반죄가 성립하고, 사기죄와는 상상적 경합관계이다. 보조금 관리에 관한 법률 제40조는 "거짓 신청이나 그 밖의 부정한 방법으로 보조금의 교부를 받은 자와 간접보조금의 교부를 받은 자 또는 그 사실을 알면서 보조금이나 간접보조금을 교부한 자는 10년 이하의 징역 또는 1억원 이하의 벌금에 처한다"고 규정하고 있다.

명서를 작성하여 제출하는 등 가담하였는데, 甲과의 공동정범(형법 제30조)이 성립하는 지 문제된다. 공동정범이 성립하기 위해서는 공동가공의 의사와 공동가공의 사실이 있어야 한다. 공동가공의 의사는 반드시 사전에 있을 것을 요하지 않고, 실행행위의 일부 종료 후 기수 이전에 성립해도 무방하다.[1] 乙이 국가보조금을 신청하였으나 아 직 지급받지 못한 단계에서 甲이 공동가공의 의사를 가지고 공동가동하였으므로 甲 과 乙에 대하여 사기죄의 공동정범이 성립한다.

3. 허위공문서작성죄 및 허위작성공문서행사죄의 공범 성립 여부

공무원이 행사할 목적으로 그 직무에 관하여 문서를 작성한 때에는 허위공문서 작성죄(형법 제227조)가 성립한다. 공무원 甲이 자신이 담당하고 있는 국가보조금 지 급·관리업무에 관하여 허위 내용의 출장복명서를 작성하였으므로 甲에 대하여 허위 공문서작성죄가 성립한다. 허위 작성한 출장복명서를 허위라는 사실을 모르는 B에게 제출하였으므로 허위작성공문서행사죄(형법 제229조)에도 해당한다. 그런데 乙은 甲에 게 "실제로 비닐하우스를 설치하지 않았는데, 아들 등록금 마련 때문에 급하게 돈이 필요하니 현장확인을 한 것처럼 서류를 만들어서라도 빨리 보조금을 받을 수 있도록 도와 달라"고 부탁하며 국가보조금을 타면 나누어 사용하기로 하였고, 이에 따라 甲 은 허위 내용의 출장복명서를 작성하여 행사하였다. 이때, 乙에 대하여 허위공문서작 성죄 및 허위작성공문서행사죄의 공범이 성립할 수 있는지가 문제된다.

허위공문서작성죄와 허위작성공문서행사죄는 진정신분범이다. 형법 제33조 본 문은 "신분이 있어야 성립되는 범죄에 신분 없는 사람이 가담한 경우에는 그 신분 없는 사람에게도 제30조부터 제32조까지의 규정을 적용한다"고 규정하고 있으므로, 진정신분범인 위 죄에 대하여 공범이 성립할 수 있음은 물론이다.[2] 다만, 공동정범 이 성립하는지 교사범이 성립하는지가 문제될 뿐이다. 정범인지 협의의 공범인지는 주관적·객관적 요소로 형성된 행위지배 여부에 따라 구분해야 한다(행위지배설)는 것 이 통설과 판례[3]의 입장이다.[4] 본 사례에서 乙은 처음부터 허위로 국가보조금을 신 청한 다음 甲에게 현장확인을 한 것처럼 서류를 만들어서라도 빨리 보조금을 받을 수 있도록 해 달라며 부탁하고 보조금을 나누어 사용하기로 한 점에 비추어 기능적

---

1) 대법원 1961. 7. 21. 선고 4294형상213 판결; 대법원 1982. 6. 8. 선고 82도884 판결.
2) 대법원 1971. 6. 8. 선고 71도795 판결(허위공문서작성죄의 공동정범).
3) 대법원 2010. 7. 15. 선고 2010도3544 판결.
4) 정범과 협의의 공범과의 구별은 사례 [3] Ⅰ. 3. '甲의 형사책임' 부분 참조.

행위지배를 한 것으로 인정되므로 허위공문서작성죄와 허위작성공문서행사죄의 공동정범이 성립한다. 두 죄는 실체적 경합관계이다.[1]

4. 뇌물공여죄의 성립 여부

(1) 甲에게 500만 원을 교부한 행위

乙이 국가보조금 2,000만 원을 송금받은 후 그중 500만 원을 바로 인출하여 甲에게 건네준 행위가 뇌물공여죄(형법 제133조 제1항)에 해당하는지 문제된다. 甲과 乙은 공모하여 국가보조금 2,000만 원을 편취하고, 이를 나누어 사용한 것이다. 따라서 乙에 대하여 뇌물공여죄가 성립하지 않는다. 마찬가지로 甲에 대해서도 뇌물수수죄(형법 제129조 제1항)나 장물취득죄(형법 제362조 제1항)가 성립할 여지가 없다.

(2) 甲에게 200만 원을 교부한 행위

乙은 甲이 형사고발할 수밖에 없다는 말을 듣고 겁을 먹어 잘 봐 달라고 하면서 200만 원을 전달하였다. 이처럼 공무원이 직무와 관련하여 타인을 공갈하여 재물을 교부받은 경우에 어떤 죄가 성립하는지 문제된다.

이에 대해서는 ① 공갈죄만 인정된다는 견해, ② 공갈죄와 뇌물수수죄의 상상적 경합이 인정된다는 견해, ③ 공무원이 직무집행의 의사 없이 또는 직무처리와 대가적 관계없는 경우에는 공갈죄만 성립하고, 직무집행의 의사가 있고 그 직무집행에 관하여 재물을 교부받은 때에는 공갈죄와 뇌물수수죄의 상상적 경합이 인정된다는 견해(통설), ④ 직무관련성이 있는 때에는 공갈죄와 뇌물수수죄의 상상적 경합이 되고, 직무관련성이 없는 때에는 공갈죄만 된다는 견해 등이 있다. 상대방에 대하여 뇌물공여죄가 성립하는지에 대해서도 견해의 대립이 있다. 판례는 공무원이 직무집행의 의사 없이 또는 어느 직무처리에 대한 대가적 관계없이 타인을 공갈하여 뇌물을 수수한 때에는 공갈죄만이 성립하고, 상대방이 뇌물을 공여할 의사가 있었다고 하더라도 피해자일 뿐 뇌물공여죄가 성립하지 않는다고 한다([관련판례]).[2]

본 사례에서 甲은 카지노 도박에 빠져 급하게 돈이 필요하게 되어 乙을 공갈한 것이므로 직무집행의 의사가 없었다고 할 것이다. 따라서 판례에 따르면 甲에 대해서

---

1) 대법원 1996. 5. 14. 선고 96도554 판결.
2) 대법원 1994. 12. 22. 선고 94도2528 판결(공갈죄가 아닌 뇌물수수죄 인정한 사례). 본 판결 평석은 조관행, "뇌물죄와 공갈죄의 관계 및 뇌물죄가 아닌 공갈죄를 구성한다는 주장에 대한 판단의 요부", 대법원판례해설 제22호(1994 하반기), 1995, 614-627면.

는 공갈죄만 성립한다. 乙로서는 고발이 되지 않도록 잘 봐 달라고 한 점에 비추어 뇌물공여의 의사는 있었지만 공갈죄의 피해자로서 뇌물공여죄는 성립하지 않는다.

 관련판례

대법원 1969. 7. 22. 선고 65도1166 판결【입찰방해등】

공무원이 직무집행에 빙자하여 타인을 공갈하여 재물을 교부케 한 경우에는 공갈죄만이 성립한다 할 것이고, 이러한 경우 공무원의 협박의 정도가 피해자의 반항을 억압할 수 있는 정도의 것이 아니고 따라서 피해자의 의사결정의 자유가 완전히 박탈된 것이 아니라 할지라도 가해자의 해악의 고지로 인하여 외포의 결과 금품을 제공한 것이었다면 그 금품 제공자는 공갈죄의 피해자가 될 것이고 증뢰죄의 성립은 될 수 없다고 하여야 할 것인바, 본 건에 있어서 이를 보건대, 피고인 1, 2 및 제1심 공동피고인은 1965. 1. 5경 충무경찰서 수사계 근무 경사 A, 순경 B 등이 위 피고인들에 대한 입찰방해 비위사실을 탐지하고 이를 수사코자 동 조합에 출두하여 동 공사 입찰관계 서류를 임의 제출받아 조사하면서 동월 9일경 B 순경이 제1심 공동피고인에게 동 사건을 적당히 처리해 줄 것이니 금 7만 원을 달라고 뇌물의 공여를 요구받자 이를 교부하기로 상호 공모한 후 동 년 1. 13. 오전 11시경 금 65,000원을 B 순경에게 공여하여 증뢰한 것이라는 검사의 공소사실에 대하여 원심은 심리한 결과 피고인들은 B 순경의 요구에 불응하면 입찰방해의 사실에 관하여 입건한다는 위 경찰관의 말에 의하여 외포의 결과 위와 같이 금품을 제공하게 된 것이라고 인정되니, 위 설시한 바와 같은 취지에서 위 피고인들은 공갈죄의 피해자가 된다 할 것이고, 증뢰죄가 되지 아니한다고 하여 위 피고인들에게 이 점에 대하여 무죄를 선고한 원심판결 판시는 정당하다.

5. 설문의 해결

乙에 대하여 사기죄, 허위공문서작성죄, 허위작성공문서행사죄의 공동정범이 각 성립하고 각 죄는 실체적 경합관계이다.[1]

---

1) 대법원 1991. 9. 10. 선고 91도1722 판결(피고인이 예금통장을 강취하고 예금자 명의의 예금청구서를 위조한 다음 이를 은행원에게 제출·행사하여 예금인출금 명목의 금원을 교부받았다면 강도, 사문서위조, 동행사, 사기의 각 범죄가 성립하고 이들은 실체적 경합관계에 있다 할 것이다).

II. 제2문의 (1) — 항소심의 심판범위와 조치

1. 문제의 제기

단독판사 J는 2020. 12. 7. 甲에 대하여 ㉠ 허위공문서작성죄, ㉡ 허위작성공문서행사죄, ㉣ 공갈죄에 대해서는 징역 2년의 유죄판결을, ㉤ 사기죄에 대해서는 무죄판결을 선고하였다. 이에 대하여 검사만이 무죄 부분에 대하여 항소하였다. 이처럼 실체적 경합관계에 있는 수죄에 대하여 일부 유죄, 일부 무죄의 판결이 선고되고 검사가 무죄 부분에 대하여만 일부항소한 경우, 항소심의 심판범위와 항소가 이유 있다고 판단하는 경우에 어떻게 조치할 것인지가 문제된다.

2. 항소심 심판범위와 조치

(1) 학설

㉮ 전부파기설

경합범으로 수개의 주문이 선고되고 일부만 상소한 경우에도 상소제기의 효력은 전체에 대하여 미친다는 견해이다. 따라서 검사가 무죄 부분만을 상소한 경우에도 원심판결을 파기하는 경우에 상소심은 유죄 부분까지 전부 파기하여야 한다. 이는 무죄 부분만을 파기하여 원심에서 다시 형을 정하는 경우에 피고인에게 과형상의 불이익을 초래할 수 있고, 경우에 따라서는([관련판례]와 같이 1심 전부 유죄에 대하여 피고인만이 항소한 항소심에서 일부 무죄, 일부 유죄를 선고하여 무죄 부분에 대하여 검사가 상고한 사안의 경우) 불이익변경금지의 원칙에 의하여 피고인에게 형을 선고할 수 없게 되어 과형 없는 유죄판결을 선고하지 않을 수 없다는 것을 이유로 한다.

㉯ 일부파기설

피고인과 검사가 상소하지 않은 유죄 부분은 상소기간이 지남으로써 확정되고, 상소심에 계속된 사건은 무죄 부분에 관한 공소뿐이라는 견해이다(통설). 따라서 상소심에서 무죄 부분만을 파기할 수밖에 없다는 것이다. 상소에 의하여 한 개의 형이 선고될 가능성이 있다는 이유만으로 전체에 대하여 상소의 효력이 발생한다고 할 수는 없다는 점, 불이익변경금지의 원칙은 형을 다시 정할 때 고려하면 된다는 점 등을 근거로 한다.

(2) 판례

판례는 일부파기설의 입장이다([관련판례]).

 관련판례

대법원 1992. 1. 21. 선고 91도1402 전원합의체 판결【부녀매매】[1]

【사건경과】

(1) 제1심은 부녀매매죄 공소사실과 윤락행위방지법위반죄 공소사실 모두를 유죄로 인정하고 형법 제38조 제1항 2호에 의하여 징역 1년을 선고하였는데, 피고인만 항소하였다.

(2) 제2심은 제1심판결을 파기하고, 윤락행위방지법위반죄 공소사실은 유죄로 인정하여 징역 1년에 집행유예 3년을 선고하고, 부녀매매죄 공소사실에 대하여는 무죄를 선고하였는데, 검사만 무죄판결 부분에 대하여 일부상고하였다.

【판결이유】

그러므로 검사의 상고는 이유 있어 원심판결을 파기하고 사건을 다시 심리판단하게 하기 위하여 원심법원에 환송할 것인바 기록에 의하면 이 사건은 부녀매매죄 공소사실과 윤락행위방지법위반 공소사실 모두를 유죄로 인정하고 형법 제38조 제1항 2호에 의하여 징역 1년을 선고한 제1심판결에 대하여 피고인만 항소한 사건에서 원심이 제1심판결을 파기하고 윤락행위방지법위반 공소사실은 유죄로 인정하여 징역 1년에 집행유예 3년을 선고하고 부녀매매죄 공소사실에 대하여는 앞에 설시한 것과 같은 이유로 무죄를 선고하였는데 피고인은 상고하지 아니하고 검사가 무죄판결부분에 대하여 일부상고를 한 사건이고 그와 같은 경우에 피고인과 검사가 모두 상고하지 아니한 윤락행위방지법위반죄에 대한 유죄판결은 상소기간이 지남으로서 확정된다고 해석할 것이고(형사소송법 제342조 참조) 당원에 계속된 사건은 부녀매매죄에 대한 공소뿐이라 할 것이므로 그 부분만을 파기할 수밖에 없다.

이 사건과 같이 제2심이 형법 제37조 전단의 경합범 중 일부공소사실에 대하여는 유죄의 선고를 하고 일부공소사실에 대하여 무죄 선고를 한 경우로서 검사만 무죄 부분에 대하여 상고한 사건에서 원심이 유죄로 인정한 범죄와 상고된 무죄 부분 공소사실이 경합범으로서 과형상 하나의 형으로 처단하여야 하는 관계에 있기 때문에 2심판결 전부를 파기하여야 한다고 한 당원판례(1989. 9. 12. 선고 87도506호, 1991. 5. 28. 선고 91도739호 판결 등)가 있으나 형법 제37조 전단의 경합범으로 동법 제38조 1항 2호에 해당하는 경우 하나의 형으로 처벌하여야 함은 물론이지만 위 규정은 위 37조 전단의 경합범을 동시에 심판하게 되는 경우에 관한 규정인 것이고 경합범으로 동시에 기소된 사건이라 하더라도 일부유죄 일부무죄의 선고를 하거나 일부의 죄에

---

1) 본 판결 평석은 이민걸, "경합범에 있어서의 일부상소의 허용범위", 형사판례연구 [1], 1993, 405-426면.

대하여 징역형을 다른 죄에 대하여 벌금형을 선고하는 등 판결주문이 수개일 때에는 그 1개의 주문에 포함된 부분을 다른 부분과 분리하여 일부상소를 할 수 있는 것이고 그러한 경우 당사자 쌍방이 상소하지 아니한 부분은 분리 확정된다고 볼 수밖에 없는 것이어서 이미 확정된 유죄 부분에 대하여 상고심이 파기환송판결을 하는 것은 상소이론에 들어맞지 아니하므로 그 판례들을 폐기할 수밖에 없다.

이렇게 될 경우 형사소송법 제368조가 규정한 불이익변경의 금지원칙과 관련하여 환송을 받은 법원이 파기이유가 된 사실상과 법률상의 판단에 기속되어 유죄를 인정하고서도 조금이라도 형을 선고하면 불이익변경금지에 위반되어 형을 선고할 수 없는 부당한 결과가 된다는 이론이 있으나 원래 불이익변경의 금지라고 하는 것은 피고인이 상소권행사를 주저하는 일이 없도록 상소권행사를 보장하기 위한 것으로 그 원칙을 지키기 위하여 필요한 경우에는 법률이 규정한 형기에 구애받지 아니하는 것이므로 이미 선고된 형 이외에 다시 형을 선고하는 것이 피고인에게 불리한 결과가 된다면 그러한 이유로 형을 선고하지 아니한다는 주문을 선고할 수 있다고 해석하여야 할 것이고 환송받은 법원이 실형을 선고하는 경우 앞서 선고한 집행유예가 취소되어 피고인에게 불리하게 된다는 이론도 있으나 환송받은 법원이 다시 집행유예를 선고할 수도 있고 실형을 선고하여야 하기 때문에 앞서 선고한 집행유예가 취소될 수밖에 없게 된다면 불이익변경금지에 저촉되는 여부를 정함에 있어서는 그 형과 집행유예가 취소되어 복형하게 될 형을 합산하여 결정하여야 할 것이고, 그러한 사정을 고려하고서도 실형을 선고하는 것이 불이익변경금지에 위배되지 아니한다면 수용할 수밖에 없을 것이다.

이 판결 중 부녀매매죄 공소사실을 무죄라고 한 원심판결을 파기하는 이유와 그와 관련하여 종전의 당원판례를 폐기하는 점에 관하여는 관여법관 전원의 일치된 의견으로 원심판결 중 윤락행위방지법위반 공소사실에 관한 부분은 이미 확정되어 상고심에서 파기의 대상이 될 수 없다고 하는 점에 관하여는 대법관 윤관, 김용준, 박만호의 반대의견[1])을 제외한 나머지 관여 법관 전원의 일치된 의견으로 주문과 같이 판

---

1) 【반대의견】
　형법 제37조 전단의 경합범으로 동시에 판결하여 1개의 형을 선고할 수 있었던 수개의 죄는 서로 과형상 불가분의 관계에 있었다고 볼 수 있으므로, 실제로 1개의 형이 선고되었는지의 여부와 관계없이 상소불가분의 원칙이 적용된다고 해석하는 것이 이론상 일관된 태도라 할 것인바 경합범 중 일부에 대하여는 유죄, 다른 일부에 대하여는 무죄를 선고하였다고 하더라도, 무죄 부분에 대하여 상소가 제기됨으로써 그 부분이 유죄로 변경될 가능성이 있게 되는 경우에는, 유죄 부분에 대하여 따로 상소가 되지 않았더라도 상소불가분의 원칙이 적용되어 유죄 부분도 무죄 부분과 함께 상소심에 이심되는 것이고, 따라서 상소심 법원이 무죄 부분을 파기하여야 할 경우에는 직권으로 유죄 부분까지도 함께 파기하여 다시 1개의 형을 선고할 수 있도록 하여야 한다(전부파기설).
　【반대의견에 대한 보충의견】
　형사소송법의 해석 적용에 있어서 특별한 사정이 없는 한 실체법인 형법의 규정의 취지에 충실히 따라야 할 것인바 형법 제37조 전단의 경합범으로 기소된 수개의 죄가 다같이 유죄로 판단되는 경우 형법은 제38조 제1항 제2호에서 단일한 형으로 처벌한다는 원칙을 규정하고 있는 취지에 비추어 형사

결한다.

3. 설문의 해결

통설·판례와 같이 일부파기설이 타당하다. 따라서 본 설문의 경우 항소심의 심판범위는 검사가 항소한 무죄 부분인 사기죄의 공소사실에 한정된다.[1] 항소심에서 검사의 항소가 이유있다고 판단하였으므로 무죄 부분을 파기하고 자판(自判)하여(형소법 제364조 제6항) ㉮, ㉯, ㉣범죄와 형법 제37조 후단의 경합범으로서 유죄를 선고하여야 한다. 이때, 형법 제39조 제1항을 적용하여 ㉮ 내지 ㉣범죄를 경합범으로 처리하여 1개의 형을 선고하는 경우보다 불리하지 않게 형을 정하면 될 것이다.[2]

III. 제2문의 (2) — 공소제기 후의 피고인 및 증인 소환조사와 그 조서의 증거능력

1. 문제의 제기

검사와 피고인이 모두 항소한 항소심에서 증인으로 출석한 乙이 甲에게 돈을 건네준 사실이 없다고 증언하자, 검사는 甲과 乙을 소환하여 각 진술조서를 작성하였는데, 乙은 증언과는 달리 甲에게 500만 원을 건네주었다고 진술하였다. 검사는 甲과 乙의 각 진술조서를 증거로 제출하였으나 甲은 증거로 사용하는 데 부동의하였다.

소송법 제342조 제2항을 해석함에 있어 일부 무죄판결의 무죄 부분에 대하여만 상소가 제기된 경우에 그와 경합범관계에 있는 유죄 부분도 과형상 불가분관계에 있는 것으로서 당연히 상소의 효력이 미친다고 새겨 무죄 부분이 파기되는 때에는 유죄 부분과 합하여 단일한 형으로 처단하게 함이 타당하다.

1) 이와는 달리, 형법 제37조 전단 경합범 관계에 있는 공소사실 중 일부에 대하여 유죄, 나머지 부분에 대하여 무죄를 선고한 제1심판결에 대하여 검사만이 항소하면서 무죄 부분에 관하여는 항소이유를 기재하고 유죄 부분에 관하여는 이를 기재하지 않았으나 항소 범위는 '전부'로 표시한 경우, 제1심판결 전부가 이심되어 원심의 심판대상이 되므로, 원심이 제1심판결 무죄 부분을 유죄로 인정하는 때에는 제1심판결 전부를 파기하고 경합범 관계에 있는 공소사실 전부에 대하여 하나의 형을 선고하여야 한다(대법원 2014. 3. 27. 선고 2014도342 판결).

2) 형법 제37조의 후단 경합범에 대하여 심판하는 법원은 판결이 확정된 죄와 후단 경합범의 죄를 동시에 판결할 경우와 형평을 고려하여 후단 경합범의 처단형의 범위 내에서 후단 경합범의 선고형을 정할 수 있는 것이고, 그 죄와 판결이 확정된 죄에 대한 선고형의 총합이 두 죄에 대하여 형법 제38조를 적용하여 산출한 처단형의 범위 내에 속하도록 후단 경합범에 대한 형을 정하여야 하는 제한을 받는 것은 아니며, 후단 경합범에 대한 형을 감경 또는 면제할 것인지는 원칙적으로 그 죄에 대하여 심판하는 법원이 재량에 따라 판단할 수 있다[대법원 2008. 9. 11. 선고 2006도8376 판결. 본 판결 평석은 이천현, "형법 제39조 제1항의 의미", 형사판례연구 [17], 2009, 94-117면].

이처럼 공소제기 후에 수사기관이 피고인이나 증인을 추가로 소환하여 수사하는 것이 피고인의 당사자 지위나 방어권 행사와 관련하여 허용되는지가 문제된다. 나아가 조사 후 작성한 조서의 증거능력도 문제된다.

2. 공소제기 후의 수사
(1) 허용 여부

수사는 공소제기 전에 행하여지는 것이 원칙이지만, 공소를 유지하기 위하여 또는 공소유지 여부를 결정하기 위하여 공소제기 후에도 계속할 수 있다. 다만, 피고인의 당사자 지위나 방어권 행사에 비추어 무제한적으로 허용된다고 할 수는 없다. 특히, 구속이나 압수·수색·검증 등 강제수사에 대해서는 허용되지 않는다는 것이 통설·판례[1]의 입장이다. 그러나 "수사에 관하여는 그 목적을 달성하기 위하여 필요한 조사를 할 수 있다"고 규정하고 있는 형사소송법 제199조 제1항에 비추어 참고인의 조사, 감정·통역·번역의 위촉(형소법 제221조 제2항)이나 공무소에의 조회(형소법 제199조 제2항)와 같은 임의수사는 원칙적으로 허용된다. 임의수사라고 하더라도 피고인의 신문이나 피고인에게 유리한 증언을 한 증인을 소환하여 증언 내용을 추궁하는 방식의 참고인조사가 허용되는지에 대해서는 견해의 대립이 있다.

(2) 피고인의 신문

공소제기 후에 수사기관이 공소사실에 관하여 피고인을 상대로 신문을 할 수 있는지에 대하여 견해가 나눠지는데, 이는 공소제기 후에 검사가 작성한 피고인에 대한 진술조서의 증거능력 인정 여부와도 관련된다.

① 적극설은 형사소송법 제199조 제1항이 임의수사의 시기를 제한하지 않고 있으므로 피고인의 자발적인 동의 또는 임의성이 있다면 공소제기 후에라도 피고인을 신문할 수 있고, 그 과정에서 작성한 조서에 대한 증거능력도 인정될 수 있다고 한다.[2] 반면, ② 소극설은 형사소송법 제200조가 피의자신문을 규정하면서 그 대상을 '피의자'로 한정하고 있는 점, 피고인의 당사자로서의 지위와 모순된다는 점, 공판기일에 피고인신문을 하였음에도 이를 허용하면 공판절차가 형해화(形骸化)된다는 점을 근거로 피고인신문은 허용되지 않고, 그 과정에서 작성한 피고인에 대한 진술조서도 증거능력이 부정된다고 한다(통설). ③ 절충설은 시간적으로 공소제기 후에라도 최소

---

1) 대법원 2011. 4. 28. 선고 2009도10412 판결(압수·수색·검증).
2) 日最決 1961. 11. 21. 刑集 15·10·1764.

한 1회 공판기일이 개시되기 전에는 수사기관에 의한 피고인신문이 허용된다고 한다. 대법원은 "진술조서가 공소제기 후에 작성된 것이라는 이유만으로 곧 증거능력이 없는 것이라고 할 수 없으므로 원심이 이를 증거로 채택하였다고 하여 공판중심주의 내지 공개재판의 원칙에 위배된다고 말할 수 없다"고 판시하여1) ①의 적극설의 입장이다.

(3) 참고인의 조사

공소제기 후에 수사기관이 참고인을 조사하는 것은 원칙적으로 허용된다. 다만, 공판준비 또는 공판기일에 이미 피고인에게 유리한 증언을 마친 증인을 수사기관이 다시 참고인으로 소환하여 피고인에게 유리한 증언 내용을 추궁하여 이를 번복시키는 방식으로 조사를 하고 진술조서를 작성하는 것도 허용되는지가 문제된다.

이에 대하여 통설과 판례2)는 위와 같은 방식으로 작성한 진술조서는 당사자주의, 공판중심주의, 직접주의를 지향하는 현행 형사소송법의 소송구조에 어긋나는 것이므로 피고인이 증거로 할 수 있음에 동의를 하지 않는 한 증거능력이 없고, 그 이후 원진술자인 종전 증인이 다시 법정에 출석하여 증언을 하면서 그 진술조서의 성립의 진정함을 인정하고 피고인측에 반대신문의 기회가 부여되었다고 하더라도 그 증언 자체를 유죄의 증거로 할 수 있음을 별론으로 하고 진술조서 자체는 증거능력이 없다고 한다. 그 증인을 상대로 위증의 혐의를 조사한 내용을 담은 피의자신문조서의 경우도 마찬가지이다.3)

3. 설문의 해결

검사가 작성한 甲에 대한 진술조서는 판례에 따르면 증거능력이 인정된다. 따라서 甲이 증거 부동의하였더라도 항소심 재판부는 증거채택결정을 하고 증거조사를 실시하여야 한다. 이때 증거능력은 형사소송법 제312조 제1항, 제2항에 의하여 판단하면 될 것이다.4) 반면에, 추궁을 당하여 증언 내용을 번복한 乙에 대한 진술조서는 판례에 따르면 증거능력이 부정되므로 항소심 재판부는 증거신청 기각결정을 하여야 한다.

---

1) 대법원 1984. 9. 25. 선고 84도1646 판결.
2) 대법원 2000. 6. 15. 선고 99도1108 전원합의체 판결.
3) 대법원 2013. 8. 14. 선고 2012도13665 판결.
4) 대법원 1984. 9. 25. 선고 84도1646 판결; 대법원 2010. 5. 27. 선고 2010도1755 판결.

Ⅳ. 제2문의 (3) — 불이익변경금지의 원칙

㉮, ㉯, ㉵범죄에 대하여 징역 2년의 유죄판결을, ㉰범죄에 대하여 무죄판결을 선고한 제1심판결에 대하여 검사와 피고인이 각 항소하였으나, 항소심 법원은 항소를 모두 기각하고 뿌에 대하여 징역 2년6월에 집행유예 2년을 선고하였다. 이처럼 징역형을 늘리면서 집행유예를 붙인 경우에 불이익변경이 되는지 문제된다.

피고인이 항소한 사건과 피고인을 위하여 항소한 사건에 대해서는 원심판결의 형보다 무거운 형을 선고할 수 없는데(형소법 제368조), 이를 불이익변경금지의 원칙이라고 한다. '피고인이 항소한 사건'은 피고인만 항소한 사건을 의미한다. 본 설문에서 유죄판결에 대해서는 피고인만 항소하였으므로 위 원칙이 적용된다. 문제는 항소심에서의 '징역 2년6월에 집행유예 2년'의 형이 원심판결인 '징역 2년'의 형보다 '무거운 형'인지 여부이다.

이처럼 징역형을 늘리면서 집행유예를 붙인 경우, ① 피고인의 실질적인 이익을 고려하여 불이익변경이 되지 않는다는 견해도 있으나, ② 형의 경중을 판단함에 있어서는 집행유예가 실효, 취소되는 경우도 고려해야 하므로 불이익한 변경이 된다고 보아야 할 것이다(통설). 판례도 제1심에서 징역 6월의 선고를 받고 피고인만이 항소한 사건에서 징역 8월에 집행유예 2년을 선고한 것은 제1심의 형보다 무겁고, 따라서 불이익변경금지의 원칙에 위반된다고 판시하여[1] ②의 견해와 같은 입장이다.

본 설문에서 항소심의 판결은 불이익변경금지원칙에 위배되는 위법한 판결이다. 이는 상고이유인 '판결에 영향을 미친 법률의 위반이 있는 때'(형소법 제383조 제1호)에 해당하므로, 뿌은 대법원에 상고하여 그 시정을 구할 수 있다.

Ⅴ. 제3문 — 감사원 감사관 작성의 문답서의 증거능력

1. 문제의 제기

항소심 재판에서 검사는 감사원 소속 감사관 C가 작성한 문답서를 증거로 신청하였고, 피고인 뿌은 증거로 사용하는 데 부동의하였다. 항소심 법원으로서는 위 문

---

1) 대법원 1966. 12. 8. 선고 66도1319 판결.

답서가 증거능력이 있는지를 판단하여 증거채부에 관한 결정을 하여야 하는데, 이때 문답서의 법적인 성질은 어떠하고, 어떤 요건에 따라 증거능력을 판단해야 하는지가 문제된다.

2. 문답서의 법적 성질

감사원의 감사관은 감사 결과 지적된 사안이 판정 또는 징계(문책) 사유에 해당하거나 그 밖에 중요한 사안에 관련된 관계자의 책임의 소재와 한계를 규명하고 행위의 동기, 배경 또는 변명을 듣기 위하여 필요한 때에는 문답서를 작성한다(감사사무처리규정). 이러한 문답서는 공무원의 의무위반행위 등 각종 비위사건이 수사단계로 진행될 때에 중요한 자료로 활용되기도 하는데, 그 형식과 내용은 수사기관이 피조사자를 상대로 작성하는 조서와 비슷하다. 그런데 형사소송법상 조서란 보고적 문서 중에서 일정한 절차 또는 사실을 인증하기 위하여 법원 또는 수사기관이 작성하는 공권적 문서로서, 피의자신문조서·진술조서·압수조서·공판조서 등이 여기에 해당한다. 감사관 작성의 문답서는 '조서'와 유사한 점이 없지 않지만, 작성 주체인 감사관은 특별사법경찰관리로 지정될 수는 없으므로[1] 위 문답서는 형사소송법상 조서라고 볼 수 없다.

3. 문답서의 증거능력 인정 여부 및 그 요건
(1) 인정 여부

감사관 작성의 문답서가 조서가 아니라고 한다면 문답서를 증거로 신청할 경우, 그 증거능력에 관하여 재판부는 어떠한 판단을 해야 하는지 문제된다. 판례는 문답서와 유사한 성격을 지닌 선거관리위원회 직원이 작성한 문답서에 대하여 형사소송법 제313조 제1항에 따라 그 증거능력을 인정할 수 있다고 판시하였는데([관련판례]), 마찬가지로 위 문답서도 형사소송법 제313조 제1항의 '진술기재서류'와 같이 취급하여 증거능력을 판단하면 될 것이다.[2]

---

[1] 특별사법경찰관의 지정 및 운용에 관한 법률로는 「사법경찰관리의 직무를 수행할 자와 그 직무범위에 관한 법률」이 있다.
[2] 불공정거래 혐의자에 대한 금융감독원 직원이 작성한 문답서의 증거능력을 인정한 하급심 판례(서울중앙지방법원 2013. 12. 5. 선고 2013고단3067 판결)가 대법원에서 확정되었고(대법원 2014. 7. 24. 선고 2014도6626 판결), 형사소송법 제313조 제1항을 적용하여 금융감독원 검사역이 작성한 문답서의 증거능력을 인정한 원심 판결에 대하여 증거능력을 다투는 피고인의 상고를 기각한 판례(대법원 2015. 2. 26. 선고 2014도16973 판결)가 있다.

(2) 인정 요건

(가) 진술거부권의 고지 여부

감사원법이나 관련 법령에 감사관이 피조사자 또는 관계자에 대한 문답서를 작성하기 전에 진술거부권을 고지하여야 한다는 명문 규정은 없으므로, 감사관 C가 문답을 하면서 진술거부권을 고지하지 않았다고 하더라도 그러한 이유만으로 문답서의 증거능력이 부인되지는 않는다고 할 것이다([관련판례]).

(나) 형사소송법 제313조 제1항의 요건

甲이 문답서에 대하여 증거 부동의하였으므로 형사소송법 제313조 제1항에 따라 증거능력을 판단하여야 한다. 위 문답서는 진술자(=甲)의 자필이거나 그 서명 또는 날인이 있는 '피고인(=甲)의 진술을 기재한 서류'에 해당한다. 따라서 형사소송법 제313조 제1항 단서에 따라 그 작성자(=C)의 진술에 의하여 그 성립의 진정함이 증명되고, 그 진술이 특히 신빙할 수 있는 상태에서 행하여진 때에 한하여 증거로 할 수 있다.

4. 설문의 해결

甲이 위 문답서에 대하여 증거 부동의하였으므로 형사소송법 제313조 제1항 단서에 따라 검사가 C를 증인으로 신청하여 C의 증언에 의하여 위 문답서가 진정하게 성립되었다는 사실이 증명되고, 문답서에 기재된 甲의 진술이 특히 신빙할 수 있는 상태에서 행하여졌음이 자유로운 증명으로 증명되면[1] 증거능력이 인정된다.

 관련판례

대법원 2014. 1. 16. 선고 2013도5441 판결 【공직선거법위반】

헌법 제12조는 제1항에서 적법절차의 원칙을 선언하고 제2항에서 "모든 국민은 고문을 받지 아니하며, 형사상 자기에게 불리한 진술을 강요당하지 아니한다."고 규정하여 진술거부권을 국민의 기본적 권리로 보장하고 있다. 이는 형사책임과 관련하여 비인간적인 자백의 강요와 고문을 근절하고 인간의 존엄성과 가치를 보장하려는 데에 그 취지가 있다. 그러나 진술거부권이 보장되는 절차에서 진술거부권을 고지받을 권리가 헌법 제12조 제2항에 의하여 바로 도출된다고 할 수는 없고, 이를 인정하기 위해서는 입법적 뒷받침이 필요하다. 구 공직선거법(2013. 8. 13. 법률 제12111호로 개정되기 전의 것, 이하 같다)은 제272조의2

---

1) 대법원 2012. 7. 26. 선고 2012도2937 판결. 그 증명은 특신상태가 존재한다는 개연성이 있는 정도로는 부족하고, 합리적인 의심의 여지를 배제할 정도에 이르러야 한다(대법원 2014. 4. 30. 선고 2012도725 판결).

에서 선거범죄 조사와 관련하여 선거관리위원회 위원·직원이 관계자에게 질문·조사를 할 수 있다고 규정하면서도 진술거부권의 고지에 관하여는 별도의 규정을 두지 않았고, 수사기관의 피의자에 대한 진술거부권 고지를 규정한 형사소송법 제244조의3 제1항이 구 공직선거법상 선거관리위원회 위원·직원의 조사절차에 당연히 유추적용된다고 볼 수도 없다. 한편, 2013. 8. 13. 법률 제12111호로 개정된 공직선거법은 제272조의2 제7항을 신설하여 선거관리위원회의 조사절차에서 피조사자에게 진술거부권을 고지하도록 하는 규정을 마련하였으나, 그 부칙 제1조는 "이 법은 공포한 날부터 시행한다."고 규정하고 있어 그 시행 전에 이루어진 선거관리위원회의 조사절차에 대하여는 구 공직선거법이 적용된다. 결국, 구 공직선거법 시행 당시 선거관리위원회 위원·직원이 선거범죄 조사와 관련하여 관계자에게 질문을 하면서 미리 진술거부권을 고지하지 않았다고 하여 단지 그러한 이유만으로 그 조사절차가 위법하다거나 그 과정에서 작성·수집된 선거관리위원회 문답서의 증거능력이 당연히 부정된다고 할 수는 없다. (중략)

나아가 원심이, 공소외 1에 대한 선거관리위원회 문답서가 형사소송법 제312조 제3항에 규정된 서류에 해당한다는 전제에서 공소외 1과 공범관계에 있는 피고인이 그 내용을 부인한 이상 증거능력이 부정되어야 한다는 피고인의 주장을 배척하고, 형사소송법 제313조 제1항 본문에 따라 위 문답서의 증거능력을 인정할 수 있다고 판단한 것은 정당한 것으로 수긍할 수 있고, 거기에 상고이유 주장과 같이 선거관리위원회 문답서의 증거능력 인정요건에 관한 법리를 오해하는 등의 위법이 없다. 이와 관련된 상고이유 주장은 모두 받아들일 수 없다.

사 례 [23] 포괄일죄, 권리행사와 공갈죄, 자진출석자에 대한 긴급체포, 압수·수색영장의 집행 범위

 A 회사의 직원인 甲은 다수의 절도 전력이 있다. 甲은 2020. 5. 1. 10:00경 컴퓨터 용품점에서 물건을 구경하는 척하면서 몰래 USB메모리(이하, USB라 한다) 10개(약 50만 원)를 들고 나왔다(제1절도). 甲은 즉석에서 검거되어 조사받은 후 기소되어 2020. 10. 6. 절도죄로 벌금 200만 원의 유죄판결을 선고받고 항소하였으나 2021. 2. 5. 항소가 기각되고, 같은 달 10. 상고를 포기하여 판결이 확정되었다.

 甲은 거래처인 B 회사 창고에 많은 비품이 있는 것을 알고 비품을 훔쳐갈 생각으로 2021. 1. 29. 업무차 B 회사를 방문하여 16:00경 업무를 마친 후 위 창고에 몰래 들어가 해가 질 때까지 숨어 있다가 해가 진 후인 20:00경 B 회사 소유의 USB 20개(약 100만 원)를 들고 나왔다(제2절도). 甲은 2021. 2. 10. 02:00경 길거리를 가다가 술에 취해 쓰러져 있던 C의 가방 안에 들어 있던 C 소유의 신용카드 1장과 외장하드 1개(약 15만 원)를 꺼내갔다(제3절도).

 B 회사 경비직원인 乙은 회사 창고에서 비품이 계속 없어지는 것을 수상하게 여겨 부근에 설치된 방범용 CCTV를 확인하다가 2021. 1. 29. 16:00경 甲이 회사 창고로 몰래 들어가는 장면을 발견하였다. 乙은 甲이 분명히 창고 비품을 훔쳤을 것이라 생각하고 甲에게 전화하여 "당신이 훔쳐가서 발생한 회사 피해가 무려 3천만 원이다. CCTV에다 찍혀 있다. 상부에 보고해서 구속시켜서 콩밥을 먹이겠다. 그러나 당장 내게 3천만 원을 가져오면 다시 생각해보겠다."라고 말하였다. 이에 겁을 먹은 甲은 당장 乙을 찾아가 형편이 어렵다고 사정하면서 우선 乙에게 현금 300만 원을 주었으며, 乙은 甲의 범행을 B 회사에 보고하지 않았다.

 계속해서 甲은 2021. 4. 1. 16:00경 A 회사의 경리실 금고에 보관하던 회사 돈 1천만 원을 몰래 꺼내고, A 회사 창고에서 회사 소유의 USB 50개(약 250만 원)를 훔쳤다(제4절도). 평소 甲의 행적을 수상히 여긴 A 회사에서는 경찰에 甲을 신고하였고, 사법경찰관 P는 검사에게 압수·수색영장의 청구를 신청하여 검사의 청구로 법원으로부터 범죄사실을 'A 회사 소유의 현금과 USB 등 비품에 대한 절도', 압수·수색할 장소를 '甲의 주거지', 압수할 물건을 '甲의 주거지에 보관 중인 현금과 USB 등 비품'으로 기재한 압수·수색영장을 발부받았다. P는 甲의 집을 방문하여 甲의 처에게 압수·수색영장을 제시하고 집을 수색하여 화장실 천장에서 현금 500만 원과 USB 30개를 발견하고 이를 압수하였다. 위와 같이 압수를 하고 있던 중 때마침 甲이 귀가하자 P는 甲을 상대로 압수·수색영장을 제시하지 않은 채 甲이 소지한 가방을 수색하여 가방에서 C의 신용카드 1장과 외장하드 1개를 발견하고 이를 압수하였다.

甲은 P의 임의동행 요구에 순순히 응하여 관할 경찰서에서 피의자신문을 받으면서, 압수된 물건 중 200만 원과 USB 10개는 A 회사에서 훔친 것이고, C의 신용카드와 외장하드도 훔친 것이라고 일부 자백하였다. 그러나 나머지 돈과 USB 20개는 원래 자신의 것이라고 하면서도 그 돈의 출처나 구매 근거에 대하여 묵비하였고, P가 다른 곳에서 물건을 훔친 사실이 있는지 물어보았으나 그런 사실이 없다고 진술하여 B 회사에 대한 절도도 숨겼다. 신문을 마친 P는 甲을 제3절도와 제4절도 혐의로 긴급체포하였고, 검사 Q는 사후구속영장을 청구하여 甲은 구속되었다. 사건을 송치받은 Q는 2021. 6. 18. 甲을 제3절도와 제4절도 범죄사실로 구속기소하여 제1심재판 계속 중이다.

설 문

1. 검사 Q는 제2절도 사실이 뒤늦게 발견되자 이를 수사하여 甲에 대하여 야간건조물침입절도죄를, 乙에 대하여 공갈죄를 적용하여 각 기소하였다. 이에 대하여 甲과 乙의 변호인이 변론할 수 있는 쟁점과 법원의 수용가능성에 대하여 논하시오.

2. 만일 검사 Q가 절도죄로 기소된 제3, 제4절도에 대한 제1심재판 계속 중인 2021. 7. 30. 제2절도 사실에 대하여 甲을 상습절도죄로 추가 기소하고, 법원이 제1, 제2, 제3, 제4절도 사실을 포괄하여 甲에게 절도의 상습성이 인정되고 상습절도에 대한 유죄의 증명이 있다고 판단한 경우,
   (1) 법원이 추가 기소에 대하여 취할 수 있는 적법한 조치는 어떤 것이 있는가?
   (2) 그 경우에 법원은 제2, 제3, 제4절도에 대하여 어떤 판결을 하여야 하는가?

3. 경찰관 P가 압수한 C의 신용카드와 외장하드의 증거능력에 대하여 논하시오.

4. 경찰관 P의 甲에 대한 긴급체포는 적법한가?

해 설

I. 제1문 — 甲, 乙의 변호인의 변론 가능한 쟁점과 법원의 수용가능성

1. 문제의 제기

검사 Q는 제2절도와 관련하여 甲을 야간건조물침입절도죄로, 乙을 공갈죄로 각 기소하였다. 甲에 대해서는 일몰 전에 B 회사 창고에 들어갔다가 일몰 후에 B 회사 소유의 USB 20개를 절취하였으므로 '야간'에 건조물에 침입하여 절도한 것인지 여부, 즉 야간건조물침입절도죄의 실행의 착수시기가 문제된다. 乙에 대해서는 乙이 경비직원의 임무를 수행하면서 甲의 절도를 발견하고 그 배상을 요구하는 과정에서 피해금액을 가져오지 않으면 "구속시켜서 콩밥을 먹이겠다"고 말하여 이에 겁을 먹은 甲으로부터 300만 원을 교부받았으므로 권리행사의 경우에도 공갈죄가 성립하는지 여부가 문제된다.

2. 甲에 대하여 — 야간건조물침입절도죄
(1) 甲의 변호인이 주장할 수 있는 쟁점

야간건조물침입절도죄가 성립하려면 야간에 건조물에 침입하여 타인의 재물을 절취하여야 한다(형법 제330조). 야간건조물침입절도죄의 실행의 착수시기는 야간건조물침입죄의 성질을 어떻게 파악하느냐에 따라 견해가 나뉜다. ① 야간주거(건조물)침입절도죄를 절도죄(형법 제329조)에 야간이라는 시간적 제한과 주거(건조물)라는 장소적 제한이 가미되어 위법성이 가중되는 범죄라고 해석하는 견해는 침입행위의 주·야간을 불문하고 절취행위가 야간에 이루어질 것을 요구한다. 반면에, ② 야간이라는 시간적 제약을 받는 주거침입죄와 절도죄의 결합범이라고 보는 견해(통설)에서는 주거침입이 야간에 이루어질 것을 요구한다.

甲의 변호인은 ②의 견해에 따라 甲이 야간에 절취행위를 하였지만 주간에 건조물에 침입한 이상 야간건조물침입절도죄의 구성요건에는 해당하지 않는다고 주장할 수 있다.

(2) 법원의 수용가능성

판례는 형법에서 야간절도죄의 처벌규정을 별도로 두고 있지 않으므로 야간주거침입절도죄는 야간에 이루어지는 주거침입행위의 위험성에 주목하여 그러한 행위를 수반한 절도를 보다 중하게 처벌하고 있는 것이어서 주거침입이 주간에 이루어진 경우에는 야간주거침입절도죄가 성립하지 않는다고 판시하고 있다([관련판례]).

따라서 변호인의 위 주장은 판례에 비추어 법원에서 수용될 것이다. 다만, 야간주거침입절도죄는 성립하지 않더라도 주거침입죄와 절도죄가 각 성립하고, 두 죄는 실체적 경합관계가 될 것이다.

 관련판례

대법원 2011. 4. 14. 선고 2011도300 판결【절도·건조물침입·유해화학물질관리법위반(환각물질흡입)·야간방실침입절도(인정된 죄명: 방실침입·절도)·치료감호】1)

【사실관계】

피고인은 2010. 6. 16. 15:40경 피해자가 운영하는 서울 동대문구 장안동 (이하 생략) L 모텔에 이르러, 피해자가 평소 비어 있는 객실의 문을 열어둔다는 사실을 알고 그곳 202호 안까지 들어가 침입한 다음, 같은 날 21:00경 그곳에 설치되어 있던 피해자 소유의 LCD모니터 1대 시가 3만 원 상당을 가지고 나와 절취하였다.

【판결이유】

형법은 제329조에서 절도죄를 규정하고 곧바로 제330조에서 야간주거침입절도죄를 규정하고 있을 뿐, 야간절도죄에 관하여는 처벌규정을 별도로 두고 있지 아니하다. 이러한 형법 제330조의 규정형식과 그 구성요건의 문언에 비추어 보면, 형법은 야간에 이루어지는 주거침입행위의 위험성에 주목하여 그러한 행위를 수반한 절도를 야간주거침입절도죄로 중하게 처벌하고 있는 것으로 보아야 한다. 따라서 주거침입이 주간에 이루어진 경우에는 야간주거침입절도죄가 성립하지 않는다고 해석함이 상당하다.

이와 달리 만일 주거침입의 시점과는 무관하게 절취행위가 야간에 이루어지면 야간주거침입절도죄가 성립한다고 해석하거나, 주거침입 또는 절취 중 어느 것이라도 야간에 이루어지면 야간주거침입절도죄가 성립한다고 해석한다면, 이는 이 사건과 같이 주간에 주거에 침입하여 야간에 재물을 절취한 경우에도 야간주거침입절도죄의 성립을 인정하여 결국 야간절도를 주간절도보다 엄하게 처벌하는 결과가 되는바, 앞

---

1) 본 판결 평석은 고종영, "주간에 사람의 주거 등에 침입하여 야간에 타인의 재물을 절취한 행위를 형법 제330조의 야간주거침입절도죄로 처벌할 수 있는지 여부", 대법원판례해설 제88호(2011 상반기), 2011, 616-627면.

서 본 바와 같이 현행법상 야간절도라는 이유만으로 주간절도보다 가중하여 처벌하는 규정은 없을 뿐만 아니라, 재산범죄 일반에 관하여 야간에 범죄가 행하여졌다고 하여 가중처벌하는 규정이 존재하지 아니한다. 또한 절도행위가 야간에 이루어졌다고 하여 절도행위 자체만으로 주간절도에 비하여 피해자의 심리적 불안감이나 피해증대 등의 위험성이 커진다고 보기도 어렵다. 나아가, 예컨대 일몰 전에 주거에 침입하였으나 시간을 지체하는 등의 이유로 절취행위가 일몰 후에 이루어진 경우 야간주거침입절도죄로 가중처벌하는 것은 주거침입이 일몰 후에 이루어진 경우와 그 행위의 위험성을 비교하여 볼 때 가혹하다 할 것이다.

한편 야간주거침입절도죄는 주거에 침입한 단계에서 이미 실행에 착수한 것으로 보아야 한다는 것이 대법원의 확립된 판례인바(대법원 2006. 9. 14. 선고 2006도2824 판결 등 참조), 만일 주간에 주거에 침입하여 야간에 재물을 절취한 경우에도 야간주거침입절도죄의 성립을 인정한다면, 원심이 적절히 지적하고 있는 바와 같이 행위자가 주간에 주거에 침입하여 절도의 실행에는 착수하지 않은 상태에서 발각된 경우 야간에 절취할 의사였다고 하면 야간주거침입절도의 미수죄가 되고 주간절도를 계획하였다고 하면 주거침입죄만 인정된다는 결론에 이르는데, 결국 행위자의 주장에 따라 범죄의 성립이 좌우되는 불합리한 결과를 초래하게 된다.

위와 같은 여러 점들을 종합하여 보면, 주간에 사람의 주거 등에 침입하여 야간에 타인의 재물을 절취한 행위는 형법 제330조의 야간주거침입절도죄를 구성하지 않는 것으로 봄이 상당하다.

3. 乙에 대하여 — 공갈죄
(1) 乙의 변호인이 주장할 수 있는 쟁점

공갈죄가 성립하려면 사람을 공갈하여 재물의 교부를 받거나 재산상 이익을 취득하여야 한다(형법 제350조 제1항). 공갈이란 재물을 교부받거나 재산상 이익을 취득하기 위하여 폭행 또는 협박으로 외포심을 일으키게 하는 것을 말한다. 공갈죄의 폭행 또는 협박은 사람의 의사 내지 자유를 제한하는 정도로 충분하고, 반드시 상대방의 반항을 억압할 정도에 이를 것을 요하지 않는다는 점에서 강도죄의 폭행 또는 협박과 구별된다.[1] 乙은 甲에게 물건을 훔치는 장면이 CCTV에 찍혀 있으니 피해금을 가져오지 않으면 상부에 보고해서 구속시켜서 콩밥을 먹이겠다는 취지로 말하여 겁을 주었고, 이에 겁을 먹은 甲으로부터 300만 원을 교부받았다. 乙의 협박은 甲의 의사 내지 자유를 제한하는 데 충분하므로 공갈죄의 협박에 해당한다.

한편, 공갈죄가 성립하기 위한 주관적 구성요건으로 고의와 불법이득의 의사가

---

1) 대법원 2001. 3. 23. 선고 2001도359 판결.

필요하다. 乙은 비록 甲에 대하여 공갈행위를 하였으나 경비직원으로서 임무를 수행
하다가 甲의 절도행위를 발견하고 甲에 대하여 피해금액의 변상을 요구한 것이므로
외관상 정당한 권리행사를 한 것으로 볼 수 있다. 이처럼 권리행사를 위하여 공갈
수단을 사용한 경우에 공갈죄가 성립하는지에 대해서는 ① 공갈행위 자체가 허용될
수 있는 한계를 일탈하여 권리남용으로 인정될 때에는 공갈죄가 성립한다는 견해
(긍정설)와 ② 공갈죄에서의 불법이득의 의사는 구성요건요소이며 여기서 불법이란 이
득의 불법이므로 정당한 권리가 있는 때에는 공갈죄가 성립하지 않는다는 견해(부
정설)[1]의 대립이 있다.

따라서 乙의 변호인은 ②의 견해에 따라 乙이 정당한 권리행사를 위하여 甲에게
돈을 요구한 것이므로 불법이득의 의사가 없어 공갈죄가 성립하지 않는다고 주장할
수 있다.

(2) 법원의 수용가능성

변호인의 위 주장은 판례에 비추어 법원에서 수용될 가능성은 없다. 판례는 정
당한 권리를 가졌다 하더라도 그 권리행사의 수단·방법이 사회통념상 허용되는 정
도나 범위를 넘는 때에는 공갈죄가 성립한다는 입장이다(【관련판례】).[2]

본 사례에서 乙은 회사에 대한 피해금액의 변상 차원에서 돈을 요구한 것이 아
니라 회사 보고를 빌미로 피해액을 훨씬 초과하는 3천만 원의 거액을 요구하였고,
甲으로부터 받은 돈 300만 원도 회사에 보고하지 않았다. 따라서 乙의 행위는 권리
행사를 빙자하여 협박을 수단으로 甲으로 하여금 겁을 먹게 하였고, 권리행사의 수
단·방법이 사회통념상 허용되는 정도나 범위를 넘어 공갈죄가 성립한다고 할 것
이다.

 관련판례

대법원 1993. 9. 14. 선고 93도915 판결【공갈미수·사기미수】[3]

공갈죄의 수단으로서의 협박은 사람의 의사결정의 자유를 제한하거나 의사실행의 자
유를 방해할 정도로 겁을 먹게 할 만한 해악을 고지하는 것을 말하고, 해악의 고지가
권리실현의 수단으로 사용된 경우라고 하여도 그것이 권리행사를 빙자하여 협박을

---

1) 공갈죄는 성립하지 않더라도 폭행죄, 협박죄 또는 강요죄는 성립한다.
2) 대법원 1996. 9. 24. 선고 96도2151 판결; 대법원 2007. 10. 11. 선고 2007도6406 판결.
3) 본 판결 평석은 장영민, "권리행사와 공갈죄의 성부", 형사판례연구 [4], 1996, 396-406면.

수단으로 상대방을 겁을 먹게 하였고, 그 권리실행의 수단·방법이 사회통념상 허용되는 정도나 범위를 넘는다면 공갈죄의 실행에 착수한 것으로 보아야 할 것인바(당원 1991. 11. 26. 선고 91도2344 판결 참조), 원심이 인정한 바와 같이 피고인이 피해자에게 "당신이 허위로 매매계약서를 작성하고 허위의 가등기를 한 것은 사문서위조, 인감도용, 인감위조, 강제집행면탈죄에 해당하는지 아느냐"고 말하였다면 이는 피해자가 피고인의 요구에 응하지 아니하면 사문서위조등의 죄로 고발하겠다는 뜻을 암시하는 것으로 피해자로 하여금 겁을 먹게 하기에 족한 해악의 고지로 볼 수 있고, 사실관계가 원심이 인정한 바와 같다면 피고인의 이 사건 범행이 설사 피고인 앞으로 허위의 소유권이전등기청구권보전의 가등기가 마쳐짐을 기화로 피해자에 대한 오래전의 채무를 변제받기 위한 목적에서 이루어진 것이라 하더라도 그 수단·방법이 사회통념상 허용될 수 있는 범위를 넘는 것으로서 공갈미수죄가 성립된다고 아니할 수 없다.

II. 제2문 — 포괄일죄에 대한 추가기소

1. 문제의 제기

법원이 절도죄로 기소된 제3, 제4절도에 대하여 재판을 하는 중에 검사가 뒤늦게 발견된 제2절도를 상습절도로 기소하였고, 법원은 제1 내지 제4절도에 대해 포괄하여 절도의 상습성이 인정된다고 판단하고 있다. 그렇다면 뒤늦게 기소한 제2절도 부분은 먼저 기소하여 재판 중인 제3, 제4절도와 중복된 이중기소에 해당하지 않는지 여부[제2문의 (1)]와, 이미 판결이 확정된 제1절도에 관한 판결의 기판력이 나머지 절도에 대해서도 미치지 않는지 여부[제2문의 (2)]가 문제된다.

2. 제2문의 (1) — 상습절도 추가기소에 대한 법원의 조치
(1) 원칙적으로 필요한 검사의 조치 — 공소장변경

추가기소한 제2절도의 상습절도죄[1]는 먼저 기소한 제3, 제4절도와 함께 포괄하여 상습성이 인정된다. 따라서 포괄일죄의 일부로서 먼저 기소한 제3, 제4절도와 후에 기소한 제2절도는 절도의 습벽에 따른 일련의 절도행위로서 서로 공소사실의 동

---

1) 형법 제332조의 상습절도죄를 가중 처벌하는 특정범죄 가중처벌 등에 관한 법률 제5조의4 제1항 규정은 헌법재판소의 위헌결정[헌법재판소 2015. 2. 26. 선고 2014헌가14, 2014헌가19, 2014헌가23(병합) 결정]에 따라 2016. 1. 6. 삭제되었다. 위헌 결정 이전에도 검사는 특가법위반(절도)죄가 아닌 상습절도죄로 기소할 수 있었다.

일성이 인정된다. 따라서 검사는 원칙적으로 소송계속 중인 제3, 제4절도에 대한 공소사실에 제2절도 사실을 추가하고, 죄명과 적용법조를 상습절도로 변경하여 공소장변경허가신청을 하여야 한다(형소법 제298조 제1항). 검사가 공소장변경을 신청하지 않고 추가로 상습절도죄로 기소하는 경우에는, 공소사실의 동일성이 인정되는 제3, 제4절도 사건의 기소와 중복되는 이중기소이므로 제3, 제4절도에 대해서는 공소취소하여 절차를 종결하여야 할 것이다.

본 사례와 같이 검사가 공소취소를 하지 않고 상습절도죄로 추가기소한 경우, 추가기소한 부분은 이중기소에 해당하므로 원칙적으로 법원의 공소기각판결의 대상(형소법 제327조 제3호)이 된다.

(2) 검사의 추가기소에 대한 법원의 조치

검사가 공소장변경을 신청하지 않고 추가기소한 경우, 법원이 취할 조치로는 ① 이중기소라는 이유로 공소기각의 판결을 하는 방안(공소기각판결), ② 검사로 하여금 공소장변경을 신청하도록 요구하는 방안(공소장변경요구), ③ 추가기소가 공소장변경 취지인지 석명(형소규칙 제141조) 후에 판단하는 방안(석명 후 판단), ④ 전부에 대하여 실체판단하는 방안(실체판단 또는 공소장변경의제)을 생각할 수 있다. ①의 조치는 소송경제에 반하고, ②의 조치는 적절하기는 하지만 법원의 공소장변경요구가 의무가 아니라 재량이라는 점[1]에서 한계가 있다. 이런 점을 고려하여 대법원은 ③ 또는 ④의 조치를 취할 수 있다는 입장인데, 최근에는 주로 ④의 조치를 취할 수 있다고 판시하고 있다.

(개) 공소장변경 취지의 석명 후 판단

검사의 추가기소에는 전후에 기소된 각 범죄사실 전부를 포괄일죄로 처벌할 것을 신청하는 취지가 포함되었다고 볼 수 있어 공소사실을 추가하는 등의 공소장변경과는 절차상 차이가 있을 뿐 그 실질에 있어서 별 차이가 없다. 따라서 법원은 검사에게 제2절도를 상습절도로 추가기소한 것이 제3, 제4절도와 별도로 제2절도에 대해 죄를 판단해달라는 것인지, 아니면 공소사실이 동일한 제3, 제4절도와 포괄하여 제2절도를 상습절도로 처벌해 달라는 공소장변경의 취지인지 석명한 다음, 전자의 취지라면 추가기소에 대하여 공소기각판결을 선고하되,[2] 후자의 취지라면 추가기소 자체를 그와 같은 공소장변경으로 보아 제2 내지 제4절도 모두에 대해 상습절도로

---

1) 대법원 1990. 10. 26. 선고 90도1229 판결.
2) 실무에서 이런 취지로 추가기소하는 경우는 없을 것이다.

심리하여 실체판단을 하여야 하고, 추가기소에 대하여 공소기각판결을 할 필요는 없다.1)

(나) 석명절차를 거치지 않고 실체판단

법원이 추가기소된 상습절도를 포괄하여 하나의 상습절도죄로 인정한다고 하더라도 피고인으로 하여금 이중처벌의 위험을 받지 않게 하고 법원이 2개의 실체판결을 하지 않도록 한다는 이중기소 금지의 취지에 반하지 않고, 피고인의 방어에 불이익을 미치는 것도 아니다. 따라서 법원은 공소장변경절차나 석명절차를 거치지 않았더라도 전후에 기소된 범죄사실 전부에 대하여 실체판단을 할 수 있고, 추가기소된 부분에 대하여 공소기각의 판결을 할 필요는 없다.2)3)

(3) 설문의 해결

법원은 상습절도로 추가기소된 제2절도에 대하여 공소기각의 판결을 할 것이 아니라, 공소장변경 취지인지에 대하여 석명권을 행사하고 실체판단을 하거나 석명절차를 거치지 않고 전후 기소된 범죄사실 전부에 대하여 실체판단을 할 수 있다.

3. 제2문의 (2) ─ 확정된 제1절도 판결의 기판력

판결이 확정된 제1절도는 제2, 제3, 제4절도와 포괄일죄의 관계에 있는데, 제3, 4절도는 제1절도의 사실심 판결 선고 이후에 저지른 것임이 명백하므로 상습절도라 하더라도 기판력이 미치지 않는다. 그러나 제2절도는 제1절도의 사실심 판결 선고 이전에 범행을 저지른 것으로, 제1절도에 대한 확정판결의 기판력이 미친다면 면소판결(형소법 제326조 제1호)을 하여야 하므로 제1절도에 대한 확정판결의 기판력이 재판 중인 제2절도에 대한 사건에 미치는지 문제된다.

이에 대하여 판례는 면소판결을 하기 위해서는 전의 확정판결에서 당해 피고인이 상습범으로 기소되어 처단되었을 것을 필요로 하는 것이고, 상습범 아닌 기본 구성요건의 범죄로 처단되는 데 그친 경우에는, 가사 뒤에 기소된 사건에서 비로소 드러났거나 새로 저질러진 범죄사실과 전의 판결에서 이미 유죄로 확정된 범죄사실 등을 종합하여 비로소 그 모두가 상습범으로서의 포괄적 일죄에 해당하는 것으로 판단

---

1) 대법원 1996. 10. 11. 선고 96도1698 판결: 대법원 1999. 11. 26. 선고 99도3929 판결.
2) 대법원 2012. 1. 26. 선고 2011도15356 판결.
3) 이러한 조치는 별개로 기소된 협박행위가 포괄하여 하나의 협박죄를 구성하는 경우(대법원 2007. 8. 23. 선고 2007도2595 판결)나 영업범의 경우(대법원 1993. 10. 22. 선고 93도2178 판결)에도 마찬가지이다.

된다 하더라도 뒤늦게 앞서의 확정판결을 상습범의 일부에 대한 확정판결이라고 보아 그 기판력이 그 사실심판결 선고 전의 나머지 범죄에 미친다고 보아서는 안 된다고 판시하였다([관련판례]).[1]

　　판례에 따라 제1절도의 사실심 판결선고 시(2021. 2. 5.) 전에 행한 제2절도에 대하여 제1절도 판결의 기판력이 미치려면 제1절도가 상습절도죄로 기소되었어야 하지만, 본 사례에서는 단순절도죄로 기소되어 유죄판결이 확정되었으므로 뒤에 기소된 사건에서 상습성이 비로소 드러났다 하더라도 기판력은 미치지 않는다. 따라서 법원은 제2, 3, 4절도에 대하여 포괄하여 상습절도죄로 유죄판결을 선고하여야 한다.

 관련판례

대법원 2004. 9. 16. 선고 2001도3206 전원합의체 판결 【사기】[2]

【다수의견】

상습범으로서 포괄적 일죄의 관계에 있는 여러 개의 범죄사실 중 일부에 대하여 유죄판결이 확정된 경우에, 그 확정판결의 사실심판결 선고 전에 저질러진 나머지 범죄에 대하여 새로이 공소가 제기되었다면 그 새로운 공소는 확정판결이 있었던 사건과 동일한 사건에 대하여 다시 제기된 데 해당하므로 이에 대하여는 판결로써 면소의 선고를 하여야 하는 것인바(형사소송법 제326조 제1호), 다만 이러한 법리가 적용되기 위해서는 전의 확정판결에서 당해 피고인이 상습범으로 기소되어 처단되었을 것을 필요로 하는 것이고, 상습범 아닌 기본 구성요건의 범죄로 처단되는 데 그친 경우에는, 가사 뒤에 기소된 사건에서 비로소 드러났거나 새로 저질러진 범죄사실과 전의 판결에서 이미 유죄로 확정된 범죄사실 등을 종합하여 비로소 그 모두가 상습범으로서의 포괄적 일죄에 해당하는 것으로 판단된다 하더라도 뒤늦게 앞서의 확정판결을 상습범의 일부에 대한 확정판결이라고 보아 그 기판력이 그 사실심판결 선고 전의 나머지 범죄에 미친다고 보아서는 아니 된다.

【반대의견】

포괄일죄인 상습사기죄의 일부에 관하여 유죄의 확정판결이 있더라도 단순사기죄로 처벌된 것인가, 상습사기죄로 처벌된 것인가에 따라 기판력이 미치는 범위가 달라진다고 하는 다수의견에는 다음과 같은 이유로 찬성할 수 없는바, 첫째 다수의견은 공소불가분의 원칙을 규정하고 있는 형사소송법 제247조 제2항과 일사부재리의 원칙을 규정하고 있는 헌법 제13조 제1항 후단 및 형사소송법 제326조 제1호에 반하는 것으로 다수의견이 기존에 확립된 판례를 변경하는 것은 법령의 해석·적용에 관하여

---

1) 대법원 2015. 6. 23. 선고 2015도2207 판결 등.
2) 본 판결 평석은 박광민, "상습범의 죄수와 기판력이 미치는 범위", 형사판례연구 [14], 2006, 25-44면.

선택할 수 있는 여러 견해 중 하나를 선택하는 차원의 범위를 넘어선 것이고, 둘째 후에 공소제기된 사건에 관하여 확정판결이 있었는지 여부는 그 사건의 공소사실의 전부 또는 일부에 대하여 이미 판결이 있었는지 여부의 문제이고, 이는 전의 확정판결의 죄명이나 판단내용에 의하여 좌우되는 것이 아니므로 이론상으로도 전의 확정판결에서 단순사기죄로 판단한 것의 구속력을 인정할 여지는 없고, 단순사기죄의 확정판결에 그와 같은 내용적 확정력을 인정할 법령상의 근거 역시 찾아볼 수 없으며, 셋째 다수의견이 기판력이 미치는 범위를 기본적으로 공소장 기재 사실을 한도로 하는 것은 소인개념을 채택하고 있지 아니하는 현행법상으로는 무리한 해석이다.

Ⅲ. 제3문 — 압수된 신용카드와 외장하드의 증거능력

1. 문제의 제기

경찰관 P는 압수·수색영장에 의하여 甲의 가방을 수색하여 C의 신용카드 1장과 외장하드 1개를 압수하였는데, 압수가 적법한지 문제된다.

2. 압수·수색영장의 제시

영장에 의하여 압수·수색할 경우 그 처분을 받는 자에게 반드시 영장을 제시하여야 한다(형소법 제219조, 제118조). 그러나 피처분자가 현장에 없거나 현장에서 그를 발견할 수 없는 경우 등 영장제시가 현실적으로 불가능한 경우에는 영장을 제시하지 않더라도 위법은 아니다.[1] 현장에서 압수·수색을 당하는 사람이 여러 명일 경우에는 그 사람들 모두에게 개별적으로 영장을 제시해야 한다. 수사기관이 압수·수색에 착수하면서 그 장소의 관리책임자에게 영장을 제시하였다고 하더라도, 물건을 소지하고 있는 다른 사람으로부터 이를 압수하고자 하는 때에는 그 사람에게 따로 영장을 제시하여야 한다.[2]

본 사례에서 P는 甲에게 압수·수색영장을 제시하지 않은 채 甲이 소지한 가방을 수색하여 가방에서 C의 신용카드 1장과 외장하드 1개를 발견하고 이를 압수하였다. 비록 甲의 처에게 영장을 제시하였다 하더라도 피압수자인 甲에게 따로 영장을 제시하지 않았으므로 甲에 대한 압수절차는 위법하다.

---

[1] 대법원 2015. 1. 22. 선고 2014도10978 판결.
[2] 대법원 2009. 3. 12. 선고 2008도763 판결.

3. 압수·수색영장의 집행 범위

(1) 해당사건과의 관련성

압수·수색영장은 영장발부의 사유인 범죄사실과 관련된 부분에 대해서만 집행할 수 있다(형소법 제106조 제1항, 제109조 제1항, 제215조 제1항).[1] 이때, 관련성이 인정되기 위해서는 혐의사실과 ① '객관적 관련성'이 있고, 대상자와 피의자 사이에 ② '인적 관련성'이 인정되어야 한다. ①은 혐의사실 자체 또는 그와 기본적 사실관계가 동일한 범행과 직접 관련되어 있는 경우는 물론, 범행 동기와 경위, 범행 수단과 방법, 범행 시간과 장소 등을 증명하기 위한 간접증거나 정황증거 등으로 사용될 수 있는 경우에도 인정될 수 있는데, 구체적·개별적 연관관계가 있는 경우에만 인정되고, 혐의사실과 단순히 동종 또는 유사 범행이라는 사유만으로 관련성이 있다고 할 수 없고, ②는 대상자의 공동정범이나 교사범 등 공범이나 간접정범은 물론 필요적 공범 등에 대한 사건에 대해서도 인정될 수 있다.[2]

본 사례에서 범죄사실은 甲의 'A 소유의 현금과 USB 등 비품에 대한 절도'이고, 甲으로부터 압수한 물건은 甲의 C에 대한 절도로 취득한 신용카드와 외장하드이다. C에 대한 절도는 영장발부의 사유인 범죄사실과 기본적 사실관계가 동일한 범행은 아니지만, 동종 범행에 해당하고, 절취품도 유사할 뿐 아니라 절도의 상습성 판단의 자료도 되므로 구체적·개별적 연관관계가 있다고 할 것이다. 따라서 ①의 객관적 관련성은 물론, ②의 인적 관련성도 인정된다.

(2) 압수할 물건의 특정

압수·수색할 수 있는 물건은 영장에 기재된 범위로 제한된다. 법관이 압수·수색영장을 발부하면서 '압수할 물건'을 특정하기 위하여 기재한 문언은 엄격하게 해석하여야 하고, 함부로 피압수자 등에게 불리한 내용으로 확장 또는 유추 해석하여서는 안 된다. 따라서 압수·수색영장에서 압수할 물건을 '압수장소에 보관 중인 물건'이라고 기재하고 있는 것을 '압수장소에 현존하는 물건'으로 해석할 수는 없다.[3]

본 사례에서 압수·수색영장에 기재된 압수할 물건은 '甲의 주거지에 보관 중인 현금과 USB 등 비품'인데, 甲이 소지한 신용카드와 외장하드는 주거지에 '보관 중인

---

1) 대법원 2011. 5. 26. 선고 2009모1190 결정.
2) 대법원 2017. 12. 5. 선고 2017도13458 판결.
3) 대법원 2009. 3. 12. 선고 2008도763 판결.

물건'이 아니라 甲이 가방에 넣어 외부에서 들고 집에 들어와 주거지에 '현존하는 물건'에 해당한다. 따라서 甲이 소지한 신용카드와 외장하드를 압수한 것은 영장에 기재된 범위를 벗어났으므로 위법하다.

4. 설문의 해결

사법경찰관 P의 압수는 형사소송법에서 정하는 영장제시에 관한 절차를 위반하였고, 영장 기재 범위를 넘어선 압수의 집행으로서 적법절차의 실질적인 내용을 침해하였으므로 예외적으로 증거능력을 인정할 수 있는 경우에 해당하지 않는다.[1] 따라서 이러한 위법한 절차에 따라 압수된 신용카드와 외장하드는 위법수집증거배제법칙(형소법 제308조의2)에 따라 증거능력이 없다.

Ⅳ. 제4문 — 긴급체포의 적법성 여부

1. 문제의 제기

甲은 사법경찰관 P의 임의동행 요구에 응하여 수사기관에 출석하였는데, 자진출석한 甲을 신문 후에 긴급체포한 것이 적법한지가 문제된다.

2. 수사기관에 자진출석한 사람에 대한 긴급체포

긴급체포가 허용되기 위해서는 ① 범죄혐의의 상당성, ② 범죄의 중대성, ③ 체포의 필요성, ④ 긴급성이 인정되어야 한다(형소법 제200조의3 제1항). 수사기관에 자진출석한 사람의 경우, 체포의 필요성이나 긴급성 여부에 있어서 논란이 있다. 조사를 받기 위하여 수사기관에 자진출석한 피의자를 긴급체포하는 것은 체포의 필요성이나 긴급성에 비추어 원칙적으로 위법하다고 할 것이다. 그러나 구체적인 사안에 따라 긴급체포가 허용되는 경우도 있을 수 있으므로, 자진출석한 사람에 대한 긴급체포가 적법한지는 구체적인 사안에 따라 개별적으로 평가하여야 할 것이다.[2]

긴급체포의 요건을 갖추었는지 여부는 사후에 밝혀진 사정을 기초로 판단하는 것이 아니라 체포 당시의 상황을 기초로 판단하여야 하고, 이에 관한 검사나 사법경

---

1) 대법원 2007. 11. 15. 선고 2007도3061 전원합의체 판결.
2) 자진출석한 사람에 대한 긴급체포에 대하여 ① 적법하다고 한 판례(대법원 2005. 11. 10. 선고 2004도42 판결)도 있고, ② 위법하다고 한 판례(대법원 2006. 9. 8. 선고 2006도148 판결)도 있다.

찰관 등 수사주체의 판단에는 상당한 재량의 여지가 있다고 할 것이다. 그러나 긴급체포 당시의 상황으로 보아서도 그 요건의 충족 여부에 관한 검사나 사법경찰관의 판단이 경험칙에 비추어 현저히 합리성을 잃은 경우에는 그 체포는 위법한 체포라고 보고 있다([관련판례]).

본 사례에서 甲은 절도 전과가 있는 상태에서 다시 절도 혐의를 받고 있고, 일부 피해품이 주거지에서 발견되는 등 장기 3년 이상의 징역이나 금고에 해당하는 범죄에 대하여 혐의의 상당성이 있으며, 압수된 돈과 비품에 대한 출처와 구매 근거에 대하여 묵비하는 점에 비추어 도주 및 증거인멸의 우려가 있어 체포의 필요성 있고, 체포영장을 받을 시간적 여유가 없어 긴급성이 인정된다. 따라서 甲이 임의동행에 응하여 자진출석하였다 하더라도 甲을 제3, 제4절도에 대하여 긴급체포한 것은 적법하다.

 관련판례

대법원 2002. 6. 11. 선고 2000도5701 판결【특정범죄가중처벌등에관한법률위반(뇌물)(일부 인정된 죄명: 뇌물수수·뇌물공여】

긴급체포는 영장주의원칙에 대한 예외인 만큼 형사소송법 제200조의3 제1항의 요건을 모두 갖춘 경우에 한하여 예외적으로 허용되어야 하고, 요건을 갖추지 못한 긴급체포는 법적근거에 의하지 아니한 영장 없는 체포로서 위법한 체포에 해당하는 것이다. 여기서 긴급체포의 요건을 갖추었는지 여부는 사후에 밝혀진 사정을 기초로 판단하는 것이 아니라 체포 당시의 상황을 기초로 판단하여야 하고, 이에 관한 검사나 사법경찰관 등 수사주체의 판단에는 상당한 재량의 여지가 있다고 할 것이나, 긴급체포 당시의 상황으로 보아서도 그 요건의 충족 여부에 관한 검사나 사법경찰관의 판단이 경험칙에 비추어 현저히 합리성을 잃은 경우에는 그 체포는 위법한 체포라 할 것이고, 이러한 위법은 영장주의에 위배되는 중대한 것이니 그 체포에 의한 유치 중에 작성된 피의자신문조서는 위법하게 수집된 증거로서 특별한 사정이 없는 한 이를 유죄의 증거로 할 수 없는 것이다.

기록에 의하면, 수사검사는 1999. 11. 29. 피고인 1에게 뇌물을 주었다는 피고인 3 및 관련 참고인들의 진술을 먼저 확보한 다음, 현직 군수인 피고인 1을 소환·조사하기 위하여 검사의 명을 받은 검찰주사보 A가 1999. 12. 8. 16:40경 경기 광주읍 소재 광주군청 군수실에 도착하였으나 위 피고인이 군수실에 없어 도시행정계장인 B에게 군수의 행방을 확인하였더니, 위 피고인이 검사가 자신을 소환하려 한다는 사실을 미리 알고 자택 옆에 있는 초야농장 농막에서 기다리고 있을 것이니 수사관이 오거든 그곳으로 오라고 하였다고 하므로, 같은 날 17:30경 A가 위 B와 같이 위 초야농장으로 가서 그곳에서 수사관을 기다리고 있던 위 피고인을 긴급체포하고, 그 후 같은 달 11. 구속영장을 발부받을 때까지 위 피고인을 유치하면서 검사가 같은 달 9.과 10.에 이 사건 각 피의자신문조서를 작성한 사실을 알 수 있는바(이 사건 긴급체포서에는 긴급 체포의 사유로서 '긴급체포치 않으면 증거인멸 및 도주우려 있음'이라고만 기재되어 있을 뿐, 왜 그러한 결론에 이르게 되었는지에 대하여는 아무런 설명이 없다), 사정이 그와 같다면, 위 피고인은 현직 군수직에 종사하고 있어 검사로서도 위 피고인의 소재를 쉽게 알 수 있었고, 1999. 11. 29. 피고인 3의 위 진술 이후 시간적 여유도 있었으며, 위 피고인 도 도망이나 증거인멸의 의도가 없었음은 물론, 언제든지 검사의 소환조사에 응할 태세를 갖추고 있었고, 그 사정을 위 A로서도 충분히 알 수 있었다 할 것이어서, 위 긴급체포는 그 당시로 보아서도 형사소송법 제200조의3 제1항의 요건을 갖추지 못 한 것으로 쉽게 보여져 이를 실행한 검사 등의 판단이 현저히 합리성을 잃었다고 할 것이므로, 이러한 위법한 긴급체포에 의한 유치 중에 작성된 이 사건 각 피의자신문 조서는 이를 유죄의 증거로 하지 못한다고 할 것이다.

사 례 [24] 자동차 횡령죄, 장물취득죄, 음주측정과 채혈, 항소심에서의 공소장변경

　　A 회사의 대표이사 甲은 법인차량으로 사용하기 위하여 회사 재산으로 소나타 승용차(①승용차)와 벤츠 승용차(②승용차)를 구입하였다. ①승용차에 대해서는 B 회사와 지입계약을 체결하여 B 회사 명의로 등록하는 한편, 지입계약상 운행관리권에 기하여 A 회사의 업무용도로 甲이 점유·운행하였다. 한편, ②승용차에 대해서는 장애인 면세혜택을 받기 위하여 회사 내의 적법한 절차를 거쳐 등록명의를 A 회사가 아닌 장애인인 甲으로 하고, 법인차량 관리업무를 맡은 A 회사 직원 C가 회사 내부의 결정에 따라 전적으로 점유·관리하였다. 그러던 중 甲은 급하게 돈이 필요하게 되자 승용차 2대를 회사 몰래 처분하여 돈을 마련하기로 마음먹었다. 甲은 회사 재산 처리에 관한 절차를 거치지 않은 채 중고차량 밀수출업자인 乙에게 자신이 점유 중이던 ①승용차를 헐값에 처분하여 인도하였고, 가지고 있던 ②승용차 보조열쇠를 이용하여 C가 거래처 회사 앞에 세워둔 ②승용차를 몰래 운전해 와 乙에게 헐값에 처분하고 인도한 다음, 乙로부터 받은 대금을 자신의 채무변제에 모두 사용하였다. 乙은 ①승용차에 대해서는 甲이 회사 승낙 없이 처분하는 사정을 알고 있었고, 구입 직후에 해외로 밀수출하였다. 그러나 ②승용차에 대해서는 甲 명의로 등록되어 있어 甲의 소유인 것으로 믿고 구입 후에도 자신이 운전하고 다녔다.

　　乙은 술에 취한 상태에서 ②승용차를 운전하여 가다가 술을 더 마시기 위하여 D가 운영하는 주점 앞에 ②승용차를 주차한 다음 내려서 30분간 핸드폰 통화를 하고 있었다. 주점 안에 있던 D는 30분간 자신의 주점 앞에 ②승용차가 주차되어 있는 것을 보고 차주를 찾아 이동주차를 요구하고자 주점 밖으로 나갔다. D는 마침 ②승용차 근처에서 핸드폰 통화를 하고 있던 乙을 발견하고 이동주차를 요구하였으나 乙은 "내 차가 아니다"라고 하면서 이동주차를 거부하였다. D는 차주가 누구인지 몰라 112 신고를 하여 경찰에게 차주 확인 및 이동주차를 요구하였다. 10분 후 현장에 출동한 경찰관 P1은 乙에게 ②승용차의 차주인지 물었으나 乙은 "내 차가 아니다"라고 말하였다. 그러나 P1은 ②승용차 주변에 乙밖에 없으므로 乙의 차라고 판단하였다. 나아가 乙의 입에서 술 냄새가 나므로 乙이 음주운전하여 그곳에 주차한 것으로 믿고 乙에게 부근 지구대로 가서 음주측정에 응할 것을 요구하였으나 거부당하였다. 이에, P1은 피의사실 등을 적법하게 고지한 다음 乙을 음주운전의 현행범인으로 체포하여 부근 지구대로 데려가 호흡측정기에 의한 음주측정을 한 결과, 혈중알코올농도가 0.13%로 측정되어 주취운전자 적발보고서를 작성하였다.

　　乙은 자기 차가 아니라고 부인하였음에도 체포당한 것에 화가 나 조사 중 귀가하

려 하였다. P1은 체포되었으니 못나간다면서 귀가하려는 乙을 붙잡아 강제로 의자에
앉혔다. 乙은 귀가하기 위하여 P1을 밀어 바닥에 넘어뜨려 전치 3주의 타박상을 가한
다음, 지구대 밖으로 뛰어나와 ②승용차를 운전하여 도주하였다. 도주하던 乙은 술기운
을 이기지 못하고 ②승용차와 함께 도로 옆 난간을 들이받아 정신을 잃었다. 신고를 받
고 즉시 현장에 출동한 경찰관 P2는 乙을 병원으로 후송하면서 乙의 입과 옷에서 술
냄새를 맡고 음주측정을 하고자 하였으나 乙이 의식이 없어 측정하지 못하였다. P2는
1시간 뒤에 도착한 병원에서 乙의 의식회복을 기다리기에는 시간이 급하여 乙의 아들
의 동의를 받아 담당 간호사로 하여금 乙의 혈액을 채취하게 하였고, 국립과학수사연구
소에 감정의뢰하였더니 혈중알코올농도가 0.138%로 기재된 혈중알코올농도감정서가
회보되었다. 그러나 혈액 채취 이후 법원의 압수·수색영장이나 감정처분허가장은 발부
받지 않았다.

설 문

1. 검사는 甲이 ①승용차를 처분한 행위를 B 회사에 대한 횡령죄로, ②승용차를 몰래
   가져와 처분한 행위를 A 회사에 대한 절도죄 및 乙에 대한 사기죄로 기소하였다.
   甲의 변호인이 변론할 수 있는 쟁점과 그에 대한 법원의 수용가능성에 대하여 논하
   시오. (법원의 수용가능성 여부는 대법원 판례의 입장에 따를 것)

2. 검사는 乙이 ①승용차를 취득한 행위를 장물취득죄로, P1을 발로 걷어차 조사업무
   를 방해하고 상해를 가한 행위를 공무집행방해죄와 상해죄로 기소하였다. 乙의 변호
   인이 변론할 수 있는 쟁점과 그에 대한 법원의 수용가능성에 대하여 논하시오. (법원
   의 수용가능성 여부는 대법원 판례의 입장에 따를 것)

3. 검사는 乙을 도로교통법위반(음주운전)죄로 기소하면서 P1이 작성한 주취운전자적발
   보고서와 국립과학수사연구소에서 회보한 혈중알코올농도감정서를 각 증거로 신청
   하였고, 乙의 변호인은 모두 부동의하였다. 주취운전자적발보고서와 혈중알코올농도

감정서의 증거능력을 논하시오.

4. 검사가 甲에 대하여 기소한 ②승용차 절도죄에 대하여 제1심법원이 무죄를 선고하여 검사가 항소하였다. 항소심에서 검사는 절도죄를 A 회사에 대한 권리행사방해죄로 공소장변경을 신청하였고, 항소심 법원은 이를 허가하였다. 항소심 법원의 공소장변경허가는 적법한가?

해 설

Ⅰ. 제1문 — 甲의 변호인이 변론할 수 있는 쟁점과 법원의 수용가능성

1. 문제의 제기

검사는 甲이 소나타 승용차(①승용차)를 처분한 행위를 B 회사에 대한 횡령죄로, 벤츠 승용차(②승용차)를 몰래 가져와 처분한 행위를 A 회사에 대한 절도죄 및 乙에 대한 사기죄로 기소하였다. 횡령죄에 대해서는 甲이 B 회사 명의로 등록된 ①승용차의 보관자에 해당하는지 여부가, 절도죄와 사기죄에 대해서는 甲이 자기 명의로 등록된 ②승용차를 절취할 수 있는지, 甲이 乙에게 자기 명의의 승용차를 처분한 것이 사기죄에서의 기망행위에 해당하는지 여부가 각각 문제된다.

2. ①승용차를 처분한 행위 — 횡령죄
(1) 횡령죄의 구성요건

횡령죄가 성립하기 위해서는 타인의 재물을 보관하는 자가 그 재물을 횡령하거나 반환을 거부하여야 한다(형법 제355조 제1항). 즉, 횡령죄가 성립하기 위해서는 타인의 재물에 대하여, 위탁관계에 의하여 보관하는 사람이, 횡령행위를 하여야 하고, 횡령의 고의와 불법영득의 의사가 있어야 한다. 검사는 甲이 B 회사의 재물인 ①승용차를 횡령하였다고 기소하였으나 B 회사는 등록 명의만 보유하고 있었을 뿐, ①승용차를 실질적으로 지배하면서 점유·운행한 사람은 甲이므로 ①승용차가 '타인의 재물'에 해당하는지 문제된다.

(2) 소유권 귀속
㈎ 甲의 변호인이 주장할 수 있는 쟁점

본 사례에서 ①승용차는 지입차량이다. 지입계약은 자동차 소유자와 자동차 운송사업자 사이에 대외적으로는 자동차 소유자('지입차주'라 한다)가 그 소유의 차량명의를 자동차 운송사업자('지입회사'라 한다)에게 신탁하여 그 소유권과 운행관리권을 지입회사에 귀속시키되, 대내적으로는 위 지입차량의 운행관리권을 위탁받아 자신의 독자적인 계산 아래 운행하면서 지입회사에 일정액의 관리비를 지급하기로 하는 내용의 계약이다.[1]

따라서 甲의 변호인은 지입회사가 아닌 지입차주에게 대내적으로 실질적인 소유권이 귀속되므로 ①승용차가 실질적으로는 A 회사의 소유임을 주장하여 A 회사의 대표이사인 甲이 업무용도로 승용차를 점유·운행하고 있었던 이상, 등록명의자에 불과한 B 회사는 ①승용차의 실질적인 소유자가 아니어서 ①승용차는 횡령죄의 객체인 타인의 재물에 해당하지 않으므로 무죄라고 주장할 수 있다.

(나) 법원의 수용가능성

변호인의 위 주장은 판례에 비추어 법원에서 수용될 가능성이 없다. 판례는 지입차주가 지입회사의 승낙 없이 지입회사가 점유하던 지입차량을 취거한 행위가 권리행사방해죄(형법 제323조)에 해당하는지 여부가 문제된 사안에서, "지입회사와 지입차주 사이에 지입차량의 소유권을 지입차주가 보유하기로 약정하였다는 등의 특별한 사정이 없는 한, 지입차량은 그 등록명의자인 지입회사의 소유이고 지입차주의 소유는 아니다"라는 이유로 무죄 취지의 판시를 하였다([관련판례]). 이는 지입차량의 소유권이 원칙적으로 지입회사에 귀속된다는 점을 밝힌 것이다.

본 사례에서 지입차주인 A 회사가 지입회사인 B 회사와의 사이에 A 회사가 ①승용차의 소유권을 보유하기로 약정하는 등 특별한 사정이 없는 이상, 지입차량인 ①승용차의 소유권은 지입회사인 B 회사에 귀속된다. 따라서 ①승용차는 A 회사와 甲에게 있어서 '타인의 재물'에 해당한다.

 관련판례

대법원 2003. 5. 30. 선고 2000도5767 판결【권리행사방해】

【사실관계】

피고인은 유한회사 A 택시에 레간자 택시를 지입하여 운행하면서 일일입금 및 공과금을 납부하지 아니하여 위 회사로부터 위 택시의 반환을 요구받던 중, 1999. 11. 14. 위 택시를 위 회사 차고지에 입고하여 위 회사가 위 택시를 점유하게 되었음에도 그

---

1) 대법원 2011. 3. 10. 선고 2010다78586 판결; 대법원 2021. 6. 24. 선고 2018도14365 판결(자동차운송사업면허 등을 가진 운송사업자와 실질적으로 자동차를 소유하고 있는 차주 간의 계약으로 외부적으로는 자동차를 운송사업자 명의로 등록하여 운송사업자에게 귀속시키고 내부적으로는 각 차주들이 독립된 관리 및 계산으로 영업을 하며 운송사업자에 대하여는 지입료를 지불하는 운송사업형태를 말한다).

다음 날 21:30경 위 회사 차고지에 주차되어 있던 피고인 소유의 위 택시를 점유권자인 위 회사의 승낙 없이 임의로 취거하였다.

【판결이유】

형법 제323조의 권리행사방해죄는 타인의 점유 또는 권리의 목적이 된 자기의 물건을 취거, 은닉 또는 손괴하여 타인의 권리행사를 방해함으로써 성립하는 것이므로 그 취거, 은닉 또는 손괴한 물건이 자기의 물건이 아니라면 권리행사방해죄가 성립할 여지가 없는 것이다(대법원 1985. 5. 28. 선고 85도494 판결 참조).

그런데 기록에 의하면, 위 택시는 자동차등록원부에 유한회사 A 택시 명의로 등록되어 있으므로, 이 사건 공소사실과 같이 피고인이 위 택시를 위 회사에 지입하여 운행하였다 하더라도, 피고인이 위 회사와 사이에 위 택시의 소유권을 피고인이 보유하기로 약정하였다는 등의 특별한 사정이 없는 한, 위 택시는 그 등록명의자인 위 회사의 소유이고 피고인의 소유는 아니라고 할 것인바(대법원 1985. 9. 10. 선고 85도899 판결 참조), 원심이 인용한 제1심판결 명시의 증거들에 의하여도 피고인과 위 회사 사이에 위 택시를 피고인의 소유로 하기로 하는 약정이 있었다고 인정하기 어렵고, 달리 위 택시가 피고인의 소유라고 인정할 증거도 없다.

그럼에도 불구하고, 원심은 위 택시가 피고인의 소유라고 인정하여 이 사건 권리행사방해의 공소사실을 유죄로 인정한 제1심판결을 유지하였으니, 이러한 원심판결에는 채증법칙 위반으로 인한 사실오인 또는 권리행사방해죄에 관한 법리오해의 위법이 있고, 이는 판결결과에 영향을 미쳤음이 분명하다.

(3) 자동차에 대한 횡령죄에서의 보관자 지위

㈎ 甲의 변호인이 주장할 수 있는 쟁점

①승용차가 타인의 재물에 해당한다 하더라도 甲이 위탁관계에 의하여 타인의 재물을 보관하는 지위에 있어야 그 재물의 임의처분행위에 대하여 횡령죄가 성립한다.

판례는 부동산 횡령죄에서 보관자 지위는 동산의 경우와는 달리 부동산에 대한 점유 여부가 아니라 부동산을 제3자에게 유효하게 처분할 수 있는 권능의 유무에 따라 결정해야 한다는 입장이다.1) 부동산의 경우 원칙적으로 등기명의자만이 법률상 유효한 처분을 할 수 있는 지위에 있기 때문에 동산의 경우와는 달리 현실적인 점유라는 사실상 지배를 기준으로 보관자의 지위를 판단할 수 없고, 등기 명의와 같은 법률상 지배를 기준으로 보관자 지위를 인정하고 있다. 등기명의자만이 법률상 유효한 처분을 할 수 있는 부동산과 마찬가지로 자동차 또한 자동차관리법에 따라 등록

---

1) 대법원 1987. 2. 10. 선고 86도1607 판결.

명의자만이 이전등록을 함으로써 소유권의 득실변경을 할 수 있다(자동차관리법 제6조).

따라서 변호인은 자동차에 대한 법률상 유효한 처분권능 있는 등록명의자만이 자동차에 대한 횡령죄에서 보관자 지위에 있을 수 있는데, 뛰은 등록명의자가 아니므로 횡령죄의 보관자에 해당하지 않아 무죄라고 변론할 수 있다.

(나) 법원의 수용가능성

변호인의 위 주장은 판례에 비추어 법원에서 수용할 가능성이 없다. 종래 판례는 지입차주나 지입차주로부터 차량을 임대 또는 전대받은 사람은 횡령죄의 보관자 지위에 있지 않다고 판시하여 왔다.[1] 그러나 최근 종래의 입장을 변경하여, 자동차에 대한 횡령에 있어서도 재물에 대한 사실상 또는 법률상 지배력이 있으면 보관자 지위가 있다는 전제 아래, 소유권의 취득에 등록이 필요한 타인 소유의 차량을 인도받아 보관하고 있는 사람이 이를 사실상 처분하면 횡령죄가 성립하고, 그 보관 위임자나 보관자가 차량의 등록명의자일 필요는 없다고 판시하였다([관련판례]).

본 사례에서 뛰이 등록명의자가 아니어서 법률상 유효한 처분권능이 없는 지입 차주인 A 회사의 대표이사에 불과하다 하더라도 뛰이 지입회사인 B 회사 소유의 ① 승용차를 인도받아 보관하고 있으면서 이를 사실상 처분하였다면 횡령죄가 성립한다.

 관련판례

대법원 2015. 6. 25. 선고 2015도1944 전원합의체 판결【사문서위조·위조사문서행사·장물취득】[2]

횡령죄는 타인의 재물을 보관하는 사람이 그 재물을 횡령하거나 반환을 거부한 때에 성립한다(형법 제355조 제1항). 횡령죄에서 재물의 보관은 재물에 대한 사실상 또는 법률상 지배력이 있는 상태를 의미하며(대법원 1987. 10. 13. 선고 87도1778 판결 등 참조), 횡령행위는 불법영득의사를 실현하는 일체의 행위를 말한다(대법원 2004. 12. 9. 선고 2004도5904 판결 등 참조). 따라서 소유권의 취득에 등록이 필요한 타인 소유의 차량을 인도받아 보관하고 있는 사람이 이를 사실상 처분하면 횡령죄가 성립하며, 그 보관 위임자나 보관자가 차량의 등록명의자일 필요는 없다. 그리고 이와 같은 법리는 지입회사에 소유권이 있는 차량에 대하여 지입회사로부터 운행관리권을 위임받은 지입차주가 지입회사의 승낙 없이 그 보관 중인 차량을 사실상 처분하거나 지입차주로부터 차량 보관을 위임받은 사람이 지입차주의 승낙 없이 그 보관 중인 차량

1) 대법원 1978. 10. 10. 선고 78도1714 판결; 대법원 2006. 12. 22. 선고 2004도3276 판결.
2) 본 판결 평석은 서정민, "자동차 횡령죄의 보관자 지위", 서울대학교 법학 제56권 제3호(통권 제176호), 2015, 183-222면.

을 사실상 처분한 경우에도 마찬가지로 적용된다.

이와 달리 소유권의 취득에 등록이 필요한 차량에 대한 횡령죄에서 타인의 재물을 보관하는 사람의 지위는 일반 동산의 경우와 달리 차량에 대한 점유 여부가 아니라 등록에 의하여 차량을 제3자에게 법률상 유효하게 처분할 수 있는 권능 유무에 따라 결정하여야 한다는 취지의 대법원 1978. 10. 10. 선고 78도1714 판결, 대법원 2006. 12. 22. 선고 2004도3276 판결 등은 이 판결과 배치되는 범위에서 이를 변경하기로 한다. ⬤

3. ②승용차를 몰래 가져와 처분한 행위 ― 절도죄 및 사기죄

(1) 절도죄

㈎ 甲의 변호인이 주장할 수 있는 쟁점

절도죄가 성립하려면 타인의 재물을 절취하여야 한다(형법 제329조). ① 절도죄의 객체는 타인의 재물이다. 이때 재물의 소유권은 민법, 상법 그 밖의 민사실체법에 의하여 결정된다. ② 재물을 절취하여야 한다. 절취란 타인이 점유하고 있는 재물을 점유자의 의사에 반하여 그 점유를 배제하고 자기 또는 제3자의 점유로 옮기는 것을 말한다. ③ 절도의 고의와 불법영득의사가 있어야 한다. 본 사례에서 甲은 C의 지배 아래 있는 ②승용차를 개인적 이익을 위하여 A 회사의 승낙 없이 헐값에 처분하였으므로 절취행위, 절도의 고의 및 불법영득의 의사는 인정된다. 다만, ②승용차의 명의가 甲으로 되어 있어 '타인의 재물'인지 여부가 문제된다. 검사는 甲이 A 회사 소유의 ②승용차를 절취한 것으로 기소하였으므로 절도죄가 성립하려면 ②승용차가 A 회사 소유여야 한다.

따라서 변호인은 자동차 소유권의 득실변경은 등록에 따르게 되므로 등록명의자인 甲이 ②승용차의 소유자이고, 소유자가 자기의 물건을 가져온 이상 절도죄가 성립할 수 없다고 주장할 수 있다.[1]

㈏ 법원의 수용가능성

변호인의 위 주장은 판례에 비추어 법원에서 수용될 가능성이 없다. 본 사례에서 ②승용차를 A 회사의 재산으로 구입하였으나 장애인 면세혜택을 받기 위하여 회사 내부 절차를 거쳐 등록명의만을 장애인 甲 앞으로 하였을 뿐이다. 즉, ②승용차에 대한 명의신탁이 이루어진 것이다. 그런데 부동산 명의신탁과는 달리 자동차 명

---

[1] 변호인은 자기 소유 물건을 취거한 것이므로 절도죄(6년 이하의 징역 또는 1천만 원 이하의 벌금)보다 법정형이 낮은 권리행사방해죄(형법 제323조. 5년 이하의 징역 또는 700만 원 이하의 벌금)가 될 수 있을 뿐이라는 점도 주장할 수 있다.

의신탁에 대해서는 그 효력을 부인하는 입법이 없다. 따라서 명의신탁약정은 유효하고, 그에 대해서는 부동산 실권리자명의 등기에 관한 법률 제정 전의 부동산 명의신탁에 대한 판례의 법리가 그대로 적용된다. 즉, 신탁자와 수탁자의 대내적인 관계에 있어서는 자동차 소유권이 신탁자에게 유보되어 있으나, 신탁자 외의 제3자에 대한 대외적인 관계에 있어서는 등록명의자인 수탁자가 소유자로 된다. 판례는 자동차 명의신탁관계에서 제3자가 명의수탁자로부터 승용차를 가져가 매도할 것을 허락받고 명의신탁자 몰래 가져간 사안에서, 위 제3자와 명의수탁자는 절도죄의 공모공동정범이 성립한다고 판시하였는데([관련판례]), 이는 자동차 명의수탁자가 명의신탁자와의 관계에서 절도죄의 주체가 될 수 있음을 확인한 것이다.[1]

본 사례에서 ②승용차의 등록명의는 甲으로 되어 있지만 A 회사와 甲의 대내적인 관계에서는 甲이 아닌 A 회사가 소유자에 해당한다. 따라서 甲이 A 회사 직원 C가 점유하고 있던 ②승용차를 몰래 가지고 간 행위는 '타인의 재물'을 절취한 것으로 절도죄에 해당한다.

 관련판례

대법원 2007. 1. 11. 선고 2006도4498 판결 【사기·절도】

가. 원심은 먼저 피고인은 경기(차량번호 생략) 매그너스 승용차가 피해자 A가 구입한 것으로 위 피해자의 실질적인 소유이고, 다만 장애인에 대한 면세 혜택의 적용을 받기 위하여 피고인의 어머니인 B의 명의를 빌려 등록한 것에 불과한 것임에도 불구하고, 2004. 6. 16. 16:00경 평택시 죽백동에 있는 중부세기 사무실 앞길에서, 열쇠공을 통해 위 피해자가 주차해 둔 위 승용차의 문을 연 후 그대로 위 승용차를 운전하여 가 위 피해자의 소유인 위 승용차 시가 930만 원 상당을 절취하였다는 이 사건 공소 사실에 대하여 다음과 같이 판단하여 유죄를 인정한 제1심판결을 파기하고, 무죄로 판단하였다.

자동차관리법 제6조에 의하면, 자동차 소유권의 득실변경은 등록을 하여야 그 효력이 생기는 것이므로 그 등록이 없는 한 대외적 관계에서는 물론 당사자의 대내적 관계에 있어서도 그 소유권을 취득할 수 없다고 할 것인바(대법원 1970. 9. 29. 선고 70다1508 판결, 2005. 11. 10. 선고 2005도6604 판결 각 참조), 그 판시 증거에 의하면, 피고인이 이 사건 승용차를 운전하여 가져갈 당시인 2004. 6. 16.경 위 승용차는 피고인의 어머니인 B의 명의로 등록된 상태였던 사실을 인정할 수 있으므로 이 사건 승용차는

---

1) 대법원 2012. 4. 26. 선고 2010도11771 판결; 대법원 2013. 2. 28. 선고 2012도15303 판결; 대법원 2014. 9. 25. 선고 2014도8984 판결.

위 일시경 위 B의 소유였다고 할 것이고, 한편 그 증거나 피고인과 B의 관계 등을 종합하여 보면, 피고인은 이 사건 당시 B로부터 위 승용차를 가져가 매도할 것을 허락받고 그녀의 인감증명 등을 교부받은 사실을 인정할 수 있고, 더욱이 그 증거에 의하여 인정되는 이 사건 승용차의 구입 및 등록 경위에 비추어 보면 B는 이 사건 승용차를 등록할 당시부터 위 승용차에 대한 처분권한을 딸인 피고인에게 일임하였던 것으로 보이므로 피고인이 이 사건 승용차를 가져간 행위는 그 소유자의 승낙에 기한 것으로서 절도죄에 해당하지 않는다.

나. 자동차나 중기(또는 건설기계)의 소유권의 득실변경은 등록을 함으로써 그 효력이 생기고 그와 같은 등록이 없는 한 대외적 관계에서는 물론 당사자의 대내적 관계에 있어서도 그 소유권을 취득할 수 없는 것이 원칙이지만(대법원 1968. 11. 5. 선고 68다1658 판결, 1970. 9. 29. 선고 70다1508 판결 등 참조), 당사자 사이에 그 소유권을 그 등록 명의자 아닌 자가 보유하기로 약정하였다는 등의 특별한 사정이 있는 경우에는 그 내부관계에 있어서는 그 등록 명의자 아닌 자가 소유권을 보유하게 된다고 할 것이다(대법원 1989. 9. 12. 선고 88다카18641 판결, 2003. 5. 30. 선고 2000도5767 판결 등 참조).

그런데 만약 이 사건 공소사실과 같이 이 사건 승용차는 피해자 A가 구입한 것으로 위 피해자의 실질적인 소유이고, 다만 장애인에 대한 면세 혜택 등의 적용을 받기 위하여 피고인의 어머니인 B의 명의를 빌려 등록한 것이고, 나아가 원심 판시와 같이 피고인이 이 사건 당시 B로부터 위 승용차를 가져가 매도할 것을 허락받고 그녀의 인감증명 등을 교부받은 뒤에 피고인이 이 사건 승용차를 위 피해자 몰래 가져갔다면, 피고인과 B의 공모·가공에 의한 절도죄의 공모공동정범이 성립된다고 보아야 한다. 따라서 원심으로서는 우선 이 사건 승용차가 피해자 A가 구입한 것으로 위 피해자의 실질적인 소유이고, 다만 장애인에 대한 면세 혜택 등의 적용을 받기 위하여 피고인의 어머니인 B의 명의를 빌려 등록한 것으로서 양자가 명의신탁관계에 있을 뿐인지, 아니면 피고인의 주장과 같이 피고인이 위 피해자로부터 단독으로 증여를 받거나 또는 그 밖에 위 피해자의 아들로서 피고인의 사실상의 전 남편이던 C와 공동으로 증여를 받은 것인지 등부터 심리한 뒤 위와 같은 절도죄의 공모공동정범이 성립되는지를 판단하였어야 할 것이다.

(2) 사기죄

(가) 甲의 변호인이 주장할 수 있는 쟁점

사기죄가 성립하려면 사람을 기망하여 재물의 교부를 받거나 재산상의 이익을 취득하여야 한다(형법 제347조 제1항). 본 사례에서 검사는 甲이 절취한 ②승용차를 마치 자기 것인 것처럼 乙에게 처분하면서 자동차 매매대금을 교부받은 행위를 乙에 대한 사기죄로 기소하였다. 절취한 재물을 다른 사람에게 처분한 경우 그 재물의 소유자가 추급권을 행사할 수 있고, 이러한 사정을 알았다면 그 재물을 취득한 사람은 처음부터 취득할 이유가 없었으므로 기망행위에 해당할 수 있다.

이에 대하여 甲의 변호인은 乙이 甲으로부터 유효하게 소유권을 취득하였으므로 기망행위가 없어 사기죄가 성립하지 않는다고 주장할 수 있다. 즉, 甲은 자기 명의로 등록되어 있던 ②승용차를 명의신탁 사정을 모르는 乙에게 처분하면서 등록명의를 이전하였고, 자동차의 소유권 변경은 등록명의에 따르게 되므로 乙은 유효하게 소유권을 취득하였다는 것이다.

(나) 법원의 수용가능성

변호인의 위 주장은 판례에 비추어 법원에서 수용될 것이다. 명의신탁의 법리에 따르면 대외적인 관계에 있어서는 등록명의자이자 명의수탁자인 甲이 ②승용차의 소유권을 보유하게 되므로, 소유자인 甲이 乙에게 이를 처분하여 등록명의를 이전해 주고 매매대금을 받은 것은 기망행위에 해당할 수 없다. 신탁자인 A 회사는 제3자인 乙에 대하여 소유자임을 주장하여 추급권을 행사할 수도 없다.

판례도 부동산의 경우, 명의수탁자가 부동산을 제3자에게 매도하고 매매를 원인으로 한 소유권이전등기까지 마쳐 주면, 명의신탁의 법리상 대외적으로 수탁자에게 그 부동산의 처분권한이 있고, 제3자로서도 자기 명의의 소유권이전등기가 마쳐진 이상 무슨 실질적인 재산상의 손해가 있을 리 없으므로 그 명의신탁 사실과 관련하여 신의칙상 고지의무가 있다거나 기망행위가 있었다고 볼 수도 없어서 그 제3자에 대한 사기죄가 성립될 여지가 없고, 나아가 그 처분 시 매도인(명의수탁자)의 소유라는 말을 하였다고 하더라도 역시 사기죄가 성립하지 않는다고 판시하면서, 자동차의 명의수탁자가 처분한 경우에도 같은 법리가 적용된다고 하였다([관련판례]).

 관련판례

대법원 2007. 1. 11. 선고 2006도4498 판결 【사기·절도】

가. 원심은 피고인이 2014. 6. 23.경 평택시 비전동 304-14에 있는 피해자 합자회사 제일자동차매매상사의 사무실에서 위와 같이 절취한 위 승용차를 마치 피고인이 적법하게 처분할 권한이 있는 것처럼 행세하여 이에 속은 위 회사의 직원에게 위 승용차를 매도하고 즉석에서 그 대금으로 700만 원을 교부받아 이를 편취하였다는 이 사건 공소사실에 대하여도 다음과 같이 판단하여, 유죄를 인정한 제1심판결을 파기하고, 무죄로 판단하였다.

피고인이 이 사건 승용차의 소유자로서 이를 적법하게 처분할 권한이 있는 B의 허락을 받아 위 승용차를 매도하게 되었음은 앞서 본 바와 같고, 그 판시 증거들을 종합하면, 피고인이 위 매도 당시 B의 인감증명 등 차량이전에 필요한 서류를 모두 구비하여 합자회사 제일자동차매매상사의 직원에게 교부하였고, 그 후 위 합자회사 제일자동차매매상사는 위 서류를 이용하여 이 사건 승용차의 등록명의를 위 회사의 명의로 이전하여 유효하게 소유권을 취득한 사실을 인정할 수 있으므로 피고인이 이 사건 승용차를 매도할 당시 기망행위를 하였다고 볼 수 없고, 또 위 매매 당시 피고인이 위 승용차를 A 몰래 가져온 사실을 숨겼다고 할지라도 위 회사가 이 사건 승용차에 대한 권리를 취득하는 데에 아무런 법적인 장애가 없으므로 피고인에게 거래관계에서 요구되는 신의칙에 반하는 기망행위가 있었다고 할 수 없다.

나. 우선, 상고이유 제1점에 대한 판단에서 살펴본 바와 같이 원심 판단과 달리 피고인과 B 모두에게 절도죄의 공모공동정범이 성립될 여지가 있다. 그러나 예컨대 부동산의 명의수탁자가 부동산을 제3자에게 매도하고 매매를 원인으로 한 소유권이전등기까지 마쳐 준 경우, 명의신탁의 법리상 대외적으로 수탁자에게 그 부동산의 처분권한이 있는 것임이 분명하고, 제3자로서도 자기 명의의 소유권이전등기가 마쳐진 이상 무슨 실질적인 재산상의 손해가 있을 리 없으므로 그 명의신탁 사실과 관련하여 신의칙상 고지의무가 있다거나 기망행위가 있었다고 볼 수도 없어서 그 제3자에 대한 사기죄가 성립될 여지가 없고(대법원 1985. 12. 10. 선고 85도1222 판결, 1990. 11. 13. 선고 90도1961 판결 등 참조), 나아가 그 처분 시 매도인(명의수탁자)의 소유라는 말을 하였다고 하더라도 역시 사기죄가 성립되지 않으며(대법원 1970. 9. 29. 선고 70도1668 판결 참조), 이는 자동차의 명의수탁자가 처분한 경우에도 마찬가지라고 할 것이다.

한편, 피고인이 설령 명의수탁자인 B와 공모하여 절취한 것이라고 하더라도 그 자체로 명의신탁관계가 종료되는 것은 아니고, 따로 명의신탁자의 명의신탁 해지의 의사표시가 있어야 종료될 것이며, 더욱이 명의신탁을 해지하더라도 그 등록이 말소, 이전되기 전까지는 명의수탁자의 처분행위가 유효한 것이다. 따라서 피고인이 설령 이 사건 공소사실 기재와 같은 경위로 이 사건 승용차를 가지고 왔고, 그것이 절도죄에 해당될 수 있으며, 나아가 피고인이 그와 같이 위 승용차를 처분하면서 위 승용차가 명의신탁된 것임을 고지하지 않고, 위 B의 소유라는 말을 하는 등으로 피고인이 대외적으로 적법하게 처분할 권한이 있는 것처럼 행세하여 매도하였다고 하더라도 그 매수인을 피해자로 하는 사기죄가 성립된다고 할 수 없다.

II. 제2문 — 乙의 변호인이 변론할 수 있는 쟁점과 법원의 수용가능성

1. 문제의 제기

검사는 乙이 소나타 승용차(①승용차)를 취득한 행위를 장물취득죄로, 경찰관 P1을 발로 걷어차 조사업무를 방해하고 상해를 가한 행위를 공무집행방해죄와 상해죄로 기소하였다. 장물취득죄에 대해서는 ①승용차가 장물에 해당하는지, 공무집행방해죄와 상해죄에 대해서는 P1의 현행범인체포가 적법한지 여부가 각각 문제된다.

2. ①승용차를 취득한 행위 — 장물취득죄
(1) 乙의 변호인이 주장할 수 있는 쟁점

장물취득죄(형법 제362조 제1항)가 성립하려면, 장물을 취득하여야 하고, 장물인 사실에 대한 인식, 즉 장물에 대한 고의가 있어야 한다. 장물은 재산범죄에 의하여 영득한 재물이다. 따라서 乙의 변호인은 먼저 甲의 변호인이 한 주장과 마찬가지로 甲의 ①승용차 처분행위가 횡령죄에 해당하지 않는다고 변론할 수 있으나, 앞서 살펴본 것처럼 甲이 지입차인 ①승용차를 처분한 행위는 횡령죄에 해당하므로 이러한 주장은 법원에서 수용될 가능성이 없다. 따라서 ①승용차는 횡령죄에 의하여 영득한 재물로 볼 수 있고, 乙이 그러한 사정을 알고서 취득한 이상 취득행위와 그 고의도 인정된다.

다만 장물은 본범에 의하여 불법하게 영득한 점유를 전제로 하는 것이므로, 본 사례와 같이 재물의 보관자(= 甲)가 재물 소유자의 의사에 반하여 제3자(= 乙)에게 처분하는 방법으로 횡령함으로써 보관자의 재물 영득행위와 제3자의 취득행위가 시간적으로 동시에 이루어진 경우에도 장물로 인정되어 제3자에 대하여 장물취득죄가 성립할 수 있는지가 문제된다. 이에 대해서는 ① 횡령죄는 타인의 재물의 보관자가 이를 처분하는 행위가 있으면 처분 상대방의 의사표시를 기다리지 않고 기수가 되므로 횡령행위라는 사실을 알고 취득하는 처분 상대방은 장물취득죄가 성립한다는 견해, ② 횡령죄는 현실적인 처분에 의하여만 기수가 될 수 있으므로 횡령죄의 방조범과 장물취득죄가 성립된다는 견해, ③ 횡령행위에 의한 재물의 영득과 장물의 취득이 시간적으로 중복되므로 장물취득죄는 성립하지 않고 횡령죄의 공범이 성립될 뿐이라는 견해(통설)가 대립한다.

乙의 변호인은 ③설의 논리에 따라 乙의 ①승용차 취득행위는 甲의 횡령행위와 동시에 이루어져 시간적으로 중복되므로 장물취득죄가 성립하지 않는다고 주장할 수 있다.

(2) 법원의 수용가능성

변호인의 위 주장은 판례에 비추어 법원에서 수용될 가능성은 없다. 판례는 위 ①설과 같이 장물취득죄가 성립한다는 입장이다. 판례는 회사 자금을 주식매각 대금 조로 제3자에게 지급하는 방식으로 횡령행위를 한 경우, 그 금원은 단순히 횡령행위에 제공된 물건이 아니라 횡령행위에 의하여 영득된 장물에 해당하고, 나아가 설령 위 금원 교부행위 자체가 횡령행위라고 하더라도 횡령죄가 기수에 달하는 것과 동시에 그 금원은 장물이 되어 제3자에 대하여 장물취득죄가 성립한다고 판시하였다.[1]

3. 사법경찰관 P1을 구타한 행위 — 공무집행방해죄와 상해죄
(1) 공무집행방해죄
㈎ 乙의 변호인이 주장할 수 있는 쟁점

공무집행방해죄가 성립하려면 직무를 집행하는 공무원에 대하여 폭행 또는 협박을 하여야 한다(형법 제136조 제1항). 나아가 공무원의 직무집행은 적법하여야 한다(통설·판례[2]). 즉, 당해 공무원의 일반적 직무권한에 속하고, 법령에 구비한 요건에 맞는 구체적 권한에 속하여야 한다.

본 사례에서 乙이 조사 중인 사법경찰관 P1에게 폭행을 가한 사실은 인정된다. 다만, P1의 乙에 대한 조사업무가 적법한 직무집행인지가 문제된다. 乙의 변호인은 乙이 P1의 임의동행 요구를 거절하였음에도 음주운전의 현행범인으로 체포된 점을 지적하여, 현행범인체포가 그 요건을 갖추지 못하여 위법하고, 따라서 위법한 체포상태에서의 조사행위 또한 적법한 공무집행이 아니므로 공무집행방해죄는 성립하지 않는다고 주장할 수 있다.

㈏ 법원의 수용가능성

현행범인은 영장 없이 체포할 수 있는데(헌법 제12조 제3항 단서), 현행범인이란 범죄를 실행하고 있거나 실행하고 난 직후의 사람을 말한다(형소법 제211조 제1항). 여기서 '범죄를 실행하고 난 직후의 사람'이라고 함은 범죄의 실행행위를 종료한 직후의

---

1) 대법원 2004. 12. 9. 선고 2004도5904 판결.
2) 대법원 1992. 2. 11. 선고 91도2797 판결.

범인이라는 것이 체포하는 자의 입장에서 볼 때 명백한 경우를 일컫는 것이고, '범죄의 실행행위를 종료한 직후'라고 함은 범죄행위를 실행하여 끝마친 순간 또는 이에 아주 접착된 시간적 단계를 의미하는 것으로 해석되므로, 시간적으로나 장소적으로 보아 체포를 당하는 자가 방금 범죄를 실행한 범인이라는 점에 관한 죄증이 명백히 존재하는 것으로 인정된다면 현행범인으로 볼 수 있다.[1] 본 사례에서 乙을 현행범인으로 체포할 수 있는지 여부는 P1이 乙을 체포할 당시 발견한 죄증을 기준으로 살펴보아야 한다. P1이 乙을 도로교통법위반(음주운전)죄를 방금 실행한 범인으로 판단한 근거는 乙이 ②승용차의 차주임을 부인하였으나 ②승용차 주변에 乙밖에 없었고, 乙에게서 술 냄새가 난다는 것이다. 그러나 경찰에 신고한 D도 주차된 ②승용차를 발견하였을 뿐 乙이 ②승용차를 운전하였는지, 음주운전을 하였는지 목격하지 못하였으므로 P1의 입장에서 乙이 '음주운전을 한 범인'이라는 점에 대한 죄증이 명백히 존재하였다고 볼 수 없다. 나아가 체포 당시에는 이미 乙이 음주운전을 마친 지 약 40분이 경과한 상태였으므로 乙이 '방금' 음주운전을 한 범인이라고 할 수도 없다.[2]

따라서 P1의 乙에 대한 현행범인체포는 위법한 체포이고, 이러한 위법한 체포 상태에서의 조사행위 또한 그 위법성이 희석되거나 단절된 정황이 없어 적법한 공무집행이라고 볼 수 없으므로 변호인의 위 주장은 법원에서 수용될 수 있을 것이다.[3]

(2) 상해죄

변호인은 위와 같은 이유로 사법경찰관 P1의 현행범인체포가 적법한 공무집행이 아니고, 불법체포 상태에서의 조사행위 또한 적법한 공무집행이 아니므로 이를 벗어나기 위한 乙의 상해행위는 정당방위에 해당되어 위법성이 조각된다고 주장할 수 있다.

정당방위가 성립하려면 현재의 부당한 침해로부터 자기 또는 타인의 법익을 방위하기 위하여 한 행위로서 상당한 이유가 있어야 한다(형법 제21조 제1항). 乙은 현행

---

1) 대법원 2006. 2. 10. 선고 2005도7158 판결.
2) 판례는 교장실에서 식칼을 들고 피해자를 협박한 지 40분 후에 교무실에서 체포한 경우(대법원 1991. 9. 24. 선고 91도1314 판결), 음주운전을 종료한 지 40분 이상 경과한 시점에서 길가에 앉아 있는데 술 냄새가 난다는 이유로 체포한 경우(대법원 2007. 4. 13. 선고 2007도1249 판결)에 위법한 현행범인 체포라고 판시하였다.
3) 검사는 현행범인에 해당하지 않는다면 형사소송법 제211조 제2항의 준현행범인에 해당한다고 주장할 수 있을 것이다. '신체나 의복류에 증거가 될 만한 뚜렷한 흔적이 있을 때'(동항 제3호)에는 준현행범인에 해당하지만, 본 사례의 경우 운전 여부가 명확하지 않으므로 술 냄새가 난다는 이유만으로 준현행범인으로 보기는 어려울 것이다.

범인체포의 요건을 갖추지 못한 상황에서 불법체포되어 조사를 받고 있으므로 자기의 법익에 대한 현재의 부당한 침해가 있고, 이를 벗어나기 위하여 귀가하려고 하였음에도 P1으로부터 저지당하여 이를 방위하기 위하여 밀어 넘어뜨렸다. P1이 귀가를 저지하기 위하여 강제로 의자에 앉혔으므로 여기에서 벗어나기 위하여 밀친 행위는 상당한 이유가 있는 행위라고 볼 수 있다. 판례도 현행범인체포행위가 불법인 경우에 체포를 면하려고 반항하는 과정에서 경찰관에게 상해를 가한 것은 불법체포로 인한 신체에 대한 현재의 부당한 침해에서 벗어나기 위한 행위로서 정당방위에 해당하여 위법성이 조각된다고 판시하고 있다.[1]

따라서 판례에 비추어 변호인의 위 주장은 법원에서 수용될 가능성이 있다.[2]

III. 제3문 — 주취운전자적발보고서와 혈중알코올농도감정서의 증거능력

1. 주취운전자적발보고서의 증거능력

적법한 절차에 따르지 아니하고 수집한 증거는 증거로 할 수 없다(형소법 제308조의2). 이를 위법수집증거배제의 법칙이라고 하는데, 판례[3]는 적법한 절차를 따르지 않고 수집된 증거는 원칙적으로 증거능력이 부정되지만, 그 절차위반행위가 적법절차의 실질적인 내용을 침해하지 않는 예외적인 경우에는 유죄 인정의 증거로 사용할 수 있다. 구체적으로는 적법절차 위반행위와 증거수집행위의 중간에 위법 요소가 제거 내지 배제되었다고 볼 만한 다른 사정이 개입됨으로써 인과관계가 단절된 것으로 평가할 수 있는 예외적인 경우에만 유죄 인정의 증거로 사용할 수 있다[4]고 한다.[5]

앞서 살펴보았듯이 P1은 현행범인체포의 요건을 갖추지 못한 채 乙을 위법하게

1) 대법원 2011. 5. 26. 선고 2011도3682 판결.
2) 반면에 경찰관들이 피체포자에게 실력을 행사하는 등의 침해행위를 하지 않았고, 피체포자가 위법한 체포상태를 벗어나려는 데에 대하여 경찰관들이 저지하는 상황도 아니었는데 피체포자가 경찰관에게 상해를 가하였다면, 그 행위를 사회적으로 상당한 방위행위에 해당한다고 보기는 어려우므로 정당방위에 해당하지 않는다[대법원 2012. 12. 13. 선고 2012도11162 판결. 본 판결 평석은 권덕진, "경찰관직무집행법 제4조의 보호조치 요건, 피고인을 지구대로 데려간 행위가 보호조치의 요건을 갖추지 못하여 위법한 체포에 해당하는 경우 도로교통법위반(음주측정거부)죄, 공무집행방해죄가 성립하지 않는다고 판단한 사례," 대법원판례해설 제94호(2012 하반기), 2013, 866-884면].
3) 대법원 2007. 11. 15. 선고 2007도3061 전원합의체 판결.
4) 대법원 2013. 3. 14. 선고 2010도2094 판결; 대법원 2020. 11. 26. 선고 2020도10729 판결.
5) 위법수집증거의 배제 기준과 그 판단방법에 대하여는 사례 [7] III. 제3문 '혈중알코올농도감정서와 주취운전자적발보고서의 증거능력' 부분 참조.

체포한 한 다음, 乙에 대하여 음주측정을 하여 주취운전자적발보고서를 작성하였다. 따라서 주취운전자적발보고서는 적법한 절차에 따르지 않고 수집한 증거로서, 위 예외적인 경우에 해당한다고 볼 만한 특별한 사정이 없으므로 증거능력이 없다.

2. 혈중알코올농도감정서의 증거능력

乙에 대한 혈중알코올농도감정은 교통사고로 의식을 잃고 바로 병원에 후송된 乙을 대신하여 乙의 아들로부터 동의를 얻어 영장 없이 채혈한 혈액에 대하여 이루어졌는데, 그 감정서의 증거능력이 인정되는지가 문제된다.

(1) 혈액 채취의 적법성

대법원 판례는 수사기관이 범죄 증거를 수집할 목적으로 피의자의 동의 없이 피의자의 혈액을 취득·보관하는 행위는 ① 법원으로부터 감정처분허가장을 받아 형사소송법 제221조의4 제1항, 제173조 제1항에 의한 '감정에 필요한 처분'으로도 할 수 있으나, ② 형사소송법 제219조, 제106조 제1항에 정한 압수의 방법으로도 할 수 있고, 압수의 방법에 의하는 경우 혈액의 취득을 위하여 피의자의 신체로부터 혈액을 채취하는 행위는 혈액의 압수를 위한 것으로서 형사소송법 제219조, 제120조 제1항에 정한 '압수영장의 집행에 있어 필요한 처분'에 해당한다([관련판례]).[1] 따라서 이처럼 강제채혈을 할 때에는 법원으로부터 신체에 대한 압수영장이나 혈중알코올농도감정을 위한 감정처분허가장을 받아야 할 것이고 이러한 조치 없이 혈액을 채취하려면, 영장 없이 긴급압수·수색할 수 있는 경우, 즉 체포현장에서의 압수·수색(형소

---

[1] 강제채뇨에 대해서도 마찬가지이다. 대법원 2018. 7. 12. 선고 2018도6219 판결, 「수사기관이 범죄 증거를 수집할 목적으로 피의자의 동의 없이 피의자의 소변을 채취하는 것은 법원으로부터 감정허가장을 받아 형사소송법 제221조의4 제1항, 제173조 제1항에서 정한 '감정에 필요한 처분'으로 할 수 있지만(피의자를 병원 등에 유치할 필요가 있는 경우에는 형사소송법 제221조의3에 따라 법원으로부터 감정유치장을 받아야 한다), 형사소송법 제219조, 제106조 제1항, 제109조에 따른 압수·수색의 방법으로도 할 수 있다. 이러한 압수·수색의 경우에도 수사기관은 원칙적으로 형사소송법 제215조에 따라 판사로부터 압수·수색영장을 적법하게 발부받아 집행해야 한다.
압수·수색의 방법으로 소변을 채취하는 경우 압수대상물인 피의자의 소변을 확보하기 위한 수사기관의 노력에도 불구하고, 피의자가 인근 병원 응급실 등 소변 채취에 적합한 장소로 이동하는 것에 동의하지 않거나 저항하는 등 임의동행을 기대할 수 없는 사정이 있는 때에는 수사기관으로서는 소변 채취에 적합한 장소로 피의자를 데려가기 위해서 필요 최소한의 유형력을 행사하는 것이 허용된다. 이는 형사소송법 제219조, 제120조 제1항에서 정한 '압수·수색영장의 집행에 필요한 처분'에 해당한다고 보아야 한다. 그렇지 않으면 피의자의 신체와 건강을 해칠 위험이 적고 피의자의 굴욕감을 최소화하기 위하여 마련된 절차에 따른 강제 채뇨가 불가능하여 압수영장의 목적을 달성할 방법이 없기 때문이다.」

법 제216조 제1항 제2호), 범죄장소에서의 압수·수색(형소법 제216조 제3항), 긴급체포 시의 압수·수색(형소법 제217조 제1항) 중 어느 하나의 요건을 갖추어야 한다.

음주운전 중 교통사고를 야기한 후 피의자가 의식불명 상태에 빠져 있는 등으로 도로교통법이 음주운전의 제1차적 수사방법으로 규정한 호흡조사에 의한 음주측정이 불가능하고 혈액 채취에 대한 동의를 받을 수도 없을 뿐만 아니라 법원으로부터 혈액 채취에 대한 감정처분허가장이나 사전 압수영장을 발부받을 시간적 여유도 없는 긴급한 상황이 생길 수 있다. 이러한 경우 피의자의 신체 내지 의복류에 주취로 인한 냄새가 강하게 나는 등 형사소송법 제211조 제2항 제3호가 정하는 범죄의 증적이 현저한 준현행범인의 요건이 갖추어져 있고 교통사고 발생 시각으로부터 사회통념상 범행 직후라고 볼 수 있는 시간 내라면, 피의자의 생명·신체를 구조하기 위하여 사고현장으로부터 곧바로 후송된 병원 응급실 등의 장소는 형사소송법 제216조 제3항의 범죄 장소에 준한다 할 것이므로, 검사 또는 사법경찰관은 피의자의 혈중알코올농도 등 증거의 수집을 위하여 의료법상 의료인의 자격이 있는 자로 하여금 의료용 기구로 의학적인 방법에 따라 필요최소한의 한도 내에서 피의자의 혈액을 채취하게 한 후 그 혈액을 영장 없이 압수할 수 있다. 다만 이 경우에도 형사소송법 제216조 제3항 단서, 형사소송규칙 제58조, 제107조 제1항 제3호에 따라 사후에 지체 없이 강제채혈에 의한 압수의 사유 등을 기재한 영장청구서에 의하여 법원으로부터 압수영장을 받아야 한다([관련판례]).

본 사례에서 사법경찰관 P2는 사전 감정처분허가장이나 압수영장에 의하지 않고 乙의 동의 없이 가족인 아들의 동의만으로 혈액을 채취하였는데, 본인의 동의 없는 채혈은 위법하다.[1] 다만, 乙은 사고 현장에서 기절하여 곧바로 병원으로 후송된 상태이므로, 위 대법원 판례에 의하면 형사소송법 제216조 제3항의 범죄장소에서의 영장 없는 압수에 해당한다고 볼 수 있으나, 사후영장을 발부받지 않았으므로 이 또한 위법한 혈액채취라고 할 것이다.

(2) 혈중알코올농도감정서의 증거능력

乙로부터 채취한 혈액은 위법하게 수집한 증거로서, 예외적으로 증거능력을 인정할 경우에 해당하지 않으므로 증거로 사용할 수 없다. 위법하게 수집된 혈액을 시료로 하여 혈액 내의 알코올농도에 관한 감정을 한 결과를 기재한 혈중알코올농도감

[1] 대법원 2011. 4. 28. 선고 2009도2109 판결.

정서는 2차적 증거에 해당하는데, 위 위법한 혈액 채취와 2차적 증거 수집 사이에 인과관계가 희석 또는 단절되었다고 볼 만한 사정이 없으므로 이 또한 위법수집증거로서 증거능력이 부정된다.[1]

 관련판례

대법원 2012. 11. 15. 선고 2011도15258 판결【도로교통법위반(음주운전)】[2]

1. 가. (중략) 수사기관이 법원으로부터 영장 또는 감정처분허가장을 발부받지 아니한 채 피의자의 동의 없이 피의자의 신체로부터 혈액을 채취하고 사후에도 지체 없이 영장을 발부받지 아니한 채 그 혈액 중 알코올농도에 관한 감정을 의뢰하였다면, 이러한 과정을 거쳐 얻은 감정의뢰회보 등은 형사소송법상 영장주의 원칙을 위반하여 수집하거나 그에 기초하여 획득한 증거로서, 원칙적으로 그 절차위반행위가 적법절차의 실질적인 내용을 침해하여 피고인이나 변호인의 동의가 있더라도 유죄의 증거로 사용할 수 없다고 할 것이다(대법원 2011. 4. 28. 선고 2009도2109 판결 등 참조).

나. 한편 수사기관이 범죄 증거를 수집할 목적으로 피의자의 동의 없이 피의자의 혈액을 취득·보관하는 행위는 법원으로부터 감정처분허가장을 받아 형사소송법 제221조의4 제1항, 제173조 제1항에 의한 '감정에 필요한 처분'으로도 할 수 있지만, 형사소송법 제219조, 제106조 제1항에 정한 압수의 방법으로도 할 수 있고, 압수의 방법에 의하는 경우 혈액의 취득을 위하여 피의자의 신체로부터 혈액을 채취하는 행위는 그 혈액의 압수를 위한 것으로서 형사소송법 제219조, 제120조 제1항에 정한 '압수영장의 집행에 있어 필요한 처분'에 해당한다고 할 것이다.

그런데 음주운전 중 교통사고를 야기한 후 피의자가 의식불명 상태에 빠져 있는 등으로 도로교통법이 음주운전의 제1차적 수사방법으로 규정한 호흡조사에 의한 음주측정이 불가능하고 혈액 채취에 대한 동의를 받을 수도 없을 뿐만 아니라 법원으로부터 혈액 채취에 대한 감정처분허가장이나 사전 압수영장을 발부받을 시간적 여유도 없는 긴급한 상황이 생길 수 있다. 이러한 경우 피의자의 신체 내지 의복류에 주취로 인한 냄새가 강하게 나는 등 형사소송법 제211조 제2항 제3호가 정하는 범죄의 증적이 현저한 준현행범인으로서의 요건이 갖추어져 있고 교통사고 발생 시각으로부터 사회통념상 범행 직후라고 볼 수 있는 시간 내라면, 피의자의 생명·신체를 구조하기 위하여 사고현장으로부터 곧바로 후송된 병원 응급실 등의 장소는 형사소송법 제216조 제3항의 범죄 장소에 준한다 할 것이므로, 검사 또는 사법경찰관은 피의자의 혈중알코올농도 등 증거의 수집을 위하여 의료법상 의료인의 자격이 있는 자로

1) 대법원 2011. 4. 28. 선고 2009도2109 판결.
2) 본 판결 평석은 김승주, "긴급강제채혈의 법적 성질과 영장주의", 대법원판례해설 제94호(2012 하반기), 2013, 744-785면.

하여금 의료용 기구로 의학적인 방법에 따라 필요최소한의 한도 내에서 피의자의 혈액을 채취하게 한 후 그 혈액을 영장 없이 압수할 수 있다고 할 것이다. 다만 이 경우에도 형사소송법 제216조 제3항 단서, 형사소송규칙 제58조, 제107조 제1항 제3호에 따라 사후에 지체 없이 강제채혈에 의한 압수의 사유 등을 기재한 영장청구서에 의하여 법원으로부터 압수영장을 받아야 함은 물론이다.

2. 원심은 그 채택 증거에 의하여, 피고인이 2011. 3. 5. 23:45경 판시 장소에서 오토바이를 운전하여 가다가 선행 차량의 뒷부분을 들이받는 교통사고를 야기한 후 의식을 잃은 채 119 구급차량에 의하여 병원 응급실로 후송된 사실, 사고 시각으로부터 약 1시간 후인 2011. 3. 6. 00:50경 사고신고를 받고 병원 응급실로 출동한 경찰관은 법원으로부터 압수·수색 또는 검증 영장을 발부받지 아니한 채 피고인의 아들로부터 동의를 받아 간호사로 하여금 의식을 잃고 응급실에 누워 있는 피고인으로부터 채혈을 하도록 한 사실 등을 인정하였다. 그리고 나아가 이 사건 채혈은 법관으로부터 영장을 발부받지 않은 상태에서 이루어졌고 사후에 영장을 발부받지도 아니하였으므로 피고인의 혈중알코올농도에 대한 국립과학수사연구소의 감정의뢰회보 및 이에 기초한 주취운전자 적발보고서, 주취운전자 정황보고서 등의 증거는 위법수집증거로서 증거능력이 없으므로, 피고인의 자백 외에 달리 이를 보강할 만한 증거가 없다는 이유로 이 사건 공소사실을 무죄로 판단하였다.

원심판결 이유를 앞서 본 법리와 기록에 비추어 살펴보면, 원심이 적법한 절차에 따르지 아니하고 수집된 피고인의 혈액을 이용한 혈중알코올농도에 관한 감정의뢰회보 등의 증거능력을 부정한 것은 정당하고, 달리 위와 같은 증거의 증거능력을 배제하는 것이 헌법과 형사소송법이 형사소송에 관한 절차 조항을 마련하여 적법절차의 원칙과 실체적 진실 규명의 조화를 도모하고 이를 통하여 형사사법 정의를 실현하려 한 취지에 반하는 결과를 초래하는 것으로 평가되는 예외적인 경우에 해당한다고 볼 사유도 찾아볼 수 없다.

Ⅳ. 제4문 — 항소심에서의 공소장변경허가의 적법성

1. 문제의 제기

검사는 항소심에서 공소장변경허가신청을 하였는데, 항소심의 법적 성격에 따라 공소장변경이 가능한지 문제되고, 가능하다면 공소장변경의 요건을 갖추었는지가 문제된다.

2. 항소심에서의 공소장변경 가부

항소심에서의 공소장변경이 허용되는지 여부에 대해서는 항소심의 구조를 어떻게 파악할 것인지에 따라 견해가 대립되고 있다. ① 부정설은 항소심은 사후심이므로 공소장변경이 허용되지 않는다고 보는 반면, ② 긍정설은 항소심은 속심이므로 공소장변경이 당연히 허용된다고 본다. 판례는 형사항소심의 구조가 오로지 사후심으로서의 성격만을 가지고 있는 것은 아니므로 항소심에서도 공소장변경을 할 수 있다고 한다.[1]

항소심은 사후심적 속심으로서 항소심에서도 당연히 공소장변경이 허용된다고 보는 것이 타당하다.

3. 공소장변경의 요건

공소장변경은 공소사실의 동일성을 해하지 않는 범위에서 허용된다(형소법 제298조 제1항). 공소장변경이 가능한 범위인 공소사실의 동일성의 기준에 대하여 종래 ① 공소사실의 죄질의 동일성 여부를 기준으로 판단하는 죄질동일설, ② 구성요건이 공통되는지 여부를 기준으로 판단하는 구성요건공통설, ③ 공소사실과 별도로 심판의 대상이 되는 소인(訴因)의 개념을 도입하여 소인의 기본적 부분을 기준으로 판단하는 소인공통설도 주장되었으나, ④ 공소사실의 기초가 되는 사회적 사실들이 기본적인 점에서 동일한지 여부를 기준으로 판단하는 기본적 사실동일설이 통설이다. 판례도 기본적 사실동일설의 입장이다.[2] 공소사실의 동일성은 통설·판례와 같이 그 사실의 기초가 되는 사회적 사실관계가 기본적인 점에서 동일한 것인가에 따라 판단하는 것이 타당하다.

본 사례에서 甲이 C가 점유하고 있던 ②승용차를 가져온 기본적인 사실관계에는 차이가 없다. 다만 검사가 절도죄로 기소한 것은 ②승용차가 A 회사의 소유이므로 甲이 타인의 재물을 절취한 것으로 본 것이고, 권리행사방해죄로 공소장변경한 것은 ②승용차가 甲의 소유이므로 甲이 타인이 점유하는 자기 소유의 재물을 취거한 것으로 본 것이다. 이처럼 본 사례에서의 절도죄와 권리행사방해죄는 법률적인 평가만 다를 뿐 사실의 기초가 되는 사회적 사실관계가 기본적인 점에서 동일하므로 공소사실의 동일성이 인정된다. 따라서 법원의 공소장변경허가는 적법하다.

---

1) 대법원 1986. 7. 8. 선고 86도621 판결; 대법원 1981. 8. 20. 선고 81도698 판결.
2) 대법원 2009. 1. 30. 선고 2008도9207 판결.

사 례 [25] 협박죄, 현주건조물방화죄, 압수·수색과 관련성

[I] 甲은 A 건설업체를 운영하던 중 공사수주 경쟁에서 B 회사에 계속 지는 바람에 기분이 나빠 있었는데, 2020. 2. 1. 공사입찰제안서 설명회에서 B 회사 사장인 V로부터 비아냥거리는 소리를 듣자 화가 나 "터진 입이라고 아무 말이나 해도 되는 줄 아느냐. 입을 확 찢어 버릴까보다"라고 욕설을 하였다. 그 후 V의 버릇을 고쳐주겠다고 마음을 먹고, 2020. 2. 10.경 고향 후배인 乙을 만나 500만 원을 줄 테니 V를 혼내주자고 제의하여 乙로부터 승낙을 받았다.

乙은 甲과 의논하여 먼저 V에게 편지를 보내 겁을 주기로 하고, 2020. 3. 3. 乙의 집에서 乙의 컴퓨터를 이용하여 한글파일로 "하룻강아지가 기고만장하는구나. 저승사자가 간다"라는 편지글 초안을 작성한 후 이를 '사건'이라는 폴더에 저장하였다. 그 후 2020. 3. 4. 乙의 ID(eul2)로 "하룻강아지가 돈 좀 벌어 기고만장하는구나. 저승사자가 간다. 밤길 조심해라."라는 내용으로 V에게 이메일을 보냈다. 이메일은 V의 이메일 수신함에 도착하였으나 V는 처음 보는 ID로부터 온 이메일이어서 열어보지 않았다. 乙은 이메일 수신확인으로 V가 이메일을 열어보지 않는 것을 확인하고 다시 2018. 3. 13.경 이메일로 보낸 글을 인쇄한 편지를 넣은 봉투를 V의 집 우편함에 넣어 두었다. 그날 밤 퇴근하던 V가 우편함에서 이를 꺼내어 열어보았으나 보낸 사람의 이름이 기재되지 않은 봉투여서 잘못 온 편지로 생각하고 대수롭지 않게 생각하였다. 그 후 乙은 2020. 3. 20.경 다시 같은 내용의 편지와 회칼을 봉투에 넣어 V의 집 우편함에 넣고 왔는데, 그날 밤 퇴근하던 V가 이를 보고 누군가 자신을 해치려 한다고 생각하고 겁을 먹었다. 그날부터 V는 회사에 출근하였다가 바로 퇴근한 후에는 집 밖으로 나오지 않았다.

그런데 甲은 2020. 4. 3.경 있었던 건설공사 경쟁 입찰에서 V에게 또 지게 되었고, 그날 V로부터 상대가 안 되니 앞으로는 나오지 않는 것이 좋겠다는 등의 말을 듣자 화가 나 乙과 함께 V의 집에 가서 혼내주기로 하였다. 甲과 乙은 2020. 4. 10. 03:00경 V의 집 담을 넘어 마당에 숨어 있다가 건물에 불을 질러 V가 나오면 V를 구타하기로 모의하고, 乙은 甲이 준비해 간 종이와 헝겊 뭉치에 휘발유를 부은 다음 불을 붙여 1층 창문 아래 부분에 던졌는데, 종이와 헝겊 뭉치가 타면서 연기가 자욱하게 났으나 불은 석조 가옥에 옮겨 붙지는 않은 채 외벽이 불에 그슬린 상태에서 꺼졌다. 그러나 V는 집에 설치한 화재경보기가 울리면서 잠을 깨게 되었고, 창문 밖에서 나는 연기를 보고 재빨리 현관을 통하여 집 밖으로 나왔다. 乙은 현관 옆에서 기다리다가 미리 가지고 있던 야구방망이로 V의 오른쪽 어깨와 팔 부분을 1회씩 때렸고, V가 쓰러지자 뒷주머니에서 접이식 칼을 꺼내 왼쪽 팔과 엉덩이부분을 1회씩 찌른 후 甲과 함께 대문 밖으로 나와 乙의 차량을 타고 도주하였다. 범행에 사용한 야구방망이와 칼은 乙의 승용차 트렁크에 던져두었다. V는 이로 인하여 약 4주간의 치료를 요하는 우측 상박부 골절상과 왼쪽 팔 및 엉덩이에 자상을 입고 치료를 받았다. 한편 甲은 처음 약속한대로 2018. 4. 12. 乙의 K 은행 예금계좌로 500만 원을 송금하였다.

[Ⅱ] 신고를 받고 출동한 사법경찰관 P는 V의 집에 설치된 CCTV에 촬영된 동영상에서 甲의 얼굴을 확인하고 甲에 대한 체포영장을 발부받아 甲을 체포하였고, 甲은 범행 일체를 자백하면서 공범인 乙이 V에게 이메일과 편지를 보낸 일이 있으며, 범행에 사용한 야구방망이와 칼을 乙의 차량에 넣어 두었다고 진술하였다.

P는 V를 협박한 사실과 V의 집에 불을 지르고 V에게 상해를 가한 사실로 乙에 대한 체포영장과 乙의 집과 차량에 대한 압수·수색영장을 발부받았는데 압수할 물건에는 '컴퓨터, 전자저장매체, 수첩, 서류철, 휘발유 등 유류, 야구방망이, 칼, 흉기 그밖에 혐의사실과 관련된 자료'라고 기재되어 있었다. P는 체포영장을 가지고 乙을 체포하고 압수·수색영장에 의하여 乙의 차량 트렁크를 수색하였는데, 트렁크에는 야구방망이 3개, 접이식 칼 1개, 회칼 2개, 쇠파이프 3개가 들어 있어 이를 모두 압수하였다. 한편, 乙의 집을 수색하면서 乙을 참여하게 하고 컴퓨터를 검색하면서 '사건'이라는 이름의 폴더를 열어 이메일로 협박편지를 보내기 위하여 초안을 작성하였던 문건 파일(①파일), 甲을 만나 V를 혼내주기로 하고 500만 원을 받기로 약정한 내용을 메모한 문건 파일(②파일) 외에, 乙이 X를 혼내주기로 하고 丙으로부터 1,000만 원을 받기로 약정한 내용을 메모한 파일(③파일)을 발견하고 이를 모두 압수하였다.

[Ⅲ] 乙은 甲의 요청으로 甲과 함께 V의 집에 들어가 불을 지르고 상해를 가한 사실은 물론, 丙의 부탁을 받고 X를 야구방망이로 구타한 사실도 자백하였다. 이에 P는 피해자 X를 소환하여 조사하였는데, X는 2020. 2. 20.경 乙로부터 구타를 당하여 전치 3주의 우측 팔 골절상을 입었다고 진술하였다. 그러나 丙은 乙에게 위와 같은 부탁을 한 사실이 없다고 부인하였다.

P는 또한 乙이 대가를 받은 내역과 그 사용내역을 확인하기 위하여 위 압수·수색영장의 혐의사실을 기재하고, 乙의 K 은행 예금계좌에 대하여 거래기간을 2018. 3. 1.부터 2020. 5. 30.까지로 하는 계좌추적용 압수·수색영장을 발부받아 은행으로부터 예금거래내역을 받았다. 그 안에는 甲이 2020. 4. 12. 乙에게 500만 원을 송금한 내역(①송금)과 함께 2020. 4. 6. 丁이 乙에게 1,000만 원을 송금한 내역(②송금), 乙이 2020. 4. 20. M

에게 300만 원을 송금한 내역(③송금)이 들어 있었다. P는 乙을 상대로 그 송금내역에 대하여 조사하였는데, 乙은 丁의 요청으로 丁으로부터 1,000만 원을 받고 M에게 구체적인 범행방법을 지시하여 M으로 하여금 Y를 칼로 찌르게 하여 Y에게 전치 3주의 우측 팔 자상을 가하고, M에게 300만 원을 송금하였다고 진술하였다. Y는 위와 같은 피해를 당하였다고 진술하였으나, 丁은 乙에게 부탁한 사실이 없고 이전에 빌린 돈을 갚았을 뿐이라고 진술하였다.

[Ⅳ] 사건을 송치받은 검사 Q는 乙로부터 압수된 회칼 2개를 확인하면서 그중 1개에 혈흔이 있는 것을 발견하고 혈흔에 대한 DNA 감정을 의뢰하였는데, 감정결과 그 혈흔은 2020. 2. 20.경 서울에서 살해된 조직폭력배 Z의 DNA와 일치하였다. 그러나 乙은 그 칼은 아는 선배 戊의 것인데, 2020. 2. 하순경 戊가 보관하고 있으라고 해서 트렁크에 넣어두었을 뿐이며, 칼에 피가 묻어 있어 戊가 무슨 일을 저지른 것으로는 생각하였다고 진술하였다. 검사는 戊에 대하여 살인 혐의로 체포영장을 발부받아 체포하였는데, 戊는 위 칼로 D를 찔러 살해하였으며 乙에게는 칼만 보관해달라고 부탁하였을 뿐 乙이 살인에 가담한 사실은 없다고 진술하였다.

설 문

1. 甲과 乙의 형사책임을 논하시오.

2. 검사는 丙과 丁을 각 특수상해교사죄로, 戊를 살인죄로 기소하였는데, 모두 공판정에서 범행을 부인하고 검사가 제출한 증거에 대하여 부동의하면서 다음과 같이 다투었다. 丙, 丁, 戊의 주장은 타당한가?(전문법칙의 예외 규정의 요건은 논외로 한다)

(1) 丙
P가 압수·수색영장에 의하여 乙의 컴퓨터에서 乙이 X를 혼내주기로 하고 丙으로부터 1,000만 원을 받기로 약정한 내용을 메모한 파일(③파일)은 압수·수색영장의 범죄사실과 관련성이 없으므로 이는 위법수집증거로서 증거능력이 없고, 이 파일을 토대로 이후에 작성된 검사 작성의 乙에 대한 피의자신문조서와 사법경찰관 작성의 X에

대한 진술조서도 증거능력이 없다.

(2) 丁

乙 명의의 계좌에 대한 계좌추적용 압수·수색영장에 의하여 수집한 거래내역 중 乙이 丁으로부터 1,000만 원을 송금받은 내역(②송금)과 乙이 M에게 300만 원을 송금한 내역(③송금)은 영장 범죄사실과 관련성이 없으므로 위법수집증거로서 증거능력이 없다.

(3) 戊

압수·수색영장에 의하여 乙의 차량 트렁크에서 압수한 Z의 혈흔이 묻어 있던 회칼은 영장 범죄사실과 관련성이 없으므로 위법수집증거로서 증거능력이 없고, 이를 토대로 한 혈흔감정결과회보서도 증거능력이 없다.

해 설

Ⅰ. 제1문 ─ 甲과 乙의 형사책임

1. 문제의 제기

甲은 단독으로 ① 2020. 2. 1. 공사입찰제안서 설명회장에서 V에게 "입을 확 찢어버릴까보다"라고 욕설을 하고, 乙과 함께 V를 혼내주기로 하고 ② 乙이 ⓐ 2020. 3. 4. "저승사자가 간다. 밤길 조심해라"라는 내용의 이메일을 송부하고, ⓑ 3. 13. 위 이메일을 인쇄한 편지가 든 봉투를, ⓒ 3. 20. 위 이메일을 인쇄한 편지와 회칼이 든 봉투를 V의 집 우편함에 각 넣어두었고, ③ 2020. 4. 10. 03:00경 V의 집에 몰래 들어가 乙이 불을 지르고, ④ 계속하여 연기를 보고 집 밖으로 나오는 V를 乙이 야구방망이로 구타하고 칼로 찔러 상해를 가하였다. 乙은 甲과 함께 ②, ③, ④행위를 하였으며, 이에 더하여 ⑤ 丙의 부탁을 받고 X를 구타하여 상해를 가하고, ⑥ 丁의 부탁을 받고 M을 시켜 Y를 칼로 찔러 상해를 가하였으며, ⑦ 戊의 부탁을 받고 戊가 무슨 일을 저지른 것으로 생각하면서 피가 묻은 칼을 자신의 차량 트렁크에 보관하였다.

이러한 甲과 乙의 행위에 대하여 각기 어떤 형사책임을 져야 하는지가 문제되는데, 甲의 형사책임을 먼저 논한 후에 乙의 형사책임을 논할 때에는 甲과의 공동 범행 부분은 간단히 언급하기로 한다.

2. 甲의 형사책임
(1) V에게 욕설을 한 행위(위 ①행위)

甲이 2020. 2. 1. 공사입찰제안서 설명회장에서 V에게 "입을 찢어버릴까보다"라고 욕설을 한 행위가 협박죄(형법 제283조 제1항)에 해당하는지 문제된다.

협박이란 해악을 고지하여 상대방에게 공포심을 일으키는 것을 말한다(협의의 협박1)). 협박이라고 하기 위해서는 해악의 발생이 직·간접으로 행위자에 의하여 좌우

---

1) 공갈죄(형법 제350조)에서의 협박도 같은 개념이다. 협박의 개념은 이외에도 ① 사람에게 공포를 일으킬 목적으로 상대방에게 해악을 고지하는 것을 의미하는 광의의 협박(제115조의 소요죄, 제136조의 공무집행방해죄, 제146조의 특수도주죄), ② 상대방의 반항을 불가능하게 하거나(제333조의 강도죄),

될 수 있는 것이어야 한다. 그러나 해악이 현실적으로 발생할 가능성이 있거나 행위자가 실제로 이를 실현할 의사가 있을 것을 요하지는 않는다. 객관적으로 행위자가 해악을 실현할 의사가 있다는 인상을 주고, 상대방이 사실상 그러한 해악이 발생할 가능성이 있다고 인식하면 충분하다. 다만 행위자에게 해악을 실현할 의사가 없음이 명백한 경우에는 협박이라고 할 수 없고,[1] 위와 같은 의미의 협박행위 내지 협박의 사가 있었는지의 여부는 행위의 외형뿐만 아니라 그러한 행위에 이르게 된 경위, 피해자와의 관계 등 주위상황을 종합적으로 고려하여 판단해야 할 것이다([관련판례]).

　　본 사례에서 甲이 공사입찰제안서 설명회장에서 V에게 한 말은 그 말을 하게 된 동기 및 주위사정에 비추어 단순한 감정적인 욕설 내지 일시적 분노의 표시에 불과하다고 할 것이다. 따라서 판례에 의하면 甲의 위 ①행위는 협박죄를 구성하지 않는다.

 관련판례

대법원 2006. 8. 25. 선고 2006도546 판결【폭력행위등처벌에관한법률위반 (야간·공동협박)】

협박죄에 있어서의 협박이라 함은, 일반적으로 보아 사람으로 하여금 공포심을 일으킬 수 있는 정도의 해악을 고지하는 것을 의미하므로 그 주관적 구성요건으로서의 고의는 행위자가 그러한 정도의 해악을 고지한다는 것을 인식, 인용하는 것을 그 내용으로 하고 고지한 해악을 실제로 실현할 의도나 욕구는 필요로 하지 아니한다고 할 것이고, 다만 행위자의 언동이 단순한 감정적인 욕설 내지 일시적 분노의 표시에 불과하여 주위사정에 비추어 가해의 의사가 없음이 객관적으로 명백한 때에는 협박행위 내지 협박의 의사를 인정할 수 없다 할 것이나 위와 같은 의미의 협박행위 내지 협박의사가 있었는지의 여부는 행위의 외형뿐만 아니라 그러한 행위에 이르게 된 경위, 피해자와의 관계 등 주위상황을 종합적으로 고려하여 판단해야 할 것이다(대법원 1986. 7. 22. 선고 86도1140 판결, 1991. 5. 10. 선고 90도2102 판결, 2005. 3. 25. 선고 2005도329 판결 등 참조).

기록에 비추어 살펴보면, 원심이 판시와 같은 이유로 피고인이 공소사실 기재 일시, 장소에서 자신의 동거남과 성관계를 가진 바 있던 피해자에게 "사람을 사서 쥐도 새도 모르게 파묻어버리겠다. 너까지 것 쉽게 죽일 수 있다."라고 한 말에 관하여 이는 언성을 높이면서 말다툼으로 흥분한 나머지 단순히 감정적인 욕설 내지 일시적 분노

현저히 곤란하게 할 정도의 해악을 고지하는 것(제297조의 강간죄)을 말하는 최협의의 협박이 있다.
1) 대법원 1972. 8. 29. 선고 72도1565 판결(술김에 흥분하여 항의조로 "내가 너희들의 목을 자른다, 내 동생을 시켜서라도 자른다"라는 취지의 말을 한 것은 협박죄에 해당하지 않는다고 한 사례).

의 표시를 한 것에 불과하고 해악을 고지한다는 인식을 갖고 한 것이라고 보기 어렵다고 판단한 것은 수긍이 가고, 거기에 채증법칙을 위반하여 사실을 오인하거나 협박죄에 관한 법리를 오해하여 판결에 영향을 미친 위법이 있다고 할 수 없다. ●

(2) 乙과 공모하여 V에게 이메일을 송부하고 봉투를 우편함에 넣어둔 행위
(위 ②행위)

⑦ 문제의 제기

甲은 乙과 함께 V를 혼내주기로 하고, 이에 따라 乙이 ⓐ 2020. 3. 4. "저승사자가 간다. 밤길 조심해라"라는 내용의 이메일을 송부하고, ⓑ 3. 13. 위 이메일을 인쇄한 편지가 든 봉투를, ⓒ 3. 20. 위 이메일을 인쇄한 편지와 회칼이 든 봉투를 V의 집 우편함에 각 넣어두었다. 이때, 위 이메일의 내용이 협박죄에 있어서의 '해악의 고지'에 해당하는지 문제된다. 나아가 해악의 고지에 해당된다고 할 때, ⓒ의 봉투를 열어보고는 V가 겁을 먹었으나 ⓐ의 이메일은 V의 이메일 수신함에는 도달하였지만 V가 열어보지 않았고, ⓑ의 봉투는 V가 열어보았으나 수신자의 이름이 없는 것을 보고 대수롭지 않게 생각했는데, 위 각 행위가 협박죄의 미수인지, 기수인지 문제된다.

⑭ 협박죄에서의 해악의 고지와 그 방법

협박죄에서의 해악의 내용에는 제한이 없으며, 생명, 신체, 자유, 명예, 재산에 대한 해악에 제한되지 않고 정조, 업무, 신용에 대한 해악도 포함하며, 상대방 본인에 대한 해악뿐만 아니라 본인과 밀접한 관계에 있는 제3자에 대한 해악도 상대방에게 공포심을 줄 수 있는 것이라면 이에 해당된다.[1] 고지된 해악이 상대방에게 공포심을 일으킬 수 있는 것인가는 상대방의 개인적 사정을 고려하여 객관적으로 판단하여 결정해야 할 것이나 해악은 적어도 객관적으로 발생 가능한 것으로 생각될 수 있는 정도의 구체적 해악일 것으로 요한다.[2] 그리고 해악을 고지하는 방법도 제한이 없다. 언어에 의하든 문서에 의하든, 직접 고지하든 다른 사람을 내세워 고지하든, 명시적이든 묵시적이든 상관없다. 거동이나 태도에 의한 해악의 고지도 가능하다.[3]

⑭ 협박죄의 기수시기

협박죄는 미수범 처벌규정(형법 제286조)이 있으므로 기수와 미수의 구분이 문제된

---

1) 대법원 2010. 7. 15. 선고 2010도1017 판결.
2) 대법원 1995. 9. 29. 선고 94도2187 판결(먼 친척 사이인 어린 피해자가 수박을 훔치려던 것으로 믿고 훈계하기 위하여 "앞으로 수박이 없어지면 네 책임으로 한다"라고 말한 것은 해악의 고지라고 볼 수 없다고 한 사례).
3) 대법원 1975. 7. 10. 선고 74도2727 판결.

다. 협박죄를 위험범으로 해석하면 해악의 고지를 상대방이 지각할 수 있는 상태에 이를 때 기수가 된다. 반면에 침해범으로 해석하면, 해악의 고지로 상대방에게 공포심이 일어났을 때에 기수가 되고, 해악을 고지하였으나 공포심을 느끼지 않은 때에는 미수에 그치게 된다(통설). 해악을 통고하였으나 그것이 상대방에게 도달하지 않은 때에도 미수에 해당한다. 이에 대하여 판례는 협박죄는 위험범으로서 해악을 고지함으로써 상대방이 그 의미를 인식한 이상, 상대방이 현실적으로 공포심을 일으켰는지 여부와 관계없이 그로써 구성요건은 충족되어 기수에 이르게 되고, 해악의 고지가 현실적으로 상대방에게 도달하지 않았거나, 도달은 하였으나 상대방이 이를 지각하지 못하였거나 고지된 해악의 의미를 인식하지 못한 경우는 미수라고 한다([관련판례]).

 관련판례

대법원 2007. 9. 29. 선고 2007도606 전원합의체 판결【형의실효등에관한법률위반·협박】1)

【사실관계】
피해자 A가 대학설립 추진을 빙자하여 대학부지 내 택지 및 상가지역 분양 명목으로 B로부터 받은 돈을 변제하지 못하여 독촉을 받고 있는 상황에서, 경찰서 정보보안과 소속 경찰공무원인 피고인이 2003. 5. 30. 12:30경 피해자에게 전화를 걸어 "나는 경찰서 정보과에 근무하는 형사다. B가 집안 동생인데 돈을 언제까지 해 줄 것이냐. 빨리 안 해주면 상부에 보고하여 문제를 삼겠다."라고 말함으로써 해악을 고지하였다.

【판결요지】
협박죄에서 협박이라 함은 일반적으로 보아 사람으로 하여금 공포심을 일으킬 수 있는 정도의 해악을 고지하는 것을 의미하고, 그 주관적 구성요건으로서의 고의는 행위자가 그러한 정도의 해악을 고지한다는 것을 인식·인용하는 것을 그 내용으로 하는바(대법원 1991. 5. 10. 선고 90도2102 판결, 대법원 2006. 6. 15. 선고 2006도2311 판결 등 참조), 협박죄가 성립되려면 고지된 해악의 내용이 행위자와 상대방의 성향, 고지 당시의 주변 상황, 행위자와 상대방 사이의 친숙의 정도 및 지위 등의 상호관계, 제3자에 의한 해악을 고지한 경우에는 그에 포함되거나 암시된 제3자와 행위자 사이의 관계 등 행위 전후의 여러 사정을 종합하여 볼 때에 일반적으로 사람으로 하여금 공포심을 일으키게 하기에 충분한 것이어야 할 것이지만, 상대방이 그에 의하여 현실적으로 공포심을 일으킬 것까지 요구되는 것은 아니며, 그와 같은 정도의 해악을 고지함으로써 상대방이 그 의미를 인식한 이상, 상대방이 현실적으로 공포심을 일으켰

---

1) 본 판결 평석은 최동열, "협박죄의 기수에 이르기 위하여 상대방이 현실적으로 공포심을 일으킬 것을 요하는지 여부", 대법원판례해설 제74호(2007 하반기), 2008, 412-431면.

는지 여부와 관계없이 그로써 구성요건은 충족되어 협박죄의 기수에 이르는 것으로 해석하여야 할 것이다.

우리 형법은 제286조에서 협박죄의 미수범을 처벌하는 조항을 두고 있으나 미수범 처벌조항이 있다 하여 반드시 침해범으로 해석할 것은 아니며, 지극히 주관적이고 복합적이며 종종 무의식의 영역에까지 걸쳐 있는 상대방의 정서적 반응을 객관적으로 심리·판단하는 것이 현실적으로 불가능에 가깝고, 상대방이 과거 자신의 정서적 반응이나 감정상태를 회고하여 표현한다 하여도 공포심을 일으켰는지 여부의 의미나 판단 기준이 사람마다 다르며 그 정도를 측정할 객관적 척도도 존재하지 아니하는 점 등에 비추어 보면, 상대방이 현실적으로 공포심을 일으켰는지 여부에 따라 기수 여부가 결정되는 것으로 해석하는 것은 적절치 아니하기 때문이다.

결국, 협박죄는 사람의 의사결정의 자유를 보호법익으로 하는 위험범이라 봄이 상당하고, 위 미수범 처벌조항은 해악의 고지가 현실적으로 상대방에게 도달하지 아니한 경우나, 도달은 하였으나 전혀 지각하지 못한 경우, 혹은 고지된 해악의 의미를 상대방이 인식하지 못한 경우 등에 적용될 뿐이라 할 것이다.

위 법리에 비추어 볼 때, 앞서 본 당시 상황에서 피고인이 정보과 소속 경찰관의 지위에 있음을 내세우면서 빨리 변제하지 않으면 상부에 보고하여 문제를 삼겠다고 이야기한 것은, 객관적으로 보아 사람으로 하여금 공포심을 일으키게 하기에 충분한 정도의 해악의 고지에 해당한다고 볼 것이므로, 피해자가 그 취지를 인식하였음이 명백한 이상 현실적으로 피해자가 공포심을 일으켰는지 여부와 무관하게 협박죄의 기수에 이르렀다고 보아야 할 것이다.

같은 취지의 원심 판단은 정당하고, 거기에 협박죄의 성립요건에 관한 법리오해의 위법이 있다고 할 수 없다.[1]

---

[1] 【반대의견】

해악의 고지에 의해 현실적으로 공포심을 일으켰는지 여부나 그 정도는 사람마다 다를 수 있다고 하더라도 이를 판단할 수 없다거나 판단을 위한 객관적인 척도나 기준이 존재하지 않는다고 단정할 것은 아니며, 사람이 현실적으로 공포심을 일으켰는지 여부를 판단할 만한 객관적인 기준 및 개별 사건에서 쌍방의 입증과 그에 의하여 인정되는 구체적인 사정 등을 모두 종합하여, 당해 협박행위로 상대방이 현실적으로 공포심을 일으켰다는 점이 증명된다면 협박죄의 기수에 이르렀다고 인정하고, 이에 대한 증명이 부족하거나 오히려 상대방이 현실적으로 공포심을 일으키지 않았다는 점이 증명된다면 협박죄의 미수에 그친 것으로 인정하면 될 것이다. 기수에 이르렀는지에 대한 의문을 해결하기 어렵다고 하여 모든 경우에 기수범으로 처벌하는 것은 오히려 "의심스러울 때는 피고인의 이익으로"라는 법원칙 등 형사법의 일반원칙과도 부합하지 아니하며 형벌과잉의 우려를 낳을 뿐이다.

결국, 현행 형법의 협박죄는 침해범으로서 일반적으로 사람으로 하여금 공포심을 일으킬 수 있는 정도의 해악의 고지가 상대방에게 도달하여 상대방이 그 의미를 인식하고 나아가 현실적으로 공포심을 일으켰을 때에 비로소 기수에 이르는 것으로 보아야 한다.

㈜ 소결

乙이 V에게 보낸 "하룻강아지가 돈 좀 벌어 기고만장하는구나. 저승사자가 간다. 밤길 조심해라."라는 이메일의 내용은 V의 생명이나 신체에 대해 해악을 가하겠다는 내용의 고지로서 협박행위에 해당한다. 그런데 ⓐ의 이메일은 V의 이메일 수신함에 도달하였으나 V가 열어보지 않아 이를 지각하지 못하였다. 따라서 협박죄를 침해범으로 보는 견해에 의하면 협박미수죄에 해당하고, 위험범이라고 하면서 피해자의 지각 여부를 묻지 않고 지각할 수 있는 상태에 이르면 기수에 이른다고 해석하는 견해에 의하면 V의 이메일 수신함에 도달함으로써 V가 지각할 수 있는 상태에 이르렀으므로 협박기수죄에 해당할 것이다. 그런데 판례는 위험범이라고 하면서도 피해자의 지각은 요하고 있으므로 판례에 의하면 협박미수죄에 해당한다. ⓑ의 이메일을 인쇄한 편지가 든 봉투는 V가 열어보았지만 대수롭지 않게 여기고 아무런 공포심을 느끼지 않았다. 침해범설에 의하면 협박미수죄가 되지만, 판례에 의하면 협박죄의 기수가 된다. ⓒ의 이메일을 인쇄한 편지와 칼이 든 봉투를 열어보고는 V가 겁을 먹었으므로 침해범설에 의하든 판례에 의하든 협박죄의 기수가 된다. 그리고 흉기인 칼을 동봉하여 우송하였으므로 판례1)에 의하면 '휴대'라고 할 수 없어 특수협박죄(형법 제284조, 제283조 제1항)에는 해당하지 않는다.

乙의 행위는 판례에 의하면 1개의 협박미수죄(ⓐ행위), 2개의 협박죄(ⓑ, ⓒ행위)에 해당하는데, 甲과 공모하여 乙이 실행한 것이다. '2인 이상이 공동하여' 협박죄를 범한 경우에는 폭력행위등처벌에관한법률위반(공동협박)죄(동법 제2조 제2항 제1호, 형법 제283조 제1항)가 성립하는데, 이 경우 수인 간에 소위 공범관계가 존재하고, 수인이 동일 장소에서 동일 기회에 상호 다른 자의 범행을 인식하고 이를 이용하여 범행을 할 것을 요한다.2) 그런데 甲은 범행을 제의하는 등 전체 범행을 주도하여 범죄에 대한 본질적 기여를 통한 기능적 행위지배를 하고 있었으나 동일한 장소에 있었던 것은 아니므로 '공동하여' 죄를 범한 때에는 해당하지 않고3) 형법상의 공동정범으로서의 형사책임을 부담한다.

따라서 甲에 대하여 협박미수죄, 협박죄의 공동정범(형법 제283조 제1항, 제286조, 제30조)이 성립하고, 각 죄는 실체적 경합관계4)이다.

---

1) 대법원 1985. 10. 8. 선고 85도1851 판결(청산염의 동봉 우송). 다만, 협박의 실행의 착수 시(동봉하여 우송)에 휴대하였으므로 특수협박죄가 성립한다는 견해도 있다.
2) 대법원 2000. 2. 25. 선고 99도4305 판결.
3) 대법원 1990. 10. 30. 선고 90도2022 판결.
4) 포괄하여 상습협박죄 또는 협박죄가 성립한다는 견해도 있을 수 있지만, 3번의 행위만으로 상습성을

(3) 乙과 함께 V의 집에 몰래 들어간 행위(위 ③행위)

甲은 2020. 4. 10. 03:00경 乙과 함께 V를 혼내 줄 목적으로 위험한 물건인 야구방망이와 칼을 들고 V의 집 담을 넘어 들어갔으므로 甲에 대하여 특수주거침입죄(형법 제320조, 제319조 제1항)의 공동정범이 성립한다. 폭력행위등처벌에관한법률위반(공동주거침입)죄는 그 형이 중한 특수주거침입죄에 흡수된다.

(4) 乙과 공모하여 V의 집에 불을 지른 행위(위 ③행위)

(가) 문제의 제기

乙은 甲이 준비해간 종이와 헝겊 뭉치에 휘발유를 부은 후 불을 붙여 V의 집 1층 창문 아래 부분에 던졌는데 불이 석조인 가옥에 옮겨 붙지 않은 채 외벽이 그을린 채로 꺼졌다. 불을 놓아 사람이 주거로 사용하거나 사람이 현존하는 건조물을 불태운 때에는 현주(현존)건조물방화죄(형법 제164조 제1항)가 성립하는데, V의 집은 주거용으로 당시 V가 집에 있었으므로 위 가옥은 '사람이 주거에 사용하거나 사람이 현존하는 건조물'에 해당한다. 문제는 방화죄에서의 실행의 착수가 있었는지, 기수에 이르렀는지가 문제된다.

(나) 방화죄에서의 실행의 착수

방화는 불을 놓아 목적물을 불태우는 것으로 방화의 방법에는 제한이 없다. 직접 목적물에 방화하건 매개물을 이용하여 방화하건 상관없고 적극적인 행위로 할 수도 있고 부작위에 의한 방화도 가능하다. 방화죄의 실행의 착수시기는 불을 놓은 것을 기준으로 해야 하는데, 발화 또는 점화가 있을 것을 요한다고 하는 것이 통설·판례[1]이다. 매개물을 이용하여 방화하는 때에는 매개물에 발화되면 목적물에 불이 붙지 않은 때에도 실행의 착수가 인정된다([관련판례]).

관련판례

대법원 2002. 3. 26. 선고 2001도6641 판결【현존건조물방화치상】[2]

매개물을 통한 점화에 의하여 건조물을 소훼함을 내용으로 하는 형태의 방화죄의 경우에, 범인이 그 매개물에 불을 켜서 붙였거나 또는 범인의 행위로 인하여 매개물에

인정하기는 어렵고, 법익의 동일성은 인정되지만 범행방법이 다르고 범행시간에도 다소의 간격이 있는 점에 비추어 포괄하여 1개의 협박죄가 성립한다고 보기는 어렵다고 할 것이다.

1) 대법원 1960. 7. 22. 선고 4293형상213 판결.
2) 본 판결 평석은 변종필, "결과적 가중범에서 기본범죄가 미수인 경우의 법해석", 형사판례연구 [13], 2005, 76-94면.

불이 붙게 됨으로써 연소작용이 계속될 수 있는 상태에 이르렀다면, 그것이 곧바로 진화되는 등의 사정으로 인하여 목적물인 건조물 자체에는 불이 옮겨 붙지 못하였다고 하더라도, 방화죄의 실행의 착수가 있었다고 보아야 할 것이고, 구체적인 사건에 있어서 이러한 실행의 착수가 있었는지 여부는 범행 당시 피고인의 의사 내지 인식, 범행의 방법과 태양, 범행 현장 및 주변의 상황, 매개물의 종류와 성질 등의 제반 사정을 종합적으로 고려하여 판단하여야 한다.

그런데 이 사건에 있어서 원심이 인정한 사실에 의하더라도, 이 사건 범행 당시 피고인은 자신의 주택 보일러실 문 앞과 실외 화장실 문 앞 등에 휘발유를 뿌린 다음, 이러한 피고인의 행위를 말리던 이웃 주민인 피해자와 실랑이를 벌이면서 피해자의 몸에까지 휘발유를 쏟았다는 것인바, 이러한 경우 피고인이 휘발유를 뿌린 장소가 비록 밀폐된 실내 공간은 아니라고 하더라도 피고인과 주택의 주변에는 인화성이 매우 강한 상당량의 휘발유가 뿌려져 있었음을 능히 알 수 있다. 나아가 원심이 배척하지 아니한 증거들에 의하면, 이 사건 범행 당시 피고인은 매우 흥분된 상태에서 "집을 불태워 버리고 같이 죽어 버리겠다."고 소리치기까지 하였으며, 피해자와 실랑이를 벌이면서 휘발유통을 높게 쳐들어 피해자의 몸에 휘발유가 쏟아지는 것과 동시에 피고인 자신의 몸에도 휘발유가 쏟아졌는데도, 피해자가 몸에 쏟아진 휘발유를 씻어내고자 수돗가로 가려고 돌아서는 순간, 피고인이 라이터를 꺼내서 무작정 켜는 바람에 피고인과 피해자의 몸에 불이 붙게 되었고(피고인은 담배를 피우려고 라이터를 켰다고 진술하기도 하였으나, 당시의 급박한 상황이나 위 증거들에 비추어 보면 위와 같은 진술은 도저히 믿을 수 없다), 이는 그대로 방치할 경우 주택 주변에 살포된 휘발유에 충분히 연소될 정도였던 사실을 알 수 있는바, 사정이 이러하다면, 그 후 설령 외부적 사정에 의하여 피고인이 라이터로 붙인 불이 원심 판시와 같이 주택 주변에 뿌려진 휘발유를 거쳐 방화 목적물인 주택 자체에 옮겨 붙지는 아니하였다 하더라도, 당시 피고인이 뿌린 휘발유가 인화성이 강한 상태로 주택 주변과 피고인 및 피해자의 몸에 적지 않게 살포되어 있었던 점, 피고인은 그러한 주변 사정을 알면서도 라이터를 켜 불꽃을 일으킨 점, 그로 인하여 매개물인 휘발유에 불이 붙어 연소작용이 계속될 수 있는 상태에 이르고, 실제로 피해자가 발생하기까지 한 점 등의 제반 사정에 비추어 볼 때, 피고인의 위와 같은 행위는 현존건조물방화죄의 실행의 착수에 해당한다고 봄이 상당하다. 🔵

㈐ 방화죄의 기수시기

방화죄의 기수시기에 대해서는 ① 불이 매개물을 떠나 목적물에 독립하여 연소할 수 있는 상태에 이르렀을 때 기수가 된다는 독립연소설(통설),[1] ② 화력에 의하여

---

1) 방화죄의 본질이 공공위험죄인 점에 비추어 기수시기도 공공의 위험을 야기한 때를 기준으로 결정해야 한다는 것을 근거로 한다.

목적물의 중요부분이 소실되어 그 효용을 상실된 때에 기수가 된다는 효용상실설,[1] ③ 목적물의 중요부분에 연소가 개시되는 때에 기수가 된다는 중요부분독립연소설, ④ 손괴죄에 있어서의 손괴의 정도, 즉 목적물의 일부에 손괴가 있을 때에 기수가 된다는 일부손괴설이 대립된다. 매개물이나 외부적인 개입 없이 목적물에 붙은 불이 독립적으로 연소할 수 있는 상태, 즉 독립연소상태에 이르러야 공공의 위험이 발생하고, 목적물이 불탄 상태에 이른다고 볼 수 있으므로 독립연소설이 타당하다. 판례도 ①의 독립연소설의 입장이다([관련판례]).

 관련판례

대법원 1983. 1. 18. 선고 82도2341 판결【살인·현주건조물등에의방화·군무이탈】

피고인이 불을 놓은 집에서 빠져 나오려는 위 피해자 4, 5를 방문에서 가로막아 동녀들을 탈출 못하게 함으로써 불에 타 숨지게 하였다는 공소사실에 관하여 직권으로 살피건대, 형법 제164조 전단의 현주건조물에의 방화죄는 공중의 생명, 신체, 재산 등에 대한 위험을 예방하기 위하여 공공의 안정을 그 제1차적인 보호법익으로 하고 제2차적으로는 개인의 재산권을 보호하는 것이라고 할 것이나, 여기서 공공에 대한 위험은 구체적으로 그 결과가 발생됨을 요하지 아니하는 것이고 이미 현주건조물에의 점화가 독립연소의 정도에 이르면 동 죄는 기수에 이르러 완료되는 것인 한편 살인죄는 일신전속적인 개인적 법익을 보호하는 범죄이므로, 이 사건에서와 같이 설사 사람이 현존하는 건조물에 그 사람을 살해하기 위하여 방화한 경우라 할지라도 그것은 1개의 행위가 수개의 죄명에 해당하는 경우라고 볼 수 없고, 위 방화행위와 살인행위는 법률상 별개의 범의에 의해 별개의 법익을 해하는 별개의 행위라고 하지 않을 수 없는바, 그렇다면 불에 타고 있는 집에서 빠져 나오려는 이 사건 피해자들을 막아 소사케 한 행위는 별개의 행위로서 살인죄를 구성한다고 할 것임에도 이를 위 방화죄와 상상적 경합범으로 처단한 제1심 판단을 지지한 원심판결에는 필경 살인죄, 현주건조물 등에의 방화죄 및 죄수의 법리를 오해한 잘못이 있다고 볼 수 있으나 이 사건에서 피고인을 현주건조물 등에의 방화죄와 살인죄(피해자 4, 5에 대한)의 실체적 경합범(관계)으로 의율처단한다면 상상적 경합범(관계)으로 의율처단한 원심보다 피고인에게 불리함이 분명하므로 결국 피고인의 불이익에 귀결되는 법리로서 위 직권판단한 이유를 들어 원심판결을 파기할 수는 없다는 결론에 이른다.

---

1) 방화죄가 공공위험죄일 뿐만 아니라 재산죄의 성실을 가진다는 관점에서 주장된다. 형법이 불타는 것을 구성요건요소로 하고 있고, 목조건물이 많은 우리나라에서 독립연소설에 의하면 기수 범위가 지나치게 확대될 우려가 있다고 한다.

㈜ 소결

乙은 甲이 준비해온 종이와 헝겊에 휘발유를 부은 후에 불을 붙여 불이 점화된 상태이므로 실행의 착수에 이르렀다고 할 것이다. 그러나 V의 집에 불이 옮겨 붙어서 독립적으로 연소할 수 있는 상태는 되지 못하고, 외벽이 그을린 채로 불이 꺼졌으므로 판례의 독립연소설에 의하면 기수에 이르렀다고 볼 수는 없다. 따라서 甲에 대하여 현주(또는 현존)건조물방화미수죄의 공동정범이 성립한다(형법 제174조, 제164조 제1항, 제30조).

(5) 乙과 공모하여 V에게 상해를 가한 행위(위 ④행위)

乙이 위험한 물건인 야구방망이[1]로 V의 오른쪽 어깨와 팔 부분을 1회씩 때리고 흉기인 접이식 칼을 꺼내 왼쪽 팔과 왼쪽 엉덩이부분을 1회 찔러서 상해를 가한 것은 특수상해죄(형법 제258조의2 제1항, 제257조 제1항)[2]에 해당한다. 그런데 甲도 乙과 함께 V를 혼내주기로 하고, 함께 현장에 있었으므로 乙이 야구방망이를 미리 가지고 있는 것을 알고 있었다. 나아가 乙이 구체적으로 칼을 준비해서 칼로 찌른다는 사실은 몰랐다고 하더라도 이를 예상할 수는 있었을 것이고, 가사 예상하지 못했다 하더라도 위험한 물건인 야구방방이로 때리는 것을 알고 있었던 이상 위 특수상해죄의 성립에는 아무런 영향이 없다고 할 것이다. 따라서 甲은 특수상해죄의 공동정범으로서의 형사책임을 진다. 甲과 乙이 공동하여 상해를 가하였으므로 폭력행위등처벌에 관한법률위반(공동상해)죄(동법 제2조 제2항 제3호[3], 형법 제257조 제1항)에도 해당되지만, 그 형이 중한 특수상해죄에 흡수된다.

3. 乙의 형사책임
(1) 甲과의 공동 책임

앞에서 살펴본 바와 같이 乙은 甲과 공모하여 위 ②, ③, ④행위를 하였는데, 이와 관련하여 乙에 대하여 협박미수죄, 협박죄(2개), 특수주거침입죄, 현주(또는 현존)

---

1) 대법원 2014. 2. 13. 선고 2013도12804 판결(야구방망이가 위험한 물건이라고 한 사례).
2) 형법 제258조의2(특수상해) ① 단체 또는 다중의 위력을 보이거나 위험한 물건을 휴대하여 제257조 제1항 또는 제2항의 죄를 범한 때에는 1년 이상 10년 이하의 징역에 처한다.
3) 폭력행위 등 처벌에 관한 법률 제2조(폭행 등) ② 2명 이상이 공동하여 다음 각 호의 죄를 범한 사람은 「형법」 각 해당 조항에서 정한 형의 2분의 1까지 가중한다.
   3. 「형법」 제257조제1항(상해)·제2항(존속상해), 제276조제2항(존속체포, 존속감금) 또는 제350조(공갈)의 죄

건조물방화미수죄 및 특수상해죄의 각 공동정범이 성립한다.

(2) X를 구타하여 상해를 가한 행위(위 ⑤행위)

乙이 丙의 부탁을 받고 위험한 물건인 야구방망이로 X를 구타하여 전치 3주의 상해를 가한 행위는 특수상해죄(형법 제258조의2 제1항, 제257조 제1항)에 해당한다.

(3) M을 시켜 Y에게 상해를 가한 행위(위 ⑥행위)

乙의 부탁을 받은 M이 칼로 Y를 찔러 전치 3주의 상해를 가한 행위는 특수상해죄(형법 제258조의2 제1항, 제257조 제1항)에 해당한다. 乙은 구체적인 범행방법까지 지시하여 M으로 하여금 Y를 찌르게 하였으므로 범죄에 대한 본질적 기여를 통한 행위지배[1]가 인정되므로 공동정범으로서의 형사책임을 진다.

(4) 戊의 부탁으로 피 묻은 칼을 보관한 행위(위 ⑦행위)

乙은 戊의 부탁으로 피가 묻은 칼을 자신의 차량 트렁크에 보관하였는데, 그 칼은 戊의 살인범행에 사용된 증거물이었다. 타인의 형사사건에 관한 증거를 은닉한 때에는 증거은닉죄(형법 제155조)가 성립한다. 여기서 '형사사건'은 공소제기 후의 피고사건에 제한된다는 견해도 있으나, 수사 단계의 피의사건도 포함된다(통설). 본 사례와 같이 수사개시 전의 형사사건에 대해서는 본죄에 의하여 보호될 형사사법기능이 침해될 위험도 없고 본죄의 성립을 불안정하게 할 뿐이므로 제외된다는 견해도 있으나, 통설과 판례([관련판례])는 형사사건인 이상 수사개시 전의 사건도 포함된다고 한다.[2] 그리고 '은닉'이란 증거의 현출을 곤란하게 하는 것을 말하며, 찾을 수 없게 숨겨놓는 것이 전형적인 행위이다.

본 사례에서 乙이 戊의 살인범행에 사용된 증거[3]인 칼을 보관한 시기는 戊에 대한 수사개시 전이기는 하지만 판례에 의하면 이는 '타인의 형사사건'에 해당하고, 乙이 차량 트렁크에 보관한 것은 '은닉'에도 해당한다. 문제는 乙이 戊의 살인범행을 구체적으로 알지 못하고, 단지 칼에 피가 묻은 것을 보고 戊가 무슨 일을 저지른 것

---

1) 대법원 2007. 4. 26. 선고 2007도235 판결.

2) 대법원 2003. 12. 12. 선고 2003도4533 판결(범인도피죄).

3) 증거인멸죄에서 '증거'라 함은 타인의 형사사건 또는 징계사건에 관하여 수사기관이나 법원 또는 징계기관이 국가의 형벌권 또는 징계권의 유무를 확인하는 데 관계있다고 인정되는 일체의 자료를 의미하고, 타인에게 유리한 것이건 불리한 것이건 가리지 아니하며 또 증거가치의 유무 및 정도를 불문한다 (대법원 2007. 6. 28. 선고 2002도3600 판결; 대법원 2013. 11. 28. 선고 2011도5329 판결).

으로만 생각하였는데, 증거은닉죄의 고의를 인정할 수 있는지 여부이다. 증거은닉죄에서는 형사사건의 구체적 내용을 알 필요는 없고 타인의 형사사건의 증거라는 인식만 있으면 충분하므로[1] 乙에 대하여 고의도 인정된다. 따라서 乙에 대하여 증거은닉죄가 성립한다.

 관련판례

대법원 2003. 12. 12. 선고 2003도4533 판결【증거인멸·공용물건손상·직권남용권리행사방해·업무방해·방실수색·공용서류은닉·공용물건은닉】

가. 증거인멸의 점에 대하여

증거인멸죄는 타인의 형사사건 또는 징계사건에 관한 증거를 인멸하는 경우에 성립하는 것으로서, 피고인 자신이 직접 형사처분이나 징계처분을 받게 될 것을 두려워한 나머지 자기의 이익을 위하여 그 증거가 될 자료를 인멸하였다면, 그 행위가 동시에 다른 공범자의 형사사건이나 징계사건에 관한 증거를 인멸한 결과가 된다고 하더라도 이를 증거인멸죄로 다스릴 수 없다(대법원 1995. 9. 29. 선고 94도2608 판결 등 참조). 한편 증거인멸죄에 있어서 타인의 형사사건 또는 징계사건이란 인멸행위 시에 아직 수사 또는 징계절차가 개시되기 전이라도 장차 형사 또는 징계사건이 될 수 있는 것까지를 포함한다(대법원 1995. 3. 28. 선고 95도134 판결 등 참조).

4. 설문의 해결

甲과 乙에 대하여 협박미수죄, 협박죄(2개), 특수주거침입죄, 현주(또는 현존)건조물방화미수죄 및 특수상해죄(피해자 V)의 각 공동정범이 각 성립하고, 각 죄는 실체적 경합관계이다. 乙은 이에 더하여 특수상해죄(피해자 X), 특수상해죄(피해자 Y)의 공동정범,[2] 증거은닉죄가 별도로 성립하고 위 각 죄들은 실체적 경합관계이다.

II. 제2문 — 압수·수색과 관련성

1. 문제의 제기

압수·수색을 하는 경우에는 '필요한 때에 피고사건과 관계가 있다고 인정할 수

---

1) 대법원 1995. 12. 26. 선고 93도904 판결(법인도피죄).
2) 상습성이 인정될 경우, 乙의 피해자 V, X, Y에 대한 각 특수상해는 포괄하여 하나의 상습특수상해죄(형법 제264조)로 의율할 수 있다.

있는 것에 한정하여 증거물 또는 몰수할 것으로 사료하는 물건'(형소법 제106조 제1항) 또는 '범죄수사에 필요한 때에 피의자가 죄를 범하였다고 의심할 만한 정황이 있고 해당 사건과 관계가 있다고 인정할 수 있는 것에 한정하여'(형소법 제215조) 압수할 수 있다. 여기서 '사건과 관계가 있다'는 것을 '관련성'이라고 하는데, 그 개념을 어떻게 파악하느냐에 따라 압수·수색의 허용범위가 다르게 되어 매우 중요한 의미를 가지게 되었다. 특히, 위법수집증거배제의 법칙(형소법 제308조의2)에 따라 관련성을 벗어난 압수물은 영장주의를 위반한 위법수집증거로서 증거능력이 부정될 것이기 때문이다.

본 설문에서 丙, 丁, 戊는 자신들의 범행과 관련하여 압수된 증거들이 압수의 전제가 되었던 범죄사실과 관련성이 없는 것이므로 위법수집증거로서 증거능력이 없고, 이를 토대로 수집한 2차 증거들도 모두 증거능력이 없다고 주장하고 있다. 위 주장이 타당한지 여부는 결국 관련성 범위의 해석에 달려있다. 한편 관련성이 인정되는 적법한 압수물인 경우에는, 전제범죄와는 다른 별개 범죄의 증거로 사용될 수 있는지 여부도 함께 문제된다.

2. 관련성의 의의와 범위
(1) 관련성의 의의

압수는 수사의 수단으로 행해지므로 그 대상물은 전제된 범죄혐의에 관한 수사에 있어 증거물로서의 의미를 가질 수 있는 것(또는 몰수할 수 있는 물건)에 한정되어야 하고, 이는 재판과정에서의 압수에서도 마찬가지이다. 여기서 증거로서의 의미를 가질 수 있는 개연성[1]을 관련성이라고 한다.[2] 증거로서의 의미는 수사단계에서는 사건의 전모를 파악하여 수사를 진행하는 데 도움이 될 수 있는 것과 장차 재판에서 증거로 제출할 가능성이 있는 것을 말하고, 공판단계에서는 증거로 제출될 수 있는 것을 말한다.

---

1) 독일 형사소송법 제94조 제1항은 압수대상물의 관련성에 대하여 '조사(수사 및 공판과정을 포함)에 있어서 증거자료로서 의미가 있을 수 있는 것'(als Beweismittel für die Untersuchung von Bedeutung sein können)이라고 규정하고 있다.
2) 이 밖에 관련성의 의미를 해당 사건을 전제로 하여 중요한 어떤 사실이 그 증거가 없을 때보다는 그 증거에 의하여 존재가능성이 있게 인정되거나 반대로 존재가능성이 없게 여겨지도록 만드는 경향이라고 하거나, 사실의 증명과 연결되어 있으며 또한 이를 증명할 수 있는 최소한의 힘이 있음을 의미한다는 견해도 있으나 결과적으로는 같은 취지로 볼 수 있다.

(2) 관련성에 관한 판례의 기본입장

관련성이 인정되기 위해서는 혐의사실과 ① '객관적 관련성'이 있고, 대상자와 피의자 사이에 ② '인적 관련성'이 인정되어야 한다는 것이 판례의 기본입장이다([관련판례]).[1]

①의 객관적 관련성과 관련해서는 '관련사실(범행)의 범위'와 '관련의 정도'를 함께 검토하여야 한다. ⓐ 영장에 기재된 '혐의사실 그 자체'는 당연히 '관련사실의 범위' 내이다. ⓑ '혐의사실과 기본적 사실관계가 동일한 사실',[2] 즉 혐의사실을 그 기초가 되는 사회적 사실로 환원하여 기본적 사실관계에서 동일성이 인정되는 사실도 마찬가지로 그 범위에 해당한다. 문제는 ⓒ '혐의사실과 동종 또는 유사한 사실'의 경우이다. 종래 판례는 동종·유사사실도 혐의사실에 포함된다고 하였으나,[3] 그 후 단순히 동종·유사한 것만으로는 관련성이 있다고 할 수 없고, '관련의 정도'에 따라 구체적·개별적으로 이를 판단하여야 한다고 판시하였다([관련판례]). '관련의 정도'에 대하여 살펴보면, (ⅰ) 혐의사실과 직접 관련되어 있는 경우는 물론 (ⅱ) 범행 동기와 경위, 범행 수단과 방법, 범행 시간과 장소 등을 증명하기 위한 간접증거나 정황증거 등으로 사용될 수 있는 경우에도 관련성이 인정될 수 있는데, 어느 경우에나 혐의사실의 내용과 수사의 대상, 수사 경위 등을 종합하여 구체적·개별적 연관관계가 있는 경우에만 인정된다.[4]

②의 인적 관련성은 대상자 본인 외에 대상자의 공동정범이나 교사범 등 공범이나 간접정범은 물론 필요적 공범 등에 대한 사건에 대해서도 인정될 수 있다.[5]

 관련판례

대법원 2017. 12. 5. 선고 2017도13458 판결 【공직선거법위반】

가. 형사소송법 제215조 제1항은 "검사는 범죄수사에 필요한 때에는 피의자가 죄를 범하였다고 의심할 만한 정황이 있고 해당 사건과 관계가 있다고 인정할 수 있는 것에 한정하여 지방법원판사에게 청구하여 발부받은 영장에 의하여 압수, 수색 또는 검증을 할

---

1) 통신사실확인자료 제공요청의 목적이 된 범죄와 관련된 범죄의 의미 및 범위도 마찬가지이다(대법원 2017. 1. 25. 선고 2016도13489 판결).
2) 공소사실의 동일성 판단기준과 같다.
3) 대법원 2009. 7. 23. 선고 2009도2649 판결; 대법원 2015. 10. 29. 선고 2015도9784 판결.
4) 대법원 2021. 7. 29. 선고 2021도3756 판결; 대법원 2021. 8. 26. 선고 2021도2205 판결; 대법원 2021. 11. 25. 선고 2019도6730 판결; 대법원 2021. 11. 25. 선고 2021도10034 판결; 대법원 2021. 11. 25. 선고 2016도82 판결.
5) 대법원 2021. 7. 29. 선고 2020도14654 판결.

수 있다."라고 정하고 있다. 따라서 영장 발부의 사유로 된 범죄 혐의사실과 무관한 별개의 증거를 압수하였을 경우 이는 원칙적으로 유죄 인정의 증거로 사용할 수 없다. 그러나 압수·수색의 목적이 된 범죄나 이와 관련된 범죄의 경우에는 그 압수·수색의 결과를 유죄의 증거로 사용할 수 있다(대법원 2016. 3. 10. 선고 2013도11233 판결 등 참조). 압수·수색영장의 범죄 혐의사실과 관계있는 범죄라는 것은 압수·수색영장에 기재한 혐의사실과 객관적 관련성이 있고 압수·수색영장 대상자와 피의자 사이에 인적 관련성이 있는 범죄를 의미한다. 그중 혐의사실과의 객관적 관련성은 압수·수색영장에 기재된 혐의사실 자체 또는 그와 기본적 사실관계가 동일한 범행과 직접 관련되어 있는 경우는 물론 범행 동기와 경위, 범행 수단과 방법, 범행 시간과 장소 등을 증명하기 위한 간접증거나 정황증거 등으로 사용될 수 있는 경우에도 인정될 수 있다. 그 관련성은 압수·수색영장에 기재된 혐의사실의 내용과 수사의 대상, 수사 경위 등을 종합하여 구체적·개별적 연관관계가 있는 경우에만 인정된다고 보아야 하고, 혐의사실과 단순히 동종 또는 유사 범행이라는 사유만으로 관련성이 있다고 할 것은 아니다. 그리고 피의자와 사이의 인적 관련성은 압수·수색영장에 기재된 대상자의 공동정범이나 교사범 등 공범이나 간접정범은 물론 필요적 공범 등에 대한 피고사건에 대해서도 인정될 수 있다(대법원 2017. 1. 25. 선고 2016도13489 판결 등 참조).

나. 원심은 아래와 같은 이유로 2016. 9. 9.자 압수·수색영장(이하 '1차 압수·수색영장'이라 한다)에 기초하여 압수한 공소외 1의 휴대전화에 대한 분석 결과와 이에 근거하여 얻은 증거는 위법하게 수집된 증거에 해당하지 않는다고 판단하였다.

⑴ 1차 압수·수색영장에 기재된 허위사실공표 사건의 혐의사실은 피고인이 2016. 4. 11. 선거운동과 관련하여 자신의 페이스북에 허위의 글을 게시하였다는 것이다. 이 사건 공소사실은 피고인이 2016. 3. 30.경 선거운동과 관련하여 자신의 페이스북에 선거홍보물 게재 등을 부탁하면서 공소외 1에게 금품을 제공하였다는 것이다. 이 사건 공소사실은 1차 압수·수색영장 기재 혐의사실에 대한 범행의 동기와 경위, 범행 수단과 방법, 범행 시간과 장소 등을 증명하기 위한 간접증거나 정황증거 등으로 사용될 수 있는 경우에 해당하므로, 1차 압수·수색영장 기재 혐의사실과 객관적 관련성이 있다. 또한 이 사건 공소사실과 1차 압수·수색영장 기재 혐의사실은 모두 피고인이 범행 주체가 되어 페이스북을 통한 선거운동과 관련된 내용이므로 인적 관련성 역시 인정된다.

(3) 다른 범죄의 증거자료와 관련성 문제의 구체적 검토

㈎ 동일 피의자의 동종·유사 범행자료

같은 피의자의 동종·유사 범행의 자료는 수사 중인 해당사건의 증거로서 중요한 의미를 가진다.[1] 즉, 범행의 동기, 기회, 의도, 준비, 계획, 범의, 동일인인지 여

---

1) 대법원 2009. 7. 23. 선고 2009도2649 판결.

부를 확인하는 자료 등 간접증거로 사용될 수 있고, 상습성의 자료로도 사용될 수도 있다. 나아가 피고인 또는 증인의 진술의 신빙성에 대하여 이를 증강하는 자료나 탄핵하는 자료로 사용될 수도 있을 것이다.

　예컨대, 수회의 절도 범행을 저지른 피의자가 최종 범행으로 주거침입 범행을 하다가 집주인에게 발각되어 급히 도주하면서 창문에 지문을 남겼고, 신고를 받고 현장에 출동한 사법경찰관이 지문을 채취하여 피의자의 인적사항을 확인하였다고 하자. 사법경찰관이 최종 범행을 피의사실로 하여 압수·수색영장을 받아 피의자의 주거지를 수색하여 피의자가 이전 범행에서 훔친 장물들을 발견한 경우, 이 별건 절도 범행의 증거인 장물은 현재 영장의 피의사실로 되어 있는 절도 범행에 있어서도 증거로서의 의미가 있어 관련성이 있는 증거라고 할 것이다.[1] 왜냐하면 절도죄는 상습범 규정이 있으므로 이들 별건 범죄의 장물들은 상습성의 자료로도 사용할 수 있고, 그 장물들도 모두 주거침입 범행의 장물이라면 본 건 범죄의 범행수법이 유사하므로 수법에 대한 증거도 될 수 있기 때문이다. 만약 피의자가 주거에 침입한 것은 인정하지만 절도의 범의를 부인하는 경우, 범의를 입증하기 위한 증거로도 사용될 수 있을 것이다. 따라서 사법경찰관은 별건 범죄의 장물을 현재 발부받은 영장에 의하여 관련성이 있는 증거로도 압수할 수 있을 것이다.

(나) 동일 피의자의 다른 종류의 범행자료

　같은 피의자의 다른 종류의 범행자료는 그 자체로 이러한 증거로서의 의미를 가진다고는 할 수 없을 것이다. 그렇다고 하여 다른 종류의 범행자료는 항상 관련성이 없는 것은 아니고, 사건의 개별적인 내용과 성격에 따라서는 증거로서의 의미를 가질 수 있다. 예컨대 경리직원의 업무상횡령 범죄사실로 피의자의 주거를 압수·수색하면서 필로폰을 구입한 내역을 기재한 메모나 장부가 발견된 경우, 그 구입내역이 횡령 금액의 사용처일 수도 있으므로 그 메모나 장부는 관련성이 있는 증거로서 압수

---

[1] 마찬가지로 ① 예컨대 피의자가 필로폰을 투약하였다는 제보자의 진술을 토대로 피의자의 주거지에 대한 압수·수색영장을 발부받아 수색을 하던 중에 필로폰과 함께 대마가 발견된 경우, 필로폰 투약과 대마 흡연은 모두 마약류관리법위반의 동종의 범죄이고, 대마도 마약류사범에 대한 상습성이나 성향 등을 나타낼 수 있는 증거자료이므로 별도로 다시 영장을 받지 않더라도 필로폰투약을 피의사실로 하여 발부받은 압수·수색영장에 의하여 관련성이 있는 증거로서 압수할 수 있을 것이다. 또한, ② 어떤 회사의 대표가 일정한 시기에 약 5,000만 원을 횡령하였다는 단서를 확보한 후 이를 확인하기 위하여 압수·수색영장을 발부받아 일정한 기간 동안의 회사 장부를 압수하는 경우, 그 장부에서 압수·수색의 전제가 된 피의사실상의 횡령 범행 이외에 또 다른 횡령 범행의 자료가 확인되면 이는 업무상횡령의 포괄일죄의 자료로서의 의미도 있고, 나아가 사용처 등을 확인함으로서 범행의 동기의 자료로도 사용할 수 있는 등 관련성이 있는 증거로서 압수할 수 있을 것이다. 횡령뿐 아니라 배임의 증거자료가 발견되는 경우도 마찬가지이다.

대상이 될 것이다.1)

또한 일정한 범죄에 있어서는 피의자의 성격에 관한 정황증거나 그 동기에 관한 정황증거가 되는 경우도 있을 수 있다. 예컨대 강간의 범죄혐의로 피의자의 주거지를 압수·수색하였는데 대마가 발견된 경우, 그 대마는 강간과 다른 종류의 범행자료이지만 대마흡연으로 인한 마약 중독성 등이 강간죄의 동기나 피의자의 성향에 관한 증거로서 의미가 있을 수 있으므로 관련성을 인정할 수 있을 것이다.2)

(다) 타인의 범행자료

공범과 관련된 증거는 다른 공범과도 관련이 있으므로 앞에서 논한 관련성의 범위 논의가 그대로 적용될 것이다. 이때, 영장 범죄사실에 반드시 그 공범이 피의자로 기재되어 있어야 하는지 문제된다. 공범이 입건되어 있지 않더라도 입건된 피의자의 사건과 관련하여 공범에 대한 수사를 진행할 수 있으므로 반드시 공범이 피의자로 기재될 필요는 없다. 범죄사실에 공범으로 입건될 가능성이 있는 사람이 기재되어 있으면, 그 공범과 관련된 증거도 피의사건과 관련성이 있는 증거가 된다고 할 것이다. 여기서 공범에는 공동정범, 교사범, 종범이 모두 포함되고, 뇌물수수에 있어 수수자와 공여자와 같은 대향범도 포함된다고 할 것이다.

반면에, 공범이 아닌 다른 사람의 범행자료는 영장기재 범죄사실과 관련성이 없는 것이 일반적일 것이다.

3. 적법하게 압수된 압수물의 다른 범죄 증거로의 사용

압수·수색을 함에 있어 원칙적으로 영장을 요구하는 것은 그 대상물의 점유권을 침해당하는 과정에서 주거나 프라이버시(privacy), 재산권의 침해 등을 보호하기

---

1) 마찬가지로 회사 대표의 업무상횡령 범죄사실로 회사 사무실 등을 압수·수색하는 중에 뇌물공여의 메모나 장부를 발견하는 경우, 그것이 횡령자금의 사용처일 수 있고, 그렇게 의심할 만한 상당한 이유가 있으므로 이는 관련성이 있는 증거로서 압수대상이 될 것이다.

2) 서로 다른 범죄 혐의 자료와 관련하여 참조할 만한 판례로서 일본 판례(最判 1976. 12. 18. 判時 837·104)가 있다. 이 사건은 폭력단이 관여된 공갈사건으로 공갈 혐의에 대하여 발부된 압수·수색영장에 '본 건과 관계있는 폭력단을 표장하는 증서, 뱃지, 메모 등'이라는 기재가 있었는데, 이 영장에 의하여 도박 상황을 기록한 메모가 압수되고 이를 근거로 도박죄로 기소된 사건이었다. 변호인은 영장에 기재되지 않은 물건을 압수하였으므로 위법한 수사라고 주장하였고, 원심에서도 영장주의에 반하는 것으로서 증거로 사용할 수 없다고 하면서 무죄를 선고하였다. 이에 대하여 최고재판소는 이 사건에서 위 메모는 별건인 도박사건의 직접 증거이지만, 동시에 피의자 등이 소속된 폭력단 조직의 성격이나 사건의 조직적 배경 등을 해명하기 위하여 필요한 증거이기도 하기 때문에 공갈사건의 증거로도 할 수 있고, 따라서 수사기관이 오로지 별건인 도박사건의 증거로 이용할 목적으로 이를 압수하였다고 볼 만한 사정이 없으므로 위 메모의 압수는 적법하다고 판시하였다.

위해서이다. 따라서 그 영장에 의하여 수사기관이나 법원이 적법하게 점유권을 취득하면 그 취득된 압수물을 어떻게 사용하는가는 영장주의의 영역이 아니다. 그 목적물을 사용함으로써 개인의 사생활 등이 새롭게 다시 침해되는 것은 아니기 때문이다. 예컨대 어떤 수사기관이 적법한 수색에 의하여 압수한 압수물을 다른 수사기관이 열람하는 경우, 이미 압수된 물건에 대해서는 피압수자가 헌법적으로 보호된 프라이버시를 가진다고 할 수 없으므로 새로운 영장은 필요 없다고 할 것이다.[1]

따라서 어떤 사람에 대한 범죄에 대한 압수과정에서 그 범죄와 관련된 것으로 적법하게 압수된 증거물이 우연히 다른 사람의 별건 범죄의 증거도 될 수 있는 경우, 그 증거를 다른 사람의 별건 범죄의 수사나 재판에 사용하는 것은 아무런 제한이 없다. 그렇게 사용하더라도 새로운 프라이버시 침해나 재산권이 침해되는 것도 아니고, 다른 사람의 범죄 수사나 재판에 사용한다고 하여도 그 형사절차에서의 사용이라는 목적 범위 내이므로 압수제도가 허용하고 있는 정보의 자기결정권 침해를 넘어서 새로운 침해를 초래한 것도 없기 때문이다.[2]

판례도 수사기관이 적법하게 압수한 압수물이 압수의 전제가 되는 범죄에 대한 증거로서 의미가 있을 뿐만 아니라 그 자체로 다른 범죄의 증거로서도 의미가 있는 경우 이를 이용하여 다른 범죄를 수사하고 다른 범죄의 증거로 사용하는 것은 원칙적으로 제한이 없다고 판시하고 있다(【관련판례】의 원심[3]).[4]

---

1) Hell's Angels Motorcycle corparation v. McKinley, 354 F. 3d 1000(9th Cir. 2004)에서 주 수사당국이 영장에 의하여 압수한 2트럭 분량의 압수물 중에서 FBI가 일정한 품목을 대출받아 복사하고 반환한 것에 대하여, Hell's Angels 회사는 적법하게 압수된 서류에 대해서는 프라이버시에 대한 합리적인 기대를 가지지 않는다고 하였다.

2) 이러한 원칙에 반하여 특정한 범죄에 대한 절차로 그 사용 범위를 제한하려면 법률상 근거를 두어야 한다. 예컨대, 통신비밀보호법 제12조는 통신제한조치로 취득한 내용을 통신제한조치의 목적이 된 제5조 제1항에 규정된 범죄나 이와 관련되는 범죄를 수사, 소추하거나 그 범죄를 예방하기 위하여 사용하는 경우(제1호), 제1호의 범죄로 인한 징계절차에 사용하는 경우(제2호), 통신의 당사자가 제기하는 손해배상소송에서 사용하는 경우(제3호), 그 밖의 다른 법률 규정에 의하여 사용하는 경우(제4호)에 한하여 사용할 수 있다고 규정하고 있다. 판례도 통신사실확인자료 제공요청에 의하여 취득된 자료를 범죄의 수사·소추 또는 예방을 위하여 사용하는 경우, 그 대상범죄는 제공요청의 목적이 된 범죄나 이와 관련된 범죄에 한정된다고 판시하였다(대법원 2014. 10. 17. 선고 2014도2121 판결).

3) 위 【관련판례】의 원심인 대전고등법원 2015. 6. 17. 선고 2015노155 판결.

4) 다만, 본 판결은 동일 피의자 및 공범의 다른 범죄의 증거로 사용하는 경우에 관한 것이다.

관련판례

대법원 2015. 10. 29. 선고 2015도9784 판결【지방교육자치에관한법률위반】

헌법과 형사소송법이 구현하고자 하는 적법절차와 영장주의의 정신에 비추어 볼 때, 법관이 압수·수색영장을 발부하면서 '압수할 물건'을 특정하기 위하여 기재한 문언은 이를 엄격하게 해석하여야 하고, 함부로 피압수자 등에게 불리한 내용으로 확장 또는 유추해석하는 것은 허용될 수 없다고 할 것이나(대법원 2009. 3. 12. 선고 2008도763 판결 참조), 압수의 대상을 압수·수색영장의 범죄사실 자체와 직접적으로 연관된 물건에 한정할 것은 아니고, 압수·수색영장의 범죄사실과 기본적 사실관계가 동일한 범행 또는 동종·유사의 범행과 관련된다고 의심할 만한 상당한 이유가 있는 범위 내에서는 압수를 실시할 수 있다(대법원 2009. 7. 23. 선고 2009도2649 판결 참조). 한편 저장매체 자체를 수사기관 사무실 등으로 옮긴 후 영장에 기재된 범죄 혐의 관련 전자정보를 탐색하여 해당 전자정보를 문서로 출력하거나 파일을 복사하는 과정 역시 전체적으로 압수·수색영장 집행에 포함된다고 보아야 하므로, 그러한 경우 문서출력 또는 파일복사의 대상 역시 혐의사실과 관련된 부분으로 한정되어야 함은 헌법 제12조 제1항, 제3항, 형사소송법 제114조, 제215조의 적법절차 및 영장주의의 원칙상 당연하다(대법원 2012. 3. 29. 선고 2011도10508 판결 참조).

원심은 그 판시와 같은 이유를 들어, ① 이 사건 각 전자정보 출력물은 제1, 2 압수수색영장 기재 혐의사실 중 적어도 '저서' 기부행위 제한 위반의 점에 대한 직접 또는 간접증거로서의 가치가 있어 영장 기재 혐의사실과 관련성이 인정되고 영장집행 과정에서도 적법절차가 준수되었던 것으로 판단되므로 모두 증거능력이 인정되며, ② 적법하게 압수된 이 사건 각 전자정보 출력물을 피고인 甲 및 그와 공범관계에 있는 피고인 乙에 대한 사전선거운동으로 인한 교육자치법 위반 혐의사실의 증거로 사용하는 데 특별한 제한이 있다고 할 수 없으며, ③ 이 사건 각 전자정보 출력물을 토대로 한 진술증거의 증거능력도 인정된다고 판단하였다.

앞서 본 법리에 따라 원심판결 이유와 기록을 살펴보면, 원심의 위와 같은 판단은 정당하다. 거기에 논리와 경험의 법칙을 위반하여 자유심증주의의 한계를 벗어나거나 증거능력 등에 관한 법리를 오해하여 판결에 영향을 미친 위법이 없다. ●

4. 설문의 해결

(1) 丙의 주장

압수·수색영장에 의하여 乙의 컴퓨터에서 압수한 파일로서 乙이 丙으로부터 X를 혼내주기로 하고 1,000만 원을 받기로 약정한 내용을 메모한 파일(③파일)은, 乙이 甲으로부터 V를 구타할 것을 제의받고 공동으로 범한 상해 범행과 동종·유사한 범행에 관한 증거로서 구체적·개별적 연관관계가 있으므로 영장 범죄사실과의 관련성이 인정된다. 특히 상해는 상습범 처벌규정(형법 제264조)도 있으므로 이는 상습성의 자료로서도 의미가 있고, 범행의 동기나 방법 등에 관한 정황자료로도 의미도 있기 때문이다. 따라서 ③파일은 관련성이 있는 적법한 압수물이고, 이 메모를 토대로 이후에 작성된 乙에 대한 피의자신문조서와 사법경찰관 작성의 X에 대한 진술조서도 적법한 증거로서 증거능력이 인정된다. 그리고 ③파일은 乙의 범행에 대한 적법한 압수물로서 丙의 범행에 대한 증거로서의 의미도 있으므로 丙의 범행에 대한 증거로 사용할 수 있다.

따라서 丙의 주장은 타당하지 않다.

(2) 丁의 주장

압수·수색에 있어 관련성 있는 자료란 증거로서의 의미가 있는 자료를 말할 뿐만 아니라 그러한 의미가 있는 자료가 존재할 가능성이 있는 자료도 포함한다. 따라서 계좌추적의 실무에서는 의미 있는 증거자료가 있을 것으로 예상되는 일정한 기간을 정하여 그 기간 동안의 계좌거래내역을 금융기관으로부터 제공받는 방식으로 진행된다. 본 설문에서 사법경찰관 P는 甲이 乙에게 돈을 주고 범행을 부탁하였던 공모관계를 입증할 자료와 乙이 그 돈을 받아 어떻게 사용하였는지를 확인하여 乙의 범행 동기나 성향 등 정황자료를 찾기 위해서 甲과 乙의 공모행위가 개시되었을 가능성이 있는 시기로부터 甲이 乙에게 돈을 송금한 후 乙이 그 돈을 다 사용하였을 만한 시기를 특정하여 2020. 3. 1.부터 2020. 5. 30.까지의 乙의 계좌의 거래내역을 압수하였다.

위 기간 동안의 거래내역은 乙의 범행에 관한 증거로서 의미있는 자료들이 존재할 가능성이 있을 것으로 충분히 예상되는 자료들로서 乙에 대한 영장 범죄사실과 관련성이 인정된다. 그 거래내역들을 구체적으로 확인해 가는 중에 乙의 범행과 전혀 관련성이 없는 부분들이 있다고 하더라도 사후적으로 그렇게 확인되었다는 이유로 이 거래내역을 압수한 것이 위법한 압수물로 변하지 않는다.

나아가 乙이 丁으로부터 1,000만 원을 송금받은 내역(②송금)과 M에게 300만 원을 송금한 내역(③송금)은 영장 범죄사실과 동종·유사 범행으로서 그 자체로도 乙의 범행에 관한 의미있는 증거자료(상습성의 자료, 범행 동기, 방식 등에 관한 정황자료)이다. 따라서 이들 증거는 영장 범죄사실과 관련성이 인정되는 증거로서 적법한 증거이다.

乙의 범행에 대한 적법한 압수물로서 丁의 범행에 대한 증거로서의 의미도 있으므로 丁의 범행에 대한 증거로 사용할 수 있다.

따라서 丁의 주장은 타당하지 않다.

(3) 戊의 주장

사법경찰관 P는 乙이 V에게 상해를 가한 도구로서 야구방망이와 칼이 사용되었다는 것을 알고 있는 상황에서 乙의 차량 트렁크에서 야구방망이 3개, 접이식 칼 1개, 회칼 2개, 쇠파이프 3개를 발견하고 이를 모두 압수하였다. 접이식 칼은 乙의 V에 대한 상해 범행에 사용되었으므로 이를 압수한 것은 적법하다. 야구방망이는 어느 것이 범행에 사용된 것인지 알 수 없는 상황이고 그중 1개는 범행도구일 수 있으므로, 이들 3개를 압수한 것은 범행도구일 가능성이 있는 물건들을 압수한 것으로서 적법하다. 회칼과 쇠파이프는 V에게 상해를 가한 범행도구는 아니지만 乙의 폭력성을 나타내는 정황증거로서 의미가 있고, 동종·유사 범행의 도구일 수 있고, 폭력행위의 상습성에 관한 자료로서도 의미가 있을 수 있다. 따라서 위 압수물은 모두 乙에 대한 압수·수색영장의 전제 범죄사실과 구체적·개별적 연관관계가 있는 적법한 압수물이다.

한편 검사 Q는 위와 같이 압수된 회칼에 묻어 있는 혈흔에 대하여 DNA 감정을 의뢰하였는데, 혈흔도 회칼과 함께 적법하게 압수되었고, 혈흔감정은 적법한 압수물의 증거로서의 내용을 확인하기 위한 것으로서 별도의 영장이 필요한 것은 아니다. 위와 같이 적법하게 압수한 혈흔의 감정을 통하여 위 회칼과 혈흔이 戊의 살인범행의 증거로서의 의미도 있음을 발견하였으므로 위 회칼은 물론 혈흔감정결과회보서도 戊의 살인죄에 대한 증거로 사용할 수 있다.

따라서 戊의 주장은 타당하지 않다.

판례색인

사항색인

공저자 약력

조균석(趙均錫)

제22회 사법시험 합격
서울대학교 법과대학 졸업
경희대학교 대학원 법학석사
주일한국대사관 법무협력관(참사관)
서울중앙지방검찰청 형사제4, 7부장검사
서울남부지방검찰청 차장검사
변호사
일본 케이오대학 비상근강사·특별초빙교수
일본 대동문화대학 비상근강사
사법시험위원
형사소송법개정특별위원회 위원
한국피해자학회 회장, 한국형사판례연구회 회장
(현재) 이화여자대학교 법학전문대학원 교수

저 · 역서

형사소송법(제14판)(2022)(이재상 공저)
일본형사소송법(히라라기 토키오)(2012)(역서)
형사법사례형해설(제7판)(2022)(공저)

이완규(李完揆)

제32회 사법시험 합격
서울대학교 법과대학 졸업
서울대학교 대학원 법학박사
독일 막스프랑크 국제형사법연구소 유학
서울중앙지방검찰청 검사
대검찰청 검찰연구관
대검찰청 형사제1과장
대전지방검찰청 서산지청장
청주지방검찰청 차장검사
서울북부지방검찰청 차장검사
인천지방검찰청 부천지청 지청장
사법시험위원
(현재) 변호사

저 서

형사소송법연구 I (2007)
형사소송법(2017)(제5판)(공저)
형사소송법연구 II (2011)

조석영(趙奭泳)

제40회 사법시험 합격
서울대학교 경영대학 졸업
미국 노스웨스턴 로스쿨 LLM. 수료
서울중앙지방검찰청 검사
UNDOC 중앙아시아(키르키즈스탄) 사무소 파견
대검찰청 검찰연구관
대전지방검찰청 검사
주미대한민국대사관 법무협력관(참사관)
서울동부지방검찰청 형사4부장검사
(현재) 변호사, (주)카카오 부사장

서정민(徐楨旼)

제41회 사법시험 합격
서울대학교 법과대학 졸업, 동 대학원 법학박사
미국 보스턴 로스쿨 LLM. 수료
법무부 법무심의관실 검사
서울중앙지방검찰청 검사
로스쿨 파견검사(서울대·중앙대)
법무부 국제형사과장
변호사시험위원
서울중앙지방검찰청 형사제8, 13부장검사
(현재) 국무조정실 부패예방추진단 파견

저 서

한국 전통형법의 무고죄(2013)

제 5 판
형사법통합연습

초판발행	2012년 7월 31일
제 5 판발행	2022년 2월 15일

지은이	조균석·이완규·조석영·서정민
펴낸이	안종만·안상준

편 집	양수정
기획/마케팅	조성호
표지디자인	이소연
제 작	고철민·조영환

펴낸곳	(주) **박영사**
	서울특별시 금천구 가산디지털2로 53, 210호(가산동, 한라시그마밸리)
	등록 1959. 3. 11. 제300-1959-1호(倫)
전 화	02)733-6771
f a x	02)736-4818
e-mail	pys@pybook.co.kr
homepage	www.pybook.co.kr
ISBN	979-11-303-4117-0 93360

copyright©조균석 외, 2022, Printed in Korea

정 가   36,000원